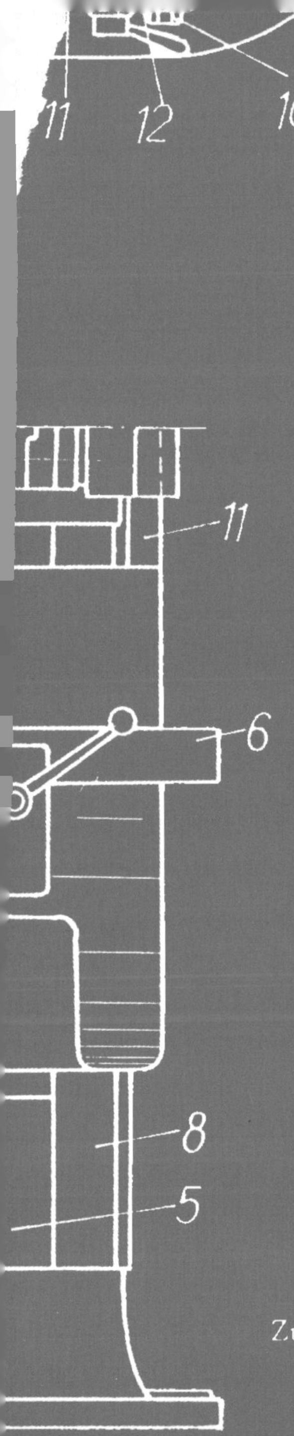

Fig. 1

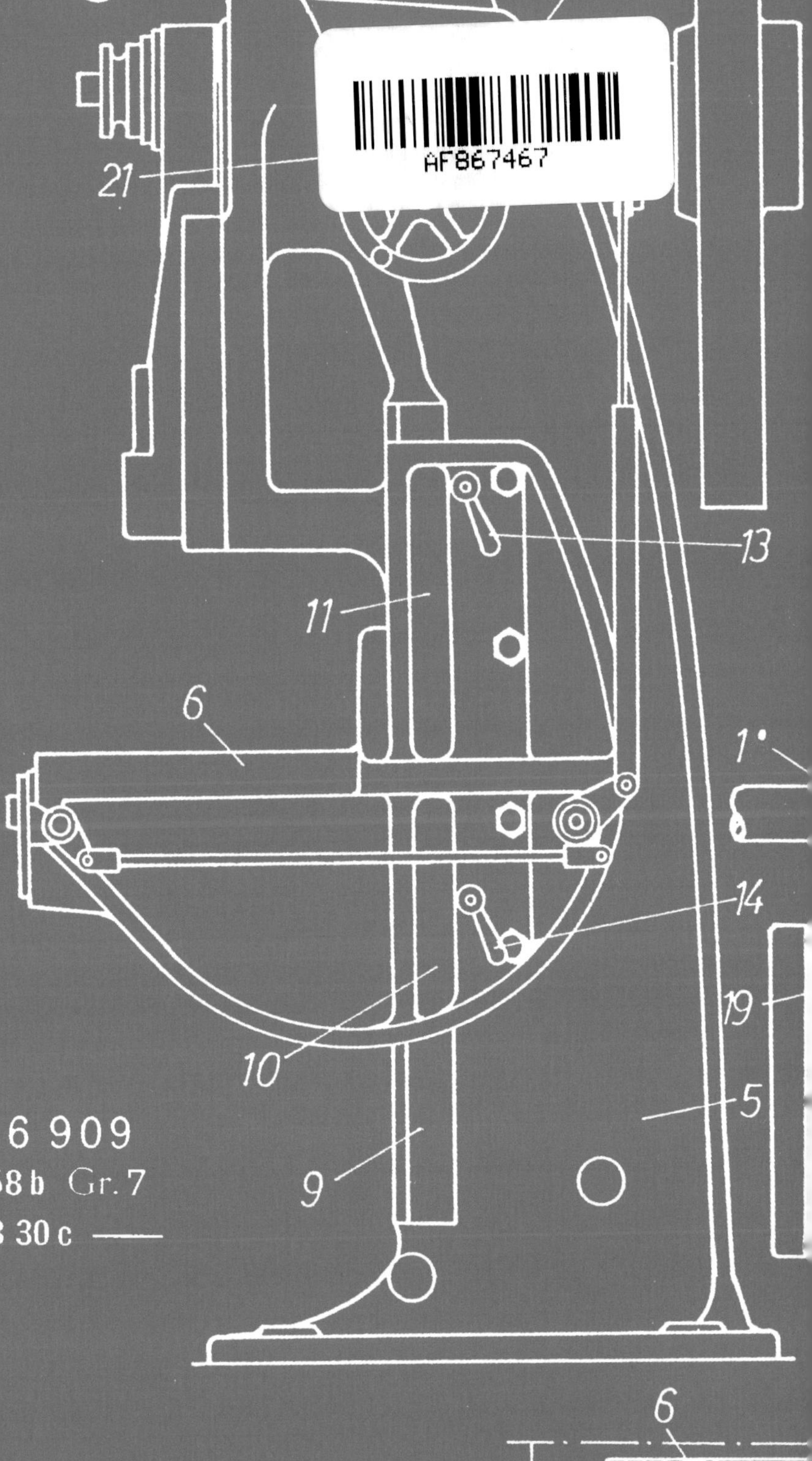

Zu der Patentschrift 976 909
Kl. 58 b Gr. 7
Internat. Kl. B 30 c —

Fig. 3

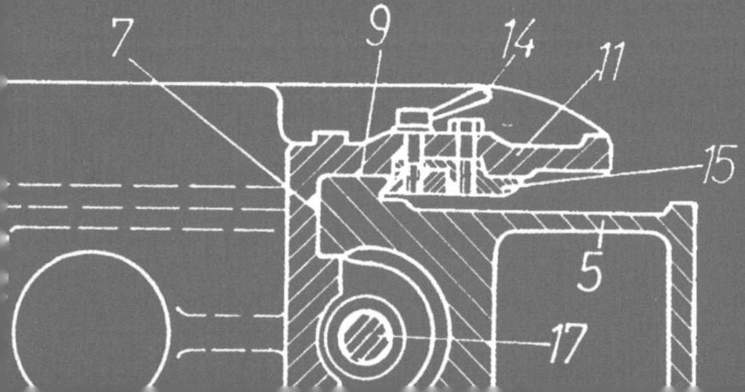

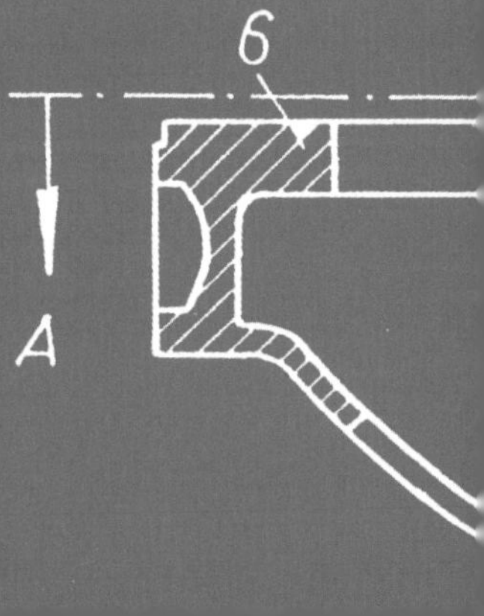

Jochem Putsch / Ralf Rogge

KIESERLING

Die Geschichte der Maschinenfabrik Th. Kieserling & Albrecht in Solingen

Herausgegeben vom
Stadtarchiv Solingen

1. Auflage November 2020

Für die freundliche finanzielle Unterstützung dieses Projektes bedanken wir uns bei der

Stadt-Sparkasse Solingen

und dem

Förderverein Industriemuseum Solingen e.V.

Herausgeber:
Stadtarchiv Solingen
Gasstraße 22 b, 42657 Solingen

Gestaltung:
Wiebke Warncke, Wuppertal

Herstellung und Vertrieb:
Bergischer Verlag
RS Gesellschaft für Informationstechnik mbh & Co. KG
Auf dem Kamp 35, 42855 Remscheid
www.bergischerverlag.de

ISBN 978-3-96847-000-9

30 Jahre danach
Vorbemerkung 2020

Die vorliegende Studie entstand in den Jahren 1985 bis 1993 auf Initiative von Clemens Nassenstein, dem damaligen Geschäftsführer der Solinger Fa. Th. Kieserling & Albrecht. Das Unternehmen hatte in diesen Jahren noch etwa 600 Beschäftigte, volle Auftragsbücher und eine solide Kapitaldecke. Ein im Maschinenbau nicht ungewöhnliches Merkmal war die sehr geringe Fluktuation einer bestens qualifizierten Belegschaft. Unter den aktuellen bzw. den ehemaligen Beschäftigten gab es unzählige Jubilare, die dem Unternehmen seit Jahrzehnten – z.T. gar 50 Jahre und mehr – angehörten oder angehört hatten. Clemens Nassenstein legte großen Wert auf eine nachhaltige Pflege des Betriebsklimas und der Unternehmenskultur unter Einbeziehung auch der ehemaligen Mitarbeiter. Vor diesem Hintergrund entstand die Idee zu einer seinerzeit durchaus unkonventionellen Aufarbeitung der Geschichte der Maschinenfabrik. Sie sollte eben nicht wie allgemein üblich als „Festtags- und Hofhistorie" angelegt sein - eine Voraussetzung, die es den beiden Autoren überhaupt erst möglich machte, sich auf das Projekt einzulassen. Clemens Nassenstein ließ sich gerne überzeugen, auch die Beschäftigten zu Wort kommen zu lassen. Somit besteht das Ergebnis aus zwei sich überraschend gut ergänzenden Teilen: einer umfassenden klassischen Aufarbeitung des schriftlichen Archiv- bzw. Quellenmaterials sowie einer – sowohl chronologisch als auch systematisch präsentierten – Auswahl aus den für die Studie erstellten Oral History - Dokumenten.

Den ersten Teil verantwortet Ralf Rogge, der Leiter des Stadtarchivs Solingen, den zweiten Teil Jochem Putsch, der seinerzeit als Leiter des Solinger LVR - Industriemuseums in der Gesenkschmiede Hendrichs tätig war.

Leider konnte die Veröffentlichung der vorliegenden Unternehmensgeschichte weder wie ursprünglich geplant zum 150. Geburtstag des Firmengründers Theodor Kieserling im Jahre 1993 noch zum 120jährigen Firmenjubiläum 1998 stattfinden. Die Fa. Kieserling wurde Mitte der 1990er Jahre von der Aachener Schumag AG übernommen und nur wenige Jahre später stillgelegt. Die geplante Publikation ging dabei sozusagen mit in Konkurs. Obwohl dies niemand für möglich gehalten hätte, hatte „Kieserling" nun das gleiche Schicksal erlitten wie zuvor schon andere große, alteingesessene Solinger Unternehmen – zu denken wäre hier etwa an die Fa. Krups, die Fa. Rautenbach, an die Fa. Klopp oder die Fa. Friedr. Abr. Herder sowie einige andere mehr. Alle diese Traditions-Unternehmen, die jeweils eine wichtige Bedeutung für die Solinger Industriegeschichte gehabt hatten, sind geradezu spurlos von der Bildfläche verschwunden – oft einschließlich ihrer Gebäude und sämtlicher materieller Hinterlassenschaften. Damit ging fast jegliche Erinnerung verloren.

In der Folge weist die Stadtgeschichte in den Köpfen der Solinger Einwohner zunehmend große Gedächtnislücken im Hinblick auf die industrielle Vergangenheit und deren Bedeutung für gegenwärtige Zustände auf – ein

Umstand, der im Hinblick auf die Identität und Funktionsfähigkeit einer Stadtgesellschaft als durchaus kritisch anzusehen ist. Eine kulturell und politisch zukunftsfähige Stadt ist darauf angewiesen, dass die Bewohner nicht die Erinnerung an sich selbst verlieren.

Es ist bedeutsam, „auf das geringste Anzeichen von Gedächtnislosigkeit zu achten und umgehend etwas dagegen zu unternehmen". (Salvatore Settis) Dies gilt in Deutschland natürlich besonders für die Zeit der NS-Diktatur, es gilt aber auch bezogen auf viele weitere für die Identität und Einzigartigkeit einer Stadt bedeutsamen Phänomene. In Solingen spielt die Geschichte der Arbeit und Industrie dabei unstrittig eine besonders wichtige Rolle.

Nachdem der gleich gegenüber dem ehemaligen Hauptbahnhof gelegene Sitz der Fa. Kieserling für einige Jahre von der Fa. Evertz genutzt wurde, steht er nun in großen Teilen wieder zur Disposition. Die Konzepte für die Umnutzung reichen von einer Wohnbebauung bis zu gewerblichen oder kulturellen Nutzungen. Die Erinnerung an die Fa. Kieserling, die heute ohnehin nur noch wenigen Menschen geläufig ist, droht dabei vollständig verloren zu gehen.

Nun geht es keineswegs darum, diese allein zur Pflege des historischen Gedächtnisses der Stadtgesellschaft oder gar als nostalgischen Selbstzweck zu erhalten. Mindestens zwei weitreichendere Motive spielen bei der Entscheidung, diese Studie nun fast 30 Jahre nach ihrer Entstehung doch noch herauszugeben, eine wichtige Rolle: Zum einen hat die Methodik – nämlich die Einbeziehung der Interviews mit den ehemaligen Beschäftigten, die nicht nur in der damaligen Unternehmensgeschichtsschreibung als geradezu innovativ gelten durfte – bis heute nichts von ihrem Reiz verloren. Sie ermöglicht ein vertieftes Verständnis der sozialen und ökonomischen und letztlich inneren Logik des Unternehmens.

Ein weiteres Argument ist historischer Natur. Blicken wir hierzu kurz zurück auf die Entwicklung des Maschinenbaus in Deutschland insbesondere in den letzten Jahrzehnten des 20. Jahrhunderts:

Der Beginn der Industrialisierung wird in Deutschland zwischen 1835 und 1845 datiert, wobei der entscheidende Impuls von der Entwicklung der Eisenbahn bzw. Dampfkraft ausgegangen ist. Auf die zweite Industrialisierungsphase, die in den 1880er Jahren einsetzte und im Wesentlichen von der Elektroindustrie bestimmt war, folgte in den 1960er und 1970er Jahren mit dem Durchbruch der Mikroelektronik eine dritte Industrialisierungsphase. Die Mikroelektronik hatte gravierende Auswirkungen auf die Entwicklung des Maschinenbaus. Mit der Halbleitertechnik ist es möglich, komplexe Schaltungen in winzigen Bauteilen unterzubringen, die billig herzustellen sind und die zunächst in Massenprodukten wie Taschenrechnern oder Uhren Verwendung fanden. Nicht zuletzt aufgrund der tiefverwurzelten deutschen Ingenieurs-Mentalität, deren Vorstellung von Leistung, Kompetenz und Solidität sich am Maschinenbau entwickelt hatte, wurden die produktionstechnischen Potentiale der Mikroelektronik in der Bundesrepublik Deutschland erst relativ spät erschlossen. In der zweiten Hälfte der 1970er Jahre folgte der Einbruch der Mikroelektronik in die Arbeitstechnologie. Die Halbleiter erschlossen neue Möglichkeiten der Steuerungs-, Meß- und Regeltechnik im Werkzeugmaschinenbau, die mit hydraulischer, elektrischer und elektrohydraulischer Steuerung alleine nicht vorstellbar gewesen wären. Maschinenbaubetriebe wie die Fa. Kieserling wurden von diesen Entwicklungen auf zweifache Weise berührt: als Hersteller und als Benutzer von Werkzeugmaschinen.

„Aus der Werkzeugmaschine konventioneller Bauart wurde eine Kombination aus Steuerung und Maschine, wobei die Steuerung sagt, was die Maschine zu tun hat. Da sie damit dem Einfluss des Menschen teilweise entzogen wird, bedarf sie auch nicht mehr der vielen Steuerungsorgane wie Hebel und Handräder, so dass viele Bedienungselemente, die früher unentbehrlich waren, zwangsläufig entfielen."[1]

Die Veränderungen für den einzelnen Facharbeiter waren einschneidend. Nicht mehr praktisches Können und Erfahrung, sondern die Perfektion der Maschine entschieden fortan über die Qualität und die Präzision des zu bearbeitenden Werkstücks.

Der Vorgang der Einrichtung und Bearbeitung wird bei den modernen Maschinen durch ein spezielles Programm mittels Mikroprozessoren gesteuert, während der Facharbeiter lediglich den reibungslosen Arbeitsablauf der Maschine zu überwachen hat. Die sogenannten N (numerical) C (controlled) - Maschinen, die zu Beginn der 1960er Jahre aufkamen, wurden über eine Programmautomatik mit allem versorgt, was für eine reibungslose Fertigung nötig ist. Die Steuerung dieser Maschinen versteht Zahlen, die nach festgelegten Gesetzmäßigkeiten zu Weg- und Schaltinformationen für Vorschub und Drehzahl oder dergleichen verarbeitet werden.[2]

Im nächsten Schritt wurden NC-Maschinen und Computertechnologie kombiniert. Die sogenannte CNC-Technik, die C (computerized) NC-Steuerung mit eigenem Mikrocomputer als Schalt- und Rechenzentrale für die einzelne Maschine, kam 1972 auf den Markt und ermöglichte die Erledigung aller Programmierfunktionen direkt an der Maschine.[3] Mit Hilfe eines eingebauten Mikrocomputers können einer Maschine eine Folge von Arbeitsgängen dadurch beigebracht werden, dass sie einmal ausgeführt oder in ein Programm übersetzt werden, das über eine Tastatur eingegeben wird. Die CNC-Steuerung vervielfältigt die technischen Möglichkeiten. In sogenannten Bearbeitungszentren werden technologisch verschiedenartige Fertigungsverfahren miteinander kombiniert, so dass verschiedene Operationen an komplizierten Werkstücken in einer Aufspannung und somit mit einem Minimum an Stillstandszeiten vorgenommen werden können.[4] Indem alle Zerspannungsarten an der gleichen Maschine ausgeführt werden können, werden Zwischenlager, Transport und Neueinrichtung überflüssig. Sowohl die Werkstücke als auch die in teilweise 50teiligen Werkzeugmagazinen vorgehaltenen Werkzeuge werden automatisch zu- und abgeführt. Dem Arbeiter *„wird somit keine körperliche Arbeit* *mehr abverlangt, bis auf die anfallenden Reparaturen, er muß sich vielmehr psychisch ständig auf die Maschine einstellen. Lediglich seine nicht durch Sensoren ersetzbare Fähigkeit der komplexen Sinneswahrnehmungen ist (vorläufig) nicht automatisierbar".*[5]

Die Verlagerung von eher physischen zu eher psychischen Belastungsmomenten deutet auf eine weithin zunehmende Angleichung der Tätigkeiten von Arbeitern und Angestellten, die sich neuerdings auch in einem Abbau der gegenseitigen sozialen Barrieren dokumentiert. Entgegen den ursprünglichen Erwartungen ist der Einsatz der neuen Anlagen anscheinend nicht mit einer Dequalifizierung der Arbeiter verbunden. Nach den Angaben der Industriesoziologen Kern/Schumann stieg der Facharbeiteranteil an den gewerblich Beschäftigten im Werkzeugmaschinenbau sogar von 68 Prozent im Jahre 1962 auf 79 Prozent im Jahre 1982.[6]

„Zu erklären ist dieser Sachverhalt vor allem damit, dass die meisten Betriebe in der Maschinen-Fertigung selbst dort nicht riskieren wollen, auf den prozeß- und anlagenkompetenten Facharbeiter zu verzichten, wo er als Maschinenführer ohne Programmarbeiten eingesetzt wird, und dass in der Montage der Fachmann heute notwendiger denn je ist."[7]

Der CNC-Maschinenführer zählt zu den Spitzenkräften der Werkzeugmaschinen-Betriebe.

Einen ungleich größeren Einfluß als auf die Produktionstechnologie hatte die Mikroelektronik bislang auf den Arbeitsbereich der Angestellten. Seit dem Ende der 1960er Jahre wurden besonders die Routinearbeiten im Büro, wie etwa Schreibarbeiten, Bestell- und Rechnungswesen, Lohnbuchhaltung, die Kontenführung und die Speicherung von Informationen der elektronischen Datenverarbeitung (EDV) übertragen, die eine enorme Beschleunigung der Arbeitsabläufe und Einsparung von Personal zur Folge hatte.[8] Besonders stark betroffen waren die mittleren kaufmännischen Angestellten, die den traditionellen Kern der Industrieangestellten bildeten. Die neue Computertechnik machte auch vor dem Konstruktionsbüro nicht halt. Durch den Entwurf von Zeichnungen auf dem Bildschirm und die Durchführung von Rechenoperationen mittels Computer wurde die Ingenieurarbeit wesentlich beschleunigt. Anhand der gespeicherten Konstruktionsdaten erledigen Computer selbständig die Zeichenarbeiten, die bis dahin der technische Zeichner ausgeführt hatte. Der Computer druckt die Stücklisten aus und übernimmt die vorbereiteten Routinearbeiten für die Fertigung.

Der Maschinenbau hat in den letzten Jahrzehnten eine derart rasante und umwälzende Entwicklung genommen, dass der Kontrast zur Solinger Maschinenfabrik Kieserling kaum größer – und damit kaum erkenntnisreicher – sein könnte. Während heute in den Industriebetrieben 4.0 in weitgehend menschenleeren Hallen automatisierte Maschinen miteinander kommunizieren und von Robotern bedient und bestückt werden, schwitzten um 1990 in den Werkhallen der Fa. Kieserling noch unzählige Facharbeiter in ihren Blaumännern.

Heute werden die Maschinenkomponenten mit komplexer Software konstruiert und die Daten gleich auf die Maschine gespielt - bei „Kieserling“ gab es noch einen riesigen Saal mit Zeichenbrettern und technischen Zeichnern. D.h. sowohl die Produkte einer Maschinenfabrik als auch deren technische Ausstattung haben sich in drei Jahrzehnten so dramatisch verändert, dass die Zustände bei Kieserling als geradezu exotisch erscheinen.

Hier ist nicht der Ort, um die Hintergründe für das Verschwinden der Fa. Kieserling im Detail zu rekapitulieren. Allgemein betrachtet lässt sich jedoch durchaus sagen, dass auch dieses Unternehmen letztendlich von eben den genannten Entwicklungen überrollt worden ist. In den Jahren 1970 bis 2000 fand in Europa ein technologischer und schließlich ökonomischer und sozialer Strukturwandel von geradezu revolutionärem Ausmaß statt. Die alten Industriezentren verloren massiv Arbeitsplätze – man sprach schon bald von Deindustrialisierung – während sich die Produktionsprozesse, begleitet von einer neuen weltweiten Arbeitsteilung zwischen den Industriestandorten, internationalisierten. Besonders betroffen waren die traditionsreichen Branchen der Eisen- und Stahlindustrie. Auch wenn der Maschinenbau mit seinem hohen Anteil an flexiblen und exportstarken kleineren und mittleren Unternehmen im Zuge dieser Prozesse sogar relativ an Bedeutung gewann, blieb er nicht von Rationalisierungen und Produktionsverlagerungen oder Konzentrationsvorgängen verschont. Viele Belegschaften schrumpften, eigenständige Unternehmen gingen in Kapitalgesellschaften auf, in denen nur noch der sharehoulder value der einzelnen Abteilungen zählte.

Die Umwälzung der westlichen Industriegesellschaften hatte nicht nur nachhaltigen Einfluss auf die Klassenbeziehungen, sondern veränderte auch die Wahrnehmung der gesellschaftlichen Wirklichkeit. Die industrielle Arbeiterschaft ging auf in einer zunehmend atomisierten Gesellschaft – ihre Lebensbedingungen, ihre Arbeitsverhältnisse wurden regelrecht unsichtbar. Dies gilt umso mehr für den Teil der Industriearbeit, der fortan – z.T. unter katastrophalen Bedingungen – in anderen Teilen der Welt ausgeführt wurde. In den neoliberalen Deutungsmustern, die sich spätestens in den 1990er Jahren in allen Teilen von Politik und Gesellschaft bis hin zu den Zentralen der Gewerkschaften durchsetzten, verschwand die Kategorie „Industriearbeit“ weitgehend aus dem Vokabular und aus der öffentlichen Wahrnehmung. Nicht zufällig geht es heute bei verschiedenen Protestbewegungen genau um dieses Gefühl, mit seinen spezifischen Interessen und Blickrichtungen nicht mehr wahrgenommen zu werden. Selbst die Soziologen deuteten die Gesellschaft nicht mehr primär als Arbeitsgesellschaft, sondern in Kategorien wie „Erlebnisgesellschaft“ (Gerhard Schulze) oder „Risikogesellschaft“ (Ulrich Beck).

In dieser Konstellation wurde jeder zu seines Glückes Schmied; der Stolz und das Selbstbewusstsein der Arbeiterschaft wich einer individualisierten Existenz ohne jede Bindung an ein Kollektiv. Die traditionelle Fabrik als Ort solidarischer Klassenbeziehungen und sozialer Bindungen hatte aufgehört zu existieren. Industriearbeit wurde als Kultur vornehmlich der Mittelschichten zu einer der Bewältigungsstrategien für den Strukturwandel. Die nostalgische Welle der Gründung von Industriekultur-Museen im ganzen Land war eines der Indizien für das Verschwinden der Industriearbeit und damit der Industriearbeiterschaft.

Vor diesem Hintergrund bietet die vorliegende Studie einen exemplarischen Einblick in die Genese und Geschichte einer typischen deutschen Maschinenfabrik und einen Eindruck von einer vergangenen Arbeitswirklichkeit, dessen Relevanz in beiden Fällen weit über die Geschichte dieser Stadt hinausreicht. Wir hatten keinen Zweifel, dass sie auch deshalb wie vor eine Veröffentlichung verdient. Dabei sind wir zu der Auffassung gelangt, dass hierbei gar der unveränderten ursprünglichen Version aus dem Jahre 1993 ein besonderer Zeugniswert zukommt. Wir beließen es deshalb bei dem damals auf Grund der vorliegenden Archivbestände und vor allem den Erinnerungen der Interviewpartner gewählten zeitlichen Rahmen von den Anfängen der Maschinenfabrik Kieserling bis in die Zeit um 1960. Durch die Übernahme des Archivs der Fa. Th. Kieserling & Albrecht in die Bestände des Stadtarchivs Solingen nach Fertigstellung des Manuskriptes wäre die Bearbeitung der letzten Jahrzehnte der Firmengeschichte durchaus möglich gewesen. Angesichts des ohnehin grenzwertigen Umfangs der vorliegenden Publikation haben wir davon abgesehen.

Mehr als 270 Abbildungen machen aus der Geschichte der Maschinenfabrik Th. Kieserling & Albrecht ein gewichtiges „Bilderbuch" mit eigenem Quellenwert. Dabei handelt es sich aber nur um einen kleinen Ausschnitt der umfangreichen Sammlung von Fotos aus dem Firmenarchiv Kieserling. Weitere Motive zur Unternehmensgeschichte, zu Maschinen und Gebäuden sowie die private Foto-Überlieferung einzelner Mitglieder der Unternehmerfamilie warten auf ihre Entdeckung.

Wir danken denen, deren Förderung diese Veröffentlichung überhaupt erst möglich gemacht hat:

dem Förderverein Industriemuseum Solingen e.V

der Stadtsparkasse Solingen

und abermals Clemens Nassenstein.

Jochem Putsch, Ralf Rogge
Solingen, im November 2020

Vorbemerkung 1993

Das vorliegende Lesebuch lässt sich weder hinsichtlich seiner Genese und Methode noch hinsichtlich seiner Resultate in den Kreis traditioneller Unternehmensgeschichten einreihen. Schon der Anlass fällt aus dem Rahmen; es verdankt seine Entstehung weder einem Firmenjubiläum, noch war es durch vordergründige Public-Relations-Erwägungen motiviert.[9]

Wenngleich der Anstoß zu dieser Firmengeschichte aus der Firma Kieserling selbst kam, so fällt er doch in eine Zeit des allgemein gestiegenen Interesses an Geschichte. Die Erklärungen für dieses Phänomen sind vielfältig.[10] Die Erfahrung rascher gesellschaftlicher Veränderung bedingt die Forderung nach der Geschichte als dem Bleibenden und Dauerhaften. Bereits Bert Brecht vermutete: "Wenn schon der Blick nach vorne im Nebel endet, dann will man wenigstens durch eine klare Beschreibung der Wurzeln, aus denen man stammt, Sicherheit gewinnen oder durch farbige Bilder aus Zeiten, in denen alles so ganz anders war, abgelenkt werden."[11]

Moderne Industrieunternehmen wie die Firma Th. Kieserling & Albrecht haben sich zu komplexen Apparaten entwickelt, in denen die Eigendynamik der technischen und organisatorischen Struktur besonders für Außenstehende kaum noch durchschaubar ist. Nahezu alle betrieblichen Abläufe sind im Hinblick auf das ökonomische Betriebsziel rational geplant, wobei spontanen menschlichen Beziehungen zunehmend der Raum entzogen wird. Als Folge der Elektronifizierung der Arbeit kommunizieren die Menschen zuweilen bereits mit Hilfe von Codes und Chiffren. Die Arbeitswelt hat sich für alle Beteiligten in einem enormen Tempo verändert und wird sich mit dem zunehmenden Einsatz von Mikroelektronik weiter verändern. Die Auswirkungen auf die Lebensverhältnisse sind noch nicht absehbar, doch bereits jetzt wird von vielen Seiten eine „Identitätskrise" diagnostiziert, die sich nicht allein durch Lohnerhöhungen und Arbeitszeitverkürzungen bewältigen lässt.

In diesem Zusammenhang steht auch die wachsende Nachfrage nach historischen Dienstleistungen, wobei erst neuerdings entdeckt wurde, dass auch die industrielle Arbeitswelt eine Geschichte hat. Eine öffentliche Reflexion der ungeheuren Intensivierung, Verwissenschaftlichung und internationalen Vernetzung der Industrieproduktion fand bislang kaum statt. *„Hier herrscht ein gewaltiger Nachholbedarf in der Verständigung der Industriegesellschaft mit sich selbst."*[12]

Die Funktion, die eine Publikation wie die vorliegende vor diesem Hintergrund haben kann, hat Wolfgang Ruppert treffend formuliert: *„Vielleicht gelingt es uns, aus dem Vergleich unserer eigenen Lebens- und Arbeitssituation mit derjenigen von Menschen, die vor uns sich zurechtfinden mussten, zu lernen und uns besser zu orientieren. Vielleicht können wir dann auch genauer sehen, welche Zukunftsmöglichkeiten wir fördern wollen, aber auch, was veränderungsbedürftig ist und verbessert werden kann."*[13]

Die Firma Th. Kieserling & Albrecht hat als eine der ältesten Solinger Maschinenfabriken viele politische Systeme und Krisenzeiten durchlebt: das Wilhelminische Reich, die Weimarer Republik, das Nazi-Regime, die Herrschaft der Besatzungsmacht; sie überstand zwei Weltkriege, die Revolution, die Inflation der frühen und die Weltwirtschaftskrise der späten zwanziger Jahre. Die Firma hat diese Wechsellagen überdauert und dabei gar ein Familienunternehmen bleiben können. Im Zeitraum von wenigen Jahrzehnten seit ihrer Gründung im Jahre 1873 hatte sich die Firma Kieserling von einem handwerklich strukturierten, auf den regionalen Markt bezogenen Kleinbetrieb zu einem Industriebetrieb mit mehreren hundert Beschäftigten und einem weltweit nachgefragten Produktionsprogramm entwickelt. Die Firma Kieserling galt zu allen Zeiten und gilt bis heute als solides und seriöses Unternehmen. Dies mag sicherlich mit der Solidität und Qualität der Produkte - Schwermaschinen verschiedener Bauart - zusammenhängen; begründet wurde dieser Eindruck jedoch zweifellos auch durch die Eigenart der unternehmerischen Leistung.

Helge Pross betont: *„Entscheidend ist, welches Bild sich Unternehmer von der wünschenswerten inneren Ordnung des Unternehmens machen, wie sie seine Stellung in Stadt, Staat und Gesellschaft sehen, welche persönlichen Ziele sie verfolgen. Davon hängt ab, ob und wie das Unternehmen die nicht selbst verschuldeten Krisen übersteht, ob und wie es in hausgemachte Krisen gerät, ob und wie es gelingt, das Gesamtgebilde veränderten Umständen anzupassen, ob und wie die immer neuen Herausforderungen und Gefährdungen bewältigt werden."* [14]

Nun ist der historische Prozess nicht einfach mit den Intentionen, Handlungen und Handlungsergebnissen der Menschen identisch. Bereits Brechts "Fragen eines lesenden Arbeiters" deuten darauf hin, dass die unternehmerische Leistung nicht möglich gewesen wäre ohne die Mühsal der tag ein, tag aus das Fabriktor passierenden „Masse" der im Falle des Maschinenbaus überwiegend hochqualifizierten Facharbeiterschaft.

Die Geschichte einer Fabrik ist somit immer auch die Geschichte der darin Arbeitenden. Wenn die Unternehmensgeschichte bislang nur relativ wenig Beachtung durch die allgemeine Wissenschaftsgeschichte fand, dann auch deshalb, weil dieser Umstand konsequent verdrängt wurde.

Die einzigartige Offenheit und Aufgeschlossenheit der heutigen Geschäftsführung der Firma Kieserling, die ein modernes und auch kritisches Verständnis der Unternehmensgeschichte nicht nur geduldet, sondern in vielerlei Hinsicht auch gefördert hat, ermöglichten es, den Arbeits- und Lebenserinnerungen der Menschen, die bei Kieserling gearbeitet haben, einen zentralen Stellenwert zuzuordnen. Die Absicht war es, ein Buch zu realisieren, in dem sich die Beschäftigten und ehemaligen Beschäftigten der Firma Kieserling wiederfinden, über Generationen hinweg anschauen können.

Ralf Rogge hat dabei die mit mühseliger Archivarbeit verbundene Aufgabe übernommen, den reinen unternehmens- und familiengeschichtlichen Teil, die ersten Jahrzehnte

Arbeitergeschichte sowie die Baugeschichte der Fabrik zu erstellen.

Die Erinnerungen von ehemaligen Beschäftigten, die von mir in den Jahren 1985 - 1988 mit dem Tonband aufgezeichnet wurden, bilden den Grundstock des als Arbeitergeschichte verstandenen Teiles dieser Firmengeschichte.

Die Befragungen der ehemaligen Kieserling-Mitarbeiter waren für mich eine nachhaltige und beeindruckende Erfahrung - dies weniger in akademischer als in persönlicher Hinsicht. In vielen Fällen war ich regelrecht fasziniert von der Würde und dem Charme des Alters, der geradlinigen und aufrechten Lebenshaltung und der Menschlichkeit, die mir wohl auch als Folge der lebensgeschichtlichen Perspektive der Interviews entgegentrat.

Ich möchte allen Gesprächspartnern und auch den z.T. mitwirkenden Ehefrauen ganz herzlich danken und hoffe, das Vertrauen möglichst vieler mit der vorliegenden Veröffentlichung noch erwidern zu können. Der Dank gilt auch Frau Blocksiepen und Frau Hammerstein, besonders aber Frau Novak, die das anstrengende Geschäft der Transkription der Interviews und der oft unleserlichen Manuskripte übernommen haben. Herr Policke hat die Anfertigung von Zeichnungen für das Bau-Kapitel übernommen. Ihm sei herzlich gedankt.

Ausdrücklicher Dank sei ganz besonders an Herrn Clemens Nassenstein gerichtet, auf dessen Initiative die vorliegende Publikation zurückgeht und ohne dessen offenkundige Begeisterungsfähigkeit und Freundschaftlichkeit es nicht möglich gewesen wäre, diese in der Freizeit erarbeitete Studie über Jahre hinweg zu betreiben.

Dem fachlich nicht vorgebildeten Leser sei empfohlen, das nachfolgende Einleitungs-Kapitel mit dem bewusst abschreckenden Titel "Anmerkungen zur Methode" einfach zu überspringen.

Jochem Putsch
Solingen, im Februar 1993

Inhalt

30 Jahre danach - Vorbemerkung 2020 *5

Vorbemerkung 1993 *13

Jochem Putsch
Anmerkungen zur Methode **5**

Jochem Putsch
Grundlinien der Entwicklung des Maschinenbaus in Deutschland 1850 - 1860 **13**

Ralf Rogge
Die Geschichte der Firma Th. Kieserling & Albrecht als Unternehmergeschichte **29**
- Theodor Kieserling (1843 - 1901) **31**
- Die zweite Generation oder die Söhne Kieserling **91**
- Die Ära Carl Hölzer 1945 - 1961 **121**
- *Wir haben natürlich eine Menge mehr erlebt, was andere Leute nicht erlebten"* - Erinnerungen von Josa Hensel-Kieserling **127**

Die Geschichte der Firma Th. Kieserling & Albrecht als Arbeitergeschichte **149**
- *Ralf Rogge*
  Maschinenbauer und Gießereiarbeiter 1873 - 1933 **151**
- *Jochem Putsch*
  Die Zeit des Nationalsozialismus **215**
- Nachkriegszeit **273**

Jochem Putsch
„Langjährige Erfahrungen - Große Erfolge"
Zur Geschichte des Produktionsprogramms **321**

Ralf Rogge
„Mehr als die Hülle der Fabrik“
Baugeschichte und Fabrikarchitektur **363**

Jochem Putsch
Arbeit, Arbeiterbewusstsein und Alltagswirklichkeit bei Kieserling 1918 – 1960 **423**
Eine Einführung **425**
Erinnerungen an die Ausbildung und die berufliche Laufbahn 429
Erinnerungen an Arbeit und Beruf 459
Die andere Geschichte der Arbeit 523
Aspekte der Lohnfrage zwischen Arbeitsvorbereitung und Lohntüte 535
Unfälle und Gesundheitsbewusstsein 551
Begegnungen mit den Unternehmern 559
Aus der "Glanzzeit" des Werkchors 575

Anmerkungen und Abbildungsverzeichnis **581**

Anmerkungen zur Methode

In den Geschichtswissenschaften macht sich seit einigen Jahren eine Verschiebung der Erkenntnisinteressen bemerkbar, die auch in der vorliegenden Arbeit zum Tragen kam. Die Berufung auf einen gesetzlichen Gang der Geschichte - sei es zum Sozialismus oder zum allgemeinen menschlichen Fortschritt - ist fragwürdig geworden. Damit wurde es möglich, den historischen Gesamtprozess bruchstückhaft von seinen Details und sozusagen von innen her zu betrachten. Durch „eine unaufhaltsame Annäherung an das Einzelne“[1] wurde das Verhältnis von Mitte und Rand des historischen Gesamtprozesses geradezu umgekehrt[2]. Dabei wird davon ausgegangen, dass sich die Struktur des Ganzen der Gesellschaft bzw. der Geschichte auch in der Struktur ihrer Teile wiederfindet. In unzähligen Mikrostudien werden die Details, die kleinen Welten, Dörfer, Betriebe, Stadtviertel, Firmen oder Lebensläufe, als elementare Bestandteile historischer Wirklichkeit in den Mittelpunkt des historischen Interesses gerückt. Während die traditionelle Geschichtswissenschaft wie ein Vogel über die historischen Landschaften fliegt und nur die markanten Punkte und Ereignisse wahrnehmen kann, bewegt sich die neue Art der Geschichtsbetrachtung wie eine Schnecke durch die Mikrowelten und -wirklichkeiten am Boden[3]. Auch im Sinne einer sozialen Positionseinnahme wird hier Geschichte gleichsam „von unten“ betrachtet, wobei die verschiedensten Aspekte der alltäglichen Lebenswirklichkeit in den Blick geraten.[4]

Der betriebliche Arbeits- und Lebenszusammenhang ist dabei jedoch bislang vernachlässigt worden. Die Herausbildung von Fabriken führte dazu, dass die im Handwerk noch öffentlich einsehbare Produktion mehr und mehr hinter Mauern und Fabriktoren verschwand. Die Produktionswelt wurde aus verschiedenen Gründen - Sicherheit, Kontrolle, Eigentum, Konkurrenz, Technik, Betriebsgeheimnisse - hermetisch abgeriegelt, so dass sich mit zunehmender Industrialisierung ein Entwöhnungsprozess gegenüber der industriellen Arbeitswelt durchsetzte.

Die Ansätze zu einer „Betriebsgeschichtsschreibung von unten“ stecken in der Bundesrepublik noch weitgehend in den Anfängen. Bernd Faulenbach hat jedoch einige methodologische Grundzüge formuliert, die in der vorliegenden Studie berücksichtigt werden konnten.[5] Anders als die industrienahe Firmengeschichte begreift die Betriebsgeschichte von unten die arbeitenden Menschen nicht ausschließlich als Objekt, sondern auch als Subjekt. Der Betrieb erweist sich dabei als ein für die Beschäftigten zentraler sozialer Erfahrungsraum, der engstens mit dem Lebensschicksal der Einzelnen verknüpft ist. Hier liegt ein Potential konkreter und struktureller Erfahrungen vor, ohne die ein solch komplizierter Organismus wie eine Fabrik überhaupt nicht funktionieren könnte. Eine hintergründig zentrale Fragestellung der vorliegenden Studie war die nach den in jeweils spezifische historische sozioökonomische und situative Zusammenhänge eingebetteten informellen sozialen Beziehungen in einem Unternehmen.

Die gewählte erkenntnistheoretische Perspektive bedingt eine spezifische Auswahl und Gewichtung des Quellenmaterials, die sich zugleich auch in sozusagen pragmatischer Hinsicht von der Konstellation der Materiallage her aufdrängte: Schriftliche Quellen standen für die vorliegende Untersuchung nur in sehr begrenztem Umfang und zudem extrem lückenhafter Weise zur Verfügung.[6] Das Kieserling - Firmenarchiv wurde im Bombenhagel des 4. und 5. November 1944, der das Betriebsgelände schwer zerstörte, vernichtet. Auch für die Zeit nach 1945 galten in dem auf fortschreitende ökonomische Rationalität orientierten Unternehmen allenfalls produktbezogenes Prospektmaterial und Unterlagen zu Jubiläen herausragender Persönlichkeiten bzw. Mitarbeiter als erhaltenswert.

Analog dazu lassen die vorhandenen Selbstdarstellungspublikationen[7] jegliche Spur von Historizität vermissen. Es handelt sich fast ausschließlich um reines Prospektmaterial[8]. In diesem Zusammenhang ist andererseits eine Quelle entstanden, die bei all ihrer Problematik für die vorliegende Untersuchung eine wichtige Bedeutung hatte: Die Firma Kieserling verfügt für die Zeit ab den 1920er Jahren über einen immensen Bestand an Industriefotografien, die sich zwar überwiegend auf die Produkte beziehen, die jedoch unter Berücksichtigung der weitergehenden Selbstdarstellungs- und Repräsentationsbedürfnisse eines Unternehmens auch einige Motive aus den Fertigungshallen und dem betrieblichen Leben abbilden.[9] Wir wissen, dass die Fotografie, bis sie schließlich ins Archiv aufgenommen wird, um späteren Zeiten Anschauungsmaterial von Umfang, Zustand und Geschichte des Unternehmens zu übermitteln, die verschiedensten Filter mit dem Ziel durchläuft, ein positives Bild der eigenen industriellen und wirtschaftlichen Leistung zu erzeugen. Die Fotografien können somit nicht betrachtet werden, als seien sie neutrale, unschuldige und selbstlose Medien. Sie liefern uns einen anschaulichen Einblick in das Selbstbild des Unternehmens. Dies macht sie besonders als Kontrastmaterial einer Betriebsgeschichte von unten interessant.

Das Schwergewicht der Materialerhebung für die vorliegende Publikation lag aufgrund der Quellensituation und der bereits skizzierten erkenntnistheoretischen Entscheidungen auf der Befragung von Zeitzeugen, von ehemaligen und langjährigen Firmenangehörigen. Die mündliche Geschichtsforschung (Oral History) soll Lebensvorgänge festhalten, die keinen oder nur ungenügenden Niederschlag in schriftlichen Quellen gefunden haben. Auf diese Weise ermöglicht sie es, Schichten und Kreisen ihre geschichtlichen Erfahrungen mitzuteilen, die weder Gelegenheit noch Fertigkeit, weder Mittel noch Medien besitzen, dies auf andere Weise zu tun.[10] Seit der Gründung der Firma Kieserling im Jahre 1873 haben außer den verschiedenen Unternehmergenerationen selbst vermutlich mindestens zehn- oder gar zwanzigtausend Menschen in diesem Betrieb gearbeitet.

Was ist von ihnen geblieben? Ihre Arbeit ist eingegangen in Produkte, die den Namen des Firmengründers Theodor Kieserling tragen. Was bleibt, sind bestenfalls Belegschaftsfotos oder Jubiläumsurkunden sowie Erinnerungen, die niemandem mitgeteilt werden. Peter

Schirmbeck fordert zu Recht: *„Es gilt einen Rechen in den Fluss der Zeit, den Ablauf von Menschenleben zu legen, um etwas zurückzuhalten".*[11] Oral History-Projekte wie das diesem Buch zugrundeliegende versuchen, dem Versiegen von Geschichte entgegenzutreten. Oral History hat sich hierbei als eine fruchtbare Methode zur Erschließung des Innenlebens der industriellen Produktion erwiesen. Nicht nur, dass konkrete Arbeitsvorgänge oder auch Maschinen und technische Anlagen sehr konkret beschrieben wurden, auch konnte das komplizierte informelle Interaktionsgeflecht einer Fabrik - zudem unter verschiedenen historischen Rahmenbedingungen - sehr lebendig beschrieben werden. Die mit dem Arbeitsleben verbundenen Gefühle, die persönlichen Erfolge, Enttäuschungen, Ängste und Hoffnungen wurden in ihrem Kontext nachvollziehbar.

Die zentrale Rolle, die Oral History im Rahmen dieser Betriebsgeschichte spielt, gebietet es, auf die Verwendung und die Problematik dieser Quelle an dieser Stelle kurz einzugehen. Das Gespräch mit Zeitzeugen ist an sich eine mögliche Quelle wie jede andere auch. Auch bei schriftlichen Zeugnissen hat sich der Historiker quellenkritisch damit auseinanderzusetzen, dass die Wahrnehmung des Autors subjektiv gefärbt und durch den Filter des Gedächtnisses sowie später gewonnener Einsichten und Erfahrungen gegangen ist. Auch die als Oral History mitgeteilten Erinnerungen sind somit den Methoden der Quellenkritik zu unterwerfen und mit anderen Quellen zu konfrontieren. Schwierig wird es jedoch, wenn - wie im Falle der Firma Kieserling - schriftliche Zeugnisse nicht oder nur in unzureichender Form zur Verfügung stehen.

„Die zeitliche Distanz zwischen der Herstellung der Quellen, bei der der Historiker selbst mitwirkt und dem Zeitraum, über den sie etwas aussagen, macht eine besonders sorgfältige Quellenkritik erforderlich."[12]

Hierzu vorab einige generelle Anmerkungen, die es dem Leser ermöglichen, die später wiedergegebenen Interviewpassagen quellenkritisch einzuordnen. Die durch mündliche Befragung erhobenen Erinnerungen sind keine objektiven Spiegelbilder vergangener Wirklichkeit und Wahrnehmung, man denke allein an die Selektivität des Gedächtnisses. So prägen sich möglicherweise Situationen, in denen jemandem etwas Neues begegnet ist, für das es noch keine Verarbeitungsmuster gab, plastischer ein, als das Normale, das Alltägliche etwa der betrieblichen Lebenswirklichkeit, das ja in unserem Zusammenhang von besonderem Interesse war. Aus der Erinnerung heraus lassen sich Unterschiede genauer beschreiben als Ähnlichkeiten. „Gerade von heutigen Erwartungen abweichende Alltagskulturen, die vielleicht heute überhaupt nicht mehr auffindbar sind, stimulieren das Gedächtnis zur Mitteilung. Was in der Vergangenheit aber so ähnlich war, wie es jetzt ist, verschwimmt in der Normalität.[13] Unangenehmes und auch Erlittenes wird gerne verdrängt, harmonisiert oder durch spätere Erfahrungen überlagert.[14] Die hier abstrakt geschilderten Probleme von Oral History waren auch in den dieser Arbeit zugrundeliegenden Interviews in vielerlei Hinsicht wirksam. Es entstanden Gesprächssituationen, in denen

Erklärungs- und Rechtfertigungsbedürfnisse spürbar wurden; selbststilisierte Geschichten wurden so angelegt, dass der Erzähler in ihnen gut abschnitt, betriebsgeschichtliche Ereignisse und Begebenheiten wurden vergessen oder waren nur noch schwach in Erinnerung geblieben.

Die Tatsache, dass in der mündlichen Überlieferung Vergangenes durch das Prisma späterer Erfahrungen gebrochen wird, wird besonders dann zum Problem, wenn jene als eine authentische Rekonstruktion der Vergangenheit ausgegeben wird.[15] Dies ist jedoch in der vorliegenden Studie an keiner Stelle beabsichtigt, ganz im Gegenteil: Aus der Sicht der Verfasser lag in der häufig als Handicap gewerteten Subjektivität von Oral History gerade ihre Stärke.

In diesem Sinne diente die mündliche Befragung dazu, die geschichtliche Prägung zur Geltung zu bringen und - nicht zuletzt auch durch die Veröffentlichung - zu einer möglichst breiten Verarbeitung früherer Wahrnehmungen als Vorstrukturierung künftiger Wahrnehmungen beizutragen. Dem liegt die Annahme zugrunde, dass die Erfahrung von Veränderungen im eigenen Arbeits- und Lebensbereich die Grundlage eines reflektierten geschichtlichen Bewusstseins darstellen könnte. Oral History fixiert Erfahrungen, die verloren zu gehen drohen.[16] Die Geschichte eines Betriebes könnte sich dabei als Mikrowelt erweisen, die in einiger Hinsicht Exemplarität für den Gesamtprozess beanspruchen darf. Die für die vorliegende Studie in Kooperation mit der Geschäftsführung und einem für die Betreuung der Betriebssenioren zuständigen ehemaligen Kieserling-Mitarbeiter ausgewählten Interviewpartner hatten ein wesentliches Merkmal gemeinsam: Fast durchweg handelte es sich um ehemalige Betriebsangehörige, die mehrere Jahrzehnte - häufig zwischen 40 und 50 Jahre - bei der Firma Kieserling beschäftigt gewesen waren. Der Zeitraum ihres Wirkens in der Firma Kieserling steht auch im Mittelpunkt der vorliegenden Firmengeschichte: Die Erinnerungen vieler Gesprächspartner reichen noch bis in die zwanziger Jahre, als sie bei der Firma Kieserling eine Lehre absolviert haben, zurück. Der Zeitpunkt ihres Ausscheidens aus dem Betriebsgeschehen, der meist in den beginnenden 1970er Jahren angesiedelt ist, markiert die obere zeitliche Grenze, die im wesentlichen jedoch bereits früher, nämlich um 1960, angesetzt ist. Der älteste Gesprächspartner war Jahrgang 1903, der jüngste Jahrgang 1919, im Durchschnitt waren sie 74 Jahre alt. Es wurde darauf geachtet, möglichst viele Arbeitsbereiche der Firma Kieserling abzudecken und Vertreter verschiedener Berufe zu Wort kommen zu lassen. Abgesehen davon, dass in der Regel nur noch diejenigen, die am Ort der Befragung lebten und in zumindest sporadischem Kontakt zu (der Seniorengruppe) der Firma standen, einbezogen wurden, während die Perspektive jener, die der Firma den Rücken gekehrt hatten, weitgehend unberücksichtigt blieb, war die Auswahl der Gesprächspartner durchaus repräsentativ.

Denn eine extrem hohe Verweildauer im Betrieb - sieht man einmal von der Kriegszeit ab - darf als ein charakteristisches Merkmal der Kieserling-Belegschaft überhaupt angesehen werden. Insofern sollte auch die Tatsache, dass alle Gesprächspartner zum Teil trotz einzelner negativer Erfahrungen ein ausgesprochen loyales, fast familiäres Verhältnis zur „Firma" bzw. Firmenleitung hatten, nicht allein als Ausdruck der Gesprächssituation (Gespräch mit einem von der Firmenleitung angekündigten und autorisierten Interviewer) gewertet werden. Die Sicht der Firma wurde vielmehr durch langjährige, eigene Erfahrungen bestimmt, wobei sich natürlich nicht ausschließen lässt, dass vieles aus der Perspektive des Pensionärs in einem helleren Glanz erscheint, als es ursprünglich gewesen sein mag. Eine für viele gleichermaßen nachhaltige Erfahrung des Arbeitslebens bei der Firma Kieserling war das - aus der Retrospektive verstärkte - Gefühl der relativen Sicherheit des Arbeitsplatzes. Die Mehrzahl der Gesprächspartner hatte erlebt, dass es der Firma durch eine kluge Absatzpolitik gelungen war, die Zeit der Weltwirtschaftskrise, die sich in der übrigen Solinger Wirtschaft besonders krass auswirkte, gut zu überstehen. Viele waren während des Zweiten Weltkrieges reklamiert oder hatten in den Wirren der Nachkriegszeit bei der Firma Kieserling ihre Arbeit, die ihnen emotionale, soziale und materielle Sicherheit bot, wiederaufnehmen können. In der Hochkonjunkturphase der 1950er Jahre, von der Industrieausrüster wie die Firma Kieserling besonders profitierten, war es üblich, hart und lange zu arbeiten. In dieser Zeit konnte es vorkommen, dass die Firma bei gefragten Facharbeitern mit günstigen Krediten beim Eigenheimerwerb Pate stand. Und selbst im Alter fühlte man sich von der Firma nicht im Stich gelassen. Die Führungskräfte zeichneten sich durch ein partriarchalisch-partnerschaftliches Verhältnis zu den Arbeitern aus. Sie ermöglichten älteren Arbeitnehmern einen würdevollen Ausstieg aus dem Arbeitsleben, bei dem das im Laufe der Jahre entwickelte Selbstbewusstsein eines qualifizierten Facharbeiters keinen Schaden nahm. In der von der jetzigen Geschäftsführung ausgehenden, engagierten Seniorenarbeit werden die sozialen Kontaktbedürfnisse untereinander und auch der identitätsprägende Kontakt zur Firma weiterhin in Veranstaltungen, Ausflügen und Aktionen gepflegt.

Eine Einschränkung hinsichtlich der Repräsentativität der Zusammensetzung der Befragten muss jedoch erwähnt werden: Die Gruppe der Angestellten war nicht proportional vertreten. Dieser Nachteil, der dadurch bedingt war, dass - auch angesichts des quantitativ geringeren Potentials - geeignete Gesprächspartner kaum zur Verfügung standen, wird dadurch, dass hier einige besonders ergiebige Gespräche stattgefunden haben, nur unzureichend aufgehoben.

Die Interviews wurden in der zweiten Jahreshälfte 1985 und Anfang 1988 durchgeführt. Sie fanden nach vorangegangener schriftlicher Ankündigung durch den Geschäftsführer und telefonischer Anmeldung durch den Interviewer in den Wohnungen der Befragten statt. Die gewohnte Umgebung gab den Gesprächspartnern Sicherheit und ermöglichte es ihnen, zuweilen ihre Schilderungen durch - häufig bereits vorbereitete - persönliche Dokumente und Fotos abzusichern. Einige dieser Unterlagen haben Eingang in die vorliegende Publikation finden können. Die Gespräche mit ehemaligen Betriebsleitern wurden in der Firma geführt.

In allen Gesprächen bildete sich bereits sehr rasch ein vertrautes Verhältnis, das das mitlaufende Tonband vergessen ließ oder umgekehrt dazu führte, dass es in „prekären" Situationen abgeschaltet werden musste. Die Gespräche waren zwar durch einen Kanon von Fragestellungen vorstrukturiert, wurden jedoch von dem Interviewer relativ offen und assoziativ geführt. Zunächst wurden in einem biographisch orientierten Kurzdurchgang markante Stationen des Arbeitslebens skizziert. Anschließend fand ein - häufig zu späteren Terminen fortgesetztes - intensives Gespräch statt, in dem die Fragestellungen an geeigneter Stelle Berücksichtigung fanden. Im Durchschnitt dauerten die Interviews etwa zwei Stunden, maximal etwa fünf Stunden. In einigen Fällen waren - wenigstens für Teile des Gesprächs - auch die Frauen der, von Ausnahmen abgesehen, ausschließlich männlichen Gesprächspartner anwesend. Nur selten schalteten sie sich in das Gespräch ein. An ihren Beiträgen war erkennbar, dass sie die vergangene betriebliche Realität ihrer Ehepartner aus deren Erzählungen sehr genau kannten. Häufig gingen deshalb von ihnen sehr wertvolle Anregungen für den Gesprächsverlauf aus.

Trotz der Ausblendung des privaten und des Freizeitbereiches in den Interviews und bei allen Tendenzen zu einer Nivellierung von Bewusstsein und Habitus, die von der Entwicklung der Arbeit auszugehen scheinen, hatte jeder der Befragten eine unvergleichbare Individualität als Arbeiter, Angestellter oder Betriebsleiter. Jeder hatte seine eigene Geschichte, sein eigenes Verhältnis zu Arbeit, Kollegen und Betrieb. Diese Geschichten lassen sich nicht einfach zu einer Geschichte der Firma Kieserling addieren. Sie bleiben biographisch einzigartig und lassen sich nur in dem interaktiven Kontext, in dem sie entstanden sind, wirklich interpretieren. Dies jedoch war im Rahmen der vorliegenden Publikation nicht beabsichtigt und auch nicht möglich. Auch wenn es meist gelungen sein mag, den Eigensinn der Überlieferungen in ausführlichen Zitaten zu erhalten, wurden die erzählten Geschichten ihres ursprünglichen Entstehungszusammenhanges beraubt.[17]

Die Tonband-Interviews wurden für die Firmengeschichte bis auf einige Ausnahmen in die Schriftform überführt und anonymisiert. Zu den jeweils wiedergegebenen Interviewpassagen sind Beruf und Jahrgang des Gesprächspartners angegeben. Auch die in den Interviewpassagen erwähnten Personen sind bis auf wenige ohnehin bekannte Führungspersonen anonymisiert worden und zu weitgehend unkommentierten Erzählpassagen mit gleichem Themenbezug montiert. Natürlich war dabei nicht auszuschließen, dass einzelne Textpassagen auch Aspekte enthalten, die in anderen Kapiteln als denjenigen, zu denen die Zuordnung erfolgte, behandelt werden. Dabei haben sich sowohl systematisch als auch chronologisch bestimmte Kapitel ergeben, die in Verbindung mit dem übrigen Quellenmaterial präsentiert werden. Die Erzählpassagen wurden sprachlich leicht überarbeitet.

Grundlinien der Entwicklung des Maschinenbaus in Deutschland von 1850 bis 1960

Die Gründung der Firma Kieserling und Albrecht im Jahre 1873 fällt in eine Zeit des rasanten industriellen Aufschwungs.

Nur wenige Zahlen mögen das Ausmaß der wirtschaftlichen Entwicklung im letzten Drittel des 19. und zu Beginn des 20. Jahrhunderts verdeutlichen:[1] Das Streckennetz der Eisenbahn in Deutschland wuchs von etwa 5000 Kilometern im Jahre 1850 auf mehr als 61000 Kilometer im Jahre 1910. Im gleichen Zeitraum wuchs die Roheisenproduktion von 245.000 auf 14,8 Millionen Tonnen. Mit der industriellen Produktion stieg die Bevölkerungszahl. Sie erhöhte sich zwischen 1850 und 1900 von 34 auf 65 Millionen. Seit der Mitte des 19. Jahrhunderts waren vom Ausbau des Eisenbahnverkehrs entscheidende Impulse für die Industrialisierung ausgegangen. Der Eisenbahnbau war nicht allein für die Schaffung eines Transportsystems, sondern besonders auch als Markt für den entstehenden Maschinenbau bedeutsam. Der Maschinenbau entwickelte sich dabei zunehmend zu einem bestimmenden Faktor des industriellen Aufschwungs. Schließlich waren die technischen Produktionsinstrumente eine entscheidende Voraussetzung dieses Prozesses. Nachdem bereits in der ersten Hälfte des 19. Jahrhunderts die wichtigsten Grundformen der spanenden Werkzeugmaschinen entwickelt und somit die Grundlagen für die Ausbreitung des Maschinenbaus gelegt worden waren, löste der Maschinenbau in den Jahrzehnten, die auf die Gründung des Deutschen Reiches im Jahre 1871 folgten, den Eisenbahnbau in seiner Funktion als industrieller Leitsektor ab. Der Maschinenbau war einer der größten Arbeitgeber der deutschen Industrie überhaupt. Nach den Ergebnissen der Gewerbezählung vom 1. Dezember 1875 existierten im Deutschen Reich in der Gruppe Maschinen, Werkzeug, Apparate 9978 Fabriken mit 154.096 Arbeitern, wovon 2941 Fabriken ("mit mehr als 5 Gehilfen") 142.473 Personen beschäftigten.[2] Die deutschen Maschinen, die noch 1876 auf der Weltausstellung in Philadelphia als billig und schlecht galten[3], erhielten auf der Weltausstellung 1893 in Chicago die meisten der vergebenen Preise. Die deutsche Werkzeugmaschinenindustrie erlangte eine Spitzenposition, die sie bis heute behaupten konnte.

Auch in quantitativer Hinsicht hatte die Maschinenbauindustrie einen gewaltigen Schub getan. Zwischen 1872 und 1911 steigerte sich der deutsche Maschinenexport dem Wert nach auf mehr als das 15 fache, während sich die deutsche Gesamtausfuhr lediglich verdreifachte.[4] In den Jahren von 1888 bis 1913 war das Wachstum des Maschinenbaus etwa doppelt so hoch wie das der gesamten Industrieproduktion.[5] Von 1882 bis 1907 stieg die Zahl der Maschinenbaubetriebe mit 6 bis 50 beschäftigten Personen auf beinahe das Dreifache (von 4353 auf 11.798), während die Anzahl der Betriebe mit mehr als 50 Beschäftigten auf das Vierfache (von 894 auf 3.409) anstieg.[6] Im Zeitraum von 1895 bis 1907 wuchs die Gesamtbevölkerung Deutschland um 19 Prozent, die Beschäftigten des Maschinenbaus nahmen im gleichen Zeitraum um beinahe 100 Prozent, von etwa 0,58 Millionen auf etwa 1,12 Millionen, zu.[7][8]

Ältere graphische Darstellungen bzw. Stiche zeigen noch Handwerker bei körperlicher Arbeit.[9] Die spanenden Werkzeugmaschinen lösten die Handarbeit bei der Vorbearbeitung geschmiedeter und gegossener Teile ab. Für die Passarbeit jedoch waren sie noch zu ungenau. Die Maschinenbauer waren stolz, eine ebene Gussfläche mit dem Meißel herzustellen, geschmiedete Wellen mit Meißel und Feile gangbar zu machen.[10] Bei der Serienfertigung von Eisenbahnwaggons, die sich im Zuge des Ausbaus des Streckennetzes herausbildete, wurden neue Möglichkeiten der Mechanisierung erprobt und neue Arbeitsmaschinen zum Hobeln, Blechschmieden, Drehen von Schrauben entwickelt. Durch den Einsatz von Werkzeugmaschinen wurde die handwerkliche Produktion zugunsten der fabrikmäßigen verdrängt. In diesem Zusammenhang entwickelte sich der Werkzeugmaschinenbau zu einer eigenständigen Abteilung des Maschinenbaus. Zuvor hatten viele Maschinenfabriken ihre Werkzeugmaschinen noch selbst hergestellt. Wachsende Anforderungen an Produktivität und Präzision führten dazu, dass die Herstellung von Werkzeugmaschinen an spezialisierte Hersteller überging. Die Mehrzahl der deutschen Maschinenfabriken war zunächst auf den Bau verschiedenster Maschinentypen eingerichtet. Nun bildeten sich besondere Zweigfabriken für Spezialerzeugnisse heraus.

Die Firma Kieserling, deren Gründung in diese Phase fiel, hatte sich von Beginn an auf ein bestimmtes Spektrum von Maschinen - zunächst für den regionalen Markt - spezialisiert.

Die Geschichte des deutschen Maschinenbaus ist somit die Geschichte seiner Zweige. *"Wohl auf keinem anderen Gebiet der Geschichte der deutschen Industrie findet man eine solche Vielgestaltigkeit der Produktion einzelner Erzeugnisse sowie technischer und ökonomischer Probleme."*[11] Mit der Einrichtung von Spezialfabriken war jedoch das allgemein übliche System der Kundenproduktion keineswegs überholt. Ein konsequenter Übergang zu einer (Serien-) Produktion für den anonymen Markt setzte eine erhöhte Marktfähigkeit der Produkte etwa durch die Verwendung austauschbarer Teile voraus. Bis hierhin war es jedoch noch ein langer Weg. Viele Firmen haben ihn bis heute nicht beschritten. In dem Bericht über die Weltausstellung in Chicago 1893 hieß es hierzu: *"So glänzende finanzielle Ergebnisse auch die schablonenmäßige Massenfabrikation ergeben mag, so sehr sie befähigt, billig und rasch zu liefern, so ist doch die aus unseren deutschen Verhältnissen sich ergebende Eigenart, für jeden gegebenen Fall Passendes zu entwerfen und zu bauen, diejenige, welche den größten bleibenden Fortschritt sichert."*[12] Dies war eine Einschätzung, die auch im 20. Jahrhundert Gültigkeit behalten sollte. Ein wesentliches Charakteristikum des frühen Werkzeugmaschinenbaus war der im Vergleich zu anderen Industriezweigen geringe Mechanisierungsgrad. Von den zu erheblichen Teilen aus dem Handwerk stammenden Arbeitskräften wurden besonderes Können, Geschicklichkeit und Phantasie gefordert. *"Mitunter gab es in dieser Branche noch nicht einmal Entwürfe oder Werkstattskizzen, sondern nur rohe Konstruktionsentwürfe in Form von Kreidezeichnungen auf*

Holzbrettern. Eine institutionalisierte Ausbildung in diesen Branchen war noch nicht vorhanden, so dass das individuelle Geschick der einzelnen Arbeiter besonders in den Vordergrund trat."[13] Dies machte sich auch in der Herkunft der Gründer von Maschinenbauunternehmen bemerkbar. Bei den frühen deutschen Maschinenbaufabriken waren es in der Mehrzahl Handwerker. Dem lag die große Bedeutung technischer Kenntnisse in diesem Produktionsbereich zugrunde.

Die Unternehmer hatten in ihrem Betrieb häufig eine ähnliche Stellung wie ein Handwerksmeister inne. Sie waren selbst die qualifizierteste Arbeitskraft in ihrer Fabrik. Kocka verallgemeinert: "*Der Übergang vom Handwerker zum Fabrikunternehmer bezeichnet gleichzeitig das wichtigste Tor, durch das technisches Wissen in die entstehende Fabrikunternehmerschaft der industriellen Revolution eingebracht wurde.*"[14] Eingebunden in eine ungleichzeitige Struktur, in der sich also nicht alle Ebenen gleichzeitig und im gleichen Tempo entwickeln, haben sich die Nischen der handwerklichen Arbeit noch sehr lange - in der Montage bis heute - erhalten können. Handwerkliches Erfahrungswissen sollte etwa bei den Gießern, den Formern oder den Modellbauern noch lange eine dominante Rolle spielen und nicht nur in der Bezahlung, sondern auch in einem herausragenden Selbstbewusstsein zum Ausdruck kommen. Unabhängig davon begann sich seit den 1870er Jahren eine arbeitsteilige Gliederung des Produktionsprozesses durchzusetzen.[15] Auf der einen Seite bildete sich der Bereich der spanabhebenden mechanischen Fertigung heraus, dessen Tätigkeiten sich zu neuen, bis dahin unbekannten Industrieberufen - wie etwa dem Universaldreher oder dem Universalfräser - entwickelten. Neben gelernten Spezialisten wurden zunehmend auch angelernte Arbeitskräfte eingesetzt. Auf der anderen Seite stand der Bereich der Montage, in dem sich handwerkliche Arbeitsverfahren länger behaupten konnten. Die Einzelteile waren zwar maschinell vorgefertigt, müssten aber bei der Montage manuell nachgearbeitet werden. Der Maschinenschlosser setzte sich hierbei als eigenständiger Beruf durch. Im Zuge der Arbeitsteilung von maschineller Fertigung und Montage, die als Werkstattsystem organisiert wurde, ging, verbunden mit dem Wachstum der Betriebe, der ständige persönliche Kontakt zwischen dem Meister als Arbeitsvorbereiter und den Arbeitern allmählich verloren. Die Arbeit musste optimal geplant und vorbereitet werden, die Funktion der Konstruktion wurde den Meistern entzogen und in eigenen Büros zentralisiert. Die Trennung von Konstruktion und Ausführung erforderte ein für beide Berufsgruppen verständliches Kommunikationsmittel. Diese Aufgabe übernahm die technische Zeichnung, die selbst wiederum zur Grundlage des weiteren Ausbaus der Arbeitsteilung wurde. Der Ingenieur Redtenbacher formulierte: "*Jeder Maschinenbestandteil kann im allgemeinen unabhängig von allen anderen ausgeführt werden, auch dadurch ist es möglich, die Gesamtheit der Arbeiten unter eine große Anzahl von Arbeitern zu verteilen und das ganze Geschäft der Ausführung in der Weise zu organisieren, dass alle Arbeiten zur rechten Zeit, am geeignetsten Orte, mit dem geringsten Aufwand von Zeit und Kosten und Material und endlich mit einer Genauigkeit und Zuverlässigkeit ausgeführt werden können, die kaum etwas zu wünschen übrig lassen."*[16] War es in den frühen Maschinenbaubetrieben nicht zuletzt aufgrund der umfassenden handwerklichen Qualifikation des Personals möglich, auf die wechselnden und zum Teil unvorhersehbaren Arbeitsanforderungen flexibel zu reagieren, so erhöhte sich mit der Arbeitsteilung die generelle Anfälligkeit des Betriebes gegen Störungen im Zusammenspiel der einzelnen Arbeiter untereinander. Die Koordination der arbeitsteiligen Fertigung brachte aus diesem Grunde einen zunehmenden Bedarf an formellen (und zugleich auch informellen) Regelungen mit sich. Von jedem einzelnen Arbeiter und Angestellten wurde eine Einordnung in ein komplexes System gefordert, *"in dem er die ihm zufallende Teilaufgabe persönlich, regelmäßig, gleichmäßig ausüben musste, damit der ganze Mechanismus nicht ins Stocken gerät".*[17] [18] Die Einführung des Akkordsystems und die Verschärfung der Fabrikordnungen dienten dem Zweck, die Arbeiter an die Erfordernisse der arbeitsteiligen Produktion zu gewöhnen. Spätestens zu Beginn des 20. Jahrhunderts wurde der Maschinenbauunternehmer alten Stils durch den in der Regel an einer Ingenieurschule ausgebildeten Fachmann ersetzt. An die ursprünglich in den Händen der Meister gelegenen Ingenieurfähigkeiten wurden in dem Maße, in dem die Maschinen komplizierter wurden, erhöhte Anforderungen gestellt, so dass sich der Ingenieur als eigener Beruf mit eigener Ausbildung in den höheren Führungspositionen gegenüber dem Meister durchsetzte. Nicht nur die Maschinen wurden seit der Mitte des 19. Jahrhunderts immer weiter verbessert, sondern auch die verschiedenen Werkzeuge. Sie wurden leistungsfähiger und ließen sich besser instandhalten.

Eine typische Herausforderung an die Ingenieurfähigkeit war der auf der Weltausstellung des Jahres 1900 von F.W. Taylor vorgestellte Schnellstahl, der die damals übliche Schnittgeschwindigkeit der Werkzeuge in sensationeller Weise verdreifachte. Die herkömmlichen Maschinen waren den damit verbundenen Konsequenzen hinsichtlich Stabilität und Haltbarkeit nicht gewachsen und mussten völlig neu konzipiert werden. An die Qualität der Einzelteile, der Wellen, Zahnräder oder Spindeln, wurden erhöhte Anforderungen gestellt. Auf diese Weise bündelten sich verschiedene Entwicklungen zu einem bedeutenden Umbruch des Fertigungssystems. Wenn die in diesem Zusammenhang ohne Zweifel als beschleunigendes Moment wirkende technische Neuerung des Schnellstahls vom amerikanischen Kontinent ausging, so war dies kein Zufall. Unabhängig von den Beharrungstendenzen langer handwerklicher Traditionen und angetrieben durch den notorischen Mangel an qualifizierten Arbeitskräften, hatte Amerika auf dem Sektor des Maschinenbaus traditionell einen starken innovatorischen Drang an den Tag gelegt. Bereits zur Zeit des amerikanischen Bürgerkrieges der 1860er Jahre hatte der amerikanische Werkzeugmaschinenbau unter dem Einfluss hoher Löhne und dem Mangel an gelernten Arbeitskräften begonnen, auf der Basis austauschbarer Teile zur

Massenproduktion überzugehen.[19] Der große Waffenbedarf hat diese Entwicklung zuerst in der Waffenproduktion wirksam werden lassen. Damit war der Anstoß für die Produktion von - zumeist leichteren und billigeren - Werkzeugmaschinen für die Massenproduktion gegeben. Ein typisches Beispiel dieses neuen Maschinentyps war eine selbsttätige Drehbank, die Spencer-Revolverbank, die sich in Deutschland erst sehr viel später durchsetzen sollte.

Das Fehlen eines einheitlichen Normensystems verhinderte in Deutschland bis zum Ersten Weltkrieg den Durchbruch der Serienfertigung im Werkzeugmaschinenbau. So waren etwa noch mehr als drei Gewindesysteme gebräuchlich. Während des Krieges dann wurden die Ansprüche weitgehend durch einen einzigen Kunden, die Heeresverwaltung, definiert.

Dies hatte nachhaltige Folgen: *"Die Kriegswirtschaft, die mit einem dauernden Mangel an gelernten Arbeitskräften, Schwierigkeiten beim Anlernen und Zwang zur Materialersparnis bei gleichzeitig hohem Leistungssoll zu kämpfen hatte, brachte eine Rationalisierung der Produktion auch in kleineren Betrieben."*[20] Im Zuge dieser Rationalisierung wurden die teuren und komplizierten Universalmaschinen vielfach durch Einzweckmaschinen ersetzt, deren Bedienung in kurzer Zeit erlernt werden konnte. Die durch den Krieg bedingte Standardisierung und Vereinfachung des Maschinenprogramms blieb auch in den nachfolgenden Friedensjahren wirksam. Im Jahre 1917 wurde in Zusammenarbeit zwischen dem Verein Deutscher Ingenieure (VDI) und militärischen Dienststellen der "Normalienausschuss für den deutschen Maschinenbau" gegründet, der noch im selben Jahr zum "Normenausschuss der deutschen Industrie" erweitert wurde. 1926 entstand der "Deutsche Normenausschuss", in dessen Arbeitsgruppen, die sich jeweils mit einem speziellen Produktionsgebiet befassten, die DIN-Normen entwickelt wurden.[21] Im Jahre 1926 gab es bereits 1400 DIN-Normblätter, die Hälfte davon für den Maschinenbau.[22]

Der Sektor des Maschinenbaus wurde wegen seiner komplexen Produktionspalette und der sehr verschiedenen Produktionsbedingungen in der auf den Krieg folgenden Zeit der Weimarer Republik auf sehr unterschiedliche Weise rationalisiert.[23] Der geringere Teil der Produktivitätsfortschritte wurde durch rein technische Umstellungen erreicht. Eine in dieser Hinsicht erwähnenswerte Neuerung war die Einführung des elektrischen Einzelantriebs der Maschinen, die sich jedoch aufgrund der längeren Lebensdauer der deutschen Maschinen länger hinzog als in der amerikanischen Industrie. Der Vorteil des Elektromotors bestand darin, dass die energieabsorbierenden Transmissionen entfielen und somit der Maschinenstandort frei gewählt werden konnte. Die wichtigsten Handhabungen an einer Maschine konnten nun von einer Stelle aus vorgenommen werden. Der Bohrwerksdreher etwa musste nicht mehr den Platz am Bohrschlitten verlassen, um den Transmissionsriemen umzulegen. Der Elektromotor ermöglichte konstante Drehzahlen auch unter starken Lastwechseln sowie eine selbständige Drehzahlregelung und Steuerung. Es konnten Sicherungen gegen Fehlbedienungen und Überlastung eingebaut werden.

Eine weitere wichtige technische Veränderung war die Einführung der Hartmetalle (Widia), die den Schnellstahl als Schneidstoff ablösten. Die Hartmetalle vervielfachten die Schnittgeschwindigkeiten erneut. Abermals musste die Konstruktion der Werkzeugmaschinen den gestiegenen Anforderungen durch verstärkte Antriebsleistung, im Ölbad laufende Zahnradgetriebe oder durch den Einbau von Zentralschmierungen angepasst werden. Durch die neuen Werkzeugstähle konnten auch Metallgussarten maschinell bearbeitet werden, die zuvor eine Bearbeitung von Hand erfordert hatten.[24]

"Eisen und Stahl waren mit handwerklichen Methoden zu bearbeiten gewesen; die neuen Hart- und Weichmetalle waren dem Handwerk fremd. Das heißt nicht, dass bei neuen Werkstoffen die Erfahrung ganz durch die Theorie ersetzt worden wäre: Auch hier kam es darauf an, mit der Zeit ein "Gefühl" für den Stoff zu entwickeln."[25]

Nicht einzelne "bahnbrechende" Erfindungen, sondern das Zusammentreffen einer Mehrzahl einzelner Elemente förderten somit die jeweiligen Rationalisierungsschübe.[26] Neben den beschleunigenden technischen Veränderungen waren solche, die die Genauigkeit steigerten, mindestens ebenso wichtig. Sie erlaubten bereits vor dem Ersten Weltkrieg die Maschinisierung der Passarbeit bei den Rundpassungen, die im Maschinenbau den größten Anteil stellen. Die Voraussetzung hierfür waren Maschinen, die trotz gesteigerter Spanleistung passgenau arbeiteten. Starre, biegesteife Gestelle und bessere Lagerungen machten dies möglich. Um die auf den Maschinen erreichte Genauigkeit überprüfen zu können, wurden wiederum objektivere Meßmethoden erforderlich. Die neuen Meßmethoden boten neue Spielräume für die getrennte Fertigung von Passteilen und die Verlagerung von Tätigkeiten auf verschiedene Betriebe. Darüber hinaus beruhte die Rationalisierung im Maschinenbau seit den 1920er Jahren auf der Einführung von Elementen des Taylorismus, der sogenannten wissenschaftlichen Betriebsführung. Den Nachforschungen des Enquete-Ausschusses zur Untersuchung der Erzeugungs- und Absatzbedingungen der Deutschen Wirtschaft zufolge betrafen die Umstellung vor allem folgende Bereiche[27]:

- Einführung von Arbeitsbüros, die getrennt von der Werkstatt Lohnvorgaben und Arbeitsanweisungen herstellten. Im Jahre 1924 wurde der "Reichsausschuss für Arbeitszeitermittlung", heute als REFA bekannt, gegründet. Die Aufgabe der Arbeitsvorbereitung bestand darin, einen optimalen Grad an Wirtschaftlichkeit beim Einsatz der Arbeitskräfte, des Maschinenparks und der eingesetzten Werkstoffe zu erreichen.
- Normierung von Maschinenteilen (Gewinde, Werkzeuge); Zusammenstellung typenübergreifender Standardbauteile, Entwicklung von baukastenartigen Systemen von Grundtypen mit Variationsmöglichkeiten.
- Ausbau der Arbeitsteilung
- Mechanisierung des innerbetrieblichen Transportsystems

Der mit den Prinzipien des Taylorismus verbundene Wunsch, die Bedienung von Werkzeugmaschinen so zu vereinfachen, dass auch angelernte Arbeitskräfte an ihnen eingesetzt werden können, kam im verstärkten Gebrauch von Revolverdrehbänken zum Ausdruck. Die Revolverdrehbänke waren just zu diesem Zweck bereits in den 70er Jahren des 19. Jahrhunderts in den USA entwickelt worden. Bei den herkömmlichen Spitzendrehbänken war die Maßgenauigkeit und Präzision der Werkstücke wesentlich von dem Geschick des gelernten Drehers bestimmt. Die Revolverdrehbänke waren so ausgestattet, dass die Eingriffe des Arbeiters in den Arbeitsablauf an der Maschine abnahmen. Die Revolverdrehbank trägt eine Reihe von Werkzeugen in einem Revolverkopf, der sich zum nächsten Werkzeug dreht (drehen lässt), wenn das vorherige seinen Arbeitsgang abgeschlossen hat. Die einmal eingespannten Werkstücke konnten somit ohne Werkzeugwechsel und vor allem ohne Umspannen fertiggestellt werden. Auf diese Weise waren alle äußeren und inneren Mantellinien der Werkstücke automatisch exakt identisch.[28] Die Revolverdrehbank war aufgrund dieser Eigenschaft besonders für die Herstellung von Produkten geeignet, die auf austauschbaren Einzelteilen wie etwa Waffen aufbauen. Zahlreiche Dreharbeiten wurden fortan in die billigere Revolverdreherei abgeschoben. Geringer entlohnte, zum Teil nur angelernte Arbeitskräfte arbeiteten hier an bis zu 40 Prozent leistungsfähigeren Maschinen.[29] Was Rationalisierung konkret bedeutete, war von Branche zu Branche verschieden. In der Praxis diente die Rationalisierung häufig als Methode, die Produktivität ohne kostspielige Neuinvestitionen zu steigern. Straffere Organisation, Sparmaßnahmen und Intensivierung der Arbeit wurden auch ohne eine technische Rationalisierung der Produktionsmethoden eingeführt und gerade aus diesem Grund von den Gewerkschaften heftig attackiert.

Fließarbeit und Fließbandarbeit als die modernsten Formen der amerikanischen Massenproduktion (Fordismus), die im Deutschland der zwanziger Jahre eine über ihre reale Bedeutung weit hinausgehende publizistische Beachtung gefunden hatten, konnten sich im Maschinenbau nicht durchsetzen.[30] Die fertigungstechnischen Voraussetzungen für die Massenproduktion waren in den allermeisten Zweigen des Maschinenbaus nicht gegeben.

Am Beispiel der Gebr. Boehringer GmbH zeigt das Institut für Sozialforschung in einer Studie über die Rationalisierung in der Weimarer Republik auf, welcher große Aufwand an vorbereitenden betrieblichen und überbetrieblichen Maßnahmen - Zusammenschluss zu einer Interessengemeinschaft, Reorganisation des Fabrikationsprogrammes, Drehzahlnormung und konstruktive Rationalisierung der Werkzeugmaschinen nach dem Baukastenprinzip - notwendig war, um in einem mittleren Maschinenbauunternehmen auch nur teilweise Fließfertigung einzuführen.[31]

Selbst die Herstellung der Produktionsmittel für die rationalisierte Produktion erfolgte weiterhin nach den traditionellen Prinzipien der kundenspezifischen Einzel- oder Kleinserienfertigung.[32] Die auf diese Weise hergestellten hochwertigen Spezialprodukte, die die spezifischen Wünsche der Kunden berücksichtigten, waren geradezu die Grundlage für die Rückgewinnung der während des ersten Weltkrieges verlorenen Position auf dem Weltmarkt für Investitionsgüter.[33] Der Maschinenbau war angesichts dieser Absatzbedingungen nicht nur auf einen anpassungsfähigen Maschinenpark, sondern auch auf eine größere Elastizität der Produktionspläne in Abhängigkeit von der jeweiligen Auftragszusammensetzung angewiesen. Dies schloss jedoch nicht aus, dass der einsetzende Rationalisierungsprozess einschneidende Konsequenzen für die bis dahin relativ starke Position der Facharbeiter haben konnte. *"Während früher ein Mann eine Hobel- oder Fräsmaschine, einen Automat usw. bedient hat, müssen heute zum Teil zwei und mehr Maschinen von einem Mann bedient werden. Auch die Erhöhung der Tourenzahl (durch Hartmetallwerkzeuge, d. Verf.) trägt zur Leistungssteigerung bei."*[34] Arbeitszerlegung, Intensivierung der Arbeit, Leistungslohnsysteme und Übergang der Dispositionsgewalt auf das Arbeitsbüro waren die unmittelbaren, die Verjüngung der Belegschaft, die erhöhte Gefahr der Arbeitslosigkeit[35] und die Tendenz zur Dequalifizierung die mittelbaren Folgen. Es bildeten sich stärker hierarchisch geprägte Betriebsstrukturen heraus, die dem einzelnen Arbeiter eine bestimmte innerbetriebliche - auch in der Lohndifferenzierung zum Ausdruck kommende - Rangposition zuwiesen.

Mit der Entwicklung der industriellen Arbeit untrennbar verknüpft war eine fortlaufende Trennung von planender und ausführender sowie entsprechend kontrollierender und ausführender Tätigkeit. "Durch die Rationalisierung des betrieblichen Handlungszusammenhanges werden die Planungsfunktionen den ausführenden Stellen immer mehr entzogen.

"Ein Anwachsen der Arbeitszerlegung, damit verbunden die Ausdehnung der Produktionsmenge, die Steigerung der Kapitalintensität und die Kompliziertheit der technischen Prozesse bewirkt aber auch eine Vermehrung der Planungsfunktionen."[36] Für die betriebliche Sozialstruktur bedeuteten diese Vorgänge eine zunehmende Beschneidung der Meisterherrschaft durch die Tätigkeit der Ingenieure. Der Trend zur durchgreifenden Organisation und Verwissenschaftlichung der Produktion ließ die Industrieverwaltungen zu umfangreichen Apparaten anschwellen. Bereits um die Jahrhundertwende hatte sich die Bezeichnung "Angestellte" für diejenigen durchgesetzt, die sich als "Kopfarbeiter", sei es als Prokurist, Buchhalter, Werkführer, Kassierer, Materialverwalter oder als Zeichner, von der Masse der Fabrikarbeiter abhoben. Als sogenannte "Privatbeamte" genossen sie diesen gegenüber bereits von Beginn an eine Fülle von Vorrechten, die von einer kürzeren und flexibleren Arbeitszeit bis zu einem höheren Verdienst reichen konnten und äußerlich im Gebrauch von weißen Kragen und Krawatte zum Ausdruck kamen. Mit dem sprunghaften Anstieg der Angestellten, deren Anteil an den abhängig Beschäftigten von 7,2 Prozent im Jahre 1895 auf 17,7 Prozent im Jahre 1925 wuchs[37], war ein einschneidender Wandel des Arbeitsmilieus verbunden. Bürokratische Ver-

fahren wie der Grundsatz der Schriftlichkeit und Aktenmäßigkeit und eine hierarchische Verteilung des Betriebswissens veränderten den Bürosektor der Industrie. Zunehmend drangen die fabrikmäßigen Arbeitsformen in die Büros - häufig bereits als Großbüros organisiert - ein. *"Was an die industriellen Fabrikationsstätten erinnerte, waren jedoch nicht nur die scharfen Überwachungsmethoden, die serielle Anordnung der Arbeitsplätze oder die Monotonie der Tätigkeiten, sondern auch der Umstand, dass zusammenhängende Arbeitsabläufe hier zum ersten Mal zerschnitten waren."*[38]

An der Zunahme der Angestellten waren Frauen überproportional beteiligt. Routinehafte Tätigkeiten wie etwa Schreib- und Zeichenarbeiten wurden von komplexen Tätigkeiten abgespalten und an einen Kreis von überwiegend weiblichem Hilfspersonal abgetreten. Insbesondere die damit einhergehende Technisierung, so etwa die Einführung der Schreibmaschine, trug wesentlich zur Feminisierung der Büroarbeit bei.

Die Arbeitsplätze der Typistinnen bildeten nur noch winzige Zwischenglieder eines Gesamtprozesses, der anderenorts vorgedacht bzw. zu Ende geführt wurde. Insgesamt gesehen, blieb der Anteil der weiblichen Beschäftigten im Maschinenbau jedoch im Vergleich zu anderen Industriezweigen besonders niedrig. Der Frauenanteil an den Beschäftigten im Maschinenbau stagnierte bis zum Ersten Weltkrieg bei weniger als 2 Prozent. Aufgrund der Zunahme der weiblichen Angestellten stieg der Frauenanteil auf 5,6 Prozent im Jahre 1925 und 7,1 Prozent im Jahre 1933, während er etwa im Bekleidungsgewerbe seit Jahrzehnten zwischen 55 und 60 Prozent lag.[39] Dies hatte seinen Grund nicht allein darin, dass in vielen Bereichen schwere körperliche Arbeit zu leisten war, sondern auch darin, dass Frauen in den Branchen, in denen es handwerkliche Vorläufer mit langer Tradition gab, die durchweg von Männern ausgeführt wurden, generell kaum Fuß fassen konnten.[40]

Solange die Angestellten noch eine exklusive Minderheit gewesen waren, konnten sie sich kaum als eine eigenständige soziale Schicht begreifen. In den zwanziger Jahren integrierten sie sich erstmals zu einer neuen gesellschaftlichen Schicht mit eigenem Bewusstsein. Gerade die objektive Angleichung an die Arbeits- und Lebensbedingungen der Arbeiterschaft konservierte dabei das subjektive Bedürfnis der Abgrenzung.

Trotz des starken Wachstums um die Jahrhundertwende blieb die deutsche Maschinenbauindustrie durch und durch mittelständisch geprägt. 1925 hatten nur 6,5 Prozent der Betriebe mehr als 500 Beschäftigte.[41] Nicht zuletzt wegen des engen Binnenmarktes war die Spezialisierung der Firmen nicht annähernd so weit vorangetrieben wie in den USA. Diese geradezu charakteristischen Strukturmerkmale stärkten die Überlebensfähigkeit der deutschen Maschinenindustrie in den krisenhaften zwanziger Jahren. Die durch den Ersten Weltkrieg bedingte zweifache Änderung der Produktionsrichtung (von Friedens- auf Kriegsproduktion und von Kriegs- auf Friedensproduktion) bedeutete innerhalb eines Jahrzehnts eine doppelte Produktionsumstellung. Die Produktionsmittelhersteller sahen sich kurzfristig mit einer enorm gestiegenen Nachfrage und entsprechenden Investitionsanreizen konfrontiert. Für den regelmäßigen Absatz waren die erweiterten Produktionskapazitäten viel zu umfangreich. *"Überkapazität und eine entsprechend ungenügende Rentabilität waren das chronische Problem des deutschen Maschinenbaus in den 1920er Jahren."*[42]

Angesichts dieser ökonomischen Rahmenbedingungen waren die Maschinenhersteller bestrebt, sich eine größtmögliche Vielseitigkeit, Elastizität und Flexibilität zu bewahren. Unter diesen Umständen gewann die qualifizierte Facharbeit, die im Zuge der Rationalisierungsdebatte in vielen Sektoren bereits in Frage gestellt wurde, im Maschinenbau als wichtigstes Flexibilitätspotential noch weiter an Bedeutung. Obwohl die technisch-organisatorischen Prinzipien der Forschen Fabrikationsweise der Weimarer Rationalisierungsbewegung zum geradezu vergötterten Vorbild dienten, galten sie den Unternehmen des Werkzeugmaschinenbaus nur in dem Maße als realisierbar, wie durch sie nicht die notwendige Elastizität der Produktion geopfert werden musste. *"Dieses marktökonomische Handicap aber wurde zur Quelle eigener technisch-organisatorischer Entwicklungspfade, die ein hohes Maß sowohl an Integration und Kontrolle als auch an Flexibilität und Umrüstbarkeit aufwiesen."*[43]

"Wo immer sich im Maschinenbau 'Ansätze sozialer Rationalisierung' entwickelten, ging es vor allem um die qualifizierte Facharbeit, genauer, um die Sicherung eines zuverlässigen, betriebstreuen Facharbeiterstammes. Die restriktiven Bedingungen des Arbeitsmarktes - verstärkt durch die kurzen Innovationsraten in der Produktionstechnologie - zwangen die Firmenleitungen zur besonderen Aufmerksamkeit gegenüber den spezifischen Arbeitsqualifikationen ihrer Facharbeiterschaft; zum einen, weil der geringe Mechanisierungsgrad die traditionell wichtige Rolle der Facharbeit im Produktionsprozess noch aufrechterhielt, zum anderen, weil nur durch neue Formen der qualitativen, eher 'ganzheitlichen' Nutzung der Facharbeit auch im Maschinenbau der Rationalisierungsprozess vorangetrieben werden konnte - auf der Grundlage der Flexibilitätspotentiale menschlicher Arbeit."[44]

Obwohl also die Auftragsbücher der deutschen Maschinenbauindustrie in den 1920er Jahren in zunehmendem Maße von dem Bedarf der Industriezweige, die zur modernen Massenproduktion übergingen, gefüllt wurden, setzten sich die neuen Produktionsmethoden bei ihr selbst kaum durch. Für langlebige, hochkomplexe und in der Regel nach speziellen Kundenwünschen zu fertigende Maschinen blieb die Einzel- und Kleinserienfertigung die adäquate Produktionsweise. Man kann gar schlussfolgern: Gerade weil der Maschinenbau so konsequent an den traditionellen Methoden der Fertigung und dem hohen Qualifikationsniveau der Facharbeiterschaft festhielt, konnte er als Produzent der Rationalisierungsmaschinerie eine so hervorragende (elastische) Rolle im Prozess der industriellen Rationalisierung spielen.

Um so härter war die deutsche Maschinenindustrie von der 1929 einsetzenden und bis in die Mitte der 1930er Jahre währenden Weltwirtschaftskrise betroffen. Der Absatz sank bis 1933 auf die Hälfte.[45] Nach 1933 bewirkte die staatliche Rüstungspolitik einen wirtschaftlichen Aufschwung, der von den Investitionen der rüstungswichtigen Industrien getragen war, und von dem naturgemäß der Maschinenbau kräftig profitierte. Im letzten Vorkriegsjahr lag der Absatz von Maschinen um 50,9 Prozent über dem Stand von 1928.[46] Auch der Export von Werkzeugmaschinen, der in den Krisenjahren fast völlig zum Erliegen gekommen war, hatte in diesen Jahren wieder an Bedeutung gewonnen. 1938 hatte die Maschinenindustrie mit 15,7 Prozent den größten Anteil am deutschen Gesamtexport.[47] In den Jahren nach 1939 wurde die Kriegswirtschaft auf die Rüstungsendfertigung konzentriert. Während die Produktion von Werkzeugmaschinen in den ersten beiden Kriegsjahren kontinuierlich ausgedehnt worden war, sank sie anschließend stark ab. Die Produktionsmenge an Werkzeugmaschinen lag 1944 der Stückzahl nach um 45 Prozent unter dem Niveau von 1941.[48] Weder vor noch nach 1939 wurde im deutschen Werkzeugmaschinenbau eine nennenswerte Kapazitätsausweitung vorgenommen.

"Die starke und stets noch wachsende Binnennachfrage nach Werkzeugmaschinen stieß ab 1937 an die Kapazitätsgrenzen des Werkzeugmaschinenbaus und übte auf diese Branche einen Sog aus, ihre Kapazitäten zu erweitern. Die Unternehmen des Werkzeugmaschinenbaus gaben diesem Sog nicht nach, sie orientierten sich nicht an der atypischen, durch die Rüstungs- und Kriegswirtschaft verzerrten Nachfragestruktur, sondern, realistisch, an einer durch die Erfahrungen der letzten Jahrzehnte geprägten Einschätzung der inländischen und ausländischen Nachfrage unter 'normalen', das heißt Friedensbedingungen."[49]

"Das traditionelle Ziel, an dem sich sowohl die technisch-konstruktive als auch die technisch-organisatorische Rationalisierung im deutschen Werkzeugbau orientiert: die flexible Balance von marktökonomischen und produktionsökonomischen Anforderungen an die Unternehmen und das hieß genauer: die Integration und Kontinuisierung der Produktionsprozesse unter Bewahrung eines hohen Grades an betrieblicher Elastizität und Anpassungsfähigkeit an schwankende Absatzmärkte, dieses traditionelle Rationalisierungsziel, das sich in den zwanziger Jahren ausgeprägt hatte, blieb unter den gewandelten politisch-ökonomischen Bedingungen der dreißiger und vierziger Jahre aktuell und maßgebend für den Werkzeugmaschinenbau. Die extrem hohe Nachfrage durch die Rüstungsindustrie konnte dieses Grundmuster industrieller Rationalisierung im Maschinenbau Deutschlands nicht außer Kraft setzen."[50]

Dies galt sogar unter der Bedingung des spätestens seit Kriegsbeginn eklatanten Mangels an Facharbeitern, der um die Jahrhundertwende in den USA der wichtigste Antrieb des fordistischen Rationalisierungsprinzips gewesen war. Der seit 1942 verstärkt einsetzende Abzug qualifizierter Facharbeiter für die Wehrmacht bedeutete einen Verlust an Elastizität und Anpassungsfähigkeit. Alle Arbeiten, die in besonderer Weise vom Einsatz hochqualifizierter Fachkräfte abhingen - produktionstechnische Entwicklungsarbeiten, Einzelanfertigungen, Spezialanfertigungen etc. - wurden erschwert.

Während sich die Zeit des Wiederaufbaus in technikhistorischer Sicht der vorangegangenen Periode zurechnen lässt, wobei es eher auf Improvisation als auf Innovation an kam, begann in der zweiten Hälfte der 1950er eine neue Ära. Hatte sich das wirtschaftliche Wachstum bis dahin eher extensiv vollzogen, so sollte es in Zukunft stärker vom technischen Fortschritt getragen sein. Die Verknappung der Arbeitskräfte spätestens ab 1957 *"wurde mehr als je zuvor in der deutschen Geschichte zum Technisierungsimpuls"*.[51]

Langlebige Konsumgüter wie Auto, Kühlschrank, Waschmaschine oder Fernseher begründeten einen neuen Lebensstil. Der damit verbundene Aufschwung der Konsumgüterindustrie rief ein starkes industrielles Wachstum in sämtlichen Sektoren der Wirtschaft hervor.

Der Maschinenbau wies mit etwa 0,9 Millionen Beschäftigten Ende des Jahres 1959 die größte Beschäftigtenzahl aller Industriegruppen der Bundesrepublik Deutschland auf. Im Bereich des Werkzeugmaschinenbaus hatte sich die Zahl der Beschäftigten zwischen 1950 und 1960 von 40.000 auf 88.000 mehr als verdoppelt. Gemessen an der Beschäftigtenzahl kamen hinter dem Maschinenbau die Elektroindustrie, die Textilindustrie und der Bergbau, dem Umsatz nach waren die chemische Industrie, die Elektroindustrie und die Textilindustrie die nächstwichtigen Industriezweige. Der Produktivitätszuwachs war jedoch im Maschinenbau im Vergleich zu den genannten Industriezweigen - abgesehen vom Bergbau - geringer.[52]

Der Maschinenbau hat seine Rolle als Leitsektor, die er bis zum Ersten Weltkrieg unbestritten innehatte, im Lauf des 20. Jahrhunderts an andere Branchen, an die elektronische und an die chemische Industrie, abgeben müssen. 1959 bestand die Gesamtwarenausfuhr dem Werte nach zu 19,1 Prozent aus Erzeugnissen des Maschinenbaus, dessen Produktion zu 38 Prozent exportiert wurde. Die Bundesrepublik ist der weltgrößte Exporteur von Werkzeugmaschinen. Von 1970 bis heute hält sie einen Anteil von 25 Prozent des jährlichen Welthandels. Der Maschinenbau behauptete somit immerhin nicht nur seine traditionelle Stellung als größter deutscher industrieller Arbeitgeber, sondern auch als größter Exporteur des Landes. Im Jahre 1979 war der Handelsüberschuss dieses Industriezweiges mit 37 Milliarden DM anderthalbmal größer als der Handelsüberschuss der Nation.[53]

"Die Exporterfolge des Maschinenbaus bestätigten die traditionelle Auffassung, dass eine breite Facharbeiterbasis mehr wert ist als High-Tech-Inseln. Während die Vorkämpfer der Rationalisierung Anfang des 20. Jahrhunderts den deutschen Maschinenbauern die Wöhlertsche 'Mach-ick'-Einstellung austreiben und ihnen beibringen wollten, die Kunden zur Abnahme einheitlicher Maschinentypen zu erziehen, bekannte sich 1970 ein erfolgreicher Maschinenbauer zu der 'Lebensphilosophie': 'Es gibt kein Nein', und 1988 wurde dem Werkzeugmaschinenbau als Erfolgsrezept empfohlen, 'auch kleine Serien schon gewinnbringend' fertigen zu lernen und dabei 'noch intensiver denn je auf die Wünsche ihrer Kunden einzugehen'. Als die Computertechnik in den siebziger Jahren dieser Flexibilität entgegenkam, wurde sie, wenn auch erst nach Überwindung erheblicher Schwierigkeiten, im Maschinenbau eingesetzt, während in den USA die Tradition der starren Großserientechnik fortbestand. In letzter Zeit gilt 'Combi-Tech' - die Verbindung von Elektronik und konventioneller Technik - als deutsche Spezialität. Es scheint aber auch viel unverbundenes Nebeneinander zu geben ('Oben spucken die IBM-Computer Papier aus, unten haben wie immer die Meister das Sagen.') EDV-Anlagen werden nicht zuletzt aus Prestigegründen beschafft, ihre tatsächliche Benutzung entspricht nicht den Computerisierungsmodellen. Immer noch ist die 'konventionelle Werkstattfertigung' in der Maschinenindustrie verbreitet."[54]

Geschäfts-Eröffnung

und Empfehlung.

Mit Beginn dieses Monats eröffnete ich in Solingen eine

Maschinenwerkstätte

und empfehle dieselbe zur geneigten Benutzung.

Gestützt auf mehrjährige erfolgreiche Praxis in hiesiger Gegend empfehle ich mich außerdem in Anfertigung von Plänen und Kostenanschlägen uud deren Ausführung, sowohl von ganzen Fabrikanlagen als einzelnen Betriebs- und Arbeitsmaschinen, Dampfkessel- und Feuerungsanlagen, sowie zur technischen Ueberwachung von bestehenden Fabrikeinrichtungen und dürfen geehrte Auftraggeber sich sorgfältigster Ausführung versichert halten.

Solingen im April 1873.

Th. Kieserling.

Anzeige in der Solinger Zeitung vom 8. April 1873

Die Geschichte der Firma Th. Kieserling & Albrecht als Unternehmergeschichte

Theodor Kieserling
(1843 - 1901)

Theodor Kieserling

Kindheit und Jugend

Geboren wurde Theodor Kieserling am 16. März 1843 in Elberfeld. Wenige Monate vorher, am 24. November 1842, hatten seine Eltern Franz Theodor Kieserling und Louise Pohlmann in Barmen geheiratet.

Sein Vater, Franz Theodor Kieserling, erblickte am 19. August 1814 in Berghausen im Kreis Meschede das Licht der Welt. Dessen Eltern waren Franz Anton und Maria Margaretha Kieserling.[1] Der Vater übte den Beruf des Baders aus. Es ist anzunehmen, dass Franz Theodor Kieserling schon in der sauerländischen Heimat seinen späteren Beruf, das Handwerk des Lichterziehens, erlernte. Die Lehrzeit betrug zwischen drei und sechs Jahren.

Während Wachskerzen schon zu dieser Zeit fast ausschließlich so hergestellt wurden, dass man die geschmolzenen Fette in Lichtformen, in deren Achse der Docht gelegt wurde, goss, wurden die Talglichter (Kerzen aus Rinds- und Schöpstalg)[2] in der Regel gezogen.

Bedingt durch das gleiche Rohmaterial betätigten sich Lichterzieher neben der Herstellung und dem Verkauf von Talg- und Wachslichtern auch als Seifensieder.

Nehmen wir an, dass Franz Theodor Kieserling mit 14 Jahren seine Lehre begann und ungefähr vier Jahre lernte, dann mag um 1832 seine „Gesellenzeit" begonnen haben. Wenn auch nach der Aufhebung des Zunftzwanges in Preußen formal jeder die Möglichkeit hatte, bei Erteilung einer behördlichen Erlaubnis das beantragte Gewerbe auszuüben, so blieben doch in vielen Bereichen des Handwerkes die alten Regeln der Zunft faktisch in Kraft. Für einen Gesellen bedeutete das, wollte er sich später als Meister selbständig machen (und das war für jeden Handwerksgesellen die Perspektive, wenn auch kaum noch in allen Fällen realisierbar), dass er vorher einige Jahre auf „Wanderschaft" gehen musste. Die wandernden Handwerksgesellen wählten dabei kein bestimmtes Ziel, sondern zogen einige Jahre durch deutsche Landschaften, um Erfahrungen und Kenntnisse zu sammeln und vielleicht in einer Stadt die Möglichkeit zu finden, sich selbständig zu machen.

Wir wissen nicht, wann Franz Theodor Kieserling ins Wuppertal gekommen war, ob und welche anderen Stationen er auf seiner Wanderschaft gesehen und wie lange er dort verweilt hatte. Die Gründe aber, warum er ausgerechnet hier sesshaft wurde, sind hingegen offensichtlicher.

Das Tal der Wupper zwischen Dahlerau und Elberfeld war eines der wenigen schon im 18. Jahrhundert entwickelten Gewerbegebiete Deutschlands, in denen während der ersten Hälfte des 19. Jahrhunderts der Sprung von der vorindustriellen Produktion zur Industrialisierung erfolgte. Trotz der vielen Krisenjahre zwischen 1815 und 1850 gelang es in der Herstellung und Veredelung von Textilerzeugnissen den Anschluss an die englische Industrieentwicklung zu halten. Elberfeld und Barmen wurden so zum industriellen Einfallstor und wichtigsten frühindustriellen Zentrum in Deutschland, zum *„deutschen Manchester"*. Dem zeitgenössischen Besucher des Wupper-Tales bot sich um die Mitte des vorigen Jahrhunderts ein Anblick, *„wie ihn Deutschland in dieser Eigenthümlichkeit nicht wieder zu gewähren"* vermochte: *„Mit Ausnahme einiger englischer Städte mag es kaum einen Raum der Erde geben, wo eine solche Menschenzahl sich zusammendrängt."*[3]

In den uns interessierenden Jahren zwischen 1831 und 1843 stieg die Bevölkerung in Elberfeld und Barmen von 70.000 auf 95.000 Einwohner. Jedes Jahr wuchs die Bevölkerung um mehr als 2000 Menschen. Neben dem „natürlichen" Zuwachs durch höhere Geburtenzahlen als Sterbefällen waren es die Zugewanderten, die das Tal der Wupper bevölkerten. Hier im Wupper-Tal zeigten sich zuerst in Deutschland die Erscheinungen der modernen kapitalistischen Gesellschaft: Wachsende Industrie, Arbeitskräftebedarf, Flucht vom Land in die Stadt, ein Anwachsen der Städte in für damalige Verhältnisse gigantische Ausmaße, die Polarisierung in steigenden Reichtum auf der einen und wachsender städtischer Armut auf der anderen Seite. Die industrielle Entwicklung in Elberfeld und Barmen häufte Reichtum bei den Fabrikanten, Kaufleuten und Verlegern an, sie erzeugte eine auf engstem Raum zusammengeballte Masse von Lohnarbeitern, sie setzte aber auch einen Prozess der Verstädterung, einen steigenden Bedarf an Dienstleistungen und Nachfrage nach Waren in Bewegung, der für Handwerker und städtische Mittelschichten eine Chance zum sozialen Aufstieg bot.

Für Franz Theodor Kieserling war Elberfeld die ideale Gelegenheit, sich als selbständiger Handwerker niederzulassen. Als Lichterzieher besaß er in der wachsenden Stadt und bei zunehmender Industrieproduktion gute Aussichten, eine halbwegs sichere soziale Existenz zu begründen. Und wie Franz Theodor Kieserling dachten viele „auswärtige Gesellen", die sich im Tal der Wupper niederlassen wollten. Den einheimischen Elberfelder und Barmer Handwerkern war diese Konkurrenz unerwünscht. Die Stadträte in den beiden Städten versuchten den Zuzug entsprechend zu begrenzen: Sie forderten Einzugsgeld, Bürgschaften oder den Nachweis eines bestimmten Vermögens. Franz Theodor Kieserling gelang es, diese Klippen zu überwinden und trotz seiner katholischen Konfession im evangelischen Elberfeld sesshaft zu werden. Er heiratete (wen und wann wissen wir nicht) und seine Frau brachte zwei Söhne (Carl und Ferdinand) zur Welt. Vermutlich starb sie bei oder kurz nach der Geburt des zweiten Kindes.

Louise Pohlmann, die Mutter von Theodor Kieserling, wurde am 9. Mai 1813 in Heringhausen (Waldeck) geboren. Ihre Eltern4 waren Bauern und wie die große Mehrheit der Waldecker evangelischer Konfession. Wie viele andere junge Frauen aus dem Fürstentum Waldeck (bis 1918 Fürstentum und vor 1867 einer der selbständigen Zwergstaaten auf deutschem Boden) wird sie den dreitägigen Fußweg[5] aus ihrer Heimat nach Barmen, der „Hauptstadt von Waldeck"[6], gewagt haben, um ein Auskommen zu finden, das ihr die ländliche Heimat nicht bieten konnte.

Von Industrie konnte in Waldeck keine Rede sein, die Fruchtbarkeit des Bodens lag unter dem deutschen Durchschnitt und bis zur Mitte des 19. Jahrhunderts litt die Landwirtschaft des Landes unter gesetzlichen Regelungen, die eine freie Entfaltung hemmten. So bestand ein Verbot der Teilung und Zersplitterung der Bauerngüter. Die nachgeborenen Kinder der Bauern waren deshalb gezwungen *„entweder unverheiratet auf dem väterlichen Hof zu bleiben (a), in ein fremdes Gut einzuheiraten (b), in die niedrigere Klasse der „Beiwohner" hinabzusteigen (c) oder gar die Heimat zu verlassen (d). Bei dem seit Jahrhunderten ausgebildeten, stark ausgeprägten bäuerlichen Standesbewusstsein wurde der letzte Ausweg noch am meisten bevorzugt."* [7]

Nur selten lässt sich feststellen, wann der einzelne sein Heimatdorf verlassen hat. Der Abschied aus der alten Heimat war für die Waldecker meist ein Abschied für immer. Ledige junge Männer und Mädchen, die der Heimat den Rücken kehrten, um „draußen in der Welt" ihr Glück zu finden, überwogen gegenüber ganzen Familien. Reichtümer bekamen die Abziehenden nicht mit auf den Weg. Im Gegensatz zu den jungen Männern hatten die Mädchen beim Verlassen des Fürstentums Waldeck nicht mit großen Schwierigkeiten zu rechnen. Der entscheidende Punkt für die Genehmigung der Auswanderung war die Ableistung oder die „gnadenweise Befreiung" vom Militärdienst. Da für Frauen keinerlei Militärpflicht bestand, ließ der Fürst sie gerne gehen. Eine spätere Heirat in ihrer neuen Heimat zog automatisch den Verlust der waldeck'schen Staatsbürgerschaft nach sich. Auch bei Ankunft an ihrem neuen Wohnort hatten sie nicht die Schwierigkeiten bei der Anmeldung wie die Männer. Da es sich bei Preußen und Waldeck um zwei „unabhängige" Staaten handelte, herrschte bis 1867/1871 keine Freizügigkeit bei der Wahl des Wohn- und Arbeitsortes. Die Männer mussten erst in den Untertanenverband Preußens aufgenommen, „naturalisiert", werden, um z. B. im Bergischen leben und arbeiten zu dürfen. Da Frauen die Staatsbürgerschaft ihrer Ehemänner erhielten, war mit einer zukünftigen Heirat, von der der preußische Staat per se ausging, das Problem erledigt.

Klaus Goebel hat in seiner Untersuchung zur waldeck'schen Auswanderung herausgefunden, dass fast alle Waldeckerinnen in Elberfeld und Barmen als Dienstmädchen beschäftigt wurden.[8] In den wachsenden Kreisen des Wuppertaler Bürgertums war Mitte des vorigen Jahrhunderts der Bedarf nach Haushaltskräften schier unerschöpflich. Ob Louise Pohlmann auch zu diesen Frauen gehörte, die als Dienstmädchen in einem bürgerlichen Haushalt in Barmen arbeitete, oder ob sie vielleicht als Fabrikarbeiterin in der Textilindustrie beschäftigt wurde, wissen wir nicht. Auf Grund ihres Alters bei der Heirat (29 Jahre) können wir aber vermuten, dass sie 1842 schon einige Jahre in Barmen lebte.

In seiner prekären Situation als Witwer mit zwei kleinen Kindern wird der Handwerker Franz Theodor Kieserling dringend eine ständige Hilfe für seinen Haushalt und die Kinderbetreuung gesucht haben. Auf Verwandte konnte er in wohl nicht zurückgreifen, er musste eine fremde Person engagieren. Vielleicht fand er diese Stütze in Louise Pohlmann. Fest steht, dass Franz Theodor Kieserling und Louise Pohlmann am 24. November 1842 in Barmen heirateten und als vier Monate später ihr erstes gemeinsames Kind Theodor Kieserling geboren wurde, bereits in Elberfeld lebten.

Über die ersten Jahre des Lebens von Theodor wissen wir nichts. Seinem Vater gelang in den nächsten Jahren ein gewisser sozialer Aufstieg. Franz Theodor Kieserling erlitt nicht das Schicksal vieler Handwerker, die durch die Herausbildung industriell-kapitalistischer Produktionsverhältnisse im Zuge der Industrialisierung des Wuppertales ihre Selbständigkeit verloren und verarmten. Er gehörte offenbar zu denen, die es verstanden, sich den neuen Verhältnissen anzupassen und die sich in Produktion, Dienstleistung sowie Geschäftsbetrieb zu kapitalistischen Unternehmern entwickelten.

Nach Angabe des Adressbuches von 1850, also nach eigener Einschätzung, bezeichnete Franz Theodor Kieserling sein Gewerbe als „Lichterfabrik". Dabei darf der Begriff „Fabrik" keineswegs im heutigen Sinne verstanden werden, sondern muss vielmehr in der Bedeutung von „Fabrikation von Talg- und Wachslichtern" verwendet werden. Franz Theodor Kieserling war einer von drei Lichterzieher-Handwerksmeistern in Elberfeld, die ohne Gesellen alleine arbeiteten.[9] In späteren Jahren benannte sich Kieserling zutreffender Weise mit „Lichterzieher".[10]

Selbstverständlich lässt sich der kleine Handwerksmeister Kieserling nicht zu den reichen Familien von Elberfeld, dem Establishment, rechnen. Franz Theodor Kieserling gehörte um 1850 weder zu den ca. 1100 privilegierten Wahlberechtigten für die Stadtratswahl, bei insgesamt ungefähr 47.000 Einwohnern, noch lässt er sich auf der Liste derjenigen fast 700 städtischen Bürger Elberfelds mit Rang und Namen finden, die sich 1847 zur Linderung der Not der Armen der Stadt verpflichtet fühlten, monatlich eine bestimmte Summe zu spenden.[11] Aber die Kieserlings gehörten auch nicht zu dem Drittel der Elberfelder Einwohner, die durch diese Leistungen unterstützt wurden.

Die Familie Kieserling, mittlerweile auf sieben Personen angewachsen, nach Theodor war am 28. September 1844 die Tochter Maria Ludovika und am 4. November 1848 der zweite Sohn Franz Robert aus zweiter Ehe geboren worden, lebte nun auf der Herzogstraße (Section F, Hausnummer 1344), mitten in Elberfeld, westlich vom Döppersberg. Heute lautet die Straßenbezeichnung: Kasinostraße. In Richtung Wall wurde die Herzogstraße zu einer eleganten Geschäftsstraße ausgebaut, in ihrem unteren Teil, dem Wohnort der Kieserling, hatte sie um die Mitte des vorigen Jahrhunderts einen eher kleinbürgerlichen Anstrich.[12] In unmittelbarer Nähe der Wohnung befand sich die Handwerker- und Kunstgewerbeschule, die später zum Realgymnasium umgewandelt wurde.

Theodor Kieserling wuchs also in von Handwerkern geprägten kleinbürgerlichen Verhältnissen auf. Entsprechend wird er die Schulbildung genossen haben, die in diesen sozialen Kreisen üblich war. Nichts spricht dafür, dass seine

Bildung über das sonst übliche Maß seiner Schicht und seiner Zeit hinausgegangen wäre. Vermutlich spielte die konfessionelle Bindung seines Vaters eine Rolle, und er besuchte deshalb die katholische Volksschule. Seine spätere Verbundenheit mit der katholischen Kirche lässt diesen Schluss zu.[13] Die Schulpflicht bestand vom 6. bis zum 12. Lebensjahr, und wir können deshalb annehmen, dass Theodor Kieserling von 1849 bis 1855 die katholische Knabenschule auf der Grünstraße besuchte. Einen Einblick in die Schulverhältnisse um 1850 gibt uns folgender zeitgenössischer Bericht:[14]

„Die Schule, zu welcher die schulpflichtigen katholischen Kinder aus den Sectionen A. bis F. gehören, die in 598 Knaben und 536 Mädchen, überhaupt also in 1134 Kindern bestehen, hat sowohl für die Knaben, als für die Mädchen drei getrennte Klassen; die unterste oder vierte Klasse ist dagegen eine combinirte. An der Knabenschule, welche drei Zimmer zu 351 1/2, 660 und 351 Q-Fuß hat, wirken ein Lehrer und zwei Hülfslehrer, und es wurde dieselbe im Jahre 1851 von 445 Knaben besucht. Die Mädchenschule hat einen Lehrer und drei Hülfslehrer. Die Klassenzimmer enthalten 362 1/2, 620 und 312 Q.-Fuß Raum, und es wurden darin im Jahre 1851 453 Mädchen unterrichtet."

Mit 12 Jahren dürfte Theodor Kieserling 1855 die Elementarschule verlassen haben. Was konnte er nun tun? Welche Alternativen gab es für seine Eltern und ihn selbst? Dem Geist der Zeit wäre es entsprechend gewesen, wenn der älteste Sohn und potentielle Erbe auf die Übernahme des väterlichen (Klein)betriebes vorbereitet worden wäre. Beruf und Geschäft des Vaters versprachen aber wenig Gutes für die Zukunft. Das handwerkliche Lichterziehen wurde immer mehr durch das fabrikmäßige Lichtergießen abgelöst, und die Kerzen verloren gegenüber anderen Beleuchtungsmöglichkeiten stark an Bedeutung. Vater Franz Theodor Kieserling muss die Lage seines Handwerkes so realistisch eingeschätzt haben, dass er seine Söhne etwas gänzlich anderes lernen ließ. Die älteren Halbbrüder von Theodor ergriffen ein „ehrbares" Handwerk - Carl wurde Färber, Ferdinand Schuhmacher. Bei Theodor entschieden sich die Eltern nicht für das Erlernen eines zukunftsträchtigen Handwerkes, sondern schickten ihren ältesten gemeinsamen Sohn auf die Elberfelder Gewerbeschule.

Die Provinzial-Gewerbeschulen entstanden in unmittelbarem Zusammenhang mit dem Industrialisierungsprozess und stellten eine Mischform zwischen fach- und allgemeinbildenden Schultyp dar.[15] Die Elberfelder Gewerbeschule (gegründet 1825) wurde mit der Realschule unter einer gemeinsamen Leitung betrieben und befand sich von 1826 bis 1855 in einem Gebäude auf der Herzogstraße. In diesen Jahren führte sie mehr oder weniger ein Schattendasein. Erst die Trennung der beiden Schultypen im Jahre 1855, der Umzug der Gewerbeschule in die Hochstraße[16] und die Reorganisation der Schule unter ihrem neuen Direktor, Ferdinand Luthmer, brachte einen gewissen Aufschwung. Trotzdem blieb, wie die Entwicklung der Gewerbeschülerzahlen belegt, die quantitative Inanspruchnahme des gewerblichen Bildungswesens vergleichsweise gering.

Auszüge aus der Schulordnung der Königlichen Provinzial-Gewerbeschule zu Elberfeld

I. Zweck, Einrichtung und Verfassung.

1. Zweck und Ziel der Lehr-Anstalt.

Die Gewerbeschule unterscheidet sich in ihrem Zwecke und ihrem Ziele dadurch von den anderen höheren allgemeinen Lehr-Anstalten:

a. daß sie künftigen Gewerbetreibenden eine gründliche theoretisch-praktische, für die bewusste selbständige Ausübung ihres künftigen Lebensberufes notwendige Ausbildung giebt. - Zu solchen Gewerbetreibenden, für welche die Schule vorzugsweise bestimmt ist, zählen insbesondere: Maschinenbauer und Mechaniker, ferner diejenigen Bauhandwerker, die sich (...) einer vom Staate vorgeschriebenen Prüfung zu unterziehen haben; dann Berg- und Hüttenleute, Färber, Gerber, Bierbrauer, Destillateure und alle solche Techniker, welche praktische Chemie bei ihrem Geschäfte in Anwendung bringen; endlich künftige Fabrikanten und Werkführer von Fabrik-Anlagen und technischen Etablissements aller Art;

b. daß sie jungen Leuten, die sich dem Ingenieur-Fache und den höhern technischen Fächern widmen wollen, Gelegenheit gibt, sich für ein weiter fortgesetztes Studium auf höheren polytechnischen Lehr-Anstalten gründlich vorzubereiten; wie denn schon das, nach bestandener Abiturienten-Prüfung, an hiesiger Gewerbeschule erlangte Zeugniss der Reife zum Eintritt in das Königliche Gewerbe-Institut in Berlin berechtigt.

Dieser spezielle Zweck der Gewerbeschule macht eine Beschränkung auf wenige, wichtige Unterrichtszweige nötig, und sie befolgt daher, indem sie ein tieferes Eingehen auf den Gegenstand möglich macht und fordert, den Grundsatz: nicht Vielerlei, sondern Viel zu lehren. Zugleich aber erzeugt diese unter sich verwandte Geistes- und Denkthätigkeit bei dem Gewerbeschüler meist eine Energie des Fleisses und Strebens, die es möglich macht, in einer verhältnismässig kurzen Schulzeit, bei einer auffallenden Umgestaltung seines intellektuellen Wesens, überraschende Ziele zu erreichen, während diese Energie und Ausdauer zugleich vorteilhaft auf die Ausbildung des Charakters wirkt.

3. Einrichtung der Lehr-Anstalt.

Die eigentliche Gewerbeschule besteht aus zwei Klassen (II. und I. Klasse), wovon jede ihr Pensum mit einem einjährigen Kursus abschliesst, so daß unter Voraussetzung einer genügenden und tüchtigen Vorbildung der Schulbesuch in zwei Jahren absolviert sein kann.

Da indes diese genügende Vorbildung zum erfolgreichen Verständnis des höheren Unterrichts der Gewerbeschule nur in seltenen Fällen vorhanden ist, so geht der Gewerbeschule, zur Erlangung einer grössern Sicherheit in den nötigen Vorkenntnissen, eine zweiklassige Vorschule, jede Klasse, mit einem einjährigen Unterrichts-Kursus voraus.

Diese Vorschule hat aber auch zugleich den Zweck, bei ihrem in sich abgeschlossenen Unterrichts-Pensum, solchen Knaben, die sich dem Handwerkerstande widmen wollen, ohne die Absicht zu haben,

die höhere Gewerbeschule durchzumachen, eine für ihren künftigen Beruf sehr nützliche Ausbildung, insbesondere die für diesen Beruf so sehr nötige Fertigkeit in den verschiedenen Zweigen des Zeichnens zu verschaffen.
Mit Einschluss des Besuches der Vorschule kann demnach die vollständige Ausbildung auf der Gewerbeschule in vier Jahren erlangt werden.
4. Aufnahme-Bedingungen.
Für die Aufnahme in die Vorschule ist das Alter von mindestens 12 Jahren und eine diesem Alter entsprechende gut elementare Vorbildung Bedingung.
7. Entlassungs-Prüfungen und die dadurch erlangten Rechte.
Am Schluss jedes Schuljahres wird unter dem Vorsitze eines Kommissars der Königlichen Regierung und in Gegenwart eines oder einiger Kuratoriums-Mitglieder von den Lehrern der Gewerbeschule eine Entlassungs-Prüfung abgehalten, welcher sich zu unterziehen jedem Schüler nach dem Besuche der I. Klasse um so mehr zu empfehlen ist, als ihm nicht allein in den Forderungen des Examens ein erreichbares würdiges Ziel für seine Bestrebungen hingestellt ist, sondern auch für ihn aus dem, durch das Abiturienten-Examen erlangten Zeugnis der Reife, nachfolgende von einem hohen Ministerium verliehenen Rechte erwachsen:
1. Dem mit dem Zeugnis der Reife entlassenen Zöglinge der Provinzial-Gewerbeschule ist die Befugnis gesichert, zur Fortsetzung seiner Studien in das Königliche Gewerbe-Institut in Berlin aufgenommen zu werden; auch gewährt dieses Zeugnis unter Umständen Anspruch auf Unterrichts-Freistellen an demselben.
2. Das Zeugnis der Reife mit dem Prädikate „mit Auszeichnung bestanden" gewährt dem Inhaber einen Anspruch auf ein Stipendium, wenn derselbe auch den übrigen Bedingungen der Aufnahme in das Königliche Gewerbe-Institut entspricht.
3. Das Zeugnis der Reife berechtigt den Inhaber zu der Zulassung zum einjährigen Militärdienst.
4. Jungen Bauhandwerkern, welche bei ihrem Abgange von der Provinzial-Gewerbeschule das Zeugnis der Reife erworben haben, ist bei ihrem Meister-Examen die mündliche Prüfung zu erlassen (...).
In die Gewerbeschule selbst können nur Schüler aufgenommen werden, die mindestens das 14. Lebensjahr zurückgelegt haben und bereits konfirmiert sind. Die Anforderungen der Schüler machen jedoch ein reiferes Alter sehr wünschenswert.
Wer daher mit Übergehung der Vorschule direkt in die Gewerbeschule einzutreten beabsichtigt, wird dann den meisten Erfolg von diesem Schulbesuche haben, wenn er entweder schon in einer mehrjährigen Thätigkeit (also etwa nach bestandener Lehrzeit) das Bedürfnis für eine wissenschaftliche Behandlung seines technischen Faches gewonnen hat, oder wenn er eine tüchtige allgemeine Vorbildung von einem Gymnasium, einer Real- oder höheren Bürgerschule, durch den Besuch der obern Klassen dieser Lehr-Anstalten, mitbringt.

Mit dem Besuch der Gewerbeschule erhielt Theodor Kieserling eine Ausbildung, die weit über der Durchschnittsbildung seiner Zeit lag. Die vorausschauenden Eltern boten ihrem Sohn unter den geänderten wirtschaftlichen und technischen Bedingungen damit die Chance des weiteren sozialen Aufstieges bzw. gute Voraussetzungen den sozialen Abstieg zu vermeiden. Auch dem fünf Jahre jüngeren Bruder Robert Kieserling wurde später die bei Theodor erprobte Schulbildung zu teil. Zwar entsprach diese Art der Bildung mehr den Absichten des „industriellen Fabrikantenstandes" als eine „höhere" Schulbildung, war sie doch bei weitem praktischer auf die Bedürfnisse der Produktion ausgerichtet als das Studium des Lateinischen oder Griechischen.

Aber von Söhnen einflussreicher Unternehmer wurden die Gewerbeschulen nur in sehr geringem Maße frequentiert. Die meisten Gewerbeschüler dieser Zeit kamen aus dem „mittleren" und „niederen" Bürgertum. Obwohl das Schulgeld mit 12 Talern im Jahr „nur" ein Drittel dessen der Realschule als höherer Schule betrug, war der Besuch der Gewerbeschule nicht gerade billig.

Vermutlich besuchte Theodor Kieserling ab 1855 die von Luthmer neu eingerichteten Vorbereitungsklassen. Den Schülern, die von Elementarschulen kamen, wurde in diesen Klassen eine allgemeine Bildung vermittelt, die dem Niveau von Gymnasiasten und Realschülern entsprach. Deshalb waren *„Religionslehre, Deutsch, Rechnen, Naturbeschreibung, Schreiben und Zeichnen, dazu Französisch, Englisch und Mathematik (...) die Unterrichtsfächer jener Klassen".*[17]

Ab 1857 folgte dann für Theodor Kieserling die zweijährige fachliche Ausbildung der Gewerbeschule. Im Herbst 1859 machte er seinen Abschluss in Elberfeld und äußerte als Berufswunsch: Maschinenbauer.[18] (Sein Bruder Robert spezialisierte sich später auf das Bauingenieurwesen.)

Welche Motive hatten ihn und oder seinen Vater dazu bewogen, die Ausbildung in diese Richtung zu lenken? Der Maschinenbau versprach in den 1850er und 1860er Jahren des vorigen Jahrhunderts ein Beruf mit glänzender Zukunft zu werden, ähnlich der Computerbranche in den 1970er Jahren dieses Jahrhunderts. Das Wuppertal als frühindustrielles Zentrum Deutschlands bot das beste Anschauungsmaterial. Die bis unters Dach mit Maschinen vollgestellten Fabriken bestimmten immer mehr das Aussehen des Tales. Englische Maschinen wurden verstärkt durch in Deutschland konstruierte und hergestellte Maschinen ersetzt, und die Voraussetzungen für den Einsatz industrieller Produktionsmethoden entwickelten sich in allen Bereichen der deutschen Wirtschaft.

Vielleicht gab bei Theodor Kieserling, der bisher ohne direkten Bezug zum Maschinenbau gewesen war, aber auch eine persönliche Bekanntschaft den Ausschlag für diese Ausbildung. Einer seiner Mitschüler war Christian Brensing[19], der ebenfalls Maschinenbauer werden wollte. Bei ihm ist der Berufswunsch etwas leichter nachzuvollziehen als bei Theodor Kieserling.

Stadtansicht von Solingen aus der Vogelperspektive, gezeichnet von Hermann Wüsteneck 1858

Vater Christian Brensing war nach seiner Zuwanderung ins Tal der Wupper als selbständiger Schreiner bzw. Möbelschreiner tätig gewesen. 1857 gelang ihm mit seinen beiden Söhnen Carl und Julius der Sprung vom holzbearbeitenden Handwerker zum „Fabrikanten“ einer Mechanischen Werkstatt und Eisengießerei, der Firma Gebr. Brensing.[20] Wahrscheinlich erhielt dadurch auch Theodor Kieserling einen ersten praktischen Einblick in den Maschinenbau. Und der Vater Franz Theodor Kieserling mag die Bestätigung erhalten haben, dass die Bahnen des alten Handwerkes verlassen werden mussten, um Erfolg tu haben. Ob die Familien Kieserling und Brensing schon vorher miteinander bekannt waren, sie wohnten relativ nahe beieinander,[21] oder ob die Bekanntschaft erst aus der Schulzeit resultierte, lässt sich nicht mehr rekonstruieren. Aber für den weiteren Lebensweg von Theodor Kieserling sollte die Bekanntschaft mit der Familie Brensing noch eine andere große Bedeutung bekommen. Er lernte die damals 14jährige Schwester von Christian Brensing, Auguste (* 26. 8. 1845 in Elberfeld), kennen, die fünfzehn Jahre später seine Frau werden sollte.

Nachdem Theodor 1859 die Gewerbeschule erfolgreich abgeschlossen hatte, verlieren wir für die nächsten Jahre wieder seine Spur. Die bestandene Abschlussprüfung an der Gewerbeschule berechtigte ihn zum Besuch des Gewerbeinstituts Berlin, was einem Ingenieurstudium gleichzusetzen war, und zum einjährig-freiwilligen Militärdienst. Diese Möglichkeit zum Studium scheint Theodor Kieserling aber nicht genutzt zu haben, denn sonst wäre es verwunderlich, warum er später nicht den „Ingenieur" als Berufsbezeichnung geführt hätte.

Wahrscheinlicher ist deshalb, dass er nach dem Ende seiner Schulzeit nicht die weitere theoretische Ausbildung fortgesetzt hat, sondern die notwendigen praktischen Kenntnisse für seinen späteren Berufswunsch „Maschinenbauer" erworben hat. Seine Berufsperspektive war keineswegs die unternehmerische Selbständigkeit, sondern die eines Werkführers oder, um einen modernen Ausdruck zu gebrauchen, die eines angestellten Technikers. Der 16jährige Theodor Kieserling dürfte deshalb die Lehre eines Schlossers begonnen, bzw. in einem Metallbetrieb gearbeitet haben.

Kurz nach Theodors 19. Geburtstag starb am 22. März 1862 sein Vater. Als ältester leiblicher Sohn musste er nun für den Unterhalt der Mutter und der beiden jüngeren Geschwister, aufkommen. Womit er sein Geld in dieser Zeit verdiente, ist unklar, wahrscheinlich ist aber, dass er die nächsten Jahre in einer (Metall-) Fabrik in Elberfeld gearbeitet hat. Denn als er sich im Spätsommer 1865 in Solingen polizeilich anmeldete, gab er als ausgeübten Beruf „Fabrikarbeiter" an.

Teckniker bei J. A. Henckels, Zwillingswerk

War Theodor Kieserling nun einer der vielen Proletarier auf der Suche nach Arbeit, die von einem Ort zum anderen, von einem Betrieb zum nächsten zogen? Vieles spricht dafür, dass seine Angaben bei der polizeilichen Anmeldung eine gelinde Untertreibung waren.

Im Spätsommer 1865 zog Theodor Kieserling von Elberfeld nach Solingen22, seine erste Unterkunft erhielt er im Haus mit der Nummer 466 auf der Hochstraße bei August Langenberg. Dieser war ursprünglich von Beruf Reider, keineswegs etwas Besonderes im Solingen dieser Zeit. Aber nur wenige Jahre später können wir Langenberg als Prokuristen der Fa. J.A. Henckels Zwillingswerk finden.[23] Eine erstaunliche Karriere, die nur den Schluss zulässt, dass Langenberg schon 1865, als Theodor Kieserling bei ihm wohnte, im Zwillingswerk eine leitende Stellung innehatte.

Das Zwillingswerk leistete die Pionierarbeit auf dem Wege der Solinger Schneidwarenindustrie zur Produktion im Fabrikbetrieb. Seitdem der erste Dampfkessel 1852 für eine Dampfschleiferei in Betrieb genommen worden war, betrieb der Firmeninhaber J.A. Henckels jr. den Versuch, die gesamte Fabrikation von der Beschaffung und Erstellung des Rohmaterials bis zum fertig gereideten, verkaufsfähigen Artikel unter einem Dach, in einer Fabrik zusammenzufassen. Henckels betrat damit für Solinger Verhältnisse völliges Neuland. 1857 wurde ein zweiter Dampfkessel gekauft und ein Hammer-

Darstellung von J.A. Henckels Zwillingswerk, um 1880

werk eingerichtet. 1860 begannen die ersten Versuche, Messer unter dem Schwanzhammer zu schmieden und im Jahre 1861 wurde der erste Dampfhammer in Berlin gekauft, der zum Recken von Stahl und zum Messerschmieden benutzt wurde.

Als Theodor Kieserling 1865 in die Firma J.A. Henckels eintrat, war sie die einzige „Fabrik" in der Solinger Schneidwarenindustrie, die diesen Namen wirklich verdiente. Als Vorreiter der Industrialisierung der Schneidwaren war J.A. Henckels aber an einen Punkt gekommen, wo die Firma für die weitere Innovation des Produktionsprozesses entsprechende technische Experten und Spezialisten mit einem erhöhten Ausbildungsniveau bedurfte. Insgesamt beschränkte sich die Höherqualifizierung im technisch-fachlichen Sektor auf einen kleinen Kreis, und in Solingen waren ausgebildete Techniker Mitte der 1860er Jahre eine absolute

Mangelware. Was lag da für die Firmenleitung näher, als ihren Bedarf an diesen speziellen Arbeitskräften im benachbarten, vergleichsweise „hochindustrialisierten" Wuppertale zu befriedigen?

Ob die Verbindung zwischen der Firma Henckels und Theodor Kieserling nun durch persönliche Empfehlung oder durch ein Zeitungsinserat zustande gekommen war, ist unerheblich. Vermutlich kam Kieserling auf Grund eines lukrativen Angebotes als qualifizierter Techniker, und nicht als einfacher Fabrikarbeiter, nach Solingen.[24] Er verdiente während seiner Tätigkeit im Zwillingwerk durchschnittlich 50 Taler pro Monat, und gehörte damit sicherlich zu den Spitzenverdienern unter den Beschäftigten. Warum mag er sich für einen Wechsel nach Solingen entschieden haben? Vielleicht war das Angebot von J.A. Henckels finanziell so interessant, vielleicht erahnte Theodor Kieserling aber auch die besonderen Möglichkeiten, die das „maschinen-jungfräuliche" Solinger Industriegebiet für einen aufstrebenden und ehrgeizigen „Techniker" bot. Im Unterschied zum Wuppertal steckte die technische Veränderung der Fabrikation in der in Solingen dominierenden Schneidwarenindustrie noch in den Kinderschuhen. Gerade hatte der Weg der Schneidwarenindustrie von den kleinen Handwerkskotten und Verlagskontoren zu modernen Fabriken begonnen. Wo Dampfmaschinen als Antrieb noch eine Seltenheit darstellten, wo kein Teil der Produktion fabrikmäßig organisiert war, wo keine Maschine im Einsatz, kein modernes Fabrikgebäude errichtet war, musste für den, der die Zeichen der Zeit und die zukünftige Entwicklung zu deuten wusste (sowie über die entsprechenden Voraussetzungen verfügte), das „Glück" zu machen sein.

Zuerst aber schien Theodor Kieserling nicht ganz sicher gewesen zu sein, ob diese Entscheidung für Solingen auch die richtige war, denn erst nach einem halben Jahr „Probezeit" verließ er sein möbliertes Zimmer und bezog in unmittelbarer Nähe zu seiner Arbeitsstätte am Grünewald in der Gemeinde Dorp eine eigene Wohnung.[25] Und nochmals vergingen sieben weitere Monate, bis das Familienoberhaupt der Kieserlings sich endgültig zum Bleiben entschlossen hatte und seine Mutter und die beiden kleineren Geschwister Robert und Maria Ludovika nach Solingen holte.[26]

Das Zwillingswerk war neben Gottlieb Hammesfahr, Foche, die erste Firma, die schon in den 1860er Jahren mit dem Ausschmieden von Taschen- und Tafelmessern unter dampfgetriebenen Hämmern begann, und damit das Ende der heimarbeitenden Schmiede und den Aufstieg der mechanischen Schlägerei einläutete. Theodor Kieserling erhielt also die ideale Gelegenheit, hautnah an der technischen Innovation eines der Kernbereiche der Solinger Industrie mitzuarbeiten. Diese praktischen Erfahrungen im mechanischen Schmieden, die er in diesen Jahren bei J.A. Henckels sammeln konnte, bildeten noch 20 Jahre später die Grundlage des Erfolges seiner Maschinenbaufabrik.

Frühe Versuche, eine eigene Gussstahlproduktion in Solingen aufzubauen und sich aus der schon seit Jahrhunderten andauernden Abhängigkeit von auswärtigen Stahl-produzenten zu befreien, scheiterten an Kapitalmangel und der Überlegenheit der englischen Produkte. So musste auch die 1867 von den beiden Brüdern Gustav und Constantin Peipers auf dem Heidfeld errichtete kleine Gussstahlschmelze wegen Kapitalmangels nach kurzer Zeit stillgelegt werden.

„Zu dieser Zeit war ein anderer Bruder der beiden Gründer, Emil Peipers, als Ingenieur auf dem Werke seines Schwiegervaters J.A. Henckels in Solingen tätig. Henckels, der einen ausserordentlich grossen Stahlbedarf hatte, hatte die Bedeutung einer Gussstahlschmelze für sein eigenes Werk erkannt und sich entschlossen, die Schmelze der Gebrüder Peipers zu erwerben. Er wollte auf Grund der guten Erfahrungen mit englischem Stahl nach dem englischen Verfahren arbeiten und sandte daher zunächst seinen Schwiegersohn nach England, damit dieser gründliche Erfahrungen in der dortigen Stahlindustrie sammeln konnte."[27]

Dieser Plan wurde zwar fallengelassen und die Peipersche Guss-Schmelze nicht gekauft, dafür erfolgte aber unter der technischen Leitung von Emil Peipers (und vermutlich der Mitarbeit von Theodor Kieserling) 1868 der Bau eines kleineren eigenen Tiegelstahlwerk, dessen Produktion hauptsächlich für den Eigenbedarf bestimmt war. Ein Jahr später wurde der erste Gussstahl ausgeschüttet, und mit dem entsprechenden Dampfhammer für Gussstahlblöcke weiterbearbeitet.

Nach dem Tode von J.A. Henckels jr. im März 1870 kam das Zwillingswerk in eine schwierige Lage. Des Öfteren stand die Aufgabe der Fabrikation zur Diskussion. Weil Theodor Kieserling als Techniker in verantwortlicher Stellung arbeitete, wird auch er sich Gedanken über seine weitere Zukunft gemacht haben. Bei J.A. Henckels war er an der Spitze einer Entwicklung beteiligt gewesen,[28] die in den nächsten Jahren die gesamte Solinger Schneidwarenindustrie erfassen würde. Maschinenbau für die Solinger Industrie - das war um 1870 ein Wagnis, aber es konnte auch eine riesige Chance sein. Theodor Kieserling hatte die fachlichen Grundkenntnisse, er hatte die praktischen Erfahrungen in der führenden Solinger Firma der Schneidwarenbranche sammeln können, er hatte eine Reihe von Beziehungen zu den größeren Solinger Unternehmer knüpfen können, er war mit den technischen Anforderungen, die der Sprung ins Fabrikzeitalter für die Schneidwarenindustrie bedeuten würde, bestens vertraut. Und er sah, dass andere Maschinenbauer erfolgreich in Solingen tätig wurden: so der 1865 aus dem Wuppertal übergesiedelte Heinrich Reckermann, ebenso der Schlosser Carl Müller, der seine Werkstatt bereits vergrößern und in der Ortschaft Kotten neu errichten konnte. Aber noch fehlten ihm die wirtschaftlichen Voraussetzungen für seinen Sprung vom „technischen Angestellten" (der er war, wenn es auch den Begriff damals noch nicht gab) zum selbständigen Unternehmer im Maschinenbau.

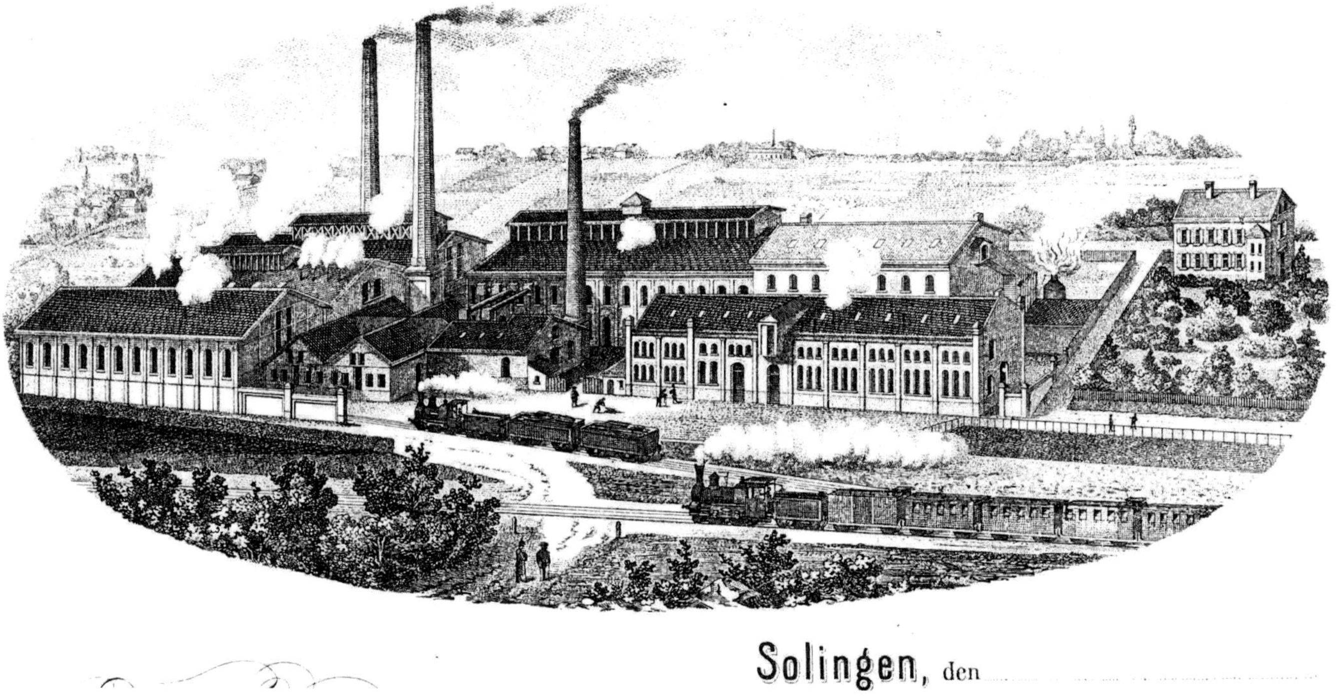

Briefkopf des Siegen-Solinger Gußstahl-Actien-Vereins, um 1890

Gründerjahre

Die allgemeinen wirtschaftlichen Bedingungen entwickelten sich nach dem deutsch-französischen Krieg 1870/1871 und der anschließenden Reichsgründung glänzend. Eine Hochkonjunktur setzte in bisher in Deutschland nicht gekannten Dimensionen ein. Firmengründungen, Fabrikerweiterungen, Produktionsvermehrung: eine Zeit brach an, die später den Namen Gründerjahre erhalten sollte.

Auch an Solingen ging diese Welle des wirtschaftlichen Aufschwunges nicht vorbei. Unter anderem betrieb Emil Peipers, als technischer Leiter des Henckel'schen Stahlwerks bestens mit der Materie vertraut, nach seinem Ausscheiden aus dem Zwillingswerk ab 1872 maßgeblich den Aufbau eines neuen Stahlwerkes in Solingen, um die Rohmaterialversorgung für die gesamte Solinger Schneidwarenindustrie vor Ort sicherzustellen. Der große Bedarf an Stahl in Solingen und der Erfolg der Stahlwerke in der Nachbarstadt Remscheid ließen dieses Projekt profitabel erscheinen. So gelang es Peipers eine ausreichende Zahl von Kapitalanlegern unter

Siegener und Solinger Kaufleuten und Unternehmern von der Rentabilität der Investition zu überzeugen und durch die Gründung des Siegen-Solinger Gußstahl-Actien-Verein im Dezember 1872 mit dem Stammkapital von 200.000 Taler den hohen Kapitalbedarf zu decken. Erster Direktor wurde Emil Peipers, Mitglieder im Aufsichtsrat einer der ersten Aktiengesellschaften im Solinger Industriebezirk waren so renommierte und kapitalkräftige Solinger Fabrikanten wie Gustav Coppel (Teilhaber der Waffenfabrik Alexander Coppel) oder Fritz Beckmann (Teilhaber der Schneidwarenfabrik J.A. Henckels).

Der Siegen-Solinger Gußstahl-Actien-Verein übernahm die alten Peiper'schen Anlagen am Heidberg in der Nähe des Bahnhofes Solingen (Weyersberg), das Firmengelände und die Gebäude und machte sich an den großzügigen Aufbau einer erweiterten Fabrikanlage.

Die Erweiterung des alten Peiper'schen Stahlwerks zur ersten geschlossenen Solinger Fabrikanlage musste geplant werden (ein absolutes Novum für die damaligen Solinger Verhältnisse des Tüftelns und Ausprobierens), die Maschinen und Geräte mussten gekauft und den spezifischen Bedürfnissen des Solinger Werkes angepasst werden. Für diese Aufgabe gedachte sich der Direktor des Siegen-Solinger Gußstahl-Actien-Vereins Peipers die Kenntnisse seines ehemaligen Mitarbeiters im Zwillingswerk, Theodor Kieserling, zu sichern. In seinen Augen musste Kieserling im Unterschied zu den anderen Solinger Maschinenbauern über ausreichendes Know-how für die Erweiterung der Heidberger Guss-Schmelze verfügt haben. Eine nicht unwesentliche Rolle dürfte bei der Entscheidung Peipers die enge persönliche Bekanntschaft der beiden gespielt haben.

Ob Peipers Kieserling ursprünglich nur von J.A. Henckels abwerben wollte und ihm eine feste Anstellung bei Siegen-Solingen angeboten hatte, oder ob er über die Ambitionen von Theodor Kieserling unterrichtet war und sie wohlwollend unterstützte, muss unklar bleiben.

Die Gründung des Siegen-Solinger Gußstahl-Actien-Vereins erfolgte am 23. Dezember 1872. Theodor Kieserling nutzte diese einmalige Gelegenheit und machte sich schon am 15. Januar 1873, der ersten Eintragung in das Kassenbuch der Firma, als Maschinenbauer selbständig. Er traute sich zu, den Anforderungen zu genügen, denn das neue Gussstahlwerk sollte nicht mit Maschinen seiner eigener Fertigung ausgestattet werden, dazu hätte Kieserling zu diesem Zeitpunkt noch gar nicht die Möglichkeit gehabt. Von ihm wurden technische, planerische, beratende, kurz: seine Ingenieursfähigkeiten erwartet.[29] Neben dem planerischen Element übernahm Kieserling aller Wahrscheinlichkeit nach auch die Aufstellung und Anpassung der neuen Maschinen und der Ausstattung der Fabrikhallen, die Montageaufgaben. Gleichzeitig bedeutete dieses für Solinger Verhältnisse gewaltige Volumen einer Fabrikerrichtung auch, dass der Sprung in die unternehmerische Selbständigkeit für Theodor Kieserling nicht ins Dunkle erfolgen musste. Mit Siegen-Solingen im Rücken fielen die ersten Schritte in diese Richtung nicht ganz so schwer.

Nur schnell mussten sie erfolgen: So begann Theodor Kieserling schon seine „Produktion" mit zwei Arbeitern in einem bei Fluß & Klaucke auf der Weyersberger Straße gemieteten Werkstattraum, als er noch bis Ende Februar 1873 durch Kündigungsfristen an das Zwillingswerk gebunden war. Der Umfang des Auftrages zur Errichtung und Einrichtung des Siegen-Solinger Guss-Stahlwerkes zwang Theodor Kieserling unmittelbar, sich Gedanken über eine Vergrößerung seiner Produktionsräumlichkeiten und über Investitionen in weitere Geräte und Werkzeuge zu machen.

Wenige Wochen später bot sich Theodor Kieserling eine geradezu ideale Möglichkeit, seine Raummisere zu lösen. Die Erben des plötzlich verstorbenen Schlossers Mathias Klee[30] wollten die eingerichtete Maschinenwerkstatt auf der Schulstr. 12 (heute Graf-Engelbert-Straße) mit komplettem Inventar (Maschinen, Arbeitsgeräten, fertigen und unfertigen Waren) veräußern. Theodor Kieserling konnte so eine komplette Werkstatt übernehmen, und brauchte nicht mühsam all die benötigten Geräte und Maschinen zusammenzukaufen.

Mit den Verkäufern der Werkstatt, der Witwe Julie Klee und ihrem Bruder, dem Solingen Schneidwarenkaufmann Robert Kolfhaus, wurde er schnell handelseinig. Am 16. März 1873 (Theodor Kieserlings 30. Geburtstag) unterzeichneten sie bei dem Notar Wilms in Solingen den Kaufvertrag über die Maschinenwerkstatt Klee.[31] Der Kaufpreis betrug 3400 Reichstaler, Kieserling leistete eine Anzahlung von 300 Talern, die restliche Kaufsumme wollte er in jährlichen Raten zu 600 Talern entrichten. Für die noch nicht geleistet Summe von 3100 Reichstalern verpflichtete er sich, eine Bürgschaft beizubringen.

Des Weiteren mietete Kieserling „das bisher zum Betriebe der Maschinenschlosserei benutzte Schmiedelocal" auf der Schulstraße von der Witwe Klee.

Für die Maschinenwerkstatt Klee musste Theodor Kieserling den Erben den Preis von 3400 Reichstalern zahlen. Um einen ungefähren Eindruck davon zu bekommen, wieviel diesem Preis in heutiger Kaufkraft entsprechen könnte, nehmen wir als Vergleich den Monatslohn eines Maschinenbauers. Zwischen 20 und 25 Reichstalern verdiente der Arbeiter damals. Theodor Kieserling hätte also in heutigen Preisen zwischen DM 300.000 und 350.000 für seine Maschinenwerkstatt bezahlen müssen. (Eine weitere Zahl zum Vergleich: Das Stammkapital von Siegen-Solingen mit 200.000 Talern entspräche nach dieser Rechnung 20 Mill. DM)

Sehen wir uns das Inventar der Maschinenwerkstatt Klee einmal genauer an, können wir ermessen, warum Theodor Kieserling vergleichsweise viel bezahlen musste, und trotzdem noch ein gutes Geschäft machte. Neben der Vielzahl von Rohmaterial und teilbearbeiteten Stücken finden wir die zu erwartenden (Hand-)werkzeuge und Arbeitsgeräte wie Bohrer, Zangen, Feilen, Schrauben usw. Aber die Klee'sche Werkstatt hatte noch wesentlich mehr zu bieten: sie besaß „eine Lokomobile mit Schornstein, Wasserbehälter, Heizröhre,

Schraubenschlüssel, Handpumpe, Schüppe und Stocheisen" und eine Reihe von Maschinen, die von der Lokomobile angetrieben wurden: englische und einfache Drehbänke, eine Hobel- und eine Bohrmaschine. Für den Kleinbetrieb des Maschinenbaues war die zentrale Kraftmaschine in dieser Zeit etwas außergewöhnliches. Die meisten Mitkonkurrenten halfen sich noch mit fuß- bzw. handbetriebenen Maschinen.

Theodor Kieserling übernahm mit der Maschinenwerkstatt Klee einen technologisch gut ausgerüsteten Betrieb, und er hat dies sicherlich ganz bewusst getan.

Vereinbart hatten Kieserling und die Erben des Mathias Klee die ratenweise Abzahlung des Kaufpreises. Aber schon vier Tage nach Vertragsabschluss konnte Theodor Kieserling die restliche Summe auf einmal überreichen. Auf der Suche nach einem Bürgen war es ihm gelungen, diese Mittel vollständig in bar zu erhalten.

Über das Wie geben uns bis zum gewissen Grade die Eintragungen im ersten Kassenbuch der Firma Aufschluss. Die Einnahmen der Firma begannen am 15. Januar 1873 mit einer Einlage Theodor Kieserlings in der Höhe von 1500 Talern. Im März erhöhte Kieserling die Einlage nochmals um 1000 Taler. Unklar ist, woher Kieserling diese Mittel hatte. Nehmen wir einmal an, er besaß so viel Vermögen aus privaten Quellen, vielleicht dem väterlichen Erbe. Im Februar 1873 hatte Kieserling keine Einnahmen, sondern nur Ausgaben. Aber im folgenden März, Kieserling war gerade mit den Erben Klee handelseinig geworden, folgen die Einnahmen aus dem ersten Auftrag des noch Heidberger Gußstahl-Aktienverein genannten Stahlwerkes in der Höhe von 1650 Talern. Ebenfalls im März 1873 tauchte ein stiller, nur mit seinen Initialen bezeichneter, Finanzier auf, der Kieserling mit 1000 Taler unterstützte. Bei diesem Finanzier handelte es sich um Fritz Weyersberg, den Teilhaber der größten Solinger Waffenfabrik Gebr. Weyersberg und ein maßgeblicher Kapitalgeber des Siegen-Solinger Gußstahl-Actien-Vereins.

Am 8. April 1873 gab Theodor Kieserling die Eröffnung seiner Maschinenwerkstätte öffentlich bekannt und empfahl sich selbst als durch *„gestützt auf mehrjährige erfolgreiche Praxis in hiesiger Gegend(...) in Anfertigung von Plänen und Kostenanschlägen und deren Ausführung, sowohl von ganzen Fabrikanlagen als einzelnen Betriebs- und Arbeitsmaschinen, Dampfkessel- und Feuerungsanlagen, sowie zur technischen Überwachung von bestehenden Fabrikeinrichtungen"*.

Tags zuvor hatte er bereits mittels Anzeige in der Solinger Zeitung nach Arbeitskräften gesucht.[32]

Nun war Theodor Kieserling Besitzer einer Maschinenwerkstatt, aber das Arbeitsvolumen und die fachlichen Anforderungen scheinen für ihn alleine doch zu groß gewesen zu sein. Er benötigte qualifizierte Mitarbeiter für die komplizierten Tätigkeiten, aber wo sollte er sie finden? Wo gab es Arbeitskräfte, denen er in seiner Lage vertrauen und die er als junges Unternehmen auch bezahlen konnte?

Inventar der Maschinenwerkstatt Klee 1873

503 Pfund unfertige Gußtheile
ein 234 Pfund schweres Drehbankbrett
190 Pfund alte Gußtheile
640 geschmiedete Scheiben
669 Stück desgleichen
216 Stück desgleichen
195 Pfund geschmiedete Achsen
36 geschmiedete Muttern
48 desgleichen
66 desgleichen
12 desgleichen
14 desgleichen
74 desgleichen
44 desgleichen
483 diverse geschnittene Scheiben
102 fertige Stellschrauben
68 Schraubenschlüssel
28 Sickermaschinen- Schrauben
16 Stellscheiben
62 Führungsstücke
66 Bügelschrauben
35 Stifte
69 Pfund gebrauchte Zangen
40 Pfund Schmiedehämmer
18 Setzhämmer
500 Pfund Eisenschrot(t)
912 Pfund verschiedenes Schmiedeeisen und
60 Pfund Pudelstahl
31 Pfund Gußstahl
15 Pfund Raffinierstahl
530 Pfund Eisenblech
30 Pfund Abfall
82 Pfund Drehmeißel
87 Pfund Bohrstangen
3 Schleifachsen
1320 Pfund Schmiedeeisen
125 Pfund alte Feilen
4 Walzenfüße
200 kleine Schrauben
2 Lochsäume
10 Pfund Draht
eine alte Knarre und Kurbel
eine Knippwaage
5 Handschrauber
verschiedne Schlosserwerkzeuge
eine Wasserwaage (Libelle)
26 bunte Roletts
verschiedene Aufreiben
eine nicht fertige Presse
Schwanenhals
ein Krug Knochenöl
8 Lampen
66 Kurbelhefte mit Eisenband
18 desgleichen
ein Sortiment Holzbohrer
drei Hobel und ein Walzhobel
114 Scheiben
98 Scheiben
35 desgleichen
2 Walzklemmen mit Locheisen
ein Sortiment Schmiedesäume
ein Sortiment Dörrer
6 Stapeleisen
ein Klempner Amboß
eine Drehbank Kurbelachse
30 Scheiben
ein Sortiment Schlosserfeilen
eine Sickermaschine ohne Bügel
23 Walzstangen und Kurbel
20 desgleichen
4 desgleichen
2 desgleichen
3 desgleichen
3 Blechstangen
1 desgleichen
243 fertige Sickerscheiben
4 Dutzend Hefte
eine kleine Blechwalze
80 Pfund Feilen
24 Pfund verschiedene Feilen

eine Nähmaschine
11 Führungsstangen
78 Walzstangenkurbeln
33 Walzenhefte
3 Dutzend Feilenhefte
4 doppelte Walzhölzer
7 einfache Walzhölzer ?
9 unfertige Walzhölzer ?
80 Pfund Putzwolle
ein hölzerner Schwungradkranz
200 Pfund nicht ganz fertige Zahnräder
3 Lampen
eine Locomobile mit Schornstein, Wasser behälter, Heizröhre, Schraubenschlüssel, Hand pumpe, Schüppe und Stocheisen,
Leitungsrohr von der Hülfspumpe und Treibriemen nebst Schuppentransmission mit vier Lagerstühlen,
4 Riemscheiben und einer Hauptscheibe
eine englische Drehbank mit 92 Wechselrädern, Planscheibe, 2 Winkeln, 2 Zitterstühle und Befestigungsschrauben
eine englische Drehbank mit 5 Wechselräder-Planscheibe Trittachse, mit Rad und Befesti gungsschrauben
eine einfache Drehbank
eine Hobelmaschine mit Riemen und Befestigungsschrauben
eine Bohrmaschine mit Vorgelege
einen Ventilator für zwei Feuer mit Vorgelege
ein Amboß mit Stock
ein Schleifstein mit Blechkasten und Riemen
ein Blasbalg mit Rohr
ein Herdkübel
zwei Kohlenbecken
Gießlöffel
Schüppe und Herdstange
eine zehnzöllige Hebelaschere mit Gestell
5 Schraubstöcke
eine Werkbank mit zwei Schubladen
diverse Klüppen mit Backen und Bohrern
ein Alphabet mit Zahlen
zwei Bogensägen
zwei Brustleieren
ein Fidelbohr und ein Drillbohr
12 diverse Zirkel
eine Handschere
ein englischer Schraubenschlüssel
ein Ofen mit Zubehör
4 Feilenbretter
3 Feilenkasten
2 Kasten
ein Parallelreißer
eine Dezimalwaage mit Gewichte
4 rechte Winkel und ein Schiebemaß
8 Kisten
ein Löthkolben
25 diverse Holzmeißel
diverse Farbkrüge, Töpfe und Pinsel
18 Handdrehmeißel
eine Sickermaschine
ein Fuchsschwanz und ein Sägengestell
5 Bankhämmer
14 Mitnehmer
diverse Fräsachsen
ein hölzerner Hammer
zwei vollständige Tafelscheeren Modelle
ein Tafelscheerplattenmodell
4 Walzen Modelle
3 Sickermaschinen Modelle
ein Bordelmaschinen Modell
zwei Kreisscheeren Modelle
drei Biegenmaschinen Modelle
ein Drehbank Modell mit Souport
ein Falzdrück Modell
ein Souport Modell und
diverse Lager Modelle.

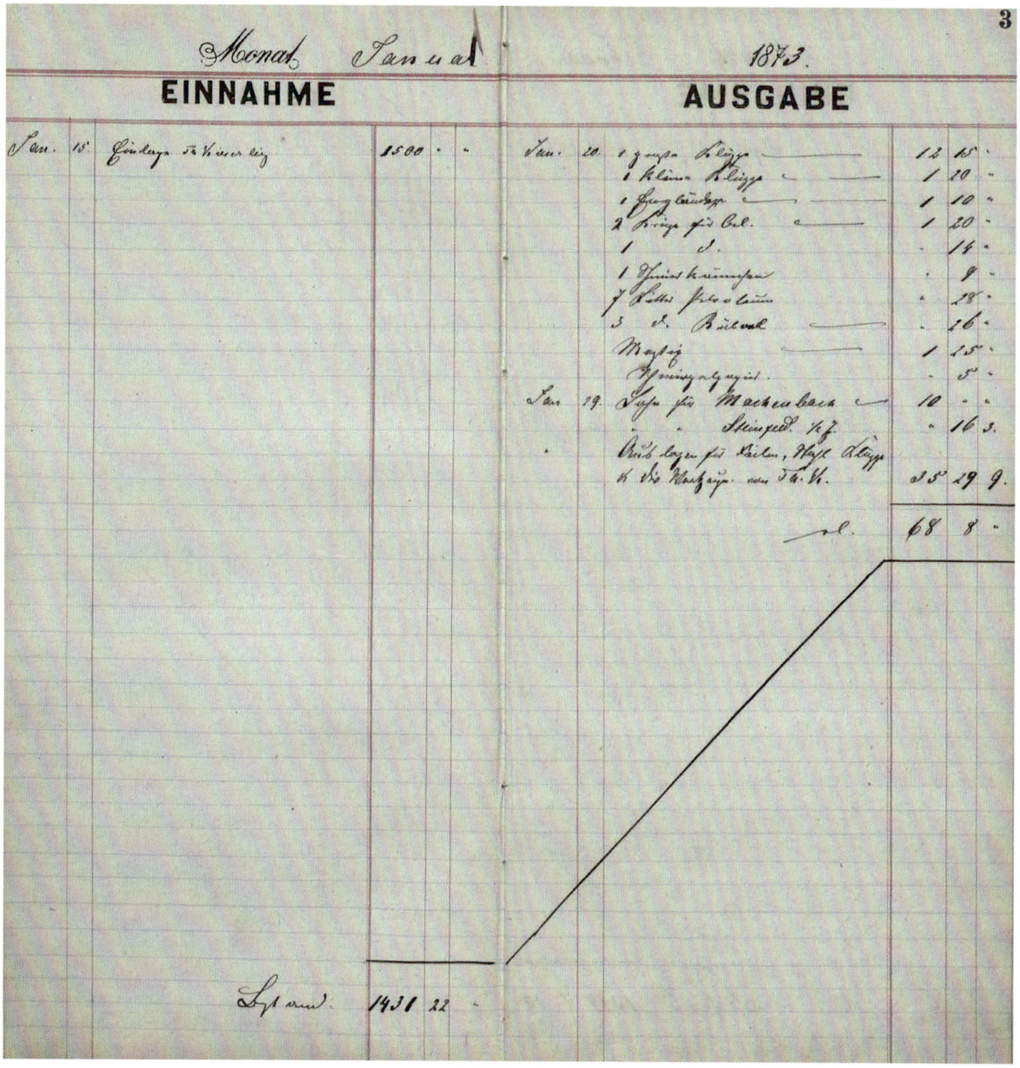

Deckblatt von Theodor Kieserlings erstem Kassenbuch (1873-1875)

Die ersten Einträge von Theodor Kieserling (Einnahmen und Ausgaben) im Januar 1873

Otto Albrecht wird Teilhaber

Otto Albrecht wurde am 7. August 1841 wie Theodor Kieserling in Elberfeld geboren, ebenso sein jüngerer Bruder Richard am 18. Oktober 1848.33 Ihr Vater August Albrecht war ursprünglich Weber und später Werkführer gewesen.[34] Über Jugendjahre, schulische und berufliche Ausbildung von Otto und Richard Albrecht wissen wir nichts.

Die Spur von Otto Albrecht können wir erst aufnehmen, als er wie Theodor Kieserling im Spätsommer 1865 von Elberfeld in den Solinger Industriebezirk, in die Gemeinde Dorp, kam. Als Beruf gab er bei der polizeilichen Anmeldung „Schlosser" an, seine Wohnung nahm er zuerst am Grünewald[35], seit 1866 war er, wahrscheinlich als Facharbeiter, bei der Firma J.A. Henckels beschäftigt[36]. Sein Bruder Richard arbeitete seit 1867 im Zwillingswerk.

Für Theodor Kieserling war es naheliegend, sich in seinem ehemaligen Kollegenkreis nach qualifizierten und zuverlässigen Mitarbeitern umzusehen. Ein angemessenes Gehalt konnte Kieserling dem Anzustellenden zu diesem Zeitpunkt kaum zahlen, seine eigene Kapitaldecke war gleichfalls dünn. Die Lösung dieses Problems konnte deshalb nur in dem Angebot der Teilhaberschaft an der neuen Firma liegen. Noch im März 1873 beteiligte sich Otto Albrecht an der Firma mit einer ersten kleinen Einlage von vergleichsweisen geringen 250 Talern. Weitere Einlagen Otto Albrechts folgen von Juni bis August 1873 in der Gesamthöhe von 870 Talern 2 Silbergroschen und 6 Pfennigen. Die Firmeneinlagen von Theodor Kieserling betrugen zu diesem Zeitpunkt laut Einträgen in das erste Kassenbuch der Firma 2500 Taler.

Nach einem halben Jahr Tätigkeit stießen die Anforderungen an die junge Firma an die räumlichen Grenzen der ehemaligen Werkstatt Klee. Theodor Kieserling beschloss daraufhin, ein geeignetes eigenes Fabrikgebäude mit anschließendem Wohngebäude errichten zu lassen. Welche Kriterien mögen bei der Suche nach einem geeigneten Bauplatz eine Rolle gespielt haben? Freie Flächen zu niedrigen Grundstückspreisen waren damals in und um Solingen ohne Schwierigkeiten zu finden. Industrieansiedlung erfolgte dort, wo Flächen zur Verfügung standen, noch griff keinerlei städtischer Planung in den „freien" Markt ein.

Wichtigere Standortfaktoren für einen Fabrikneubau, der mit einer Dampfmaschine als Kraftantrieb ausgestattet werden sollte, waren die Nähe zu den wenigen ausgebauten Straßen, um nicht allzu große Transportprobleme bei der Herbeischaffung des Betriebsstoffs Kohle zu haben und ein natürliches Wasservorkommen, denn Wasserleitungen gab es noch nicht.

Wenige hundert Meter von seiner Werkstatt entfernt fand Kieserling einen geeigneten Bauplatz am Rande Solingens. Um den historischen Kern von Solingen herum wuchs die Stadt ringförmig nach außen, vor allem in Richtung der „großen" Ausfallstraßen nach Köln (Kölner Straße) und Remscheid (Schützenstraße). Hier waren in den 1860er Jahren

Vertrag der Teilhaberschaft von Theodor Kieserling und Otto Albrecht vom 4. Nov. 1873

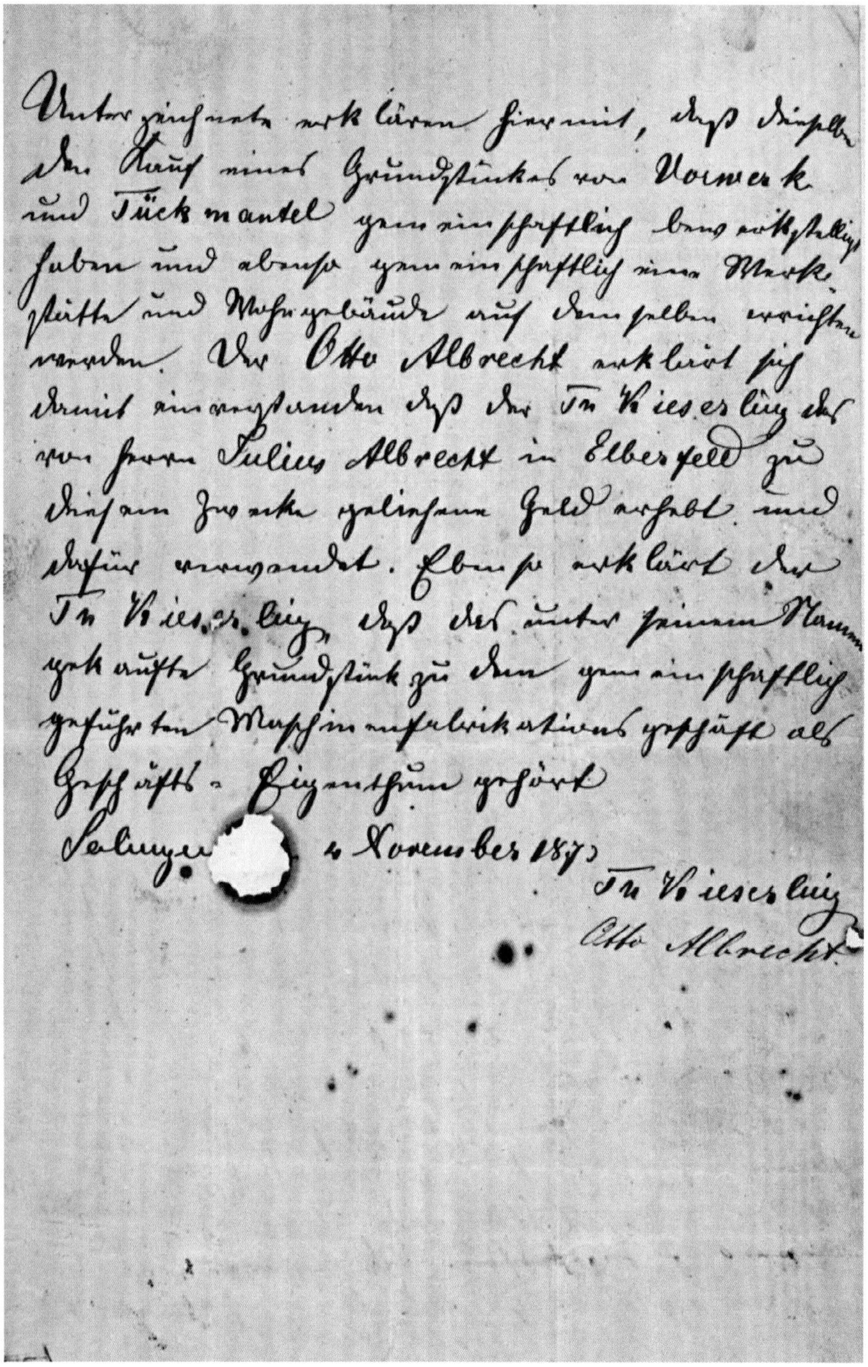

Unterzeichnete erklären hiermit, dass dieselben den Kauf eines Grundstückes von Vorwerk und Tückmantel gemeinschaftlich bewerkstelligt haben und ebenso gemeinschaftlich eine Werkstätte und Wohngebäude auf demselben errichten werden. Der Otto Albrecht erklärt sich hiermit einverstanden, dass der Th. Kieserling das von Herrn Julius Albrecht in Elberfeld zu diesem Zwecke geliehene Geld erhebt und dafür verwendet. Ebenso erklärt der Th. Kieserling, dass das unter seinem Namen gekaufte Grundstück zu dem gemeinschaftlich geführten Maschinenfabrikationsgeschäft als Geschäfts-Eigenthum gehört.

Solingen 4. November 1873 Th. Kieserling
Otto Albrecht

nicht nur repräsentative Wohnhäuser, sondern auch Produktionsstätten entstanden.[37] Erste neue Quer- und Verbindungsstraßen wurden angelegt, andere waren in der Planung und projektiert. Als Gegenstück zu dieser städtebaulichen Entwicklung sind die Firmenansiedlungen und -erweiterungen in der Nachbargemeinde Dorp ebenfalls an denselben Straßen (u.a. die Fa. J.A. Henckels auf der Grünewalder Straße) zu sehen.

Mit den Vorbesitzern Vorwerk und Tückmantel schloss Kieserling im Oktober 1873 einen entsprechenden Kaufvertrag ab, aber schon vor dem notariellen Kaufakt wurde mit dem Bau der neuen Wohn - und Fabrikräume in zweiter Reihe hinter der Kölner Straße begonnen. Den Kauf des ca. 1300 m^2 Grundstückes mit einem Zufahrtsweg von der Kölner Straße und einer Quelle in unmittelbarer Nähe des Grundstückes für 1200 Taler sowie die folgenden Investitionskosten konnte Theodor Kieserling nicht mehr alleine finanzieren, obwohl er im Februar 1874 seine Einlage nochmals um 400 Taler auf nunmehr 2900 Taler erhöhte. Er bedurfte weiteren Kapitals und erhielt für diesen Zweck 1000 Taler von Julius Albrecht aus Elberfeld, einem Verwandten von Otto Albrecht. Diese Summe bedeutete gleichzeitig die materielle Grundlage für die Weiterentwicklung der Teilhaberschaft von Theodor Kieserling und Otto Albrecht, die in einem Vertrag vom 4. November 1873 zwischen den beiden schriftlich fixiert wurde.[38]

Damit taten sie den entscheidenden Schritt des Übergangs von der kleinen gemieteten Werkstatt zu einer Maschinenfabrik. Trotzdem blieb es zuerst eine besondere Form von Partnerschaft und die faktische Stellung Albrechts im Betrieb lag zwischen Teilhaber und technischem Abgestellten. Ab September 1873 wurde Otto Albrecht auf der Lohnliste der Firma geführt, ebenso wie sein Bruder Richard ab Februar 1874. Beide erhielten Spitzengehälter in der doppelten Höhe des Facharbeiterlohnes. Erst mit dem Eintrag ins Handelsregister als Firma Kieserling & Albrecht am 29. April 1875 wurde dieser Zustand juristisch beendet. Otto Albrecht wurde Teilhaber und Richard Albrecht blieb angestellter Maschinenbauer.

Neben den gemeinsamen wirtschaftlichen Aktivitäten entwickelten sich in den nächsten Jahren auch enge persönliche Bindungen zwischen den Familien Kieserling und Albrecht. Otto Albrecht hatte am 24. Mai 1870 Mathilde Fischer [39] geheiratet und lebte mit ihr auf der Marktstraße in Solingen. [40] Aus dieser Ehe gingen drei Töchter hervor,[41] aber bei der Geburt der letzten verstarb Mathilde Albrecht. Am 1. Oktober 1874 zog Otto Albrecht mit seinen drei Töchtern in das gemeinsam mit Theodor Kieserling erbaute, gerade fertiggestellte Wohnhaus auf der II. Birkerstraße 18, der späteren Eisenstraße. Ab Ende des Monats lebten auch Louise Kieserling, die Mutter von Theodor Kieserling und seine beiden Geschwister Maria und Robert in ihrer neuen Wohnung. Zwischen dem Witwer Otto Albrecht und der Schwester seines Teilhabers entwickelten sich unter dem gemeinsamen Dach zarte Bande, und zwei Jahre später schlossen sie die Ehe, in der vier Söhne geboren wurden: Robert Otto (26. Februar 1879); Richard Julius (22. Februar 1880); Arthur (17. April 1881) und Ernst Oscar (2. August 1889).

Theodor Kieserling hingegen, mittlerweile im 32. Lebensjahr stehend, war noch immer ledig. Vielleicht hatte ihn sein beruflicher und sozialer Aufstieg so in Anspruch genommen, dass ihm keine Zeit für die private Seite seines Lebens geblieben war. Nunmehr aber sah sich Theodor Kieserling als gemachter Mann - er besaß seine eigene Fabrik und sein eigenes Haus stand kurz vor der Vollendung. Jetzt konnte er endlich an standesgemäßes Heiraten denken. Wie in den Unternehmerkreisen zu dieser Zeit üblich, suchte man die Ehefrau in den bekannteren Fabrikantenfamilien der Branche und der Heimat. Theodor Kieserling stellte in dieser Hinsicht keine Ausnahme dar. Er erwählte Auguste Brensing, die Schwester seines ehemaligen Mitschülers Christian Brensing, zu seiner zukünftigen Gattin. Auf jeden Fall entsprach die Partnerwahl (hier Unternehmer, dort Tochter eines Maschinenbaufabrikanten) den standesgemäßen Konventionen, wäre da nicht die unterschiedliche Konfession der beiden gewesen. Theodor Kieserling war katholisch, Familie Brensing aber evangelisch. Deshalb trat Auguste vor der Heirat mit Theodor Kieserling zum katholischen Glauben über. Kurz vor der Fertigstellung seines Wohn- und Fabrikgebäudes heiratete Theodor Kieserling am 29. September 1874 Auguste Brensing in Elberfeld. Ab 12. November 1874 lebten die beiden ebenfalls in dem neuen zweieinhalbstöckigen Wohnhaus, indem sich auch die „Büros" der Firma befanden (die kaum mehr als einen Raum benötigt haben dürften).

Das zweistöckige Fabrikationsgebäude stellte eine deutliche Vergrößerung gegenüber den gemieteten Räumen auf der Schulstraße dar, doch kann man bei einer Produktionsfläche von ca. 350 m² kaum von einer Fabrik sprechen. Die selbstgewählte Bezeichnung „Maschinenwerkstätte" entsprach also nicht nur einer gewissen Bescheidenheit, sondern durchaus den Realitäten. In den ersten Jahren der Firmengeschichte reichten diese vergleichsweisen kleinen Gebäude völlig aus.

Das Wohn- und Fabrikationsgebäude
von Th. Kieserling & Albrecht 1874

Die Fa. Th. Kieserling & Albrecht und die Solinger Waffenindustrie

Wer waren die Kunden der jungen Maschinenbaufirma in diesen ersten Jahren des Bestehens? Aufschluss kann uns auch hier das erste Kassenbuch der Firma geben.[42]

Die Einnahmen der Firma aus Verkäufen betrugen danach vom Januar 1873 bis Oktober 1874 die Gesamtsumme von 29.814 Talern, 18 Silbergroschen und 2 Pfennigen. Davon entfielen auf sieben Kunden 24.270 Taler, 9 Silbergroschen und 11 Pfennige, das entspricht 81,4 % der Firmeneinnahmen.

Um die Anforderungen seiner Kunden erfüllen zu können, war Theodor Kieserling gezwungen, wöchentlich mindestens eine Geschäftsreise (von ihm selbst „Tour" genannt) in die bergische und rheinische Umgebung zu unternehmen. Sie dienten der Betreuung der auswärtigen Kunden (ungefähr 10 % des Auftragsvolumens wurde nicht von Solinger Firmen geordert, sondern kam aus den benachbarten Städten), aber vor allem dazu, entsprechende Geräte, Maschinen, Werkzeuge, Teile und Rohprodukte einzukaufen. So fuhr Theodor Kieserling am häufigsten nach Elberfeld (vermutlich des Öfteren zur Fa. Gebr. Brensing), seltener nach Barmen, Remscheid und Mülheim am Rhein, im Einzelfall nach Köln, Annen, Opladen und Haan.

Die typischen Solinger Schneidwarenunternehmen wie Gebr. Feist, R. Kolfhaus (Vertragspartner von Theodor Kieserling beim Kauf der Maschinenwerkstatt Klee) und E. & H. Neuhaus waren mit circa einem Viertel an den Aufträgen beteiligt. Nicht sie bildeten in den ersten Jahren des Bestehens der Firma Th. Kieserling & Albrecht den Kundenstamm, sondern es waren die „Außenseitern" der Solinger Industrie, die „Vorreiter" einer „modernen" Fabrikorganisation in diesem Raume.

Neben der Fabrikerrichtung des Siegen-Solinger Gußstahl-Actien-Verein (mit etwas mehr als einem Viertel am Auftragsvolumen beteiligt) wurden die geschäftlichen Beziehungen zur bedeutenden Solinger Waffenfabrik Gebr. Weyersberg zum zweiten Standbein der jungen Firma Kieserling. Seit Oktober 1873 nahmen die Aufträge von Gebr. Weyersberg und dem mit ihnen zusammenarbeitenden Franz Enaux einen solchen Umfang an, dass der Kauf des Grundstückes und der Bau der neuen Fabrikationsräume sowohl notwendig als auch finanzierbar wurden.

Ursprünglich ein reines Verlagsgeschäft begann die Firma Weyersberg in den 1850er Jahren mit dem Übergang zur eigenen Waffenfabrikation. Die Bearbeitung der Aufpflanzvorrichtung für Seitengewehre hatte bisher bei den hausindustriell tätigen Schwertfegern gelegen. Gebr. Weyersberg richtete für diese Arbeiten einen eigenen Fabrikationsraum am Neuen Weg, der heutigen Kölner Straße, ein und ließ sie durch Fabrikarbeiter herstellen.

Als Meister holten sie sich Franz Enaux, einen gelernten Büchsenmacher, der vorher bei der Firma J.A. Henckels tätig gewesen war. Im Laufe der nächsten Jahre änderten sich die Aufpflanzvorrichtungen der Seitengewehre so, dass eine mechanische Bearbeitung möglich wurde. Gebr. Weyersberg erwarb für diesen Zweck 1859 ein Gebäude an der Hochstraße. Angeschafft wurden eine Fräsbank und zwei Bohrmaschinen, die aber noch durch Menschenkraft angetrieben werden mussten.

1862 übernahm Enaux die vorhandenen maschinellen Einrichtungen zur Herstellung der Seitengewehre auf eigene Rechnung für die Firma Weyersberg. Er ließ weitere Fabrikationsgebäude bauen und ersetzte 1866 die menschliche Antriebskraft durch eine kleine Dampfmaschine. Zwei Jahre später vergrößerte Franz Enaux die Dampfmaschine auf 12 PS und schaffte erste Bearbeitungsmaschinen an. Selbstverständlich kamen diese Maschinen aus England, dem zur damaligen Zeit auf technischem Gebiet führenden Land. Die nächste Generation von Bearbeitungsmaschinen konnte dann entsprechend den englischen Modellen nachgebaut werden.

Aber die günstige Konjunktur der Waffenindustrie nach den Kriegen 1866 und 1870/1871 bei gleichzeitigem konjunkturellem Aufschwung der Schneidwarenbranche erforderte eine nochmalige Ausweitung der fabrikmäßigen Herstellung der Waffen über die Zerlegung in Teilarbeitsprozesse hinaus. Weil die Produktionskapazitäten des weiterhin handwerklich betriebenen Schmiede- und Schleifsektors nicht ausreichten, die im Schneidwarenbereich tätigen Schmiede und Schleifer mit in die Bearbeitung der Waffen einzubeziehen, war es folgerichtig, dass die Waffenfabrikanten sich auch in diesen Bereichen um den Einsatz von Maschinen und die Konzentration der Arbeitsvorgänge in der Fabrik bemühten.

„Wiederum war es die Firma Weyersberg, die den ersten Schritt in diese Richtung unternahm. So finanzierte Fritz Weyersberg im Jahre 1873 den Ankauf einer in England entwickelten Klingenwalze, die in der Fabrikationsstätte von F. Enaux aufgestellt wurde. Mit Hilfe der Klingenwalze gelang es, die Formgebung der Rohlinge auf einen Arbeitsgang zu reduzieren. Zugleich erhielt man Rohlinge von größerer Reinheit und Maßhaltigkeit, so dass sich auch das anschließende Schleifen vereinfachte.“[43]

Die Geschäftsunterlagen der jungen Firma Kieserling lassen den Schluss zu, dass sie an der Aufstellung dieser Maschine beteiligt war. Der erste Auftrag von Enaux datierte auf den Juli 1873, die erste Einnahme von Gebr. Weyersberg dann im Okt. 1873. Das umfangreiche Volumen der Aufträge von Gebr. Weyersberg und von Enaux zeigt, welchen wesentlichen Anteil an der Einführung der maschinellen Produktion in der Solinger Waffenindustrie die Firma Th. Kieserling & Albrecht gehabt haben muss, auch wenn sie in den Schriften zur Geschichte der Solinger Waffenindustrie nicht erwähnt wird.[44] Für die Firma Kieserling lag ein bedeutender Faktor ihrer späteren Größe als selbständiges Unternehmen in der Mitarbeit an der Mechanisierung der Waffenindustrie.

Zunächst aber blieb Th. Kieserling & Albrecht, wie die anderen Solinger Maschinenbaufirmen auch, ein nichthandwerklicher Kleinbetrieb. Über die Beschäftigtenzahlen der Branche Maschinenbau in den 1870er Jahren ist nichts

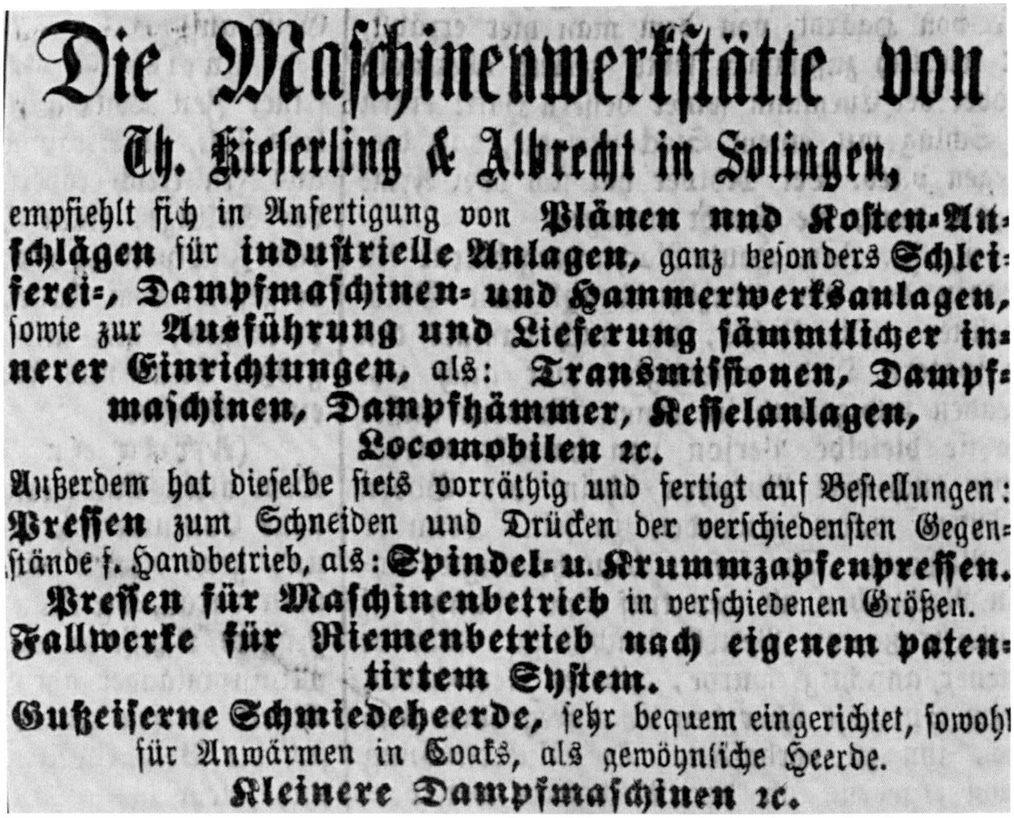

Die Maschinenwerkstätte von
Th. Kieserling & Albrecht in Solingen,

empfiehlt sich in Anfertigung von **Plänen und Kosten-Anschlägen** für **industrielle Anlagen**, ganz besonders **Schleiferei-, Dampfmaschinen- und Hammerwerksanlagen**, sowie zur **Ausführung und Lieferung sämmtlicher innerer Einrichtungen**, als: **Transmissionen, Dampfmaschinen, Dampfhämmer, Kesselanlagen, Locomobilen ꝛc.**

Außerdem hat dieselbe stets vorräthig und fertigt auf Bestellungen: **Pressen** zum Schneiden und Drücken der verschiedensten Gegenstände f. Handbetrieb, als: **Spindel- u. Krummzapfenpressen.**

Pressen für Maschinenbetrieb in verschiedenen Größen.

Fallwerke für Riemenbetrieb nach eigenem patentirtem System.

Gußeiserne Schmiedeheerde, sehr bequem eingerichtet, sowohl für Anwärmen in Coaks, als gewöhnliche Heerde.

Kleinere Dampfmaschinen ꝛc.

Anzeige in der Solinger Zeitung vom 3. Feb. 1877

bekannt, aber alle Solinger Unternehmen werden zusammen kaum mehr als zwei Dutzend Arbeitskräfte beschäftigt haben.

Auch Ende der 1870er Jahre verstand sich die „Maschinenwerkstätte Th. Kieserling & Albrecht“ in erster Linie als Planungsbüro und Montageabteilung für die sich langsam mechanisierende Solinger Industrie. Denn in diesen Jahren war keine Solinger Maschinenbaufabrik in der Lage, größere Maschinen sowie Dampfkessel oder Schlagwerke selber herzustellen. Diese wurden aus dem rheinischen oder Hagener Raum bezogen und bei den Solinger Auftraggebern montiert und gewartet.

In dieser technischen Beratungsfunktion dürfte die Fa. Th. Kieserling & Albrecht Ende der siebziger Jahre des vorigen Jahrhunderts eine für den Solinger Raum einmalige Stellung eingenommen haben. Die anderen Solinger Maschinenbaufabriken dieser Zeit ähnelten hingegen in ihrer Bedeutung mehr Montage- und Reparaturhandwerksbetrieben.

Wer als Unternehmer in Solingen um 1880 auf den „technischen Fortschritt“ setzen und keine auswärtige Firma fragen wollte, der kam am „Ingenieurbüro für fabrikmäßige Produktion" Th. Kieserling & Albrecht nicht vorbei.

Hierin lässt sich der Grund sehen, warum es Kieserling in den achtziger Jahren des vorigen Jahrhunderts gelang, die kleinbetriebliche Existenz zu überwinden. Denn *„der Kleinbetrieb war (...) für viele Maschinenbauunternehmen ein normales Durchgangsstadium. Er konnte aber auch eine dauernde Existenzform sein. Solche nichthandwerklichen Kleinbetriebe lebten von der Herstellung von Massenteilen wie etwa Schrauben, von Reparaturarbeiten und vom Bau kleinerer Maschinen. Die ökonomische Ausgangssituation war in allen Kleinbetrieben ähnlich. Sie verfügten über geringes Kapital, deshalb waren ihre Raumverhältnisse, ihre Energieversorgung, die maschinelle Ausrüstung und die Größe der Belegschaft beschränkt. Darüber, ob sie diese Situation überwinden konnten, entschied sehr stark die technische Qualifikation des Eigentümers und seiner Arbeitskräfte. Wer in der Lage war, seinen Maschinenbestand durch Selbstbau aufzustocken und sich mit der Erfüllung von komplizierten Aufträgen ökonomisch abzusichern, der konnte sein Unternehmen stabilisieren und erweitern."*[45]

Die Fabrik an der Eisenstraße (1881 - 1891)

Ab 1880 erweiterten Theodor Kieserling und Otto Albrecht ihren Betrieb beträchtlich. Innerhalb des nächsten Jahrzehntes wurde aus der Maschinenwerkstatt eine sechsmal größere Fabrikanlage mit einer bebauten Fläche von ungefähr 2600 m². Neben der zweimaligen Erweiterung der Dreherei bekam die 1881 ohne Verbindung zu den anderen Gebäuden in der unmittelbaren Nähe zur Wasserquelle eingerichtete Gießerei zeitweise eine große wirtschaftliche Bedeutung für die Firma. Nunmehr war man in der Lage, die Halbfertigteile für die Maschinen selbst zu gießen und war in dieser Hinsicht von der Zulieferung unabhängig. Wahrscheinlich spielten bei dieser unternehmerischen Entscheidung Kalkulations- und Konkurrenzgründe eine Rolle. Die in eigener Regie gefertigten Gussteile dürften damals die Herstellungskosten für Kieserling'sche Maschinen gesenkt haben.

Die Eisengießerei beschränkte sich in ihrer Fertigung aber keineswegs auf Gussteile für die eigene Maschinenbauabteilung, sondern produzierte Gussstücke unterschiedlichster Art wie Säulen, Dachrinnen, Gussfenster und vieles andere mehr. Die Herstellung von Gussartikeln aller Art wurde für viele Jahrzehnte zu einem bedeutenden Bereich der Firmenaktivitäten. In manchen Phasen der Firmengeschichte war der selbständige Guss vielleicht sogar wichtiger für den Erhalt des Unternehmens, als der Maschinenbau.

Aber nicht nur von ihren Produkten, sondern auch in ihrem innerbetrieblichen Verhältnis kann man eher von zwei Fabriken („Eisengießerei" und „Maschinenfabrik") unter einem Dach als von zwei großen Abteilungen - Maschinenbau und Gießerei - einer Fabrik sprechen. Sowohl die räumliche Anordnung auf dem Fabrikgelände als auch das Selbstverständnis der Unternehmer Kieserling und Albrecht belegen dies nachdrücklich. Bis 1907 waren Gießerei und Dreherei getrennte Gebäudekomplexe, in den Werbeanzeigen aus den Jahren 1884 bis 1901 sprachen die Inhaber immer von der „Maschinenfabrik" und der „Eisengießerei", niemals aber von Abteilungen (dieser Begriff wurde erstmals 1905 verwandt). Das Nebeneinander zweier Betriebsteile ohne direkte Produktionsbeziehungen und räumliche Kontakte fand sogar seine Entsprechung in der Belegschaft. Mitte des Jahrzehntes beschäftigte die Fa. Th. Kieserling & Albrecht erst 22 Arbeiter, 1889 waren es dann schon 42.

Die Grundlage für dieses Wachstum der Firma bildete die Mechanisierung des Schmiedebereiches der Solinger Schneidwarenindustrie - die Fallhämmer, Gesenkschmieden, Schlägereien- und die damit verknüpfte Ersetzung der Wasser- durch Dampfkraft zum Antrieb der Schleifkotten - die Dampfschleiferei. Mit der steigenden Nachfrage nach Solinger Schneidwaren in der zweiten Hälfte des vorigen Jahrhunderts setzte sich nach und nach auch in den Kernbereichen der klassischen Stahlwarenindustrie Dampf als Alternative zur Wasserkraft durch. Allein in dem Zeitraum von 1859 bis 1895 erhöhte sich die Zahl der dampfbetriebenen Schleifereien von 12 auf 107. Ohne Dampfschleifereien hätte Solingen nie die führende Stellung auf dem Weltmarkt gegen die Konkurrenzstadt Sheffield durchsetzen können. Die Dampfschleifereien führten aber zuerst weder zu einer Änderung der Arbeitsorganisation noch zu Änderungen der Produktionstechnik. Wenn sich Solinger Schneidwarenkaufleute überhaupt an diesem Industrialisierungsprojekt beteiligten, dann nur als eine Form der rentablen Kapitalanlage, nicht mit der Absicht, die hausindustrielle Produktionsweise in einer Fabrik mit zentralem Antrieb zusammenzufassen.

Die Anforderungen an die Fa. Th. Kieserling & Albrecht lagen bei der Errichtung von Dampfschleifereien in der technischen Beratung, der Planung des Bauvorhabens, der Ermittlung der geeigneten Antriebsmaschine, der Anpassung an die vorhandenen Räumlichkeiten, der Ausstattung der Schleiferei mit der zentralem Transmission, der Kraftübertragung von der Dampfmaschine zu den einzelnen Schleifstellen.

Dass die Firma in diesem Bereich über große Erfahrungen verfügen musste, zeigt weniger die Selbstdarstellung in der Firmenwerbung, als vielmehr die Tatsache, dass der Höhscheider Bürgermeister Gläßner sich 1882 an das Unternehmen wandte, als es um die Frage ging, ob in Höhscheid eine Dampfschleiferei errichtet werden könnte. Theodor Kieserling erstellte daraufhin eine Kalkulation und Rentabilitätsberechnung für eine große und eine

Th. Kieserling & Albrecht,

Eisengiesserei u. Maschinen-Fabrik,

Technisches Bureau

u. Lager in technischen Bedarfs-Artikeln,

in

SOLINGEN.

Die Eisengiesserei fertigt:

Alle Arten Graugusstheile nach eingesandten und eigenen Modellen oder Zeichnung bis 5000 Kilo schwer und liefert dieselben sowohl roh als gedreht und gehobelt und ist eingerichtet Schwungräder, Seilscheiben und Riemscheiben bis vier Meter Durchmesser, abzudrehen.

Gussfenster *nach eigenen Modellen in jeder Grösse mit und ohne Flügel zum Oeffnen;*

Säulen, *glatte und bunte; sowohl für Bauten als Zaun- und Thorsäulen;*

Dachrinnen *für Sheds, Trottoirrinnen, Canalplatten;*

Roststäbe *für Backöfen, Dampfkessel und jede andere Feuerungsanlage;*

Rohguss *zu Pressen jeder Grösse, Pressentische, Lakir-Oefen etc.;*

Ambose *resp. Chabotte für Schlag- u. Fallwerke.*

Die Maschinenfabrik fertigt:

Maschinen *und* ***Einrichtungen*** *zur Fabrikation aller Arten Eisen- und Stahlwaaren, als: Messer, Scheeren, Gabeln, Bügel etc.*

Schleiferei-Einrichtungen *zum Nass- und Trockenschleifen, Pliesten und Poliren aller Arten Stahl-, Eisen-, und Metallwaaren für den Betrieb mit Wasserkraft sowohl als mit Dampfkraft.*

Schleiferei-Ventilationen;

Dampf-Maschinen- und Kessel, Getriebe, Dampfheizungsanlagen *etc. in jeder Grösse;*

Wasserräder *mit geräuschlos arbeitenden Zahnradübersetzungen;*

Dampfhämmer *zum Schmieden und Stanzen;*

Fallhämmer *bis 500 Kilo Bärgewicht,*

Schlagwerke *ganz aus Eisen construirt für Hand- und Maschinen-Betrieb;*

Pressen *mit Spindel und Krummzapfenbewegung für Hand- und Maschinenbetrieb;*

Scheeren *für Maschinenbetrieb zum Schneiden von Eisen- und Stahlblech;*

Drehbänke, *Hobelmaschinen, Bohrmaschinen etc.;*

Schwanzhämmer *nach dem D. R. Patent Nr. 9400 sowie auch nach anderen Constructionen erbaut;*

Maschinen *zum Ausstanzen mit selbstthätigem Vorschub des Materials;*

Einrichtungen *zum Abfräsen des Hiebes von stumpfen Feilen, welche 60% billiger arbeiten, als der Schleifstein.*

Anfertigung und Lager in:

Klempnerwerkzeugmaschinen, *als:*

Sikkenmaschinen, Wulstmaschinen, Hebel- und Tafelscheeren, Trittscheeren bis zu 2 Meter Länge, Rohrwalzen für Klempner und Ofenrohr-Fabrikanten, Rohrfalzzudrück-Maschinen, Bieg-Maschinen, Maschinen zum Anfertigen endloser Wulsten, Pressen zum Stanzen und Prägen

Gerbereieinrichtungen *und Anfertigung von Special-Maschinen zu deren Betrieb, als:*

Aufzüge für Kälken und Farben;

Granulir-Maschinen;

Spalt-Maschinen um rohe Häute zu spalten;

Anfertigung *von Maschinen für Holzindustrie als:*

Sägegatter *mit Wagen und Walzentransport.*

Universalkreissägen *für Schreiner mit Einrichtung zum Schlitzen und Langlochbohren;*

Frais-Maschinen *für Messerhefte etc. etc.*

Lager in Armaturgegenständen.

Preisliste und Kostenanschläge auf Wunsch umgehend.

Anzeige der Fa. Th. Kieserling & Albrecht in Morsbachs Solinger Adressbuch 1892 kleine Variante einer zu errichtenden Dampfschleiferei auf.

„Nach einem Voranschlag (...) betrug 1882 das erforderliche Kapital für die Errichtung einer Schleiferei 37.488 Mk. für das Anlagevermögen und 12.528 Mk. für das Umlaufkapital. Wurde das Gebäude, wie es im vorliegenden Falle vorgesehen war, dreistöckig aufgeführt, benötigte der Erbauer 77.991,10 Mk. für das Anlage- und 28.704 Mk. für das Umlaufkapital der Produktion eines Monats."[46]

Da das Projekt aus Kapitalmangel nicht zu realisiert werden konnte, waren weitere Dienste der Firma Th. Kieserling & Albrecht nicht gefragt.

In gewisser Weise stellt die Nichtrealisierung der Höhscheider Dampfschleiferei den Wendepunkt einer Entwicklung dar. Seit Mitte der 1880er Jahre wurden Dampfschleifereien nicht mehr nur als „Kotten ohne Wasser" oder als reine Kapitalanlage geplant und gebaut, sondern als integraler Bestandteil neuer kombinierter Produktionsanlagen. Dampfschleifereien wurden zum Grundbaustein für viele Solinger Fabriken. An diesem Wandel war die Fa. Th. Kieserling & Albrecht maßgeblich beteiligt, wie wir weiter unten sehen werden.

Schlägerei

Schon während seiner Tätigkeit bei der Firma J.A. Henckels war Theodor Kieserling mit den Vorboten der bedeutendsten Veränderung in der Produktionsweise der Solinger Schneidwarenindustrie in Berührung gekommen. Zwischen 1860 und 1880 wurde der Arbeitsgang des Handschmiedens mechanisiert und die sich daraus entwickelnden Gesenkschmieden wurden die ökonomische Basis für die Weltgeltung der Solinger Industrie während der Hochindustrialisierungsphase.

Seit Anfang der 1860er Jahre versuchte das Zwillingswerk mit gewissem Erfolg bei verschiedenen Produkten das Vorschmieden und Recken statt von Handschmieden mit einem dampfbetriebenen Hammer durchzuführen.

Bei der nach dem Ende des Krieges 1870 / 1871 einsetzenden Hochkonjunktur konnte die starke Nachfrage nach Solinger Artikeln kaum befriedigt werden. Der handwerklich organisierte Schmiedebereich erwies sich als Engpass, der von den Handschmieden aus Mangel an geeigneten Arbeitskräften nicht überwunden werden konnte. So waren die Schneidwarenunternehmer daran interessiert, ihrerseits die geschmiedeten Artikel maschinell herzustellen.

Einer der Gründer der späteren Gesenkschmiede Hendrichs, Peter-Wilhelm Hendrichs, beschreibt die Situation in den siebziger Jahren des vorigen Jahrhunderts:[47]

„Da zu Anfang der 70er Jahre im Solinger Bezirk keine nennenswerthe Maschinenfabrik vorhanden war, so waren die Betriebe, welche Schlägereien einrichten wollten gezwungen, sich die Hämmer und Pressen aus dem Hagener Bezirk zu beschaffen. Diese Hämmer waren jedoch sehr ungenau gearbeitet und für Solinger Zwecke nicht recht geeignet. (...)

Im Jahre 1873 etablierte sich die Fa. Th. Kieserling & Albrecht in Solingen und führte diese Firma Hämmer aus geeignetem Material und praktischen Stellvorrichtungen ein, womit ein weiterer Schritt auf diesem Gebiet gemacht wurde. Bisher waren die Hammerbären der Billigkeit halber aus Grauguß hergestellt, die Firma Kieserling fertigte die Bären jedoch aus geschmiedetem Stahl und wurden die Hämmer so konstruiert, dass ein möglichst sicheres und präzises Arbeiten gewährleistet wurde und Reparaturen auf ein Mindestmaß heruntergedrückt wurden.“

Die Versuche der Fa. J.A. Henckels in den sechziger und der Aufbau der ersten Schlägereien in den siebziger Jahren führten aber noch zu einer anderen, für die junge Solinger Maschinenbauindustrie wichtigen, Reaktion bei den Handschmieden. Von der Konkurrenz durch Dampfmaschine und Fabrik in ihrer Existenz bedroht, versuchten sie durch eine Rationalisierung und Teilmechanisierung des Handschmiedens ihre ökonomische Überlebensfähigkeit zu erhöhen. Wegen der engen Beziehungen zur Fa. Th. Kieserling & Albrecht und dem exemplarischen Verlauf sei dies am Beispiel der Entwicklung der Fa. Gebr. Hartkopf näher beschrieben.[48]

Hauptauftraggeber der beiden Schmiede Carl und August Hartkopf war die Fa. J.A. Henckels. Als diese in ihrem Dampfhammerwerk immer erfolgreicher das Vorschmieden ausführen lassen konnten, standen die beiden Brüder vor der Alternative, nun entweder die Schmiederei ganz aufzugeben und zur Ackerwirtschaft überzugehen oder als Arbeiter in die in der Entstehung begriffenen Fabriken einzutreten. Beides kam für sie nicht in Frage. Sie versuchten zuerst durch Verbesserungen des Handschmiedens wettbewerbsfähig zu bleiben. Eine Zeitlang schien es auch so, als könnten sie damit gegenüber den mit Dampf angetrieben Hammerwerken wirtschaftlich bestehen. Sie erweiterten ihre Schmiede, beschäftigten ein knappes Dutzend Arbeiter und wurden zum handwerklichen Zwischenmeister, zum Subunternehmer. 1883 begannen sie mit der Verlagerung ihre Schmiede in die neuerbauten Gebäude auf der heutigen Rathausstraße, im entstehenden Dorper „Industriegürtel“ zwischen Schützen- und Grünewalder Straße. Aber letztendlich missglückte der Versuch mit handbetriebenen Hämmern gegen mechanische Fallhämmer zu konkurrieren. Wollten die Hartkopfs nicht ihren Bankrott erklären, blieb ihnen nur die Investition in die Dampfkraft. Für eine eigene Anlage fehlte es ihnen aber an Kapital. Sie wendeten sich an die nahegelegene Maschinenfabrik Th. Kieserling & Albrecht um Rat und konnten dort einen Raum mit Kraftantrieb mieten. Theodor Kieserling nutzte so noch nicht benötigten Raum in seiner erweiterten Fabrik und führte die überschüssige Energie seiner Dampfmaschinen einer betriebswirtschaftlichen Verwertung zu. Gleichzeitig hatte er sich mit dieser Hilfsmaßnahme einen Abnehmer für seine Maschinen geschaffen. Denn nach und nach brachten die Hartkopfs in den Kieserling'schen Räumen eine neue Schmiedeeinrichtung in Betrieb, bestehend aus *„einer Exzenterpresse zum Stahl- und Klingenschneiden, einem leichten und einem schweren Fallhammer, einem Reck- und einem Breithammer,*

beide nach Art der heutigen Schwanzhammer, und einem Schleifstein zum Schleifen der Säume".[49] Selbstredend alles Produkte aus dem Hause Th. Kieserling & Albrecht.
In ihrem eigenen Fabrikgebäude produzierten Hartkopfs weiterhin im Handbetrieb, der Transport zwischen der Eisen- und der Rathausstraße erfolgte mittels Hundekarren. 1887 ließen sich die beiden Brüder unter der Firma Gebr. Hartkopf in das Handelsregister eintragen und nach weiteren zwei Jahren, 1889, waren sie wirtschaftlich in der Lage, ihre eigene Dampfkraftanlage an der Rathausstraße aufbauen zu lassen. Fast überflüssig zu erwähnen, dass diese erste Dampfmaschine auch von der Fa. Th. Kieserling & Albrecht geliefert wurde; *„sie war ursprünglich für 30 PS bestimmt, wurde aber bald für 75 PS umgebaut."*[50]

Aus der Handschmiede war eine Schlägerei geworden. Vielen anderen Schmieden, die diesen Weg versuchten, blieb am Ende doch nur der Gang als Arbeiter in die Fabrik. Den Brüdern Hartkopf gelang der Sprung vom Heimarbeiter zum Unternehmer, unterstützt durch die nur einige Jahre älteren Theodor Kieserling und Otto Albrecht, die nur ein Jahrzehnt vorher ebenfalls diesen sozialen Aufstieg geschafft hatten. Die engen Beziehungen zwischen den beiden Firmen blieben die nächsten Jahrzehnte erhalten. Zwischen 1888 und 1917 lieferte die Fa. Th. Kieserling & Albrecht sämtliche Hämmer an die Fa. Gebr. Hartkopf.[51] Als 1889 August Hartkopf eine Neukonstruktion eines Vierschlaghammers zum Erllängen entwickelte, übernahm die Fa. Th. Kieserling & Albrecht, deren Anfertigung in Lizenz, so dass diese Hämmer in der Solinger Industrie vielseitige Verwendung finden konnten.[52]

Existenzgründungen nach dem "Modell Kieserling"

Als größte und führende Maschinenbaufirma der Solinger Schneidwarenindustrie wurde Th. Kieserling & Albrecht sicherlich häufiger von „selbständigen" Handschmieden zu Rate gezogen, die dem drohenden Schicksal des eigenen wirtschaftlichen Unterganges entgehen wollten, indem sie den Sprung vom Heimarbeiter zum Fabrikanten, vom Handbetrieb zur mechanischen Schlägerei, zu riskieren beabsichtigten.

Theodor Kieserling zeigte bei diesen Verhandlungen, dass er nicht nur Maschinen bauen und verkaufen konnte, sondern großes kaufmännisches Gespür für die Zeichen der Zeit besaß. Die häufig beschränkten finanziellen Möglichkeiten seiner Gesprächspartner und potentiellen Kunden zwangen ihn, bei der ständigen Suche nach Absatzmöglichkeiten für seine Produkte ungewöhnliche Wege zu beschreiten. Peter-Wilhelm Hendrichs, einer der Gründer der Gesenkschmiede Hendrichs, schildert die Anfänge der Firma im Jahre 1886:[53]

„An unserem Elternhaus (in Scheuren), wo wir zu 4 Gebrüdern mit unserem Vater mit dem Feilen von Scheren, chirurgischen Zangen usw. beschäf-

tigt waren, bekamen wir auch verschiedentlich geschlagene Scheren von der Firma Henckels zu feilen. Wenn auch die so geschlagenen Scheren noch Mängel zeigten, so war doch der Vorteil den von Hand geschmiedeten gegenüber sehr groß, und wurde sich oft darüber unterhalten, wie es wohl möglich zu machen wäre, auch einen Betrieb zum Schlagen von Scheren einzurichten. Hierzu fehlten uns vorab jedoch die erforderlichen Mittel.

Denn zur Errichtung einer Schlägerei kam nur Dampfkraft in Frage, also die Errichtung eines eigenen Betriebes. Elektrische Kraft war noch unbekannt, ebenso Gasmotoren, da in hiesiger Gegend noch keine Gasanstalten waren.

Zu einer Dampfkraftanlage gehörte nun aber ein geeignetes Grundstück, Gebäude, Brunnen, Schornstein, Kessel, Dampfmaschine sowie mit allem Zubehör."

Nach einigen misslungenen Versuchen auf Fallhämmern anderer Besitzer, entschlossen sich die Brüder Hendrichs nach Prüfung ihrer bescheidenen finanziellen Mittel (*„eventuell standen 10.000 Mark zur Verfügung"*), einen eigenen, kleinen Betrieb aufzubauen. *„Das erste war nun der Ankauf eines geeigneten Grundstücks. Da die Grundstücke an der Hauptstraße zu theuer waren, so kam nur ein dahinter liegendes Grundstück in Frage."* Für knapp 1.500 Mark konnten sie eine entsprechende Fläche erwerben. *„Mittlerweile war uns auch eine Maschinenanlage (...) in Benrath angeboten worden, diese bestand aus einem Corunalkessel mit 30 m² Heizfläche, vier Atm(osphären) Druck und sollte inclusive einer 12 PS Dampfmaschine 1.200 (Mark) kosten."*

Nach Besichtigung mit einem hinzugezogenen Sachverständigen konnte die Anlage für 1.000 Mark erworben werden. Die Dampfmaschine wurde in einer Scheune eingelagert, der Kessel sollte bis zur Fertigstellung des Neubaus in Benrath verbleiben. *„Wir meinten nun, diese Anlage würde zum Betrieb von 2 - 3 Hämmern genügen, wie uns auch von sachverständiger Seite erklärt worden war."* Zur finanziellen Absicherung ihrer unternehmerischen Existenzgründung suchten die Gebrüder Hendrichs Unterstützung, und fanden sie beim Mitinhaber der Firma E. Bonsmann in Ohligs, der versprach eine Hypothek in Höhe von 20.000 bis 30.000 Mark auf die Schlägerei zu gewähren.

„Es trat jedoch in unseren Projekten eine ganz andere Wendung ein, als mein Bruder und ich eines Sonntagnachmittags Ende Juli 1886 bei Herrn Theodor Kieserling in Solingen wegen Errichtung eines Neubaues und überhaupt wegen Einrichtung einer Schlägerei vorstellig wurden. Als wir Herrn Kieserling unseren Plan unterbreitet hatten, erklärte dieser, so wie wir das vorhätten möchte er uns nicht raten, er wolle uns einen anderen Vorschlag machen. Wir möchten für die Fabrikanlage ein neues und zwar an der Hauptstraße gelegenes Grundstück kaufen, und das bereits gekaufte Grundstück wieder verkaufen resp. eintauschen, auch den Kessel und die Dampfmaschine, wenn auch mit Schaden, wieder abstoßen. Auf einem an der Hauptstraße gelegenen Grundstück wolle er uns eine Schlägerei mit vorläufig drei Hämmern errichten, mit neuer schwererer Dampfmaschine und neuem Dampfkessel, nebst einer größeren Schleiferei zum vermiethen, und sollten wir sehen auf die Anlage eine möglichst hohe Hypothek auf-

zunehmen. Von der Miethe, welche die Schleiferei einbrächte, sollte zunächst Kohlen, Schmier- und Putzmaterialien beschafft, die fälligen Zinsen bezahlt und der etwa verbleibende Rest an die Firma Kieserling zur Tilgung der Anlagekosten abgeführt werden. Für Wartung der Anlage, Einziehung der Miethe erhielten wir die Kraft zum Betriebe der Schlägerei vollständig frei."

Nach den Vorstellungen von Theodor Kieserling sollten die Brüder Hendrichs keine kleine Schlägerei-Werkstatt im Hinterhof errichten, sondern von Anfang an eine Fabrikanlage mit Perspektive bauen lassen. Damit Hendrichs nicht sofort vor dem wesentlich größeren finanziellen Risiko zurückschreckten, bot ihnen Kieserling die Vorfinanzierung der gesamten Einrichtung und die Tilgung dieses Kredits aus dem laufenden Betrieb an. Während sich diese Form der Absatzförderung in den „klassischen" Bahnen der Maschinenbauindustrie der Zeit bewegte, hielt Theodor Kieserling aber noch einen besonderen Anreiz für die potentiellen Kunden bereit.

Ein Hammerwerk benötigt ebenso wie eine Dampfschleiferei eine zentrale Kraftanlage. Wenn die Dampfmaschine entsprechend groß ist, so steht mehr Energie zur Verfügung als die Schlägerei oder die Dampfschleiferei für den Betrieb brauchen. Theodor Kieserlings einfache, aber geniale Idee war nun die Kombination von mechanischer Schlägerei und Dampfschleiferei mit einer gemeinsamen Antriebsmaschine.

Neben der Errichtung einer großen Dampfschleiferei, in der Arbeitsplätze (Stellen genannt) nach traditionellem Solinger System an selbständige Schleifer vermietet wurden, sollte einen kleinere Schlägerei quasi nebenbei und mehr oder weniger kostenlos betrieben werden können.

„Da uns ein solcher Vorschlag völlig unerwartet kam, wir auch auf die Ausführungen des Herrn Kieserling einsehen mussten mit der kleinen Maschinenanlage nicht weit zu kommen, so stimmten wir dem Vorschlag des Herrn Kieserling nach einigen Tagen Bedenkzeit zu. Die notwendigen Gelder zur Errichtung der Gebäude wollte die Firma Kieserling bis zur Erlangung einer Hypothek vorstrecken."

Die konkreten Bedingungen des gemeinsamen Projektes fixierten die beiden Seiten selbstverständlich in einem Vertrag.[54]

„Die Maschinenfabrikanten Th. Kieserling & Albrecht liefern den Gebr. Hendrichs in Merscheid die zur Einrichtung einer Dampfschleiferei und Scheerenfabrikation erforderlichen Maschinen und stellen das Werk ganz complet und betriebsfertig her. Diese Anlage umfasst die Einrichtung von 88 Pließtstellen, 6 große Steinstellen, Maschinen und Kessel etc. 1 Fallhammer von 350 Kilo, 1 Fallhammer von 200 Kilo und ein Fallhammer von 50 Kilo, Gebläse, Pressen etc. alles nach dem von den Herren Th. Kieserling & Albrecht aufgestellten Kostenanschlage. Die Gebr. Hendrichs stellen das Grundstück frei, nehmen auf die Anlage eine erste Hypothek von 20-25000 Mark zur Zahlung der Baukosten, ein Kapital von 5000 Mark, welches zur Abzahlung der Maschinen zur Scheerenfabrikation dient, soll als zweite Hypothek zu Gunsten der Familie der Gebr. Hendrichs aufgenommen werden, und für die Kosten der übrigen Einrichtung und etwaigem Rest der Baukosten erhalten die

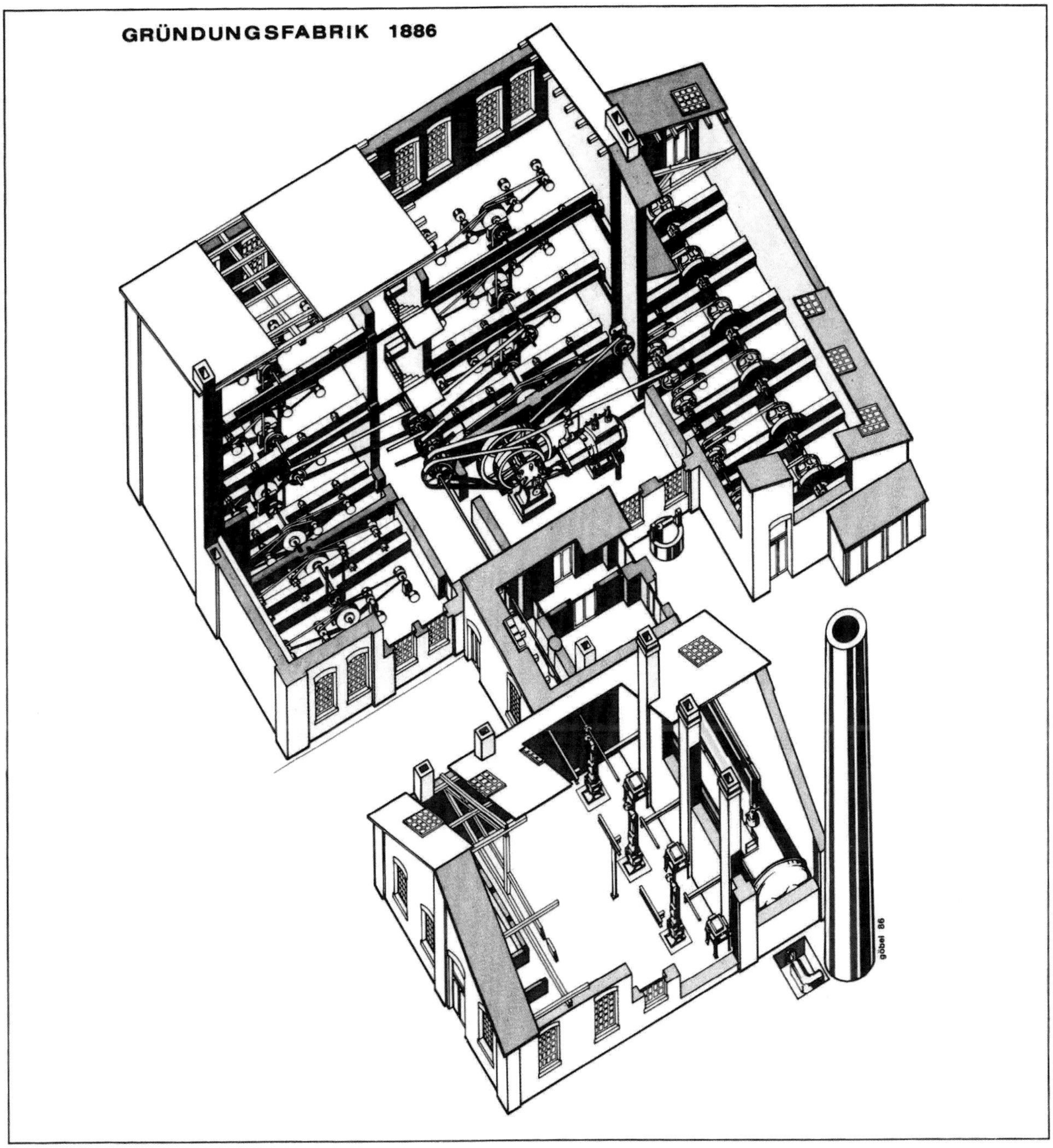

Maschinenfabrikanten Th. Kieserling & Albrecht eine dritte Hypothek. Die Verwaltung der Anlage hat in der Weise zu erfolgen, dass die Stellenmiethe, welche die Anlage abwirft, zuerst zur Zahlung der Unkosten der Anlage dient als da sind: Die Steuer der Anlage, Beschaffung der Kohlen, Schmier- und Putzmaterial, Unkosten zur Instandhaltung von Gebäuden und Einrichtungen in der Schleiferei Heizerlohn etc. und zur Zahlung der Zinsen der ersten Hypothek. Den Ueberschuß erhalten die Herren Kieserling & Albrecht als Zinsen der dritten Hypothek. Die Gebr. Hendrichs zahlen zu den

Grafische Darstellung der Gesenkschmiede F. & W. Hendrichs im Gründungsjahr 1886[55]

Miethen, welche die Anlage abwirft, für die Benutzung der Wohnung 200 Mark jährlich, nach für Benutzung des Raumes zur Scheerenfabrikation ... Mark dagegen haben dieselben für die Kraft zum Betriebe, der denselben gelieferten Maschinen zur Scheerenfabrikation keinen Beitrag zu den Einnahmen der Anlage zu leisten. Die zur zweiten Hypothek gestellten 5000 Mark haben kein Recht auf Zinsenzahlung aus den Einnahmen der Anlage, sondern müssen diese von Gebr. Hendrichs persönlich gezahlt werden. Die Gebr. Hendrichs verpflichten sich die Anlage so zu leiten, dass die Schleifstellen von ordentlichen Schleifern gerne besetzt werden, und dass jede Unordnung so viel als möglich aus derselben ferngehalten wird, und verpflichten sich die Maschinenfabrikanten Th. Kieserling & Albrecht jede mögliche Verbesserung der Anlage zu genehmigen, welche zu diesem Zwecke zu erreichen, erforderlich ist. Die Stellenvermiethung und Beaufsichtigung der Anlage sowie die Einziehung der Miethe besorgen die Gebr. Hendrichs als Aequivalent für die freie Benutzung der Kraft zur Scheerenfabrikation. Ueber den Eingang der Miethe und die nöthigen Ausgaben führen die Gebr. Hendrichs Buch und führen etwaigen Ueberschuß alle Wochen an die Herren Kieserling & Albrecht in der Weise ab, dass stets ein Kassenbestand von 100 Mark verbleibt. Zur Zahlung der Zinsen haben die Herren Kieserling & Albrecht die erforderlichen Gelder am Verfallstage den Gebr. Hendrichs aus den Einnahmen der Schleiferei zu diesem Zwecke auszuhändigen. Die Herren Th. Kieserling & Albrecht verpflichten sich die dritte Hypothek 15 Jahre unkündbar stehen zu lassen und räumen den Gebr. Hendrichs dagegen das Recht ein, dieselbe jederzeit zum vollen Betrag abtragen zu können. Sollte das Kapital der dritten Hypothek bei der Abtragung keine 5 % Zinsen getragen haben, so ist der Fehlbetrag bei der Abtragung nachzuzahlen. Sollte ein Ueberschuß über die 5 % für die dritte Hypothek erzielt worden sein, so wird mit denselben zunächst etwaiger Ausfall der Zinsen vorhergehender Jahre gedeckt und von dem verbleibenden Ueberschuß 25 % zum Abschreiben der dritten Hypothek benutzt, während der Rest dem Besitzer der dritten Hypothek verbleibt."

Die Zusammenarbeit zwischen den beiden Vertragspartnern ging aber über diese schriftlich fixierten technischen und finanziellen Aspekte hinaus. Nach dem Erwerb eines geeigneten Grundstückes an der heutigen Merscheider Straße, begannen die Bauarbeiten unter Leitung des Architekten Robert Kieserling, dem Bruder von Theodor. Am 2. September 1886 konnte der erste Stein zur Schleiferei gelegt werden. Bei den weiteren Arbeiten wurden Baugusswaren der Kieserling'schen Gießerei (z. B. Eisenstützen) verwandt.

Theodor Kieserling gelang es durch diese Vereinbarung mit den Brüdern Hendrichs nicht nur für seine Firma (sowohl für die Abteilung Maschinenbau als auch für die Gießerei) einen wesentlich größeren Auftrag als bei der ursprünglichen Planung zu erhalten. Auch sein Bruder Robert Kieserling bekam so einen weiteren Kunden. Dafür leistete die Fa. Th. Kieserling & Albrecht aber auch ein beachtliches finanzielles Engagement.

Den Gebrüdern Hendrichs wurde trotz der ihre unternehmerische Freiheit einschränkenden Regelungen, die zur Absicherung des finanziellen Risikos für Th. Kieserling & Albrecht in den Vertrag aufgenommen waren, die Möglichkeit geboten, ihre Erfahrungen als Schlägereibetreiber unter betriebswirtschaftlich günstigen Bedingungen zu sammeln.

Da Theodor Kieserling selbstverständlich ein großes Interesse daran hatte, dass die Pläne der beiden Hendrichs erfolgreich enden würden, unterstützte er sie in jeglicher Hinsicht. Als die Hendrichs während der Errichtung ihres eigenen Neubaus die bisherige Produktionsmöglichkeit verloren, sorgte Theodor Kieserling dafür, dass sie in seiner Fabrik in der gerade erweiterten Dreherei, die von der Firma noch nicht selbst genutzt wurde, weiter arbeiten konnten.

„Inzwischen (...) gestatteten uns die Herrn Gebr. Hartkopf, welche bei Kieserling und Albrecht einen Raum mit 2 Hämmern, 2 Pressen, 1 Breithammer und Schleifstein gemiethet, aber noch nicht in Gebrauch waren, auf einem Hammer zu arbeiten. Nach einigen Wochen war jedoch ein Hammer von 200 Kilo für uns fertig und wurde in der Schlosserei von Kieserling aufgestellt, wo wir nun vorläufig ungestört weiter arbeiten konnten. (...) Ende Januar 1887 wurde nun mit der Montage der Maschinenanlage und Einrichtung der Schleiferei begonnen. In dem unteren nördlichen Schleifzimmer richteten wir uns einen provisorischen Arbeitsraum ein. (...) Anfang Januar 1887 wurde der Dampfkessel angeliefert, und nachdem dieser verlegt war, wurde bei Frostwetter die Außenmauer des Kesselhauses in einem Tag hochgeführt. Des Nachts setzte jedoch sehr starker Frost ein und am anderen Morgen war die Mauer wieder zusammengestürzt. Die Montage des Dampfkessels, der Dampfmaschine, Wellen, Pumpen und die Einrichtung der Schleiferei nahm geraume Zeit in Anspruch und konnte den 7. Juni 1887 der Kessel unter Dampf gesetzt werden.“

Unerwartete Schwierigkeiten tauchten nun bei der Finanzierung des Bauvorhabens auf.

„Während der Einrichtung der Schleiferei, welche von verschiedenen einflussreichen Ohligser Bürgern nicht gern gesehen wurde, kam eines Tages von Herrn Bonsmann der Bescheid, dass sie es sehr bedauern, die versprochene Hypothek nicht geben zu können. Der Mitinhaber der Firma E. Bonsmann, Hugo Bonsmann war der Schwiegersohn des Bürgermeisters Kelders und war dieser ein eifriger Förderer der Ohligser Aktien Schleiferei. Auch wurde es von den Ohligsern nicht gerne gesehen, dass im Mittelpunkt von Ohligs und Solingen eine Schleiferei errichtet wurde. Dies wird wohl der Grund für E. Bonsmann gewesen sein, seine Zusage zurückzuziehen.“

Weitere Versuche, u.a. bei der Sparkasse in Dorp scheiterten ebenso.

„Da nun das gesamte Baukapital von der Firma Th. Kieserling & Albrecht vorgestreckt werden musste, diese aber auch nach erst 13 jährigem Bestehen noch mit Geldschwierigkeiten zu kämpfen hatten, so müssen zwischen Herrn Kieserling und (Herrn) Albrecht ernste Meinungsverschiedenheiten stattgefunden haben, denn eines Tages erklärte Herr Kieserling, er wolle die Sache mit uns gemeinsam machen. Da unsere Barmittel auch nicht ausgereicht hätten, da die Anschaffung von Stahlwerkzeugen fortwährend größere Summen beanspruchte, so kam uns dieser Vorschlag

sehr gelegen, zumal sich Herr Kieserling für den Schlägereibetrieb sehr interessierte, war er doch vor seiner Selbständigmachung längere Jahre bei der Firma J.A. Henckels als Betriebsingenieur in Stellung gewesen. (...)

So wurde Theodor Kieserling privat zu einem Drittel stiller Teilhaber bei der Gesenkschmiede Gebr. Hendrichs. Aus einer genialen Strategie zur Absatzförderung seiner Firma war durch die Finanzierungsprobleme eine unfreiwillige Kapitalanlage geworden. Wie der Hinweis auf die Meinungsverschiedenheiten zwischen Theodor Kieserling und Otto Albrecht andeutet, stand zur Rettung des gesamten Projekts „Gesenkschmiede Hendrichs" ursprünglich vermutlich eine Beteiligung der Firma Th. Kieserling & Albrecht zur Diskussion. Weil Otto Albrecht zögerte, beteiligte sich Theodor Kieserling privat an der Hendrichs'schen Gesenkschmiede, und erwies sich damit als der risikofreudigere Unternehmer der beiden Teilhaber.

„Die Firma Kieserling hatte das ganze Baukapital hergegeben, zirka 32.000 M, sowie die Maschineneinrichtung geliefert und musste Theodor Kieserling fortwährend Gelder hergeben, um die notwendigen Werkzeuge und Rohmaterialien anschaffen zu können."

Diese Barzahlungen wurden als Kapitaleinlage verbucht und beliefen sich zwischen 1886 und 1890 auf eine Höhe von ca. 24.000,- Mark.[56] (F.W. und P.W. Hendrichs beteiligten sich 1886 mit jeweils 2.000 Mark.) Trotzdem bemühte sich Theodor Kieserling um einen weiteren Finanzier und schließlich gelang es ihm im Jahre 1888 Friedrich Weskott in Barmen (dem Mitinhaber der Bayer-Werke) für die Übernahme einer größeren Hypothek zu gewinnen.

„Nun waren die hauptsächlichsten Geldschwierigkeiten überwunden. (...) und war von diesem Zeitpunkte an der Theilhaber des Herrn Kieserling, Albrecht, zugänglicher und zu weiteren Maschinenlieferungen bereit."

Nach den anfänglichen Schwierigkeiten behauptete sich die neue Gesenkschmiede wegen des enormen Bedarfs an „geschlagenen Scheren" mit ihren Produkten am Markt. Schon ein Jahr nach der Inbetriebnahme der Schlägerei konnte eine Vergrößerung in Auge gefasst werden. Ein weiteres Grundstück wurde erworben, die Schlägerei um das Dreifache vergrößert und neue Hämmer (selbstverständlich von der Firma Th. Kieserling & Albrecht geliefert) aufgestellt. Knapp zehn Jahre später, 1897, erfolgte eine nochmalige Vergrößerung der Schlägerei.[57]

Und nach zehn Jahren warf der Betrieb schon so viel Gewinn ab, dass die sozialen Aufsteiger Hendrichs mit dem Bau der repräsentativen Villa neben der Fabrik, dies für alle Welt sichtbar zeigen konnten.

Auch für Theodor Kieserling erwies sich die ursprünglich nicht ganz freiwillige Kapitalanlage als lukrative Investition. Jeder der drei Teilhaber (die beiden Brüder Hendrichs und Theodor Kieserling) verfügten über je zwei Konten, eines für das Kapital und ein anderes für die Gewinne. Auf dem Kapitalkonto wurden die Einlagen geführt sowie die Zinsen auf dieses Kapital jährlich gutgeschrieben. Entnahmen aus der Firma führen zur Reduzierung dieses Kontos! Auf dem Gewinnkonto wurden die Bilanzgewinne der Firma zu je einem Drittel auf die Teilhaber aufgeteilt. Eine Möglichkeit der Entnahme von diesem Konto gab es für Theodor Kieserling im Unterschied zu seinen beiden tätigen Teilhabern Hendrichs nicht.[58] Lediglich für die Finanzierung zweier privater Projekte, von denen weiter unten die Rede sein wird, griff Theodor Kieserling auf das bei Hendrichs angelegte Kapital zurück. 1893 und 1894 entnahm er insgesamt 8.000 Mark; 1900 und 1901 dann jeweils 3.000 Mark. Im Jahr 1901 befanden sich auf dem Kapitalkonto von Theodor Kieserling 25.709,76 Mark, auf dem Gewinnkonto ein Anteil von 50.059,53 Mark.[59]

Die bei der Gesenkschmiede Hendrichs erprobte betriebswirtschaftliche Kombination von Dampfschleiferei und Schlägerei blieb kein Einzelfall. Theodor Kieserling perfektionierte die Finanzierung eines mechanisierten Fabrikteiles, des Hammerwerkes, durch die an „Heimarbeiter" vermietete Schleiferei zum Modell für den individuellen Übergang eines klassischen Heimarbeiter oder Verlegerkaufmannes zum Fabrikanten.

Während die Solinger Schneidwarenindustrie im allgemeinen auf der Grundlage der Teilung in mechanisierter Schlägerei und handwerklicher Qualitätsarbeit der Schleifer vor dem 1. Weltkrieg die führende Stellung auf dem Weltmarkt erobern konnte, nutzte das „Modell Kieserling" diese Arbeitsteilung zwischen Fabrik- und Handarbeit für den Aufstieg einzelner Unternehmen bis hin zur Weltgeltung.

Hugo Linder betrieb seit 1886 an der heutigen Gasstraße in der damals noch selbständigen Stadt Dorp eine kleine Fabrikation. Die erste bemerkenswerte Erweiterung realisierte er nach dem Kieserling'schen „Modell". Neben einem kleinen Hammerwerk wurde 1887 eine große Dampfschleiferei errichtet.[60]

Seinem Nachbarn Eduard Wüsthoff von der Flurstraße muss Theodor Kieserling zwei Jahre später ebenfalls diesen Weg für den Übergang vom Verleger zum Fabrikanten nahegelegt haben. Auf seinem neuerworbenen Grundstück an der heutigen Kronprinzenstraße ließ Wüsthoff 1889 zuerst eine große Dampfschleiferei für 50 Stellenmieter errichten, um dann ein Jahr später ein kleines Hammerwerk zu bauen. Eine kleine Besonderheit am Rande: Bei der Erörterung der Einsprüche der Anwohner gegen die geplante Aufstellung der Hämmer vor dem Solinger Bürgermeister trat Theodor Kieserling als Experte für Wüsthoff auf.[61]

Da es sich bei dem „Modell Kieserling" aber nicht um eine selbstlose Hilfe für Existenzgründungen, sondern um eine umfassende Strategie zur Förderung des Absatzes der Fa. Th. Kieserling & Albrecht handelte, schloss der gute Rat auch die Lieferung aller Maschinen, die Einrichtung der Schleiferei, die Aufstellung und Montage der zentralen Kraftanlage, die planerischen Ingenieurs- und Architektenarbeiten sowie die Lieferung von gegossenen Bauelementen ein. Nicht mehr festzustellen ist hingegen, ob ein weiteres finanzielles Engagement der Firma oder von Theodor Kieserling selbst den erfolgreichen Aufbau der beiden Firmen unterstützte.

Briefkopf der Fa. Eduard Wüsthof, Dreizackwerk, 1886

Nach der Erweiterung der Gießerei im Jahre 1891 scheint das eigene Unternehmen einen Punkt der Entwicklung erreicht zu haben, bei dem es für Theodor Kieserling nicht mehr sinnvoll war, weiter in das quantitative Wachstum seiner Fabrik zu investieren. In der Überschaubarkeit seines Betriebes lag für ihn die Grenze seines unternehmerischen Handelns. Th. Kieserling & Albrecht hatte sich zur größten Solinger Maschinenbaufabrik entwickelt, blieb aber unter der Leitung der Firmengründer ein mittlerer Betrieb mit niemals mehr als hundert Beschäftigten. Mit den vorhandenen Maschinenbaukapazitäten konnte die Fa. Th. Kieserling

& Albrecht auch noch Anfang der 1890er Jahre des vorigen Jahrhunderts gute Gewinne erzielen, neue Märkte mit neuen Produkten mussten noch nicht erschlossen werden. Trotzdem ließ sich die Profitabilität des Unternehmens durch weitere Investitionen in neue Produktionsstätten nicht mehr wesentlich erhöhen. Weil die Firmengründer der Solinger Industrie und dem lokalen Markt, aber vor allem dem Maschinenbau verhaftet blieben, unterließen sie es, in anderen Branchen als Produzent direkt aufzutreten. Auch ein systematisches Aufkaufen oder sich Einkaufen in bestehende Firmen dürfte für einen Theodor Kieserling spekulatives Handeln um des schnellen Gewinns gewesen sein und deshalb außerhalb seines unternehmerischen Denkens gestanden haben. So begab er sich zwangsläufig in traditionelleren Bahnen auf die Suche nach neuen Anlagemöglichkeiten für das überschüssige Kapital. Eine Investition in Immobilien entsprach vollständig seinem kaufmännischen Verständnis, besonders wenn sie sich irgendwie mit der Absatzförderung für die Produkte seiner Firma kombinieren ließ. Und schließlich dürfte der Ingenieur in Kieserling angesichts des Faktums, dass die 1886 erweiterte eigene zentrale Kraftanlage so viel Dampfenergie liefern konnte, dass die Firma diese selbst gar nicht verbrauchen konnte, nicht geruht haben.

Was lag da näher, als sein „Modell“ der optimalen betriebswirtschaftlichen Ausnutzung der Energie auf dem eigenen Firmengelände anzuwenden, eine Gesenkschmiede und Dampfschleiferei so ganz nebenbei anzutreiben? 1892 wurde mit dem Bau dieser Fabrikationsstätte an der späteren Eisenstraße begonnen. Zugleich mit dieser nach seinen bisherigen Erfahrungen risikoarmen Investition beschritt Theodor Kieserling aber auch gleich ein für ihn und die Solinger Industrieverhältnisse neues Terrain. Im Laufe der vergangenen Jahre hatte er eine Reihe von Grundstücken um seine Firma erworben, ursprünglich mit der Überlegung, diese für eine weitere Ausdehnung der Fabrikanlage verwenden zu können. In der ständig wachsenden Stadt Solingen herrschte zunehmender Bedarf an Wohnraum - vor allem die alten und neuen Mittelschichten verlangten nach Wohnungen in Neubauten und konnten sie auch bezahlen. Die Lage in unmittelbarer Nähe zum Stadtkern von Alt- Solingen erhöhte in dieser Situation den Wert der unbebauten Flächen um die Firma und die Entwicklung der umliegenden Straßen zu einem gehobenen Wohnviertel - die naheliegende Fabrik störte damals kaum jemanden - ließ die Nutzung der in der Bauflucht gelegenen Grundstücke für den Wohnungsbau noch rentabler werden. Unter diesen wirtschaftlichen Vorzeichen entschloss sich Theodor Kieserling auf seinen Grundstücken an der Eisen- und der Flurstraße Mietshäuser für den gehobenen Bedarf als Kapitalanlage bauen zu lassen. Vorsichtig, wie er nun einmal war, begann Kieserling mit der Errichtung eines dreistöckigen Wohnhauses, dass er gleich wieder in Verbindung zu den neuen Fabrikationsräumen sah. Im rechten Erdgeschossraum des Wohnhauses war deshalb eine Verbindungstür zu der unmittelbar an die Dampfkesselanlage angrenzenden Gesenkschmiede eingeplant worden. Unter optimaler Ausnutzung des teuer gewordenen Bodens wurde der ebenfalls dreistöckige Fabrikhochbau quer an das Wohnhaus angebaut.

Die besondere industriegeschichtliche Note dieses Projekts liegt aber auf einer anderen Ebene. Gesenkschmiede und Dampfschleiferei waren so mit einander verbunden, dass nur eine gemeinsame Nutzung beider Gebäude in Frage kam. Theodor Kieserling versuchte, eine zu dieser Zeit in Solingen völlig neuartige Kombination von mechanisierter Schlägerei und Dampfschleiferei als Teile einer einheitlichen Fabrik unter der Leitung eines Unternehmers zu verwirklichen. Dabei bestand weder die Absicht, diese neue Fabrik selbst zu betreiben, noch sie zu verkaufen. Von Anfang an wurde ein Unternehmer gesucht, der bereit war, diese vermutlich komplett mit allen Maschinen eingerichtete Produktionsstätte als Ganzes zu mieten.

Aber für eine solche Fabrik waren die industriellen Verhältnisse und Beziehungen in Solingen 1893 noch nicht reif, denn die Schleifer hätten dort, wäre es nach den Kieserling'schen Plänen gegangen, nicht mehr als selbständige Stellenmieter, sondern nur noch als Fabrikarbeiter arbeiten können. Auf dieses Wagnis ließ sich aber zu diesem Zeitpunkt angesichts der Stärke der Schleifergewerkschaften und ihrer bekannten Abneigung gegen die „Fabrikfron" noch kein Solinger Fabrikant ein. So musste Theodor Kieserling schließlich seine Pläne ändern. Erst nachdem er ein weiteres Gebäude für die Gesenkschmiede sowie ein externes Treppenhauses für den „Hochbau" hatte errichten lassen, gelang es ihm in den Brüdern Julius Ernst und Carl G. Brünninghaus einen Betreiber für die Gesenkschmiede zu finden.[62] Die Dampfschleiferei hingegen musste er separat und auf eigene Rechnung im klassischen Solinger System einzeln an selbständige Schleifer vermieten.[63] Der Versuch Theodor Kieserlings, die Dampfschleiferei als integrierten Teil einer Fabrik betreiben zu lassen und als Pionier in die Solinger Industriegeschichte einzugehen, war also (kläglich) gescheitert. Bis 1914 produzierten die Gebr. Brünninghaus in diesen Räumlichkeiten,[64] ebenso lange wohnte der Fabrikant Julius Brünninghaus im benachbarten Wohnhaus. Nachweisbar bis Ende 1908,[65] vermutlich aber noch ein paar Jahre länger, wurden die „Stellen" an selbständige Schleifer vermietet. Erst seit dem 1. Weltkrieg nutzte die Fa. Th. Kieserling & Albrecht die gesamten Räume für eigene Zwecke des Maschinenbaues.

Wenn auch die betriebsorganisatorische Innovation kein rühmliches Ende fand, das erste Mietshaus muss in den Augen von Theodor Kieserling ein voller Erfolg gewesen sein. Denn schon im nächsten Jahr, 1893, ließ die Firma Th. Kieserling & Albrecht in Fortsetzung der Bauflucht an der Ecke Flurstraße / Eisenstraße vier dreigeschossige Mietswohnhäuser bauen und 1899 folgte ein weiteres Mietshaus auf der Flurstraße in der gleichen Größe. Der Adressatenkreis für die neuen Wohnungen blieb der Mittelstand. So wohnten z.B. 1901 in den drei Häusern Eisenstraße 9 - 13 ein Obertelegraphensekretär, ein Kaufmann, ein Fabrikant, ein Schlosser, ein Mechaniker, ein Postanwärter, ein Hufschmied und sein Geselle, ein Kutscher und ein Schleifer - aber kein Arbeiter der Firma Th. Kieserling & Albrecht. Erst einige Jahre später wohnte, als Ausnahme von der Regel, ein lange Jahre bei der Firma beschäftigter Arbeiter in einer diesen Wohnungen.

Der Bau der Mietshäuser war sicherlich in der damaligen Zeit eine kaufmännisch richtige und lukrative Entscheidung (zu diesem Zweck entnahm Kieserling 8.000 Mark aus der Einlage bei der Gesenkschmiede Hendrichs)[66], doch verbaute der sonst in Produktionsdingen so weitsichtige Theodor Kieserling damit seinen Nachfolgern eine Erweiterungsmöglichkeit für die Fabrik in dieser Richtung. Gerade diese Investitionen im letzten Lebensjahrzehnt des Firmengründers weisen darauf hin, dass für ihn ein potentielles weiteres Wachsen seiner Fabrik an die Grenzen seines unternehmerischen Vorstellungsvermögens gestoßen war.

Wie überzeugt Theodor Kieserling an einmal für richtig Erkanntem festhielt, belegt das letzte Beispiel seiner „modellhaften" Kombination von Gesenkschmiede und Dampfschleiferei.

Der 52jährige Fabrikarbeiter Albert Frauenzimmer wollte 1887 ebenfalls die Gunst der Stunde nutzen und ein Hammerwerk im Lindenhof zu Höhscheid einrichten. Die Planung und Lieferung der Hämmer und der Dampfkesselanlage übernahmen Th. Kieserling & Albrecht. Eine Dampfschleiferei wollte oder konnte Frauenzimmer aber nicht errichten lassen.

Schon nach wenigen Jahren musste er mit seinem reinen Schlägereibetrieb Konkurs anmelden. Bei der Zwangsversteigerung um das Jahr 1895 erwarb die Firma Th. Kieserling & Albrecht das Hammerwerk mit allen Gerätschaften, Maschinen und Werkzeugen. Wenig später ließ Theodor Kieserling eine zusätzliche Dampfschleiferei bauen und vermietete ab 1898 Hämmer und Schleifereistellen getrennt wie in den Gebäuden neben seiner Fabrik schon erprobt.[67]

Familienleben

Über das Privatleben Theodor Kieserlings und seiner Familie ist sehr wenig bekannt. Nach seiner Heirat mit Auguste Brensing 1874 lebte er 14 Jahre mit der Familie seines Teilhabers und Schwagers Otto Albrecht im neu erbauten Fachwerkhaus neben seiner Fabrik auf der Eisenstraße. Ungefähr alle zwei Jahre erblickten dort insgesamt sechs Kinder der Kieserlings das Licht der Welt: Am 5. September 1875 wurde die erste Tochter Maria Johanne **Auguste** geboren; am 27. Dezember 1876 folgte die zweite Tochter Antonie **Paula**; der erste Sohn und potentieller Nachfolger in der Firmenleitung kam mit Carl **Theodor** am 28. Februar 1878 auf die Welt; am 31. März 1880 wurde Johanne **Maria** als nunmehr dritte Tochter geboren; und auch das fünfte Kind von Theodor Kieserling und seiner Frau Auguste Brensing, die am 19. September 1882 geborene Maria **Johanne**, war ein Mädchen. Mit Hermann **Robert** wurde am 7. November 1884 wieder ein Sohn geboren.

Heirats-Bescheinigung von Theodor Kieserling und Auguste Brensing aus dem Familien-Stammbüchlein

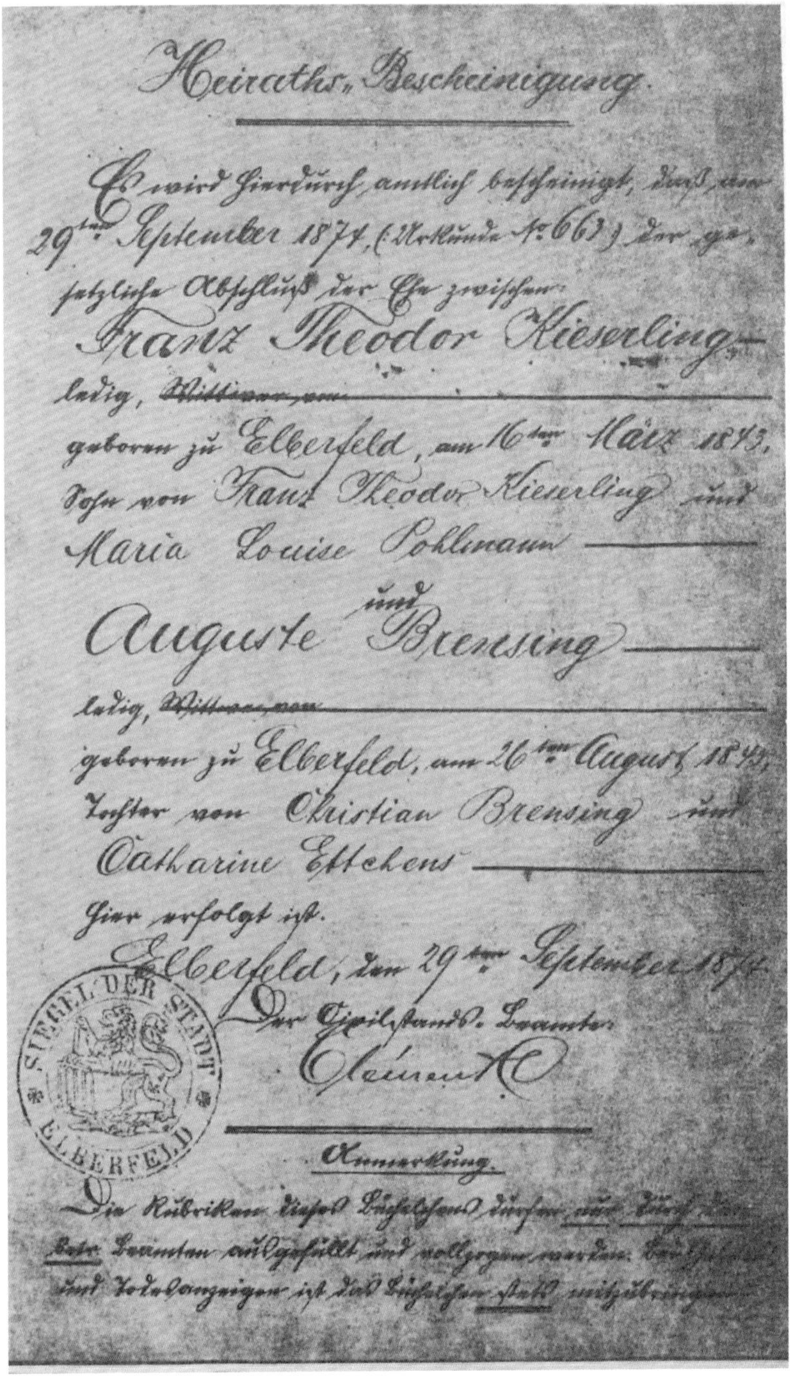
Heiraths-Bescheinigung.

Es wird hierdurch amtlich bescheinigt, daß am 29ten September 1874 (Urkunde No 66) der gesetzliche Abschluß der Ehe zwischen

Franz Theodor Kieserling

ledig, ~~Wittwer, von~~

geboren zu Elberfeld, am 16ten März 1843,

Sohn von Franz Theodor Kieserling und Maria Louise Pohlmann

und

Auguste Brensing

ledig, ~~Wittwe, von~~

geboren zu Elberfeld, am 26ten August 1845,

Tochter von Christian Brensing und Catharine Ettchens

hier erfolgt ist.

Elberfeld, den 29ten September 1874.

Der Civilstands-Beamte

Clement

SIEGEL DER STADT ELBERFELD

Anmerkung.

Die Rubriken dieses Büchelchens dürfen nur durch den Beamten ausgefüllt und vollzogen werden. Bei Geburts- und Todesanzeigen ist das Büchelchen stets mitzubringen.

Da auch die Familie Otto Albrechts weiter gewachsen war - seine zweite Frau Maria Ludovika Kieserling hatte bis zu dieser Zeit schon drei Söhne geboren -, und die Mutter von Theodor Kieserling sowie sein bis dahin unverheirateter Bruder Robert ebenfalls noch dort wohnten, lebten 1886 insgesamt 18 Personen in dem recht kleinen Haus. Klein zumindest für Unternehmerverhältnisse. Im Vergleich zu den Wohnverhältnissen der meisten Arbeiterfamilien kann man bei den Familien Kieserling und Albrecht aber kaum von einer Raumenge sprechen.

Theodor Kieserling hielt nun den Zeitpunkt für gekommen, ein neues Wohnhaus nur für seine Familie bauen zu lassen. Wie fast alle Fabrikanten dieser Zeit suchte er ein Grundstück in der Nähe seiner Fabrik, und fand es an der heutigen Ecke Birkerstraße / Eisenstraße. Obwohl die Birkerstraße sich in den Jahren zuvor in ihrem oberen Teil zu einem fast noblen Wohngebiet der wachsenden Stadt Solingen entwickelt hatte, folgte Theodor Kieserling mit seinen Bauplänen diesen Vorbildern nicht. Während andere Solinger Fabrikanten ihre neben den Fabriken liegenden Villen so repräsentativ gestalten ließen, dass sowohl ihr gesellschaftlicher Abstand zu den Arbeitern als auch ihr persönlicher Herrschaftsanspruch für alle Leute offen sichtbar wurde, wahrte Theodor Kieserling mit seinem Wohnhaus eine deutliche Distanz zu diesem Teil der Fabrikantenschaft. Sein neues Domizil war zwar groß und geräumig, in der Architektur aber schlicht und bescheiden. In aller Öffentlichkeit

Birkerstraße um 1900. Auf der rechten Seite ist hinter den verschieferten Häusern und vor der Einmündung der Eisenstraße das neue Anwesen von Theodor Kieserling und Familie (Birkerstraße 24 / Eisenstraße 2) zu erahnen.

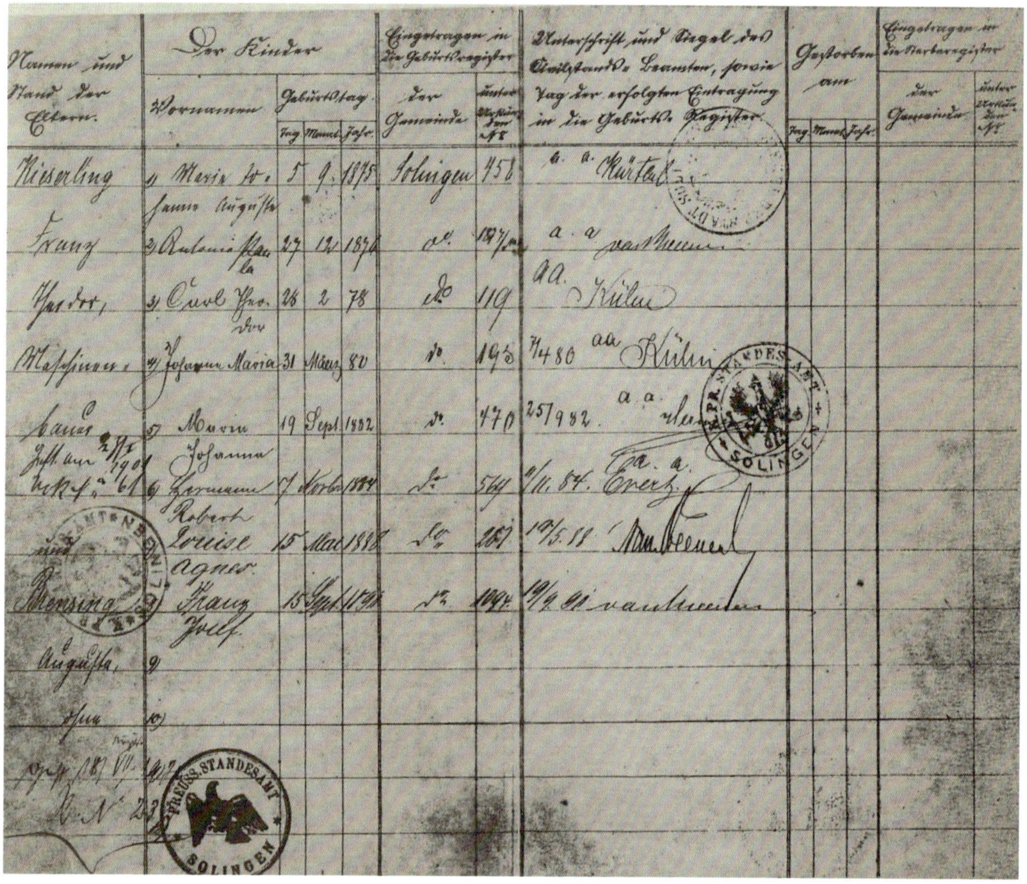

Die Kinder von Theodor und Auguste Kieserling nach dem Familien-Stammbüchlein

stellte ein Theodor Kieserling seinen Reichtum und seinen gesellschaftlichen Einfluss nicht heraus. Nach seinem Selbstverständnis blieb er der bescheidene Handwerkersohn. Lediglich die Umgebung entsprach auch gewissen repräsentativen Bedürfnissen des mittlerweile etablierten Solinger Unternehmers Kieserling.

Am 22. Februar 1888 konnten die Familie Theodor Kieserlings sowie seine Mutter (sie starb dann am 22. Oktober 1890) ihr neues Wohnhaus beziehen. Bruder Robert Kieserling suchte sich eine andere Wohnung und heiratete wenig später im Alter von 40 Jahren Adele Kaymer. 1896 verließ er Solingen und ließ sich in Altona als Bauunternehmer nieder. So endete die zwanzig Jahre währende brüderliche Arbeitsteilung zwischen Maschinenbauer und Architekten.

Im neuen Haus wurden am 15. Mai 1888 die fünfte Tochter der Kieserlings, Louise Agnes, und am 15. September 1891 das achte und letzte Kind, **Franz** Josef, geboren. Bemerkenswert ist, dass keines der Kinder von Theodor und Auguste Kieserling in den ersten Lebensjahren verstarb.

Wenn wir auch sonst nichts über das Familienleben bei Kieserlings wissen, so können wir davon ausgehen, dass die Bindungen zur katholischen Kirche sehr eng waren. Vater Kieserling engagierte sich in der katholischen Kirchengemeinde. Regelmäßige Kirchgänge dürften ebenso selbstverständlich gewesen sein wie die Erziehung der Kinder im katholischen Sinne.

Gesellschaftlicher Aufstieg

Zeitlich versetzt zum ökonomischen Wachsen seiner Firma vollzog sich der gesellschaftliche Aufstieg Theodor Kieserling, wobei er als praktizierender Katholik und „Zugewanderter" etwas längere Zeit brauchte, um von der Solinger lokalen und überwiegend evangelischen „Elite" als einer der Ihren anerkannt zu werden. Seiner konfessionellen Bindung gemäß wirkte Theodor Kieserling ausschließlich in katholischen Vereinen.[68] Während die langjährige Vorstandstätigkeit in der mittelständisch orientierten St. Sebastianus Schützengesellschaft Solingen, deren Schützenkönig er 1896 war, dabei zu den obligatorischeren Verpflichtungen eines katholischen Honoratioren gehörte, bietet sein Engagement bei der Gründung des „Katholischen Gesellenvereins Solingen" im Jahre 1888 einen tieferen Einblick in die soziale und religiöse Einstellung Kieserlings.

Die katholischen „Gesellenvereine" wurden um die Mitte des vorigen Jahrhunderts von dem Priester Adolf Kolping im benachbarten Elberfeld ins Leben gerufen. Obwohl es sich um erste Versuche zur Zusammenfassung katholischer Handwerker und Arbeiter handelte, entwickelte sich daraus keine christliche, gewerkschaftliche Organisation. Die Tätigkeit dieser und anderer christlicher Arbeitervereine beschränkte sich überwiegend auf die „Pflege religiöser Gesinnung". Erst während des Sozialistengesetzes begann die katholische Zentrumspartei auf Reichsebene, die sozialpolitischen Forderungen der katholischen Arbeiterschaft im Sinne der damals praktizierten (Bismarck'schen) Sozialpolitik zu vertreten. Im Wesentlichen blieb es eine Politik bevormundender Fürsorge und Wohltätigkeit, nicht aber eine auf selbständige Interessenvertretung der Arbeiter gerichtete Tendenz. Zielsetzung dieser Bestrebungen war, durch Aufklärung unter den Arbeitern Widerstand gegen die „umstürzlerischen Bestrebungen" der Sozialdemokratie zu schaffen, aber auch die soziale und wirtschaftliche Lage der Arbeiter durch gute Beziehungen zu den Unternehmern zu verbessern. In diesem Zusammenhang ist auch die Gründung des katholischen Gesellenvereins in Solingens zu sehen.

„Am 11. März 1888 trafen etwa 25 selbständige katholische Handwerksmeister zusammen, um in Solingen einen Meisterverein zu gründen, zum gegenseitigen Austausch wirtschaftlicher und ge-

sellschaftlicher Fragen. Tonangebend bei dieser Versammlung waren Heinrich Coßmann, Theodor Kieserling und Otto Albrecht." [69]

Aus diesem Meisterverein heraus wurde ein Gesellenverein im Kolping'schen Sinne ins Leben gerufen. Die „Meister" bildeten den Schutzvorstand und traten als außerordentliche Mitglieder dem neuen Gesellenverein bei.

„(Der) Kolping'schen Gesellenverein (ist) eine vom religiösen Geiste durchdrungene Familie, in der sich die Gesellen als Kinder des Hauses eng aneinander schließen, um sich vor allem Schlechtem auf den Werkstätten und auf der Wanderschaft zu verwahren und in der Übung ihrer christlichen und standesmäßigen Pflichten zu befestigen."[70]

Das Oberhaupt dieser besonderen Familie stellte der Präses dar, der dem Verein *„mit väterlicher Gewalt vorsteht".* Den ihn unterstützenden „Familienrat" in diesem patriarchalischen Konstrukt bildete der Vorstand, überwiegend aus Handwerksmeistern und Unternehmern zusammengesetzt. Die wohlbehüteten Objekte dieser fürsorglichen Erziehung, die Gesellen, sollten nach den Wünschen ihrer Herrn und Meister *„auf der Werkstatt (...) sich bemühen, fleißig zu arbeiten und den Werktag auszunutzen; sie sollen sich an Genügsamkeit und Sparsamkeit gewöhnen, sich vor vorzeitigen Bekanntschaften mit dem anderen Geschlecht hüten, sich sittlich rein und bürgerlich unbescholten bewahren, wissenschaftlich und technisch tüchtig zu werden suchen, um so feste Charaktere und ehrenwerte Meister zu werden, wie das Handwerk sie besaß, als es noch einen goldenen Boden hatte.*"[71]

Während der Zeit der Gründung des ersten Gesellenvereins um 1850 konnte der Rückgriff auf handwerkliche Tradition und Ehrbegriffe noch für größere gesellschaftliche Gruppen als relativ zeitgemäß erscheinen, vierzig Jahre später dominierte der Interessengegensatz von Lohnarbeit und Kapital die soziale Auseinandersetzung. Die Schwierigkeiten des Handwerks, oft aus der Konkurrenz zur wachsenden Industrie entstanden, stellten gesellschaftlich betrachtet nur noch ein Randproblem dar. Für die Handwerksmeister, die 1888 in Solingen den katholischen Gesellenverein ins Leben riefen, mag bei dem rückwärts gerichteten Wunsch, die in ihren Augen „gute alte" Zunftzeit wieder ein klein wenig aufleben zu lassen, nicht nur die soziale Kontrolle der Gesellen eine Rolle gespielt haben. Vielleicht idealisierten sie selber die aus der Retrospektive harmonisch erscheinenden Verhältnisse zwischen Meister und Gesellen und bemühten sich um ihre Wiederherstellung, wenn schon nicht in der eigenen Werkstatt, so doch im gesellschaftlichen Umfeld.

Wieso traten aber bei diesen Aktivitäten der Handwerksmeister die beiden Unternehmer Theodor Kieserling und Otto Albrecht als treibende Kraft hervor? Bisher haben wir schon einige Indizien für die enge Bindung von Theodor Kieserling an das Handwerk feststellen können. Das Engagement in diesem besonderen kirchlichen Bereich unterstreicht nochmals die Verbundenheit, die Kieserling mit den katholischen Handwerksmeistern fühlte. Wenn er auch in der betrieblichen Wirklichkeit mit seinen um die vierzig Arbeitern längst kein

Handwerksmeister mehr war, wenn er auch von seiner ganzen beruflichen Karriere niemals engere Beziehungen zum „alten“ Handwerk gehabt hatte, so waren seine gesellschaftlichen Kontakte in Solingen auf das katholische mittelständische und handwerkliche „Milieu“ bezogen. Seine wirtschaftlichen Bestrebungen brachten ihn in vielerlei Hinsicht mit sozialen Aufsteigern in enge Berührung (Hartkopf, Hendrichs), und er selber hatte die letzte Sprosse des sozialen Aufstieges in Solingen noch nicht ganz erreicht. In dieser Zeit dürfte sich das politische und soziale Weltbild von Theodor Kieserling wie auch sein gesellschaftliches Selbstverständnis eher in die Richtung der etablierten Handwerksmeister als in Richtung der Solinger Schneidwarenkaufleute und -fabrikanten bewegt haben. Trotzdem kann bei den Motiven für sein Engagement im katholischen Gesellenverein eines vermutet werden, dass bei den anderen Handwerksmeistern wohl nur schwerlich unterstellt werden kann. Wenn die Handwerksmeister von Gesellen sprachen, so dürften sie ihre Gesellen in der Werkstatt oder ihre eigene Vergangenheit als Geselle vor Augen gehabt haben. Wenn Theodor Kieserling sich für die „Gesellen“ einsetzte, dann hing er keineswegs einem nostalgischen und romantischen Bilde nach, sondern er sah „seine“ Fabrikarbeiter vor sich und versuchte im Rahmen seiner Weltanschauung eine gesellschaftliche Antwort auf die zunehmenden Probleme der Hochindustrialisierung zu geben. Kieserling stellte damit dem allgemeinen Laissez faire Kapitalismus seiner Zeit eine konservativ-religiöse Haltung der Unternehmerschaft entgegen, die im Kern darauf beruhte, dass der Unternehmer aus eigenem Antrieb sich um die soziale Belange „seiner“ Arbeiter kümmern musste. Wenn auch diese Bestrebungen keineswegs als reformerische Konzeption überzeugen können, so waren sie mehr als eine bornierte, rückwärtsgewandte Vertröstung auf die Vergangenheit. Der Begriff „Arbeiteremanzipation“ mag für Theodor Kieserling den gleichen schrillen und ungeliebten Klang wie für fast alle seiner Standesgenossen gehabt haben. Eine patriarchalisch geführte Familie gestand ihren Kindern auch erst dann die Gleichberechtigung zu, wenn sie erwachsen geworden waren. Übertragen auf die betrieblichen und sozialen Verhältnisse, bedeutete dieses harmonische Familienmodell, dass die Arbeiter auf eine selbständige Organisation ihrer Interessen verzichten sollten, - welches Kind genießt schon ein Organisationsrecht gegen das Familienoberhaupt? - es bedeutete aber auch ein gewisses Maß an Fürsorge für die Arbeiter.[72] Und in diesem Punkt unterschied sich der katholische Unternehmer Theodor Kieserling deutlich von seinen Klassengenossen, die in ihrem Betrieb als „Herr im Hause“ herrschten. So interpretiert lässt das Engagement Kieserlings im katholischen Gesellenverein Solingen auch Rückschlüsse auf Verhältnis zu seinen Arbeitern zu. Theodor Kieserling sah sich als patriarchalisches Oberhaupt der Familie „Maschinenbaufabrik Th. Kieserling & Albrecht“, der seine „Kinder“ mit strenger, aber gerechter Hand behüten und beschützen musste. Die Folge war ein vergleichbar liberaler Umgang mit den Arbeitern, auch erkennbar an der 1892 erlassenen Fabrikordnung. Theodor Kieserling kann damit auf eine ähnliche Stufe wie die rheinischen Unternehmern David Peters und Franz Brandts gestellt werden, die bereits Ende des 19. Jahrhunderts Formen der Arbeitermitbestimmung in ihren Betrieben praktizierten und zu den Wegbereitern einer sozialen Betriebsverfassung gehörten.[73]

Mit seinen allgemeinen kirchlichen Engagement stand Theodor Kieserling in der Unternehmerschaft hingegen keineswegs alleine dar. Evangelische und katholische Unternehmer erachteten es in der zweiten Hälfte des 19. Jahrhunderts allgemein als Ehrenpflicht, kirchliche und kommunale Ämter persönlich auszufüllen und nicht nur ihr reichlich gespendetes Geld gute Werke verrichten zu lassen.[74] Eine Position der Ablehnung von Ehrenämtern (*„weil sie sich nicht mit der eigentlichen Aufgabe eines Industriellen vertrüge“,* so Alfred Krupp), setzte sich erst in der nächsten Unternehmergeneration mit dem Rückzug auf die Leitung ihrer Firmen durch.

Besonders stark engagierten sich Unternehmer im 19. Jahrhundert auf der kommunalpolitischen Ebene. Begünstigt durch das undemokratische preußische Dreiklassenwahlrecht hatten es die Industriellen als die Höchstbesteuerten in den Gemeinden leicht, in die Kommunalparlamente einzuziehen und dort über die Fragen zu entscheiden, die die Belange der einzelnen Unternehmungen direkt betrafen.

Ende des Jahres 1888 wagte Theodor Kieserling seinen Ausflug in die Kommunalpolitik. Konkreter Anlass war für ihn die Eingemeindung von Dorp nach Solingen und die anstehende Wahl eines Bürgermeisters für die vereinigte Gemeinde.

Die Initiative für die Eingemeindung war von Solingen ausgegangen, während Dorp sich zunächst ablehnend verhalten hatte. Nachdem der Regierungspräsident in Düsseldorf bei der zwischen den Gemeinden herrschenden Rivalität über die Vereinigung zum 1. Januar 1889 abschließend entschieden hatte, blieb die Frage zu klären, wer die Stelle des Bürgermeisters einnehmen sollte. Hierüber sollte die im Dezember 1888 neu zu wählende Ratsversammlung entscheiden, in die aus dem alten Solingen 16 und dem alten Dorp 14 Mitglieder gewählt wurden.

Die große Mehrheit der alten 24 Solinger Stadtverordneten wollte auch im neuen kommunalen Gebilde ihren entscheidenden Einfluss geltend machen. Als Garanten für diese Absicht sahen sie den Solinger Bürgermeister van Meenen an, den sie deshalb auch zum Bürgermeister der vereinigten Stadt machen wollten. Die Dorper Besitzbürger sahen das aus ihrer Sicht ähnlich und vertrauten deshalb ihrem Bürgermeister Bäcker. Bei den zu erwartenden Mehrheitsverhältnissen zwischen „Solingern“ und „Dorpern“ sprach alles für eine Wahl van Meenens, wenn es gelang die 16 Solinger Vertreter auf van Meenen einzuschwören.

An der Art und Weise wie die Mehrheit der Solinger Stadtverordneten diese Wahl entschieden sehen wollte und aus den bisherigen Stadtverordneten ihre Kandidaten bestimmte,

Solingen, der 13. Dezember 1888.

An unsere Mitbürger!

Nachdem Freitag, den 7. d. Mts., eine Bürgerversammlung zur Vorberathung der Stadtverordneten-Wahl stattgefunden hat, ohne jedoch zu einem Beschluß zu kommen, wurde von dem Büreau eine neue Bürgerversammlung auf die nächsten Tage versprochen.

Auf diese Bürgerversammlung hat ein großer Theil der Bevölkerung gewartet.

Wie uns nun mitgetheilt und aus den Blättern zu ersehen ist, hat das Büreau, anstatt eine **allgemeine** Versammlung einzuberufen, private Besprechungen gehalten und Leute veranlaßt, unter der Hand durch Sammeln von Unterschriften, persönlichen Einfluß und die Verbreitung folgender falschen Behauptung

Wer für einen Dritten ist, ist für den Bürgermeister Baecker,

für Herrn van Meenen Stimmung zu machen.

Wir sehen uns daher veranlaßt, das von anderer Seite gegebene Versprechen einzulösen, indem wir alle Bürger zu einer

Bürgerversammlung

einladen, und zwar auf

Samstag, den 15. Dezember, Abends 8 Uhr, im Tivoli.

Dort wird Jeder Gelegenheit haben, sich ein Urtheil zu bilden, **wer** den

Frieden und dauernde Eintracht

für die künftige größere Gemeinde erstrebt.

Inzwischen bitten wir alle Mitbürger, dem Ansinnen, sich durch Unterschrift für irgend Jemanden zu verpflichten, keine Folge zu leisten.

Adam Auelmann, Fr. R. Baecker, Aug. Böntgen, F. W. Clauberg, Rud. Dörschel, Jul. Everts, Gust. Flucht, Rud. Hermes, Ew. vom Hofe, Herm. Jansen, Wilhelm Kemperdick, Theodor Kieserling, Friedr. A. Kolk, Bernh. Noest, Ernst Peres, Max Peres, Ed. Roeder, Ed. Roeder jr., Aug. Schreiner, Fritz Voß, Herm. Windhövel.

Einladung zu einer Wählerversammlung, Solinger Kreis-Intelligenzblatt vom 15. Dez. 1888 formierte sich in Solingen eine kommunalpolitische Opposition jenseits aller Parteikonstellationen. Aus verschiedensten Motiven kamen die Gegner dieser Politik zusammen. Das einigende Motto der Opposition lautete: „Gegen van Meenen". Die treibenden Kräfte dieser politischen Initiative waren Stadtverordnete, die bei der Vorauswahl durchgefallen waren; jüngere Fabrikanten, die den Etablierten Paroli bieten wollten, um selbst Einfluss zu gewinnen und jüngere Vertreter des städtischen Mittelstandes. Sicherlich spielten auch konfessionelle Gründe für die beiden katholischen Repräsentanten dieser Opposition, den Arzt Wilhelm Kemperdick und Theodor Kieserling, eine Rolle. Eine Opposition gegen die Etablierten der Stadt - da sah auch die zu dieser Zeit politisch verfolgte Sozialdemokratie (Sozialistengesetz 1878-1890), die sonst den Wahlen nach dem preußischen Dreiklassenwahlrecht realistischer Weise distanziert gegenüberstand, eine Chance für ein kommunalpolitisches Signal und beteiligte sich mit einem Vertreter an diesem Bündnis.

Die erste öffentliche Wählerversammlung dieses Bündnisses „unabhängiger Bürger"[75] fand am 15. Dezember 1888 in der Gaststätte „Tivoli" statt. Theodor Kieserling bildete mit weiteren Herren des Einladerkreises die Versammlungsleitung und eröffnete die Zusammenkunft. Im Laufe der späteren Diskussion ergriff er das Wort und hielt es nach dem Bericht der Solinger Zeitung „*für das Richtigste, wenn man Männer in den Stadtrath wähle, welche juristisch, praktisch und technisch in allen Fächern gebildet seien, besonders da es gelte, ein so großes Gemeinwesen zu leiten. Ferner sei es wohl am Besten, wenn man einen Bürgermeister wähle, der einstimmig aus der Wahlurne hervorginge; ein Verhältnis, wie es jetzt stände, 24 gegen 16, sei eine unangenehme Sache. Wenn nun die Regierung einen mit solch schwacher Majorität gewählten Kandidaten nicht genehmige? Es sei letzteres aber nicht die einzige Angelegenheit, welche in Betracht gezogen werden müsse. Die erste Frage, welche an den neuen Stadtrath herantreten würde, werde folgende sein: Der Bau einer neuen Gasfabrik, welche schönes und billiges Gas liefere. (Er hoffe) indessen, dass es beim Neubau einer solchen nicht ginge, wie bei der Einrichtung der Wasserleitung, welche s. Z. zu jedem Preise vergeben worden sei.*" [76]

Dieser allgemeinen Wählerversammlung folgten weitere Veranstaltungen zur Aufstellung der Kandidaten für jede der drei Abteilungen, getrennt nach Befürwortern und Gegnern des Solinger Bürgermeisters. Während die etablierten kommunalpolitischen Kräfte ihre auserwählten Kandidaten von ihren Anhängern lediglich bestätigen ließen, wurden die entsprechenden Versammlungen der Opposition zum Forum für die verschiedenen politischen Anschauungen.[77] So nutzte der sozialdemokratische Solinger Reichstagsabgeordnete Georg Schumacher die mit 90 Personen gut besuchte oppositionelle Wählerversammlung der dritten Abteilung zur allgemeinen kommunalpolitischen Auseinandersetzung. Dabei war für den Sozialdemokraten nicht die Bürgermeisterfrage der Kernpunkt, dazu gab Schumacher keine Stellung ab, sondern die Senkung des Wahlzensus auf 6 Mark. Kandidat der SPD bei diesem überparteilichen

Bündnis war der Schleifer August Schreiner. Obwohl auf dieser Veranstaltung auch Theodor Kieserling als Vertreter der dritten Wählerklasse vorgeschlagen wurde, erhielt er nicht die ausreichende Stimmenzahl, um nach dieser Vorwahl als Kandidat des „Bündnisses" in der dritten Abteilung aufgestellt zu werden.

Am nächsten Abend fanden die Versammlungen der Opposition für die zweite und erste Abteilung parallel zueinander statt. Die 29 Wahlberechtigten der zweiten Klasse bestimmten u.a. Theodor Kieserling zu ihrem Kandidaten. Für die 18 Herren der ersten Klasse eröffnete Theodor Kieserling als Wahlberechtigter dieser Abteilung die Versammlung des *„Comités, welches nicht für die Wiederwahl der abtretenden, sondern neuer Stadtverordneter eintritt".*

Die Wahl am 27. Dezember 1888 brachte einen überwältigenden Sieg für die Etablierten. Kein Kandidat der Opposition wurde in einer der drei Abteilungen in den Stadtrat gewählt. Theodor Kieserling erhielt in der dritten Abteilung, wo er gar nicht kandidiert hatte, von den 3124 Stimmen der 633 Wählern (jeder der Wähler hat bis zu 5 Stimmen für verschiedene Stadtverordnetenkandidaten) fünf Stimmen. In der zweiten Abteilung, wo er als offizieller Kandidat der Opposition antrat, gaben 217 Wähler 1299 gültige Stimmen ab. (In dieser Abteilung konnten bis zu 6 Stimmen abgegeben werden). Kieserling erhielt ganze 33 Voten. Der Vollständigkeit halber sei erwähnt, dass in der ersten Klasse 103 Wähler ihre Stimme abgegeben hatten.[78]

Noch einmal trat Theodor Kieserling als Kandidat bei der Nachwahl zum Stadtrat am 22. November 1892 an, nunmehr in der ersten Abteilung, wurde aber wiederum nicht gewählt. So endete sein Ausflug in die gewählten Kommunalparlamente erfolglos. Wenige Jahre später, ab 1895, wurde er aber als sachkundiger Bürger in die Baukommission der Stadt Solingen berufen, und äußerte sich in dieser Funktion 1898 auch zum Ausbau des Bahnhofes Solingen-Süd.

Dem heutigen Betrachter bietet die Grundlage des preußischen Dreiklassenwahlrechts, die Einstufung in das Wählerverzeichnis nach Steuerleistung, einen untrüglichen Indikator für den wirtschaftlichen und gesellschaftlichen Auf- und Abstieg einzelner Personen. Verfolgen wir die „Karriere" der beiden Unternehmer Theodor Kieserling und Otto Albrecht einmal anhand dieser Quellen: Das Verzeichnis zur Stadtverordnetenergänzungswahl von Solingen am 19. November 1880 umfasste in der I. Abteilung 96 stimmberechtigte Bürger; in der II. Abteilung 265 Stimmberechtigte, darunter Theodor Kieserling, sowie schließlich in der III. Abteilung 624 Wahlberechtigte, unter ihnen sein Bruder Robert und sein Teilhaber Otto Albrecht.79 Bis zu der Wahl im Dezember 1888 war Theodor Kieserling unter die 103 Wähler der Klasse mit den höchsten Steuerleistungen aufgestiegen, also gehörte er nun zu den reicheren Solinger Bürgern. Die Kandidatur in der zweiten Klasse und die engen Bindungen an den katholischen Gesellenverein zeigen aber, dass Kieserling noch nicht lange zu diesen Wahlberechtigten gehört haben kann. Nach der für das Steuerjahr 1892/1893 veröffentlichten Einkommenssteuerliste[80] musste Theodor Kieserling 300 Mark Einkommensteuer im Jahr bezahlen; Otto Albrecht war mit 192 Mark veranschlagt. (Dieses Verhältnis entspricht fast genau den später ermittelten Besitzanteilen der beiden an der Firma Th. Kieserling & Albrecht). Um die soziale Einordnung der beiden Teilhaber zu erleichtern, seien einige Steuerleistungen anderer Solinger Fabrikanten zum Vergleich danebengestellt: Robert und Richard Berg von der Firma Weyersberg, Kirschbaum & Co zahlten 3400 bzw. 3200 Mark Einkommensteuer; Robert und August Kirschbaum von der gleichen Firma waren mit je 1760 M. veranschlagt. Die beiden Inhaber der Stahlwarenfabrik Heinr. Boeker, Baumwerk, Justus Boeker und Hermann Heuser mussten 2080 und 2640 Mark an Einkommensteuern zahlen. Die Brüder Robert und Eduard Wüsthoff vom Dreizackwerk hingegen hatten eine jährliche Steuerlast von je 276 M. zu tragen.

Bei der Ergänzungswahl zu den Stadtverordneten im Jahre 1900 stand schließlich Theodor Kieserling an 21. Stelle der 92 Stimmberechtigten der 1. Abteilung, Otto Albrecht folgte ihm auf Nr. 29.[81]

Seit der Gründung seiner Firma im Jahre 1873 war Theodor Kieserling kontinuierlich auf der Leiter des sozialen Aufstieges nach oben geklettert, um dann in seinem letzten Lebensjahren zu den reichen und etablierten Solinger Wirtschaftsbürgern zu zählen. Für ihn, der von Hause nur wenig Kapital als Ausgangspunkt für diesen Aufstieg mitgebracht hatte, war es die *„Frucht 30jähriger Arbeit"*, die ihn schließlich auf diese Höhe getragen hatte.

Letzte Lebensjahre

Besonderen Umständen ist es zu verdanken, dass, im Unterschied zu den wenigen Anhaltspunkten aus dem sonstigen Privatleben von Theodor Kieserling, Zeugnisse aus den letzten Lebensmonaten ausführlicher zu Wort kommen können.

Nachdem die dritte Tochter Maria Kieserling ihre Schulzeit in Kempen am Niederrhein beendet hatte, kehrte sie ins elterliche Haus zurück. Im darauffolgenden Sommer lernte die 19jährige 1899 den in Solingen bei seinen Verwandten Felix tätigen Nürnberger Max Scherf kennen und verlobte sich im Oktober 1899 mit ihm. Max Scherf betrieb mit seinem Bruder Fritz eine Metallwarenfabrikation und -großhandlung in Nürnberg. Vor der geplanten Hochzeit erkundigte sich der fürsorgliche Vater bei einer Auskunftei über die finanziellen Verhältnisse seines zukünftigen Schwiegersohnes. Die Antwort war so günstig, dass Theodor Kieserling keinerlei Einwände gegen die erste Heirat unter seinen acht Kindern hatte.

Die Hochzeit von Max Scherf und Maria Kieserling wurde standesgemäß im Mai 1900 gefeiert. Aber schon wenige Tage nach dem Fest stellte sich heraus, dass die Auskunft nicht den tatsächlichen Verhältnissen entsprochen hatte. Die finanzielle Situation von Max Scherf war katastrophal, er benötigte dringend Geld und hoffte es von seinem Schwiegervater zu erhalten. In einem längeren Brief wurde Theodor Kieserling gezwungen, dem Schwiegersohn seine persönliche und geschäftliche Situation offen darzulegen. Vielleicht dramatisierte Kieserling die Lage bewusst etwas, um die Erwartungen von Max Scherf zu dämpfen. Aber weil ein realer Kern in seinen Ausführungen zu vermuten ist und es sich bei diesem Brief um die einzige erhaltene Aussage von Theodor Kieserling zur Entwicklung seiner Firma handelt, sei das Schreiben ausführlich zitiert:[82]

„Muss ich leider bekennen, dass unser Geschäftsvermögen einen bösen Verlust zu verzeichnen hat, in dem wir einem raffinierten Schuldner in die Finger gefallen sind, der es verstanden hat, während meiner Influenza Krankheit unsere Kasse richtig zu schröpfen, so dass wir etwa 50.000 Mark so festgelegt haben, dass in den nächsten Jahren nicht daran zu denken ist, auch nur das geringste davon los zu machen, außerdem haben wir auch noch etwa 20.000 Mark beim Banquier zur Verfügung bei 2.000 Mark wöchentlichen Arbeitslohn und 12.000 Mark wertlichen Rechnungen, welche zu decken sind und wofür wir Deckung jetzt nur mit Mühe beschaffen können. Leider sind größere Aufträge für unsere Maschinenfabrik bis jetzt vollständig ausgeblieben und bin jetzt durch mein Kopfleiden daran verhindert, solchen energisch nachzugehen, überhaupt ist unsere Lage jetzt geschäftlich so unbefriedigend wie noch nie zuvor. Es will sich auch durchaus nicht einstellen, einen tüchtigen, energischen, technischen Vertreter für mich zu finden, der event(uell) neue Konstruktionen einführt, um neues Leben in das gleichsam in Stillstand durch meine Krankheit gerathene Geschäft zu bringen. Wir suchen nunmehr schon seit Anfang Mai an einem passenden Herrn, haben ganze Haufen Offerten erhalten, sind persönlich besucht worden, aber es hat sich nichts passendes gezeigt; es ist für uns bei allen diesen Verhältnissen eine unbedingte Unmöglichkeit, Kapital aus dem Geschäft herauszuschneiden, ganz besonders auch schon aus dem Grunde, dass noch vier Kinder die Schule zu besuchen haben. Nun habe ich auf dem Gesellschaftsgebäude noch 10.000 Mark zur I. und II. Hypothek stehen, von welcher ich einen Theil zu einer Bürgschaft hergeben könnte; wie dieses anzustellen ist, kann ich freilich nicht übersehen, und erwarte, falls Euch solches von Nutzen sein kann, Eure Vorschläge. Ich mag ja nicht daran denken, dass ein Krach eintreten und den Posten in Verlust bringen könnte, denn es quält mich so wie so der Gedanke, dass die Frucht unserer 30jährigen Arbeit in meiner Krankheit in Gefahr geraten ist. Um den Stand unseres Geschäftsvermögens genau übersehen zu können, soll mit dem 1. Juli eine Bilanzaufnahme gemacht werden, was bei den großen Vorräten keine kleine Arbeit ist, und vor der ich mich mit meiner Kopfschwäche etwas fürchte."

Mindestens seit Herbst 1899 litt Theodor Kieserling an nervösen Kopfschmerzen, die seine Arbeitsfähigkeit stark einschränkten. Seine Krankheit hinderte ihn daran, alle persönliche Tatkraft für die in einer schwierigen Lage befindliche Firma einzusetzen. Theodor Kieserling fürchtet um sein Lebenswerk, und er selbst konnte gegen den Stillstand des Geschäfts nichts mehr tun. Er sah die Möglichkeiten, neue Produkte zu entwickeln und sie dann zu verkaufen. Aber weil in der Vergangenheit nur er alleine die technischen Innovationen bei Th. Kieserling & Albrecht entwickelt hatte, suchte er nun dringend einen geeigneten Vertreter für

Der verstorbene Theodor Kieserling. An seinem Sarg Ehefrau Auguste und eine seiner Töchter, Januar 1901

diese zentrale Aufgabe. In dieser Situation war es fast schon selbstverständlich, dass niemand den hochgesteckten Erwartungen von Theodor Kieserling genügen konnte. Die schwere Krankheit scheint Kieserling gezwungen zu haben, sich erstmalig ernstere Gedanken über die Nachfolge in seiner Firma zu machen. Auch das Verhältnis zu Otto Albrecht, bzw. das Geschäftsvermögen, hatte sich „naturwüchsig" in drei Jahrzehnten Zusammenarbeit entwickelt - eine Regelung für den Todesfall eines der beiden Teilhaber war aber noch nicht einmal angedacht worden. Tatsächlich hielt Theodor Kieserling seinen Tod zu diesem Zeitpunkt wohl kaum für möglich. Er wurde von der Firma und von seiner Familie gebraucht. Schließlich waren vier der acht Kinder noch in der Schule, und die drei ältesten konnten auch noch nicht als versorgt angesehen werden.

Im Herbst 1900 reiste Theodor Kieserling zur Linderung seines Leidens zur Kur nach Bad Marienberg bei Boppard. Kurz zuvor war es gelungen, einen jungen Ingenieur als technischen Leiter für die Firma zu finden. In seinem ältesten Sohn Carl Theodor, innerhalb der Familie Theo genannt, der nach dem Besuch des Gymnasiums 1896 mit dem Studium des Maschinenbaus begonnen hatte und seit 1900 im väterlichen Betrieb arbeitete, sah Theodor Kieserling, zumindest zu diesem Zeitpunkt, noch nicht den geeigneten Nachfolger.

Dem Drängen seines Schwiegersohnes gab er schließlich nach und gewährt ihm finanzielle Unterstützung. Die 3.000 Mark für Max Scherf wurden aus der Teilhaberschaft bei Gebr. Hendrichs flüssig gemacht. Die älteste Tochter Auguste, die die Transaktion für ihren Vater in Solingen erledigen sollte, kommentierte dies mit den Worten: *„Na, der Max wird wohl Glück haben mit Deinem Geld, es hat ja schon so vielen Leuten Glück gebracht.“* [83]

Während seines Kuraufenthaltes begann sein zweiter Sohn Robert, nachdem er das Gymnasium Schwertstraße mit der mittleren Reife verlassen hatte, im Oktober des Jahres 1900 die Kaufmannslehre in Belgien. Vorgesehen war wohl, dass Theodor Kieserling mit seinem Sohn nach Brüssel reisen wollte, um ihn dort persönlich seinem Lehrherrn anzuvertrauen. Auch diesen Plan machte seine Krankheit zunichte, und so berichtete Theodor Kieserling seiner Tochter Maria ein bisschen überrascht: *„Mama ist hier gewesen um mit mir über Roberts Vorstellung in Brüssel bei Herrn Vollmer daselbst zu besprechen, auf dessen kaufmännischen Bureau derselbe in die Lehre treten soll. Denke Dir nur mal, Mama hat nun die Reise nach Brüssel mit Robert angetreten.“* [84]

Kurz vor Weihnachten 1900 kehrte Theodor Kieserling nach Solingen zurück, der Arzt hatte ihm weitere Schonung verordnet. Viel half es nicht mehr: am 23. Januar 1901 kurz vor Mitternacht verstarb Theodor Kieserling im 58. Lebensjahre stehend an den Folgen eines Schlaganfalles. Zum Gedenken an den „wohlachtbaren Herrn“ hieß es:[85]

„Ein bis zuletzt für die Seinen treu und emsig besorgter Gatte und Vater, ein überzeugungstreuer Katholik, auf das Wohl seiner Arbeiter fürsorglichst bedacht, Vielen ein Berather und Helfer, ein Ehrenmann in jeder Beziehung, genoss er in weiten Kreisen die höchste Achtung.“

Robert Kieserling (1884-1944)

Franz Kieserling (1891-1944)

Die zweite Generation Kieserling

Jahre des Überganges (1901 - 1905)

Ob und welche Pläne Theodor Kieserling für die nächste Generation gemacht hätte, wissen wir nicht. Nach seinem Tode stellte sich heraus, dass er von seinen Absichten, die er einige Monate zuvor in dem Brief an seinen Schwiegersohn dargelegt hatte, nur einen Teil ausgeführt und weit weniger Regelungen für sein Ableben getroffen hatte, als danach anzunehmen gewesen wäre. Zwar waren schließlich doch noch zwei leitende Angestellte für den technischen und kaufmännischen Bereich eingestellt worden, aber eine Klärung des betrieblichen Vermögens mit seinem Teilhaber Otto Albrecht war ebenso wenig erfolgt, wie die Nachfolgefrage innerhalb der Familie Kieserling geregelt worden war.

Ohne testamentarische Bestimmungen wurde nach den gesetzlichen Vorgaben die Witwe Auguste Kieserling Haupterbin mit einem Anteil von 55,5 % des Vermögens; jedes Kind erbte einen Anteil von jeweils 5,5 %.

Da die von Theodor Kieserling beabsichtigte Bilanz im Jahre 1900 nicht erstellt worden war, mussten sich die Witwe Kieserling und der Schwager Otto Albrecht nunmehr über die Vermögensverhältnisse der Firma Th. Kieserling & Albrecht einen Überblick verschaffen sowie die Anteile der jeweiligen Teilhaberschaft bestimmen. Das Ergebnis einer umfassenden Inventur des Betriebes (Maschinen, Geräte usw.), der noch in der Herstellung befindlichen Produkte und Rohstoffe, sowie einer Aufstellung des Gebäudevermögens wurde in der Bilanz zum 1. Juli 1901 zusammengetragen.[86]

Der Gesamtwert der Firma wurde dabei mit 790.000 Mark veranschlagt. Mit knapp 250.000 Mark wurden Betriebs- und Maschinenkonten bilanziert, die restlichen etwas mehr als 540.000 Mark Firmenvermögen müssten dann aus dem Firmengelände, den Fabrikgebäuden, weiterem Immobilienbesitz und Beteiligungen an anderen Firmen bestanden haben. Die Geschäftsanteile wurden mit 495.000 M = 62,7 % für Kieserling und mit 295.000 M = 37,3 % für Albrecht festgelegt.

Als Grundlage für die Berechnung der Geschäftsanteile diente ein Vertrag zwischen Theodor Kieserling und Otto Albrecht aus dem Jahre 1873 sowie die Bilanz der Fa. Th. Kieserling & Albrecht von 1882.[87] Die Festlegung der Geschäftsanteile der beiden Familien erwies sich als komplizierter und strittiger Prozess. Zum einen war die Einlage, die Auguste Kieserling mit in die Ehe und Firma eingebracht hatte, niemals schriftlich fixiert worden.

In einem Brief an ihre Tochter beklagte sich die Witwe über dieses Versäumnis: *„(...) es ist eine sehr verzwickte und verwickelte Sache, Freunde kann man auch nicht dazu brauchen, ich muss mit Onkel Albrecht alles durchnehmen und besprechen. Mein Vermögen, dass ich früher ins Geschäft gegeben, hätten wir damals besser notariell gemacht, schriftlich. Jetzt können wir fast nichts finden, wie es eingelegt gewesen und hätte man sich dadurch diese Sorgen sparen können. (...) ich erfahre es ja jetzt selbst, wie unangenehm es ist, wenn man nichts schwarz auf weiß hat von seinem eingelegten elterlichen Vermögen.“* [88]

Zusammenfassung der Inventur pro 1. Juli 1901

Betriebsconto	81.488,26
Grundstückconto	1.087,50
Schreinereiconto	485,04
Betriebsspesenconto	627,25
Gießereiconto	9.504,98

	93.193,03
Maschinen- Utensilien Conto	
a) Transmissionen[95]	11.200
b) Treibriemen und Seile	1.620
c) Dampfheizung	3.000
d) Wasserleitung	1.300
e) Dampfanlage	10.000
f) Elektrische Lichtanlage	2.000
g) Werkzeugmaschinen	38.159,50
h) Werkzeuge, Geräthe	22.124,59
i) Schreinerei-Utensilien	1.481
j) Gießerei-Utensilien	22.327,35
k) Modelle, Werkstatt-Zeichnungen	34.534,98
l) Kontor-Utensilien	1.485
Fuhrwerk	2.000

	154.342,42
Summe:	
Betriebsconten	93.193,03
Maschinen-Utensilien Conto	154.342,42

	247.535,45

Inventar des Nachlasses des am 23. Jan. 1901 verst[orbenen] Herrn Th. Kieserling [89]

I. Geschäftsanteil		
bei der Fa. Th. Kieserling & Albrecht laut Bilanz v. 1. Juli		495.000
II. Private Immobilien u. Hypothekenbestand		
1. Grundstück mit aufstehenden Wohnhause Birker- u. Eisenstr.	45.000	
abzügl. I. (Hypothek)	- 21.000	
abzügl. II. (Hypothek)	- 15.000	
		9.000
2. Guthaben bei der Bergisch- Märkischen Bank Elberfeld		20.000
3. " " " Solinger		1.221,17
4. Hypothek P. Bungards,		12.000
III. Hausmobiliar		
1. im Fremdenzimmer	900	
2. im Wohn "	150	
3. im Privat "	250	
4. in sämtlichen Schlafzimmern	1.100	
5. in Küche- und Vorratszimmer	200	
6. im Badezimmer	50	
7. an Wäsche, Porzellan- und Silberzeug	200	
		2.850

		540.071,17
IV. Passives und Schulden		
1. Beerdigungskosten mit Ankauf der Grabstätte	652,70	
2. Rechnungen der Ärzte	211,85	
3. Schulden aus Rechnungen bis Ende Jan. 1901	3.572,94	
		- 4.437,49

		535.633,68
		========

Zum anderen scheinen die einzelnen Festlegungen mit Otto Albrecht nicht immer unstrittig zwischen den beiden Vertragspartnern und Familien gewesen zu sein. Zumindest in den Augen des jugendlichen „Heißspornes" Robert Kieserling hatte Albrecht die Grenzen des für die Kieserlings Zumutbaren fast überschritten.[90]

„Hauptsächlich schreibe ich nun heute wegen der Teilungssache. Deine Mitteilungen haben mich außerordentlich erstaunt und bes[onders] geärgert. So etwas soll man Onkel Albrecht nun doch nicht zumuthen, wo er doch wahrsch[einlich] ohne Papa nimmer so weit gekommen wäre. Sein ganzes Glück verdankt er doch Papa, was Ihr ihm übrigens mal sagen könnt. Was die Einlagen anbetrifft, so kann doch wohl nur der erste Contrakt gültig sein. Wenn in demselben einfach gesagt ist, dass nach 10 Jahren die Abmachung abgelaufen wäre, so ist meiner Ansicht nach der Contrakt jetzt ungültig, aber es wird wohl später sonst irgend etwas Neues gemacht worden sein, oder es steht vielleicht in dem Contrakt, dass falls keiner eine Änderung verlange, derselbe weiter gültig wäre, oder aber ist dieser später vereinigt worden und wahrscheinlich auch schriftlich bestätigt, denn mündliche Abmachungen- bes[onders] derartige - kennt man im Geschäftsleben nicht. Wenn die erste Einlage A[lbrecht] im Contrakt mit 3.600 Mark und in der Bilanz des J[ahres] 1882 mit 6030 M angegeben ist, so ist der letzte nicht nur allein falsch, sondern auch unmöglich, oder es musste in der Bilanz gesagt sein, dass die Summe des Contractes unrichtig wäre u[nd] dies der richtige sei, was aber von beiden Teilhabern unterschrieben sein muss. Vielleicht besteht in dieser Bilanz aber ein neuer Contract, da es gerade 10 Jahre nach dem ersten sind, und dann muss Papas Einlage aber doch wohl auch höher sein. Oder aber - es ist diese Summe (6030 M) die verzinste Einlage (Einl[age] nebst Zinsen). Wenn dies alles nicht der Fall sein sollte, so ist da oben ein Fehler, was übrigens auch bestraft werden kann. Ich sagte ja schon damals, dass wahrscheinlich die ganzen Bücher in Unordnung sind, womit Ihr A[lbrecht] auch lange machen könnt, indem Ihr sagt, dass wenn er absolut nicht zugeben würde, wir die Sache gerichtlich entscheiden ließen, endlich alle diese Fehler ans Licht kämen. Das Steuerzahlen hat ja mit dieser Sache gar nichts zu thun, A[lbrecht] kann ja auch zu viel Steuern bezahlt haben, vielleicht nur deshalb wegen des Teilungsgeschäfts, oder weil er sonst noch irgendwo etwas verdient. Das kann ja vielleicht am Steueramt erfahren werden. (Wieviel bezahlt er übrigens?)"

Seine Mutter dürfte diesen Sachverhalt doch etwas anders beurteilt haben. Denn als wenige Monate später am 12. Mai 1902 mit Otto Albrecht auch der zweite Firmengründer verstarb,[91] waren die Unklarheiten zwischen den Familien schon beigelegt.

Während die Regelung der sonstigen Vermögensangelegenheiten die Witwe Auguste Kieserling vor keinerlei größere Probleme stellte, machten ihr die finanziellen Schwierigkeiten ihres Schwiegersohnes Max Scherf Sorgen. Auch in dieser Hinsicht musste sie die Stelle ihres Mannes einnehmen und weitere Mittel für ihre Tochter Maria und deren Ehemann bereitstellen. Nach einem Besuch in Nürnberg und der Begutachtung der Verhältnisse vor Ort ließ sie sich noch einmal zu einem letzten Darlehen (wiederum aus der Hendrichs Beteiligung, weil andere Mittel nicht flüssig waren) überreden, aber Auguste Kieserling war auch zu dem Ergebnis gekommen: *„Ich muss Max seinem Schicksal überlassen. (...) Wir werden ihm aber jedenfalls die 15.000 Mark nicht noch einmal geben."* [92]

Nach dem Tod der beiden Firmengründer Theodor Kieserling und Otto Albrecht innerhalb von nur 16 Monaten trieb die Firma ab Sommer 1902 mehr oder weniger führungslos dahin. Die ältesten Söhne, und damit die potentiellen Nachfolger der Väter in der Firmenleitung, waren noch jung und besaßen kaum Erfahrung in der Führung eines Betriebes mit fast 100 Beschäftigten. Theo Kieserling junior war 24 Jahre alt und hatte sich nach seinem Maschinenbaustudium die ersten praktischen Kenntnisse im väterlichen Betrieb erworben. Otto Albrecht junior zählte etwas über 23 Jahre. Ob er zu diesem Zeitpunkt sein Ingenieursstudium schon abgeschlossen hatte, ist nicht mehr zu klären. Die anderen Söhne Kieserling (Robert und Franz) und Albrecht (Richard, Arthur und Oscar) kamen auf Grund ihres Alters für diese Aufgabe noch nicht in Frage. Deshalb lag die Verantwortung für die Firma während einer auch ökonomisch nicht ganz einfachen Situation in den Händen der noch unter Theodor Kieserling eingestellten leitenden Angestellten für den kaufmännischen und den technischen Bereich, Gustav Pasch und Ernst Halboth.

Der Kaufmann Gustav Adolf Pasch, am 7. April 1870 in Neviges geboren, kam in der zweiten Hälfte des Jahres 1900 nach Solingen zur Firma Th. Kieserling & Albrecht. Zum 1. August 1905 verließ er sie wieder und machte sich als Versicherungskaufmann in Solingen selbständig. Der Ingenieur Ernst Halboth, am 5. November 1871 in Oberlind geboren, kam im September 1900 von Hilden nach Solingen zur Fa. Th. Kieserling & Albrecht. Bis in die 1930er Jahre ist mit einer kurzen Unterbrechung seine Tätigkeit für das Unternehmen nachweisbar.[93]

Die ökonomischen Schwierigkeiten, in denen sich die Firma tendenziell schon seit einiger Zeit befand, hatten ihre Ursache in einer Umstrukturierung der klassischen Solinger Industrie. Das Aufkommen des Elektromotors und die Durchsetzung der Elektrizität läutete das Ende der Dampfschleifereien in ihrer bisherigen Form ein. Gleichzeitig war im Bereich der Gesenkschmieden und Hammerwerke bei der Neuanschaffung von Produktionsmitteln ein gewisser Sättigungsgrad erreicht und Ersatzinvestitionen noch nicht zu erkennen, so dass die Firma Th. Kieserling & Albrecht gezwungen war, sich auf die Suche nach neuen Märkten und Produkten zu machen. Einer dieser Versuche war z.B. die Produktion von „HERKULES" genannten Mundstücken für Ziegelpressen in Dampfziegeleien im Jahre 1902.

Trotz dieser Initiativen muss dieser Abschnitt der Firmengeschichte als einer der kritischsten für das Unternehmen angesehen werden. Der Schwebezustand, der aus der unklaren Führungsstruktur entsprang, drohte in eine Stagnation überzugehen, die die Existenz der gesamten Firma bedroht hätte. Lediglich die allgemeine konjunkturelle Blüte der deutschen Wirtschaft verhinderte eine schwerwiegende Krise der Firma Th. Kieserling & Albrecht. Notwendige, vorwärtsweisende Entscheidungen und Investitionen konnten nicht getroffen werden. Die Firma lebte von der Substanz. Auf der bestehenden Grundlage konnte die Firma nicht weitergeführt werden - es mussten Alternativen gefunden werden. Entweder wurden Leitungs- und Besitzfunktion getrennt, der Rückzug beider Familien aus der Führung der Firma eingeleitet und die volle unternehmerische Verantwortung auf angestellte Manager übertragen (bei der vergleichsweisen geringen Größe der Firma war dieses Verfahren um die Jahrhundertwende nicht üblich) oder Familienmitglieder mussten sich bei Strafe des Unterganges als fähig erweisen, das Unternehmen zu leiten.

Die Regelung, die schließlich im Sommer 1905 wirksam wurde, stellte eine Entscheidung für eine Leitung in Familienhand dar. Als persönlich haftende Gesellschafter traten alle Erben (Witwe und Kinder) Theodor Kieserlings (mit Ausnahme der verheirateten Tochter Maria Scherf) und Otto Albrechts in die Firma ein. Vertretungsberechtigt waren aber auf jeder Seite nur drei Personen: für die Familie Kieserling die Witwe Auguste Kieserling und die beiden älteren Söhne Theodor und Robert, für die Familie Albrecht die Witwe Maria Ludovika sowie die ältesten Söhne Otto und Richard.[94]

„Mit der Maßgabe, dass je einer der Berechtigten der Familie Kieserling gemeinschaftlich mit einem Berechtigten der Familie Albrecht zeichnet."

Somit standen auf Seiten der Familie Kieserling und der Familie Albrecht jeweils ein Techniker und ein Kaufmann an der Spitze des Unternehmens. Die beiden Witwen der Firmengründer nahmen an der aktiven Leitung der Firma nicht teil, sie wahrten in dieser Konstruktion ihr eigenes und das Erbe ihrer anderen Kinder.

Die Ära Robert Kieserling beginnt (1905 - 1914)

Von den vier Jungunternehmern Theo und Robert Kieserling sowie Otto und Richard Albrecht entwickelte sich Robert Kieserling zur dynamischsten Persönlichkeit. Spätestens ab dem Jahre 1905 ist sein wachsender und bestimmender Einfluss auf das Unternehmen und seine „Handschrift" bei Th. Kieserling & Albrecht nicht mehr zu übersehen.

Während der älteste Sohn Theo nach dem Abitur und noch zu Lebzeiten des Vaters Kieserling mit dem Studium des Maschinenbaus begonnen hatte,[95] war für den sechs Jahre jüngeren, zweitgeborenen Sohn Robert nach dem Einjährigenabschluss Ostern 1900 am Realgymnasium in Solingen[96] (der „Mittleren Reife") eine kaufmännische Laufbahn vorgesehen. Der zweite Firmengründer Otto Albrecht hatte ebenfalls im Wechsel seine Söhne für technische und kaufmännische Berufe ausbilden lassen - ein zu dieser Zeit durchaus allgemein übliches Verhalten von Unternehmervätern. Vielleicht können aus der Reihenfolge, „Maschinenbau" für den prädestinierten Nachfolger und „Kaufmann" für den nachgeborenen Sohn, die Vorlieben der Väter Theodor Kieserling und Otto Albrecht herausgelesen werden. Möglicherweise aber sahen sie so die Bedeutung der in der nächsten Generation für das zukünftige Gedeihen ihres Unternehmens erforderlichen beruflichen Qualifikationen verteilt.

Theodor Kieserling hatte für seinen Sohn Robert die kaufmännische Lehre in Belgien in die Wege geleitet. Auslandserfahrung, Fremdsprachenkenntnisse, Erweiterung des Horizonts werden die ausschlaggebenden Motive gewesen sein. Theodor Kieserling genügte es nicht, dass sein Sohn eine kaufmännische Ausbildung in der näheren Umgebung absolvierte. Er sollte über den Solinger Tellerrand hinaus blicken können. Ob Theodor Kieserling sich dabei von allgemeinen Erwägungen leiten ließ, oder ob er die später notwendig werdende Weltmarktorientierung seines Unternehmens schon geahnt hatte?

Obwohl der Vater nur drei Monate nach Aufnahme seiner Lehre in Belgien verstarb, blieb Robert Kieserling in Brüssel, widmete sich intensiv seiner Ausbildung („*ich schließe auch immer ziemlich spät auf dem Bureau*")[97] und beendete 1902 seine Kaufmannslehre. Über die Vorgänge in Solingen war er durch regen brieflichen Kontakt mit seiner Mutter und seinen Geschwister umfänglich unterrichtet. Seine Anteilnahme an den Geschehnissen, seine Verbundenheit mit Familie und Firma, aber auch sein jugendliches, fast überschäumendes Temperament und sein Selbstbewusstsein werden in dem oben ausführlich erwähnten Brief erkennbar.[98]

Nach Abschluss der Lehre trat Robert Kieserling als noch nicht 18jähriger in das väterliche Unternehmen ein.[99] Nach nur wenigen Jahren begann Robert Kieserling in die Fußstapfen seines Vaters zu treten und das Unternehmen auf seine Persönlichkeit hin zuzuschneiden, es zu seinem Werk zu machen. Während hinsichtlich Tatkraft und Durchsetzungsvermögen große Ähnlichkeiten zwischen Vater und Sohn bestanden, trennten die beiden Unternehmergenerationen in Mentalität und Selbstverständnis Welten. Theodor Kieserling gab sich als jovialer Patriarch, der seine Nähe und seine Bindungen zum Handwerk und zu dessen Meistern weder verleugnen konnte noch wollte. Bescheidenheit war und blieb Zeit seines Lebens ein wesentlicher Charakterzug. Während der Vater den Betrieb aus dem Nichts aufgebaut hatte, galt es für den „geborenen" Unternehmersohn Robert einen handwerksmäßig organisierten Mittelbetrieb des Maschinenbaues nach den Erfordernissen des beginnenden 20. Jahrhunderts zu führen. Vom Beginn seiner Unternehmerkarriere an zeigte sich der noch fast jugendliche Robert als moderner Fabrikant seiner Zeit. Hochindustrialisierung, Kartellbildung und Monopolisierungstendenzen stellten neue Anforderungen an den Unternehmer: Nicht mehr der Typ eines jovialen Patriarchen konnte einen Industriebetrieb zukunftsweisend leiten, sondern der dynamische, sich seiner gesellschaftlichen und betrieblichen Macht und Stellung bewusste und sie voll einsetzende „Macher" war gefordert.

Das gewandelte Selbstverständnis des Unternehmers in der 2. Generation lässt sich an vier Beispielen aufzeigen:

1. Firmenbriefkopf

1904 stellte sich die Maschinenbaufabrik Th. Kieserling & Albrecht erstmals mit einer Firmenansicht in ihrem Briefkopf nach außen dar, während andere Solinger Unternehmen diese dem Zeitgeist der Jahrhundertwende entsprechende Art der Werbung bereits seit mehr als einem Jahrzehnt nutzten. Nicht mehr nur der Name und der Ruf, sondern die Größe und Bedeutung einer Firma sollten die Kunden beeindrucken. Eine moderne, auf Außenwirkung bedachte Repräsentation war für Th. Kieserling & Albrecht als den größten Betrieb der Branche im Solinger Industriegebiet in den Augen der jungen Firmenleitung ein unbedingtes Muss.

2. Arbeitsordnung

Erst die Verpflichtung der Reichsgewerbeordnung konnte einen patriarchalischen Unternehmer wie Theodor Kieserling dazu veranlassen, eine Fabrik- bzw. Arbeitsordnung für seinen Betrieb schriftlich zu erlassen. Er entledigte sich dieser unerwünschten Einschränkung seiner unternehmerischen Freiheit auf eine bemerkenswerte Weise. Im Unterschied zu den meisten anderen Fabrikordnungen seiner Zeit war die von Kieserling erlassene mit ihren drei Seiten Text kurz. Sie umfasste nur die vom Gesetz vorgesehenen Bestimmungen und ließ dem Firmeninhaber große persönliche Entscheidungsspielräume. Aus „väterlicher Fürsorge" für seine Arbeiter wollte Theodor Kieserling so wenig wie möglich festgeschrieben und der Regelungskompetenz seines persönlichen „Regimes" entzogen sehen.

In krassem Gegensatz dazu stand die neue Arbeitsordnung, die 1905 erlassen wurde. Wesentlich umfassender und ausführlicher als die alte Ordnung, scheint der Unternehmer hier an alle betrieblichen Eventualitäten gedacht und vorgesorgt zu haben. Mit Regelungen bis ins kleinste Detail, die fast ans Kleinliche grenzen, eiferte die Firmenleitung damit den Ordnungen der meisten Großindustriebetriebe Deutschlands zu Beginn der Hochindustrialisierung nach. Der Rückzug auf die objektivierte Leitungsfunktion war aber sicherlich auch dem geringen Lebensalter und den etwas diffusen Strukturen in der Führung des Betriebes geschuldet und spiegelte nicht nur einen Herrschaftsanspruch, sondern auch eine gewisse mangelnde Souveränität wider.

3. Konflikte mit der Belegschaft

Der für die Arbeiter bei Th. Kieserling & Albrecht ungewohnte Führungsstil mag mit zu den auslösenden Faktoren der Konflikte zwischen Belegschaft und Betriebsleitung in den Jahren 1905 und 1906 gehört haben. Von Seiten des DMV wurde öffentlich, in der örtlichen SPD-Zeitung, die „gute" alte Zeit unter den Chefs Theodor Kieserling und Otto Albrecht verklärt, um die neue Firmenleitung umso heftiger attackieren zu können:

„Früher, als die alten Besitzer noch lebten, hätten derartige Dinge, wie sie jetzt tagtäglich in dem Betrieb vorkommen, nicht vorkommen können und dürfen. Zu jener Zeit gingen die

Arbeiter mit Lust und Liebe an ihre Arbeit; seit die Jugend aber am Ruder ist, wird ein wahres Schreckensregiment beliebt." [100]

Mag die Metallgewerkschaft auch taktisches Kalkül zu einer solchen Darstellung bewogen haben, in den Augen der Arbeiter von Th. Kieserling & Albrecht war die Verschlechterung des Klimas zwischen Kapitalseite und Arbeiterschaft längst personalisiert.

„Wenn je ein Streik berechtigt ist, so in diesem Falle. Ist es doch gerade Falle der junge Herr Kieserling, der sich über die elementarsten Anstandspflichten im Verkehr mit den Arbeitern hinwegsetzt." [101]

4. Bau der neuen Montagehalle

Greifen wir für das letzte Beispiel zeitlich etwas vor. 1907 nahm der Wandel des unternehmerischen Selbstverständnisses beim ersten Neubau unter der Leitung von Robert Kieserling moderne architektonische Formen an. Den Auftrag zur Planung dieser Montagehalle erhielt mit Carl Reinschmidt erstmals in der Geschichte von Th. Kieserling & Albrecht ein selbständiger Architekt. In der vorigen Generation hatte Theodor Kieserling alle seine Fabrikationsgebäude selbst oder von seinem Bruder Robert planen lassen. Im Unterschied zu den bisherigen eingeschossigen Shedhallen schlug Reinschmidt für diesen Neubau eine abweichende architektonische Lösung als mehrstöckige Halle vor. Unmittelbar nach dem Bau der Montagehalle ließ Robert Kieserling einen neuen Briefkopf entwerfen, um seiner Kundschaft die modernste Errungenschaft der Firma stolz zu präsentieren.

Die Leitung der Firma Th. Kieserling & Albrecht durch je zwei Mitglieder der Familien Kieserling und Albrecht im Jahre 1905 erwies sich als wenig praktikabel und wurde zur kurzfristigen Episode der Firmengeschichte. Dem entscheidungsfreudigen Robert Kieserling war diese Struktur des Führungsgremiums ein Hemmnis, bei seinem ausgeprägten Familiensinn kam deshalb nur die Trennung von der Teilhaberfamilie Albrecht in Betracht. Der Kieserling'sche Anteil am väterlichen Unternehmen betrug mit ca. 63 % fast das Doppelte der Beteiligung der Familie Albrecht. Eine Auszahlung des Teilhabers erschien dann möglich, wenn ungefähr 250.000 - 300.000 Mark Kapital von der Familie Kieserling aufgebracht werden konnte. Wenn auch die Höhe des genauen Verkaufspreises Verhandlungssache bleiben musste, war für die Vorüberlegungen innerhalb der Familie Kieserling der Rahmen, der zur Finanzierung der Übernahme des Albrecht'schen Anteils notwendig sein würde, abgesteckt. Möglicherweise hätte die Familie diesen Kapitalbedarf bei Banken leihweise decken können, der Familienrat oder der Kaufmann Robert Kieserling entschlossen sich aber, zuerst einmal private Vermögenswerte in Bargeld zu verwandeln. Die Beteiligung von Theodor Kieserling sen. an der Gesenkschmiede F.&W. Hendrichs bot sich für diesen Zweck geradezu an. Die Bilanz des Jahres 1905 wies auf dem Kapital- und dem Gewinnkonto zusammen einen Betrag von mehr als 108.000 Mark zu Gunsten der Erben Kieserling aus.[102] Im März 1906 konnten die Verhandlungen über die Lösung der stillen Teilhaberschaft bei F.&W. Hendrichs zum

Abschluss gebracht werden. Beide Parteien kamen überein, dass *„der Anteil der Erben Th. Kieserling als stiller Teilhaber der Fa. F. und W. Hendrichs an derselben per 01. Juli 1905 auf Mark 147000 festgesetzt (wird) und die Erben Kieserling mit oben genannten Tage als stiller Teilhaber aus der Gesellschaft F. und W. Hendrichs aus(treten). Die oben genannte Summe von Mark 147000 wird vom 01. Juli 1905 ab von den übrigen Inhabern der Fa. F. und W. Hendrichs mit 5 % von Hundert verzinst. Ferner verpflichten sich die übrigen Inhaber der Fa. F. und W. Hendrichs, oben genannten Anteil der Erben Kieserling von verschiedenen, nicht näher bestimmten Raten, an die Bevollmächtigten, Theodor und Robert Kieserling, in bar auszuzahlen."*[103]

Die bedeutende Differenz zwischen der Bilanzsumme des Jahres 1905 und dem tatsächlich im Vertrag von Hendrichs und Kieserling vereinbarten Preis, immerhin fast 40.000 Mark, erklärt sich als Abfindungsbetrag. Schließlich erhielten Hendrichs die Gelegenheit, eine lukrative und gewinnträchtige Anlage der Erben Kieserling, die pro Jahr der Familie ca. 10.000 Mark einbrachte, zu erwerben. Innerhalb des nächsten halben Jahres zahlten die Inhaber der Firma Hendrichs die gesamte Summe an die Erben Kieserling aus.[104]

Als Nebeneffekt der Lösung der Teilhaberschaft bei der Fa. F.&W. Hendrichs konzentrierte sich die wirtschaftliche Vertretung der Familie Kieserling auf die beiden ältesten Söhne Theo und Robert. Die anderen Erben übertrugen ihre Ansprüche auf die beiden Söhne bzw. Brüder. Theo und Robert verbürgten sich ihrerseits für mögliche zukünftige Ansprüche der anderen Erben Theodor Kieserlings an die Firma F.&W. Hendrichs.[105]

Parallel zum Rückzug der Erben Kieserling aus der Gesenkschmiede Hendrichs, begann die Firma Th. Kieserling & Albrecht ebenfalls Teile ihres Firmenvermögens zu kapitalisieren. Noch im Jahre 1906 besaß die Firma neben unbebauten Grundstücksparzellen die von Theodor Kieserling am Lindenhof in Höhscheid erworbene, später vermietete und ausgebaute Gesenkschmiede und Dampfschleiferei. Wahrscheinlich produzierte sie dort aber nicht auf eigene Rechnung, sondern hatte die Produktionsanlagen an kleinere Betreiber vermietet. Im März 1906 stellte die Fa. Th. Kieserling & Albrecht (unterzeichnet von Robert Kieserling und Richard Albrecht) bei der aufsichtführenden Behörde den Antrag auf Ausbau der Gesenkschmiede um weitere zwei Fallhämmer. Da bei der öffentlichen Bekanntmachung keine Einwendungen gemacht worden waren, wurde der Antrag genehmigt. Dass es sich hierbei aus doppeltem Grunde um ein taktisches Vorgehen der Firma gehandelt hatte, zeigte sich keine vier Monate später. Nunmehr stellte die neue Besitzerin der Fabrikanlage, das junge Unternehmen Bergfeld & Hoppe, einen Konzessionsantrag für sechs Fallhämmer am selben Ort.

„Da gegen die am 20. März durch die Fa. Theodor Kieserling & Albrecht eingereichte Conzession bei der Veröffentlichung kein Einspruch eingegangen ist, so glauben wir wohl vorschlagen zu dürfen, diesmal davon absehen zu wollen."[106]

Dem Wunsch der Firma wurde städtischerseits entsprochen, obwohl nunmehr das dreifache an Fallhämmern zur Aufstellung kommen sollte und Einsprüche von Nachbarn wahrscheinlicher geworden waren. Durch diesen doppelten Konzessionsantrag konnte ein junges Unternehmen, das sonst vielleicht Schwierigkeiten bei der Errichtung seiner Produktionsanlagen bekommen hätte, die ersten Hürden leichter überwinden. Selbstverständlich bezog die Gesenkschmiede Bergfeld & Hoppe diese ersten Hämmer von der Maschinenfabrik Th. Kieserling & Albrecht, wie auch in den nächsten Jahre die Beziehungen zwischen den beiden Firmen eng blieben.[107]

Obwohl sich keinerlei Unterlagen über die Verhandlungen zwischen den Familien Kieserling und Albrecht erhalten haben, ist davon auszugehen, dass sie bis Ende 1906 abgeschlossen worden waren. Denn der älteste Sohn des Firmengründers, Theo Kieserling, verließ Solingen am 20. Dezember 1906 für einen mehrmonatigen USA Aufenthalt. Und ohne seine Unterschrift werden diese bedeutenden Änderungen der Eigentumsverhältnisse wohl kaum möglich gewesen sein. Aus einem Brief der Tochter Johanna, den sie fast ein Jahrzehnt später an ihre Mutter Auguste Kieserling geschrieben hat, können wir wenigsten den Verkaufspreis entnehmen. Für die Summe von 228.000 Mark übertrugen Albrechts ihren Anteil an der Firma Th. Kieserling & Albrecht der Familie Kieserling.[108]

„Nach der Bilanz vom 1. Juli 1901 war der Vermögensbestand des gesamten (...) Geschäftes 758.206,17 M. Davon entfielen auf Kieserling 495.000,00 M und auf Albrecht 295.000,00 M. Nach Entnahme und Abschreibungen blieben für Kieserling 478.521,82 M und für Albrecht 279.684,35 M. Das macht zusammen 758.206,17 M.

Nun sind Albrechts mit 228.000 M ausbezahlt worden. Dieses Geld muss aber wieder zu unserem Anteil geschlagen werden, da wir den Anteil von Albrecht käuflich erworben haben mit Geld, welches wir besaßen außer dem oben genannten Geschäftsanteil."

Im Gegensatz zur Lösung der Teilhaberschaft bei F.&W. Hendrichs war hier der Preis deutlich niedriger als der Anteil an der Firma nach der Bilanz aus dem Jahre 1901. Entweder war es dem genialen Kaufmann Robert Kieserling gelungen, die Albrechts soweit herunterzuhandeln oder aber die Firma Th. Kieserling & Albrecht stand fünf Jahre nach der Bilanzerstellung in den Augen ihrer Besitzer nicht mehr so gut da. Dann wäre der niedrigere Verkaufspreis ein klares Indiz für die Stagnation oder die Krise des Unternehmens. Vielleicht aber sahen nur die Albrechts die Entwicklungschancen des Unternehmens eher skeptisch und waren froh, mit so viel barem Geld aus der Firma herauszukommen. Wer schließlich die bessere kaufmännische Weitsicht gehabt hatte, zeigte sich innerhalb des folgenden Jahrzehntes.

Wenige Monate nach dem Ausscheiden aus der Firma Th. Kieserling & Albrecht gründeten der Ingenieur Otto und sein Bruder, der Kaufmann Richard Albrecht in der Nachbarstadt Wald am Demmeltrath ihre eigene Maschinenbaufabrik. Bis zum 1. Weltkrieg kann die Existenz der Fa. Gebr. Albrecht nachgewiesen werden. Wider aller Erwartung und dem allgemeinen Konjunkturverlauf ging sie aber während oder unmittelbar nach Ende des Krieges ein. Die selbständige Unternehmerkarriere der 2. Generation Albrecht endete schnell, als angestellte Ingenieure und Kaufleute verdienten sie danach weiter ihren Lebensunterhalt.

In dieser für die Firma Th. Kieserling & Albrecht neuen und sicherlich nicht leichten Situation, denn neben den beiden Brüdern Albrecht schied auch der leitende Ingenieur Halboth, eine der Stützen des Unternehmens nach dem Tode des Firmengründers, für einige Zeit aus der Geschäftsleitung aus, ging der älteste Sohn Theo auf eine mehrmonatige Studienreise in die Vereinigten Staaten.

Sein 22jähriger Bruder Robert Kieserling leitete seit dieser Zeit auch nach außen hin sichtbar die Fa. Th. Kieserling & Albrecht alleine. Wir wissen heute nicht mehr, ob betriebliche Notwendigkeiten Theo Kieserling veranlasst haben auf der Suche nach neuen Ideen oder Märkten in die Staaten zu reisen.

Oder ob dieses lange „Auslandspraktikum" weniger den Interessen der Firma als mehr den persönlichen des Ingenieurs Theo entsprach. Ich neige dazu, Theo Kieserling folgende Überlegungen zu unterstellen: Mit dem Ausscheiden der Familie Albrecht aus dem Unternehmen war für ihn das Wesentliche vollbracht. Die alltägliche Leitung der Firma lag sowieso schon in den Händen des dynamischeren Bruders. Warum also dann nicht das Angenehme mit dem Nützlichen verbinden?

So zeigte sich die Rollenverteilung in der brüderlichen Firmenleitung sofort nach der Trennung von der Familie Albrecht - die entscheidende Person, der „starke Mann" des Unternehmens, war Robert Kieserling. Theo nahm in den nächsten Jahrzehnten real kaum noch Einfluss auf die Geschicke der Firma. Persönlich haftende Gesellschafter der Maschinenbaufabrik Th. Kieserling & Albrecht waren nach dem Ausscheiden der Familie Albrecht die Witwe und die volljährigen Kinder des Firmengründers Theodor Kieserling.[109] Nach einer mehrjährigen Phase der Konsolidierung ging das Interesse von Robert Kieserling dahin, mit seiner Mutter eine Regelung zu treffen, dass im Falle ihres Ablebens die Existenz der Firma nicht gefährdet würde. In einem Vertrag, der vermutlich Anfang 1911 geschlossen wurde, kamen die Firma Th. Kieserling & Albrecht (also Robert Kieserling) und Auguste Kieserling überein, ihren persönlichen Vermögensanteil auf 200.000 Mark festzusetzen. In ihrem Testament bestimmte Auguste Kieserling am 1. Mai 1911 entsprechend:[110]

„Hiermit bestimme ich, dass das Vermögen von 200.000 Mark (...) , welches ich laut Vertrag mit der Firma Th. Kieserling & Albrecht besitze, nach meinem Tode meinen fünf Töchtern zu deren eigenem guten Verbrauche (nicht deren Männer) zu gleichen Teilen zufallen soll, da meine drei Söhne das Geschäft bekommen haben, welches denselben wert hat, infolgedessen meine Söhne

Brief von Theo Kieserling an den Inhaber der Gesenkschmiede Hendrichs[119]

Hartford, den 9. Juni 1907

Lieber Herr Hendrichs!

Bereits 3/4 Jahr sind vergangen seit meiner Ankunft hier in Amerika und bin nicht dazu gekommen Ihnen etwas brieflich zukommen zu lassen, aber mein Versprechen will ich doch halten in Gestalt dieses Briefes. Bereits Mittwoch den 12. Juni soll`s Schwimmen über`n großen Teich wieder losgehen. In der Zwischenzeit habe ich in Hartford, New-York, Cincinati und Worcester gearbeitet und bin nun wieder auf dem Nachhausewege in Hartford angelangt.

In Hartford, die erste Stadt meiner Niederlassung, habe ich mich ca. 4 Monate aufgehalten, und sehr interessante und nützliche Arbeit gehabt. Unter anderem habe ich hier bei Billings & Spencer gearbeitet, eine Firma, die neben Maschinenfabrik noch eine Gesenkschmiederei von 50 Fallhämmern besitzt. In der Maschinenfabrik werden Friktions-Fallhämmer und doppelarmige Exzenterpressen, in der Gesenkschmiederei Automobilteile wie z.B. 4 fach gekröfte Kurbelwellen, Lagerträger für Räder, Zahnräder, Nähmaschinen- und Fahrradteile hergestellt. Die Feuerung zum Anwärmen der Eisenteile geschieht hier allgemein durch Rohöl, so wie's aus der Erde kommt, und gibt eine sehr intensive Hitze. In einer Automobil-Fabrik hier in Hartford, wo ich arbeitete, wurden ebenfalls 4 fach gekröpfte Kurbelwellen und andere kleinere Automobilteile unterm Fallhammer geschlagen. Nach Hartford ging`s nach New-York, wo ich 2 Monate lang geblieben bin, und habe während der Zeit auf Werkzeugmaschinen gearbeitet. Nach New-York kam die 24 stündige Reise nach Cincinnati in einem Pullmann Schlafwagen, Bett und alles war sehr gut, der Wagen ging sehr ruhig, aber durch das ungewohnte Geräusch konnte man doch nicht zu einem anhaltenden Schlaf kommen. Am anderen Morgen durchfuhr der Zug eine sehr hübsche Gebirgsgegend, und um alles gut in Augenschein nehmen zu können, war am Ende des Zuges ein Observations Car mit großen Fenstern angehängt. Halbwegs auf dem Gipfel des Gebirges kamen Kohlenbergwerke. Ungefähr 100 Meter höher wie das Geleise der Bahn, war ein Stollen horizontal in den Berg gebohrt bis zu den Kohlen, die Kohlen wurden dann mittels Rutschen zu Thal befördert und direkt in Waggons entladen, also alles ohne mechanische Betriebskraft. - Bis in den Mai hinein musste in Cincinatti, was ungefähr in gleicher Linie wie Rom liegt, geheizt werden, der Winter konnte hier nicht Schluss machen, und wie ich in den Zeitungen gelesen habe, soll`s in Deutschland ebenso gewesen sein. Über den Niagara und sonstiges mehr werde ich Ihnen binnen kurzem erzählen können, und verbleibe mit vielen herzlichen Grüßen ans ganze Haus

Ihr Theodor K.

Auguste Kieserling mit ihrer
Tochter Johanna, um 1925

dies für Recht anerkennen müssen. Zugleich bestimme ich, dass das Haus Birkerstr. 2, welches ich bewohne, denjenigen meiner Kinder, die nicht verheiratet oder alleine im Leben stehen, eine Wohnstätte und Heim zu bieten.“

Aber noch Jahre später scheint Auguste Kieserling gewisse Zweifel an dieser Regelung gehabt zu haben, wie ein Briefwechsel mit ihrer Tochter Johanne 1914 beweist. Sie hatte Johanne um Rat in dieser Angelegenheit gebeten, die Tochter schilderte den Sachverhalt aus ihrer Sicht:[111]

„(Das gesamte Vermögen betrug knapp 800.000 M.) Dir gehörte zunächst die Hälfte und von der anderen Hälfte teiltest du mit den Kindern nochmals mit. Wenn wir auch wirklich schon eine kleine Abschlagszahlung von 10.000 M(?) auf unser mütterliches Erbe bekommen hätten, so musste dir immerhin noch ein Kapital von 300 -350.000 M verbleiben. Wenn Robert in einem Vertrag Deinen Geschäftsanteil mit 200.000 M festgesetzt hat, so ist das wirklich wenig, und ich würde es nicht unterschreiben, ohne vorher die Bücher genau eingesehen zu haben, (woraus sich diese 200.000 M zusammensetzen und wie sie sich ergeben) und dann mit einem erfahrenen Anwalt über die Sache gesprochen zu haben. (...) Albrechts bekamen ja damals 69.000 M weniger, wie der festgesetzte Anteil, da sie selbst alles in baarem Gelde erhielten. Robert wollte diese 69.000 M als Reservekonto einrichten. Das ging aber nicht. Das Geld, was im Geschäft arbeitet, behält seinen vollen Wert. Nun bin ich aber auch der Ansicht, wenn Robert das Geschäft nicht gehalten hätte, wäre er der nicht, wer er jetzt ist. Darauf muss man

Rücksicht nehmen. (...) weniger als 200.000 M darf Robert Deinen Anteil aber nicht festsetzen, darüber darf auch nichts verbraucht sein, denn die Jungens haben alle zu Hause gelebt und viel angeschafft, das darf nicht von Deinen 200.000 M abgezogen werden."

Wie Johanna richtig bemerkte, lag der Vermögensanteil der Mutter deutlich unter dem ihr eigentlich zustehenden Betrag. Der Sinn des Vertrages zwischen Firma und Witwe Kieserling war ja gerade der Erhalt der Existenzfähigkeit des Unternehmens durch die Herabsetzung dieses Vermögensanteils. Interessanterweise scheint die Tochter aber über den Abschluss des schon drei Jahre alten Vertrages nichts zu wissen. Die Mutter dürfte ihr den gesamten Problemkreis nur als vage Möglichkeit geschildert haben. Warum? Die in gewisser Weise Geschädigten der Regelung zwischen Mutter und Sohn waren die Töchter des Firmengründers. Ihr mütterliches Erbe wurde zugunsten der Firma, bzw. der Söhne geschmälert. Es ging der Mutter also gar nicht um den Rat der Tochter, ob sie die angesprochene Regelung mit Robert treffen sollte (das hatte sie längst getan), sondern ob die Tochter diesen Vertrag akzeptieren würde. Mit ihrem Eingeständnis, dass ohne das unternehmerische Können ihres Bruders Robert die Firma nicht so dastehen würde, wie sie dastand, erklärte sie sich unausgesprochen mit der Regelung einverstanden. Vermutlich vergewisserte sich Auguste Kieserling ihrer testamentarischen Bestimmungen auch bei ihren anderen Töchtern. Beachtlich sind die Anweisungen in ihrem Testament, die Auguste Kieserling aus der Erfahrung mit der gescheiterten Ehe ihrer Tochter Maria erließ: Das Erbe der Töchter ist für deren Verbrauch (und nicht den der Ehemänner) sowie den Erhalt des Familienwohnhauses Eisenstraße 2 als Domizil für die unverheirateten Kinder. Auguste Kieserling, geborene Brensing, verstarb schließlich im Alter von 81 Jahren am 18. August 1926 in Solingen. Zu ihrem Andenken hieß es in einem Nachruf: *„Sie hat ihr Leben in demütiger Stille ganz an Gott, an ihren Gatten und ihre 8 Kinder geschenkt."* [112]

Ab 1912 stellten die beiden älteren, unverheirateten, noch bei der Mutter im elterlichen Hause lebenden Söhne des Firmengründers Theo und Robert die persönlich haftenden Gesellschafter der Maschinenbaufabrik Th. Kieserling & Albrecht.[113] Die faktische Leitung der Firma lag aber bis Ende der zwanziger Jahre ausschließlich in den Händen von Robert Kieserling. Der ältere Bruder Theo zeigte, wie oben dargelegt, kaum Interesse an dieser Aufgabe. Der sieben Jahre jüngere Bruder Franz hatte Ostern 1910 sein Abitur am Gymnasium Schwertstraße abgelegt, danach als Volontär (vermutlich bei Th. Kieserling & Albrecht) gearbeitet, um ab Januar 1911 seinen Militärdienst als Offiziersanwärter abzuleisten. Nach seiner Entlassung im Oktober 1912 ging er erst einmal auf Reisen. Welche Pläne er persönlich gehabt haben mag, wissen wir nicht. Fest steht nur, dass er von 1915 bis zum Ende des Jahres 1918 am Ersten Weltkrieg als Offizier teilnahm.

Statt jeder besonderen Anzeige.

Todes-Anzeige.

Heute morgen gegen 9 Uhr entschlief sanft infolge Altersschwäche, wohlvorbereitet durch den Empfang der heil. Sterbesakramente, unsere herzensgute, liebe Mutter, Schwiegermutter, Großmutter, Schwester, Schwägerin und Tante

Frau Wwe. Theodor Kieserling

Auguste geb. Brensing

im Alter von 81 Jahren.

In tiefer Trauer:

Theodor Kieserling
Witwe Maria Scherf geb. Kieserling
Johanna Kaymer geb. Kieserling — Rudolf Kaymer
Robert Kieserling — Alice Kieserling geb. Rosiny
Agnes Wingen geb. Kieserling — Hans Wingen
Franz Kieserling — Annemarie Kieserling geb. v. Walther
Carl Pütz und 10 Enkelkinder.

Solingen, Godesberg, Barmen, den 18. August 1926.

Die Beerdigung findet statt am Samstag, den 21. August, nachmittags 3½ Uhr vom Sterbehause, Eisenstraße 2, aus. Die feierlichen Exequien am gleichen Tage morgens 8½ Uhr in der Pfarrkirche St. Clemens. — Von Beileidsbesuchen bittet man Abstand zu nehmen.

Todesanzeige Auguste Kieserling, Solinger Tageblatt vom 19. Aug. 1926

Die Töchter des Firmengründers Theodor Kieserling spielten, abgesehen von einer Ausnahme, keinerlei Rolle mehr für die Entwicklung der Firma oder deren Besitzverhältnissen.

Die älteste Tochter **Auguste** (* 5. September 1875) heiratete am 26. April 1906 den Solinger Kaufmann Karl Heinrich Pütz (* 10. August 1867 - + 21. Januar 1945). Die Eheleute lebten mit ihren vier Kindern Carl Theodor, Antonius Robert, Karl Josef und Auguste Hildegard auf der Kaiserstraße 131. *„Die überaus glückliche Ehe war mit vier Kinder gesegnet, von denen zwei im jugendlichen Alter der Mutter in den Himmel vorangingen" Auguste Pütz starb am 26. November 1924. „Sie hat nicht draußen in der Welt ihr Glück gesucht, sondern in stiller häuslicher Zurückgezogenheit und treuester Pflichterfüllung."*[114]

Paula (* 27. Dezember 1876) wuchs bei ihrer Tante Johanna Pieper, geb. Brensing, auf, weil deren Ehe *„kinderlos blieb, widmete sie sich der Erziehung ihrer Nichten, deren sie eine aufnahm und mütterlich für dieselbe sorgte.“* [115] *Paula Kieserling „vermählte sich am 21. Februar 1906 mit Hugo Kötter aus Barmen. Der Ehe entsprossen 2 Kinder, ein Sohn und eine Tochter (Hugo und Gerda)“*[116] *Sie verstarb am 12. Februar 1925.*

Maria (* 31. März 1880) wurde im Mai 1900 die Ehefrau von Max Scherf aus Nürnberg. Ihr Mann verließ einige Zeit später Deutschland fluchtartig und wanderte in die USA aus. Maria kehrte daraufhin in das elterliche Haus zurück, arbeitete später für die Firma Th. Kieserling & Albrecht und verstarb 1960.[117]

Johanna Kieserling (* 19. September 1882) heiratete am 18. Januar 1910 in Altona Rudolf Kaymer (* 7. März 1883). Dieser wurde nach dem Tode seiner Mutter von der Großmutter aufgezogen. Seine Tante Adele war die Frau von Robert Kieserling, dem Bruder des Firmengründers. Im Alter von 12 Jahren siedelte Kaymer zu den Kieserlings nach Altona um. Nach gescheiterten Versuchen mit eigener unternehmerischer Selbständigkeit arbeitete Kaymer in den zwanziger Jahren zeitweise als Prokurist bei Th. Kieserling & Albrecht. Johanna starb am 27. März 1944.

Agnes Kieserling (* 15. Mai 1888) heiratete am 30. September 1919 den Solinger Kaufmann und Fabrikanten Hans Wingen (* 2. September 1891) Gemeinsame Töchter der beiden waren Erika und Doris. Agnes Wingen starb am 7. Oktober 1941.

Obwohl noch keine dreißig Jahre alt, hatte sich Robert Kieserling zum Familienoberhaupt der Kieserlings entwickelt. Denn nicht nur von seiner unternehmerischen Leistung allein hing der Wohlstand der gesamten Familie ab, auch in familiären und privaten Dingen war sein Rat und Entschluss für die Familie unverzichtbar. Für ihn selbst war nach der Regelung der Eigentumsverhältnisse und der zukünftigen Perspektiven der Firma der Zeitpunkt gekommen, sich nach einer standes- und konfessionsmäßig passenden Ehefrau umzusehen. In Solingen fand er sein Glück nicht. Firmeninteressen führten ihn mit der in Bad Godesberg lebenden, ehemals aus Duisburg stammenden Industriellenfamilie Rosiny zusammen. Am 18. Mai 1914 heiratete er in Bad Godesberg die zwanzig Jahre alte Tochter Alice (* 28. Juni 1893 in Mainz, + 10. Februar 1990 in Bad Godesberg).

Ab Juli 1914 bewohnte das junge Ehepaar für eine Übergangszeit eine herrschaftliche Mietwohnung im Hause Birkerstraße 5.[118] Die erste Tochter Augusta Josefa wurde hier am 11. März 1915 geboren. Wenige Wochen später zog die Familie in das ihr gehörende, 1908 vom Architekten Carl Reinschmidt entworfene, Mehretagenwohnhaus Birkerstraße 28 um. Am 5. März 1919 wurde die zweite Tochter Maria Brigitte geboren.

Werbung für das FIX Automobilrad mit abnehmbarer Felge (Patent Kieserling) 1913

Krieg und Konjunktur (1914 - 1929)

Im ersten Jahrzehnt der Ära Robert Kieserling blieb die Firma trotz einer gewissen Ausweitung der hergestellten Produkte weitestgehend dem lokalen Solinger Markt und den Metallindustriebranchen der benachbarten Städte verhaftet. Bei einer Verlagerung der Gewichte innerhalb der Produktpalette, die Bedeutung der speziellen Maschinen und Einrichtungen für die Solinger Industrie ging zu Gunsten der Fertigung von verschiedensten Pressen zurück, wuchs das Unternehmen Th. Kieserling & Albrecht nur unmerklich. Die Belegschaft vergrößerte sich von 87 Arbeitern im Jahre 1898[120] auf 112 Beschäftigte 1911.[121] (Zwischenzeitlich (1905/1906) war die Belegschaft auf 70 Beschäftigte gesunken.) Auch das außer der modernen Montagehalle kaum weitere nennenswerte Erweiterungen der Fabrikgebäude erfolgten, beweist die nur langsame Aufwärtsentwicklung der Firma nach einer Phase der Konsolidierung. Der in den Jahren vor dem 1. Weltkrieg mit großem Werbeaufwand betriebene Ausflug in den entstehenden Automobilmarkt durch die Herstellung von Kieserling-Automobilrädern (Marke FIX) blieb eine kurze Episode in der Firmengeschichte, und belegt eindringlich die Schwierigkeiten und Anstrengungen des Unternehmens, sich auf verändernden Märkten zu behaupten.

Während Robert Kieserling die Gesamtgeschicke der Firma nach kaufmännischen Gesichtspunkten unangefochten und souverän lenkte, fehlte ihm für die technische Seite der Produktion und die Entwicklung neuer Maschinen, obwohl er sein Leben lang damit zu tun gehabt hatte, die letzte fachliche Kompetenz. Robert Kieserling war ein genialer Kaufmann, verstand sicherlich auch etwas von der technischen Seite der Maschinen und konnte die einmal produzierten Maschinen erfolgreich verkaufen, für die Entwicklung brauchte er aber, in Gegensatz zu seinem Vater Theodor Kieserling, der kaufmännisches und technisches Geschick glücklich vereint hatte, immer einen leitenden Ingenieur. Die betrieblichen Abläufe oder die Vorsicht, für die zukünftigen innovativen Herausforderungen des Maschinenbaumarktes gerüstet zu sein, ließen für Robert Kieserling

Werbung für das FIX Automobilrad mit abnehmbarer Felge (Patent Kieserling) 1913

2

Die Güte und Vorzüglichkeit des „FIX"-Autorades

haben unserem Fabrikate in kürzester Zeit den Markt erobert, wie der stets steigende Absatz und die zahlreichen Nachbestellungen beweisen.

Unser „FIX"-Rad steht an der Spitze aller Räder

mit abnehmbaren Felgen, da es alle Vorzüge der Konkurrenzfabrikate in sich vereinigt, ohne deren Nachteile aufzuweisen.

Beachten Sie bitte die nachstehend aufgeführten, durch zahlreiche Zeugnisse anerkannten Vorzüge unserer „FIX"-Räder.

3

VORZÜGE:

1. **Billiger Preis.**
2. **Kinderleichte Montage.**
   Nur eine Person erforderlich.
3. **Nur ein bewegliches Teil**
   (Kupplung), das immer an den Speichen verbleibt und somit niemals verloren gehen kann.
4. **Absolute Sicherheit.**
   Durch die eigenartige Konstruktion bewirkt die Zentrifugalkraft eine Sicherheit, die **einzig** dasteht und sich bei zunehmender Geschwindigkeit noch **steigert.**
5. **Grosse Festigkeit des Rades**
   das den stärksten Beanspruchungen gewachsen ist und sich somit für **jeden Kraftwagen** eignet.
6. **Kein Eindringen**
   von Strassenschmutz in die tragenden Befestigungsteile.

4

7. **Leichtes Gewicht.**
   Unser „FIX"-Rad ist das **leichteste** aller Räder mit abnehmbaren Felgen, dadurch **grosse Pneumatikersparnis.**
8. **Leichte Reinhaltung**
   weil keine scharfen hervortretenden Teile. Das Rad erhält ein elegantes Äußere, da nur das einzige bewegliche Teil eine kaum merkliche Verdickung an den Speichenenden bildet.
9. **Verwendung normaler Flügelschrauben**
   die sichtbar u. direkt zugänglich, jederzeit ein Nachziehen ermöglichen.
10. **Geringster Pneumatikverbrauch**
    welcher neben dem **verblüffend leichten Gewicht** dadurch bewirkt wird, daß die Felge **ohne Holzbekleidung** ist und dadurch **energisch abgekühlt** wird.
11. **Für Herrenfahrer unersetzlich**
    da der Chauffeur gespart wird u. der Reifenwechsel eine Kleinigkeit ist.
12. **Festsetzen oder Festrosten**
    ist überhaupt ausgeschlossen, da die tragenden Teile aus edlen, nicht rostenden Metallen bestehen.

5

Fabrikmarke: Benz.

Art der Karosserie: Torpedo.

Anzahl der Sitze: 6.

Anzahl der PS des Wagens: 10/24 PS.

Gewicht des Wagens mit Karosserie: 1380 kg.

Max.-Geschwindigkeit: 70 km.

Pneumatik-Dimensionen: 815×105 mm.

Besitzer des Wagens: **Richard Henckels, Solingen.**

Hat nachbestellt. **Solingen,** den 15. Februar 1912.

Firma **Th. Kieserling & Albrecht, Solingen.**

Bis jetzt habe ich in dem 1/2 Jahre, daß ich mit Ihren abnehmbaren Felgen fahre, über 10000 km zurückgelegt. Es drängt mich, Ihnen meine **volle Anerkennung** auszudrücken über die **Vorzüglichkeit** Ihres Fabrikates.

Da ich selbst fahre, ohne Chauffeur, hatte ich die beste Gelegenheit, alles praktisch zu erproben und die Vorzüge festzustellen.

Vorzüge sind: Der **geringe Zeitaufwand:** in **vier Minuten** ist die ganze Arbeit erledigt. **Alle Teile verbleiben am Rade.** Ein **Schraubenschlüssel** ist das **einzigste** dabei nötige **Handwerkszeug.** Ein **Verlust** von Schrauben und Muttern ist dabei ganz **ausgeschlossen.** Die **spielend leichte Arbeit ist sogar im Dunkeln ausführbar.** Die Arbeit macht wirklich Freude. — **Das geringe Gewicht,** unter Beibehaltung der **normalen Flügelschrauben und Schlauchventile,** wodurch alle anderen Arbeiten, wie Herausnehmen des Luftschlauches und Abnehmen des Pneus, in gewohnter Weise vor sich gehen.

Mit meinem Benz-Wagen, 24 PS, 1380 kg Gewicht, Bereifung 815×105, erreiche 70 km Stunden-Geschwindigkeit und habe bei der **Zuverlässigkeit** Ihrer Felgen immer das Gefühl der **Sicherheit.**

Nochmals Anerkennung.

Richard Henckels.

30

Fabrikmarke: Adler.

Art der Karosserie: Limousine.

Anzahl der Sitze: 4.

Anzahl der PS des Wagens: 13/30 PS.

Gewicht des Wagens mit Karosserie: 14 Ctr.

Max.-Geschwindigkeit: 70—80 km.

Pneumatik-Dimensionen: 815/105, 820/125 mm.

Besitzer des Wagens: **J. H. Arens, Bonn, Coblenzerstraße 262.**

Bonn, den 1. August 1913

Firma **Th. Kieserling & Albrecht, Solingen.**

Bin mit Ihren „FIX"-Rädern **außerordentlich zufrieden** Die einfache Handhabung, die schnelle Auswechselbarkeit de Räder, insbesondere das wenig Heißlaufen der Pneumatiks (beding durch die eiserne Felge) muß jeden Automobilisten entzücken.

Werde nicht verfehlen, Sie in Sportkreisen zu empfehlen.

Josef Arens

31

eine Ausweitung des technischen Leitungspersonals wünschenswert erscheinen.

Bei der Suche nach weiteren Technikern stieß er bei der Maschinenbaufirma Edelhoff im Wuppertale auf Carl Hölzer. Am 22. Dezember 1882 in Odenthal geboren, erhielt dieser seine Ausbildung zum Ingenieur an der Maschinenbauschule in Elberfeld. Einige Jahre arbeitete er dann in einem Konstruktionsbüro[122] in Wuppertal. Hölzer begann am 1. April 1910 seine Tätigkeit bei Th. Kieserling & Albrecht als Maschinentechniker.[123]

Der Einzug von Facharbeitern zum Kriegsdienst 1914 stellte die Fa. Th. Kieserling & Albrecht wie fast die gesamte Industrie vor anfängliche Schwierigkeiten. Während aber die exportorientierten Konsumgüterbranchen Solingens wie Schneidwarenindustrie, Schirmgestell-, Fahrrad- und Fahrradteile-, Bügel- sowie die Schloss- und Beschlagbranche durch die Blockademaßnahmen der Alliierten, die sie weitgehend vom Weltmarkt abschnitten, in eine schwere Krise gerieten, wirkten sich Krieg und Kriegswirtschaft im weiteren Verlauf für Th. Kieserling & Albrecht nicht negativ aus.

Als Maschinenbaufirma und Gießerei besaß sie mit ihrer maschinellen Einrichtung und ihren Anlagen die Voraussetzungen, sofort die Produktion von Rüstungsartikeln aufnehmen zu können. Trotzdem darf bezweifelt werden, ob die Firma für ihre Abteilung „Maschinenbau" schon zu Anfang des Krieges staatliche Rüstungsaufträge erhalten hatte. Vielmehr dürfte sie frühestens seit der Jahreswende 1914/1915 in ihrem ureigenen Metier und indirekt an der einsetzenden Rüstungskonjunktur partizipiert haben.[124] Die Schlägereien im Solinger Industriegebiet, in denen vor allem Geschoßteile, Maschinengewehrteile, Minen und Granaten hergestellt wurden, konnten ihre Produktionskapazitäten durch Erweiterungsbauten und Neuanschaffung von Maschinen enorm vergrößern. Darüber hinaus erhielten die Gesenkschmieden zusätzliche Entwicklungsmöglichkeiten durch den während des Krieges anhaltenden hohen Beschäftigungsgrad der Remscheider Werkzeugindustrie. Viele Solinger Fabrikanten nahmen deshalb die Produktion der sog. „Remscheider Artikel" auf und sahen sich zur Anschaffung entsprechender Maschinen veranlasst.[125] Fa. Th. Kieserling & Albrecht produzierte und lieferte in einem bisher nicht gekannten Ausmaße die dazu benötigten Hämmer, Pressen und sonstigen Maschinen.

Die Belegschaft wuchs während der Kriegsjahre rasch auf das insgesamt sieben bis achtfache der Vorkriegsstärke. Die vorhandenen Fabrikgebäude reichten schon nach wenigen Kriegsmonaten für die erweiterte Fertigung und gewachsenen Belegschaft nicht mehr aus. Neue Produktionsstätten konnten wegen des Material- und Arbeitskräftemangel meist nur in einfacher Holzbauweise erstellt werden.

Obwohl die beiden „klassischen" Abteilungen Maschinenbau und Gießerei mehr als ausgelastet waren, nahm Th. Kieserling & Albrecht spätestens seit 1916 zusätzlich die direkte Herstellung von Munitionsteilen und Granaten auf. Bei der umfangreichen mechanischen Einrichtung der Firma (Drehbänke, Fräsmaschinen) bot sich diese Art der Ausnutzung der Rüstungshochkonjunktur gerade zu an. Robert Kieserling wäre nicht Robert Kieserling gewesen, wenn er nicht versucht hätte, diese günstigen wirtschaftlichen Bedingungen auch noch in anderer Hinsicht zu nutzen. Zum einen erwarb er eine weitere Maschinenbaufirma, Berrenberg, in der Nachbargemeinde Haan und betrieb sie als Zweigniederlassung.[126] Zum anderen legte er der Solinger Baubehörde einen Plan vor, der neben dem Bau einer massiv zu errichtenden Montagehalle ein neues Verwaltungsgebäude gegenüber dem Hauptbahnhof und eine neue Gießerei vorsah. Die Fabrikanlage von Th. Kieserling & Albrecht erhielt in dieser Konzeption bereits die bis heute gültige Anordnung. Realisiert werden konnte während des Krieges nur die Montagehalle als kriegswichtiger Fabrikbau. Das projektierte Verwaltungsgebäude und die neue Gießerei blieben vorerst im Planungsstadium. Aber es war Robert Kieserling unter Ausnutzung der zeitbedingten Umstände gelungen, den die Firmenentwicklung behindernden Bebauungsplan der Stadt Solingen durch die Macht des Faktischen außer Kraft zu setzen. Und weil unbebaute Grundstücke in der unmittelbaren Nähe der Fabrik für eine weitere Expansion nicht mehr zu erwerben waren, kaufte Robert Kieserling im Jahre 1917 große Gewerbeflächen in der Nähe von Bahnlinien: in Solingen an der Lüneschloßstraße[127] und in Ohligs an der Prinzenstraße.[128]

Während des 1. Weltkrieges war Robert Kieserling zur Leitung seines Unternehmens vom Militärdienst freigestellt, sein Bruder Theo diente bei der Luftwaffe und Franz war als Offizier im Felde. Bei den enormen Anforderungen der Rüstungshochkonjunktur an die Firma hatte Carl Hölzer seine Fähigkeiten als begnadeter Techniker und talentierter Planer soweit unter Beweis gestellt, dass Robert Kieserling auf ihn nicht mehr verzichten wollte.

Nach Kriegsende und Novemberrevolution brach ein unsicheres Jahr für die Unternehmer an. Die Radikalisierung von Teilen der Arbeiterschaft, die Auseinandersetzungen um die Sozialisierung von Industriebereichen, mag bei einigen Unternehmern die Angst hervorgerufen haben, ihr Eigentum an den Produktionsmitteln zu verlieren. Die ausgeprägte Radikalität der Solinger Arbeiterschaft verstärkte trotz der britischen Besatzung diese Unsicherheit.

Aus welchen Gründen aber Robert Kieserling 1919 Solingen den Rücken kehren wollte - wegen den Forderungen der Solinger Arbeiterschaft, wegen der britischen Besatzung, auf Wunsch seiner Frau oder aus anderen familien- bzw. betriebsinternen Gründen - weiß auch seine Tochter Josa nicht mehr zu berichten:

„Nach dem Kriege plante mein Vater einen Fabrikneubau in der Nähe von Bonn. Aus Solingen und unserer Firma wollte er sich zurückziehen. (...) So kam es zu unserem Umzug nach Godesberg. (...) Dann zerschlug sich das Projekt der neuen Fabrik, das mein Vater zusammen mit Hölzer in Angriff genommen hatte. Ich weiß nicht, aus welchen Gründen es zu dem Verkauf der im Rohbau befindlichen Fabrik gekommen ist, das passierte

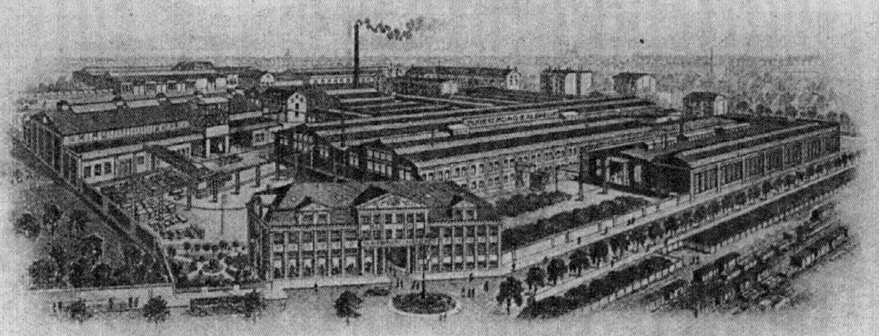

Th. Kieserling & Albrecht

Fernsprech-Anschlüsse:
Nr. 112, 2360 bis 2362.

SOLINGEN

Telegramm-Adresse:
Kieserling Albrecht Solingen

Maschinenfabrik und Eisengießerei

Gegründet 1873.

Fast 50 Jahre sind verflossen, seit in Solingen die Maschinenfabrik und Eisengießerei Th. Kieserling & Albrecht gegründet wurde. Sie entstand aus einem Bedürfnis der Zeit heraus. Handarbeit reichte nicht mehr aus, um die sich steigernde Nachfrage nach Solinger Stahlwaren zu befriedigen. Das deutsche Fabrikat und mit ihm die Jahrhunderte alte Solinger Industrie hatten sich im Laufe der Zeit einen Namen erworben, der neue Absatzgebiete erschloß. Neue Produktionswege wurden gesucht.

Stahlwarenfabriken entstanden, wo noch vor kurzem der Meister mit seinen Gesellen als Handwerker sein Brot verdiente. Alle diese Fabriken mußten entworfen und eingerichtet werden. Der allwesentlichste Anteil an dieser Arbeit fiel uns, als der ältesten und größten Maschinenfabrik in Solingen zu.

Wenn der Name unserer Vaterstadt heute in aller Welt bekannt ist und sich mit ihm der Begriff von etwas hochwertigem, zuverlässigem und dauerhaftem verbindet, so verdankt er

Obwohl das neue Verwaltungsgebäude von Th. Kieserling & Albrecht noch nicht bezogen ist, ziert es 1922 schon den Firmenbriefkopf und die Darstellung in der repräsentativen Publikation "Solingen und sein Industriebezirk".

dies nicht in letzter Linie unserer Maschinenfabrik und dem Schaffensgeist, der darin wohnt.

In stets rastloser Weiterarbeit wagte der Gründer der Firma sich an neue Aufgaben heran, sodaß die Anforderungen der heimischen Industrie bald nicht mehr ausreichten, um den Betrieb allein zu beschäftigen.

Neue Fabrikationszweige wurden aufgenommen. So stellen wir jetzt vor allem neben den Maschinen für die gesamte Solinger Industrie komplette Anlagen für die Schrauben-, Muttern- und Nieten-Erzeugung, für die Herstellung von nahtlosen und geschweißten Rohren, blank gezogenen Wellen, Fahrradzubehörteilen, Pressen aller Art und andere mehr her.

Als natürliche Folge davon trat wiederum eine Vergrößerung unserer Fabrikanlagen und Verkaufsorganisationen ein. Zur Zeit umfaßt das Werk eine Fläche von 18 000 Quadratmeter mit 12 000 Quadratmeter Arbeitsräumen. Die Versorgung mit Rohguß erfolgt durch eigene Gießerei, welche mit den neuesten Arbeitsmitteln ausgerüstet ist und Stücke im Einzelgewicht bis zu 16 000 Kilo liefert.

Die Einrichtung der Bearbeitungswerkstätten besteht aus über 200 der modernsten Werkzeugmaschinen und Arbeitsvorrichtungen. Unter fortwährender Ergänzung des Rohmaterial- und Vorratslagers haben wir ständig die Materialien für den größten Teil unserer Maschinen zur Hand, wodurch wir eine kurze Lieferzeit gewährleisten können.

Die Schwierigkeiten der letzten Jahre haben auch wir unter den größten Anstrengungen überwinden müssen. Was die Zukunft unserem Volke noch bringt, kann heute wohl niemand übersehen, aber wir hoffen, daß auch fernerhin die deutsche Industrie ein Faktor sein wird, der nicht aus der Weltwirtschaft herausgerissen und verstümmelt werden kann, ohne ein unübersehbares Chaos um sich zu verbreiten. So glauben wir, daß unsere Industrie die Brücke sein wird, über die wir wieder besseren Zeiten entgegengehen werden.

alles in ziemlich kurzer Zeit. Aber mein Vater blieb daraufhin doch in Solingen und hat weiter die Firma Kieserling & Albrecht geleitet. Lediglich am Wochenende kam er mit dem Wagen nach Godesberg."

Nachdem Robert Kieserling sich Ende 1919 endgültig für den Verbleib in Solingen entschieden hatte, übertrug er Carl Hölzer die Verantwortung für die gesamte technische Leitung des Unternehmen. Systematisch wurde nun die Verwirklichung der 1916 entworfenen Zielvorstellungen in Angriff genommen. Die wirtschaftlichen Möglichkeiten der inflationären Nachkriegszeit wurden genutzt, um die Kriegsprovisorien durch massive Fabrikgebäude zu ersetzen. Zuerst ließ Robert Kieserling das repräsentative Verwaltungsgebäude gegenüber dem Solinger Hauptbahnhof errichten. Der neuerliche Wandel im architektonischen Stil, den das Verwaltungsgebäude im Vergleich zu den bisherigen Bauten der Firma Kieserling & Albrecht darstellt, kann aber weniger den ausführenden Architekten Max und Carl Franz, als vielmehr dem Bauherren Robert Kieserling zugeschrieben werden. Das neue Verwaltungsgebäude war der erste wirkliche Repräsentationsbau der Firma Th. Kieserling & Albrecht, errichtet für eine dauerhafte Selbstdarstellung trotz oder gerade wegen der tiefen gesellschaftlichen Krise. Robert Kieserling ging es dabei um mehr als die zukünftige Funktionalität des Gebäudes im Organismus der Firma. Der beabsichtigten Hinwendung der Firma zur Produktion für den Export im Weltmaßstab galt es eine repräsentative Adresse zu verleihen. Th. Kieserling & Albrecht sollte für eine Firma mit zukünftigem Weltruf eine entsprechende äußere Dimension erhalten. Im gleichen Zusammenhang muss auch der 1922 neu gestaltete Briefkopf der Firma gesehen werden. Selbstverständlich stand das neue Verwaltungsgebäude im Zentrum der Darstellung bei gleichzeitiger besonderer Betonung der Größe der Firma.

Unmittelbar nach dem Ende des 1. Weltkrieges leitete der nunmehrige technische Direktor Carl Hölzer die für das Überleben der Firma Th. Kieserling & Albrecht entscheidende Änderung im Fabrikationsprogramm ein. In richtiger Einschätzung der Situation wandte sich das Unternehmen vom lokalen Markt ab und dem Weltmarkt zu. In Solingen waren während des Krieges die Produktionsanlagen der Schlägereien und Gesenkschmieden in solchem Maße ausgeweitet worden, dass Investitionen in diesem Bereich in den nächsten Jahren nicht zu erwarten waren. Diese für Th. Kieserling & Albrecht schwierige Lage machte eine Umorientierung der eigenen Produktion zwingend notwendig. Das erforderliche eigene Engagement im Export wurde durch die Rahmenbedingungen der Inflationszeit begünstigt. Aufgrund der ständig fortschreitenden Mechanisierungsbestrebungen in alle Industriebranchen weiteten sich die Absatzmöglichkeiten der in Solingen ansässigen (Maschinenbau)firmen auch im Inland aus. Erfolgreich begann die Firma Th. Kieserling & Albrecht unter der technischen Leitung von Carl Hölzer völlig neuartige Maschinen für die Großindustrie zu konstruieren, die den Namen

Kieserling innerhalb weniger Jahre zu einem Begriff in der Maschinenindustrie des In- und Auslandes machten. Es handelte sich dabei um Spezialmaschinen für die Metallbearbeitung, die nicht in Serien, sondern in Einzelfertigung als komplette Fabrikeinrichtungen entstanden.

„Mechanische Pressen aller Art, Schmiedemaschinen in Verbindung mit der weltbekannten amerikanischen Firma Ajax, sämtliche Maschinen für die Schrauben-, Muttern- und Nietenfabrikation, Walz- und Profilmaschinen für die spanlose Verformung, insbesondere für die Fahrrad-, Auto- und Flugzeugindustrie, den Stahlleichtbau und die Rohrfabrikation. (...) Fünftausend Modelle zeigte das Katalogbuch früher." [129]

Durch diese einschneidende Änderung ihrer Produktpalette gelang es der Firma bis zum Ausbruch der Weltwirtschaftskrise 1929/1930 weiterhin auf hohem Beschäftigungsniveau und bei guter Auslastung der eigenen Produktionsanlagen zu fabrizieren. Zwischen 300 und 400 Arbeiter waren während der zwanziger Jahre bei Th. Kieserling & Albrecht beschäftigt.[130]

Die entscheidende Person bei dieser gelungenen Umstellung war der technische Direktor Carl Hölzer, der in dieser Zeit auch die Vertretung der Firma im Solinger Arbeitgeberverband übernommen hatte und dort eine aktive Rolle spielte.[131] Josa Hensel schilderte seine Fähigkeiten und das Verhältnis zum Firmeninhaber Robert Kieserling so:

„Hölzer war als Ingenieur und Techniker ein Phänomen. Er verkaufte Maschinen, die er noch nie gebaut hatte und nach dem Verkauf ließ er sie in der Firma ausarbeiten. Ohne Hölzer wäre die

Direktor Carl Hölzer
(1882 - 1961)

Direktionszimmer, um 1925

Firma nicht zur heutigen Bedeutung gekommen. Er führte die meisten technischen Verhandlungen und reiste viel für die Firma. Die technischen Wandlungen, die veränderte Produktpalette der Firma, sind maßgeblich von ihm bestimmt worden. Aber Hölzer brauchte einen Manager wie meinen Vater, sonst hätte er das nicht gekonnt. (...) Mein Vater und Hölzer passten gut zusammen. Hölzer war genauso aktiv, er stand nachts auf und entwarf Maschinen. Und sie verstanden sich gut, aber der Kontakt ging nicht in das Persönliche hinein."

Während sich der ältere Bruder Theo nach dem 1. Weltkrieg fast überhaupt nicht mehr in der Firma blicken ließ und es vorzog mit seinen Schwestern durch die Weltgeschichte zu reisen, trat der jüngere Bruder Franz am 7. Juni 1919 als persönlich haftender Gesellschafter in die Firma Th. Kieserling & Albrecht ein[132] und dürfte ab dieser Zeit auch in dem Unternehmen tätig gewesen sein.

Am 24. Januar 1923 heiratete Franz Kieserling in Düsseldorf Anna Maria von Walther (* 1. März 1905) Drei Töchter wurden den beiden Eheleuten geboren: Ursula am 26. Oktober 1923, Annemarie am 20. Juni 1926 (+ 26. Juli 1950) und Irene am 28. September 1933. Die Familie Franz Kieserling lebte bis 1930 im Hause Birkerstraße 28, danach auf der Neuenhofer Straße in der „Villa Kieserling".

Offensichtlich wollte aber Franz Kieserling nach seiner Heirat auch als Unternehmer auf eigenen Füßen stehen. Er übernahm deshalb die Leitung der auf dem Ohligser Grundstück von Th. Kieserling & Albrecht an der Prinzenstr.32 im Jahre 1922 errichteten Fabrikationshalle unter der neuen Firmenbezeichnung „Eisenwerk Ohligs AG". Diese am 24. Januar 1924 gegründete Aktiengesellschaft sollte sich der Stahlkonstruktionen von Brücken und Hallen widmen.

Von der Weltwirtschaftskrise zur Zerstörung des Werkes Solingen (1929 - 1945)

In der Silvesternacht 1928 starb Theo, der älteste Sohn des Firmengründers Theodor Kieserling, ledig und ohne Kinder. Er vermachte testamentarisch seinem Bruder Robert sein *„gesamtes Vermögen und (den) Anteil an der Firma Th. Kieserling & Albrecht (...), mit der Bestimmung, dass meine drei Schwestern Maria, Johanna und Agnes, solange sie leben, die Nutznießung meiner Erbschaft haben. Mein Vermögen beträgt nach Steuerwert ca. 300.000 Mark und ist mit 1 % (...) zu verzinsen (...)"*[133]

Da auch die endgültige Regelung des mütterlichen Erbes zwischen den männlichen und weiblichen Kindern noch nicht ganz abgeschlossen war, versuchten die beiden verbliebenen Firmeninhaber Robert und Franz Kieserling aus Rücksichtnahme auf die langfristigen Interessen der Firma nunmehr schnell mit ihren drei noch lebenden Schwestern eine finanzielle Abgeltung der Erbansprüche zu erzielen. Innerhalb eines Jahres gelang es den beiden, ihre Schwestern für diese Lösung zu gewinnen - eine erhielt eine Abfindung, die Ansprüche der beiden anderen Schwestern wurden verrentet.

Spätestens im Sommer 1929 trennte sich Th. Kieserling & Albrecht wieder von der Zweigniederlassung in Haan.[134] Ende 1930 musste das Eisenwerk Ohligs wegen der schlechten Wirtschaftslage endgültig geschlossen werden, blieb aber im Besitz von Franz Kieserling. Nunmehr beteiligte sich Franz Kieserling an der Leitung des Unternehmens Kieserling.

Wenig später erfassten die Auswirkungen der Weltwirtschaftskrise auch die Fa. Th. Kieserling & Albrecht in drastischer Weise. Die Aufträge aus aller Welt gingen dramatisch zurück, nur ein Silberstreif am Horizont blieb. Es war Robert Kieserling gelungen, geschäftliche Kontakte zur Sowjetunion zu knüpfen. Diese benötigte für ihr ehrgeiziges Industrialisierungsprogramm dringend entwickelte Technologie. Die Fa. Th. Kieserling & Albrecht war grundsätzlich bereit zu liefern, schwierig gestaltete sich aber die Garantie von staatlichen Reichs-Ausfallbürgschaften durch das Preußische Ministerium für Handel und Gewerbe bzw. die Deutsche Revisions- und Treuhand-Aktiengesellschaft. Auch die Bitten des Bürgermeisters Brisch angesichts der schwierigen Wirtschaftslage der Stadt Solingen und den drohenden Massenentlassungen bei Th. Kieserling & Albrecht[135] vermochten keine zusätzlichen Garantiemittel zu beschaffen.[136] Daraufhin stellte die Firma in Düsseldorf den Antrag auf Entlassung von 200 der insgesamt 450 Beschäftigten (390 Arbeiter, 60 Angestellte) wegen „Rückgang des Auslandsgeschäfts"[137] Genehmigt wurden von der zuständigen Behörde schließlich 140 Kündigungen. (Ob die Arbeiter tatsächlich entlassen wurden, ist nicht bekannt). Ein halbes Jahr später versuchte Robert Kieserling durch Einschaltung des Solinger Landtagsabgeordneten Hebborn nochmals Ausfallbürgschaften für die Geschäfte mit der Sowjetunion zu erhalten.[138]

Denkmal für die Gefallenen des Zweiten Weltkrieges der Fa. Th. Kieserling & Albrecht auf dem Fabrikgelände.

Fortfalls oder Einschränkung der Wehrmachtsaufträge nachweislich nicht mehr wirtschaftlich genutzt werden können, (...) das Großdeutsche Reich (OKH) den Betrieb um den Betrag entlasten (wird), um den die Anschaffungskosten die bis zu diesem Zeitpunkt angefallenen verbrauchsbedingten Abschreibungsbeträge übersteigen. Macht die Firma von dieser Kriegswagnisklausel Gebrauch, so kann das Oberkommando des Heeres verlangen, dass ihm das Eigentum an den Sondermaschinen bzw. Sonder-Fertigungseinrichtungen gegen die vorgesehen Entlastung übertragen wird." Die Aufwendungen für den maschinellen Teil der vollautomatischen Geschoßpressanlage (insgesamt fast 1. Mill. RM) übernahm das Oberkommando des Heeres und zwar *„mit der Maßgabe, dass diese Objekte in das Eigentum des Reiches überführt werden."* Th. Kieserling & Albrecht wurde verpflichtet, *„die Maschinen gegen Gewährung einer angemessenen Kriegsrisiko- oder Kriegswagnisklausel zum Zeitwert zu übernehmen, sobald die Anlage in eine wirtschaftliche Fertigung eingetreten ist."*

Dazu sollte es aber nicht mehr kommen. Solingen war im Unterschied zu seinen Nachbarstädten von großen alliierten Bombenangriffen verschont geblieben - bis zum 4. November 1944. An diesem und dem nächsten Tag ging das alte Solingen in Flammen auf. Für das Unternehmen Th. Kieserling & Albrecht war dieser 4. November wohl der schwerste Schicksalstag in seiner mehr als 70jährigen Geschichte. Die beiden Firmeninhaber, Robert und Franz Kieserling, und viele Betriebsangehörige kamen bei der Bombardierung des Solinger Zentrums in den Fabrikgebäuden ums Leben. Die Hallen des Werkes Solingen sanken in Schutt und Asche. An den Tagen danach dürfte kaum jemand an den Wiederaufstieg aus den Trümmern geglaubt haben.

Direktor Carl Hölzer
(1882 - 1961)

Die Ära Carl Hölzer 1945 - 1961

Nach eingehender Begutachtung der Zerstörungen an Gebäuden (zu 70 %) und Maschinen (zu 25 %) konnte zwar festgestellt werden, dass eine Instandsetzung unter entsprechenden Voraussetzungen verhältnismäßig einfach zu bewerkstelligen sein würde. Da aber der bisherige Produktionsumfang nach dem 5. November 1944 ohne umfassende Aufräumungsarbeiten und Baumaßnahmen beim besten Willen nicht mehr erreicht werden konnte, lehnten die zuständigen Wehrmachtsstellen jeglichen Wiederaufbau während des Krieges ab. Nur ein gutes Drittel der Arbeiter konnte in den Trümmern des Werkes Solingen weiter Rüstungsmaterial produzieren, wenige andere ließen sich in das unzerstörte und mit voller Kapazitätsauslastung arbeitete Ohligser Werk versetzen. Über 500 Arbeitskräfte wurden Th. Kieserling & Albrecht entzogen, in andere Betriebe, an die Front oder in den Volkssturm gesteckt.

Fünf Monate später, Mitte April 1945, erreichten amerikanische Truppen Solingen, damit war hier der Krieg zu Ende. Unmittelbar nach der Übernahme der örtlichen Macht durch die Besatzungstruppen wählte die zwölf Jahre aller Rechte beraubte Belegschaft einen Vertrauensrat zur Wahrung ihrer Interessen gegenüber der Firmenleitung.[143] Obwohl die alliierte Besatzungsmacht zuerst ein grundsätzliches Produktionsverbot erlassen hatte, gelang es Carl Hölzer, der nach dem Tode der beiden Firmeninhaber Robert und Franz Kieserling die Leitung des Unternehmens übernommen hatte, noch vor dem endgültigen Zusammenbruch der nationalsozialistischen Gewaltherrschaft (8. Mai 1945) am 6. Mai eine eingeschränkte Arbeitserlaubnis für die Firma zu erhalten. Zur notdürftigen Beseitigung von Kriegsschäden setzte man damals zunächst die zerstörten Brücken auf Solinger Gebiet instand und errichtete provisorische Brücken bei Burg, Widdert und am Wiesenkotten.[144] Der Zusammenbruch der Energieversorgung bedeutete aber schon bald wieder den monatelangen Stillstand des Werkes. Gleichzeitig drohte die völlige Demontage der Betriebsanlagen beider Werke. Nach dem im Potsdamer Abkommen erklärten Willen der Siegermächte sollte die Rüstungsindustrie in Deutschland zerstört werden und die gesamte industrielle Produktion beschränkt bleiben. Ganze Produktionszweige wurden zu verbotenen Industrien erklärt und sollten als Wiedergutmachung an die von Deutschland geschädigten Länder abgeliefert werden. Während in der sowjetischen Besatzungszone direkt mit der Demontage begonnen wurde, ließen sich die Westmächte mit ihrer Entscheidung Zeit. Es dauerte bis zum Sommer 1947 als endgültig die Entscheidung fiel: Das Werk Solingen tauchte auf der Demontageliste der westlichen Besatzungsmächte nicht mehr auf, das Werk Ohligs wurde hingegen als reiner Rüstungsbetrieb vollständig demontiert.[145]

Die Belegschaft des Werkes Solingen wurde in diesen unsicheren Zeiten mit Aufräumungsarbeiten beschäftigt. Obwohl nicht produziert werden konnte, wurde niemand entlassen. Die Firmenleitung versuchte sogar, möglichst viele ehemalige Kieserlingarbeiter, die aus dem Kriege heimkehrten, wieder an das Unternehmen zu binden. Das Können der Facharbeiter erschien als einer der wichtigsten Wechsel auf die Zukunft.

Mit der endgültigen Klarheit über die weitere Existenz von Th. Kieserling & Albrecht leitete Carl Hölzer umgehend den Wiederaufbau des zerstörten Unternehmens ein. Begonnen wurde mit dem völlig ausgebrannten Verwaltungsgebäude. Er selbst trat als persönlich haftender Gesellschafter in die zur Kommanditgesellschaft umgewandelte Firma ein und übernahm damit zunächst allein neben der Leitung auch die volle Verantwortung für das Unternehmen. Das Gesellschaftervermögen betrug seit dem 1.1.1945 insgesamt 2,6 Mill. RM. Davon entfielen auf Hölzer 200.000 RM, auf die Familie Robert Kieserling 1.200.000 RM (die Witwe 300.000 RM, jede der beiden Töchter 450.000 RM) ebenso wie auf die Familie Franz Kieserling (die Witwe 600.000 RM, die drei Töchter jeweils 200.000 RM).

Auf der aus Anlass des 75jährigen Bestehens der Firma veranstalteten Feier im Eickhorn'schen Saale in Widdert konnte Fabrikdirektor Hölzer stolz erklären:[146]

„Trotz der erst vor knapper Jahresfrist gefällten endgültigen Entscheidung, nicht mehr auf der Demontageliste zu stehen, ist die Fabrikation allmählich, der Verkauf sogar stürmisch gestiegen, so dass wir trotz allem die berechtigte Hoffnung haben, das Werk durch gesteigerte Leistung und ununterbrochene Wiederinstandsetzung zu dem zu bringen, was es früher war: einem Werk mit Weltruf! Einem Werk, dessen Maschinen auch heute bereits in allen Weltteilen gesucht werden. Das beweisen die gesteigerten Nachfragen, die dem Werk auch heute bereits wieder Exportaufträge bis zu 50 Prozent des Gesamt-Auftragsbestandes brachten, die uns auf Jahre hinaus beschäftigen"

Gleichzeitig wurden bei dieser Feier von den 300 Beschäftigten 50 Jubilare für eine Betriebszugehörigkeit von mehr als 25 Jahren geehrt, davon gehörten 10 Facharbeiter dem Werk zwischen 40 und 50 Jahren an.[147]

Nach der Währungsreform hielt die Fa. Th. Kieserling & Albrecht an der in den zwanziger Jahren gefundenen Fabrikationspalette fest und versuchte, ihren ehemaligen Standort auf dem Weltmarkt wieder einzunehmen. Schon im August 1948 belief sich der Auftragsbestand der Firma auf ein Volumen von ca. 3 Millionen DM für den Export und 1,6 Millionen DM für den Inlandsbedarf.[148] Ein dringendes Anliegen der Firmenleitung war deshalb der Wiederaufbau der eigenen Gießerei, um die Abhängigkeit von Lieferungen anderer Firmen zu überwinden. Gleichzeitig begann man in dieser Zeit mit der Wiederherstellung der Halle 6 als Montagehalle.

Aber schon in dieser ersten Phase beschränkte sich das Unternehmen keineswegs auf einen reinen Wiederaufbau, sondern nutzte die Gelegenheit für umfangreiche Erweiterungen und Veränderungen an den Gebäuden. Der weitere Aufbau in den Wirtschaftswunderjahren war durch den Abriss von nicht mehr rationellen Betriebsteilen und veralteten Produktionsstätten sowie den Bau einer Reihe von neuen Fabrikationsgebäuden am alten Standort ge-

kennzeichnet, weil es Th. Kieserling & Albrecht gelungen war, die Grundstücke der ebenfalls beim Bombenangriff im November 1944 beschädigten und zerstörten Nachbargebäude zu einem großen Teil aufzukaufen, die Trümmer zu beseitigen und als Erweiterungsfläche für das eigene Unternehmen zu nutzen.[149] Seit 1949 wuchs die Belegschaft kontinuierlich, von zuerst 600 Beschäftigten im Jahr 1950 auf 800 im Jahr 1953 und schließlich 1957 auf fast 1000 Mitarbeiter an. Innerhalb von anderthalb Jahrzehnten wurde aus dem zerstörten Werk Solingen ein hochmoderner Fabrikkomplex mit einer vorher noch nie erreichten Produktionskapazität.

Blick von der Lutherkirche auf die Fa. Th. Kieserling & Albrecht, 1950. Im Hintergrund sind das Wohnhaus Eisenstraße und die angrenzende Dampfschleiferei gut erkennbar.

Direktionszimmer von Carl Hölzer, um 1955

Die Grundlagen zu diesem raschen (Wieder) aufstieg des Unternehmens legte Carl Hölzer. Ohne ihn hätte Th. Kieserling & Albrecht die Klippen der Nachkriegszeit wohl kaum so unbeschadet überstanden, um dann mit an die Spitze der Werkzeugmaschinenindustrie Deutschlands aufzusteigen. Einer so *„markanten Führerpersönlichkeit der deutschen Industrie"*[150] (die auch, wie nur wenige andere, ohne politische Belastungen die NS-Zeit überstanden hatte) wurden die gebührenden Ehrungen zuteil. Im Jahre 1952 ernannte die TH Hannover *„den hervorragenden Werkzeugmaschinenkonstrukteur"* zum Ehrenbürger und ein Jahr später verlieh ihm die TH Darmstadt die Würde eines Dr. Ing. Ehrenhalber *„in Anerkennung seiner ideenreichen und bahnbrechenden Arbeiten zur Verbesserung der Maschinenkonstruktionen für die Kalt- und Warmformung metallischer Werkstoffe"*.

Seit 1948 standen neben Carl Hölzer mit Lutz Hensel[151] (bis zu seinem Ausscheiden 1957) und Markus von Busse[152] (bis zu seinem Ausscheiden 1981) je ein Schwiegersohn von Robert und Franz Kieserling als persönlich haftende Gesellschafter in der Firmenleitung. Die kaufmännische Seite regelte lange Jahre als Prokuristin die ehemalige rechte Hand von Robert Kieserling, Toni Altenbracht. Nach Überzeugung von Josa Hensel war es nur ihrem

finanziellen Geschick zu verdanken, dass der Wiederaufbau der Firma nicht in einem Desaster endete. Obwohl Carl Hölzer nach dem Tode der beiden Firmeninhaber Robert und Franz Kieserling zum Mitinhaber von Th. Kieserling & Albrecht geworden war, obwohl mit Hensel und Busse zwei Mitglieder der Eigentümerfamilien als persönlich haftende Gesellschafter in der Firmenleitung tätig waren, stellt die gesamte „Ära" Carl Hölzer in der Firmengeschichte den langsamen Übergang von einem durch Familienmitglieder geleiteten Unternehmen zu einer Geschäftsführung durch angestellte Manager dar.

Carl Hölzer starb fast 79jährig am 14. September 1961. Bis zuletzt war er in „seinem" Werk tätig gewesen. Markus von Busse würdigte Hölzer in seiner Trauerrede:

„Diesem Werk gehörte seine ganze Kraft; ihm alleine gehörten seine Gedanken, seine Pläne und Erfolge. Wir alle trauern nicht nur um einen einmalig technisch überragenden Menschen mit schöpferischen Ideen, um einen der letzten Klassiker und großen Fachleute unserer Industrie, sondern auch um einen guten Menschen, der unser aller väterlicher Freund war."

Trauerfeier für Carl Hölzer in einer Montagehalle am 18. Sept. 1961

Robert Kieserling
(1884 - 1944)

Erinnerungen von Josa Hensel-Kieserling [153]

Die Familie meiner Mutter, die Rosinys, besaß in Duisburg eine Mehlmühle, war angesehen und wohlhabend. In dem Familienunternehmen gab es Krach, weil der Älteste alle anderen beherrschen wollte. Mein Großvater bekam Zucker, durfte sich nicht aufregen und setzte sich deshalb in Godesberg zur Ruhe. Meine Mutter war ein Einzelkind, der Bruder wurde tot geboren und die Schwester hat nur ein halbes Jahr gelebt. Meine Mutter bekam für damalige Verhältnisse eine sehr gute Bildung, und ist mit ihren Eltern viel gereist. Aber sie hat doch nicht den Mut gehabt, ihren Eltern zu sagen, dass sie studieren wollte.

Zuerst war meine Mutter mit einem Spross aus einer angesehenen Hamburger Familie verlobt, die sicherlich noch eine Nummer größer war als die Rosinys. Die Familie in Hamburg war äußerst entzückt, dass der Sohn ein gut katholisches Mädchen mit nach Hause brachte. Ihr Verlobter in spe ging mit ihr in die Kirche und anschließend zum Juwelier, um ihr eine Brillantuhr zu kaufen. Da fragte der Verkäufer: „Geht das wieder wie sonst auf Rechnung?" Der zweite Schock kam bei der Wohnungssuche. Der Verlobte bestand auf getrennten Schlafzimmern. Nun passte meiner Mutter die ganze Geschichte nicht mehr, und sie löste die Verlobung. Alle Geschenke gingen wieder zurück.

Meine Mutter ist, um auf andere Gedanken zu kommen, nach England gereist und hat dort Englisch gelernt. Nach ihrer Rückkehr schickte ihr ehemaliger Verlobter seinen 15 jährigen Bruder als Postillion d'amour und schlug eine gemeinsame Nordlandreise vor, um sich besser kennenzulernen. Da hat meine Mutter um Erleuchtung gebeten, sie war ja fromm und hat eine Novene abgehalten. Am Ende tauchte mein Vater auf. Er suchte bei den Rosinys jemanden zur Unterstützung in der Firma, irgendwie. Damit hat er sich zwar vertan, bei der Gelegenheit aber meine Mutter kennengelernt. Bald wurde sich verlobt und im Mai 1914 geheiratet. Als meine Eltern von der Hochzeitsreise nach Solingen kamen, brach der Krieg aus. Meine Mutter musste sich sofort mit Vorräten eindecken, denn es gab die Versorgungsengpässe, während mein Vater vom Militärdienst freigestellt wurde und die Firma weiterführte.

Ich glaube, diese Solinger Heirat ist für meine Mutter eine böse Überraschung gewesen. Sie verschwendete keinen Gedanken an Geld, distanzierte sich von allem was damit zu tun hatte. Mutter hat Geld ihr Lebtag verachtet, das kann man sich mit einem Mann, der es verdient, auch leisten. Die Solinger waren ihr viel zu materiell eingestellt, und Solingen selbst fand sie entsetzlich. Sie wollte diese Stadt so schnell wie möglich wieder verlassen.

Am 11. März 1915 wurde ich geboren. Wir wohnten zu dieser Zeit Birkerstraße 28 auf einer riesigen Etage mit 8 Räumen. Das Haus gehörte der Firma. Nach vorne raus, zur Birkerstraße waren die Wohnräume: ein Salon mit Erker, ein Herrenzimmer, wie man das damals nannte, ein Wohnzimmer und ein Esszimmer. Die Schlafzimmer lagen nach hinten zur Fabrik. Außerdem gab es die Küche und eine Speisekammer, sowie ein Fremdenzimmer.

„Wir haben natürlich eine Menge mehr erlebt, was andere Leute nicht erlebten."

Unsere zwei Mädchen hatten ihre Zimmer unter dem Dach. Eine war zum Kochen und eine für die Hausarbeit da. Dienstmädchen waren damals üblich, das war nichts Besonderes. Wer in den restlichen Etagen des Hauses wohnte, weiß ich nicht mehr.

Gespielt habe ich in einem Sandkasten im Garten hinter unserem Haus. Der Garten kommt mir in der Erinnerung riesengroß vor, in Wahrheit war er aber nicht sehr groß. Dann hatte ich meine Puppenstube, kleine und große Puppen, und die Spielbücher meiner Mutter.

Viel zusammen war ich mit Erika Rauh. Mit ihr bin ich heute noch befreundet, wir sind gleichaltrig. Erika wohnte auf der gegenüberliegenden Seite der Birkerstraße (Fa. Carl Rauh). Wenn ich ihr von Engelchen und allem möglichen anderen Sachen erzählte, dann sagte sie: „Ach Josa, du bist doll." Erika war etwas realistischer als ich. Meine Mutter meinte, sie hätte sich eigentlich wenig mit mir befasst, sie hätte mir am liebsten zugeguckt, ich wäre beim Spielen und Geschichten erfinden sehr einfallsreich gewesen.

Oft bin ich in den Ställen der Firma gewesen. In diesen Jahren hielten wir außer den Pferden auch eine Kuh. Oder ich habe meinen Vater in seinem Büro (Eisenstraße) besucht, dabei bin ich durch die ganze Fabrik gegangen und habe Maschinen geguckt.

Oder ich habe meine Großmutter und die Tanten in ihrem Haus (Birkerstraße 24) besucht. Die Kieserlings waren zum Teil sehr schweigsam, und meine Großmutter redete auch nicht viel. Ich sehe sie immer noch sitzen, eine Tochter hier, die andere da, und beide Töchter waren bemüht, dass die Mutter es möglichst nett hatte. Wir gingen dann hinaus in den Garten, eigentlich war es mehr ein kleiner Hof, der heute noch existiert, da stand ein kleines Gartenhäuschen und darin konnte man auch sitzen.

Vom 1. Weltkrieg habe ich nichts bemerkt, ich fand es ganz schön zu Hause. Ich bin sicher, dass wir nicht viel hatten, aber ich bin auch sicher, dass wir nicht gehungert haben. Einmal kam mein Vater mit einem halben Hirsch an, das Vieh stank entsetzlich, weil es zur Brunftzeit geschossen war. Wir haben dann tagelang diesen Hirsch eingemacht. Ich habe nie in meinem Leben wieder Hirsch essen können. Ich habe keine Erinnerungen, die etwas mit besonderen, kriegsbedingten Schwierigkeiten zu tun gehabt hätten. Nur dass nach dem Kriege englische Besatzungssoldaten, ein Offizier mit seinem Burschen, bei uns im Fremdenzimmer einquartiert wurden, ist mir im Gedächtnis geblieben. Ich wurde nämlich von meiner Mutter, die sehr national eingestellt war, bestraft, weil ich es zugelassen hatte, dass der Offiziersbursche, der „Feind", mit mir spielte.

Nach dem Kriege plante mein Vater einen Fabrikneubau in der Nähe von Bonn. Aus Solingen und unserer Firma wollte er sich zurückziehen.

Auch die Konfession spielte eine gewisse Rolle. Ich hätte in Solingen eine Gemeinschaftsschule oder eine protestantische Schule besuchen müssen, und das wollten meine frommen Eltern vermeiden.

So kam es zu unserem Umzug nach Godesberg. Vater kaufte ein kurz vor dem Krieg erbautes, großzügiges Haus für uns alleine.

Haus Kieserling in Bad Godesberg 1951 (von der Rückseite aufgenommen)

Es hatte unten vier Räume, Küche, Diele und darüber fünf Räume sowie ein zweites Stockwerk und Zimmer für die Mädchen. Außer den Mädchen hatten wir anfangs noch Putzfrauen. Alle vier Wochen kam eine Waschfrau und hat die Wäsche gemacht, gebügelt haben dann die Mädchen. Meine Großmutter Rosiny war immer schwer dazwischen, ihre Spezialität war Hausputz; Keller, Speicher und Garage. Das machte sie selbst. Meine Großmutter hatte dann ein Tuch um den Kopf und lief mit dem Besen unter uns her, daran erinnere ich mich gut, das machte sie mit Begeisterung.

Birkerstraße 19 (Villa Engels) von der Straßenseite, um 1920

Dann zerschlug sich das Projekt der neuen Fabrik, das mein Vater zusammen mit Hölzer in Angriff genommen hatte. Ich weiß nicht, aus welchen Gründen es zu dem Verkauf der im Rohbau befindlichen Fabrik gekommen ist, das passierte alles in ziemlich kurzer Zeit. Aber mein Vater blieb daraufhin doch in Solingen und hat weiter die Firma Kieserling & Albrecht geleitet. Lediglich am Wochenende kam er mit dem Wagen nach Godesberg. Er gehörte zu den wenigen Solingern, die vor dem 1. Weltkrieg ein Auto besaßen und große Autoreisen machten, bis in die Schweiz hinein. In diesen Jahren fuhr er auch Rennen, in Godesberg stand sogar ein Preis. Ich habe nie erlebt, dass mein Vater ein anderes Auto vor sich gelassen hat, der Verkehr war natürlich nicht wie heute, aber dass er von einem anderen Auto überholt worden wäre, das gab es nicht.

Vater hat in Solingen zunächst bei seinen Schwestern Johanne Kaymer und Maria Scherf gewohnt. Ende der 1920er Jahre kaufte er das Haus Birkerstraße 19 von Engels, und ist dort eingezogen. Aber meine Mutter konnte sich nicht mehr entschließen, wieder nach Solingen zukommen. Dazu hat mein Vater sie nicht bewegen können.

Ich bin 6 Wochen verspätet in die Schule gekommen, weil man fand, dass ich nicht kräftig genug wäre. Die Klassengemeinschaft hatte sich schon irgendwie formiert und ich kam nicht mehr so richtig hinein. Ich habe eine Schule nur für katholische Mädchen besucht. Wir mussten Schulgeld bezahlen, das besagt ja alles. Ich galt als eines der betuchtesten Mädchen, ich habe das hinterher erzählt bekommen. Damals habe ich das nicht bemerkt. Wenn man mich fragte: „Was ist Ihr Vater?“ antwortete ich: „Kaufmann“. Mein Vater wollte es so. Er nannte sich allenfalls Maschinenbauer, aber nie Fabrikant. Wenn man ihn als Herrn Direktor anredete, meinte er: „Ich bin kein Direktor, ich habe einen.“ Damit war der technische Direktor der Firma, Hölzer gemeint.

Mein Vater arbeitete ständig für die Firma. Er hat sich um alles gekümmert. Morgens ließ er sich in seiner Wohnung massieren, dann betrat er durch das kleine Törchen auf der Eisenstraße die Fabrik. Er ging durch alle Hallen, blieb an den einzelnen Maschinen stehen, guckte, was die Leute machten, kannte jeden Arbeiter, sprach mit ihnen Solinger Platt. Er stand mit seinen Leuten per „Du“. Vater sah sich alles an, und wusste auch, was jeder zu machen hatte, er hatte alles unter Kontrolle. Mittags ging er zurück in seine Wohnung, nach Tisch wieder in die Firma, und abends machte er nochmal einen Rundgang durch die ganze Fabrik. Er hat die Belegschaft immer unter seinen Augen gehabt. Mein Vater war bei seinen Arbeitern sehr beliebt und er hat sich gut mit seinen Leuten verstanden. Wenn zum Beispiel eine Arbeit mal bis in den Abend hineinging, dann hat er jemanden in die Wohnung geschickt und Brote holen lassen. Wenn jemand etwas hatte, dann konnte er sich persönlich an ihn wenden. Er hat dem einzelnen Arbeiter, wenn er Schwierigkeiten hatte auch schon mal einen 100,- Markschein gegeben. Darüber wurde hinterher gesprochen, weil das nicht mehr gemacht wurde. Dieses Verhalten war nur in der Vorkriegszeit unter einem verantwortlichen Unternehmer möglich.

Birkerstraße 19 (Villa Engels) von der Gartenseite, um 1910

Im Besonderen hat sich mein Vater um die kaufmännische Seite der Firma gekümmert. Von der Technik verstand er zwar auch etwas, denn er ist ja groß geworden mit den Maschinen. Die Entwicklung war längst nicht so rasant wie heute, so dass man eine erfolgreich zu verkaufende Maschine zehn Jahre bauen konnte. Das kann man heute nicht mehr. Die technische Leitung der Fabrik übertrug mein Vater Carl Hölzer, den er vor dem Ersten Weltkrieg von der Vohwinkler Maschinenbaufirma Edelhoff abgeworben hatte. Hölzer war als Ingenieur und Techniker ein Phänomen. Er verkaufte

Maschinen, die er noch nie gebaut hatte und nach dem Verkauf ließ er sie in der Firma ausarbeiten. Ohne Hölzer wäre die Firma nicht zur heutigen Bedeutung gekommen. Er führte die meisten technischen Verhandlungen und reiste viel für die Firma. Die technischen Wandlungen, die veränderte Produktpalette der Firma, sind maßgeblich von ihm bestimmt worden. Aber Hölzer brauchte einen Manager wie meinen Vater, sonst hätte er das nicht gekonnt. Auf die Frage meiner Mutter: „Was wird, wenn Du mal nicht mehr da bist? Wie kann das der Hölzer?“ hat ihr mein Vater die Antwort gegeben: „Der Hölzer würde sich finanziell vergaloppieren.“ Hölzer brauchte ein kaufmännisches Gehirn, das ihm in der technischen Leitung zur Seite stand. Ich kann natürlich nicht sagen, welchen Anteil mein Vater bei der konkreten Entwicklung gehabt hat. Ich bin aber sicher, dass Hölzer alles mit meinem Vater absprechen musste. Vater hat dann gesehen, dass die ganze Sache nach außen hin lief, ebenso hat er alle Verhandlungen, die juristisch gültig waren, selbst geführt. Wenn sich meine Mutter über die Schwierigkeiten mit ihren Haushälterinnen beklagte, dann sagte mein Vater: „Was bei Dir die Haushälterinnen sind, ist bei mir der Hölzer.“ Mein Vater und Hölzer passten gut zusammen. Hölzer war genauso aktiv, er stand nachts auf und entwarf Maschinen. Und sie verstanden sich gut, aber der Kontakt ging nicht in das Persönliche hinein.

Vaters jüngerer Bruder, Franz, kam in den zwanziger Jahren in die Firma. Er hatte sein Abitur gemacht und danach ein technisches Studium begonnen. Franz war aber gezwungen es abbrechen, weil er als Offizier in den Krieg musste. Nach dem Krieg hatte er ein Unternehmen in Düsseldorf, welches dann wenige Jahre später wieder kaputt ging. Franz kam daraufhin, meiner Vorstellung nach ohne irgendwelche Mittel, wieder nach Solingen zurück. Zunächst dürfte Franz keine wichtige Rolle in der Leitung der Firma, weder technisch noch kaufmännisch, gespielt haben. Er saß am Schreibtisch neben dem Zimmer meines Vaters und war so etwas wie ein Generalsekretär meines Vaters. Im Laufe der Zeit hat er sich in die Firmenleitung hineingefunden, so dass meine Mutter heute noch sagt, dass mein Vater immer wieder betont hätte: „Der Franz ist ein guter Unternehmer.“ Nach und nach hat er immer mehr Befugnisse in der Firma bekommen und auch ausüben müssen, vor allem, wenn mein Vater auf Reisen war oder aus gesundheitlichen Gründen eine Weile ausfiel. Dann leitete Franz die Firma weitgehend selbständig. Beide Brüder haben sich auf die Dauer gut eingespielt und zogen im Interesse der Firma an einem Strick. Robert und Franz haben sich sehr gut verstanden. Wenn sie über den Firmenbereich hinaus nicht sehr viel persönlichen Kontakt miteinander hatten, dann lag das an den total verschiedenen Frauen, und dass meine Mutter in Godesberg lebte.

Mutter kam mit ihren geistigen Vorstellungen, intellektuellen Ansprüchen und ihrer Bildung nach Solingen, zu einem Mann, der nur arbeitete, zu einer Familie, die eigentlich sehr einfach gewesen ist und in eine Stadt, deren geistiges Niveau nicht sehr hochstehend war. Dass meine Mutter sich hier nicht wohlgefühlt hat, ist nicht verwunderlich. Sie hat sicherlich gerne die Gelegenheit wahrgenommen und ist in Godesberg geblieben. Ihre Schwägerin Annemarie, die Frau des jüngeren Bruders Franz Kieserling, war ebenfalls vielseitig interessiert, aber leider in ganz anderen Richtungen als meine Mutter. Sie stammte aus einer angesehenen Düsseldorfer Familie, passte aber im ganzen Lebensstil überhaupt nicht zu meiner Mutter. Tante Annemarie war in Künstlerkreisen zu Hause, war sehr musikalisch und förderte Künstler. Mit den Schwestern ihres Mannes konnte meine Mutter auch nicht viel anfangen. Diese Tanten waren zwar fromm, aber sie waren primitiv fromm im Gegensatz zu meiner Mutter, die eine sehr gehobene Religiosität besaß, Maria Laach kräftig unterstützte und auch dort bestimmte Funktionen innehatte. Das Trennende zwischen meiner Mutter und ihren Schwägerinnen war die rein materielle Einstellung der Kieserling-Schwestern, die mehr auf Äußerlichkeiten achteten. Die Kieserlings haben in relativ einfacheren Verhältnissen gelebt, als die, in denen meine Mutter aufgewachsen war. Die Rosinys waren eine alte Familie und schon lange Millionäre. Sie konnten es nicht vertragen, wenn über Geld gesprochen oder Reichtum nach außen gekehrt wurde, das tat man nicht. Meine Mutter sagte einmal: „Ich bin immer in einer Millionärsfamilie gewesen, Geld macht auf mich gar keinen Eindruck." Den Kieserlings fehlte in ihren Augen die Tradition, und es fehlte ihnen auch die Bildung. Obwohl ihre Schulbildung, glaube ich, gar nicht so schlecht war. Meine Großeltern haben die Mädchen alle ins Internat geschickt, davon

Maria Scherf mit ihrer Mutter Auguste Kieserling, um 1925

Agnes Wingen geb. Kieserling

haben sie sicherlich irgendetwas mitgekriegt. Aber die höhere Schule besuchten sie alle nicht und studiert haben sie auch nicht, das tat man damals noch nicht. Sie haben sich auf einem normalen bürgerlichen Gesellschaftsleben bewegt, während beide Brüder, der jüngere, wie auch mein Vater, der ältere, das gesamte Familienniveau heraufgehoben haben.

Meine Mutter hat sich am besten mit der ältesten Schwester ihres Mannes, Auguste, verstanden. Auguste hatte einen Lebensmittelhändler Pütz geheiratet, und zusammen betrieben sie ein Geschäft in Solingen. Meine Mutter störte es entsetzlich, dass sie da hingehen musste, einen Käse kaufen und den über den Ladentisch bezahlen. Das ging meiner Mutter gegen den Strich, dass sie eine Schwägerin hatte, die im Lebensmittelgeschäft verkaufte, als Ehefrau des Besitzers. Auguste verstarb früh.

Tante Mariechen hat einen Herrn Scherf mit einer an sich angesehenen Firma in Nürnberg geheiratet. Aber eines Tages ist ihr Mann nach Amerika auf und davon und Mariechen saß alleine und völlig mittellos in Nürnberg. Da hat sie in Augsburg eine Haushälterinnenstelle angenommen. Als mein Vater das erfuhr, hat er sie nach Solingen zurückgeholt. Sie könnte für die Mutter sorgen, sie sollte nicht zu fremden Leuten gehen. Außerdem hat Mariechen bis zum Angriff die Gehaltsabrechnungen für die Firma gemacht, sowie den Wachhund gehalten. Wir haben in der Firma immer einen scharfen Hund gehabt, der mit dem Nachtwächter rundging.

Tante Johanne hatte Rudolf Kaymer, ein angenommenes Kind von Robert Kieserling, dem Bruder des Firmengründers, und seiner Frau Adele geheiratet. Rudi war ein Kind von einer Schwester der Frau Robert Kieserling und ist dann in dem Haushalt Kieserling groß geworden. Robert Kieserling war Architekt, zuerst in Solingen. Eines seiner Spezialgebiete war der Bau von Asphaltstraßen. Weil das Rohmaterial für den Asphalt aus Peru importiert werden musste, hat er sich später in Hamburg niedergelassen. Nach dem Tod der Eltern haben Rudi und Johanne die gutgehende Baufirma des Robert Kieserling verkauft und mit dem Geld ein angenehmes Leben geführt, von einem eleganten Badeort in den anderen. Tante Johanna wurde nicht umsonst in der Familie Paradiesvogel genannt, weil sie immer nur mit großen Hüten und Handschuhen rumlief und Onkel Rudi mit Stöckchen und Melone.

In der Inflation haben sie ihr ganzes Vermögen verloren. Daraufhin mussten sie natürlich kürzer treten, und sind nach Solingen gezogen. Kurze Zeit war Onkel Rudi in der Buchhaltung der Firma beschäftigt. Tante Johanne bekam dann eine TBC, und mein Vater hat die ganzen Kosten für die Kuraufenthalte in Davos bezahlt.

Tante Paula hat das ganze Geld, das sie bekommen hat, verbraucht. Sie ist viel gereist, war lebenslustig, wurde dann schwer krank und ist früh gestorben. Verheiratet war sie mit Hugo Kötter. Mein Vater hat danach für Paulas Kinder gesorgt. Wenn sie Sorgen hatten oder wenn irgendetwas war, sind sie immer zu ihm gekommen, um sich Rat und Unterstützung zu holen.

Tante Agnes hat ziemlich gut geheiratet, die Widerstände waren da weniger groß, weil die Wingens ebenfalls eine wohlhabende und gut situierte Solinger Fabrikantenfamilie waren.

Die Schwestern haben zusammengehalten und einmal hat sich Tante Mariechen erinnert, dass es eine schöne Zeit gewesen wäre, die 5 Mädchen mit der Mutter. Mein Vater hat in der Woche zunächst bei Tante Johanne gewohnt, als wir nicht von Godesberg zurückkamen, und später bei Tante Mariechen im elterlichen Haus. Sie stand alleine und hat die Mutter gepflegt. Dafür hatte sie lebenslanges Wohnrecht in dem Haus, aber es hat ihr nicht gehört, sondern der Firma.

Theo Kieserling im Winterurlaub in der Schweiz, 1924

Für die Schwestern war nur einer maßgebend, das war mein Vater. Zu ihm ging man und mit ihm musste alles besprochen werden. Vater hat immer für alle, die ganze Familie, gesorgt. Robert Kieserling war das Familienoberhaupt, obwohl er nicht der älteste war. Theodor, der erstgeborene Sohn des Firmengründers, leitete nach dem Tod des Vaters zuerst die Firma mit meinem Vater zusammen. Er hatte Maschinenbau studiert, war also Ingenieur. Er erwies sich aber als ziemlich ungeeignet für die Unternehmensleitung. Während des 1. Weltkrieges hat Theodor sich völlig aus der Firma zurückgezogen, meinem Vater die praktische Arbeit überlassen, und ist auf Reisen gegangen, alleine und mit seinen Schwestern. Nach seinem Tod, Sylvester 1928, hat er, weil er keine sonstigen Erben hatte, meinem Vater seinen Anteil an der Firma und seinen Schwestern den Nießbrauch daran vermacht.

Mein Vater war darüber entsetzt. Der Nießbrauch der drei noch lebenden Schwestern war seiner Ansicht nach für die Firma nicht zu vertreten. Mein Vater hat alles vermieden, was der Firma als Körper, als existierendem Industrieunternehmen schadete. Eine Firma muss funktionieren können und das geht nicht, wenn zu viele Leute Einfluss auf die Geschicke nehmen wollen. Deswegen hat er eine Schwester in bar ausgezahlt und zwei hat er in ihren Ansprüchen verrentet. Es wäre auch zu kompliziert geworden, wenn später ihre Kinder dazugekommen wären. Mein Vater hat immer versucht, die Schwestern aus der Firma rauszuhalten, aber gleichzeitig dafür gesorgt, dass alle Familienmitglieder ein gutes Leben führen konnten, so lange sie lebten. Das, was übrig blieb, sollte aber wieder zur Firma zurückkommen. Mein Vater hat immer für alle geradegestanden. Vergessen Sie nicht, dass mein Vater ein sehr frommer, religiöser Mann war, der seine Verpflichtungen in dieser Hinsicht empfunden und auch verwirklicht hat.

Vater wollte zwar immer Freitagsabends aus Solingen nach Godesberg kommen, traf aber erst Samstagmorgen ein und brachte zwei große Lackkoffer voller Akten mit. Dann setzte er sich an den Schreibtisch und hat gearbeitet. Außer Sonntag! Dann ging es vormittags in die Kirche und nachmittags ausgiebig spazieren z.B. ins Siebengebirge. Sonst saß mein Vater die ganze Zeit nur am Schreibtisch. Bei ihm war es normal, dass er immer arbeitete. Montags fuhr er wieder nach Solingen. Dort pflegte er nach Tisch, abends, immer noch mal rüberzugehen ins Büro, und bis gegen Mitternacht zu arbeiten. Er lebte ausschließlich für die Firma, für irgendwelche Organisationen oder gesellschaftliche Verpflichtungen hatte er keine Zeit. Meine Mutter kam sich oft wie das „fünfte Rad am Wagen" vor.

Privatleben und Hobbys, außer Autofahren, spielten erst in den dreißiger Jahren für meinen Vater eine nennenswerte Rolle. Die anderen Hobbys kamen erst wesentlich später hinzu, als Franz ihn in der Leitung der Firma entlastet hatte und seine Töchter älter wurden. Wenn ich nicht irre, kaufte er das Motorboot für den Rhein 1933. Reiten, Skifahren und Tennis kamen ebenfalls in dieser Zeit hinzu. Bei allen seinen Aktivitäten musste er sich selber darüber klar sein, das er dabei etwas geleistet hatte, oder er musste sich sagen können: „Das hast du billig bekommen". Mein Vater war immer im Einsatz, möchte ich sagen. Er hatte einen Schritt, den nannte meine Schwiegermutter „Schweinsgalopp" und eine von den damaligen Lehrlingen, die auch heute noch im Betrieb ist, sagte mir einmal: „Von Ihrem Vater sah man immer nur das Schlusslicht."

Wie er arbeitete, hat er sich auch vergnügt. Mit derselben Intensität fotografierte er, ritt, lief Ski, wie er es bei allen anderen Dingen tat. Er lebte intensiv bis in die letzten Ecken und hat alles selber gemacht. Er ritt nicht schön, aber er ritt. Er hat die Aktivitäten genossen, aber er hätte nicht Nichts tun können. Mein Vater übernahm sich ständig und landete in gewissen Abständen wegen Überanstrengung in Sanatorien. Dann konnte er gar nichts mehr machen. Meine Mutter musste zu Hause alles regeln und Franz hat vertrat ihn für lange Zeit in der Firma. Es gab Phasen, wo er entsetzlich abnahm, und Phasen, wo er wieder unheimlich zunahm. Er hatte Anzüge, die er anzog, wenn er dünn war und er hatte Anzüge, die er anzog, wenn er dick war, das war alles etwas unausgewogen bei ihm.

Als er das Haus Birkerstraße 19 gekauft und umgebaut hatte, fing er an, etwas wahllos Bilder zu kaufen. Bei Galeristen in Dresden oder in Velbert sah er ein bestimmtes Bild, das er haben wollte. Regelmäßig war es ihm zu teuer und er fing dann mit dem Galeristen zu handeln an. Zu guter Letzt kaufte er noch ein weiteres, meist schlechtes Bild „günstig" hinzu. Er konnte z.B. mit einem Kellner über ein paar Pfennige, also kleinste Beträge, verhandeln und gab ihm dann, wenn er gewonnen hatte, ein dickes Trinkgeld.

So hingen die besseren Bilder in den beiden großen Zimmern, im Wohnzimmer und Esszimmer, und die weniger attraktiven Bilder im Treppenhaus. Mein Vater besaß sehr gute und auch kostbare Gemälde z.B. einen echten Rubens. Die meisten sind unter die Bomben gekommen. Mein Vater war zwar ein Kunstsammler, aber mit keinerlei Vorkenntnissen und nicht mit großem System. Er kaufte, was ihm gefiel und er sah darin auch den Anlagewert. Er dachte dabei, wenn wir mal Pech haben, haben meine Kinder etwas zum Verkaufen.

Meine Eltern pflegten im Frühjahr ohne uns Kinder 14 Tage oder 3 Wochen zu verreisen, z.B. nach Lugano oder Meran. Im Sommer fuhr die ganze Familie regelmäßig 4 oder 5 Wochen in Urlaub. Mit dem Zug, nie mit dem Auto, verreisten wir in den Schwarzwald, nach Berchtesgaden, zum Vierwaldstätter See oder nach Borkum. Dort wohnten wir im Hotel, und waren mit Frühstück, Mittagessen und Abendessen voll versorgt. Die Hotels waren bessere Mittelklasse. Heute sind es First-Class Häuser. In die ganz großen Hotels gingen wir nicht, weil mein Vater sparsam war. Er machte nichts, was ihn nicht freute oder was nicht seinem Stand oder seiner Situation entsprach. Er nahm aber grundsätzlich nicht die größten Hotels und die besten Zimmer. In Zurs z.B. wohnten wir jedes Mal im Hotel Castel im 4. Stock. Meine Eltern hatten ein nettes und gemütliches Zimmer mit Bad, meine Schwester und ich in der Nachbarschaft ein Doppelzimmer mit fließendem Wasser, aber sonst nichts. Im ersten und zweiten Stock gab es wesentlich luxuriösere Zimmer, die hat Vater aber grundsätzlich nicht genommen.

Für uns Kinder waren diese Ferien etwas langweilig, weil wir viel spazieren gehen mussten. Mit Vater und Mutter spazieren gehen ist nicht übertrieben interessant. Oder wir spielten alleine in den Gärten und Parks der Hotels. Für größere Ausflüge wurde ein Auto gemietet, und, daran kann ich mich erinnern, z. B. durch die Schweiz gefahren.

So haben wir unseren Urlaub an den verschiedensten Orten verlebt, bis ich an einer schweren Rippenfellentzündung erkrankte. Ich war ein Jahr zur Genesung im Engadin, danach sind wir jedes Jahr, Sommer wie Winter, bis der Krieg ausbrach, nach Zurs gefahren, und im Hotel Castel abgestiegen. Man traf dort mehr oder weniger immer dieselben Leute, das ist ja in den Hotels heute noch so. Z.B. stieg die Familie Berg aus Solingen regelmäßig in diesem Hotel ab, die Besucher waren schon eine recht gehobene Klasse.

Als ich ungefähr 12 Jahre alt war, habe ich bei einem erstklassigen Lehrer Eiskunstlaufunterricht bekommen, der trainierte auch eine spätere Weltmeisterin. Wegen der Erkrankung, die ich hinter mir hatte, war Skilaufen zu anstrengend für mich. Ich hatte welterste Lehrer und bin entsprechend gelaufen. Bis zu meinem 17. Lebensjahr, dann bin ich, weil es interessanter war, mit anderen jungen Leuten Ski gefahren. Meine Schwester ist in einer Skischule gewesen, mein Vater hat sich das Laufen selber beigebracht. Sein älterer Bruder Theodor ist schon in früheren Jahren Bob gefahren und Ski gelaufen, Vater hat es erst mit uns zusammen in den 1930er Jahren gelernt.

Meine Schulkameradinnen blieben in ihren Ferien alle zu Hause oder fuhren bestenfalls zu Verwandten. Unsere Art Urlaub zu machen war sicher etwas Außergewöhnliches. Es war aber nicht in dem Stil extravagant, wie man sich das heute vielleicht vorstellt. Es war einfacher gehalten, wie heute einfache Leute reisen. Wir trieben schon keinen Aufwand, was man heute unter Aufwand versteht, aber es war doch aufwendiger als die meisten anderen, die wir trafen. Die Wenigen, die in Urlaub fuhren, haben ihn doch einfacher als die Familie Robert Kieserling verlebt.

Mich hat Politik überhaupt nicht interessiert. Die Jahre waren für mich angefüllt mit Schule und Ferienaufenthalten, wobei wir in der damaligen Zeit Weihnachten nicht verreist sind. Godesberg war damals ein richtiger Rentnerort und ist es auch geblieben. Ich habe es langweilig gefunden. Mein Vater hat auch nichts erzählt z.B. aus Solingen, er redete überhaupt sehr wenig.

Meine Eltern waren unpolitisch, sie waren fromm. Infolgedessen haben sie die kirchlichen Einstellungen in der ganzen Zeit vertreten, weitergehend haben sie sich mit politischen Dingen nicht befasst. Die ganze Klasse unserer Nonnenschule wollte, bis auf eine einzige, mit den Hitler-Geschichten nichts zu tun haben. Wir mussten natürlich zu gewissen Sachen hingehen, wir mussten schon mal auf die andere Rheinseite marschieren, weil dort Goebbels gesprochen hat. Ich sehe den Goebbels immer noch vor mir, wie er den Mund beim Reden so aufriss. Bei den ersten Abstimmungen muss furchtbar gepfuscht worden sein. Wenn man so fragte, hatten alle dagegen gestimmt und hinterher hieß es, 99 % hätten dafür gestimmt. Als 1944 das Attentat auf Hitler war, da war die Frage: „Ist er tot?" Leider nicht!

Mein Vater hat sich nur zwangsweise auf die Nazis eingelassen, weil er durch die Firma auf das Wohlwollen der Partei angewiesen war. Er hatte nur im Sinn, dass seine liebe Firma gut lief. Das Haus Birkerstraße 21 gehörte auch der Firma und ist an die Partei für irgendwelche Betätigungen vermietet worden. Aber als meine Schwester in Düsseldorf heiratete, hat mein Vater dafür gesorgt, dass die Kirche Kohlen hatte, damit es warm genug war. Deswegen hat er mit der Partei erhebliche Schwierigkeiten bekommen.

Die Russlandgeschäfte haben ihm hingegen keinerlei Probleme eingebracht, weil er auf diese Weise verhinderte, dass viele Leute entlassen wurden. Wir haben durch die Russengeschäfte die Firma am Laufen gehalten.

Aber eines muss ich aus diesen Jahren doch noch erwähnen. Einmal habe ich Hitler persönlich getroffen. Wir hatten ein 10 Meter langes Boot mit einem ziemlich starken Motor auf dem Rhein. Dieses Motorboot wurde bei einem Aufenthalt von Hitler im Rheinhotel Dresen zur Benutzung angefordert. Da konnte man

Robert Kieserling (rechts) mit Adolf Hitler auf seinem Motorboot in der Nähe von Bad Godesberg, vermutlich im Frühjahr 1933

natürlich nicht Nein sagen. Mein Vater ist also mit Hitler Boot gefahren und hat ihn gebeten: „Können meine Töchter Ihnen heute Abend einen Blumenstrauß überreichen?" Wir wurden mit unserem Blumenstrauß abgeholt, wenn ich nicht irre, waren es Nelken. Während Hitler eine Rundfunkansprache hielt, haben meine Schwester und ich draußen im Flur des Hotels „Heil Hitler" geübt, wir waren nämlich nicht geübt, das zu machen. Vor der Tür versammelten sich seine Führungsleute, die haben sich überhaupt nicht über irgendwelche interessanten politischen Sachen unterhalten, sondern über das Schneidern gesprochen und befühlten sich gegenseitig die Stoffe. Nachdem sie mit dieser Anzugbegutachtung fertig waren, sind sie runter gegangen. Hitler wollte hinterherkommen und dann hat der SS-Mann, der bei ihm an der Tür stand, gesagt: „Also hier bitte hinein, es kommen noch 2 junge Mädchen." Ich hatte vorher etwas eingeübt, mir jedenfalls etwas überlegt und habe gesagt: „Wir überreichen unserem Führer diese Blumen als Erinnerung an die Bootsfahrt heute Vormittag." Dann wusste er nicht, wo er die Blumensträuße hinlegen sollte, bis er schließlich irgendeinen Sessel fand. Er begann das Gespräch mit einer Bemerkung über den Vortrag, den er im Industrieclub gehalten hatte, wo er wusste, dass mein Vater sich den auch angehört hatte. Jedenfalls war das eine Unterhaltung, die sich eigentlich immer nur darum drehte, dass er in Düsseldorf mit Malmedie zu tun hatte und ich musste verschiedenes korrigieren, was er falsch verstanden hatte. So, nun war das Gespräch zu Ende, ich ging zu tiefst enttäuscht mit meiner Schwester hinter ihm her die Treppe hinunter. Auf uns hat dieser Hitler mit seinen wässrigen Fischaugen keinen Eindruck gemacht. Unten auf der Treppe bekam er einen verdienten SA-Mann vorgestellt, da hat sich dieser Mann total verändert, das war auf einmal ein völlig anderer Mensch. Ich dachte: „Aha, das ist es also!" Hinterher musste ich einen Schulaufsatz schreiben, wie das zur damaligen Zeit meine Pflicht war. Der Aufsatz war so schlecht, dass ich eine sonst bei mir nicht übliche schlechte Note erhielt, so hatte mich dieser Mann enttäuscht. Er hatte keine Ausstrahlung. Wir waren für den total uninteressant, wir waren ja nicht im BDM. Ich habe mich immer davor gedrückt, auch später als ich studierte. Dann brach der Krieg aus und es war nicht mehr nötig.

Als seine Töchter in das entsprechende Alter kamen, gab Vater gerne für uns persönliche Feste zu Hause in Godesberg und in der Redoute. Die Redoute war damals für den allgemeinen Publikumsverkehr, den besseren jedenfalls, frei. Eines Anlasses bedurfte es für ein solches Feste nicht. Eingeladen wurden meine ganzen Freunde und Bekannten. Leute, die auch zu uns aufs Motorboot kamen, oder die ich bei den Studenten, ich wurde regelmäßig von zwei Studentenverbindungen in Bonn eingeladen, kennengelernt hatte. Unsere Feste waren schon größere gesellschaftliche Veranstaltungen.

In dieser Zeit begann mein Vater, mich zu geschäftlichen Besprechungen und Terminen mitzunehmen. Ich nehme an, um mich für die Firma zu interessieren. Er hat mir nicht gesagt, warum ich ihn begleiten musste. Wenn mein Vater in Malmedie nach dem Rechten sah, dann saß ich manchmal 2 oder 3 Stunden im Auto in Düsseldorf auf dem Fabrikhof und wartete, bis er fertig war. Denn ich konnte nicht die ganze Zeit bei den Gesprächen mit dabei sein, das waren keine, die unbedingt in Gegenwart der Tochter geführt wurden.

Anteile an Malmedie hatte mein Vater in den dreißiger Jahren von der Deutschen Bank gekauft. Wir haben nämlich in der schwierigen Zeit nach 1930, als überall Entlassungen waren, fast zu 80 Prozent von Russenaufträgen existiert. Nur dadurch sind wir gut über diese Jahre gekommen. Mein Vater nahm diese Geschäfte mit den Russen an, obwohl sie nicht vom Staat garantiert wurden. Er hat also praktisch bei dem großen Umfang dieser Aufträge sein ganzes Privatvermögen riskiert. Bei den weiteren Aufträgen in den nächsten Jahren hat er die Dinge so arrangiert, dass er, wenn etwas passiert wäre, nicht dabei kaputtgegangen wäre. Als das Geld anstandslos reinkam, die Russen haben immer pünktlich und korrekt bezahlt, hat er sich bei Malmedie eingekauft.

Die Russen haben eine ganz große Rolle für die Firma in den dreißiger Jahren gespielt, ihre Vertreter waren öfter in Solingen und auch in Godesberg. Mein Vater ist mehrere Male in Moskau gewesen und meine Mutter wurde jedes Jahr zu dem sogenannten Russentee nach Berlin eingeladen. Zu diesem Anlass bekam sie immer ein neues Kleid. Diese Kleider nannten wir bei uns in der Familie „Russenkleider", weil dann ein ganz besonders schickes Modell gekauft wurde. Einmal wollte Vater mich mit nach Moskau nehmen, da hat es zu Hause fürchterlichen Krach gegeben. Meine Mutter meinte, ich würde sowieso schon zu sehr verwöhnt, und ich musste zu Hause bleiben. Es hat mir sehr lange leidgetan, besonders weil ich nach dem Krieg einmal dort war. Die Veränderungen zu vergleichen wäre für mich interessant gewesen.

Später, als ich in Berlin Betriebswirtschaft studierte, nahm mein Vater mich mit zu den größeren Besprechungen, z.B. mit den Wehrmachtsverbindungen oder was sich eben sonst noch in Berlin an Industrieentscheidungen abspielte. Etwa zwei Mal die Woche fuhr Vater im Schlafwagen nach Berlin. Als ihn mal jemand fragte, warum er seine Tochter in Berlin Betriebswirtschaft studieren ließ, das hätte ich doch sicher nicht nötig, da sagte mein Vater: „Damit, wenn ich tot bin, man ihr das Geld nicht mopst".

Wir Töchter wurden von unserem Vater immer sehr knapp gehalten. Ich bekam als Studentin in München nicht etwa so viel Geld, dass ich dafür nun ein sehr gutes Zimmer mieten konnte. Zeitweise habe ich auch in der Mensa gegessen, weil das Geld nicht reichte. Vater hat mir nachher den Aufenthalt in Berlin in einer sehr teuren Pension finanziert, aber ich bekam darüber hinaus nicht sehr viel. Irgendwann kurz vor dem Krieg, hat er meine Mutter, meine Schwester und mich in den Ausgaben stark eingeschränkt. Da hat Mutter sogar Teile ihrer Garderobe verkauft, um sich neue Kleider kaufen zu können. Anfang des Krieges in Berlin, besaß ich viel zu wenige Sachen, im Gegensatz zu den meisten, die sicherlich von zu Hause aus weniger hatten. Ich bin einfach hingegangen und habe mir punktfreie, ohne Bezugsmarken erhältliche Garderobenstücke gekauft, habe sie angezahlt und meinem Vater die ausgefüllte Überweisung geschickt, der war selbstredend wütend. Meine Schwester ging hin und sahnte bei mir ab, die nahm sich meine Sachen aus dem Schrank und machte sich was daraus oder sie ging zu meinem Vater an den Kleiderschrank und holte Sachen, die sie für ihren Verlobten gebrauchen konnte. Dann sah mein Vater seine Krawatten beim Schwiegervater meiner Schwester wieder, die hatten nämlich Kommunismus in der Familie, und dann war er auch böse.

Als ich in das heiratsfähige Alter kam, war Vater furchtbar besorgt, dass ich den Passenden für die Firma heiratete. Aber den Gefallen habe ich ihm nicht getan. Mein Vater hat erfolglose Versuche mit Peter Berrenberg gemacht, da hatten wir eine Beteiligung in der Firma. Zuerst hat Vater Peter wohl mit meiner Schwester verheiraten wollen, die hat sich aber mit jemand anderem verlobt, und dann war ich an der Reihe. Ich fuhr gemeinsam mit meinem Vater in die Ferien und Peter wurde auch eingeladen mitzufahren. Wir konnten aber nichts miteinander anfangen, ich fand ihn entsetzlich und hässlich. Da bestand nicht die geringste Hoffnung, dass das mit uns beiden klappen würde. Aber mein Vater wollte es nicht aufgeben. Peter Berrenberg war katholisch und studierte Ingenieur-Wissenschaft. Für meinen Vater wäre er der ideale Schwiegersohn für die Firma gewesen.

Danach hat er lange versucht, mich mit Karl Föckinghaus, einem Juristen aus der Nachbarschaft, zu verheiraten. Wir sind einmal spazieren gegangen und haben überlegt, wie wir meinem Vater das Heiratsprojekt ausreden könnten, Vater wollte es einfach nicht aufgeben. Karl und ich hatten aber keine Lust dazu miteinander verheiratet zu werden. Dann wieder hat Vater eine Heiratsannonce in der Zeitung gelesen und hat dort hingeschrieben. Mit diesem jungen Mann habe ich mich auch einmal getroffen, ich habe meinem Vater den Gefallen getan. Aber mehr ist nicht daraus geworden. Nach den vielen missglückten Versuchen, einen geeigneten Schwiegersohn für die Firma und einen Mann für mich zu finden, war mein Vater hinterher relativ schnell bereit zu akzeptieren, dass ich meinen Mann, den aktiven Offizier und für die Firma völlig ungeeignet, heiratete.

Nachdem mein Vater und sein Bruder Franz bei dem Bombenangriff auf Solingen am 5. November 1944 umgekommen waren, und der Krieg zu Ende war, wurde Hölzer Mitinhaber der Firma, neben den Familien Robert und Franz Kieserling. Die kaufmännische, finanzielle Seite der Leitung übernahm Frau Altenbracht. Sie war schon bei meinem Vater die rechte Hand gewesen, mit der er vieles gemacht hatte, was kein anderer zu sehen bekam. Und wenn sie mal fragte: „Herr Kieserling, wie soll das gehen, wenn Sie nicht mehr da sind?“ antwortete mein Vater: „Dann müssen Sie das machen.“ Frau Altenbracht hat die Rolle meines Vaters halbwegs übernommen. Sie hatte den Schlüssel zum Geldschrank, und sie hat den auch in der Hand behalten. Frau Altenbracht hat darüber gewacht, dass Hölzer sich beim Wiederaufbau nicht vergaloppierte, er hätte nämlich noch mehr gebaut. Es hieß damals: Hölzer baut sich hier ein Denkmal. Sie hat dafür gesorgt, dass die Ehemänner der beiden älteren Töchter, also mein Mann Ludwig Hensel und Markus von Busse, in die Firma kamen. Ohne diese beiden als Rückhalt hätte sie kein Gegengewicht gegen Hölzer bilden können.

Robert Kieserling an seine Tochter Josa

Der folgende Brief Robert Kieserlings an seine Tochter Josa anlässlich ihres 21. Geburtstages im Jahre 1936 kann nicht nur als ein Dokument seines Familiensinnes sondern auch als sein unternehmerisches Vermächtnis angesehen werden:

Meine liebe Josa!

Ein Abschnitt Deines Lebens ist vorbei.

Der schönste, der sorgloseste Deines Lebens, die Kinderjahre in Deinem Elternhaus, die Jahre, in denen Deine Mutter, Deine Eltern Dich betreuten, die Jungmädchenjahre mit schon kleinen Lebenserfahrungen und kleinen Sorgen, aber auch mit vielen, vielen Freuden. Auch in diesen Jahren war das Mutterhaus, das Elternhaus immer Dein Heim, Deine Zuflucht, der Anker, der Dich hielt.

Das alles soll selbstverständlich so bleiben - und doch kommt nun für Dich ein neuer, ein entscheidender Lebensabschnitt.

Du wirst nun mehr auf Dich selbst angewiesen sein.

Du wirst dem Mutterhaus, dem Elternhaus nicht mehr so ganz nah, nicht mehr so verbunden sein. Du wirst dem Sturm und den Gefahren der Welt mehr ausgesetzt sein, und nun selbst und ganz alleine die Grundlagen Deiner guten Erziehung, die der liebe Gott Dir vergönnt hat, und um Deinen guten, offenen, ehrlichen und festen Charakter selbst zu fördern, auszuwerten und zu beweisen haben. Mögedas Mutterhaus, das Elternhaus, das Dir auch weiterhin das gleiche bleiben soll, sich nun nicht getäuscht sehen - nicht ohne Deine Schuld, geschweige denn, in Deiner Schuld.
Du hast sicherlich schon eine gute Weltreife, auch schon viele Welterfahrung. Du hast viele, viele Lebensfreude gesehen.

Du hast Einsicht gehabt in manche Lebenstreue, Lebensgefahren und Lebensschmutz.
Aber nur in manchen, längst nicht in jeden und nicht in den größten.

Sei nie enttäuscht, mach Dir nie zu große Hoffnungen, stehe Deinen Mann, vertraue auf Gott, hoffe auf Gott, aber vergesse dabei nicht zu bedenken, dass der Mensch seinen eigenen, seinen ganz allein eigenen Willen hat, aber auch seine ganz eigene, nicht abwälzbare Verantwortung.
Das alles gilt für jeden Menschen, ganz gleich in welchem Maß an Geistesgütern oder weltlichen Gütern er gottbegnadet ist.

Und nun kommt noch ein Zweites, das nicht für jeden Menschen von absolut gleicher Art und Wichtigkeit ist. Gott hat Dich auch in guten und besonders gelagerten weltlichen Güterverhältnissen geboren, darin erziehen und leben lassen. Das gestattet zwar manche Ungebundenheit, manchen Genuss, manche Freiheit. Das bedingt aber auch weit viel mehr Gebundenheit, Entbehrung, Rücksichtnahme und Verantwortung auf der anderen Seite.
Du bist der älteste Nachkomme der Familie. Du bist aber auch der älteste Nachkomme des Unternehmens Deines Vaters.

Für dieses Unternehmen Deines Vaters lastet auch auf Dir eine ganz, ganz große Verantwortung.
Viele, viele Menschenaugen, zur Zeit wohl an die zweitausend Männer-, Frauen- und Kinderaugen sehen auf Deinen Vater, aber auch auf Dich. Sie erwarten - wenn auch selbstverständlich mit ihrer eigenen Mithilfe - dass ihnen die Stätte ihrer Arbeit, die Stätte der Schaffung ihres Lebensunterhaltes erhalten wird. Und dafür bis Du nun mit verantwortlich.
Diese vielen, vielen Augen achten aber auch ganz besonders scharf auf meine und nunmehr auch auf Deine Lebensart, manche in gutem Sinne. Manche, vielleicht die meisten, in kritisierendem, wenn nicht üblen Sinne.

Sorge Du und gebe Gott Dir die Gnade und Kraft, dass alle diese Menschen nicht umsonst auf Dich vertrauen. Vor allem aber gebe Ihnen nie Veranlassung, dass sie ein Recht erhalten, Übles an Dir zu sehen oder über Dich zu reden.
Aber auch in rein finanzieller Hinsicht tragen Deine Eltern, und besonders Dein Vater, und nunmehr auch Du, neben mancher Freiheit und Freizügigkeit eine große, eine außergewöhnliche Verantwortung.
Als unabhängige und freie Unternehmer sind wir andererseits voll und ganz und mit allem für alles verantwortlich.
Jede Entscheidung, jede Tat, alles, was wir tun und unternehmen, ist - wenn wichtig und gut - unser alleiniger Vorteil, andererseits aber auch unser alleiniges Risiko, unser alleiniger Verlust und Nachteil, auch in finanzieller Hinsicht, wenn es verantwortungslos, nachlässig oder falsch ist.
Wir dürfen keine Müdigkeit, keine Lässigkeit, keine Verantwortungslosigkeit und keine Launen kennen.

Alle unsere Entschlüsse, all unser Tun, - und nun auch das Deinige - müssen in finanzieller Hinsicht, in eisiger rücksichtloser Erwägung und Kühle gefasst und erfüllt werden, erfüllt werden auch bei befreundeten oder als befreundet angesehenen Menschen.

"Es gibt keinen Brunnen, der sich nicht ausschöpfen ließe."
„Ohne neuen Zufluss wird der beste Brunnen bald trocken."

Es gibt sicher - und Gott Dank - viele Freunde, echte Freunde. Es gibt in finanzieller Hinsicht aber auch sehr viele Freunde - sagen wir aber richtige Schein-Freunde - die die finanzielle Kraft des anderen in Anspruch nehmen wollen. Sicherlich treten solche nun auch an Dich heran. Hüte Dich vor diesen. Hüte Dich vor deren sorglosen Reden und Versprechungen. Wenn Du jemanden helfen willst, gib ihm, vielmehr schenke ihm, was Du bar in der Tasche hast. Aber hüte Dich vor irgendwelchen Zusagen oder Versprechungen. Hüte Dich dreimal vor der Übernahme einer Bürgschaft oder Unterschrift.

Bedenke, dass diese Deine Unterschrift, bedenke, dass diese dummen 14 Buchstaben nicht nur einen zunächst vielleicht scheinbaren Verlust, sondern den Ruin unseres Vermögens, unserer Unternehmen, bedeuten kann; und damit den Ruin und Brotlosmachung tausender Menschen, die von dem Unternehmen abhängig sind und auf uns vertraut haben.
Die Existenz all dieser Menschen und unsere eigene kannst Du vernichten durch eine einzige Unterschrift - durch die wenigen 14 Buchstaben -, in dem Wahn einem einzigen Menschen helfen zu wollen.

Aber nur helfen zu wollen, denn bestimmt wird auch diesem Menschen nicht geholfen; denn jemand, der seinen Freund finanziell in Anspruch nimmt, ist in so schlechten Verhältnissen, dass er anderweitig bei denen dazu bestimmten Stellen keine Gelder mehr bekommt - ohne eine weitere Bürgschaft oder Wechselunterschrift.
Diesem Menschen kann keine, auch die größte, Summe nicht mehr helfen.

In diesen Dingen bedenke auch ein weiteres. Diese Menschen tragen ihre Wünsche natürlich in den harmlosesten, schönsten Farben vor. Sie verlangen ja nicht eine bare Summe, sondern die sagen: „Geld brauchst Du mir ja nicht zu geben, nur eine Freundschaftsunterschrift, die mir zur Auswirkung kommt."
Aber das ist gerade das Schlimme. Ohne diese Bürgschaft, ohne diese Unterschrift - die oft ganz harmlos erscheint - erhält dieser Mensch, dieser Freund kein Geld. Sicherlich kann er später erst recht nicht bezahlen und nun tritt diese Deine Unterschrift, diese Deine Bürgschaft in Kraft.
Meist wird bei Abfassung dieser Bürgschaften, besonders bei Bankbürgschaften nicht einmal eine Summe genannt oder verklausulierte Nebenforderungen eingeschlossen. Diese dann auf Dich übergehende Verpflichtung kann so eine Summe betreffen, die Du Dir nie hast träumen lassen.
Manche angesehene alte, reiche Familie, auch mehrere in Solingen, sind auf diese Art durch Freunde oder Verwandte ins Unglück geraten.
Das gleiche trifft zu, bei einer Wechselunterschrift, auch wenn der Zahlungsverpflichtete ein anderer ist. Jeder, der seine Unterschrift auf einen Wechsel gibt - ganz gleich in welcher Form und an welcher Stelle (auf Garant) - haftet für den ganzen Betrag.
Im Privatleben sollen Wechsel überhaupt nicht ausgestellt werden, da in diesen Fällen der Zahlungsverpflichtete immer über seine Verhältnisse hinaus Ausgaben macht. Der Zahlungsverpflichtet kann aber auch die besten Absichten haben und Unglück oder Zufall seine Zahlungsunfähigkeit verursachen.

Deshalb darf aber auch ein offener Charakter seinen Freund und seine Verwandten in diesen Dingen nicht in Anspruch nehmen.

In geldlichen Angelegenheiten muss man strenge Grenzen ziehen. Da hört alle Freundschaft und Verwandtschaft auf, eine echte Freundschaft und Verwandtschaft wird eben in diesen Dingen nicht in Anspruch genommen.
Bedenke Du in dieser Richtung, dass ich das Geld meiner Frau und meiner Schwiegereltern nie in Anspruch genommen habe; vielmehr die Vermögen streng getrennt halte, und zwar deshalb, weil so große Unternehmungen auch große Risiken in sich bergen.

Bei aller Vorsicht kann man mal den Überblick verlieren, unübersehbare Haftpflichtfälle können eintreten, Unglück kann man haben oder durch wirtschaftliche Depression in Vermögensverfall geraten.

Wenn ich nun schon das eigene Vermögen meiner Frau von all diesen Risiken frei halte, trotz meines persönlichen großen und vollkommen unabhängigen Besitzes, so mögest Du daraus die Lehre ziehen, wie vorsichtig man in finanzieller Hinsicht sein soll.
Wenn Du auch zunächst zu Lebzeiten Deiner Eltern kein eigenes Vermögen rechtlich besitzest, und an dem Vermögen Deiner Eltern keinen rechtlichen Anteil hast, so mögest Du doch bedenken, dass Deine Eltern sich für Dich moralisch verpflichtet fühlen.

Bedenke vor allem aber, dass alle Deine finanziellen Verpflichtungen bestehen bleiben, und dafür Dein Erbe im Falles des Todes eines Elternteiles in Anspruch genommen wird; und auch dann - vielleicht viele Jahre später - noch all das Unglück über Dich hereinbricht, das ich oben beschrieben habe - der Ruin Deiner selbst, Deiner Familie, der Unternehmen und der Ruin tausender Menschen, die von diesen Unternehmen abhängig sind.
Eine einmal eingegangene oder eingetretene, auch ungewollt und unbedacht eingetretene, Schuldverpflichtung hört nie auf zu bestehen.
Halte all diese Dinge, meine liebe Josa, Dir hart, kalt, ungeschminkt und unverblümt stets vor Augen.
Achte und halte, meine liebe Josa, Dich stets an Dein Mutterhaus, Dein Elternhaus - auch in aller Zukunft.

Mit Gottes Segen

Dein Vater

11.03.1936

Die Geschichte der Firma Th. Kieserling & Albrecht als Arbeitergeschichte

Die Maschinenbauer von Th. Kieserling & Albrecht am
19. April 1893

Maschinenbauer und Gießereiarbeiter 1873 - 1933

Die ersten Arbeiter 1873 - 1874

Neben den Einnahmen und anderen Ausgaben vermerkte der Jungunternehmer Theodor Kieserling alle vierzehn Tage den an die einzelnen Arbeiter gezahlten Lohn in seinem „Cassabuch". Für den Zeitraum vom 15. Januar 1873 bis zum 1. Mai 1874, also noch vor dem Neubau der Kieserling'schen Fabrik an der heutigen Eisenstraße, lassen sich die ersten Arbeiter der Firma mit der Höhe ihres Lohnes und der Dauer ihrer Betriebszugehörigkeit nachweisen.

Nach dem Erwerb der Maschinenwerkstatt Klee blieb nur einer der bis dahin beschäftigten drei Arbeiter noch einige Zeit bei der Firma. Ob die Arbeiter den Umzug nicht mitmachen wollten, oder Theodor Kieserling von sich aus andere Beschäftigte wünschte - auf jeden Fall suchte der Unternehmer im April 1873 neue Arbeitskräfte auf dem Arbeitsmarkt.

Fünf Arbeiter begannen daraufhin bei Kieserling, am Ende des „Probemonats" hatten schon wieder zwei ihre Arbeitsstelle gewechselt. Bis November 1873 war ein Anstieg der Beschäftigtenzahl auf 11 Arbeiter zu verzeichnen, bis dann wahrscheinlich eine erste kleinere Krise die junge Firma erfasste. Vier Entlassungen waren die Folge. Ab Februar 1874 ging es wieder aufwärts bis fast auf das alte Niveau der Beschäftigung - aber mit neuen Arbeitskräften.

Obwohl in dem „Cassabuch" die geleisteten Arbeitsstunden des einzelnen Arbeiters nicht vermerkt sind, ein Durchschnittslohn im eigentlichen Sinne deshalb nicht ermittelt werden kann, lässt sich die Belegschaft der Fa. Th. Kieserling & Albrecht grob in drei „Lohnklassen" einteilen.

Die bestverdienenden Arbeiter erhielten pro Monat über 30 Taler. Die größere Gruppe der mittleren Lohnklasse verdiente zwischen 20 und 25 Talern Monatslohn. Die Hilfsarbeiter mussten sich mit 11 bis 17 Talern Lohn begnügen. Außerhalb dieses Lohngefüges standen die Brüder Albrecht und selbstverständlich die beiden Lehrlinge. Otto Albrecht als Mitinhaber wurde seit September 1873 auf der „Lohnliste" geführt. Die Höhe seiner Bezahlung (das Doppelte des Spitzenverdienstes unter den Arbeitern) weist aber seine besondere Stellung innerhalb der Firma aus. Es dürfte nicht verkehrt sein, Otto Albrecht als leitenden Angestellten und Miteigentümer in einer Person anzusehen. Für seinen Bruder Richard Albrecht galt ähnliches. Wenn er auch, seit Februar 1874 in der Firma tätig, „nur" ungefähr 65 % des Gehaltes seines Bruders Otto erhielt, so dürfte seine Stellung im Betrieb doch die eines leitenden Vorgesetzten gewesen sein. Das Gehalt der beiden Brüder Albrecht betrug zusammen fast die Hälfte des gesamten Arbeiterlohnes.

Die ersten Arbeiter der Fa. Th. Kieserling & Albrecht

Name (Beruf)	"Durchschnittsverdienst" Taler	Grosch.	Pfennige	Zeitraum der Beschäftigung
Außen	39	10	3	1874 April
Bauer (Schmied)	22	19	10	1873 Sept - 1874 April
Becher	3	25		1873 Sept
Berenberg	16	15		1874 Feb
Blasberg	14	16	3	1874 Feb - April
Clauberg	25	17		1873 Mai - Juni
Dood, W.	32	22	9	1873 Mai - 1874 April
Daum	5	2		1873 Mai
Edmund (Handlanger)	21	16	11	1874 Feb - April
Galler	7	22	6	1873 Juli - Aug
Georg (Handlanger)	11			1874 Feb
Graf (Schmied)	11	2	6	1873 Nov - Dez
Hartmann, Otto	22	2	7	1873 Juli - 1874 Jan
Jansen	17	26	6	1873 Aug - Nov
Kaufmann	30	17	2	1873 Sept - Nov
Kreitz	23	18	3	1873 Dez - 1874 April
Leyhausen	22	17	1	1873 Dez - 1874 April
Linder	23	0	7	1874 März - April
Machenbach	13	12	3	1873 Jan - März
Morsbach	31			1874 März - April
Schäfer	17	25	9	1873 April - Nov
Schlicher (Schreiner)	17	17	10	1873 Okt - Dez,1874 März
Schmeck	20	15		1873 April
Schmitz, Ernst	12	26	5	1873 Aug - 1874 Feb
Schnettler	23	20		1873 Feb - Nov
Schumann	11	6	9	1873 Nov - 1874 Jan
Steinfeld (Stundenweise)	1	20	8	1873 Jan, 1873 Mai
Turau	13	10		1873 Feb
Vogt	28			1873 März - April
Weck	19	7	6	1874 Feb - April
Otto Albrecht	61			1873 Sept - 1874 April
Richard Albrecht	44	13		1874 Feb - April
Roth (Lehrling)	-	7	9	1873 Juni - 1874 April
Dunkel (Lehrling)	-	14	6	1873 Juli - 1874 April

Lehrvertrag vom 30. April 1873 (Abschrift)[1]

Zwischen dem Melchior Roth wohnhaft zu Bürgermeisterei Roesrath und dem Theodor Kieserling Maschinenbauer zu Solingen wohnhaft, ist unter Zugrundelegung der in den beigedruckten §§ 115-126 incl. der Gewerbe-Ordnung für den Norddeutschen Bund vom Mai 1869 enthaltenen Vorschriften, deren pünktliche Beachtung gegenseitig angelobt wird, folgender Vertrag abgeschlossen worden

Der Sohn des Melchior Roth mit Namen Wilhelm Roth tritt bei dem Maschinenbauer Th. Kieserling zu Solingen in die Lehre und dauert dessen Lehrzeit vier Jahre und zwar vom 5. Mai 1873 bis 5. Mai 18 sieben und siebenzig.

Der Lehrling geht beim Bruder des Melchior namens Johann Roth zu Höhscheid wohnhaft in Kost und Logis und zahlt der Lehrmeister diesem für Kost, Logis, Waschen und Flicken die Summe von zwei Taler zehn Silbergroschen die Woche, doch bleibt dem Lehrmeister überlassen, den Lehrling selbst in Kost und Logis zu nehmen.

Der Lehrmeister verpflichtet sich, dem Lehrling wöchentlich ein Taschengeld von wöchentlich 2½, 5, 7½ & 10 Groschen die Woche im 1, 2, 3 & 4 ten Jahres zu zahlen.

Für Kleidung setzt der Lehrmeister dem Melchior Roth die Summe von zwanzig Taler die beiden ersten und fünfundzwanzig Taler die beiden letzten Jahre jährlich aus, bis zu welcher Summe am Ende jeden Jahres dem Vater des Lehrlings die Anschaffungskosten der Kleider ersetzt werden.

Der Lehrmeister ist verpflichtet den Lehrling in eine Unterstützungskasse oder Krankenkasse zu abbonieren, damit in event. Krankheitsfällen für dessen Pflege gesorgt ist.

Etwaige Versäumnisse durch Unwohlsein oder Krankheit etc. ist der Lehrling gehalten, nachzulernen unter den Bedingungen des letzten Jahres.

Der Lehrmeister ist verpflichtet für weitere Ausbildung des Lehrlings durch Zeichen-Unterricht Sorge zu tragen.

Der Lehrmeister
Th. Kieserling

Der Vater des Lehrlings
Melchior Roth

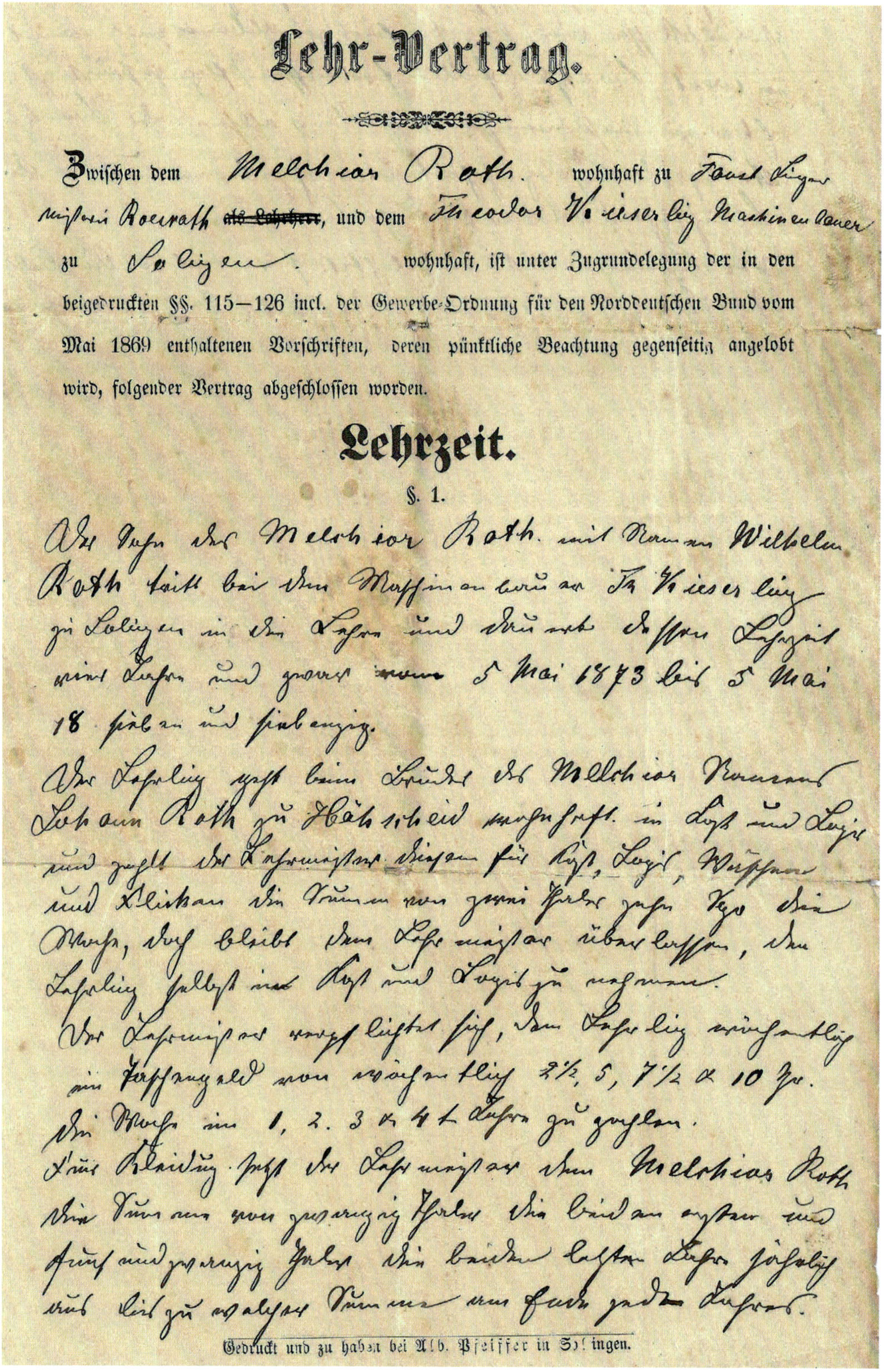

Lehr-Vertrag.

Zwischen dem Melchior Roth wohnhaft zu Forst ... Rösrath ~~als Lehrherr~~, und dem Theodor Wieserling Maschinenbauer zu Solingen wohnhaft, ist unter Zugrundelegung der in den beigedruckten §§. 115–126 incl. der Gewerbe-Ordnung für den Norddeutschen Bund vom Mai 1869 enthaltenen Vorschriften, deren pünktliche Beachtung gegenseitig angelobt wird, folgender Vertrag abgeschlossen worden.

Lehrzeit.

§. 1.

Der Sohn des Melchior Roth mit Namen Wilhelm Roth tritt bei dem Maschinenbauer Th. Wieserling zu Solingen in die Lehre und dauert dessen Lehrzeit vier Jahre und zwar ~~vom~~ 5 Mai 1873 bis 5 Mai 18 siebenundsiebenzig.

Der Lehrling geht beim Bruder des Melchior Namens Johann Roth zu Höhscheid wohnhaft in Kost und Logis und zahlt der Lehrmeister diesem für Kost, Logis, Waschen und Flicken die Summe von zwei Thaler pro Woche, doch bleibt dem Lehrmeister überlassen, den Lehrling selbst in Kost und Logis zu nehmen.

Der Lehrmeister verpflichtet sich, dem Lehrling wöchentlich ein Taschengeld von wöchentlich 2½, 5, 7½ & 10 Sgr. die Woche im 1, 2. 3 & 4t Jahre zu zahlen.

Zur Kleidung gibt der Lehrmeister dem Melchior Roth die Summe von zwanzig Thaler die beiden ersten und fünfundzwanzig Thaler die beiden letzten Jahre jährlich und bis zu welcher Summe ein jedes Jahr.

Gedruckt und zu haben bei Alb. Pfeiffer in Solingen.

Der erste Lehrvertrag der Firmengeschichte vom 30. April 1873

dem Vater des Lehrlings die Anschaffungskosten der
Kleider ersetzt werden.

Der Lehrmeister ist verpflichtet den Lehrling in eine Unter-
stützungskasse oder Krankenkasse zu überweisen, damit
in event. Krankheitsfällen für dessen Pflege gesorgt ist.
Etwaige Versäumnisse durch Unwohlsein oder Krankheit
etc. ist der Lehrling gehalten nachzulernen unter den
Bedingungen des vierten Lehrjahrs.

Der Lehrmeister ist verpflichtet für weitere Ausbildung
des Lehrlings durch Zeichnen Unterricht Sorge zu tragen

Der Lehrmeister.
Th. Viererling.

Der Vater des Lehrlings.
Melchior Bott

Ebenfalls fiel den beiden Lehrlingen eine Sonderrolle zu. Seit Juni bzw. Juli 1873 bei Th. Kieserling & Albrecht tätig, gehörten sie auf Grund ihrer vertraglichen Bindung zu den am längsten bei der Firma beschäftigten Arbeitskräften.

Einen Einblick in die einer handwerklichen Tradition verpflichtete Ausbildung zum Maschinenschlosser bietet der erste Lehrvertrag der Firma. Über die in der Gewerbeordnung vorgesehenen Bestimmungen hinausgehend, verpflichtete sich Theodor Kieserling zu relativ umfangreichen Zahlungen und Leistungen an seinen Lehrling bzw. dessen Vater. Auffällig ist außerdem der Wohnort des ersten Lehrlings: Wilhelm Roth kam aus Roesrath, zwischen Köln und Siegburg gelegen, und nicht aus dem Solinger Industriebezirk.

Von den zehn Arbeiter, die im April 1874 bei Theodor Kieserling beschäftigt waren, (außerdem standen die Brüder Otto und Richard Albrecht sowie zwei Lehrlinge auf der „Lohnliste") waren einer das ganze letzte Jahr bei der Firma, ein weiterer acht Monate[2], zwei fünf Monate, drei Arbeiter drei Monate, zwei zwei Monate und einer erst einen Monat tätig gewesen.

Die anderen zwanzig Arbeiter, die in der Zeit von Januar 1873 bis März 1874 bei Kieserling beschäftigt gewesen waren, lassen sich im Hinblick auf ihre Verweildauer im Betrieb in drei Gruppen unterteilen: vier Arbeiter blieben zwischen sieben und zehn Monaten, fünf zwischen drei und vier Monaten und elf Arbeiter lediglich ein bis zwei Monate dort tätig.

Dieser häufige Arbeitsplatzwechsel ist keineswegs auf die Firma Th. Kieserling & Albrecht beschränkt gewesen, sondern galt in dieser Zeit des 19. Jahrhunderts für große Teile der gesamten deutschen Industrie und kann durchaus als eine Kampfform der Arbeiter gegen die Unterordnung unter die „industrielle Disziplin" der neuen kapitalistischen Produktionsweise interpretiert werden.[3]

Die konkrete Ausgestaltung von industriellen Lohnarbeitsverhältnissen war nach der Reichsgewerbeordnung aus dem Jahre 1869 „Gegenstand freier Übereinkunft" zwischen „Arbeitgeber" und „Arbeitnehmer". In der betrieblichen Wirklichkeit ermächtigte diese „freie Übereinkunft" den Unternehmer innerhalb der Sphäre seines Privatbesitzes zur Setzung von positivem Recht, die dem Arbeiter als rechtsverbindliche Vereinbarungen vorgelegt wurden. Unterschrieb er seinen Arbeitsvertrag, so hatte sich der Arbeiter der kaum eingeschränkten Fabrikantenherrschaft im Betrieb zu unterwerfen.

Gleichzeitig wünschten sich die Unternehmer aber, dass „ihre" Arbeiter sich so mit dem Betrieb und der Arbeit identifizierten, „als wenn es sich um ihr eigenes Interesse handele." Aus diesem unauflösbaren Widerspruch entsprang die Notwendigkeit der „industriellen Disziplin" und nicht ursächlich aus Kooperationszwängen der Produktion oder der Anpassung an maschinelles Fabrikarbeiten.

Fabrikordnung 1892

Ein Unternehmer wie Theodor Kieserling es war, benötigte nach seinem Selbstverständnis keine Fabrik- bzw. Arbeitsordnung, um in seinem Betrieb die notwendige Zustimmung seiner Arbeiter zu erzielen; auch nicht, als in den nächsten Jahrzehnten die Arbeiterzahl in seiner Fabrik kontinuierlich anstieg. Nach der Einrichtung der Gießerei als selbständiger Abteilung der Firma waren 1883 insgesamt 22 Arbeiter (davon 2 Jugendliche unter 16 Jahren) bei Kieserling beschäftigt. Sechs Jahre später war die Anzahl der Arbeiter auf 42, ein weiteres Jahr danach auf 50 gestiegen.[4]

Wahrscheinlich hätte Theodor Kieserling auch in den nächsten Jahren gut auf ein geschriebenes Reglement seiner unternehmerischen Herrschaft verzichten können, wäre er nicht, wie viele andere Unternehmer auch, durch die Novellierung der Reichsgewerbeordnung 1891 gesetzlich dazu gezwungen worden. In allen Fabriken mit mehr als zwanzig Beschäftigten musste nun eine Fabrikordnung erlassen werden. Den Arbeitern wurde per Gesetz die Möglichkeit eingeräumt, sich zu dieser neuen Ordnung im Betrieb zu äußern: Entweder durch Mitwirkung eines speziellen, von den Arbeitern gewählten Ausschusses, oder durch einzelne Willensäußerung beim Unternehmer. Die jeweilige Firmenleitung hatte die Wahl, welche der beiden Verfahren sie praktizieren ließ.

Theodor Kieserling entschied sich für die Vorform der betrieblichen Mitbestimmung und verhandelte mit den für diesen Zweck gewählten acht Belegschaftsvertretern aus den beiden Fabrikabteilungen.[5] War schon die Beteiligung eines Arbeiterausschusses an der Formulierung der Fabrikordnung nicht die Regel, sondern die Ausnahme unternehmerischen Verhaltens, so überrascht das Ergebnis der Verhandlungen zwischen Theodor Kieserling und den Arbeitern noch mehr.

Als allgemeine Vorbilder dienten für Fabrikordnungen die Regelungen aus dem Bereich staatlicher Zwangsinstitutionen (Militär, Schule, Gefängnisse, Arbeitshäuser), die Ausarbeitung einzelner Vorschriften erfolgte aber großenteils individuell und auf experimenteller Basis. Was und wie etwas in der Fabrikordnung einer Firma geregelt wurde, erlaubt so Rückschlüsse auf die besonderen Einstellungen der jeweiligen Unternehmensleitungen.

Im Unterschied zu den Arbeitsordnungen anderer Fabriken war die der Fa. Th. Kieserling & Albrecht mit ihren drei Seiten Text kurz und im Ton sehr moderat gehalten. Sie beschränkte sich auf die Regelung der Arbeitszeit und der Pausen, der Lohnzahlungen, der Kündigungsfristen und -modalitäten sowie die Festsetzung von „Ordnungsvorschriften“[6].

Trotzdem gibt auch diese außergewöhnlich modern und fast schon sozialpartnerschaftlich anmutende Fabrikordnung einen ersten Blick in das „Innenleben“ der Kieserling'schen Fabrik frei. Im Jahre 1892 dauerte die tägliche Arbeitszeit bei der Firma Kieserling von morgens 7.00 Uhr bis 12.00 Uhr. Nach einer anderthalbstündigen Mittagspause (Arbeiter verließen im Allgemeinen während der Mittagspause die Fabrik und begaben sich zum Essen in ihre Wohnung. War der Wohnort zu weit von der Fabrik entfernt, brachten z.B. die Ehefrauen das Mittagessen vor das Werkstor) begann die zweite Hälfte der Arbeitstages um 13.30 Uhr und endete um 19.00 Uhr; nachmittags um 16.00 Uhr von einer halben Stunde Kaffeepause unterbrochen. Regulär wurde von Montag bis Samstag in der Fabrik gearbeitet, insgesamt also 60 Stunden die Woche. Wie allgemein in Deutschland üblich, ließ auch Theodor Kieserling sein Recht auf Anordnung von Überstunden in der Fabrikordnung festschreiben.

„Bei dringlichen Arbeiten sind alle Arbeiter verpflichtet, gegen besonders festgesetzte oder vereinbarte Vergütung, über die oben bestimmte Arbeitszeit hinaus, sowie an Sonn= und Feiertagen, soweit es die gesetzlichen Bestimmungen zulassen, zu arbeiten."

Dass diese Überstunden aber besonders entlohnt werden sollten, war keineswegs die Regel in deutschen Fabriken. Die aus heutigen Tarifverträgen bestens bekannte Formulierung belegt eindringlich, die für die damalige Zeit und damalige Unternehmer fortschrittliche soziale Einstellung von Theodor Kieserling, und das besondere Klima des Miteinanders von Firmenleitung und Arbeitern bei Th. Kieserling & Albrecht.

Aber auch beim „Kieserling" war Mehrarbeit nur dann erlaubt, wenn sie im Interesse des Unternehmens war. Die Gießereiarbeiter richten des Öfteren ihre Arbeit so ein, dass Restarbeiten noch nach Ende der regulären Arbeitszeit ausgeführt werden mussten. Dieser von den Arbeitern herbeigeführte „Sachzwang", schließlich musste das Gussteil abschließend bearbeitet sein, um es nicht vollkommen unbrauchbar zu machen, ermöglichte es ihnen, ihren Lohn durch die Überstundenbezahlung aufzubessern. Diese „erschlichenen" Überstunden wollte auch ein Theodor Kieserling unterbunden sehen: „Alles Arbeiten über die festgesetzte Zeit hinaus ist nur mit ausdrücklicher Erlaubnis gestattet, und ist in der Gießerei dafür im Allgemeinen Sorge zu tragen, dass beim Gießen bei Schluss der Arbeit alles fertig ist."

Nicht nur die Frage der Überstunden zeigte, dass nirgendwo weniger als in der Ökonomie der Zeit ein gemeinschaftliches freiwilliges Interesse zwischen Lohnarbeit und Kapital herzustellen war. Pünktlicher Arbeitsbeginn war auch bei Th. Kieserling & Albrecht Pflicht, ein Zuspätkommen von 10 Minuten kostete den Arbeiter etwa einen Stundenlohn. Dies ist die einzige drastische Strafe in der gesamten Fabrikordnung. Was geschah, wenn der Arbeiter mehr als diese ominösen zehn Minuten zu spät kam, ist nicht geregelt und somit unbekannt. Vielleicht gab es auch bei Th. Kieserling & Albrecht wie in anderen Fabriken die Regelung, nach einer gewissen Zeit die Fabrik zu schließen, den zu spät gekommenen Arbeiter nicht mehr einzulassen, und ihm so einen ganzen Tageslohn zu nehmen. Während der Arbeitszeit durfte kein Arbeiter seine Arbeitsstelle ohne Grund und die Fabrik ohne Erlaubnis verlassen, Arbeitszeiten sollten genau eingehalten werden. Indirekt belegen die Bestimmungen der Fabrikordnung zur Erzwingung von Pünktlichkeit und Vermeidung von „Zeitverschwendung" aber ebenfalls, dass die Arbeiter dem unternehmerischen Streben nach jeder Minute Arbeitszeit ihrerseits eine individuelle Rückaneignung von Zeit entgegensetzten. Die detaillierten Regelungen in der Fabrikordnung ergeben nur dann einen Sinn, wenn die betriebliche Wirklichkeit eigentlich eine andere war. Wenn also Pausen früher begonnen und dann zeitlich überzogen wurden, wenn es nicht die Ausnahme, sondern die Regel war, dass schon vor offiziellem Arbeitsende die Fabrik verlassen wurde, wenn es sich die Arbeiter nicht nehmen ließen, während der Arbeit mit ihren Kollegen nicht nur über das Arbeitsnotwendige zu sprechen.

Die Fabrikordnungen von Maschinenfabriken widmeten den Werkzeugen und Maschinen insgesamt große Aufmerksamkeit. Die Fa. Th. Kieserling & Albrecht bildete hier keine Ausnahme. Der einzelne Arbeiter sollte ein Interesse an der Pflege und dem Erhalt des Werkzeuges sowie der Maschinen entwickeln, als wäre es sein Eigentum. Bei Zuwiderhandlung haftete er mit seinem ganzen Lohn. Aber diese gewünschte Identifikation von Arbeiter und seinem Arbeitsgerät fand in den Augen des Unternehmers ihre Grenzen am Fabrikausgang: *„Das Mitnehmen von Werkzeugen oder sonstigen Gegenständen aus der Fabrik ohne Erlaubnis ist streng untersagt.“*

Der kapitalistischen Logik einer „rationellen“ Ökonomie der Arbeitsgegenstände und -mittel entsprang auch jene Gruppe von Vorschriften, die auf die Schaffung einer Handhabe zielten, um das Risiko der Produktion (zumindest weitgehend) auf den Arbeiter abzuwälzen.

„Bei Stückarbeiten hat der Arbeiter darauf zu achten, dass seine Arbeit dem Zweck vollkommen entspricht und hat derselbe bei schlechter Ausführung für die Kosten der Nacharbeit aufzukommen, resp. werden dieselben an seinem Lohne gekürzt. Unbrauchbare Stückarbeit wird nicht bezahlt. Muthwillig oder leichtsinnig zerstörtes Eigenthum der Firma hat derselbe zu ersetzen, resp. wird der von der Firma festgesetzte Schadenbetrag an der nächsten Löhnung gekürzt.“

Während es in den meisten Fabrikordnungen dieser Zeit durchgehend an Bestimmungen fehlte, die den Unfallschutz oder den Schutz vor Krankheiten zum Gegenstand gehabt hätten, befassten sich in der Kieserling'schen Fabrikordnung zwei Abschnitte explizit mit der Verhütung von Unglücksfällen. In der Gießerei musste solche Kleidung getragen werden, die Verletzungen durch herumspritzende glühende Eisentropfen verhindern sollte, und bei größeren Arbeiten mit mehreren Arbeitern hatte der Vorarbeiter die Aufgabe, *„alle Vorkehrungen zu treffen, dass Unglücksfälle ausgeschlossen sind.“*

In dieser die Gesundheit der Arbeiter schützenden Hinsicht war Theodor Kieserling seiner Zeit um Jahre voraus. So verwundert die Formulierung zu einem der brennendsten innerbetrieblichen Alltagsprobleme dieser Zeit - dem Alkoholkonsum, genauer: Schnapsmissbrauch im Betrieb umso mehr. Der Düsseldorfer Fabrikinspektor schätzte den täglichen Schnapsverbrauch der Feuerarbeiter seines Aufsichtsbezirkes im Jahre 1880 auf mehr als ¼ Liter. Es gingen demnach in solchen Betrieben 10 bis 25 und mehr Prozent des verdienten Durchschnittslohnes in Schnaps auf, der während der Arbeit verbraucht wurde.

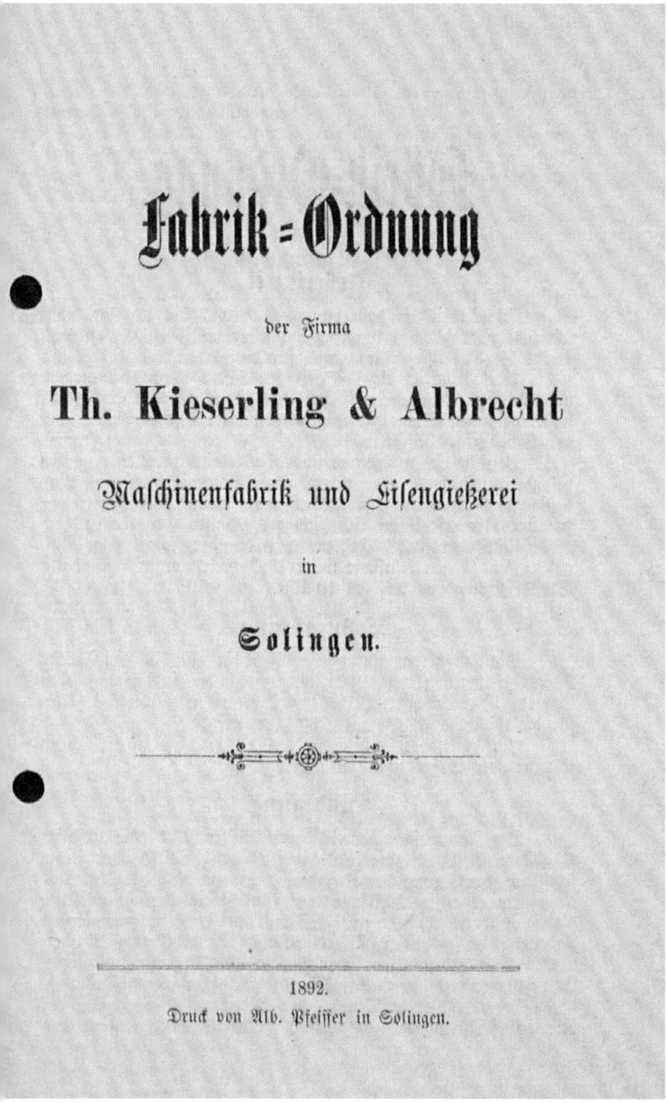

Fabrik = Ordnung

der Firma

Th. Kieserling & Albrecht

Maschinenfabrik und Eisengießerei

in

Solingen.

1892.

Druck von Alb. Pfeiffer in Solingen.

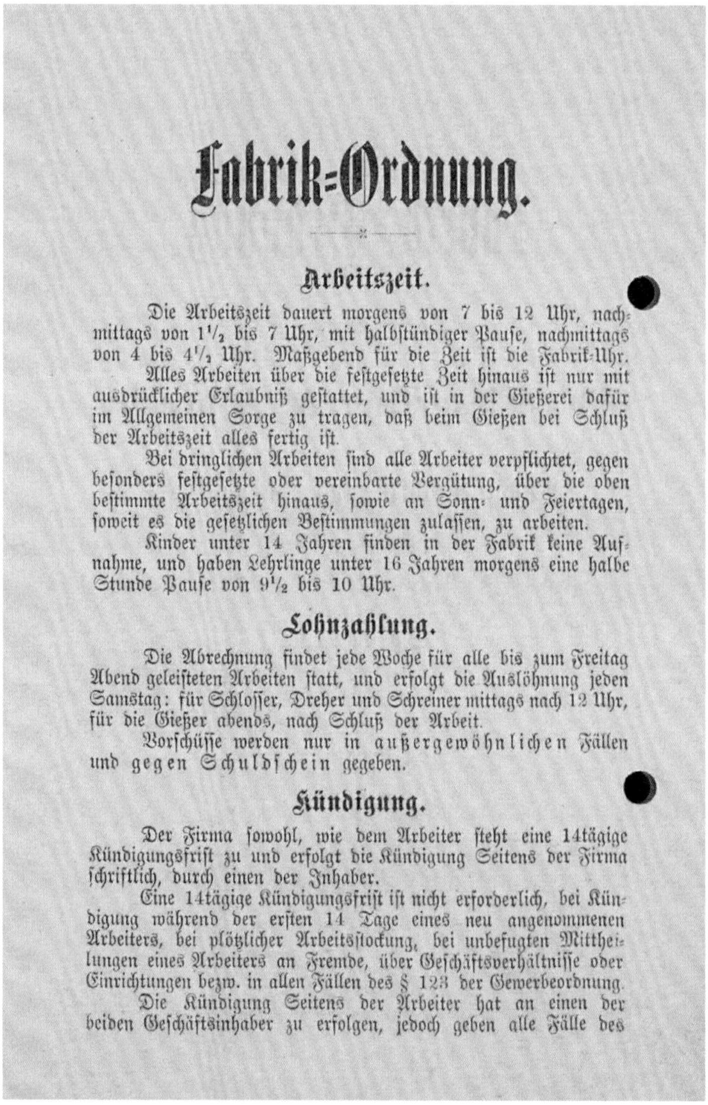

Fabrik=Ordnung.

Arbeitszeit.

Die Arbeitszeit dauert morgens von 7 bis 12 Uhr, nachmittags von 1½ bis 7 Uhr, mit halbstündiger Pause, nachmittags von 4 bis 4½ Uhr. Maßgebend für die Zeit ist die Fabrik-Uhr.

Alles Arbeiten über die festgesetzte Zeit hinaus ist nur mit ausdrücklicher Erlaubniß gestattet, und ist in der Gießerei dafür im Allgemeinen Sorge zu tragen, daß beim Gießen bei Schluß der Arbeitszeit alles fertig ist.

Bei dringlichen Arbeiten sind alle Arbeiter verpflichtet, gegen besonders festgesetzte oder vereinbarte Vergütung, über die oben bestimmte Arbeitszeit hinaus, sowie an Sonn- und Feiertagen, soweit es die gesetzlichen Bestimmungen zulassen, zu arbeiten.

Kinder unter 14 Jahren finden in der Fabrik keine Aufnahme, und haben Lehrlinge unter 16 Jahren morgens eine halbe Stunde Pause von 9½ bis 10 Uhr.

Lohnzahlung.

Die Abrechnung findet jede Woche für alle bis zum Freitag Abend geleisteten Arbeiten statt, und erfolgt die Auslöhnung jeden Samstag: für Schlosser, Dreher und Schreiner mittags nach 12 Uhr, für die Gießer abends, nach Schluß der Arbeit.

Vorschüsse werden nur in außergewöhnlichen Fällen und gegen Schuldschein gegeben.

Kündigung.

Der Firma sowohl, wie dem Arbeiter steht eine 14tägige Kündigungsfrist zu und erfolgt die Kündigung Seitens der Firma schriftlich, durch einen der Inhaber.

Eine 14tägige Kündigungsfrist ist nicht erforderlich, bei Kündigung während der ersten 14 Tage eines neu angenommenen Arbeiters, bei plötzlicher Arbeitsstockung, bei unbefugten Mittheilungen eines Arbeiters an Fremde, über Geschäftsverhältnisse oder Einrichtungen bezw. in allen Fällen des § 123 der Gewerbeordnung.

Die Kündigung Seitens der Arbeiter hat an einen der beiden Geschäftsinhaber zu erfolgen, jedoch geben alle Fälle des

Die Fabrikordnung aus dem Jahre 1892

§ 124 der Gewerbeordnung dem Arbeiter das Recht zum sofortigen Austritt ohne Kündigung.

Der Arbeiter, welcher widerrechtlich, ohne Kündigung austritt, verliert seinen Anspruch auf rückständigen Lohn und fließt sein Guthaben in die Kasse für außergewöhnliche Unterstützung der Arbeiter, welche auch die Strafgelder aufnimmt.

Ordnungsvorschriften.

Jeder Arbeiter ist gehalten, bei Beginn der Arbeitszeit pünktlich an seiner Arbeitsstelle zu sein, und wird ein Zuspätkommen von 10 Minuten ohne vorher eingeholte Erlaubniß mit $1/_{10}$ des Tagelohnes bestraft.

Während der Arbeitszeit darf kein Arbeiter die Fabrik ohne Erlaubniß verlassen.

Jeder Arbeiter muß die Arbeitszeit genau einhalten, darf seine Arbeitsstelle nicht ohne Grund verlassen, seine Mitarbeiter nicht in der Arbeit stören und die Arbeit nicht vor dem Schluß- oder Pausezeichen verlassen.

Falls ein Arbeiter verhindert ist, zur Arbeit zu erscheinen, ist derselbe verpflichtet, der Firma hiervon sofort Nachricht zu geben.

Wer in der Fabrik in trunkenem Zustande sich aufhält, wird mit einer Mark bestraft.

Jeder Arbeiter hat dafür zu sorgen, daß das demselben anvertraute Geräth, Maschine, Modell, Zeichnung ꝛc. in gutem Zustande bleibt, und haftet dafür mit seinem ganzen Lohn.

Muthwillig oder leichtsinnig zerstörtes Eigenthum der Firma hat derselbe zu ersetzen, resp. wird der von der Firma festgesetzte Schadenbetrag an der nächsten Löhnung gekürzt.

Bei Stückarbeiten hat der Arbeiter darauf zu achten, daß seine Arbeit dem Zweck vollkommen entspricht und hat derselbe bei schlechter Ausführung für die Kosten der Nacharbeit aufzukommen, resp. werden dieselben an seinem Lohne gekürzt. Unbrauchbare Stückarbeit wird nicht bezahlt.

Wer Arbeiten eines im Stücklohn stehenden Mitarbeiters verdirbt, hat diesem gegenüber für den Schaden aufzukommen.

Wenn zur Ausführung einer größeren Arbeit andere Arbeiter zugetheilt werden, so hat der Ausführende dafür Sorge zu tragen, daß diese stets passend beschäftigt, und alle Vorkehrungen zu treffen, daß Unglücksfälle ausgeschlossen sind.

Jeder Arbeiter, welcher eine Bohrmaschine oder andere Maschine, welche allgemein benutzt wird, in Gebrauch nimmt, hat dieselbe in guter Schmierung zu erhalten, und vor dem Verlassen dieselbe von Spähnen, Oel ꝛc. zu reinigen, die Bohrer auszuspannen und gemeinschaftlich zu benutzende Bohrer sofort wieder

abzuliefern. Jeder Arbeiter, der eine der übrigen Maschinen bedient, hat dieselbe in guter Schmierung und im übrigen sauber zu halten, darf auf gehobelten Bahnen nicht hämmern und muß jeden Samstag Abend vor Verlassen der Werkstätte die Maschine gereinigt und sauber geputzt haben.

Beim Gießen ist jeder der dabei Mitwirkenden verpflichtet, solche Kleidungsstücke, Stiefel ꝛc. zu tragen, in welchen herumspritzende glühende Eisentropfen sich nicht fangen können, so daß Verletzungen durch Einbrennen solcher Tropfen in den Körper gar nicht vorkommen können.

Das unbefugte Oeffnen der Werkzeugschränke von Mitarbeitern und Benutzen derer Werkzeuge ist verboten. Das Mitnehmen von Werkzeugen oder sonstigen Gegenständen aus der Fabrik ohne Erlaubniß ist streng untersagt.

Jeder Arbeiter erhält Notizbüchelchen und ist derselbe verpflichtet, die ausgeführten Arbeiten, und eventuell verbrauchtes Material mit Gewichtsangabe, zur Calkulation derselben darin zu notiren. Die Eintragungen in diese Bücher haben immer sofort zu erfolgen, damit eine Calkulation auf dem Büreau zu jeder Zeit erfolgen kann.

Die Monteure sind verpflichtet, an den auswärtigen Arbeitsstellen die geleisteten Arbeitstage und eventuell Ueberstunden sich wöchentlich bescheinigen zu lassen und sind Montage-Zettel auf dem Büreau zu fordern.

Solingen, den 28. April 1892.

Th. Kieserling & Albrecht,

Maschinenfabrik und Eisengießerei.

Lapidar heißt es in der Fabrikordnung von Th. Kieserling & Albrecht: *„Wer in der Fabrik in trunkenem Zustande sich aufhält, wird mit einer Mark bestraft."*

Im Unterschied zu vielen anderen Fabrikordnungen ist die Beschreibung des „Tatbestandes" Alkoholmissbrauch im Betrieb eingeschränkt und die Strafandrohung relativ gering. Daraus aber den Schluss zu ziehen, Alkohol wäre bei Th. Kieserling & Albrecht in dieser Zeit kein Problem gewesen, wäre falsch. Eher scheint es so, dass der Unternehmer die Situation realistisch genug einschätzte, und die Durchsetzung einer schärferen Regelung bei „seinen" Arbeitern für unmöglich hielt.

Die zuständige Ordnungsbehörde, der Solinger Bürgermeister, dem die Fabrikordnung zur Genehmigung vorgelegt werden musste, sah nicht nur das Alkoholproblem völlig anders. Die erfolgten Änderungen an der Fabrikordnung beschränkten sich deshalb nicht nur auf Formulierungen, die dem verwaltungsrechtlichen Denken der Beamten geschuldet waren (Nachträge zu §§ 1 und 3), sondern sahen drastische Verschärfungen der nunmehr „Strafen" genannten Ordnungsvorschrift bei Alkoholmissbrauch[7] im Betrieb und bei der Regelung der Straferteilungen und Verwendung der Strafgelder vor.

„Arbeiter, welche die in vorstehender Arbeitsordnung festgesetzten Ordnungsvorschriften übertreten, oder solche, welche in betrunkenem Zustande in der Fabrik sich aufhalten, werden mit Geldstrafen bis zur Hälfte des durchschnittlichen Tagesarbeitsverdienstes bestraft."

Theodor Kieserling hatte mit diesen behördlichen Änderungen wohl nicht gerechnet und „seine" Fabrikordnung schon in Druck geben lassen. Die Auflagen mussten deshalb als Nachtrag dem ursprünglichen Text hinzugefügt werden.

Ob die behördlichen Änderungen in der betrieblichen Praxis überhaupt eine Rolle spielten, ist bei der Persönlichkeit Theodor Kieserlings und seinem Führungsstil ebenso unwahrscheinlich, wie die gedruckte Fabrikordnung zu seinen Lebzeiten jemals eine größere Bedeutung für das „Innenleben" beim Kieserling erhalten haben dürfte. So verspürte Theodor Kieserling in den nächsten Jahren auch kein betriebliches Bedürfnis und keine Notwendigkeit, die einmal erlassene Fabrikordnung zu ändern.

Maschinenbauer 1893

Aus Anlass des zwanzigjährigen Firmenjubiläums wurde am 12. April 1893 bei Th. Kieserling & Albrecht gefeiert. Von der Belegschaft wurden zur Feier des Tages mehrere Fotos gemacht. Die „Maschinenbauer" postierten sich mit einem Zahnrad, dem symbolträchtigen Produkt ihrer Arbeit und ihrer Abteilung, vor dem in Fachwerkbauweise errichteten ersten Fabrikationsgebäude der Firma Kieserling. Nur der Heizer, in der Bildmitte sitzend, wahrte mit seiner Schaufel in der Hand auch optisch seine herausgehobene Stellung im Betrieb. Die Arbeiter der Gießerei nahmen ihrerseits vor „ihrem" Gebäude für den Fotografen Aufstellung und dokumentierten ihre Berufe mit den für Gussarbeiten notwendigen Werkzeugen, langstieligen Hämmern, Gussgefäßen, einem Sandsieb und einer Gießkanne.

Normalerweise wäre für den heutigen Betrachter lediglich interessant, dass von den beiden Abteilungen kein gemeinsames Belegschaftsfoto sondern zwei, ihre Eigenständigkeit und ihr Selbstbewusstsein respektierende, angefertigt wurden, wäre uns nicht ein glücklicher Zufall zur Hilfe gekommen.

Im Jahre 1941 veröffentlichte die „Rheinische Landeszeitung" in einer historischen Reihe das Foto der Abteilung „Maschinenbau", und bat die Leser um Auskünfte zu den abgebildeten Personen. Einige Zeit später wurde das Ergebnis veröffentlicht. [8]

Und so bekommen die Maschinenbauer der Fa. Th. Kieserling & Albrecht auf einmal für uns nicht nur ein Gesicht, sondern auch eine Geschichte. Von den auf dem Foto abgebildeten 29 Personen sind der Fuhrunternehmer und sein Sohn sowie die drei Volontäre als nicht zur Belegschaft gehörig abzuziehen. Von den 24 verbleibenden Arbeitern waren den Zeitgenossen 1941 noch 21 namentlich bekannt. Diesen Angaben zum Beruf und zur Tätigkeit der einzelnen Arbeiter nach, waren in der Abteilung Maschinenbau im April 1893 zehn Schlosser, fünf Dreher, zwei Hobler, zwei Schmiede, zwei Zuschläger, ein Heizer/Maschinist und zwei Schlosserlehrlinge beschäftigt. Von 14 Arbeitern konnten Geburtsdatum, Geburtsort und z.T. das Zuzugsdatum in den Solinger Industriebezirk sowie einige Angaben zur familiären und persönlichen Situation ermittelt werden.[9]

Diese Arbeiter waren 1893 im Alter von 19 bis 44 Jahren. Das Durchschnittsalter dieser Personen betrug 32,5 Jahre. Die Maschinenbauabteilung war also eine junge Belegschaft. Fünf der Arbeiter waren in Solingen bzw. in Gemeinden des Landkreises Solingen geboren. Vier Arbeiter stammten aus dem Kölner Raum, einer aus Krefeld und einer war in Iserlohn geboren worden. Aus weiter entfernten Gegenden stammten die beiden Schmiede (Königsberg und Istrien) sowie der Heizer (aus dem Harz).

Hieraus lassen sich zwei mögliche Schlüsse ziehen: Die Fa. Th. Kieserling & Albrecht war für Solinger Arbeiter ein nicht so attraktiver Arbeitsplatz, wie für Arbeiter aus der näheren Umgebung; oder: In Solingen gab es nicht genügend qualifizierte Arbeitskräfte für eine Maschinenbaufabrik. Bis auf einen wohnten alle 14 Arbeiter um 1893 im näheren Umkreis der Firma. Zwei hatten eine Kieserlingsche Betriebswohnung gemietet. Der Dreher Dood war der einzige Arbeiter, der schon 1873 bei Th. Kieserling & Albrecht beschäftigt gewesen war. Wie lange die anderen 13 Maschinenbauer 1893 schon bei der Firma tätig gewesen waren, lässt sich nicht mehr ermitteln. Aber zwölf Jahre später, 1905, waren immer noch sechs dieser Arbeiter beim Kieserling. Im Vergleich zu dem ersten Jahr der Firmengeschichte war die Verweildauer der Arbeiter in der Firma Th. Kieserling & Albrecht deutlich angestiegen, eine Stammbelegschaft begann sich im letzten Jahrzehnt vor der Jahrhundertwende zumindest in der Abteilung „Maschinenbau" herauszubilden.

Ein zweites Foto der Maschinenbauer von Th. Kieserling & Albrecht am 19. April 1893 in anderer Aufstellung

Die obere Reihe:
1. (ganz in der Mitte, mit der Kappe) Fuhrunternehmer Karl Jostes von der Katternberger Straße; besorgte viele Jahre sämtliche Fuhren der Firma K. & A. (+).

Links neben ihm:
2. Ein Schlosser, Name nicht bekannt. -

Rechts von Jostes:
3. Kaspar Inger, Hobler, Bruder von 26. (+).

Weiter rechts:
4. Ernst Wellershof, Dreher (+).
5. Ernst Schmidt, Schlosserlehrling

Zweite Reihe, von links nach rechts:
6. Karl Schmitz, Zuschläger.
7. Richard vom Feld, Volontär
8. August Kratz, Schlosser.
9. Karl Braun, Schlosser u. Reisemonteur (+).
10. Fritz Korte, Volontär.
11. Ein Dreher aus Küllenhan, Name unbekannt.
12. Karl Schmitz, Volontär, später Katasteramt Solingen.
13. Alfred Leverkus, Schlosser.
14. Ein Schlosser, Name unbekannt.
15. Wilhelm Rövenstrunk, Schlosser
16. Fritz Kirdorf, Schlosser (+).
17. Fritz Schüler, Schlosser (+).

Dritte Reihe, von links nach rechts:
18. Andreas Albert, Zuschläger
19. Ernst Harscheid, Schlosserlehrling
20. Hugo Steffens, Schlosser
21. Dominik Ive, Schmied.
22. Wilhelm Rohde, Dreher.
23. Gustav Kirschner, Dreher (+)
24. Franz Naujok, Schmied
25. Heinrich Pritzer, Schlosser, später Werkmeister (+).
26. Peter Inger, Hobler, Bruder von 3. (+).
27. (sitzend) Wilhelm Doodt, Dreher (+)
28. (auf dem Fass sitzend): Karl Wilsenack, Heizer (+)
29. (der kleine Junge) Emil Jostes, Sohn von Karl Jostes (1.), im Weltkrieg gefallen."

1898 arbeiteten 87 Arbeiter (davon 3 Jugendliche unter 16 Jahren) bei Th. Kieserling & Albrecht. Die Firma war damit zu der größten Maschinenbaufabrik im Solinger Industriegebiet geworden. Zum Vergleich beschäftigte die Fa. Reckermann im Jahre 1899 zwanzig, die Fa. Müller 1897 einundzwanzig und die Fa. Heuser im gleichen Jahr vierzehn Arbeiter. Nach dem Ergebnis der Berufszählung 1895 waren im Stadtkreis Solingen 106 Eisengießer und 44 Arbeiter mit der Fertigung von Maschinen und Werkzeugen beschäftigt. Im Landkreis Solingen waren es 173 Gießer und 75 Maschinenbauer. Jeder fünfte in diesen beiden Branchen tätige Lohnarbeiter fand bei Th. Kieserling & Albrecht seinen Arbeitsplatz.

Der Konflikt der Former 1905

„Wie uns von anderer Seite mitgeteilt wird, herrschen tatsächlich in zahlreichen Betrieben der Gießereibranche starke Mißstände. Ja, es soll sogar in verschiedenen Betrieben trotz intensiver behördlicher Einwirkung den Mindestanforderungen nicht genügt werden, die im Interesse der Gesundheit der Arbeiterschaft gefordert werden müssen. (...) Mithin glauben wir doch, dass es im Interesse der Arbeitgeber liegt, eine wohlwollende Prüfung der Forderungen vorzunehmen und sich nicht ohne zwingende Veranlassung auf einen Konflikt einzulassen, bei welchem sie eine festgeschlossene und erbitterte Gegnerschaft finden."[10]

Mit diesen Ausführungen bestätigte Ende 1904 die führende bürgerliche Zeitung in Solingen, das Solinger Kreis-Intelligenzblatt,[11] die Berechtigung der seit längerem unternommenen Initiativen des lokalen Metallarbeiterverbandes, gravierende Missstände in den Gießereien zu beseitigen sowie einheitliche Lohn- und Arbeitsverhältnisse anzustreben. Nur wenige Gießereibesitzer beherzigten den Rat des Kreis-Intelligenzblattes sofort. Erst nach mehreren Verhandlungsrunden, wiederholten Streik- und Aussperrungsandrohungen gelang es der Gewerkschaft schließlich Ende 1904 für die Former in den Tempergießereien des Solinger Industriebezirkes von den Unternehmern die Absichtserklärung zur Anerkennung minimaler Rahmenbedingungen bei den Arbeitsverhältnissen zu erreichen.

Missstände wie mangelhafte Beleuchtung am Arbeitsplatz, fehlende Schutzvorrichtungen an Maschinen, keine ausreichenden Waschgelegenheiten, ungenügende Reinigung der Aborte, sollten in den jeweiligen Gießereien von den Unternehmern auf ihre Kosten beseitigt werden. Über die Festsetzung der Arbeitszeit ließen die Gießereibesitzer aber nicht mit sich reden. Deren Regelung blieb jedem Unternehmen selbst überlassen.

Diese Vereinbarung des Deutschen Metallarbeiterverbandes (DMV) mit den Solinger Gießereiunternehmern war Teil der Bemühungen der Gewerkschaften, über den individuellen Arbeitsvertrag hinaus kollektive Regelungen zwischen der Arbeiterschaft und den Unternehmern über die Lohn- und Arbeitsverhältnisse zu erzielen. Die Vereinbarung kollektiver

Arbeitsverträge, also der Tarifvertrag zwischen Gewerkschaften und Unternehmern, war dabei innerhalb der organisierten Arbeiterschaft keineswegs unumstritten.[12] Innergewerkschaftliche Kritiker der Tarifverträge sahen z.B. durch die Laufzeit der Verträge eine Fesselung der Arbeiterschaft und befürchteten einen Rückgang des selbständigen Engagements der Arbeiter in den Betrieben. Die Befürworter des Tarifvertragswesens in den Reihen der Gewerkschaften argumentierten mit den Schwächen der bisherigen Taktik des „Werkstättenstreiks" bei der Erreichung einheitlicher Arbeitsbedingungen einer Branche und mit dem ablehnenden Verhalten der Unternehmer. Diese zeigten im Kaiserreich zuerst wenig Neigung, die Gewerkschaften überhaupt als Verhandlungspartner anzuerkennen und mit ihnen Verträge abzuschließen. Sie zogen es vor mit „ihren" Arbeitern alleine zu verhandeln.[13]

Gemäß dieser Verhaltensweise waren auch längst nicht alle Gießereien im Solinger Industriegebiet den obigen Vereinbarungen beigetreten. Deshalb sah der Solinger DMV seine weiteren Aufgaben so:[14] *„Nun, nachdem im Prinzip die Forderungen anerkannt und von einer ganzen Reihe Gießereibesitzer zur Durchführung gebracht, bedarf es nur des einmütigen Zusammenhaltes der Former, um auch in den letzten Werken das durchzuführen, was man trotz des Vertrages nicht gutwillig geben will."*

Auch die Fa. Th. Kieserling & Albrecht zeigte von sich aus keine Bereitschaft, die von der Gewerkschaft geforderten Änderungen der Arbeitsbedingungen in ihrem Betrieb umzusetzen. Der DMV hatte in diesem Stadium des Konfliktes nur wenig Möglichkeiten mit der Firma in ernsthafte Gespräche einzutreten, da sie zu einen vom Unternehmen als Verhandlungspartner nicht akzeptiert wurde, andererseits aber auch kein allgemeiner rechtlicher Rahmen oder eine institutionalisierte Form bestand, wie betriebliche Konflikte zwischen Arbeitern und Firma zu lösen seien. Wollte die Gewerkschaft nicht klein beigeben und trotzdem versuchen ihre Vorstellungen mit Aussicht auf Erfolg durchzusetzen, dann müsste sie einen günstigen Zeitpunkt abwarten, um die Forderungen an die Firmenleitung herantragen zu können. Allgemeine Bedingung für dieses Unterfangen war eine gute Konjunktur und eine gute Auftragslage des jeweiligen Unternehmens. Die Firma müsste einen möglichen Arbeitskampf als wirtschaftlichen Verlust spüren, und die beteiligten Arbeiter durften nur schwer ersetzbar sein (dieser Umstand erleichterte qualifizierten Facharbeitern im Unterschied zu angelernten Hilfsarbeitern die Durchsetzung von Forderungen erheblich). Im Besonderen müsste aber die Stimmung unter den Arbeitern des jeweiligen Betriebes einen Konflikt mit der Firmenleitung zulassen. Denn sie selbst mussten bereit sein, für ihre Forderungen aktiv zu kämpfen.

Im innerbetrieblichen Miteinander bei Th. Kieserling & Albrecht waren tiefgreifende Veränderungen erfolgt. Die beiden Firmengründer hatten zeitlebens ihre Nähe und Bindungen zum Handwerk weder verleugnen können noch wollen und ihr Verhältnis als Firmeninhaber zu ihrer Belegschaft, auch aus religiösen Motiven[15], als persönliches Regime der väterlichen Fürsorge gesehen. Ihr plötzlicher Tod innerhalb von nur 16 Monaten zwang das Unternehmen ab dem Sommer 1902 zu einem übereilten Generationswechsel in der Leitung der Firma. Eng verbunden mit den zeitweise unklaren Leitungsstrukturen, wandelte sich der unternehmerische Führungsstil bei Th. Kieserling & Albrecht völlig. Die junge Unternehmergeneration verstand sich als moderne Fabrikanten ihrer Zeit der Hochindustrialisierung, Kartellbildung und Monopolisierungstendenzen und versuchte im Führungsstil dem Vorbild der Großindustriebetriebe nachzueifern. Ihre Verhaltensweise spiegelte aber nicht nur ein subjektiv neues unternehmerisches Selbstverständnis, vielleicht auch eine gewisse Schwäche und mangelnde Souveränität der Firmenleitung wider, sondern ist auch als Antwort auf die objektive strukturelle ökonomische Schwäche der Firma zu interpretieren. Der für die Belegschaft von Th. Kieserling & Albrecht neue „Herr-im-Hause-Stil" des Unternehmers darf als Faktor der kommenden Konflikte zwischen den Arbeitern und der Betriebsleitung in den Jahren 1905 und 1906 nicht übersehen werden. In den Augen der Arbeiter war die Verschlechterung des Klimas zwischen Kapitalseite und Arbeiterschaft zu dieser Zeit hingegen längst personalisiert.[16] *„Ist es doch gerade der junge Herr Kieserling, der sich über die elementarsten Anstandspflichten im Verkehr mit den Arbeitern hinwegsetzt."*

Ein neuer Meister in der Gießerei und seine Versuche, die Akkordlöhne herabzusetzen,[17] verschärften im Frühjahr 1905 die Spannungen zwischen Formern und Firma nochmals soweit, dass das Fass bei der Belegschaft überlief. Schließlich trafen sich die gewerkschaftlich organisierten Arbeiter der Kieserling'schen Gießerei in einer „Werkstattversammlung" außerhalb des Betriebes (entweder im Saal einer Gaststätte oder im Gewerkschaftshaus) und berieten dort ihre Forderungen („Wünsche"). Nicht alle DMV-Mitglieder bei der Fa. Th. Kieserling & Albrecht wurden eingeladen, sondern nur die in der Gießereiabteilung Beschäftigten sollten zusammenkommen. Diese Vorgehensweise entsprach den allgemeinen gewerkschaftlichen Gepflogenheiten bei Arbeitskämpfen vor dem 1. Weltkrieg. Nicht der gesamte Betrieb, sondern einzelnen Berufsgruppen („Branchen") stellten für sich zu verschiedenen Zeitpunkten Forderungen auf. Hierbei spielten

Die Former und Gießereiarbeiter von Th. Kieserling & Albrecht, vermutlich 1893

weniger handwerkliche Traditionen und berufsständische Borniertheit als vielmehr die realen Chancen für die Durchsetzung von Forderungen eine ausschlaggebende Rolle. Nicht alle Arbeiter eines Betriebes waren in gleichem Maße „gewerkschaftlich-konfliktfähig". Nach Bedeutung für den Produktionsablauf und gewerkschaftlichem Organisationsgrad differenziert, besaßen die einzelnen Berufsgruppen unterschiedliche Möglichkeiten, die Lohn- und Arbeitsbedingungen in ihrem Sinne zu verändern. Weil die Durchsetzungskraft der Gewerkschaft nur in seltenen Fällen dazu ausgereicht hätte, den Erfolg einer Berufsgruppe auf den ganzen Betrieb zu übertragen, stand die Branche im Vordergrund der gewerkschaftlichen Taktik.

Das Ergebnis ihrer Beratungen fassten die Former in einem moderat gehaltenen Brief[18] an die Firmenleitung zusammen, der, mit einer Ausnahme, von allen Gießereiarbeitern unterzeichnet wurde. Gleichzeitig wählten sie eine dreiköpfige Kommission, die in ihrem Namen mit der Firma verhandeln sollte. Der Metallarbeiterverband war bis zu diesem Zeitpunkt des Konfliktes nach außen nicht in Erscheinung getreten. Der Firma wurde mit dieser Taktik die Möglichkeit genommen, die Verhandlungen mit der Begründung, aus prinzipiellen Erwägungen mit der Gewerkschaft und derem Bevollmächtigten nicht zu reden, abzulehnen. Gleichzeitig erzielten die Former durch die Unterschrift jedes einzelnen Arbeiters unter den Forderungskatalog die notwendige Geschlossenheit untereinander, die sie so auch der Firmenleitung demonstrieren konnten. Alle Arbeiter, die die Petition unterzeichnet hatten, trugen jetzt das gleiche Risiko, von der Firma gemaßregelt zu werden.

Den Formern ging es zum einen um ihren Akkordlohn. Neben der zentralen Forderung nach Festhalten an den alten Akkordsätzen steht das wie der Preisfestsetzung des Lohnes für neue Artikel und die dabei anfallenden Konflikte mit den betrieblichen Vorgesetzten im Vordergrund.[19] Die Forderungen nach Bezahlung von Ausfallzeiten bei der Reinigung der Formen, die Übernahme der Kosten von unverschuldetem Wrackguss durch die Firma und die Stellung von Hilfsarbeiter für die Gießerei erhöhen nicht nur den erzielbaren Akkordlohn. Sie zeigen deutlich, wie die Arbeiter gezwungen waren, einen (all-) täglichen „Grabenkrieg" gegen die kleinliche „Pfennigfuchserei" des Unternehmens zu führen und lassen ahnen, welche Ausmaße das systematische „Sparen" auf Kosten der Arbeiter angenommen haben muss, denn direkte Forderungen nach einer Lohnerhöhung stellten die Former nicht.

Zum anderen forderten die Gießereiarbeiter die Verbesserung ihrer Arbeitsbedingungen. Die Bemühungen um ausreichende Lüftung und die Frage der Aborte hatte bei den Vereinbarungen des DMV mit den Solinger Gießereibesitzern Ende 1904 schon eine wichtige Rolle gespielt. Und schließlich „wünschten" die Arbeiter von der Firmenleitung die Verkürzung der wöchentlichen Arbeitszeit von 60 auf 59 Stunden mit Lohnausgleich für die Tagelöhner. Diese Forderung war nun nicht aus den besonderen betrieblichen Verhältnissen entwickelt worden, sondern stellte eine Verbindung zu dem jahrzehntelangen Kampf aller Gewerkschaften um die Verkürzung der Arbeitszeit dar.[20] Seit der internationale Sozialistenkongress 1889 in Paris beschlossen hatte, jährlich am 1. Mai die Arbeit ruhen zu lassen, um auf diese Weise die Forderung der Arbeiter nach dem Achtstundentag zu unterstreichen, gab es eine allgemeine gewerkschaftliche Bewegung für eine Arbeitszeitverkürzung. Diesem Ziel war aber auch der 1891 gegründet DMV bis 1905 kaum ein Stück näher gekommen. (Verwirklicht wurde diese zentrale Forderung der Arbeiterbewegung erst unter dem Eindruck der Novemberrevolution 1918 und dann auch nur für wenige Jahre).[21] Unter diesem Blickwinkel langfristiger gewerkschaftlicher Bemühungen ergibt die Forderung, bei Arbeitsmangel lediglich acht Stunden täglich arbeiten zu lassen und niemanden zu entlassen, einen Sinn. Denn eine unmittelbare Bedeutung hatte sie angesichts der herrschenden Konjunktur im Jahre 1905 nicht. Hier ging es nicht um den Augenblick, sondern um Perspektiven und Prinzipien.

Insgesamt waren bei den formulierten Vorstellungen der gewerkschaftlich organisierten Kieserling'schen Former die Positionen des DMV nicht zu übersehen. Als die gesetzte Frist (Mittwoch 22. März 1905) für eine Antwort der Firma ergebnislos verstrichen war, trafen sich die Arbeiter der Gießerei am nächsten Tag wieder und beschlossen einen deutlich schärferen Ton anzuschlagen:[22]

„Bezugnehmend auf die von den Former und Gießerei-Arbeitern eingereichten Forderungen verlangt die Werkstattversammlung schriftlichen Bescheid bis Samstag, d(en) 25. März abends 6 Uhr. Im Falle dass dieser Bescheid nicht erfolgt, wird darauf hingewiesen, dass die Firma dann selbst die Verantwortung für ihre Weigerung zu übernehmen hat. Der Bescheid auf die einzelnen Forderungen ist der Kommission zu übergeben.“ *(Faksimile siehe nächste Seite)*

Diesen Brief schrieb der Beauftragte des DMV Solingen, Max Sendler, im Namen der Former und Gießereiarbeiter. Aber auch die Einbeziehung der örtlichen Metallgewerkschaft veranlasste die Firmenleitung nicht, von ihrer Verweigerungshaltung Abstand zu nehmen. Die zweite, samstägliche Frist verstrich wiederum, und nichts geschah. Was nun? Um die Firmenleitung endlich zu Verhandlungen über ihrer „Wünsche" zu zwingen, wählten die Arbeiter eine Demonstration ihrer Entschlossenheit unterhalb der Schwelle des Streiks. Heute bezeichnet man dieses Mittel während einer Tarifauseinandersetzung als Warnstreik.

Am darauffolgenden Samstag verließen die Former gemäß ihrer Forderung den Betrieb geschlossen schon um 6 Uhr abends, eine Stunde vor dem regulären Feierabend. Selbstverständlich waren sie sich über das damit verbundene Risiko im Klaren. Juristisch betrachtet hatten sie alle der Firma durch das „willkürliche Verlassen der Arbeit" einen Grund zu ihrer Kündigung geliefert. Zur Risikominimierung hatte die Verhandlungskommission der Arbeiter Tage zuvor mit der Betriebsleitung von Th. Kieserling & Albrecht gesprochen, aber mit Sicherheit nichts von der geplanten Aktion durchblicken lassen.

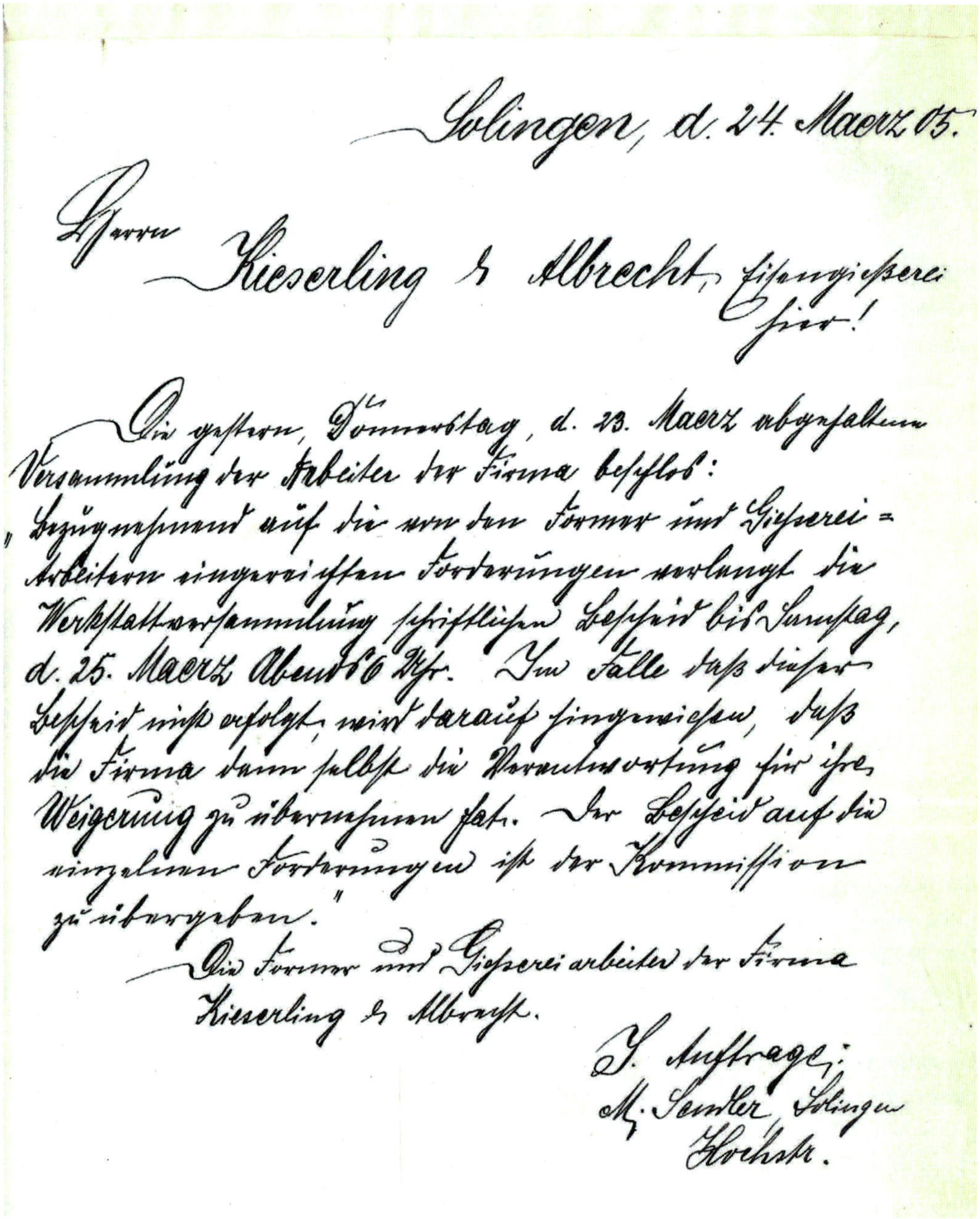

Solingen, d. 24. Maerz 05.

Herren Kieserling & Albrecht, Eisengiesserei hier!

Die gestern, Donnerstag, d. 23. Maerz abgehaltene Versammlung der Arbeiter der Firma beschloß:
„Bezugnehmend auf die von den Former und Gießerei=Arbeitern eingereichten Forderungen verlangt die Werkstattversammlung schriftlichen Bescheid bis Samstag, d. 25. Maerz Abends 6 Uhr. Im Falle daß dieser Bescheid nicht erfolgt, wird darauf hingewiesen, daß die Firma dann selbst die Verantwortung für ihre Weigerung zu übernehmen hat. Der Bescheid auf die einzelnen Forderungen ist der Kommission zu übergeben."

Die Former und Gießereiarbeiter der Firma Kieserling & Albrecht.

J. Auftrage:
M. Sendler, Solingen
Hochstr.

Schreiben des Beauftragten des Deutschen Metallarbeiterverbandes Solingen, Max Sendler, mit den Forderungen der Former und Giesserei-Arbeiter an die Fa. Th. Kieserling & Albrecht vom 24. März 1905

Forderungen der Former von Th. Kieserling & Albrecht 1905 (Abschrift)[23]

Herrn Kieserling & Albrecht, Eisengießerei
hier

Die Unterzeichneten erlauben sich, folgende Wünsche der Werksleitung zu unterbreiten. Nach gefälliger Einsichtnahme bitten wir, uns Antwort zukommen zu lassen. Wir wünschen:
1. Festhalten an den alten Akkordsätzen.
2. Die Preisfestsetzung für neue Artikel geschieht nach gegenseitiger Übereinkunft.
(3.) Kommt eine gegenseitige Vereinbarung über die zu bestimmenden Preise nicht zu Stande, dan(n) soll von Fall zu Fall eine unter den Formern gewählte Kommission mit dem Betriebsingenieur entscheiden. Die Erklärung eines Formers, neue Sachen für einen vom Meister diktierten Preis nicht machen zu können, gilt deshalb auch nicht als Arbeitsverweigerung.
4. Diese Akkordpreise müssen, soweit das möglich ist und tunlich erscheint, bei Vergebung des Stückes festgelegt werden.
5. Für die Gießerei müssen ständige Hilfsarbeiter gestellt werden und zwar mindestens einen für den alten und zwei Mann für den Neubau.
6. Der Lohn der Hilfsarbeiter soll mit 3,50 Mk anfangen und pro Halbjahr mit 25 Pfg steigen bis 4,00 Mk pro Tag.
7. Samstag soll um 6 Uhr Feierabend sein, ohne jedweden Abzug für Tagelöhner.
(8.) Es soll nur des Nachts getrocknet werden. Sofern die Trocknung mit Briquetts zu Beschwerden führt, soll dieselbe wieder beseitigt werden. Die Firma hat bei dieser Trocknungsart Pinsel zum Reinigen der Form zu stellen. Die längere Zeit, für Reinigung der Form, welche dabei zugebracht werden muss, soll entschädigt werden.
(9.) Die Ventilation muss eine bessere werden.
(10.) Die Abortanlagen sollen verlegt werden.
(11.) Wegen Arbeitsmangels dürfen so lange keine Leute entlassen werden, als die Arbeitszeit nicht auf 8 Stunden herabgesetzt ist.
(12.) Wrackguß, ohne Verschulden des Formers muss bezahlt werden.
Indem wir dieses der Firma unterbreiten, hegen wir die feste Überzeugung, dass die Erfüllung obiger Punkte keine Unmöglichkeit für die Firma ist und zeichnen:
Die Former und Gießereiarbeiter der Firma Kieserling & Albrecht (...).[24]
Die Unterzeichneten ersuchen zugleich bis Mittwoch d(en) 22. d(ie)s(e)s Monat der hierfür gewählten Kommission Bescheid zukommen zu lassen oder diesselbe überhaupt zu verständigen. Die Kommissionsmitglieder sind:

Herrm(ann) Müscher
Aug(ust) Schulze
Ed(uard) Wacker

Nun konnten die Arbeiter jedenfalls behaupten, es habe ein Missverständnis vorgelegen und sie hätten guten Glaubens gehandelt. Ganz im Tenor dieses berechtigten, aber trotzdem etwas naiven Vorwandes, stellt der Jahresbericht des Solinger DMV den Ausbruch des Konfliktes dar.[25]

„Eine Kommission der Former wurde vorstellig und wurden auch Zusicherungen gegeben, auf Grund deren die Former am Samstag den 1. April 1905, abends 6 Uhr, die Arbeit ruhen ließen und nach Hause gingen, in der festen Überzeugung, dass die Übereinstimmung beiderseits vorherrschte. Am fraglichen Tage hatte der Meister ja auch den Ingenieur in der Mittagspause darauf aufmerksam gemacht, dass für die Gießerei abends 6 Uhr Schluss sei."

Die Reaktion der Firmenleitung auf den Warnstreik am Samstag erfolgte prompt am nächsten Montag. Nicht alle Gießereiarbeiter, aber die drei Arbeiter der Verhandlungskommission erhielten „wegen willkürlichen Verlassens der Arbeit" die fristgerechte (14tägige) Kündigung. Die Maßregelung der drei Kommissionsmitglieder (*„die ältesten Leute im Werke, haben 20 Jahre und noch länger dort gearbeitet"*[26]) erregte nicht nur die Formerkollegen, sondern die gesamte Belegschaft. Zwei Tage später wurden jetzt alle gewerkschaftlich organisierten Arbeiter von Th. Kieserling & Albrecht zu einer Versammlung eingeladen, deren Ergebnis der DMV-Bevollmächtigte der Firma mitteilte:[27]

„Eine gestern, am 5. April stattgefundene Werkstattversammlung sämmtlicher Arbeiter Ihrer Firma, befaßte sich mit den Vorgängen im Betrieb und war der einmütigen Ansicht, dass die letzten Vorkommnisse welche von seiten der Betriebsleitung ausgingen, einstimmig verurteilt werden müßten.

Die Versammlung war sich darin einig, dass unter allen Umständen den Arbeitern das Recht zu steht, sich durch eine Kommission Beschwerdeführend an die Firma zu wenden, ohne dass an den Kommissionsmitgliedern Maßregelungen vorgenommen werden dürfen. Selbst bei einem etwaigen Missverständnis darf das nicht vorkommen. Die sämmtlichen Arbeiter sind davon überzeugt, dass unter den alten Chefs der Firma es nicht möglich gewesen wäre, dass Leuten gekündigt würde, die 20 Jahre und noch längere Zeit geschafft. (...) Um ein für allemal derartigen Vorkommnissen vorzubeugen, beschloß die Versammlung, sich solidarisch mit den gekündigten Kollegen zu erklären."

Die versammelten Arbeiter beschränkten sich aber nicht nur auf eine Solidaritätserklärung für ihre gemaßregelten Kollegen. Zentrale Bedeutung angesichts der aktuellen betrieblichen Situation hatte zwar die Forderung nach der „Zurücknahme der Kündigungen." Wesentlich stärker aber als zuvor wurde das Verhalten der Vorgesetzten kritisiert und eine „anständige Behandlung seitens der Angestellten und deren Angehörigen" eingefordert. Neben den bekannten Wünschen der Former zu ihrem Akkord finden sich in diesem Schreiben konkrete Forderungen nach Lohnerhöhungen für die anderen, im Tagelohn arbeitenden „Maschinenbauer".

„Der Lohn für gelernte Arbeiter, Schlosser, Dreher, Schmiede, Schreiner etc. am Anfang 4,00 MK pro Tag.
Für Hilfsarbeiter ist Anfangslohn 3,50 Mk.
Für sämmtliche Arbeiter steigt der Lohnsatz nach dem ersten Halbjahr um 25 Pfg pro Halbjahr."

Für die Former wurde nun die Vereinbarung eines „Preisverzeichnisses" (Lohntarifs)[28] erwartet. Da auch die Arbeiter der Maschinenbau-Abteilung unter sanitären Missständen zu leiden hatten, wurden *„bessere Wasch-Einrichtung für Schlosser-, Dreher- und Schreinerei etc."* gefordert, ebenso sollte für *„für Trinkwassergelegenheit (...) Sorge getragen werden."* Schließlich erhielt die Forderung nach Kurzarbeit statt Entlassungen eine weitere Präzisierung:

„Ist es denn notwendig, zu Entlassungen zu schreiten, so werden zuerst diejenigen entlassen, die unverheiratet sind und Angehörige nicht zu unterstützen haben."

Auf den ersten Blick erscheint der Forderungskatalog wie eine generelle Abrechnung der Arbeiter mit der Firma im Zustande der begreiflichen Erregung. Tatsächlich aber stellt dieses Schreiben von Max Sendler einen gewerkschaftlichen Tarifvertragsentwurf dar, in dem die Lohn- und Arbeitsbedingungen für die gesamte Firma Th. Kieserling & Albrecht, und nicht nur für eine Berufsgruppe, geregelt werden sollten. Besonders deutlich wird diese Absicht der Metallgewerkschaft durch die Forderung, dass *„sämmtliche Vereinbarungen durch Unterschrift der Firma gegenzuzeichnen (sind)".*[29]

Wie gering Sendler aber die Chancen für die Durchsetzung seines „Tarifvertragsentwurfes" eingeschätzt haben dürfte, belegt der „kämpferische" Ton in der letzten Passage des Schreibens (der Firmenleitung wird er anmaßend vorgekommen sein).

„Indem Ihrer werten Firma diese Forderungen unterbreitet werden, und Gelegenheit da ist, sich schriftlich zu äußern, diene zur weiteren Mitteilungen, dass Verhandlungen nur stattfinden mit dem Geschäftsführer des Metallarbeiter-Verbandes und einer hierzu beauftragten Kommission."

Darauf konnte Sendler eine Antwort der Fa. Th. Kieserling & Albrecht wohl kaum erwarten. Also wäre dann eigentlich nur noch der Streik als letztes Mittel im Arbeitskampf zur Durchsetzung der Ziele geblieben. Den aber suchte der DMV keineswegs, sondern entschied sich für die in Solingen erstmalige Anrufung des Einigungsamtes beim königlichen Gewerbegericht.[30]

Während das Gewerbegericht seit 1890 als Sondergericht für alle Streitigkeiten einzelner Personen aus gewerblichen Arbeitsverhältnissen zuständig war, sollte es bei Streiks und Aussperrungen als Einigungsamt dienen. Es setzte sich neben dem von der Gemeindebehörde gewählten Vorsitzenden aus der gleichen Anzahl von Vertretern der Arbeitgeber und der Arbeiter zusammen. Nach Anrufung des Einigungsamtes durch eine Seite, hatte der Vorsitzende dahin zu wirken, dass die Gegenpartei ebenfalls an der Verhandlung teilnahm und dort ein von beiden Seiten akzeptiertes Ergebnis erzielt werden konnte. Wenn eine Einigung zu Stande kam, müsste diese veröffentlicht werden, damit beide Parteien sich an die Vereinbarung gebunden fühlten. Kam keine Einigung zu Stande, konnte mit einfacher Mehrheit ein Schiedsspruch gefällt werden. Erkannten die beteiligten Parteien diesen Spruch nicht an, war das Verfahren vor dem Einigungsamt gescheitert. Zwangsmaßnahmen zur Durchsetzung des Schiedsspruches konnte das Einigungsamt nicht ergreifen.[31]

Warum wählte der Solinger DMV diesen Weg vor das Einigungsamt? Die Durchsetzung eines Tarifvertrages durch einen Streik war in seinen Augen wohl nicht sehr realistisch. Zur gleichen Zeit streikten die Former in einem anderen Betrieb des Solinger Industriegebietes (Fa. Großmann in Wald) und der DMV befand sich in größeren Auseinandersetzungen mit den starken Solinger Fachvereinen, den lokalen Gewerkschaften der Schneidwarenindustrie. Einen weiteren Arbeitskampf dürfte der DMV-Bevollmächtigte auch aus Kostengründen zu vermeiden gesucht haben. Und schließlich bedeutete die erstmalige und möglicherweise erfolgreiche Verhandlung vor dem Solinger Einigungsamt einen Fortschritt und möglichen Präzedenzfall in der lokalen Anerkennung des DMV als Verhandlungspartner der Arbeitgeber.

Auf Veranlassung seines Vorsitzenden, des Gewerbeinspektors Dr. Czimatis, trat am 14. April 1905 das Gewerbegericht als Einigungsamt zusammen und erzielte eine Verständigung zwischen dem Unternehmen und den Arbeitern.[32]

„An die Firma Th. Kieserling u. Albrecht in Solingen waren von Seiten der Arbeiter, insbesondere der Former und Gießereiarbeiter eine Reihe von Forderungen gestellt worden, deren erste lautete: Zurücknahme der Kündigungen. Die Beratung vor dem Einigungsamt führte zu folgendem Ergebnis:

Die Differenzen der Firma mit ihren Arbeitern sind nicht durch das Verhalten der Firma verursacht worden, sondern durch unklare und fahrlässige Berichterstattung der Kommissionsmitglieder Herren Wacker, Müscher und Schulze. Die Kommissionsmitglieder geben dieses zu. (...) Alle drei Kommissionsmitglieder versprechen, dass sie fortan mit allen Kräften für den Frieden im Betrieb wirken wollen.

Danach wurde folgende VEREINBARUNG getroffen:

Sämtliche Kündigungen werden beiderseits zurückgezogen. Die schon eingeleiteten Verhandlungen über die übrigen Wünsche der Arbeiterschaft sollen bis zum 15. Mai Regelung finden. (...)

Das Ergebnis der Sitzung des Einigungsamtes bestand für die Arbeiter und die Gewerkschaft lediglich in der Rücknahme der Kündigungen und in der Absichtserklärung, über die weiteren Forderungen der Belegschaft solle später verhandelt werden. Für die gewerkschaftliche Organisation bedeutete das Verfahren als solches, unabhängig vom konkreten Ergebnis, einen Teilerfolg auf dem Weg zur Anerkennung als gleichberechtigter Verhandlungspartner der Arbeitgeberseite. Für die Belegschaft hingegen waren Verbesserungen weiteren Verhandlungen mit dem Unternehmen überlassen, ihre Solidarität und Kampfbereitschaft war zu Gunsten der Organisationsinteressen hintenangestellt worden. Dabei wusste auch der Bevollmächtigte des Solinger DMV, dass die Ergebnisse der zukünftigen Gespräche zwischen Firma und Belegschaft eher skeptisch zu beurteilen seien:[33]

„Es ist auch Grund und Ursache genug vorhanden, darauf zu achten, dass durch diese Vereinbarungen die Interessen der Arbeiterschaft keinen Schaden erleiden, besonders wenn man bedenkt, dass diese Forderungen schon lange auf Erfüllung warten."

Dieses Misstrauen erwies sich mehr als begründet.

„Gelang es auf diese Weise auch augenblicklich den Kampf zu vermeiden, so blieb doch eine gewisse Verbitterung zurück und nur widerwillig wurde die Arbeit aufgenommen, mit dem Gefühl des am Gewerbegericht erlittenen Unrechts. Die Arbeiterschaft stellte sich dabei auf den Standpunkt, dass für eventuelle Konflikte und Differenzen die Firma selbst verantwortlich sei. Man fügte sich indes dem Urteil, weil man eine Besserung erhoffte, die zwar in Aussicht gestellt, leider nicht in Erfüllung ging."[34]

Arbeitsordnung 1905

Noch während der beim Einigungsamt vereinbarten Gesprächsfrist legte die Firmenleitung der Belegschaft den Entwurf einer neuen Arbeitsordnung als Antwort auf die konkreten Forderungen der Arbeiter vor. Der Unternehmer wählte anstelle von bilateralen (Tarif-) Verhandlungen mit Belegschaftsvertretern oder Gewerkschaft den Weg der einseitigen (unilateralen) Anordnung. Real kam die Unternehmensführung den Forderungen der Arbeitern in einem Punkt ein wenig entgegen: Das Ende der Arbeitszeit am Samstag wurde den Wünschen der Arbeiter entsprechend um eine Stunde von 19.00 auf 18.00 Uhr vorverlegt. Da die Höhe des Lohnes für die Tagelöhne beibehalten wurde, fand eine Verkürzung der Arbeitszeit bei vollem Lohnausgleich statt. Auf den ersten Blick ein großer Erfolg für die Arbeiter. Wer aber nun gedacht hat, damit wäre die Arbeitszeit von wöchentlich 60 Stunden auf 59 Stunden gesenkt, der sah sich getäuscht. Die Firmenleitung legte die Arbeits- und Pausenzeiten so fest, dass wöchentlich immer noch 59 Stunden und 45 Minuten gearbeitet werden mussten. Statt einer halben Stunde Pause am Nachmittag führte die Firma eine 10 minütige Vormittags und eine 15 minütige Nachmittagspause ein. Nunmehr mussten die Arbeiter von Montag bis Freitag statt 10 Stunden sogar 10 Stunden und 5 Minuten arbeiten. Am Samstagnachmittag wurden die 15 minütigen Pausen gestrichen, so dass an diesem Tag trotz Vorverlegung des Arbeitsendes 9 Stunden und 20 Minuten reine Arbeitszeit blieb. Die reale Arbeitszeitverkürzung betrug also ganze 15 Minuten, die entsprechende Lohnerhöhung für die Tagelöhner nicht 1,6 Prozent sondern lediglich 0,4 Prozent.

Die neue Arbeitsordnung beschränkte sich aber keineswegs auf die Regelung der Arbeitszeit. Auf nunmehr 16 Seiten angeschwollen, wurden scheinbar alle Eventualitäten und Störungen des betrieblichen Alltages mit Vorschriften bis ins kleinste Detail versehen. In krassem Gegensatz zu der alten Fabrikordnung aus dem Jahre 1892 stand aber nicht nur der Umfang, sondern auch das der militärischen Begriffswelt entlehnte Vokabular. Wurden Passagen aus der alten Fabrikordnung wortwörtlich übernommen, dann wurden sie um weitere Präzisierungen ergänzt und somit verschärft.

Paragraph 1 des neuen *„Gesetzes der Kieserling'schen Fabrik"* verlangte von den Arbeiter *„die Unterwerfung unter die Arbeitsordnung"*.[35] Prägnanter lässt sich das neue, an militärischen Vorbilder orientierte, unternehmerische Selbstverständnis in der Fa. Th. Kieserling & Albrecht nicht ausdrücken, wenn auch der Firmenleitung zu Gute gehalten werden muss, dass auf Grund der verhärteten Fronten in der betrieblichen Auseinandersetzung die konkreten Formulierungen drastischer ausgefallen sein dürften, als unter „normalen" Bedingungen des betrieblichen Mit- und Gegeneinanders.

Trotz der außergewöhnlichen Umstände kann aber die Arbeitsordnung aus dem Jahre 1905 nicht nur als Anschauungsobjekt unternehmerischen Herrschaftswillens dienen, sondern auch Indizien für Veränderungen des Fabrikalltages unter der 2. Generation Kieserling liefern.

Die einschneidendste Änderung im „Innenleben" der Fa. Th. Kieserling & Albrecht betraf die Funktion der Vorgesetzten im Betrieb. Wenn das persönliche Regime eines Theodor Kieserling in seiner Fabrik Vorgesetzte auch nicht vollständig überflüssig gemacht haben dürfte, so waren die Zahl und der Einfluss dieser Personengruppe in der Firma bis zum Tode der Firmengründer sicherlich beschränkt. Konsequenterweise verzichtete Kieserling in seiner Fabrikordnung von 1892 auf nähere Ausführungen zu diesem Punkt. In der neuen Arbeitsordnung aus dem Jahre 1905 verpflichtete die junge Firmenleitung ihre Arbeiter nicht nur zum unbedingten Gehorsam gegenüber ihren Vorgesetzten, sondern legte eine nach militärischen Vorbild strukturierte betriebliche Hierarchie fest. *„Die Vorgesetzten der Arbeiter sind: die Vorarbeiter, Meister oder Aufseher, Betriebsführer, Leiter oder Besitzer des Werkes."*

Das Bild einer „Kieserling-Armee" mit Befehlshabern, Offizieren, Unteroffizieren und Fabriksoldaten drängt sich auf und wird durch die im folgenden Abschnitt beschriebene Institutionalisierung eines Beschwerdeweges weiter erhärtet. Hatte der einzelne „Fabriksoldat" ein dienstliches Anliegen, einen Wunsch oder gar eine Beschwerde, so konnte er sie seinem nächsten Vorgesetzten vortragen. Und wenn er *„sich bei dem Bescheide des nächsten Vorgesetzten nicht beruhigen zu können glaubt"*, dann war er berechtigt, *„sich weiter an die höheren Vorgesetzten in der (...) bestimmten Reihenfolge hinauf zu wenden."*

Ähnlich wie in einer Armee war ein persönliches Verhältnis zwischen Arbeitern und Leitung in diesem Modell des betrieblichen Miteinanders nicht mehr vorgesehen, die Macht des Unternehmers wurde anonymer und struktureller, aber keineswegs geringer.

Der persönliche Kontakt zum Arbeiter war von der Firmenleitung auf die unteren Vorgesetzten delegiert worden, diese erhielten die wichtige Kontrollfunktion zur Aufrechterhaltung der Produktion, sie waren verantwortlich für den Betriebsablauf in ihrem Bereich, und erhielten so Macht über ihre Untergebenen. Für den einzelnen Arbeiter verlagerten sich viele Konflikte auf das Verhältnis zum direkten Vorgesetzten, wurden dort personifiziert, und nicht mehr in der Person des Unternehmers gesehen. Denn nach den Vorstellungen der Firmenleitung sollte *„ungebührliches Betragen oder Gehorsamsverweigerung seitens der Untergebenen auch den Vorgesetzten berechtigen, dem Arbeiter zu kündigen“.* Früher war bei Th. Kieserling & Albrecht die schriftliche Kündigung durch einen der beiden Inhaber gängige Praxis gewesen. Nunmehr delegierte der Arbeitgeber dieses Recht auch auf seine Stellvertreter und verzichtete auf die schriftliche Form. Der Willkür von Vorgesetzten wurde damit Tür und Tor geöffnet. Der Aufbau einer ausgeprägten betrieblichen Hierarchie bescherte den Arbeiter von Th. Kieserling & Albrecht also sicherlich einen unangenehmeren betrieblichen Alltag als zu den Zeiten von Theodor Kieserling und Otto Albrecht und erforderte ein erhöhtes Maß an „industrieller Disziplin“.

„Jeder in der Fabrik beschäftigte Arbeiter ist verpflichtet, den Beamten, Werkmeistern und sonstigen Vorgesetzten in Bezug auf die Arbeit und alle Einrichtungen der Fabrik Gehorsam zu leisten, die ihm zugewiesenen Arbeiten und Aufträge gewissenhaft ausführen und das Beste der Fabrik in jeder Beziehung zu vertreten und zu wahren.“

Um ganz sicher zu gehen, ließen die jungen Unternehmer es aber nicht mit dieser allgemeinen Verpflichtung zur Identifikation und Bindung an die Firma bewenden, sondern konkretisierten ihr unternehmerisches Interesse an der Gestaltung des Innenlebens der Fabrik.

Die Regelung der Arbeitszeiten und Pausen ist von einem viel ausgeprägterem unternehmerischen Geiz um Minuten bestimmt, als zu Zeiten der Seniorchefs. 1905 reichte die Fabrikuhr zur Anzeige des Arbeitsbeginns und -endes alleine nicht mehr aus, zusätzlich trat ihr die Fabriksirene für den Arbeiter unüberhörbar an die Seite. Dieser sollte auch nicht mehr nur pünktlich an seiner Arbeitsstelle sein, sondern müsste *„sobald das Zeichen zum Anfange ertönt, arbeitsfertig an seinem Platz“* stehen, um sofort und ohne Zeitverlust mit der Arbeit beginnen zu können. (Möglicherweise ist diese Konkretisierung des Ortes für Arbeitsbeginn und -ende, in der Abgrenzung zu den Rüstzeiten, auch eine Folge des Wachsens der Firma und der so länger werden Wege zwischen Fabrikeingang und Arbeitsplatz). In weiser Voraussicht fasste die Geschäftsleitung auch die Einführung möglicher Zeitkontrollsysteme ins Auge („Stechuhr“) und nahm eine entsprechende Bestimmung in die Arbeitsordnung auf. War der Arbeiter einmal an seinem Arbeitsplatz angekommen, durfte er ihn ohne triftigen Grund nicht mehr verlassen. Selbst *„die Benutzung der Wascheinrichtung (wurde ihm) nur nach Schluss der Arbeitszeit gestattet“.* Welche „unerwünschten“ Verhaltensmuster die Arbeiter entwickelte hatten, um sich dem Arbeitszwang wenigstens minutenweise zu entziehen, beleuchtet die detaillierte Pausenregelung mit der drakonischen Strafandrohung:

„Das Kaffeewasser soll jeden Nachmittag von 1/2 4 Uhr ab durch die Lehrlinge, die dazu vom Meister bestimmt werden, herbeigeschafft werden. Dem Arbeiter selbst ist dieses nur während der Pause gestattet. Außerdem dürfen die durch den Meister dazu bestimmten Lehrlinge vormittags und nachmittags 1/2 Stunde vor Beginn der Pause Eßwaren und Bier herbeischaffen. Wer zu anderen Zeiten während der Arbeitszeit etwas holt oder holen lässt, wird mit mindestens 25. Pfg bestraft."

Bei den Arbeitern ergab sich ein Bedürfnis nach Kommunikation mit ihren Kollegen durch die mehr oder weniger kooperativen Arbeitszusammenhänge fast von selbst. Im Konzept moderner kapitalistischer Betriebsführung wurde dies als Störung der Produktion gesehen und war deshalb überhaupt nicht erwünscht. Nach den Vorstellungen der neuen Firmenleitung durfte kein Arbeiter Fabrikräume betreten, in denen er nicht beschäftigt war. *„Ruhestörung, lautes Pfeifen und Singen während der Arbeit (...) sind verboten."* Im Kampf um Marktanteile sollten die Kieserling'schen „Fabriksoldaten" nach den Wunschträumen ihrer Chefs ruhig und diszipliniert produzieren, und nichts anderes tun. So waren auch 1905 die Arbeiter immer noch zu Überstunden verpflichtet, wenn betriebliche Erfordernisse dies in den Augen der Unternehmer verlangten. Ein Passus, dass diese Mehrarbeit auch entsprechend höher entlohnt werden sollte, war aber im Gegensatz zu der Fabrikordnung von 1892 nicht mehr vorgesehen. Eine optimale Verfügbarkeit aller Arbeitskräfte strebte die neue Firmenleitung mit der bisher unüblichen Verpflichtung jeden Arbeiters an, *„wenn es die Umstände erheischen, auch andere angemessene Arbeit zu übernehmen als diejenige, für welche er angenommen ist."* Bei konjunkturelle Schwankungen in der Beschäftigung („Mangel an Arbeit") aber hatte der Arbeiter nach den Vorstellungen der Firmenleitung ebenso keinerlei Anspruch auf Lohnzahlung wie bei Verhinderungen, die in der Person des Arbeiters lagen, *„auch wenn das Versäumnis entschuldbar und nicht von erheblicher Dauer ist".*

Noch detailverliebter als die neue Fabrikordnung die Ökonomie der Arbeitszeit zu regeln versuchte, wurde das „Verhalten bei Ausführung der Arbeit" festgelegt. Die seit 1892 erprobten Bestimmungen wurden übernommen, aber durch weitere Beispiele und Vorschriften präzisiert. Gerade unter diesem Aspekt gewinnt man bei der Lektüre den Eindruck, die Autoren hätten mit viel Geschick versucht, jeden möglichen Einzelfall im Vorhinein zu reglementieren.

Zum Teil werden auch schon länger praktizierte Methoden der Abwälzung des Produktionsrisikos auf die Arbeiter jetzt ihre schriftliche Form gefunden haben. Schon zu Theodor Kieserlings Zeiten müsste der Arbeiter bei „Stückarbeiten" darauf achten, *„dass seine Arbeit dem Zweck vollkommen entspricht und hat derselbe bei schlechter Ausführung für die Kosten der Nacharbeit aufzukommen."* Die nächste Generation von Unternehmern weitete diese Regelung bei der Akkordarbeit auch auf die Stundenlohnarbeit aus, und ließ den Wrackguss in der Gießerei unbezahlt, *„es sei denn, dass der Former sein Nichtverschulden nachweist.“* Die gegenteilige Forderung der Gießereiarbeiter auf Bezahlung des Wrackgusses blieb unberücksichtigt.

Eine wesentliche Funktion erhielten bei der Ökonomie der Arbeitsgegenstände und -mittel nun die Vorgesetzten zugewiesen. In der alten Fabrikordnung waren Regelungen in diesem Bereich auf für die Aufrechterhaltung eines Produktionsablaufes unabdingbar notwendige beschränkt und ausschließlich auf den einzelnen Arbeiter gerichtet. 1905 kam bei der Firmenleitung neben diese betriebswirtschaftlichen Sachzwänge der primäre Wunsch nach vollständiger Kontrolle des Fabrikalltages hinzu. Zwischen Betriebsinteresse und Arbeiter werden die verschiedenen Vorgesetzten geschoben, der Vorgesetzte gewährleistet die jederzeitige Kontrolle über den Betriebsablauf und er muss auch einen Teil der Verantwortung für dessen Funktionieren übernehmen. Materialien, Werkzeuge und sonstige Gegenstände erhält der Arbeiter nur noch durch Vermittlung des Vorgesetzten, unbrauchbare gewordene Werkzeuge konnten nur beim Vorgesetzten gegen neue eingewechselt werden.

„Allgemeine Werkzeuge, welche dem einzelnen Arbeiter nicht zugeteilt werden können, sind von dem betreffenden Vorgesetzten zu fordern und nach Gebrauch an denselben zurückzugeben. Ohne weitere Meldung dürfen derartige Werkzeuge nicht an einen anderen Arbeiter überlassen werden.“

Dem in einer Maschinenfabrik so wichtigen Umgang mit Werkzeugmaschinen widmete die neue Arbeitsordnung wesentlich umfangreichere Bestimmungen, als dies Theodor Kieserling für nötig gehalten hatte. Über die Regelungen von 1892 hinaus, die den Arbeiter zur sorgfältigen Behandlung der anvertrauten Maschinen sowie zu ihrer Reinigung verpflichteten, schrieb das neue „Fabrikgesetz“ ihm genau vor, was er an den Maschinen zu machen hatte. Ihm war nun untersagt, aus Gründen der Arbeitserleichterung und Zeitersparnis ein Werkstück nach der Bearbeitung durch die Maschine an Ort und Stelle von Hand weiter zu bearbeiten. Er durfte keine anderen Maschinen ohne ausdrückliche Genehmigung der Vorgesetzten benutzen. Jegliche Veränderungen und Reparaturen an den Maschinen waren ihm strengstens verboten. Gleichzeitig war der Anweisungskatalog für die Pflege und Reinigung der Maschinen detailreicher und präziser geworden, wie auch Zeiten für diese Tätigkeiten, je nach Art der Maschinen verschiedene, vorgegeben wurden. Eine gründliche Reinigung gemäß der Anweisung war aber in der bezahlten Zeit kaum zu schaffen. Entweder begannen die Arbeiter schon vorher mit der Reinigung, das war ihnen aber verboten, oder sie beendeten diese Tätigkeit nach Feierabend und bekamen die Mehrarbeit nicht bezahlt.

Der einzelne Arbeiter blieb trotz der Vorgesetzten in hohem Maße für seine Arbeitsgeräte und Maschinen verantwortlich und konnte für Verluste vom Unternehmen haftbar gemacht werden: *„Der Arbeiter hat für die entlehnten Werkzeuge dergestalt zu haften, dass derselbe*

Beschädigungen oder verlorenen Stücke zu ersetzen hat (...)". Im Betrieb sollte der Arbeiter „sein" Werkzeug wie sein Eigentum behandeln, das Mitnehmen von Firmenwerkzeugen nach Hause war ihm aber strengstens untersagt. Ebenfalls sollte ihm die Möglichkeit zum „Pfuschen" genommen werden, dem klammheimlichen Ausnutzen von Material und Maschinerie des Unternehmens für den Privatgebrauch.

Bei diesen Passagen der neuen Arbeitsordnung fällt es aus heutiger Sicht besonders schwer zu beurteilen, ob es sich dabei um Reaktionen auf häufige Vorfälle im betrieblichen Alltag handelte, ob das tiefe Misstrauen der neuen Firmenleitung gegenüber den Arbeitern also durch Erfahrungen gerechtfertigt oder auf Unsicherheit und übertriebene Vorsicht zurückzuführen ist.

Bei der Lohnzahlung wurde als Neuerung eingeführt, dass der Lohn für die beiden letzten Tage Arbeit erst bei der nächsten Löhnung ausgezahlt wurde. Diese „Stehgeldpraxis" war die Reaktion des Unternehmens auf den häufig praktizierten Arbeitsplatzwechsel und weist auf das nun auch bei der Fa. Th. Kieserling & Albrecht etablierte System der weitverzweigten Geldstrafen als Disziplinierungskonzepte der Arbeiter hin. Die Strafandrohungen für Übertretungen des Fabrikgesetzes lassen sich in Geldbußen bzw. Lohnabzüge und Entlassung unterteilen. Den Geldstrafen widmete die neue Arbeitsordnung einen eigenen Paragraphen, sie wurden vom Arbeitgeber festgesetzt und unterteilten sich in drei Abstufungen:

Am stärksten, bis zur Höhe eines durchschnittlichen Tagesverdienstes, mindestens aber mit 50 Pfg (ca. 1 Stundenlohn) Lohnabzug, wurde der Arbeiter bestraft, welcher sich

- gegenüber seinem Vorgesetzten „ungebührlich" betrug
- Streitigkeiten veranlasst oder sich zu Tätlichkeiten hinreißen ließ
- *„an Maschinen, Feuerlöschgeräten oder an den zur Heizung, Beleuchtung, Kraftübertragung, Kontrolle usw. getroffenen Einrichtungen eigenmächtig etwas änderte."*
- im betrunkenen Zustand in der Fabrik angetroffen wurde
- in feuergefährdeten Räumen rauchte

Eine Strafe bis zur Hälfte eines durchschnittlichen Tagesverdienstes, mindestens aber 25 Pfg, drohte, wenn

- wissentlich die Unwahrheit gesagt worden war in Angelegenheiten, welche die Arbeit oder die Krankenkasse betrafen
- man andere an der Arbeit störte
- die Fabrik oder Arbeitsplatz ohne Erlaubnis verlassen wurde
- ohne Erlaubnis das Werkzeug anderer benutzt wurde oder deren Werkzeugkasten geöffnet wurde
- der Arbeiter nach Verlassen der Arbeit das Licht brennen ließ
- unbefugt Fabrikräume, in denen der Arbeiter nicht beschäftigt war, betreten wurden.
- der Arbeiter Werkzeuge oder sonstigen Gegenstände aus der Fabrik mitnahm oder Gegenständen zum eigenen Nutzen anfertigte
- die Pflicht zur Denunziation der Kollegen nicht beachtet wurde

- man sich in den Fabrikräumen außerhalb der Arbeitszeit aufhielt
- Branntwein in die Fabrik mitgebracht und während der Arbeitszeit konsumiert wurde
- das Verbot des Handels im Betrieb durch die Arbeiter übertreten wurde.

Eine besondere Strafe war für das Zuspätkommen der Arbeiter vorgesehen: *„Wer (...) zu spät kommt, das heißt, wer bei Ertönen des Anfangssignals nicht wenigstens den Arbeitsraum, worin er beschäftigt ist, betreten hat, wird beim ersten Mal mit 10 Pfg, in jedem Wiederholungsfalle mit 20. Pfg innerhalb einer achttägigen Lohnperiode bestraft. Einmaliges Zuspätkommen von nicht mehr als 5 Minuten innerhalb einer Lohnperiode von 8 Tagen bleibt ungestraft.Wer ohne triftige Entschuldigung einen halben oder ganzen Tag fehlt, wird zum ersten Mal mit 50 Pfg., zum zweitenmal in derselben Lohnperiode mit 1 Mk. bestraft."*

Erschien dem Arbeitgeber eine Geldstrafe als nicht ausreichend, so konnte er den Arbeiter in bestimmten Fällen auch durch die fristlose Entlassung bestrafen, z.B.

- *„Bei Arbeitern, die in der Fabrik in angetrunkenem Zustande angetroffen werden."*
- *„Bei Arbeitern, welche in den Räumen rauchen, in welchen es durch Anschlag verboten ist oder in denselben vor dem Verlassen ihre Pfeife anzünden."*
- *„Bei Arbeitern, die sich häufiger bezw. wiederholter Unpünktlichkeit schuldig machen."*

Das Strafmaß - Geldstrafe oder fristlose Kündigung, lag ausschließlich im Ermessen der Firma, Widerspruchs- und Mitwirkungsrechte seitens der Arbeiter waren hierbei im Unterschied zur Verwendung der Strafgelder nicht vorgesehen. Wie schon in der Fabrikordnung von 1892 festgelegt, sollten die Geldstrafen immer noch zu Unterstützungszwecken der Arbeiter verwandt werden. Im Jahre 1905 waren sie als eine Art betrieblicher Krankenkasse vorgesehen, über die Vergabe der Mittel wollte die Leitung der Firma entscheiden.

Die härteste Strafe für einen Arbeiter, seine fristlose Entlassung, drohte bei Unpünktlichkeit, Alkoholmissbrauch und Rauchen in feuergefährdeten Räumen. In Fragen der Unfallverhütung und Arbeitssicherheit war schon Theodor Kieserling den Fabrikanten seiner Zeit voraus gewesen. Seine Nachfolger weiteten diese Bestimmungen auf Grund geänderter gesetzlicher Vorschriften nochmals bedeutend aus. Bei der Verhütung von Unfällen waren die Arbeiter nicht mehr alleine in der Verantwortung, auch die Vorgesetzten bekamen nicht nur die Aufgabe, auf die Einhaltung diese Vorschriften durch die Arbeiter zu achten, sondern waren selbst mitverantwortlich für die Durchführung im Betrieb.

Ein interessanter Wandel im Verhalten der Arbeiter lässt sich an den beiden Fabrikordnungen beim Problem des Alkoholkonsums ablesen. Unter Alkoholmissbrauch verstanden die Zeitgenossen den (übermäßigen) Genuss von Branntwein. Das Bier galt nicht als Alkohol, sein Konsum wurde von den Unternehmern nicht verboten, häufig sogar aktiv gefördert. So ersetzte das Biertrinken - besonders bei den besser bezahlten Industriearbeiter - nach und nach den Schnapskonsum bei der Arbeit. Ihre offenbar wichtige Rolle für die Bewältigung von Alltagsproblemen am Arbeitsplatz behielten die alkoholhaltigen Getränke aber weiterhin. Ein durchschnittliches Tagesquantum von 4 (Liter) Flaschen Bier konsumierten noch um die Jahrhundertwende die Metallarbeiter in Berlin während der Arbeit und es wird wohl kaum ein Industrieunternehmen gegeben haben, in dessen Werkshallen der Biergenuss nicht gang und gäbe war.[36]

Nach den Formulierungen der Arbeitsordnung aus dem Jahre 1905 ist sogar zu vermuten, dass die Firma selbst in den Fabrikräumen einen Handel mit Getränken (wahrscheinlich auch Bier), Esswaren und Tabak unterhielt.

Strafen bzw. die Strafandrohungen alleine vermochten kein genügend wirksames Sanktionssystem zur Garantie der industriellen Disziplin etablieren. Das wusste auch die neue Firmenleitung von Th. Kieserling & Albrecht. Als mindestens ebenso wichtig wie das Bestehen ausformulierter Kataloge von Sanktionen erwies sich nun der Einsatz von Aufsichtspersonal, ohne welche die Disziplinarvorschriften gar nicht durchsetzbar gewesen wären. Massive Strafen sowie auf Befehl und Gehorsam aufgebaute Vorgesetztenstrukturen stehen also in einem ursächlichen Zusammenhang - nämlich, wie „industrielle Disziplin" im Betrieb zu erreichen ist. Das ist der Kern des neuen unternehmerischen Selbstverständnisses bei der Fa. Th. Kieserling & Albrecht.

Während Theodor Kieserling sich 1892 für die in der Novellierung der Gewerbeordnung vorgesehen Möglichkeit entschied, einen Arbeiterausschuss von der Belegschaft wählen zu lassen, und mit diesem dann über die Fabrikordnung zu verhandeln (Vorform der Mitbestimmung), ging die junge Generation in der Firmenspitze 1905 den anderen, von den meisten Firmen üblicherweise eingeschlagenen Weg, den Entwurf der Arbeitsordnung im Betrieb aushängen zu lassen und den Arbeitern dann Gelegenheit zu geben, sich dazu zu äußern. In der überwältigenden Mehrzahl der Fälle machten entweder die Arbeiter von diesem Recht keinen Gebrauch oder die Firmenleitungen unterschlugen ihre Äußerungen bei der Vorlage der Fabrikordnung zur behördlichen Genehmigung im Rathaus. Bei Th. Kieserling & Albrecht haben wir wiederum einen Glücksfall für den Historiker zu verzeichnen. Wegen des betrieblichen Konflikts war die Belegschaft von Th. Kieserling & Albrecht so interessiert, dass sie sich schriftlich zu dem Firmenentwurf der Arbeitsordnung äußerte - und zwar gleich zweifach: einmal die im DMV gewerkschaftlich organisierten Arbeiter und zum anderen die Unorganisierten.[37]

In einem Brief erlaubten sich die zehn unterzeichnenden, gewerkschaftlich nicht-organisierten Arbeiter, der Firmenleitung *„einige Wünsche zur gefälligen Berücksichtigung zu unterbreiten".* Im Grundsatz der Firmenleitung zustimmend, wurden von dieser Seite der Belegschaft einige wenige Passagen des in der Fabrik ausgehängten Entwurfes als änderungsbedürftig angesehen. In erster Linie stieß die Absicht des Unternehmens, jeden Arbeiter jede Tätigkeit im Betrieb ausüben zu lassen auf Ablehnung. Die Sorge, geringer bezahlte Arbeit zugewiesen zu bekommen, ließ die Arbeiter, vermutlich selber Facharbeiter, in dieser Frage als die besseren Unternehmen argumentieren, wenn sie feststellten, *„es kann doch nicht im Interesse der Firma liegen, wenn gelernte Arbeiter (als Schlosser, Dreher, Former) als Zuschläger oder Platzarbeiter verwandt werden sollen"*. Amtliche Gänge wünschten sie als bezahlte Arbeitsunterbrechung vorzusehen, bei der Kündigung wollten sie die bisher praktizierte schriftliche Form erhalten wissen. Der neue militärische Führungsstil im Hause Th. Kieserling & Albrecht ging aber auch ihrem Stolz in zwei Punkten zu weit. Der von den Arbeitern den Vorgesetzten geschuldet Gehorsam müsste doch nicht unbedingt sein, und die drastisch erhöhten und verschärften Geldstrafen baten die unorganisierten Teile der Belegschaft zu ermäßigen - aber mit einer wesentlichen Ausnahme: Für Unpünktlichkeit sollten die Regelungen des Entwurfs bestehen bleiben.

Dem fast unterwürfigen Ton des Briefes ihrer unorganisierten Kollegen stellten die DMV-Mitglieder (von 54 Arbeiter unterzeichnet) eine selbstbewusstere Äußerung ihrer Kritik am Entwurf und eine nochmalige Wiederholung ihrer Forderungen entgegen: Ihr Arbeiterstolz wollte im § 1 der neuen Arbeitsordnung die Worte *„Unterwerfung"* gestrichen und an deren Stelle *„anzuerkennen"* gesetzt sehen.

Das Ansinnen des Unternehmens, die durch Verkürzung der samstäglichen Arbeitszeit verlorene Stunde durch eine geänderte Pausenregelung auf nur 15 Minuten zu „begrenzen", beantworteten sie mit der Forderung nach Verlängerung der Vormittagspause von zehn auf 15 Minuten. Während die Geschäftsleitung bei Beginn der Arbeitszeit den Arbeiter arbeitsbereit an seinem Arbeitsplatz sehen wollte, versuchten die Metallgewerkschafter ein bisschen ihrer dem Unternehmen verkauften Zeit rückanzueignen, in dem sie als Arbeitsbeginn das Betreten der Fabrikräume gesetzt sehen wollten. Das Unternehmen wollte die Kosten der menschlichen „Rüstzeiten" (Umziehen, Wege in der Fabrik) auf die Arbeiter verlagern, die Gewerkschafter wollten sich diese Zeit von der Firma bezahlen lassen. Ein Konflikt um Minuten, der bis heute nichts an seiner tarifvertraglichen Aktualität eingebüßt hat.

Bei der Verpflichtung zu Überstunden verlangten die organisierten Arbeiter die gleichzeitige Festlegung des Unternehmens auf entsprechende höhere Entlohnung für diese Arbeit, wie es zu Zeiten der Seniorchefs üblich gewesen war.

Wie den unorganisierten Arbeitern der Fa. Th. Kieserling & Albrecht missfiel auch den der Metallgewerkschaft nahestehenden Beschäftigten der letzte Abschnitt des § 6 der Arbeitsordnung besonders. Sie aber appellierten nicht an das betriebswirtschaftliche Verständnis der Unternehmensleitung, sondern forderten die Ersetzung des Abschnittes durch folgende, auf der freiwilligen Entscheidung des Arbeiters basierenden, Formulierung: *„Jeder Arbeiter ist nur zu der Arbeit verpflichtet für die er angenommen wurde. Andere Arbeit zu machen beruht auf Übereinkunft."*

Die neue Rolle, die der Entwurf der Firmenleitung für die Vorgesetzten im Betrieb vorsah, fand ebenfalls nicht die Zustimmung der gewerkschaftlich orientierten Arbeiter. Sie wussten aber nur zu genau, dass sie an der grundsätzlichen Absicht der Unternehmer nichts mehr ändern konnten und beschränkten sich deshalb auf eine Kritik der für sie schwerwiegendsten Bestimmungen. Den von ihnen geforderten unbedingten Gehorsam lehnten sie ebenso strikt ab, wie ihre nicht organisierten Kollegen. Wenn schon eine ausgeprägte betriebliche Hierarchie von den Arbeitern hingenommen werden müsste, so wollten sie wenigstens ihre Vorgesetzten kennen und so Konflikten, die aus unklaren Weisungskompetenzen entsprangen, entgehen. Schließlich schwebte die fristlose Entlassung wegen *„ungebührlichem Betragen oder Gehorsamsverweigerung"* jederzeit über jedem Arbeiter. Der gewerkschaftlich orientierte Teil der Kieserlingbelegschaft versuchte deshalb, dass in dem Entwurf der Arbeitsordnung auch auf die Vorgesetzten delegierte Recht zur Kündigung des Arbeiters auf die Firmenleitung beschränken zu lassen. Einer Willkürherrschaft der Vorgesetzten wollten sie sich auf keinen Fall ausgesetzt sehen.

Beim besonderen betrieblichen Konfliktfeld „Pünktlichkeit" strebten sie mit einer geänderten Formulierung - statt wiederholter grobe Unpünktlichkeit zu setzen - eine Erhöhung der Schwelle an, um geringfügige Unpünktlichkeit als Kündigungsgrund zu eliminieren und Verhandlungsspielraum mit der Firmenleitung zu gewinnen. Wie auch bei den nicht der Gewerkschaft angehörenden Arbeiter war die Nichtbezahlung von Arbeitsunterbrechungen ein so zentrales Problem für die Mehrheit der Belegschaft, dass sie die Streichung dieses Paragraphen forderten. Die DMV-Mitglieder wollen das Betriebsrisiko bei Mangel an Arbeit, bei Betriebsstörungen und bei Kurzarbeit nicht alleine auf ihre Schulter abgewälzt sehen.

Erstaunlicherweise akzeptierten die gewerkschaftlich Organisierten die konkreten Bestimmungen zum „Verhalten bei Ausführung der Arbeit" fast vollständig. Lediglich zwei kleinere Korrekturen schlugen sie hierzu vor: *„Auf Grund der Angaben für eventuelle unrichtige Ausführungen haben die Arbeiter keine Verantwortung (zu tragen)"* und der *„Mangel an gehöriger Sorgfalt"* sollte als Verfehlungsgrund gestrichen werden. Selbstverständlich lehnten sie die Forderung nach Schadensersatzleistung des Arbeiters aus prinzipiellen Erwägungen ab.

In den Augen der Belegschaft war der Strafenkatalog der umstrittenste Teil der neuen Arbeitsordnung. Neben der grundsätzlichen Forderung *„Strafen so viel wie möglich aus der Fabrikordnung zu entfernen"*, wollten die Metallgewerkschafter die Strafen nicht in jedem Einzelfall vom Arbeitgeber oder seinem Stellvertreter festgesetzt sehen, sondern in der Arbeitsordnung festgeschrieben wissen, um den Ermessens- und Willkürspielraum der Firmenleitung zu beschränken. Genauso umstritten wie die Strafen selbst, war die Verwendung der Strafgelder. Hier brachte die Mehrheit der Belegschaft einen eigenen Vorschlag vor und forderte gleichzeitig damit die Einrichtung eines Arbeiterausschusses (einem Vorläufer des heutigen Betriebsrates):

„Sämmtliche in der Strafkasse enthaltenen Gelder werden nur zu Unterstützungszwecken im Krankheitsfällen der Arbeiter verwandt. Darüber bestimmt der Arbeiterausschuß unter Aufsicht der Firmeninhaber oder deren rechtmäßigen Vertreter. Unterstützung darf nur nach 3 wöchentlicher Krankheit erfolgen, und nicht über 3 Mark pro Woche betragen, so lange nicht mehr als 75 Mark in der Strafkasse sind."

Zwischen der Firmenleitung und den Arbeitern fanden danach Verhandlungen über die vorgebrachten Wünsche statt. Als Ergebnis dieser Besprechung wurde die Forderung aller Arbeiter, ihre Verpflichtung zu „unbedingtem Gehorsam" zu streichen, von der Arbeitgeberseite akzeptiert, und in eine Verpflichtung zum „Gehorsam" abgeändert. Die Anregung des unorganisierten Belegschaftsteiles, amtliche Gänge als bezahlte Arbeitsunterbrechung in die Arbeitsordnung aufzunehmen, wurde ebenso erfüllt, wie einige Forderungen der DMV-Mitglieder. Danach mussten nun die Vorgesetzten den Arbeitern bekannt sein; die Kündigung bei ungebührlichem Benehmen der Arbeiter durfte nur noch der Meister, und nicht mehr der direkte Vorgesetzte, aussprechen. Der Mangel an gehöriger Sorgfalt wurde als mögliches Fehlverhalten der Arbeiter gestrichen. Fast wortwörtlich übernahm die Firmenleitung die Formulierung der gewerkschaftlich organisierten Arbeiter zur Verwendung der Strafgelder. Unter Aufsicht der Firma sollte entweder die Mehrheit der erwachsenen Arbeiter oder, falls ein solcher bestehen sollte, ein Arbeiterausschuss über die Vergabe dieser Mittel entscheiden. Bei den von ihrem Lohn abgezogenen Strafgeldern erhielten die Arbeiter also ein Mitbestimmungsrecht zugestanden. Dem möglichen Konfliktfeld mit der Belegschaft bei undurchsichtiger Verwendung ihrer Strafgelder wollte die Geschäftsleitung so aus dem Wege gehen, ohne aber zu diesem Zeitpunkt der Einrichtung eines Arbeiterausschusses zuzustimmen.[38]

In allen wesentlichen Punkten ihres neuen Systems der Erzielung „industrieller Disziplin" ging die Firmenleitung auf keinen Kompromiss mit der Belegschaft ein. Der Strafenkatalog und die Rolle der Vorgesetzten blieben unangetastet. Die Arbeiter können die neue Arbeitsordnung deshalb auch nur als Demonstration unternehmerischer Macht und Stärke, und nicht als funktionale Ordnung für den Betriebsablauf angesehen haben. Die Stimmung unter den Arbeitern dürfte entsprechend gewesen sein, das Klima zwischen Firmenleitung und Belegschaft blieb in den nächsten Monaten gespannt.[39]

„Diesen Differenzen war zum Teil der schikanöse Charakter seitens der Firma resp. der Angestellten von weitem anzusehen. Trotzdem gaben die Arbeiter aber immer wieder nach."

Die Ereignisse des folgenden Frühjahres stellten in dieser verschärften innerbetrieblichen Situation keine große Überraschung mehr dar.

Die Former der Fa. Th. Kieserling & Albrecht, um 1900

Der Formerstreik 1906

Zum ersten Mal in seiner Geschichte versuchte der DMV im Frühjahr 1906 eine zentrale, reichsweite Bewegung in der Formerbranche mit dem Ziel zu führen, Tarifverträge für die einzelnen Betriebe abzuschließen. Abgestuft nach örtlichen Verhältnissen wurden von den Bezirksleitungen der Metallgewerkschaft Mindestforderungen für die tarifvertragliche Vereinheitlichung der Arbeitsbedingungen aufgestellt und den Eisengießereibesitzern schriftlich unterbreitet. Bei den allgemeinen Forderungen des DMV begegnen uns die schon von den Arbeitern bei Th. Kieserling & Albrecht aus dem Jahre 1905 bekannten Probleme wieder: Regelung der Arbeitszeit, Vermeidung von Überstunden, Regelung des Akkordsystems und der Akkordentlohnung, Lohnforderungen, Entschädigung der Former bei Fehlguss sowie Maßnahmen zur Arbeitssicherheit.

Im Begleitschreiben versuchte die Gewerkschaftsführung die Gießereibesitzer vom beiderseitigen Nutzen vereinheitlichter Arbeitsverhältnisse durch Tarifverträge in der gesamten Branche mit dem Hinweis auf die damit verbundenen Ausschaltung der billigen Schleuderkonkurrenz zu überzeugen.[40]

„Ein sowohl von Arbeitgebern wie Arbeitern mehrfach beklagter Missstand ist unstreitig die Verschiedenartigkeit in den Arbeitsverhältnissen des Gießereigewerbes. Diese Verschiedenartigkeit, die darin besteht, dass für gleiche Arbeitsleistung hier eine angemessene, dort eine niedrige Bezahlung erfolgt, dass in einem Betrieb das Akkordsystem nach bestimmten Regeln, anderswo rein willkürlich gehandhabt wird, dass ferner die Lohngarantie bei Fehlguss mehrfach völlig verweigert und das Risiko seiner beschwerlichen Arbeit dem Former voll und ganz aufgebürdet wird, die schließlich auch in der Ungleichheit der Arbeitszeit, der Überzeitarbeit und der sanitären Einrichtungen besteht, birgt nicht nur für den Arbeiter selbst, sondern auch für den Arbeitgeber große Gefahren für seine Existenzsicherheit in sich. Für den Arbeitgeber bedeutet sie eine Gefahr, weil sie der Schleuderkonkurrenz Vorschub leistet und dadurch den unter angemessenen Arbeitsbedingungen fabrizierenden Gießereibetrieben den Absatz erschwert, während sie den Arbeiter sowohl direkt wie indirekt schädigt. Der direkten Schädigung, wie sie in den schlechten Arbeitsverhältnissen besteht, steht auch beim Arbeiter

indirekt die Gefahr der Beschäftigungslosigkeit bei Erschwerung des Absatzes und der Druck auf die besseren Arbeitsverhältnisse gegenüber. Ein Druck auf angemessene Arbeitsverhältnisse bedeutet aber in letzter Folge Beeinträchtigung der Leistungsfähigkeit und Verminderung der Arbeitsfreude beim Arbeiter und somit Gefahr für die Leistungsfähigkeit des Gewerbes überhaupt. Arbeitgeber wie Arbeiter haben daher das gleiche Interesse an der Abschaffung von Zuständen, die ihre Leistungs- und mithin Konkurrenzfähigkeit bedrohen und es liegt daher auf der Hand, dass sie am besten gemeinsame Mittel und Wege ergreifen zur Erreichung dieses Zweckes.“

Die neuartige zentrale Bewegung der Former bedeutete nun aber keineswegs eine Streikgefahr in allen Gießereien des Deutschen Reiches. Schließlich gab es schon Betriebe, die die Mindestanforderungen des DMV erfüllten, einige Unternehmen erkannten die im Begleitschreiben geäußerten Vorstellungen der Gewerkschaft freiwillig an. In allen anderen Fabriken mussten die Forderungen aber in jedem einzelnen Falle und in jedem Betrieb von den Formern durchgesetzt werden. Daran konnte auch die zentrale Vereinheitlichung der Formerbewegung nicht viel ändern. Es bedurfte in allen Bezirken des DMV mehrerer kampfbereiter Betriebe, damit die Gewerkschaft der Arbeitgeberseite die neue Qualität der Koordination auf Reichsebene auch praktisch beweisen konnte.

Neben der unterschiedlichen entwickelten Kampfbereitschaft der verschiedenen Belegschaften in den einzelnen Betrieben zwang ein weiteres Moment den DMV zu dieser Strategie der neuen, nunmehr aber zentralen, Beweglichkeit. Bei einem umfassenden Arbeitskampf in allen Gießereien bestand die große Gefahr einer reichsweiten Aussperrung, und vor diesem sozialen Konflikt scheute die Metallgewerkschaft zurück.

Die zentral geführte Formerbewegung hatte auch Einfluss auf das Verhalten des lokalen DMV vor Ort. In Solingen wurde als einziger Betrieb die Gießereiabteilung der Fa. Th. Kieserling & Albrecht in die Auseinandersetzung geschickt. Mit den Erfahrungen der letzten Jahre war hier eine Kampfbereitschaft der Arbeiter auf jeden Fall zu erwarten. Vielleicht zwang aber auch die bei der Belegschaft aufgestaute Verbitterung den DMV, die Former in den Konflikt miteinzubeziehen, um die Kontrolle über die Aktionen der Arbeiter nicht zu verlieren.

Im Jahr zuvor hatte sich die Gewerkschaft aus taktischen Erwägungen am Beginn der Auseinandersetzung zurückgehalten. Nunmehr ging es weniger um die direkten, aus dem betrieblichen Alltag entstandenen Wünsche der Kieserling'schen Belegschaft, als um das Gelingen der zentralen Formerbewegung. Die Former von Th. Kieserling & Albrecht wurden zum kleinen, aber keineswegs unwichtigen Mosaiksteinchen in der Taktik der Gewerkschaftsspitze.

Während die gewerkschaftliche Seite mit der reichsweiten Koordination ihrer Lohn- und Tarifbewegung begann, das Gewicht von der einzelnen Belegschaft auf den hauptamtlichen Verwaltungsapparat zu verlagern, zentralisierten die Unternehmer ihr Vorgehen bei den zuständigen Arbeitgeberverbänden.

Die Fa. Th. Kieserling & Albrecht war Mitglied im 1903 gegründeten Verband von Arbeitgebern im Kreise Solingen.[41] Während in der klassischen Solinger Schneidwarenindustrie sowohl die Gewerkschaften als auch die Fabrikantenverbände berufs- bzw. branchenspezifisch organisiert waren, umfasste der Solinger Arbeitgeberverband (AGV) seinem Selbstverständnis nach „nicht bloß die Stahlwarenindustrie, sondern alle gewerblichen Berufe, nicht bloß die großen Fabriken, sondern alle Arbeitgeber, welche Arbeiter im eigenen Betriebe oder in der Hausindustrie beschäftigen." [42] Seine Gründung muss als Reaktion der Solinger Metallunternehmer, die nicht Schneidwarenfabrikanten waren, auf das Erstarken des Deutschen Metallarbeiterverbandes (DMV) in ihren Wirtschaftszweigen verstanden werden. In den Anfangsjahren seiner Existenz blieben die Arbeitgeber der Schneidwarenindustrie trotz des gegenteiligen, allumfassenden Anspruches des AGV in ihren branchenspezifischen Fabrikantenvereinen. In vielen Fragen ließ sich bis zum 1. Weltkrieg keine Einigung innerhalb der verschiedenen Solinger Arbeitgeber- und Fabrikantenverbände erzielen.

Die Bezirksleitung des DMV hatte in ihrem Schreiben an alle Eisengießereibesitzer bis zum 10. März 1906 um Antwort gebeten.[43] Laut Berichterstattung in der Solinger Zeitung erklärten die beteiligten Arbeitgeberverbände des Westens einen Teil der eingereichten Forderungen für unannehmbar, über den anderen Teil könne indes verhandelt werden. In Solingen wurden diese Verhandlungen seitens der Gießereibesitzer und des Arbeitgeberverbandes aber zusätzlich davon abhängig gemacht, dass der gleichzeitige Streik in den Scheren- und Gabelgießereien vom DMV aufgehoben werden sollte.[44]

In dieser Situation schickte die Solinger Ortsverwaltung des DMV ihre Forderungen nochmals an die Fa. Th. Kieserling & Albrecht und setzte eine eintägige Frist zur Beantwortung. Die Kürze der Frist beweist, dass die Gewerkschaft das Ausbleiben einer Antwort einkalkulierte. Folgerichtig reichten die Former, bis auf zwei Ausnahmen, am Montag, dem 26. März 1906, die nach betrieblicher Arbeits- und Reichsgewerbeordnung fristgerechte Kündigung (14tägige Kündigungsfrist) ein. Denn Streik bedeutete um die Jahrhundertwende - gemeinschaftliche Kündigung. Eine gewerkschaftliche Urabstimmung über Arbeitskampfmaßnahmen im heutigen Sinne war überflüssig. Für die Aufnahme eines Arbeitskampfes lag die Schwelle sowohl für die Gewerkschaft als auch den einzelner Arbeiter wesentlich höher als heutzutage. Die Organisation müsste sicher sein, dass die Mehrheit der Arbeiter tatsächlich die Kündigung beim Unternehmer einreichte, der einzelne Arbeiter müsste den Mut aufbringen, das Kündigungsschreiben dem Arbeitgebervorzulegen und trug damit auch das volle Risiko, seinen Arbeitsplatz verloren zu haben.

„Die Lohnbewegung der Former beginnt nun in Solingen einzusetzen. Die Former der Firma Kieserling & Albrecht haben gestern abend die Kündigung eingereicht. Zuzug von Formern ist also nach Solingen fernzuhalten." [45]

Noch bestand die Möglichkeit, während der zwei folgenden Wochen in Verhandlungen mit dem Unternehmen eine friedliche Einigung zu erzielen - aber beide Seiten rüsteten sich vorsorglich für den Arbeitskampf. Aufgabe der gewerkschaftlichen Organisation war es jetzt, den Zuzug von Formern nach Solingen fernzuhalten, um den Unternehmer zu hindern, an Stelle der gekündigten Arbeiter neue einzustellen, und somit den Streik zu unterlaufen. Wie wichtig gerade dies für die kämpfenden Arbeiter war, erläutert eine zeitgenössische juristische Definition von „Streik“:[46]

„Streik ist eine Arbeitseinstellung, an der mindestens auf der Arbeiterseite mehrere betheiligt sein müssen. Der Streik gilt als beendigt, wenn der Arbeitgeber zu den von ihm gestellten Bedingungen Arbeitswillige gefunden hat und sich damit zeigt, dass die eine streikende Partei, nicht die Gesammtheit hinter sich hatte.“

Gleichzeitig hatten die ausgeschiedenen Arbeiter der Firma die theoretische Möglichkeit, sich eine neue Arbeitsstelle zu suchen. Um dies zu verhindern, bedurfte es des Zusammenhaltes der Arbeitgeber. In diesem Sinne reagierte die Fa. Th. Kieserling & Albrecht umgehend auf die Kündigungsschreiben ihrer Former und benachrichtigte ihren Arbeitgeberverband. Dieser wiederum informierte die anderen Mitgliedsfirmen über die Lage bei Kieserling und teilte in einer „Schwarzen Liste“[47] die Namen der Former mit, die ihre Kündigung eingereicht hatten.[48]

„Die Ortsverwaltung des Metallarbeiter-Verbandes Solingen reichte bei der Firma Kieserling & Albrecht, Eisengießerei Solingen, unserem Mitgliede, am Freitag morgen eine ganze Reihe von Forderungen ein, die die an dem darauf folgenden Tage Mittags auf dem Bureau des Metallarbeiter-Verbandes beantwortet sein sollten. Abgesehen davon, dass es eine reine Unmöglichkeit für die Firma K & A war, diese allgemein gehaltenen Forderungen für sich selbst mit den Arbeitern zu verhandeln, sieht sie sich an den Beschluss unseres Verbandes gebunden, wonach mit der Ortsverwaltung des Metallarbeiter-Verbandes über solche Fragen nicht verhandelt werden kann, umsomehr, als der Streik der Gießereiarbeiter und Former bis heute noch nicht aufgehoben worden ist.

Als die Antwort unseres Mitgliedes K & A ausblieb, reichten die auf mitfolgender Liste genannten Former und Hülfsarbeiter (...) ihre Kündigung ein. Alle diese Arbeiter dürfen daher bis auf Weiteres in den Betrieben unserer Mitglieder nicht eingestellt werden.“

Die Abstimmung ihres Verhaltens überließen die Fabrikanten aber nicht ausschließlich ihren hauptamtlichen Verbandsvertretern, sondern nahmen dazu in einer Mitgliederversammlung des AGV wenige Tage später selber Stellung:[49] *„Die Versammlung erachtete (...) die Kündigung als eine Herausforderung, zumal dem Metallarbeiterverband ja die Bedingungen für die Verhandlungen mitgeteilt wurden. Der Arbeitgeberverband will daher, falls es zu einem Konflikt kommt, die Firma in der ihm geeignet erscheinenden Weise unterstützen, auch will man mit der niederrheinisch-westfälischen Gruppe des Verbandes der Eisengießereien in Verbindung treten, um mit diesem Hand in Hand zu gehen.“*

Neben der internen Vergewisserung über die Zustimmung der Mehrheit der Mitglieder zur Vorgehensweise des Arbeitgeberverbandes Solingen, diente diese Versammlung der auf Außenwirkung bedachten Propaganda des Arbeitgeberstandpunkt.

„Da anerkanntermaßen die Arbeiter der K. & A. stets bei der Firma Entgegenkommen gefunden haben, wo es möglich war, der größte Teil der Arbeiter auch schon seit Jahrzehnten dort beschäftigt ist, erwartet man, dass die zur Offensive gedrängten Arbeiter es sich erst reiflich überlegen, bevor sie einen Schritt unternehmen, der für sie und weite Kreise recht verhängnisvoll werden könnte.“[50]

Diese bei Arbeitskämpfen noch bis heute typische Arbeitgeberargumentation, die die Arbeiter als von der Gewerkschaft Verführte darstellt, der Appell der Unternehmer an die „Vernunft“ und „Einsicht“ der Beschäftigten bei gleichzeitiger Drohung vor den „verhängnisvollen“ Konsequenzen, war auch weniger an die direkt am Arbeitskampf beteiligten Arbeiter gerichtet, als vielmehr der Auftakt des Kampfes um die Beeinflussung der lokalen Öffentlichkeit. Ihre Sprachrohre fanden die Unternehmer bei den örtlichen bürgerlichen Zeitungen, dem Solinger Kreis-Intelligenzblatt und der Solinger Zeitung. Der lokale DMV nutzte seinerseits die Spalten der sozialdemokratischen Bergischen Arbeiterstimme (BAST) als Mitteilungs- und Agitationsorgan.[51]

„Gerade bei Kieserling & Albrecht, wo die alten Arbeiter stets bemüht waren, der Firma nach Möglichkeit Rechnung zu tragen, muss es sonderbar berühren, dass mit aller Schärfe gegen die Arbeiter vorgegangen wird. Dieser Umstand muss die Gegensätze verschärfen und der Arbeitgeberverband darf sich nicht wundern, wenn er gerade das Gegenteil von dem erreicht, was er erstrebt. In der heutigen Zeit müssen auch den Arbeitern Rechte zuerkannt werden; die Arbeiter dürfen nicht mehr in der Weise behandelt werden, wie es in der letzten Zeit dort Usus geworden ist. Will der Arbeitgeberverband die Angelegenheit auf die Spitze treiben, muss er auch die Konsequenzen ziehen; nicht weniger aber auch die Firma selbst. Ob sie dann aber jemals einen solchen Stamm geschulter Arbeiter zur Verfügung bekommen wird, ist eine andere Frage. Schon aus diesem Grunde sollte man es nicht auf äußerste ankommen lassen.“

Noch wurde der Arbeitskampf bei Th. Kieserling & Albrecht nur in den Spalten der Lokalpresse ausgetragen, noch war Zeit für Verhandlungen und eine friedliche Einigung. Deshalb sind die Bemühungen der Solinger Ortsverwaltung des Metallarbeiterverbandes, den Konflikt bei Kieserling als begrenzt und von der reichsweiten Formerbewegung unabhängig darzustellen, ein Versuch, die sich herausgebildete einheitliche Front des Arbeitgeberverbandes zu durchlöchern.[52]

„Fest steht auch, dass die Forderungen der Former und der sonstigen Arbeiter mit der allgemeinen Formerbewegung nichts gemein haben; sie bedeuten vielmehr eine Abwehr gegen Zumutungen, die die einzelnen Firmenleiter den Leuten unberechtigter Weise stellen, abgesehen von den nicht eingelösten Versprechungen, die man den Arbeitern wiederholt gegeben hat.“

Diese taktischen Manöver der örtlichen Gewerkschaft - die Berichterstattung der Metallarbeiterzeitung (MAZ), der zentralen Mitgliederzeitung des DMV, lässt keinen Zweifel an dem Zusammenhang zwischen lokalem Konflikt und reichsweiter Tarifbewegung, liefen aber ins Leere. Denn die Fa. Th. Kieserling & Albrecht selbst verhielt sich zu diesem Zeitpunkt fast völlig passiv, akzeptierte die Beschlüsse ihres Verbandes und überließ ihm die Vertretung ihrer Interessen. Die Firma versuchte lediglich die ihr verbliebene Zeitspanne zu nutzen, indem sie neue Arbeitswillige als Ersatz für die gekündigten Former einzustellen versuchte.[53] Aus dieser Handlungsweise der Firmenleitung konnte die gesamte Belegschaft ersehen, dass an Verhandlungen firmenseitig kein Interesse bestand und ein Arbeitskampf nicht mehr zu vermeiden war.

Die in der Abteilung Maschinenbau beschäftigten DMV-Mitglieder verlangten deshalb von ihrer Organisation, nun ebenfalls die Arbeit niederlegen zu dürfen, da sie auch die Weiterverarbeitung des Gusses als „Streikarbeit" betrachteten. Die übergeordneten Gewerkschaftsebenen von Ortsverwaltung über Bezirksleitung bis zum Hauptvorstand widersetzten sich diesem betrieblichen Verständnis von Solidarität aus grundsätzlichen Erwägungen. Ohne zwingende Gründe wollten sie das „Kampffeld" der „allgemeinen Bewegung der Former" nicht erweitern. Sodann hätten die Schlosser und Dreher wegen angeblicher „Streikarbeit" in allen betroffenen Betrieben, nicht bloß in Solingen, die Arbeit niederzulegen gehabt. Die DMV-Leitung definierte deshalb: „Streikarbeit ist diejenige Arbeit, welche von den eigenen Berufskollegen, die im „Streik" stehen, nicht mehr hergestellt wird, nach anderen Gießereien vergeben werden soll und welche von der Organisation und deren Leitung ausdrücklich als solche bezeichnet wird." [54] Diese Position ihrer Verbandspitze überzeugte aber keineswegs alle Schlosser und Dreher bei der Fa. Th. Kieserling & Albrecht. Vor allem die jüngeren Arbeiter zwischen dem 20. und 30. Lebensjahr ohne familiäre Bindungen[55] handelten ihrem Verständnis von Solidarität gemäß und reichten ihre einzelnen Kündigungen ebenfalls ein. Dies geschah aber als individueller Akt und nicht als kollektive Aktion der gewerkschaftlich organisierten Maschinenbauer (dies bedeutete auch den Verzicht auf gewerkschaftliche Unterstützungsleistungen).

Der Arbeitgeberverband erkannte darin sehr wohl eine Solidaritätshandlung und setzte diese Schlosser und Dreher ebenfalls auf die „Schwarze Liste" derjenigen, die nicht einzustellen waren. *„Dieselben wollen als Mitglieder des Metallarbeiter-Verbandes ihren Genossen (Formern und Hilfsarbeitern) gegenüber keine Streikarbeit verrichten. Unserer Meinung nach erscheint es deshalb im Interesse der Arbeitgeber zu liegen, auch diesen Leuten den Eintritt in andere Fabriken zu verwehren."*

Am Montag, dem 9. April 1906 begann der Streik der Former bei Th. Kieserling & Albrecht. Der Rest der Belegschaft arbeitete im Sinne der offiziellen DMV Position weiter.[56]

„Der Formerstreik ist bei der Firma Kieserling & Albrecht nun tatsächlich zum Ausbruch gekommen. Geschlossen gingen die Kollegen aus der Werkstatt hinaus. Nur ein Former und der angebliche Formermeister Brand blieben in den gastlichen Hallen der Firma zurück. (..) Wenn je ein Streik berechtigt ist, so in diesem Falle. Ist es doch

gerade in diesem Falle der junge Herr Kieserling, der sich über die elementarsten Anstandspflichten im Verkehr mit den Arbeitern hinwegsetzt. Den Akkordarbeitern wurden bei ihren Anfragen nach einzelnen Preisen Antworten zu teil, die jeder Beschreibung spotten. Selbst Arbeiter, die in der Firma alt und grau geworden sind, blieben von den launenhaften Ausfällen dieses Herrn nicht verschont. Während früher bei der Firma fast gar kein Arbeiterwechsel zu verzeichnen war, sehen wir heute, dass kein Arbeiter davor sicher ist, in der nächsten Minute das Straßenpflaster zu zieren."

In der lokalen bürgerlichen Presse wurden die Bemühungen der Firmenleitung, Arbeitswillige als Streikbrecher für die Gießerei einzustellen, als erfolgreich dargestellt. *„Wie uns mitgeteilt wird, erleidet der Betrieb keine Stockung, da die Firma die streikenden Arbeiter jetzt schon zum Teil ersetzt hat."*[57]

Der DMV seinerseits versuchte in regelmäßigen Berichten der BAST die Methoden und gleichzeitige Erfolglosigkeit der Bemühungen der Firma darzustellen, die Produktion in der Gießerei durch die Anwerbung neuer Arbeitskräfte und die Hilfestellung der Meister aufrechtzuerhalten:

„Die arbeitswilligen Former bei genannter Firma, alles untaugliche Elemente, die den Fabrikbesitzern mehr schaden wie nützen, werden von der hiesigen Wach- und Schließgesellschaft, unter deren Fittiche sich die Herren Kieserling und Albrecht seit Ausbruch des Streiks geflüchtet haben, bewacht, jedenfalls deshalb, damit sie nicht nächtlicherweise von den streikenden Formern und Gießereiarbeitern gestohlen werden können. Die Wach- und Schließgesellschaft im Dienste des Unternehmertums bei wirtschaftlichen Kämpfen ist jedenfalls die neueste Errungenschaft auf dem Gebiete der Arbeiterbekämpfung."[58]

„Nun haben wir die Beobachtung gemacht, dass die Meister dazu herangezogen werden, die Firma aus ihrer bedrängten Lage herauszureißen. Um ihre Meisterstelle zu behalten, ist ja das Verhalten der Herren verständlich. Es lässt sich eben leichter Meister spielen, als werktätig mitzuarbeiten und für diese Arbeit noch obendrein die Verantwortung zu übernehmen. (...) Diese Herren vergessen dabei, was sie sind und was sie wieder werden können. Meister von der Firma Gnaden, hat die Meisterherrlichkeit vielleicht eines schönen Tages ein Ende, ehe man daran gedacht hat. Gerade jetzt wäre es doch Zeit, dass man die Kenntnisse, die man besitzt, der Firma zu Verfügung stellt. Die schönen Eigenschaften, die so manchem zur Meisterstelle verholfen, haben vor sonstigen Enttäuschungen nicht zu schützen vermocht, werden auch in diesem Falle versagen und die Firma wird noch früh genug einsehen müssen, dass zwischen Theorie und Praxis auch bei einem Meister ein großer Unterschied vorhanden sein kann. Den Meistern aber wünschen die Streikenden und Gemaßregelten, dass sie selber von derartigen Kämpfen verschont bleiben, da sonst ihre servile Gesinnung sehr leicht mit Undank belohnt werden könnte."[59]

„Die Firma Kieserling & Albrecht auf der Suche nach Arbeitswilligen. Der Führer der Arbeitswilligen-Kolonne aus Barmen, der Former Ferber ist nunmehr auf Reisen geschickt worden, um

Streikbrecher anzuwerben; derselbe hat sich das „Königreich Stumm"[60] für seine staatserhaltende Tätigkeit auserkoren. Die Firma Kieserling & Albrecht scheint zu glauben, dass in Saarabiens Gefilden diejenigen Elemente noch vorhanden sind, die es über sich bringen können, ihren Kollegen, die für die Verbesserung ihrer wirtschaftlichen Lage ihre Stellungen in die Schanzen schlugen, in den Rücken zu fallen. Die Firma sitzt schwer im Dalles, da es ihr bis jetzt nicht gelungen ist, Ersatz für die ausgetretenen Former, Schlosser und Dreher zu finden. Wenn die Firma Kieserling bei berechtigten Wünsche der Arbeiter: Abschaffung verschiedener Missstände in der Fabrik, anständige Behandlung seitens der Geschäftsleitung, speziell gilt dies für Herrn Theodor Kieserling, Beibehaltung der alten Akkordlöhne und Anerkennung der Organisation, erfüllte, dann würde sie nicht nötig haben, nach Streikbrechern zu fahnden. Die Arbeiterschaft Saarbrückens und der umliegenden Dörfer ist selbstverständlich von dem Vorhaben der Firma Kieserling und Albrecht in Kenntnis gesetzt worden, ehe ihr Werbeagent dort ankam. Vielleicht ist ihm bei seiner Ankunft ein „heißer Empfang" bereitet worden, der ihm die Lust für seinen zweifelhaften Auftrag verleidet hat. Wir wollen das Beste hoffen!"[61]

„Religion, Fusel und Revolver im Dienste der Firma Kieserling & Albrecht. Nachdem die christliche Firma Kieserling u. Albrecht mit der Arbeitsvermittlung durch die Heilsarmee und einen Polizeibeamten kein Glück gehabt hat, wird auf andere Weise versucht, den eingerissenen Dalles zu bannen. Bekanntlich sind die Inhaber der Firma fromm und gottesfürchtig, was sie aber garnicht hindert, gegen die Arbeiter in der brutalsten Weise aufzutreten. Arbeitswillige haben sich bis jetzt so gut wie nicht eingefunden, weshalb sich die Firma in einer wenig beneidenswerten Lage befindet. Eine eifrige Propaganda wird jetzt unter den Glaubensgenossen der Besitzer der Firma betrieben, um ihnen Arbeitskräfte zuzuschanzen. In allen möglichen katholischen Vereinchen wird nach den von den Unternehmern protegierten „Staatsstützen" gefahndet, um den um Verbesserung ihrer Lage kämpfenden Proletariern ein Schnippchen schlagen zu können. Auch einige bei der Firma Kieserling und Albrecht beschäftigte christlich organisierte Arbeiter versuchen unter der Hand Arbeitskräfte für die Fabrik heranzulotsen, allerdings bis jetzt mit negativem Erfolg."62

„Die Firma Kieserling & Albrecht auf der Suche nach Arbeitswilligen. Im Magdeburger „General-Anzeiger" suchte eine rheinische Fabrik Dreher, Schlosser, Former usw. Ein junger, stellungsloser Mann fiel auf das Inserat herein, meldete sich und bekam aus Solingen folgenden Schreibebrief, der uns wieder zeigt, dass die gestreikte Firma, die die Arbeitergesuche in die Welt hinausflattern lässt, ganz verschiedene Angebote macht:

Solingen, 5 Mai 1906
Herrn N.N.
Wir empfingen Ihr Bewerbungsschreiben vom 1. cr. und können sie sofort eintreten; die Arbeitszeit dauert von morgens 7 bis abends 7 Uhr mit 1 1/2 stündiger Mittagspause und morgens mit 10 Minuten und nachmittags mit 1/4 stündiger Kaffeepause.
Lohn zahlen wir bis zu 55 Pfennig pro Stunde und

ist das Verdienst bei Akkordarbeiten entsprechend höher. Sie wollen uns umgehend mitteilen, ob und wann Sie eintreten können.
Hochachtend!
Th. Kieserling u. Albrecht
Rob. Kieserling Rich. Albrecht
Der junge, noch unerfahrene Mensch wusste natürlich nicht, dass es sich in diesem Falle um ein Streikbrecher-Gesuch handelte und reiste auf das günstige Angebot hin nach Solingen. Zu seinem Leidwesen müsste er aber erfahren, dass seine hiesigen Kollegen sich im Streik befinden, weshalb er die ungastlichen Hallen wieder verließ und sich anderwärts Arbeit suchte." [63]

Während der DMV diese Begleitumstände des mehrwöchigen Streiks ausführlich kommentierte, lassen sich keine Hinweise in den Quellen finden, was die Streikenden selbst in diesen Wochen taten. Standen sie Streikposten, waren sie zu Hause? Wie sah das Verhältnis zwischen Streikbrechern, Streikenden und der alten Belegschaft im Werk während des Arbeitskampfes aus? Wie arbeitete die Maschinenbauabteilung während des Streiks ihrer Kollegen? Diese aus heutiger Sicht wichtigen Fragen waren den Zeitgenossen keine Zeile in der lokalen Presse wert. Dafür war der Arbeitskampf in seinem Ablauf zu sehr alltäglich und nicht außergewöhnlich genug.

Während der Beginn des Arbeitskampfes zentral koordiniert worden war, lag seine jeweilige Beendigung in den örtlichen und betrieblichen Kräfteverhältnissen begründet. Erst nach zwei Monaten Streik kam bei Th. Kieserling & Albrecht Bewegung in die verhärteten Fronten der Arbeitskampfparteien. Nach mehreren Gesprächen wurde der Streik schließlich am 15. Juni 1906 auf dem Verhandlungswege zwischen der Firmenleitung auf der einen und dem DMV-Bevollmächtigtem sowie einer betrieblichen Kommission auf der anderen Seite beendet. Der Arbeitgeberverband spielte bei der Beendigung des Arbeitskampfes keine Rolle mehr. Vermutlich hatte der DMV mit seiner Einschätzung recht gehabt, dass „die vorhandenen Arbeitswilligen nur Schrott auf Schrott lieferten".[64] So zwangen schließlich wirtschaftliche Interessen die Fa. Th. Kieserling & Albrecht zum Einlenken und an den Verhandlungstisch. Die Konkurrenz der Unternehmer untereinander setzte der Verbandssolidarität der Arbeitgeber enge Grenzen.

Der zentrale betriebliche Konflikt der letzten Jahre war in den Augen der Arbeiter die veränderte Funktion der Vorgesetzten und ihr konkretes Benehmen im Betriebsalltag der Fa. Th. Kieserling & Albrecht gewesen. Mehr als die Zusicherung einer „anständigen Behandlung" gestand die Firmenleitung der Belegschaft auch nach zweimonatigem Streik nicht zu. Der neuen Unternehmergeneration waren die grundlegenden Veränderungen im System der industriellen Disziplinierung bei Th. Kieserling & Albrecht so bedeutend, dass es in dieser Frage kein Zurück mehr für sie gab. Als Ausgleich zeigte sich die Firmenleitung bei allen anderen konkreten Forderungen der Belegschaft wesentlich kompromissbereiter. Ein Erfolg des Arbeitskampfes auf der ganzen Linie für die Arbeiter waren die Regelungen der Akkordlöhne und die Vereinbarungen über die Stellung und Bezahlung von Hilfsarbeitern. Einen teilweisen Erfolg erzielten die Arbeiter bei der Festlegung der regulären Arbeitszeit und bei der Regelung der Überstunden. Sie erreichten eine weitere 15 minütige Arbeitszeitverkürzung bei vollem Lohnausgleich und die Fixierung von Überstundenzuschlägen. Aus der Sicht der Arbeiter dürften auch die Vereinbarungen zur Hygiene und über einzelne Arbeitserleichterungen wichtig gewesen sein, wenn sie auch nicht den Kern des Arbeitskampfes ausgemacht hatten. Aufschlussreich sind schließlich die besonderen Regelungen, die zwischen Gewerkschaft und Firma für die Rückkehr der Streikenden in den Betrieb vereinbart wurden. Die Wiedereinstellung aller Streikenden zeigt den Erfolg der Arbeiter in dieser Auseinandersetzung.

Unklar hingegen bleibt, wie mit den während des Streiks eingestellten Arbeitskräften verfahren werden sollte. In der schriftlichen Vereinbarung zwischen Gewerkschaft und Firmenleitung verpflichten sich die Arbeiter, diese Arbeitskräfte *„in keiner Weise zu belästigen"*. Nach der Darstellung des DMV sicherte die Firma, bevor die Arbeit aufgenommen wurde, mündlich zu, die Streikbrecherkolonne zu entlassen.[65]

Ob aber die Vereinbarungen eingehalten wurden, wie lange der „Tarifvertrag" Bestand hatte, ob er in den nächsten Jahren vor dem 1. Weltkrieg wiederum durch tariflose Zustände abgelöst wurde, ist aus den überlieferten Quellen nicht mehr rekonstruierbar. Nur die Höhe der Kosten dieses „alltäglichen" Arbeitskampfes im Kaiserreich - 2065,52 Mk für die Hauptkasse

Eine sozialdemokratische Gewerkschaftsfeier der Belegschaft von Th. Kieserling & Albrecht, möglicherweise zum Ende eines Arbeitskampfes, vor 1914

Ergebnis der Vereinbarungen zwischen Firma und Gewerkschaft vom 15. Juni 1906 (Abschrift)[70]

1. *Eine anständige Behandlung seitens sämtlicher Vorgesetzten wird den Arbeitern zugesichert.*
2. *Die alten Akkordsätze bleiben bis auf ein weiteres Jahr bestehen. Zur Verbesserung der Modelle und der Einrichtungen bedingen eine anderweitige Verständigung bezüglich des zu zahlenden Preises.*
3. *Wo es bei den bisherigen Akkordsätzen nicht möglich war, den Tagelohn zu erreichen, tritt insofern ein Ausgleich ein, als dann der Durchschnittslohn, den der Betreffende bisher erzielte, bezahlt wird.*
4. *Bei neuen Artikeln wird der Akkordlohn vereinbart. Ist eine solche Vereinbarung nicht zu erzielen, so wird so lange im Lohn weiter gearbeitet, bis man darüber zu einem Einverständnis gelangt ist. Die Former verpflichten sich, in dieser Zeit genau so zu schaffen, als wenn sie in Akkord tätig wären.*
5. *Die Akkordpreise werden im Vorraus vereinbart.*
6. *Für die Gießerei werden ständig Hilfsarbeiter gestellt, die von ihrer Beschäftigung beim Former nicht eher hinweg geholt werden dürfen, bis die Arbeit erledigt ist. Gestellt wird ein Hilfsarbeiter für den alten und zwei für den neuen Bau.*
7. *Hilfsarbeiter erhalten einen Anfangslohn von 35 Pfg., für das zweite Halbjahr 37 1/2 Pfg. und nach der Beendigung des ersten Jahres 40 Pfg. pro Stunde.*
8. *Die regelrechte Arbeitszeit beträgt 10 Stunden pro Tag mit Ausnahme des Samstags, wo für den Gesamtbetrieb um 6 Uhr Feierabend eintritt. Die Pause wird des Samstags ebenfalls auf eine Viertelstunde festgelegt. Lohnabzüge für die Verkürzung der Arbeitszeit am Samstag finden für die Lohnarbeiter nicht statt.*
9. *Bei Arbeitsmangel tritt Verkürzung der Arbeitszeit um Stunden ev. um ganze Tage ein, damit Ent lassungen vermieden werden. Unverheiratete gelangen dann zuerst zur Entlassung.*
10. *Überstunden finden nicht statt. Sind dieselben aber unbedingt notwendig, so müssen dieselben von der Firma angeordnet werden. Hierfür wird eine besondere Entschädigung gewährt.*
11. *Überstunden sind die von 7 bis 9 Uhr abends und früh von 5 bis7 Uhr. Nacht-, Sonn- und Feiertagsarbeit wird mit 50 Prozent vergütet. Für Hilfsarbeiter wird bei Überarbeit jede Viertelstunde als halbe, und mehr als eine halbe Stunde als ganze verrechnet.*
   Für die Former wird die erste halbe Stunde nicht verrechnet, wenn dieselbe als „Gießzeit" in Frage kommt. Für diese gleiche Zeit wird auch den Hilfsarbeitern kein Zuschlag gewährt.
12. *Bei Betriebsstörungen in eigenen Werk wird der prozentuale Zuschlag nicht gewährt.*
13. *Das Trocknen in der Gießerei findet des Nachts statt. In dringenden Fällen, wo am Tage getrocknet werden muss, wird Holzkohle verwendet.*
14. *Für den Transport des Eisens und sonstigen Materials verpflichtet sich die Firma, Geleise nach dem Hof und nach dem neuen Bau innerhalb sechs Monaten zu legen.*
   Die Ventilation wird sofort verbessert.
15. *Die Abortanlagen werden innerhalb 2 Monaten verlegt.*
16. *Die Arbeiter verpflichten sich, die übrigen bei der Firma beschäftigten Leute in keiner Weise zu belästigen.*
17. *Die Sperre über den ganzen Betrieb wird aufgehoben, die Firma erklärt sich, sämtliche in Betracht kommenden Arbeiter unter den versprochenen Bedingungen wieder einzustellen.*

und 207,70 Mk für die Lokalkasse -, lassen sich im Jahrbuch des DMV-Solingen finden.[66]

Für die Former der Fa. Th. Kieserling & Albrecht war das Ende des achtwöchigen Arbeitskampfes der erfolgreiche Abschluss ihrer mehr als einjährigen Bemühungen um die Verbesserung ihrer Lage. Aber auch für die anderen Teile des Betriebes wurden eine Reihe von Besserstellungen zwischen Gewerkschaft und Firmenleitung vereinbart. Dem DMV war es gelungen, mit der Fa. Th. Kieserling & Albrecht einen Firmentarifvertrag für den ganzen Betrieb im Sinne der zu Beginn der Formerbewegung aufgestellten Mindestforderungen abzuschließen. Die Firmenleitung hatte den DMV faktisch als Verhandlungspartner akzeptiert.

Ein interessantes Schlaglicht auf die politischen Bedingungen des Verhältnisses von Arbeit und Kapital im deutschen Kaiserreich der Jahrhundertwende bietet der jährliche Bericht des Solinger Oberbürgermeisters Dicke an die vorgesetzten Behörden über die sozialdemokratische und anarchistische Bewegung im Stadtkreis Solingen[67]. Nach der Einschätzung der Polizei waren die Hauptforderungen der Arbeiter die Anerkennung der gewerkschaftlichen Organisation, Lohnerhöhungen für die Hilfsarbeiter und die Festlegung der Arbeitszeit bzw. die Regelung der Überstunden. Die übrigen Forderungen wurden als unbedeutend betrachtet. Über die Länge des Streiks, die Anzahl der Streikenden usw. bietet der Bericht keinerlei Informationen. Es heißt lediglich lapidar:

„Die Lohnforderung wurde bewilligt (...)“, die Anerkennung der Organisation wurde nicht stattgegeben, die übrigen Forderungen waren bereits im Vorjahre am Einigungsamt geregelt worden. (..) Die Entlassung sämtlicher in der Gießerei während des Streiks beschäftigten Leute, (wurde) ebenfalls nicht bewilligt“.

Der Leser ist irritiert: Auf den ersten Blick scheint der Oberbürgermeister Dicke über einen ganzen anderen Arbeitskampf zu berichten. Wie kommt der Leiter der Solinger Stadtverwaltung zu dieser eklatant anderen Einschätzung? Es gibt zwei mögliche Erklärungen: Entweder wurde er von der Firmenleitung bewusst falsch informiert, oder aber Dicke selbst berichtet wissentlich unrichtig an seine vorgesetzte Behörde. Egal von wem die Falschinformation ihren Ausgangspunkt nahm, den staatlichen Aufsichtsbehörden wurde das Bild geliefert, das sie sehen wollten. Nach der Staatsraison des Kaiserreiches durften Gewerkschaften nicht als Verhandlungspartner akzeptiert werden, die Kompromisse zwischen Unternehmern und Arbeitern durften gewisse Grenzen nicht überschreiten. Um vor eventuellen Nachfragen und Eingriffen von oben sicher zu sein, um lokale und betriebliche Handlungsspielräume nicht zu gefährden, spielte der Jahresbericht des Solinger Oberbürgermeisters den Konflikt zu einer normalen Lohnforderung herunter - frei nach dem Motto: „Was nicht sein darf, das nicht sein kann.“[68]

Tatsächlich gelangten die Beziehungen zwischen Firmenleitung und Belegschaft nach diesem Arbeitskampf in ein ruhigeres Fahrwasser. Das betriebliche Miteinander scheint sich

Granatenherstellung bei Th. Kieserling & Albrecht während des Ersten Weltkrieges

zumindest soweit normalisiert zu haben, dass es in den nächsten Jahren zu keinem weiteren Arbeitskampf bei der Fa. Th. Kieserling & Albrecht mehr kam. Dazu dürfte die Überwindung der betrieblichen Krisenerscheinungen und die Klärung der Leitungsstrukturen einen nicht unwesentlichen Teil beigetragen haben. Die Fa. Th. Kieserling & Albrecht wuchs in den nächsten Jahren kontinuierlich, die Belegschaft erhöhte sich bis unmittelbar vor dem Ersten Weltkrieg auf 112 Beschäftigte.[69]

Zwischen Achtstundentag und Zwangsschlichtung

Der vergleichsweise ruhige Gang der Firmenentwicklung endete mit dem Beginn des 1. Weltkrieges. Ein Teil der Belegschaft müsste Soldat werden, die anderen arbeiteten in den rasch wachsenden Werkshallen direkt und indirekt für die Kriegsproduktion. Th. Kieserling & Albrecht wurde innerhalb dreier Jahre zum Großbetrieb; im Jahre 1918 waren fast 1000 Arbeitskräfte, darunter viele Frauen, dort tätig. Hunger- und Elend der Kriegswinter gingen ebenso wenig an der Kieserlingbelegschaft vorbei wie überlange Arbeitszeiten und vergleichsweise geringe Entlohnung. Obwohl die Frauen vielfach die gleiche Arbeit wie die Männer an den Drehbänken, Bohrmaschinen und Pressen verrichteten, wurden sie deutlich schlechter entlohnt. Während ihr männlicher Kollege sieben Mark pro Tag erhielt, betrug z.B. der Lohn einer Dreherin nur drei Mark.[71]

Die Revolution im November 1918 beendete nicht nur den 1. Weltkrieg, sie stürzte nicht nur die Monarchie in Deutschland, sie brachte auch tiefgreifende soziale Veränderungen mit sich. Die Gewerkschaften wurden unter dem Eindruck der revolutionären Welle von den Unternehmern als allgemeiner Verhandlungspartner akzeptiert, die Arbeitszeit auf acht Stunden am Tage und 48 Stunden in der Woche begrenzt. Betriebsräte wurden als Vertreter der Belegschaften legalisiert.

Im „roten" Solingen waren die unmittelbaren sozialen Erfolge der Arbeiter noch etwas weitergehender als im restlichen Deutschland. Im zwischen den Solinger Gewerkschaften und dem lokalen Arbeitgeberverband abgeschlossenen Kollektivvertrag aus dem Jahre 1919 wurde die Arbeitszeit sogar auf 46 Stunden in der Woche beschränkt.

Welche Rolle die Arbeiter von Th. Kieserling & Albrecht in dieser Zeit gespielt haben, lässt sich ebenso wenig ermitteln, wie die konkreten Verhältnisse im Betrieb unmittelbar nach der „Wende" des Novembers 1918 und in den Jahren danach.

Der besonderen Konjunktur der Kriegsjahre folgte nach einem kurzen Einbruch der Umstellung der Produktion ein Boom der Nachkriegsinflation. Mit verringerter Belegschaft (ca. 400 - 500 Beschäftigte) bei niedrigen Löhnen - Lohnerhöhungen konnten die Inflationsrate niemals ausgleichen -, gelang es, die Kieserling'schen Produkte nunmehr auch verstärkt auf dem Weltmarkt abzusetzen.

Die Stabilisierung der Machtverhältnisse in der Weimarer Republik nach dem Krisenjahr 1923 nutzte die Unternehmerschaft, um die soziapolitischen Veränderungen seit der Novemberrevolution wieder zu ihren Gunsten zurückzudrehen. Zentraler Punkt für die Unternehmer waren die Regelung der Arbeitszeit und die Höhe der Lohnkosten. Die Ende 1923 verabschiedete gesetzliche Regelung legte zwar die tägliche Arbeitszeit auf acht Stunden fest, sah aber eine Reihe von Ausnahmemöglichkeiten vor, die den Unternehmen eine Verlängerung des Arbeitstages auf bis zu zehn Stunden gestattete. Da

Maschinenbauer der Fa. Th. Kieserling & Albrecht, um 1920

die generelle Regelung des Achtstundentages damit hinfällig geworden war, hing es nun wieder von den betrieblichen Kräfteverhältnissen zwischen Belegschaft und Firmenleitung ab, wie lange in der Woche gearbeitet werden müsste.

Die Stärke der Belegschaft wurde wesentlich von der konjunkturellen Lage der Firma, bzw. der Branche bestimmt. Die Normalisierung der Verhältnisse nach dem Ende der Inflation und der Einführung der neuen Goldmarkwährung stellte die einzelnen Unternehmer gerade in dieser Hinsicht vor wirtschaftliche Krisenprobleme. Sie mussten sich den veränderten

Weltmarktbedingungen anpassen, weil ihnen z.B. die Möglichkeit zu Dumpingexporten der Inflationszeit genommen war. Neue Märkte mussten erschlossen, neue Produkte auf den Märkten eingeführt werden. Vor allem aber galt es, die niedrigen Produktionskosten so gering wie möglich zu halten. Einfrieren der Löhne, Verkleinerung der Belegschaft und Rationalisierungen im Produktionsablauf hießen die betriebswirtschaftlichen Lösungen zur Überwindung der konjunkturellen Flaute. In den folgenden Krisenjahren gelang es dem Unternehmertum unter der Nachwirkung der politischen Niederlage der Arbeiterbewegung aus dem Jahre 1923, die Kosten für den kapitalistischen Wiederaufstieg ausschließlich auf die Arbeiterschaft abzuwälzen. Überstundenarbeit bei gleichzeitiger Erwerbslosigkeit wurde die Regel, die Tarifverträge wurden beiseitegeschoben, Massenentlassungen vorgenommen und Lohnkürzungen fast ohne jede Grenze durchgesetzt. Wenn es die Auftragslage zuließ, wurde die Arbeitszeit über den Rahmen der gesetzlichen Bestimmungen hinaus verlängert, von staatlicher Seite hatten die Unternehmer keine Schwierigkeiten zu erwarten, die Belegschaften waren meist so eingeschüchtert, dass von dieser Seite ebenfalls kein Widerstand kam.

Unmittelbar nach dem Ende der Inflation hatten die Unternehmen deshalb kein Interesse am Abschluss von neuen Tarifverträgen. Da die Tarifverträge selbst keine Nachwirkungsklausel enthielten, trat z. B. in Solingen ab Oktober 1925 ein tarifloser Zustand in der Metallindustrie ein. Wenn kein Tarifvertrag abgeschlossen war, galten die gesetzlichen Bestimmungen zur Arbeitszeit. Die Lohnhöhe müsste wie vor 1918 individuell zwischen Arbeiter und Firmenleitung oder von der einzelnen Belegschaft mit der Firma ausgehandelt werden. Unter den gegebenen wirtschaftlichen Bedingungen war dies kaum zu Gunsten der Arbeiter möglich. Erst als in der zweiten Jahreshälfte 1926 die Konjunktur reichsweit wieder anzuziehen begann, änderten sich auch die Durchsetzungsmöglichkeiten für die Beschäftigten. Gewerkschaftliche Lohnforderungen waren die logische Folge.

In Solingen stellte der DMV Ende 1926 sowohl die Forderungen nach Lohnerhöhungen um 15 - 20 % als auch nach der Wiedereinführung der 48 Stunden Woche auf. Die Gespräche um diesen Tarifvertrag (Lohn- und Arbeitszeitregelungen) zwischen lokalem DMV und Solinger Arbeitgeberverband fanden ohne gemeinsames Ergebnis statt. Die nach dem Arbeitsrecht der Weimarer Republik folgende Verhandlung vor dem Schlichter scheiterte ebenfalls, weil der AGV den Schiedsspruch von 5% Lohnerhöhung nicht anerkannte. Die Unternehmer bestanden jetzt auf langfristigen Tarifverträgen zu gleichen Konditionen wie in den Vorjahren, um die einmal erreichten langen Arbeitszeiten und geringen Lohnhöhen stabilisieren zu können.

In dieser Situation zeigte es sich, dass die Unternehmer gelernt hatten, mit dem Instrument Tarifvertrag umzugehen. Das unternehmerische Verhältnis zum Tarifvertrag war also 1926 ein völlig anderes als 1906. Damals wollten die Gewerkschaften die Unternehmer durch einen Tarifvertrag binden, um u.a. gegen konjunkturelle Wechselfälle abgesichert zu sein. Nunmehr hatten die Unternehmer ein gleichartiges Interesse. Nach einer mehr oder weniger starren Verweigerungshaltung im Kaiserreich lehnten sie nun Tarifverträge nicht mehr generell ab, sondern machten ihre Zustimmung vom Inhalt des Vertrages abhängig.

Um den tariflosen Zustand erfolgversprechend zu beenden, müsste die Gewerkschaft nun parallel zu ihren lokalen Verhandlungsbemühungen den Kampf in einzelnen Betrieben zur Durchsetzung der ursprünglichen Forderung nach Lohnerhöhung führen. Diese gewerkschaftliche Taktik war nur möglich auf dem Hintergrund der sich bessernden Konjunktur. Gleichzeitig sollten die Belegschaften *„mit dem Lohnkampf (...) überall die Frage der Rückeroberung der 48 Stunden Woche stellen“*[72]. Denn solange für Solingen kein Arbeitszeitabkommen zwischen dem DMV und dem Unternehmerverband geschlossen worden war, kamen im Jahre 1927 für die Metallindustrie erst einmal die Bestimmungen des Arbeitszeitgesetzes in Frage: 48 Stunden Arbeitszeit und an 30 Tagen im Jahr zwei Überstunden. Darüber hinaus konnte der Unternehmer mit Zustimmung der Belegschaft und des Betriebsrates beim Gewerberat eine Verlängerung der Arbeitszeit bis zu einer Höchstarbeitszeit von 10 Stunden pro Tag beantragen. Für diese Überstunden wurden dann keine Zuschläge bezahlt.

Die gewerkschaftlichen Bemühungen trafen die Unternehmer keineswegs unvorbereitet. Bei Th. Kieserling & Albrecht waren in den letzten Jahren teilweise bis zu 70 und 80 Stunden in der Woche gearbeitet worden. *„Dieses wurde dann doch der bis dato äußerst geduldigen Belegschaft Zuviel. Sie nahm hierzu Stellung und lehnte daraufhin jegliche Überstunden ab.“* Als aber der Betriebsrat den Beschluss der Belegschaftsversammlung, nach acht Stunden den Betrieb zu verlassen, der Firma mitteilte, wurde ihm von der Firmenleitung eine schon seit längerer Zeit vorliegende Genehmigung des Solinger Gewerberates präsentiert, wonach für den Betrieb die 55-Stundenwoche bis zum 31. März 1927 bewilligt sei. Die Firmenleitung hatte das gesetzliche vorgesehen Schlupfloch der Ausnahmegenehmigung, die Arbeitszeit aus dringenden wirtschaftlichen Gründen zu verlängern, mit Hilfe der Gewerbeaufsicht erfolgreich genutzt. Schon seit Monaten war der Fa. Kieserling & Albrecht vom Gewerberat eine längere Arbeitszeit zugestanden hatte, ohne, wie er gesetzlich verpflichtet gewesen wäre, den Betriebsrat vorher anzuhören. Zum direkten Kampf gegen diesen staatlichen Eingriff sah sich die Belegschaft aber nicht in der Lage.[73]

„Die Belegschaftsversammlung der Firma Kieserling und Albrecht protestiert gegen das Vorgehen des Gewerberates, welcher ohne Anhörung des Betriebsrates der Firma eine 55stündige Arbeitszeit gestattet. Die Belegschaft steht mit der übrigen Arbeiterschaft auf dem Boden des Achtstundentages, den sie zu erkämpfen wissen wird.Die Versammlung nimmt Kenntnis von der von den Unternehmern geplanten 56 Stundenwoche und erklärt jetzt schon, dass sie dagegen mit allen Kräften ankämpfen wird. Dieser Kampf wird jetzt schon am besten durch Verweigerung

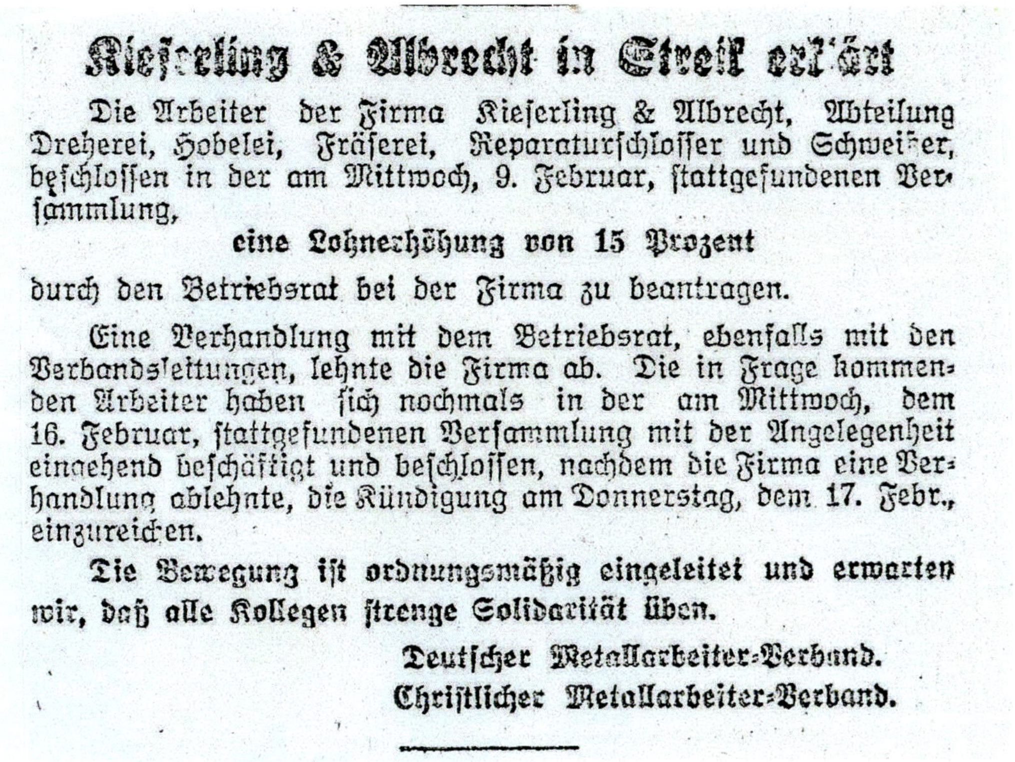

Kieserling & Albrecht in Streik erklärt

Die Arbeiter der Firma Kieserling & Albrecht, Abteilung Dreherei, Hobelei, Fräserei, Reparaturschlosser und Schweißer, beschlossen in der am Mittwoch, 9. Februar, stattgefundenen Versammlung,

eine Lohnerhöhung von 15 Prozent

durch den Betriebsrat bei der Firma zu beantragen.

Eine Verhandlung mit dem Betriebsrat, ebenfalls mit den Verbandsleitungen, lehnte die Firma ab. Die in Frage kommenden Arbeiter haben sich nochmals in der am Mittwoch, dem 16. Februar, stattgefundenen Versammlung mit der Angelegenheit eingehend beschäftigt und beschlossen, nachdem die Firma eine Verhandlung ablehnte, die Kündigung am Donnerstag, dem 17. Febr., einzureichen.

Die Bewegung ist ordnungsmäßig eingeleitet und erwarten wir, daß alle Kollegen strenge Solidarität üben.

Deutscher Metallarbeiter-Verband.
Christlicher Metallarbeiter-Verband.

Streikankündigung in der Bergischen Arbeiterstimme (BAST) vom 19. Feb. 1927

der Überarbeit geführt. Die Firma kann Erwerbslose einstellen, wenn die Belegschaft nicht zur Erledigung der Aufträge ausreicht.“

Waren die Bemühungen der Gewerkschaft bei der Beschränkung der Arbeitszeit durch die Haltung der Firmenleitung ins Leere gelaufen, so konnte als gewerkschaftliche Antwort bei der allgemeinen konjunkturellen Lage die Forderung nach Lohnerhöhungen im Betrieb gestellt werden. Die Arbeiter der Abteilung Maschinenfabrik beschlossen auf einer Versammlung am 9. Februar 1927, eine 15 % Lohnerhöhung durch den Betriebsrat bei der Firma zu beantragen. Die Firmenleitung lehnte Verhandlungen mit den Betriebsrat und der örtlichen Metallgewerkschaft zu diesem Thema ab, *„da eine Lohnerhöhung nicht in Frage käme, da sie bereits durch die Verweigerung jeglicher Überstundenarbeit genügend geschädigt würde (...) und entsprechend den Anweisungen des Arbeitgeberverbandes jede Lohnerhöhung ablehnen müsse“.*[74]

Daraufhin beschlossen eine Woche später die gewerkschaftlich gut organisierten Facharbeiter der Firma Th. Kieserling & Albrecht - Fräser, Dreher, Hobler und Gießer - mit 95 prozentiger Zustimmung den Streik und die Einreichung der Kündigung. Trotz der Androhung einer allgemeinen Aussperrung durch den AGV75 hatte dieser Vorstoß der Arbeiter einen gewissen Erfolg: die Firmenleitung lenkte entgegen der Absicht ihres Unternehmerverbandes ein, und in Verhandlungen konnte eine Erhöhung des Lohnes um 6,25 Prozent für die ganze Belegschaft erzielt werden.[76]

Aus dem Betrieb Th. Kieserling & Albrecht, Solingen

Arbeiterkorrespondenz in der Bergischen Arbeiterstimme vom 18. Mai 1927[78]

Im Vordergrund der wirtschaftlichen Kämpfe der Arbeiter des Solinger Industriegebietes um Erhöhung der Löhne und Verkürzung der Arbeitszeit stand neben anderen Betrieben auch der Betrieb Kieserling & Albrecht. Es ist einmal notwendig, die Lohn- und Arbeitsbedingungen und die Missstände dieses Betriebes an die Öffentlichkeit zu bringen, damit sich auch die übrigen Arbeiter aus Solingen und Umgegend ein klares Bild und keine Illusionen von Kieserling & Albrecht machen (...) Die Firma hat derartig viele Aufträge, dass sie sogar einen Teil an andere Firmen vergeben hat. Dann lässt sie jetzt auf Tag- und Nachtschicht arbeiten. Es sind hier stark 400 Arbeiter, darunter 60 Lehrlinge, beschäftigt; die Arbeitszeit beträgt laut Schiedsspruch 53 Stunden, der Lohn ist „unter aller Kanone".

Einführung der Rationalisierung!

Noch vor einigen Jahren war die Belegschaft erfüllt vom Klassenkampfgedanken, welches sich in mancherlei Bewegungen für Verbesserung ihrer Lage zeigte. Der große Kampf 1923-24 brachte auch den Arbeitern unserer Firma eine Niederlage, welche große Nachwirkungen hatte.

Es bestand schon länger ein Akkordsystem, welches, trotzdem es große Nachteile für die Arbeiter hatte, immerhin einigermaßen erträglich war. Durch die Erstarkung des Unternehmertums wurde alles geändert, der Betrieb wurde rationalisiert, d. h. auf Kosten der Arbeiter. Das geschah

1. Durch Reorganisierung des Akkordsystems,
2. Durch Antreibersystem,
3. Durch Überstundenschusterei,
4. Durch Reduzieren der Akkordminutenzahl. Technische Verbesserungen wurden keine gemacht.

Die Regulierung des Minutenakkord

Bei Kieserling & Albrecht besteht ein nicht alltägliches Akkordsystem. Die Herstellung der Maschinenteile erfordert verschiedene Operationen und spezielle Arbeitseinteilungen. Alle diese Teile werden im Akkord hergestellt. Statt eines Akkordpreises von so und soviel Mark erhält der Arbeiter so und soviel Minuten für jedes Stück. Der Akkordindex beträgt 85 Pfennig, früher 80 bzw. 75 Pfennig, für Jugendliche 75 Pfennig. Hat nun ein Arbeiter ein Arbeitsstück von 70 Min. und er stellt selbiges in 60 Min. her, so hat er in einer Stunde 99 Pfennig verdient. Es ist dies ein Minutenakkord. Über jedes Arbeitsstück ist eine Laufkarte angefertigt, auf selbige wird notiert, wer die einzelnen Arbeiten an dem Stück macht.

Wie schon gesagt, bestand vor Einführung der Rationalisierung ein etwas verträglicher Akkord. Die Minutenzahl war wie bisher von dem betreffenden Meister festgelegt worden. Das hörte nun auf. Es wurde ein Kalkulator angestellt, welcher die Akkorde regulieren sollte. Als der erste Kalkulator wahrscheinlich nicht „genügend" kalkulierte, wurde er entlassen und ein neuer eingestellt. Dieser legt im Einverständnis mit den Meistern den Akkord fest. Wie ging das regulieren vor sich? Es wurden nur die Akkorde „reguliert", die eine gute Minutenzahl hatten, natürlich nach unten. Die schlechten Akkorde wurden nicht berücksichtigt. „Die Arbeit ist früher dafür gemacht worden, dann kann sie heute auch gemacht werden", heißt es dann. So wurde das Akkordsystem verschlechtert. Der Durchschnittsakkordverdienst der qualifizierten Arbeiter beträgt 1,05 - 1,10 Mark pro Stunde; der größte Teil der Arbeiter hat durchschnittlich 90 bis 95 Pf. pro Stunde bei intensiver Arbeit. Dabei sind das alles Facharbeiter, welche drei bis vier Jahre gelernt haben. Auf verschiedenen Teilen ist eine derart schlechte Minutenzahl, dass die Arbeiter nicht mal die normale Arbeitszeit verdienen. Beispielweise hatte vor einigen Tagen ein Arbeiter bei 43 Stunden 1660 Minuten verdient, das sind 27,5 Stunden, gleich 0,66 Mark pro Stunde. Nach Vorstelligwerden des Betriebsrates ist demselben 20 Stunden Tagelohn wegen „Werkzeugmangel" zugeschrieben, die Akkordpreise sind jedoch nicht erhöht worden. Sehr viele Fälle sind vorgekommen, wo die Arbeiter bei 53 Stunden Arbeitszeit bloß 40-50 Stunden verdienen. Einem Arbeiter wurden fünf Stunden von einem Arbeitsstück abgezogen, angeblich, weil er zuviel angegeben hatte. Einem anderen Arbeiter wurde abgezogen, nachher stellte es sich heraus, dass es der betreffende Arbeiter gar nicht war, sondern ein anderer Arbeiter sollte den Abzug erhalten. Ein Horizontalbohrer bekam auf einem Teil einen derart schlechten Preis, dass er, um mit der Zeit auszukommen, drauflos arbeitete, ohne Rücksicht auf Genauigkeit. Die Bohrung kam infolgedessen aus der Mitte, die Differenz betrug 2 Millimeter. Die Firma verlangte von dem Arbeiter noch obendrein Bezahlung dieses Arbeitsstückes.

Das Antreibersystem

Um die Pläne der Firma bezüglich der Rationalisierung wirksam durchzuführen, gebrauchte selbige willige Werkzeuge, welche sich bald durch Errichtung eines Beamtenapparates fanden. Dieser Beamtenapparat, der sich aus Ingenieuren, Betriebsleiter und Meistern zusammensetzt, ist dafür da, die Leistungen der einzelnen Arbeiter höher zu treiben. Besonders fühlt sich Meister Altena neuerdings dazu berufen. Er versucht nach Möglichkeit, die Akkorde zu drücken. Obermeister Kühnert glaubt durch seinen robusten Ton die ganze Kiste zu werfen. Es soll ihm hier nur ans Herz gelegt werden, dass er sich in Zukunft doch gewöhnen soll, etwas höflicher mit den Arbeitern zu verkehren. Ingenieur Strengbier ist ein Kapitel für sich. Wenn es einen Antreiberverein gibt, so ist er jedenfalls dort Vorsitzender. Von morgens bis abends saust derselbe durch den Betrieb und treibt jeden Arbeiter an. Man wird nicht richtig klug, was er eigentlich vorstellen soll, ob Ingenieur, Antreiber, Spion oder Laufbursche. Jedenfalls haben am meisten unter ihm die Hilfsarbeiter zu leiden. Selbige werden bald verrückt gemacht, so werden sie hin und her gejagt. Sein zweites Wort ist: „Wenn sie nicht schneller machen, können sie gehen." Zu einem Meister äußerte er einmal: „Die Leute wollen ja nicht mehr arbeiten." Dabei muss niemand schwerer arbeiten wie gerade die Hilfsarbeiter. Den ganzen Tag schleppen sie mit den schweren Maschinenteilen herum, und das alles für 65 bzw. 60 Pf. Als sich ein Hilfsarbeiter durch das Hetztempo den Finger gequetscht hatte, rief Strengbier: „Warum passen sie nicht auf, tun sie die Finger da weg!" Als der selbe Arbeiter vor ein paar Tagen einen Moment bei einem anderen Kollegen stand, brüllte ihn dieser Herr an: „Ich sage es ihnen zum letzten mal, hören sie das Sprechen mit den Leuten auf, sehe ich sie noch mal, dann ist es Schluss!"

Überstundenschusterei

Die Durchführung der Rationalisierung geschah nicht nur durch Verschlechterung der Akkordpreise und Antreibung, sondern auch durch Verlängerung der Arbeitszeit. Das Überstundenunwesen nahm derart überhand, dass 70 bis 80 Stunden in der Woche gearbeitet wurde. Dieses wurde dann doch der bis dato äußerst geduldigen Belegschaft zuviel. Sie nahm hierzu Stellung und lehnte daraufhin jegliche Überstunden ab. (...)

Reduzieren der Akkordminutenzahl

Durch das aktive Vorgehen der Kollegen in Lohn-und Arbeitszeitfrage (näherer Bericht weiter unten) hat die Firma eine Schlappe erlitten, welche sie durch Reduzieren der Akkordminutenzahl wieder ausmerzen will. Da leisten auch wiederum die Meister Handlangerdienste. Ein Werkzeug für Warmmutternpresse kostete früher 8,5 Stunde. Das betreffende Arbeitsstück wurde nun kalkuliert auf 4,5 Stunde. Der Arbeiter weigerte sich, es dafür zu machen. Meister Altena übergab nun das Stück einem Arbeiter in einer anderen Abteilung und sagte zu demselben: „Machen Sie mir das schnell fertig, das ist eilig." Der Arbeiter arbeitete nun mit Hochdruck und stellte die Arbeit (zwei Stück) in 8,5 Stunden her. Der Arbeiter, der das Werkzeug zuerst herstellen sollte, glaubte das Resultat nicht, er wollte es selbst sehen. Des Abends ist das Werkzeug noch einmal gemacht worden, jedoch nicht ganz fertig. Durch Einsetzen des Betriebsrates wurde das Arbeitsstück dann statt auf 4,5 auf 5,75 Stunden gesetzt. Neuerdings soll bei Serienarbeit, d.h. mehrere Maschinenteile einer Sorte, der Akkord um 10 Prozent reduziert werden. Der Anfang wurde an der Stoßbank gemacht. Nur der Umstand, dass der Arbeiter andere Arbeit dazwischen gemacht hatte, verhinderte den Abzug. Dann soll jetzt jeder Schrott bezahlt werden.

Unfälle und Verhütungsvorschriften

Durch die tägliche Hetzerei und Antreiberei werden die Unfallverhütungsvorschriften zu wenig beachtet, und sehr oft passiert ein Unfall, der oft größere Folgen haben kann, als das bisher gewesen ist. Es wurde schon einmal berichtet, dass ein Maschinenteil aus dem Kran gefallen ist und eine Werkzeugmaschine zertrümmert hat. Wie oft kommt es vor, dass Maschinenteile aus den Ketten rutschen oder die Ketten zerreißen.

Durch Antreiben des Kranführers B. durch Obermeister Kühnert bedient ersterer den Kran zu leichtfertig. Das Transportieren geht im stürmischen Galopp vor sich. Wenn der Kranführer es sich gefallen lässt, dass Kühnert ihn «aus Spaß» in den Hintern tritt, so geht der Spaß bei der Verantwortung dieses Postens denn doch zu weit. Dann sind die Transportmittel nicht genügend in Ordnung. Das keine größeren Unfälle vorgekommen sind, ist nur einem Wunder zuzuschreiben, dagegen sind Fingerquetschungen an der Tagesordnung. Als ein Arbeiter eine Fußquetschung erhielt, blieb er noch eine halbe Stunde an der Unfallstelle liegen, ehe er abtransportiert wurde. Das ist ja auch weiter nicht verwunderlich, da die Tragbahre im Dreck liegt. Der Verbandskasten enthält nur noch Essigsauretonerde und zwei bis drei Binden. Es wird höchste Zeit, dass hier einmal Änderung geschaffen wird.

Sonstige Missstände

Auch sonst bestehen sehr viele Missstände. In dem ganzen Betrieb sind nur zwei Schleifsteine und ein Schmirgelstein vorhanden, selbige sind noch nicht einmal vorschriftsmäßig. Im Wasch- und Ankleideraum sind zu wenig Ankleidespinde vorhanden, so dass zum Teil zwei Mann einen Schrank benutzen, sogar wird die Badezelle als Kleiderschrank benutzt. Die Versorgung mit heißem Wasser lässt viel zu wünschen übrig. Ein Speiseraum ist überhaupt nicht vorhanden, die Arbeiter müssen ihre Speisen zwischen Maschinen, Dreck, alter Putzwolle usw. genießen. Mit Reinlichkeit und Ordnung ist es überhaupt schlecht bestellt. Alles verkommt in Staub, Dreck und Späne, überall liegen Maschinenkörper und -teile in dem Weg. So wie ein Teil von der Bank gespannt wird, wird es hingelegt, wo gerade Platz ist, ob es den anderen Kollegen hindert, da wird nicht nach gefragt, das Hetztempo gestattet nicht soviel Zeit zum Forttransportieren. Dann herrschen aber unter den Kollegen selbst Missstände, die unbedingt beseitigt werden müssen. Manche Kollegen können es sich nicht verkneifen, um ihre eigene Position zu stärken, ihre nächsten Kollegen „in die Pfanne zu hauen". Diese „Kollegen" möchten gerne Vorarbeiter bzw. Meister werden auf Kosten ihrer Arbeitsbrüder.

Parallel zu den betrieblichen Ereignissen waren die Tarifverhandlungen über die Arbeitszeitregelung in der Solinger Metallindustrie in eine entscheidende Phase getreten. Nach dem in Gespräche zwischen Gewerkschaft und Arbeitgeberverband keine Übereinkunft zustande gekommen war, mussten die Einigungsbemühungen vor dem staatlichen Schlichtungsausschuss fortgesetzt werden. Als sich die beiden Seiten auf kein Ergebnis einigen konnten, fällte der Schlichter seinen Schiedsspruch:[77]

„Die regelmäßige wöchentliche Arbeitszeit ohne Pausen beträgt 48 Stunden. Sie kann von der Betriebsleitung nach Anhörung der gesetzlichen Betriebsvertretung für einzelne Arbeitergruppen, Abteilungen, oder den ganzen Betrieb, bis zu 54 Stunden ausgedehnt werden. Zuschlagspflichtig (...) ist die über 54 Wochenstunden hinausgehende Arbeitszeit."

Der Solinger DMV kommentierte diesen Spruch des staatlichen Schlichters als „Unternehmerschiedsspruch" und erklärte seine Ablehnung. Der Arbeitgeberverband Solingen hingegen nahm den Schiedsspruch an. Nun lag es am staatlichen Schlichter, ob er in den nächsten Wochen seinen Spruch für verbindlich erklärte, und ihn damit nach herrschender Rechtsprechung zum bindenden Recht für die Tarifvertragsparteien erhob. Die lokale Metallgewerkschaft erwartete nichts anders als dieses unternehmerfreundliche Verhalten von der staatlichen Seite und orientierte deshalb auf den Kampf der Belegschaften gegen den Schiedsspruch.

Eine besondere Vorreiterrolle übernahmen dabei die Arbeiter der Fa. Th. Kieserling & Albrecht. Als am 31. März 1927 die Genehmigung zur Verlängerung der Arbeitszeit auf 55 Stunden ablief, beschloss am gleichen Tage die Belegschaft mit übergroßer Mehrheit, den Betrieb nach acht Stunden zu verlassen.[79]

„In der äußerst gut besuchten Versammlung referierte Genosse Rautenbach als Vertreter des DMV und forderte die Versammelten auf, den Kampf der Gewerkschaften um den Achtstundentag durch das Verlassen des Betriebes nach 8 Stunden tatkräftig zu unterstützen. Auch der christliche Verbandsvertreter trat für den Achtstundentag ein und in der sehr regen Diskussion sprachen sich alle Kollegen mit einer Ausnahme begeistert für die Durchführung des Achtstundentages aus."

Am Freitag, dem 1. April, verließ die Belegschaft nach acht Stunden Arbeit den Betrieb.

„Auch diejenigen Kollegen, die bei der Abstimmung gegen die achtstündige Arbeitszeit stimmten, haben Solidarität geübt und sich dem Beschluss der Mehrheit angeschlossen." [80]

Die Firmenleitung verhielt sich zunächst passiv und wartete das Ergebnis der einige Tage später stattfinden Verbindlichkeitsverhandlungen vor dem staatlichen Schlichtungsausschuss ab. Am 8. April 1927 wurde die 53 Stunden Arbeitswoche für die Solinger Metallindustrie vom Schlichter für verbindlich erklärt. Umgehend verlangte die Firmenleitung vom Betriebsrat, zu einer Verlängerung der Arbeitszeit auf 53 Stunden sein Einverständnis zu geben. Dieser lehnte von sich aus die Zustimmung ab und erklärte, die Belegschaft müsse darüber entscheiden. Auf einer Belegschaftsversammlung warb der Beauftragte des Solinger DMV für die Position der lokalen Metallgewerkschaft, den Kampf trotz der Verbindlichkeitserklärung weiterzuführen, und dafür um die Unterstützung des Hauptvorstandes des DMV nachzusuchen. Die Belegschaft erklärte in einer einstimmigen Resolution, *„dem Versuch der Firma, die verlängerte Arbeitszeit durchzusetzen, den Kampf anzusagen und am Achtstundentag festzuhalten“*[81] und nach dem Wochenende nochmals zum weiteren Vorgehen Stellung zu nehmen.

Die Bergische Arbeiterstimme berichtete ausführlich über diese Belegschaftsversammlung bei Th. Kieserling & Albrecht vom Montag, dem 11. April 1927.[82]

„Gestern nahmen die Arbeiter von Kieserling & Albrecht zur Frage der Weiterführung des Kampfes um den Achtstundentag und gegen den 53-Stunden-Schiedsspruch Stellung. Eine Stunde vor der vom Betriebsrat einberufenen Belegschaftsversammlung hatte der Firmeninhaber eine Betriebsversammlung im Betrieb einberufen, in der er zu der Frage der Arbeitszeit sprach. Der Unternehmer lobte natürlich den „sozialen“ Charakter seiner Firma, wies auf die starke Konjunktur hin und erklärte den Arbeitern klipp und klar, dass er für den Fall, dass in der Betriebsversammlung die Aufrechterhaltung des Achtstundentages beschlossen werde, dazu übergehen würde, die Arbeiter auszusperren. Er forderte die sofortige Einhaltung der 53-Stundenwoche. In dieser vom Unternehmer einberufenen Versammlung wurde von den Kollegen zu der Arbeitszeitfrage nicht Stellung genommen. Das geschah in der eine Stunde später durch den Betriebsrat einberufenen Belegschaftsversammlung.

In dieser Versammlung sprach als erster Genosse Rautenbach vom DMV, der eingehend den Charakter des Schlichtungswesens darlegte und betonte, dass die Arbeiterschaft nur dann den Achtstundentag zurückerobern würde, wenn sie auf breitester Front den Kampf gegen das Schlichtungswesen und die Zwangsschiedssprüche durchführe. Die Gewerkschaften müssten deshalb den Kampf gegen das Schlichtungswesen als einen der wichtigsten Punkte in der kommenden Zeit auf die Tagesordnung stellen. Die Solinger Ortsverwaltung habe sich für diesen Kampf ausgesprochen.

Zu dem Kampf bei Kieserling & Albrecht und in der Solinger Industrie teilte der Redner mit, dass der Hauptvorstand des DMV, den Antrag der Solinger Ortsverwaltung auf Zustimmung zur Führung und Unterstützung des Kampfes gegen den Solinger 53-Stunden-Schiedsspruch und für den Achtstundentag abgelehnt hat. Der Hauptvorstand führt als Begründung an, dass der Verband ersatzpflichtig gemacht werden könne. Ein Schiedsspruch sei rechtsverbindlich und auch in Solingen müsse von der Ortsverwaltung die Annahme dieses Schiedsspruches vertreten werden. Aus diesen Gründen käme eine Unterstützung des Kampfes gegen den 53-Stunden-Schiedsspruch nicht in Frage.

Genosse Rautenbach betonte am Schluss seiner Ausführungen nochmals eingehend die Notwendigkeit des Kampfes um den Achtstundentag und forderte die Kollegen auf, nach reichlicher Prüfung ihre Entscheidung zu fällen.

Als nächster Redner sprach der christliche Angestellte Hebborn, der sich, wenn auch gewunden und unter Berufung auf den Hauptvorstand des DMV, für die bedingungslose Anerkennung des Schiedsspruches aussprach. Er erklärte, dass der Christliche Metallarbeiterverband sich an einem weiteren Kampf nicht beteiligen würde.

In der sehr eingehenden Diskussion erklärten die freigewerkschaftlich organisierten Redner, dass sie diesen Entscheid des Hauptvorstandes des DMV vorausgesehen hätten. Die Reformisten setzten damit nur ihre bisherige arbeitsgemeinschaftliche Politik fort und seien dadurch mitbeteiligt an der Knebelung der Arbeiterschaft und der Beseitigung des Streik und Koalitionsrechts. Die Kollegen hoben jedoch hervor, dass sie den Kampf mit dem Bewusstsein begonnen hätten, denselben auch ohne Unterstützung der reformistischen Bürokratie durchzuführen und das sie überzeugt seien, dass die Solinger wie die rheinisch-westfälische Arbeiterschaft sie in dem Kampfe gegen den 53-Stunden-Schiedsspruch unterstützen würden. Denn es sei der Wunsch aller Arbeiter, dass endlich der Kampf gegen die Zwangsschiedssprüche in Angriff genommen werde.

Die Redner appellierten an die Kollegenschaft, trotz der Sabotage des Kampfes durch die reformistischen Instanzen und den christlichen Gewerkschaftsangestellten, die Aufrechterhaltung des Achtstundentages zu Beschließen.

Die Drohungen des Unternehmers müssten ein Ansporn sein, nun erst recht an der Spitze der Solinger Arbeiterschaft den Kampf für den Achtstundentag und gegen den Schiedsspruch weiterzuführen.

Die christlichen Kollegen, die in der Diskussion sprechen, traten teils für, teils gegen die Weiterführung des Kampfes um den Achtstundentag ein. Aus ihren Ausführungen ging jedoch hervor, dass auch in der christlichen Arbeiterschaft der Wille zur Führung des Kampfes um den Achtstundentag vorhanden ist (...)

Aus der Versammlung heraus wurde dann der Antrag eingebracht, am Dienstagvormittag eine neue Urabstimmung im Betrieb durchzuführen, um die gesamte Belegschaft entscheiden zulassen, ob sie den so einmütig begonnenen Kampf um den Achtstundentag weiterführen will. Es wurde festgelegt, dass eine Zweidrittel-Mehrheit entscheidet und dass sich alle Kollegen dem Ergebnis der Abstimmung fügen sollen.“

Bei der beschlossenen Urabstimmung wurde die notwendige Zweidrittelmehrheit für einen Arbeitskampf um wenige Stimmen verfehlt.[83] Eine starke Minderheit der Belegschaft wollte diesen Kampf ohne die Unterstützung der zentralen Gewerkschaftskasse, nur mit der Solidarität der Solinger Arbeiterschaft im Rücken, nicht aufnehmen. Der Appell der BAST - *„Es muss gelingen, den Kampf gegen den 53-Stunden-Schiedsspruch trotz der Drohung mit der Aussperrung, trotz der Sabotage der reformistischen und christlichen Gewerkschaftsbürokratie durch den machtvollen Zusammenschluss der Arbeiterschaft zu führen“.*[84] - blieb bei diesem Teil der Belegschaft ohne direkte Wirkung.

Verständlich wird die zentrale Bedeutung, die dieser Konflikt bei Th. Kieserling & Albrecht hatte, nur vor dem Hintergrund der innergewerkschaftlichen Auseinandersetzungen in den Jahren der Weimarer Republik. Während in der

Mehrheit und in der Führung der deutschen Gewerkschaften sozialdemokratische Positionen vertreten wurden, orientierte sich die starke innergewerkschaftliche Opposition phasenweise an der Politik der KPD. In Solingen war die Kommunistische Partei nicht nur die stärkste politische Kraft, sondern hatte innerhalb der Gewerkschaften in den zwanziger Jahren das Sagen. Die lokale Ortsverwaltung der größten Einzelgewerkschaft, des DMV, war z.B. in der großen Mehrheit kommunistisch orientiert. Ein zentraler Punkt der innergewerkschaftlichen Auseinandersetzung war der Umgang mit dem staatlichen Schlichtungswesen. Während die sozialdemokratisch orientierten Gewerkschaftsführungen reichsweit auf Einhaltung von verbindlich erklärten Schiedssprüchen pochten, versuchte die innergewerkschaftliche Opposition die Belegschaften zum Kampf gegen diese „Knebelung" zu organisieren. Wie schwierig diese Versuche waren, wieviel von betrieblichen Kräfteverhältnissen, lokalen Bedingungen und wirtschaftlichen Faktoren abhing, zeigte das obige Beispiel des Arbeitskampfes bei der Fa. Th. Kieserling & Albrecht.

Trotz der Niederlage bei der Urabstimmung waren die aktiven Kräfte in der Belegschaft so stark, dass ein halbes Jahr später bei Ablauf des Lohntarifvertrages wiederum Lohnforderungen gestellt werden konnten. Insgesamt war die konjunkturelle Lage so gut, dass Belegschaften in einzelnen Solinger Schlägereien noch einen Schritt weiter gingen. Weil die Unternehmer Verhandlungen mit den einzelnen Belegschaftsvertretern ablehnten, erklärten sie ihrerseits den Streik. Die Schlägereiarbeiter galten in Solingen als gewerkschaftliche „Kerntruppe", mit der Taktik des vorgezogenen Streiks einiger Schlägereien wollte der Solinger DMV Druck auf den Arbeitgeberverband für die eigentlichen Tarifverhandlungen erzeugen. Eine Betriebsrätevollversammlung forderte am 24. August 1927 kollektiv für die Solinger Metallindustrie Lohnerhöhungen zwischen 25 und 30 %.85 Der Arbeitgeberverband reagierte umgehend und drohte mit der Aussperrung sämtlicher Fabrik- und Heimarbeiter, wenn die Schlägerstreiks nicht beendet würden.[86]

Entsprechend dem Beschluss ihres Arbeitgeberverbandes kündigte die Fa. Th. Kieserling & Albrecht ihrer Belegschaft fristgerecht am 29. August 1927 zum 12. September 1927.[87] Zu einer überraschenden Wende kam es kurz vor dem Ablauf der Arbeitgeberfrist. Der Hauptvorstand des DMV erklärte gegen den Willen der Solinger Ortsverwaltung die Weiterführung des Schlägerstreiks für inoffiziell und „wild", die gewerkschaftliche Unterstützung wurde den Streikenden entzogen.[88] Der Arbeitgeberverband honorierte das Eingreifen der Stuttgarter Gewerkschaftsspitze, nahm die Aussperrung zurück und erklärte sich zur Aufnahme von Verhandlungen bereit,[89] bot aber lediglich drei Prozent Lohnerhöhung an. Dieses provokante Vorgehen der Arbeitgeber, gepaart mit dem Eingriff des Hauptvorstandes des DMV gegen streikende Arbeiter, brachte das Fass der Solinger Metallgewerkschafter zum Überlaufen. Auf einer Vielzahl von Versammlungen wurde die Fortsetzung des Streiks der Schläger gefordert, Sammlungen wurden eingeleitet,

Abkehrschein eines Drehers vom 22. Nov. 1930

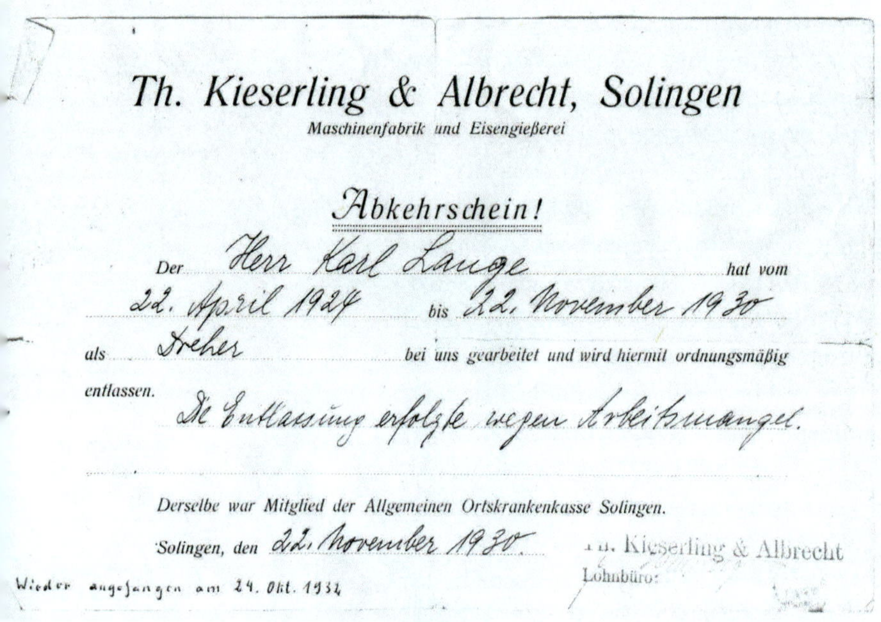

Th. Kieserling & Albrecht, Solingen

Maschinenfabrik und Eisengießerei

Abkehrschein!

Der Herr Karl Lange hat vom 22. April 1924 bis 22. November 1930 als Dreher bei uns gearbeitet und wird hiermit ordnungsmäßig entlassen. Die Entlassung erfolgte wegen Arbeitsmangel.

Derselbe war Mitglied der Allgemeinen Ortskrankenkasse Solingen.

Solingen, den 22. November 1930 Th. Kieserling & Albrecht Lohnbüro:

Wieder angefangen am 24. Okt. 1934

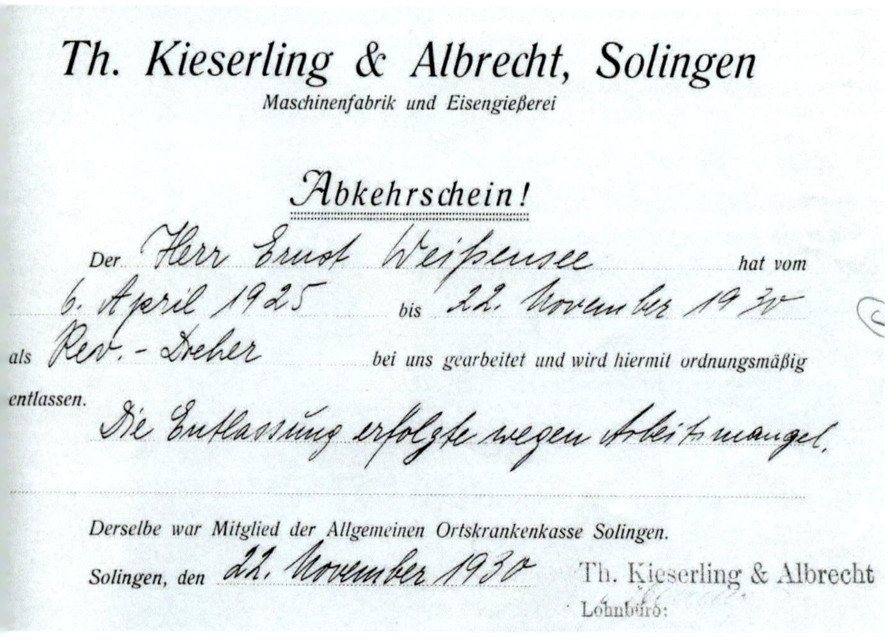

Th. Kieserling & Albrecht, Solingen

Maschinenfabrik und Eisengießerei

Abkehrschein!

Der Herr Ernst Weißensee hat vom 6. April 1925 bis 22. November 1930 als Rev.-Dreher bei uns gearbeitet und wird hiermit ordnungsmäßig entlassen. Die Entlassung erfolgte wegen Arbeitsmangel.

Derselbe war Mitglied der Allgemeinen Ortskrankenkasse Solingen.

Solingen, den 22. November 1930 Th. Kieserling & Albrecht Lohnbüro:

Abkehrschein eines Revolverdrehers vom 22. Nov. 1930

um den Kollegen weiterhin finanzielle Unterstützung zukommen zu lassen, Belegschaften erklärten ihre Streikbereitschaft, schließlich demonstrierten 8000 Solinger für die Weiterführung des Kampfes.90 Unter dem Eindruck dieser Protestwelle machte die Führung der Metallgewerkschaft in Stuttgart einen Rückzug. Sie nahm die Streikunterstützung für die Schläger wieder auf, die Ortsverwaltung des DMV erklärte die Verhandlungen mit dem Arbeitgeberverband für gescheitert. Wiederum mussten nun die einzelnen Belegschaften die gewerkschaftlichen Forderungen durchsetzen.

Die Entwicklung bei Th. Kieserling & Albrecht entnehmen wir folgendem Bericht der Bergischen Arbeiterstimme:[91]

„Die Firma Kieserling & Albrecht, Solingen hatte in den letzten Tagen die Taktik verfolgt, die Verhandlungen über die Forderungen der Belegschaft mit dem Betriebsrat hinauszuzögern. Am Dienstag wurde dem Betriebsrat erklärt, dass nunmehr endgültig die Verhandlungen am Mittwoch stattfinden sollen. Am Mittwoch erklärte die Firma jedoch erneut, dass die Verhandlungen auf Donnerstag vertagt werden müssten. Da den Arbeitern bekannt war, dass der Direktor am Donnerstag verreisen würde, war ihnen klar, dass am Donnerstag die Verhandlungen erneut vertagt würden. Eine Erregung griff im Betrieb Platz. Diskutierende Gruppen vereinigten sich um 11 Uhr vormittags sehr bald zu einer Betriebsversammlung. Sie beschlossen, den Betriebsrat zu beauftragen, erneut zur Firma zu gehen und ihr zu erklären, dass die Arbeit so lange ruhen würde, bis die Verhandlungen beginnen würden. Der Betriebsrat wurde daraufhin erneut

bei der Firma vorstellig. Dieser lehnte kurzerhand die Verhandlungen ab. Der Direktor erschien in der Betriebsversammlung und erklärte in provokatorischer Weise, entweder würde sofort die Arbeit wieder aufgenommen, oder aber die Belegschaft könne sich als entlassen betrachten. Irgendwelche Versammlungen dulde er nicht im Betrieb. Auf diese Provokation nahmen die Versammelten eine Abstimmung vor und beschlossen, sofort den Betrieb zu verlassen, um außerhalb des Betriebes eine Betriebsversammlung abzuhalten. Bis auf den letzten Mann marschierte die Belegschaft zum Gewerkschaftshaus.

Inzwischen hatte sich die Firma zu Verhandlungen mit dem Betriebsrat herabgelassen. Sie fühlte sich endlich veranlasst, zu erklären, dass sie nicht daran denke, über die eingereichte Lohnforderung zu verhandeln. Sie stehe hinter dem Arbeitgeberverband und warte den weiteren Verlauf der Bewegung ab. Die Betriebsversammlung, die zu diesem Ergebnis Stellung nahm, beschloss alle Kampfmaßnahmen einzuleiten. Bereits heute findet eine neue Betriebsversammlung statt, die sich mit der Kündigung befassen wird. Die Arbeit wurde am Nachmittag wieder aufgenommen. Der Zweck der Aktion, die Erzwingung der Verhandlungen, war erreicht.

Die Firma, die glaubte, durch ihre Verschleppungstaktik die Kündigung hinauszuzögern, hat die Entschlossenheit der Arbeiterschaft zu fühlen bekommen. Sowohl die christlichen wie die sozialdemokratischen Kollegen nahmen an der Aktion teil und bewiesen damit, dass die kämpfende Einheitsfront der Solinger Arbeiterschaft ungebrochen ist.“

Die weitere Entwicklung dieses Tarifkonfliktes ist schnell berichtet: Eingreifen des staatlichen Schlichters, Schiedsspruch über 5 % Lohnerhöhung, Ablehnen dieses Spruches durch lokale Metallgewerkschaft und Arbeitgeberverband, Verbindlichkeitserklärung durch den Schlichter, der Hauptvorstand in Stuttgart beugt sich dem Schiedsspruch. Bis zum Ausbruch der Weltwirtschaftskrise lassen sich noch eine Reihe weiterer Lohnrunden nach obigem Schema in den Spalten der Bergischen Arbeiterstimme nachweisen, wenn auch kein Arbeitskampf in den zwanziger Jahren mehr die Publizität erreichte wie der Kampf um den Achtstundentag im Frühjahr 1927.

Ab der zweiten Jahreshälfte 1930 litt auch die Fa. Th. Kieserling & Albrecht unter der weltweiten wirtschaftlichen Rezession. Massenentlassungen waren die Folge. Die Gewerkschaften waren unter diesen Bedingungen nicht mehr in der Lage, ökonomische Kämpfe zur Verbesserung der Lohnbedingungen zu führen.

Das „Schicksal“ der Massenarbeitslosigkeit wurde auch für große Teile der Belegschaft von Th. Kieserling & Albrecht zur harten Realität.

Fahnenschmuck am Verwaltungsgebäude der Fa. Kieser-
ling anläßlich des Besuchs von Robert Ley, dem Leiter
der Deutschen Arbeitsfront (DAF) am am 3. Dez. 1942

Die Zeit des Nationalsozialismus

Bei "Kieserling" 1933-1939

„Da haben wir alle die Schnauze gehalten. Wir waren ja froh, dass wir Arbeit hatten.“

In den Erinnerungen der Zeitgenossen hatte der 30. Januar 1933, der gemeinhin als spektakuläre Zäsur zwischen Weimarer Republik und NS-Zeit begriffen wird, keine herausragende Bedeutung. Der Übergang zum Nationalsozialismus und dessen Etablierung wurde vermutlich nicht zuletzt angesichts dessen, dass niemand wissen konnte, dass 12 Jahre nationalsozialistischer Diktatur bevorstanden, zunächst nicht unbedingt als einschneidende Veränderung wahrgenommen. Dies galt besonders für die eher unpolitisch einzustufenden Gesprächspartner, deren Schilderungen zuweilen den Eindruck vermitteln, als hätte der Nationalsozialismus auf dem Gelände der Firma Kieserling gar nicht stattgefunden. Der innerbetriebliche Alltag erscheint ihnen von den politischen Rahmenbedingungen kaum berührt; allein besondere Ereignisse wie der Auftritt des Führers der Deutschen Arbeiterfront, Robert Ley, im Oktober 1942 spielen in der Erinnerung eine herausragende Rolle.

Der Historiker Detlev Peukert schrieb zu diesem Phänomen:

„Die große Masse der Arbeiter ging weder in den Widerstand, noch ließ sie sich zu jener begeistert-gläubigen Gefolgschaft bewegen, die die NS-Propaganda herbeizureden suchte. Die meisten blieben in einer skeptischen Distanz, zogen sich auf die Familie, Freundeskreise und ein betont unpolitisches Leben in der Nachbarschaft zurück. Noch bis 1935 blieb die Stimmung in den Industriegebieten gedrückt. Niedrige Löhne, steigende Preise, gelegentliche Lebensmittelknappheiten, eine zunächst recht schleppende Arbeitsbeschaffung und die Korruption und Unfähigkeit der nationalsozialistischen Bonzen wurden immer wieder kritisch besprochen. Als die Aufrüstung die Vollbeschäftigung brachte, konsolidierte sich eine positive Grundhaltung. Man erkannte einzelne Erfolge des ‚Führers' an, übte weiter aber scharfe Kritik an den Mißlichkeiten des nationalsozialistischen Alltags. Auch Hitlers Außenpolitik wurde mit jeder Mischung von Anerkennung (Dem gelingt aber auch alles') und Kriegsfurcht betrachtet, die zwar keinesfalls an Widerstand denken, aber auch keine ständige Begeisterung aufkommen ließ.

Seit die Arbeitskräfte wegen der Aufrüstung wieder knapp waren, setzte sich auch trotz offiziellen Lohnstopps und der Ausschaltung der Gewerkschaften die starke Marktposition der Arbeiter wieder in Lohnsteigerungen um. 1938/39 war der Stand vor der Weltwirtschaftskrise wieder erreicht. Viele hofften nun darauf, dass trotz politischer Diktatur im Alltagsleben wieder ‚normale Zeiten' einkehren würden. Auch das NS-Regime war bis in den Krieg hinein ängstlich darum bemüht, sich die Zustimmung der Bevölkerung mit sozialen Gratifikationen zu erkaufen. Vor den permanenten Appellen der NS-Propaganda, sich ihren Organisationen anzuschließen, zogen sich die meisten aus der gelenkten Öffentlichkeit ins Privatleben zurück. Ging es um die Verfechtung unpolitischer Alltagsinteressen, so scheuten sie vor Konflikten mit Staat und Unternehmern nicht zurück. Politik hingegen blieb tabu.[1]“

Abkehrschein für einen Revolverdreher vom 13. Mai 1933

Th. Kieserling & Albrecht, Solingen
Maschinenfabrik und Eisengießerei

Abkehrschein!

Der Herr Karl Hoppe hat vom 24 Okt. 1932 bis 13. Mai 1933 als Rev.-Dreher bei uns gearbeitet und wird hiermit ordnungsmäßig entlassen.

Derselbe war Mitglied der Allgemeinen Ortskrankenkasse Solingen.

Solingen, den 13. Mai 1933.

Th. Kieserling & Albrecht, Solingen
Maschinenfabrik und Eisengießerei

Abkehrschein!

Der Herr Ernst Weissensee hat vom 2. Juni 1932 bis 22. Juni 1933 als Zahnradfräser bei uns gearbeitet und wird hiermit ordnungsmäßig entlassen.

Die Entlassung erfolgte wegen Arbeitsmangel.

Derselbe war Mitglied der Allgemeinen Ortskrankenkasse Solingen.

Solingen, den 15. Juni 1933.

Th. Kieserling & Albrecht
Betriebsleiter.

Abkehrschein für einen Zahnradfräser vom 22. Juni 1933

„Die Deutsche Arbeitsfront machte ja in den Betrieben ... ich hätte bald gesagt: „Werbeveranstaltungen“, ... Propaganda. Wir hatten drüben auf dem Platz vor den Hallen an der Flurstraße einen Gemeinschaftsraum gebaut. Der Gemeinschaftsraum ist entstanden aus einem alten Modellager. Nachher hat die Belegschaft auch dort gegessen. Dort wurden damals diese gelegentlichen Propagandareden gehalten; da habe ich einmal den Robert Ley erlebt. Dass in unserer Firma alles andere als Nazienthusiasten waren, konnte man dann sehen...Ich muß das mal ganz unbescheiden sagen; dazu gehörte ich eigentlich auch; obwohl ich da noch nicht in der Gießerei war. Wir mußten ja da alle strammstehen. Man sah dann die Former, die notgedrungen die Hand so halb hoch hielten. Da war ja niemand, der die in die Pfanne haute. Die standen immer ganz hinten, die kamen immer als letzte, die waren also alles andere als sogenannte Enthusiasten. Aber ich muß sagen, ansonsten erinnert mich wenig an die Besonderheit der Nazizeit.

(Technischer Angestellter, Jg. 1912)

Ja, die (NS-Zeit, d. Hrsg) hat sich bemerkbar gemacht, und zwar war das so: Es gab damals einen Werkschutz ... zuerst einmal waren schon viele in der SA, vom Betrieb. Ich kann aber nicht mehr sagen, wie viele das waren. Ich kenne noch einige Leute, die sofort die Uniform anzogen. Bei den Angestellten waren auch einige, aber nicht so viele. Das ist natürlich im Krieg, als ich weg war, verstärkt gewesen. Vorher waren aber auch schon viele Leute in der Partei und hatten Uniform an. Die kamen natürlich nicht in Uniform zur Arbeit; aber wenn etwas los war, zum Beispiel 1. Mai,

dann hatten die die SA-Uniform an. Von den Angestellten waren das nur wenige ... Ich kann mich nicht entsinnen, dass überhaupt einer dabei war ... Doch, einer, N. N. hieß der, aber sonst war das nicht so doll. Es waren ja viele Katholische im Büro beschäftigt, die waren ja nicht so dafür.

(Kaufmännischer Angestellter, Jg. 1918)

Die motorisierten Belegschaftsmitglieder versammeln sich auf dem Werksgelände zu einem Ausflug, um 1935. Ein Teilnehmer erinnert sich: „Der Robert Kieserling wollte die Belegschaft wie eine Familie halten; das war sein Steckenpferd. Wir mußten angeben ob wir ein Auto oder Motorrad hatten. Dann wurde ein Tag festgelegt. Wir trafen uns dann an einem Samstag mit den Fahrzeugen unten im Werk, die Frauen waren auch dabei. Jeder bekam einen Tank voll Benzin und dann machten wir eine Fahrt." (Dreher, Jg. 1908)

Auf der anderen Seite stehen die Erinnerungen derjenigen, die von den Entwicklungen sehr persönlich betroffen waren. Für sie begann die Konfrontation mit dem Nationalsozialismus bereits vor 1933.

Wir, die Jüngeren aus dem Betrieb, sollten ja alle Hitlersoldaten werden. Da fanden schon mal so Aufmärsche statt, von Jugendverbänden. Na ja, da ist einer gewesen, bei uns aus dem Betrieb, das war so ein dicker Nazi, so ein ganz, ganz doller Nazi war das. Unten im Waschraum kriegten wir die Schuhe, von der NSBO; das war die Nationalsozialistische Betriebs-Organisation. Das weiß ich noch gut, wie das hieß. Und da war das der Hauptmann. Und jeder von diesen Funktionären hatte ja den Ehrgeiz, auch irgendwelche Leute zu schulen oder als Nationalsozialisten zu überzeugen usw.; und das war einer davon. Da kriegten wir eine Uniform, ein paar Schuhe, und dann mußten wir hier von Solingen bis nach Wald marschieren und da exerzieren. Sich zu weigern, das wäre, glaube ich, nicht gegangen. Vielleicht lag es auch daran, dass wir gedacht haben: „Na ja, brauchst du jetzt mal nicht zu arbeiten, marschierst du mal mit.“ So ungefähr, vielleicht lag es auch daran. Ja, aber ich hielt ja nichts von der ganzen Geschichte. Aber jedenfalls, wir mußten das. Wir kriegten frei, und dann mußten wir dahin marschieren. Ich hatte dicke Blasen hinten. Ich sagte später: „Das mach ich im Leben nicht mehr, marschieren.“ Und dann in die Stiefel da rein... Seit der Zeit war ich hier als Nazi verschrien. Das haben die mir noch schwer übelgenommen, auch meiner Frau, obwohl wir da gar nichts mit zu tun hatten, nicht. Aber so kam das. Ich habe da nichts drum gegeben; das war mir auch egal, was die über mich dachten. Jedenfalls, in der Zeit da war ich ja schon organisiert ... ja, ja ... ich habe immer gesagt: „Die nationalsozialistische ... „Wo war ich noch mal drin organisiert? In der RGO, das war eine Revolutionäre Gewerkschaftsorganisation.

(Former, Jg. 1908)

Damals (1929, d. Hrsg.) bekamen einige bei uns die Kündigung, das war aber mehr politisch. Ich hatte praktisch mit der Politik überhaupt nichts zu tun. Ich war wohl im Arbeiter-Schwimmverein; wir hatten eine schöne Jugendgruppe, und dann war ich beim Arbeiter-Samariterbund. Das war auf der Hochstraße. Da hatte mich auch ein Meister gesehen, wie ich da immer raufging. Der hat dann natürlich unserem Direktor gesagt: „Der N. N. der muß die Betriebszeitung herausgegeben haben, der geht immer nach der ‚Arbeiterstimme'.“ Dabei war das nur gegenüber. Ich war da niemals drin. Ich wußte das aber nicht, ich hörte das nach einem halben Jahr von meinem Meister. Der sagte: „Weißt du, warum du da rausgekommen (entlassen worden, d. Hrsg.) bist?“ Er erzählte mir das dann. (...) Ich war ja mit meiner Mutter und meiner Schwester zu Hause alleine, ich war ja erwerbslos. Ich habe dann knapp 1½ Jahre gestempelt, habe Wohlfahrtsunterstützung bekommen.

Eines Tages bekam ich Bescheid, im Strandbad. Ich machte dort den Badewärterdienst. Ich habe auch zum Teil bei der Garderobe geholfen. Das war ja früher alles ehrenamtlich, da bekamen wir nichts für. Wir gingen morgens früh dort runter, und abends gingen wir nach Hause.

Da kam ins Strandbad ein Mädchen und sagte zu mir: „Hör mal, ... der N. N. war heute bei mir. Du möchtest doch morgen mal bei Kieserling vorbeikommen." Ich sagte: „Was soll ich denn da?" Es war zu der Zeit gerade Sommer, und wenn ich ehrlich sein will, hätte ich da unten gerne weitergemacht, das war ja wunderbar. Die sagte: „Wenn es geht, morgen schon." Ich bin dann da hingegangen. Da kam mein Meister und sagte: „Hör mal, ich muß Leute haben. Willst du wieder anfangen?" Ich sagte: „Will? Ich kann doch nicht von mir aus sagen, so, ich arbeite jetzt wieder hier." Er sagte: „Du kannst jetzt wählen, entweder Hobelei, Dreherei, Fräserei, wie du willst." Ich sagte: „Das ist mir an und für sich egal. Hauptsache, ich habe wieder Arbeit."

Am nächsten Tag war ich wieder da, da kam ich in die Dreherei. Ich war nun 1½ Jahre raus und hatte noch jemand, der kam von Remscheid; das war ein älterer Dreher, der hat mir dann etwas geholfen. Ich war dann eine Zeitlang in der Dreherei, und dann kam der Umschwung zur Nazi-Zeit. Eines Montagmorgens kommt der Betriebsleiter zu mir und sagte: „Hören Sie mal, haben Sie was gemacht?" Ich sagte: „Was soll ich denn gemacht haben?" „Haben Sie gar nichts gemacht?" Ich sagte: „Nein! Was soll ich denn gemacht haben? Ich weiß nicht, was Sie meinen." Er sagte: „Da unten stehen ein paar Polizisten, die wollen Sie sprechen." Ich sagte: „Das kann möglich sein, ich habe die Steuerkarte abgegeben. Vielleicht bringen die mir die Steuerkarte wieder."

Zu der Zeit (1934, d. Hrsg.) waren ja schon viele Leute, auch Jugendliche, verhaftet worden. Ich bin dann runtergegangen. Der Pförtner sagte zu dem Polizisten. „Das ist der Herr N. N." Der sagte dann zu mir: „Sie sind der Herr N. N. ?" Ich sagte: „Och, der bin ich schon längere Zeit." Das war mir alles noch Spaß. Er sagte: „Ja, dann machen Sie sich mal fertig, wir müssen Sie mitnehmen." Ich sagte: „Was heißt denn ‚mitnehmen'?" Er sagte: „Ja, das werden Sie noch früh genug erfahren. Gehen Sie in den Waschraum, und machen Sie sich fertig!" Die gingen dann aber mit, die ließen mich nicht alleine. Die hatten sicher Angst, ich würde laufen gehen. Na ja, im Waschraum wurde dann allerlei gefragt: „Kennen Sie den, oder kennen Sie den (...)". Die guckten sich meinen Spind an. Ich sagte: „Sie können ruhig suchen; wenn Sie etwas Besonderes suchen, müssen Sie mir das sagen, dann gebe ich Ihnen das." Wir mußten dann natürlich am ganzen Gebäude vorbei bei Kieserling, an allen Gesichtern vorbei, ... dann hieß es: „Der N. N. wird abgeholt." Wie das damals so üblich war. Da wurden ja jeden Tag welche geholt.

Der Polizist sagte dann zu dem Beamten auf dem Polizeirevier: „Gib mir mal einen Verhaftungsbefehl." Ich sagte: „Wie? ... einen Verhaftungsbefehl?" Er sagte: „Ich muß Sie hierhalten." Ich sagte: „Weshalb denn? Da haben Sie sich aber sehr schwer vertan." Na ja, ich mußte runter in den Keller, die Taschen ausleeren und wurde in eine Zelle gesperrt. Ich sagte: „Und jetzt? Meine Mutter weiß nicht Bescheid." Der Polizeibeamte sagte: „Ja, das wird die schon gewahr werden." Jetzt hatte ich eine Trillerpfeife in der Tasche. Der Beamte mußte alles aufschreiben, was ich in den Taschen hatte. Als der die Trillerpfeife sah, sagte er: „Mensch! Sie haben ja eine Trillerpfeife in der Tasche." Ich sagte: „Ja und? Was heißt das denn?" Er sagte: „Wozu brauchen Sie denn die Trillerpfeife?" Ich sagte: „Zum Pfeifen, das ist doch ganz klar. Kommen Sie mal zu uns in die Schülerübungsstunde." Ich leitete zu der Zeit die Schülerübungsstunde, und wir hatten 300 Kinder in der Badeanstalt. Ich sagte: „Die brauche ich in der Badeanstalt." Er sagte: „In der Badeanstalt schwimmt man, da braucht man keine Trillerpfeife." Ich sagte: „Da haben Sie anscheinend keine Ahnung von." Da war der Ofen aus, der sprach kein Wort mehr mit mir, vorher war er so redsam, er wollte allerlei wissen, aber da war es aus. Ich wurde eingesperrt, das war montags, und dienstags abends hörte ich den Kriminalbeamten, der mich geholt hatte, auf dem Flur reden, da habe ich vor die Tür geschlagen. Er machte die Tür auf und sagte: „Jetzt können Sie mal sehen, wie Sie unschuldigerweise hier hergekommen sind." Ich sagte: „Das habe ich Ihnen doch schon gestern gesagt. Mir kann keiner was anhängen, ich habe mich redlich bemüht, immer redlich und anständig zu sein." Er sagte: „Ich hole Sie nachher raus, da reden wir denn mal drüber."

Es dauerte eine Zeit, dann kam er und schloß auf. Wir gingen in das Verhandlungszimmer. Er sagte: „Jetzt können Sie mal sehen, wie Sie unschuldigerweise hierhergekommen sind." Ich sagte: „Ja wie denn?" Er sagte: „Kennen Sie den Herrn N. N. ?" Ich sagte: „Ich müßte lügen, wenn ich Ihnen sagen sollte, wer das ist. Den kenne ich nicht." Er sagte zu dem Polizisten: „Holen Sie den N. N. doch mal." Wie der reinkam, guckte ich und sagte: „Der heißt N. N.? Das wußte ich nicht. Der ist aber verschiedentlich sonntags mit mir auf Tour gegangen mit unserer Gruppe, aber dass der N. N. heißt, ist mir unbekannt." Der kam von Ohligs. Der Beamte sagte dann zu mir: „Wenn ich an Ihrer Stelle wäre, ich wüßte, was ich mit dem jetzt machen würde, wenn der mich so reingelegt hätte." Ich sagte: „Nein, tut mir leid, mich können Sie nicht ermuntern, jemanden zu schlagen. Das mache ich nicht. Ich bin es nachher gewesen." Ich wußte auch gar nicht, was mit dem los war, wo der überhaupt herkam. Ich hörte aber dann anschließend: Der war in Düsseldorf gewesen, und da hat man ihn so gezwiebelt und geschlagen, dass er einfach einen Namen angegeben hat, den er kannte. Wir sind mit sechs Mann eingeliefert worden, und keiner hatte etwas damit zu tun. Ich habe ihm das nachher auch nicht übelgenommen, denn was man alles hörte, wie die Polizisten mit den Leuten umgingen, das war unmöglich. Ich sagte: „Kann ich denn jetzt gehen, wenn Sie doch wissen, dass ich nichts getan habe?" Der sagte: „Nein, ich muß jetzt mal erst Rückfrage halten, ob ich von Ihnen ein Protokoll aufnehmen muß." Ich sagte: „Oh Gott, meine Mutter ist zu Hause und ist nicht richtig im Bilde, die hat nur etwas durch andere gehört. Ich bin jetzt gerade wieder sechs Tage bei der Arbeit, meine Mutter und meine Schwester sind alleine." Er sagte: „Wissen Sie was? Wenn die Firma Kieserling Sie nicht mehr nehmen will, sagen Sie, die sollen sich an mich wenden. Ich regel das dann." Ich sagte: „Oh, das ist ein Trost für mich, ich möchte nämlich gerne wieder zur Arbeit."

Es wurde Dienstag, Mittwoch, ...nichts. Donnerstagabend hörte ich den Kriminalbeamten. Ich sagte: „Sie haben mir was versprochen, ... jetzt sitze ich immer noch hier in der Bude." Er sagte: „Ja, es ging nicht anders. Ich konnte nicht, wir haben im Augenblick so viel Arbeit. Ich verspreche Ihnen aber, morgen früh um 8.00 Uhr stehe ich

hier auf der Matte, dann regeln wir alles." Tatsächlich, am anderen Morgen war der da, da habe ich mich erstens gewundert und zweitens auch gefreut. Wir wurden einzeln vorgenommen und mußten unterschreiben. „Stehen Sie hier auf deutschem Boden ...?" Das vergesse ich nie, als der mir die Frage stellte. „Stehen Sie auf deutschem Boden?" Ich bin aufgestanden, habe mich hingestellt und gesagt: „Ja, ich stehe genau drauf." Da mußte er auch grinsen. Das war ihm selbst etwas lächerlich. Aber er mußte das ja schreiben, das war die Vorschrift. Na ja, ... ich hatte auch die Angst, dass mir etwas passieren würde, wie man das so hörte; viele kamen weg in ein Konzentrationslager. Wir wurden dann einzeln entlassen, jeder eine halbe Stunde später. Wir durften nicht sagen, was passiert war. Der letzte mußte noch den Keller schrubben. Das war ich. Den Beamten, den kannte ich, der wohnte nebenan bei uns auf der Finkenstraße. Mit dem konnte ich es gut. Der wußte auch, was mit mir los war und das ich mit nichts zu tun hatte. Von wegen Partei, das hat mich alles nicht

Mittagspause einer Montagekolonne, Halle 5, um 1935

E-Wagen-Fahrer mit drei Lagerarbeitern auf dem Eisenlager um 1935. Der E-Wagen mit zwei Tonnen Ladegewicht war erst neu angeschafft worden.

gejuckt. Für mich war die Jugend da, und alles andere ging mich nichts an.

Wir wurden dann freigelassen. Als die mich abgeholt hatten, durfte ich mir nicht mehr meine guten Schuhe anziehen, ich mußte mit den alten Dreckdingern mitgehen. Ich bin dann nachmittags in den Betrieb gegangen, habe meinen Meister runterkommen lassen. Ich habe dann alles erzählt, wie das war. Der Betriebsleiter kam auch dazu. Mein Meister sagte dann so scheinheilig: „Wann willst du denn anfangen? Morgen früh oder am Montag erst?" Da konnte der Betriebsleiter schlecht sagen, der fängt nicht mehr hier an. Ich habe dann also wieder angefangen zu arbeiten.

Bis 1933, da hatte ich einen Unfall am Meniskus; das heißt, ich hatte den Unfall da simuliert. Ich hatte den schon vorher, als ich unten in Burg über ein Wehr bin. (...) Ich war dann fünf Wochen krank, und eines Tages kam der Doktor und sagte: „Bei Kieserling haben wieder viele gekündigt bekommen." Ich sagte: „Och, dann bin ich auch dabei. So gut angesehen bin ich nicht." Er sagte: „Ach, Sie sind doch krank, da kann man Ihnen doch nicht kündigen." Als er das nächste Mal kam, zeigte ich ihm die Kündigung. Da hat der geschimpft. Ich habe dann anschließend ein dreiviertel Jahr gestempelt, und dann bin ich wieder geholt worden. Da hieß es: „Morgen früh direkt anfangen!"

(Maschinenschlosser, Jg. 1911)

Da hat man sich zusammengesetzt und hat sich ein wenig erzählt; über Politik, manchmal belanglose Dinge, aber auch manchmal über Politik. Nicht, das war 1933, da ging das los mit Hitler. Und da wir ja in der Gießerei schon immer so ein bißchen rot angehaucht waren, fanden wir das gar nicht gut. Jetzt war ja die Zeit gekommen, wo man das alles begriffen hatte, wo das hinläuft, nicht. Ich kann mich entsinnen, keiner von denen, die in der Gießerei beschäftigt waren; da kenne ich keinen ... ja, außer einem, der mit der Gießerei aber nur teilweise zu tun hatte, ein dicker Nazi ... Da kann ich mich nicht entsinnen, dass da ein einziger war, der die Geschichte des Nationalsozialismus für gut befunden hätte. Da war keiner dabei. (...) Das war schon lange vor 1933. Auf den Straßen war ja schon allerhand los.

Wir in der Gießerei, wir mußten uns ja in acht nehmen, nicht. Bis eines Tages einer kam ... Ich glaube, das war schon nach der Machtübernahme; wie wir da zusammengerufen wurden in der Gießerei an der Meisterbude. Daran kann ich mich noch gut entsinnen; zusammengestellt, im Halbkreis aufstellen, wie das so üblich ist.

Da hieß es auf einmal: „Du, und du und du, ihr seid entlassen. Für euch werden hier SA-Leute eingestellt." In der Zeit war ja noch der Herr Hölzer da. Ja, daran kann ich mich sehr gut erinnern. Da auf der Birkerstraße (Nr. 21, d. Hrsg.) war das Hauptquartier von den Nazis.- Der Hölzer kam dann auch und sagte: „Also, das geht nicht, meine Herren. Was wir hier in der Gießerei haben, das sind Fachleute, alles gelernte Leute, und es geht nicht, dass wir die entlassen und dafür erwerbslose SA-Leute einstellen, die vom Tuten und Blasen überhaupt keine Ahnung haben." Der hat das natürlich auch durchgedrückt. Wie er das gemacht hat, weiß ich nicht. Aber jedenfalls

Feier des 25jährigen Betriebsjubums eines Drehers (Bildmitte) im Jahre 1938. Das stark beschädigte Foto stammt aus dem Privatbesitz eines ehemaligen Beschäftigten.

hat er bei den Burschen auf den Tisch geklopft. (...) Ja, das nahmen die sich da heraus, und da war wahrscheinlich die Firma auch machtlos gegen. Aber die Firma als solche hat sich doch, glaube ich, ziemlich durchgesetzt in der Zeit.

(Former, Jg. 1909)

Es ist schon so, dass die Former aufgrund der Schwere ihres Berufes, der gefährlichen Arbeit, die sie machten, eine kleine Monopolstellung hatten. Wenn sich da nichts mehr tat, dann war doch vieles am Ende. Daraus ist das (Zusammengehörigkeitsgefühl und die Solidarität, d. Hrsg.) entstanden. Man hat dann gesagt, der kommt weg, und der kommt weg, und darauf ergab sich nun die Situation, dass die immer schon etwas verschmolzene Mannschaft gesagt hat: „Nein, damit sind wir nicht einverstanden." Und dann hat die Firma Kieserling gesagt: „Dann machen wir den ganzen Laden dicht." Das ging wiederum auch nicht so ganz ohne weiteres, weil man ja abhängig war von der Gießerei als Zulieferer.

Dann hat man die Mannschaft sehr reduziert. Damals sind etwa 50 % der Belegschaft gekündigt würden, ich war auch dabei. (...) Wenn ein Anhänger des Nationalsozialismus in dem Bereich beschäftigt war, der hat sich natürlich profilieren wollen. Dabei war die Geschäftsleitung ziemlich machtlos. Da mußte man dem nun stattgeben. Das waren ja nun nicht immer gerade die intelligentesten. Das waren Leute, die sich sagten: „Jetzt bin ich dran ... Du bist politisch nicht einwandfrei, du hast mich mal geärgert, und auf dich bin ich neidisch." So lief das da ab.

(Technischer Angestellter, Jg. 1912)

Wenn einer 25jähriges hatte, dann kam auch schon mal der Chef und trank auch einen mit. Dann wurde ja den ganzen Nachmittag nichts mehr getan, das war ja selbstverständlich.

(Maschinenschlosser, Jg. 1911)

Ich bin Holländer. Ich bin aber in Deutschland geboren. Das war Anfang 1934, 1935 oder 1936 herum, hatten wir einen 150 prozentigen Betriebsrat von den Nationalsozialisten. Der kam mal zu mir und sagte: „Hör mal, du mußt Verständnis dafür haben, wir müssen jetzt mal erst dafür sorgen, dass wir unsere deutschen Arbeitskameraden in Arbeit kriegen." Ich sagte: „Da habe ich

Verständnis für, was soll ich daran ändern?" „Ja", sagte er, „das mußt du aber wissen." „Nein", sagte ich, „das weiß ich nicht." Ich sollte natürlich aufhören. Nach ein paar Tagen kam er wieder und sagte: „Hast du dir das mal überlegt?" Ich sagte: „Was soll ich denn da überlegen?" Mehr habe ich nicht gesagt, und da kam der Direktor Hölzer. Ich sagte: „Hören Sie mal, Herr Direktor, ich werde hier belästigt." „Wieso?" Ich sag: So und so ist das ... Der hat kein Wort gesagt. Der ist abgehauen und kam nach zwei Stunden wieder. Er sagte: „Sie werden nie wieder belästigt." Was der dem gesagt hat, das weiß ich nicht. Ja, das war ein Pfundskerl, der Hölzer. Sonst habe ich nie Schwierigkeiten gehabt, nie. Aber das war so ein Superkluger.

(Maschinenschlosser, Jg. 1903)

Feier des 25jährigen Betriebsjubiläums eines Angestellten (Kontor-Vorsteher) der Vertriebsabteilung. (Bildmitte) Die Aufnahme entstand im Jahre 1938.

Da waren natürlich einige Leute, die bekamen dann etwas Oberwasser. Aber ich habe das eigentlich gar nicht so empfunden; ich persönlich jedenfalls nicht. Ich kann jetzt nur von mir reden. (...) Wir waren in der Zeit auch politisch aktiv, wir waren im Kommunistischen Jugendverband. Ich kam dann nach Hause, da hieß es: Der Reichstag brennt. Das war genau am 28. Februar. Ich war noch nicht ganz da, da kam die Polizei hinterher, und dann wurde ich verhaftet. Eine halbe Stunde danach war ich schon in Wuppertal. Von da an weiß ich von Kieserling nichts mehr.

Ich habe dann ein halbes Jahr in Schutzhaft gesessen. In Wuppertal waren wir eine Zeitlang, und von dort aus sind wir nach Lüttringhausen gekommen. Kurz, bevor die Kemna (berüchtigtes Gestapo-Gefängnis in Wuppertal, d. Hrsg.) aufmachte, sind wir dann entlassen worden. Das war im September 1933. Zuerst einmal hatte ich ja die Papiere zu Hause liegen. Den Entlassungsschein hatten sie mir zugeschickt. Ja, was sollte ich machen?

Ich bin noch mal zu Kieserling gegangen, da wurde mir gesagt: Es tut uns leid, wir dürfen Sie nicht einstellen. (...) Ja, zunächst konnte ich auch nichts machen. Wir bekamen keine Unterstützung, ... nichts. Ich habe dann in Burg, wo auch mein Vater arbeitete, in einer Knochenmühle, ein paar Monate gearbeitet. Dann bekam ich wieder Bescheid, ich sollte zu Kieserling kommen.

(Dreher, Jg. 1910)

Es war 1943 oder 1944, wir hatten damals ja auch Gefangene, ... da kommt ein Franzose zu mir und erzählte mir etwas von einem Politiker, der „abgesägt" worden sei. Die Gefangenen in ihren Baracken wußten manchmal mehr als wir. Ich sagte: „Wie kannst du denn so etwas sagen? Das ist doch gefährlich."

Ich erzählte das einem Kollegen an der Stoßbank. Ich hatte Vertrauen zu dem Mann und glaubte, der erzählt das nicht weiter. Um 8.30 Uhr kam der N. N. zu mir. Ich sollte um 9.00 Uhr im Büro sein. Ich sagte: „Warum das denn?" Er sagte: „Ja, was erzählst du denn hier." Ich sagte: „Ich habe erzählt, was ich in der Zeitung gelesen habe." Damals gab es den Völkischen Beobachter. Ich bin dann zu dem Franzosen gegangen und habe gesagt: „Ich muß nachher rauf." Er sagte zu mir: „Ich auch." Ich hatte dem Kollegen ja gesagt, dass der Franzose mir das erzählt hatte. Der ist wahrscheinlich zu dem N. N. gegangen und hat das dem erzählt. Ich bin dann zufällig mit anderen Kollegen ins Gespräch gekommen. Die sagten dann: „Das steht doch heute im Völkischen Beobachter, ein ganz kleiner Abschnitt." Ich dachte: „Gott sein Dank." Ich wäre sonst weggekommen. Da habe ich Schwein gehabt. Ich guckte dann um 9.00 Uhr mal ins Büro; da saß der Hölzer, einer namens N. N. , einer in Zivil und der Betriebsobmann.

Der Franzose war schon drin gewesen. Der kam wieder raus und zwinkerte mir mit dem Auge. Nun mußte ich rein. Der Obmann sagte zu mir: „Was höre ich denn von dir? Das ist das erste Mal. Wie kannst du so etwas sagen?" Der wollte mir also die Stange halten, und das hat er auch getan. Er sagte: „Meine Herren, hier liegt ja wirklich nichts vor." Ich sagte dann: „Was ich gesagt habe, das kann man ja heute im Völkischen Beobachter lesen." Der Hölzer sagte dann: „Sie können gehen." Da hatte ich die Nase voll von der Politik. Ich habe keinem Menschen mehr etwas erzählt. Wenn das eine ernste Sache geworden wäre, wäre ich in ein Konzentrationslager gekommen, ... weg. So war das damals. Damals mußte man den Mund halten. Man konnte dem Nachbarn oder dem besten Freund nicht trauen. Jeder hatte Angst um sich selbst.

(Maschinenarbeiter, Jg. 1905)

Ja, das hätte mich Kopf und Kragen kosten können. Da hatten wir den Werksschutz. Die hatten ja alle die schwarzen Uniformen und trugen Stiefel. Die waren für das Werk verantwortlich; die paßten auf, was da passierte. Da waren ja die Fremden alle. Trotzdem, wir hatten auch zwei „Kriminelle", die hatten auch die Pistole umgeschnallt. Die kontrollierten alles. Man durfte nicht mit den Fremden sprechen. Jetzt kommt der Oberste vom Werksschutz zu mir und sagt: „Ich benötige dich für den Werksschutz. Du hast die Statur, du bist groß und schlank. Wir müssen ja ziemlich eine Höhe haben." Ich sagte: „Ja, müssen die denn auch Stiefel tragen?" Er sagte: „Das ist doch selbstverständlich, das hast du doch schon gesehen." Ich sagte: „Das kann ich nicht." Da guckte der mich an und sagte: „Wie, das kann ich nicht?" Ich sagte: „Nein, ich kann doch nicht einmal Gamaschen tragen. Ich habe doch was an den Beinen, Krampfadern." Da wurde der falsch und sagte: „Willst du jetzt den Werkschutz verhöhnen?" Ich sagte: „Nein, ich verhöhn keinen, das ist die Wahrheit." Da sagte der zu mir: „So, jetzt veranlasse ich, dass du sofort zum Arzt kommst, zur Untersuchung. Wenn das negativ ist, dann haben wir das letzte Wort gesprochen.“ Ich dachte: „Oh, da hab ich was angefangen.“

Und tatsächlich kam nachmittags ein Zettel; ich mußte hier an der Felderstraße zum Dr. M. Das war ein Militärarzt. Ich mußte ja von der Firma aus da hin, und die hatten eine kolossale Macht. (...) Ich kannte den Arzt ja nicht. Der stand da, das war ein Glatzkopf, im weißen Kittel. Ich ging ins Wartezimmer; da saßen noch mehrere Leute. Nach einem Moment ging die Türe auf, und eine Schwester kam herein und fragte: „Ist hier jemand mit Namen N. N.?“ Ich sagte: „Ja, hier.“ Sie sagte: „Dann kommen Sie bitte durch.“ Ich mußte mich ganz ausziehen und wurde untersucht. Ich mußte mich auf eine Pritsche legen. Der machte einen Überwurf, warf mich herum. Nach einer halben Stunde sagte er: „Sie können sich wieder anziehen.“ Ich sagte: „Was ist denn?“ Er sagte: „Das muß ich weitergeben.“ Ich dachte: „Oje.“ Der wußte doch gar nicht, was ich gemacht hatte. Nach einiger Zeit kam der vom Werkschutz und sagte: „Was hast du Glück gehabt. Sonst wärst du schon nicht mehr hier. Das kann ich dir sagen. Du wärst schon abtransportiert.“ Junge, da hatte ich ein Stück gemacht ... Ich war krank; das stimmte mit den Beinen. Ich hatte den Arzt aber noch nicht gesehen; nicht dass ich den beeinflussen konnte.

Eine Zeit danach kommt der von der Feuerwehr zu mir. Ich drückte mich immer gerne davor, denn wenn man bis abends arbeiten muß – und wir mußten schwer arbeiten im Krieg – dann möchte man nichts nebenbei machen. Da sagte der:“ Ich könnte noch einen Mann gebrauchen für die Feuerwehr.“ Ich sagte: „Das ist nichts für mich.“ Er sagte: „Warum das denn nicht?“ Ich sagte: „Ja,

Tabelle: Entwicklung der Beschäftigung bei der Firma Kieserling 1936 – 1945

	Summe	Männl.	Weibl.	Anteil der weiblichen Beschäftigten
1936	590			
1937	750			
1939	780			
1941	896	824	72	8 %
1942	914	752	162	17,7 %
1943	1.036	801	235	22,7 %
1944	1.213	921	292	24,1 %
1945(30.3.)	696	544	152	21,8 %

Errechnet nach: Stadtarchiv Solingen Fi 4 – 1 bis 3 und 14

Beschäftigte 1936 bis 1945

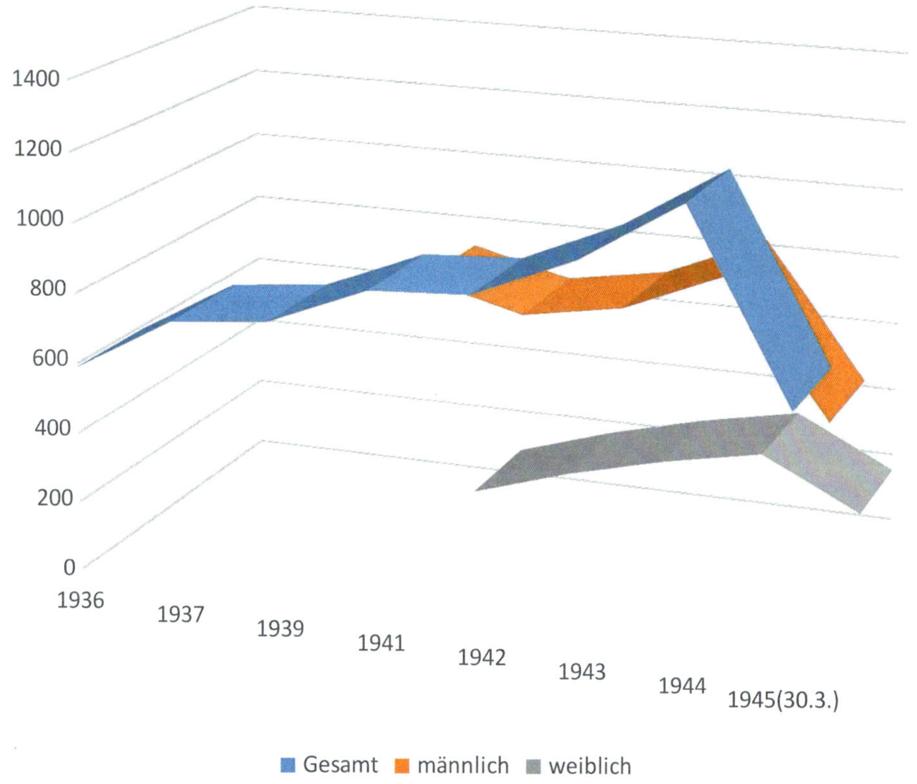

da wird doch mit Wasser ..." Er sagte: „Ja, das liegt doch in dem Wort drin." Der hatte nämlich eine Spritze gebaut. Ich sagte: „Ja, dir kann ich das ja sagen: Wenn ich mit den Fingern ins Wasser komme, und ich hör das Wasser platschen, dann muß ich." Er sagte: „Wie?" Mein Kollege stand auch daneben und fing an zu grinsen; der war nämlich bei der Feuerwehr. Er sagte: „Ja, dann kommst du ans Schlauch aufdrehen." Ich sagte: „Ja, da komm ich doch auch mit Wasser in Verbindung. Nein, das kann ich nicht." Der hat mich auch nicht genommen.

(Dreher, Jg. 1908)

Solinger Innenstadt 1947

Erinnerungen an den Zweiten Weltkrieg

Die deutsche Wirtschaft wurde seit 1936 kontinuierlich auf Rüstungsproduktion umgestellt, Arbeitskräfte und Rohmaterial zunehmend in die kriegswichtigen Industrien gelenkt. Der in Solingen dominierende Industriezweig, die Solinger Stahlwarenindustrie, aber auch zahlreiche andere Solinger Metallbetriebe, so etwa die Schirmbranche, zählten zur kriegswirtschaftlich unbedeutenden Verbrauchsgüterindustrie. Wenn auch in den ersten beiden Kriegsjahren generell keine größeren behördlichen Einschränkungen der Verbrauchsgüterindustrie vorgenommen wurden, so nahm die Zahl der Schneidwarenfirmen bzw. der in der Schneidwarenindustrie Beschäftigten nicht allein wegen der Einberufungen von Tag zu Tag ab. Der Kriegsausbruch hatte die Exportmöglichkeiten vollends zunichte gemacht. Viele Arbeitskräfte wanderten freiwillig in die Rüstungsindustrie ab, da dort bessere Löhne gezahlt wurden. Das Arbeitsamt nahm eine systematische „Auskämmung“ der Solinger

Wirtschaft vor und verpflichtete alle entbehrlichen Arbeitskräfte in die Rüstungsindustrie. Bereits im Sommer 1940 waren die Schneidwarenbetriebe, sofern sie nicht selbst auf Rüstungsproduktion umgestellt hatten, so weit dezimiert, dass sie kaum noch Arbeitskräfte abgeben konnten.

Die Fa. Th. Kieserling & Albrecht hatte bei Ausbruch des Zweiten Weltkrieges keine Mobilisierungs-Order erhalten. Während Werk I in Solingen erst Ende 1943 im Zuge des „totalen Krieges" mit der Herstellung von Kettenantrieben für Panzer (Zahnräder) begann, konzentrierte sich die Rüstungsproduktion zunächst auf das Ohligser Werk.[2] Am 6.1.1941 erhielt die Firma vom Oberkommando des Heeres die Anweisung, Granaten zu produzieren. Am gleichen Tag erfolgte die Löschung der Firma Eisenwerk Ohligs AG im Handelsregister und die Überführung in das Eigentum der Firma Th. Kieserling & Albrecht.

Im „Werk II Ohligs" wurden während des Krieges ausschließlich Granaten produziert. Im Jahre 1944 waren 37 Prozent der Gesamtbelegschaft im Ohligser Werk beschäftigt. Im Hauptwerk fand die Herstellung der Granatendrehbänke für das Ohligser Zweigwerk statt. Nach dem Krieg wurden sämtliche Maschinen in Ohligs demontiert.[3]

Der Anteil der Rüstungsproduktion am Gesamtumsatz erreichte am 1. November 1944, also kurz bevor das Hauptwerk weitgehend zerstört wurde, 68,4 Prozent[4]. 1944 wurden im Solinger Werk 1078 Kettenantriebe für Panzer gebaut. Die Produktion der Granaten im Ohligser Werk entwickelte sich von etwa 200.000 im Jahre 1942 und etwa 500.000 im Jahre 1943 auf mehr als 600.000 allein in den ersten zehn Monaten des Jahres 1944.[5]

Die Schilderungen der Beschäftigten ermöglichen uns einen Blick hinter die nüchternen Zahlen:

Kriegsbeginn

Ja, wie waren denn die Anfänge des Krieges? Die waren nur Siege ... Da waren immer nur Sondermeldungen, ... dann war das bombardiert worden, das war eingenommen worden ... ja, da nahm man das wahr, ob der eine oder andere begeistert ist, ich weiß es nicht. Manchmal war ich tatsächlich auch begeistert; aber nur weil ich gedacht habe: „Menschenskind, du sitzt hier herum." Das waren aber immer nur so Momente. Vielleicht lag es aber auch daran, dass man gedacht hat: „Menschenskind, du mußt heute wieder schwer arbeiten, schwer brasseln." Das man das vielleicht mal kurzzeitig leid wurde und gedacht hat: „Wärst du doch bei denen." Na ja, ich bin aber froh, dass es anders gekommen ist. Nun haben wir ja Glück gehabt, dass ich in der Gefangenschaft die drei Jahre ausgehalten habe. Das war ja schwer genug.

(Former, Jg. 1909)

Ich wurde 1938 vom Arbeitsamt von meinem Beruf als Buchdrucker nach der Firma Kieserling, weil das ein kriegswichtiger Betrieb war, dienstverpflichtet. Ich mußte mich damit abfinden, so wie die Verhältnisse damals waren, konnte man da keinen Protest gegen erheben. Man mußte den Beruf wechseln; was das nun war, spielte keine Rolle. Zuerst mußte ich bei den Hoblern die Späne rausfahren auf den Hof. Na ja, ... ich habe mich damit abgefunden. Man hatte ja damals auch keine Vorstellung, wie lange das dauern würde mit dem Dritten Reich. Ich bin kein großer Anhänger gewesen. Als alter Demokrat geht man her und macht die Sachen nun eben, weil keine Resonanz besteht, dagegen anzugehen. Die Partei war ja sehr stark, und das wußten wir alle. Ich mußte, wie gesagt, die Späne rausfahren.

Wir hatten einen Meister, der konnte das auf die Dauer nicht ansehen, den Eindruck hatte ich. Er sagte mir: „Herr Beckmann (Name geändert), das gefällt mir nicht, Sie müssen was anderes machen. Ich guck mal, ob ich was anderes für Sie finde. Ich gehe mal zum Betriebsleiter." Ich habe dann mit dem gesprochen. Danach hat man mich an eine Shapingbank (Kurzhobler, d. Hrsg.) getan. Das war die älteste Shapingbank, die in der Hobelei stand. Das erste, was ich dort gemacht habe, das waren Kugellager-Deckel. Damals kam es nicht auf einen halben Millimeter an, das wurde noch alles mit der Schieblehre gemessen. Heute gibt es das ja alles nicht mehr.

Ich habe mich dann so langsam hochgearbeitet. Der Meister war scheinbar mit mir zufrieden. Zwischendurch war ich dann auch in der Schlosserei an einem hohen Kran. Da wurden damals Granatdrehbänke gebaut. Als die fertig waren, hieß es, ich müßte wieder in die Hobelei. Da kam ich wieder in die Hobelei bis 1945. Ich war ja dienstverpflichtet. Das hatte den Vorteil, dass ich nicht eingezogen wurde. Das ging damals alles über das Arbeitsamt. Dort hatte ich damals einen Schulkollegen, der war bei der SS. Der sagte zu mir: „Bleib da, wo du bist, da wirst du nicht eingezogen." Ich dachte: „Das ist gar nicht schlecht." Ich habe mich dann bei der Firma Kieserling bemüht, mit den Dingen fertig zu werden, und was die Arbeit anging, immer versucht, das Beste herauszuholen. Ich wurde dann aber trotzdem am 21. Februar 1945 eingezogen. Zu dieser Zeit war der Betrieb aber nicht mehr betriebsfähig.

(Maschinenarbeiter, Jg. 1905)

Innenausbau des neu errichteten Gemeinschaftsraumes. Die Aufnahme entstand am 23. Dez. 1940

Serienbau von Drehbänken. Die Aufnahme entstand im April 1940.

Ja, ich kann mich noch daran erinnern, an den Tag, als es hieß: „Ab 5.45 Uhr wird zurückgeschossen." Das weiß ich noch genau. Da war es aber mäuschenstill. Da hat aber keiner „Heil Hitler" gerufen. Ja, da war keiner ... Da wurden dann auch die Lautsprecher aufgestellt. Na ja, da standen immer Kisten herum, wir konnten uns auf die Kisten da setzen. Da war eine Versammlung angesagt. Ich glaube, so gegen 10.00 Uhr. Da wurde die Sache wiederholt. Da hörten wir dann die Nachricht.

Eine Rede des Führers, in der es dann hieß: „Ab 5.45 Uhr wird zurückgeschossen." Da waren wir erschüttert. Der Direktor Hölzer war ja noch kurz vor Kriegsausbruch in Moskau gewesen. Der hat ja viel getan. Der hat dann noch Aufträge mitgebracht. Wir hatten gebetet, und wir haben gezittert, dass die Deutschen sich mit den Russen irgendwie vertragen.

(Former, Jg. 1909)

Als der Krieg ausbrach, haben wir natürlich oben gelegentlich Radio gehört. Wir sind auf den Speicher gegangen, da hatten wir ein Radio installiert und haben dann auf einer Karte nachgesehen, wo stehen deutsche Truppen? Das ist hier geschehen, aber das war ganz intern. Ich muß ganz ehrlich sagen, mit meinem Freund, der der Neffe vom Direktor Hölzer war, der gelegentlich eine Karte und ein Fähnchen steckte, als die inzwischen in Polen waren, um das so verfolgen zu können. Aber ich habe keinen gekannt von den Konstrukteuren, von den jüngeren oder älteren, die in der SA waren oder die meines Wissens in der Partei waren. Da war nichts.

(Technischer Angestellter, Jg. 1912)

Rüstungsproduktion

„Die Kriegswirtschaft, die mit einem dauernden Mangel an gelernten Arbeitskräften, Schwierigkeiten beim Anlernen und Zwang zur Materialersparnis bei gleichzeitig hohem Leistungssoll zu kämpfen hatte, brachte eine Rationalisierung der Produktion auch in den kleineren Betrieben. Das auf Kriegsbedürfnisse reduzierte Fertigungsprogramm erlaubte die Massenfertigung. Von selbst ergab sich die Auflösung der an einem Werkstück notwendigen Arbeitsgänge und deren Verteilung auf mehrere Maschinen. Die Nachteile der teuren und komplizierten ‚Universal-Maschine' zeigten sich dabei so deutlich, dass sogar eine ganze Reihe einfacher Einzweckmaschinen entstand, deren Bedienung in kürzester Zeit angelernt werden konnte."[6]

Im Krieg, da haben wir Granatenbänke gebaut. Die wollten wir so ungefähr bauen wie ein Auto, in Serie, was immer voranlief, weiter, weiter...Aber das hat nie hingehauen, das hat nie hingehauen. Das waren zu wenige; Autos werden Hunderttausende gebaut. Es sind vielleicht, was soll ich sagen, wie viele sollen gebaut worden sein, im ganzen? Vielleicht 700 oder 800 Stück, mehr nicht. Die konnten sie für sonst nichts gebrauchen, wie nur für die Granaten zu drehen. Da haben sie ja auch viel selbst in Gang gesetzt in Ohligs. Diese Drehbänke waren sehr einfach zu bedienen. Das haben nur Mädels gemacht; die haben nur die Granate eingespannt, von Hand, und dann haben sie die Maschine laufen lassen. Der Sucher, der lief an einem Lineal vorbei, und das Lineal hatte genau die Form einer Granate, ja. Und so lief der Stahl genau, das war haargenau; die brauchten nicht zu messen und nichts. Das konnten die Mädels ja auch nicht. Jeder hatte eine, och, die war doch im Rutsch dabei. Das ging schnell. Ich weiß es nicht mehr genau. Ich glaube, wir haben mal 1.000 Granaten am Tag gedreht; die Mädels, an einem Arbeitsplatz. Aber es waren viele Maschinen. Die Maschinen konnten sie für sonst nichts mehr gebrauchen. Die sind später verschrottet worden.

(Maschinenschlosser, Jg. 1903)

Das waren alles Einzweckmaschinen, die dort gefertigt wurden. Es waren nur einige Drehmaschinen, z.B. herkömmliche Drehmaschinen, wo Einzelteile oder Musterteile gefertigt wurden. Oder die Presse, die ja aus dem viereckigen Teil einen Hohlkörper machte, mußte ja einmal eine Matrize und eine Patrize haben, und dieses Werkzeug mußte ja auch gefertigt werden. Das wurde auch in Ohligs gemacht. Bei der Warmverformung war der Verschleiß schon beachtlich.

Das waren nur normale Drehmaschinen; sonst waren das für das Drehen Einzweckmaschinen. An den Werkzeugdrehbänken waren gelernte Dreher. Die Fachleute haben die Herstellung von Werkzeugen übernommen. Alles andere an den Pressen und Zwischenstationen und an den Einzweckmaschinen das waren angelernte Leute, zu 90 Prozent Ausländer.

(Technischer Angestellter, Jg. 1912)

Ich war leidenschaftlicher Bastler, und ich reparierte schon mal eine Uhr für ein paar Zigaretten. Und dann saß ich hier unten Parterre; hatte ich so ein kleines Kistchen, da hatte ich mir so eine alte kleine Lampe gemacht mit einer Taschenlampenbirne mit einem Transformator von 220 V auf 6 V Taschenlampenbirnchen. Man mußte ja alles verdunkeln. Abends, nachts um zwölf, ein Uhr kamen die Bomber. Da wußten wir ja nicht, was los war. Aber ich hielt mich dann hier zugange ... ein paar Uhren repariert. Na ja, bis in die Nacht zwei, drei Uhr. Damit ich nun morgens früh pünktlich in die Fabrik kam, habe ich folgendes gemacht: Ich schlief auf der Couch und hatte unter der Tischplatte so eine Klingel, wie sie hier im Hausflur hängt. Nicht so einen Gong, eine richtige schrille Klingel. Die war hier unten drunter montiert. Das Radio, so ein Eigenbau-Radio, hatte ich mir gebaut, ... auf dem Radio stand eine Lampe mit einer 60-Watt-Birne drin. Und dann hatte ich einen Wecker, der stand dann auf der Anrichte. Morgens früh um sechs Uhr ... dann ging der Wecker los, die Klingel, das Radio spielte an und die Lampe. So konnte ja nichts schiefgehen. Und dann war es sechs Uhr, und ich habe gedacht: noch einen Augenblick. Und das erste, was ich machte, den Stecker raus von der Klingel. Die machte den größten Krach. Im Radio war der englische Sender ... bum, bum, bum, bum. Na, also bis ich das alles abgeschaltet hatte ... trotzdem habe ich mich dann verschlafen. Bin ich dann zu spät gekommen. Dann kam ich in die Fabrik und habe mich entschuldigt. Ich sag, ich habe mich verschlafen. Da wollte der Betriebsleiter mich bestrafen mit 5 Mark. Ich sag, ich habe die und die Anlage zu Hause, und ich habe mich trotzdem verschlafen.

Also, da muß ich wahrscheinlich zu müde gewesen sein. Die nahmen ja keine Rücksicht darauf, dass man des Nachts raus mußte und dann in den Keller. Wenn die Bomber daher kamen Richtung Wuppertal, oder was weiß ich, wo die hinflogen. Ja, wir haben ja auch immer Pech gehabt. Aber die Episode, die kann ich nicht vergessen. Da wollte der mich mit 5 Mark bestrafen ...

(Former, Jg. 1909)

Aber dann wußten wir auch, dass das wirklich eilig war, vor allen Dingen in den Kriegszeiten. Wir hatten ja in Ohligs ein Werk, da wurden Granaten gemacht. Wenn eine Maschine kaputtging, mußte das natürlich repariert werden. Das mußte dann schnell gehen. Wir haben zeitweilig als Horizontal-

bohrer - die waren ja ewig im Rückstand mit der Arbeit, weil das ein ganz kompliziertes Geschäft ist - samstags und sonntags gearbeitet; d.h. von Samstag abend bis Sonntag mittag und von Sonntag mittag bis Montag morgen gearbeitet, um wieder in den Rhythmus reinzukommen von der Tag- und Nachtschicht, denn unsere Schicht ging ja von morgens 6.00 Uhr bis abends 18.00 Uhr und von abends 18.00 Uhr bis morgens um 6.00 Uhr in der Kriegszeit, d.h. vorher ja auch schon mal. Ja, in den Kriegsjahren mußten wir wirklich schwer ran ... Die Bohrwerke bei uns waren immer unter Streß, und wir bekamen auch keine Facharbeiter. Horizontalbohrer waren ja keine zu kriegen. Wir bekamen vom Arbeitsamt Dampfwalzenfahrer, also grobe Arbeiter; die konnten nicht nach einem Zehntel oder Hundertstel arbeiten, das war gar nicht möglich. Im Krieg habe ich sogar 2 Maschinen bedient, ein Horizontalbohrwerk und eine große Zahnradbank ...
(Horizontalbohrer Jg. 1911)

Wir, die Horizontalbohrer, waren immer eine Abteilung, die hinterherhinkte. Wir hatten immer zu viel Arbeit, wir kamen nie mit. Wir haben gearbeitet ... man kann sagen, rund um die Uhr, auch samstags und sonntags. Wenn dann mal ganz eilige Arbeit war, mußten wir dann auch am Wochenende arbeiten. Das haben wir auch gemacht. Das wurde alles nur mit Handschlag oder mündlich ausgemacht. Da kam nicht extra ein Anschlag an das Brett, das gab es bei uns nicht. Wenn wir sagten, wir machen das, dann machten wir das auch. Ich war so etwas der Wortführer in unserer Abteilung.

Zimmer des Vertrauensrates, 1941

Einmal hieß es dann, wir haben jetzt so viel Arbeit, wir müssen jetzt mal ein Vierteljahr lang samstags und sonntags arbeiten. Man fing dann Samstag abend an, bis Sonntag mittag und der nächste arbeitete von Sonntag mittag bis Montag morgen, damit wir wieder in die Schicht reinkamen. Wir arbeiteten immer 12 Stunden an einem Stück, das gab es nicht anders. Die einzige Freizeit war Samstag nachmittag. Als das Vierteljahr vorbei war, sprach ich dann mit einigen Kollegen, die fragten, was machen wir denn jetzt nächste Woche? Ich sagte: „Nächste Woche brauche ich nicht mehr zu kommen, das Vierteljahr ist vorbei, so war das doch abgesprochen. Wenn die etwas wollen, müssen die uns noch mal ansprechen." Wir kamen dann samstags nicht; wir waren damals unter 9 Mann, das vergesse ich nicht. Als wir dann montags

Betriebsappell mit dem Reichsleiter der Deutschen Arbeitsfront (DAF) Robert Ley, am 3. Dez. 1942. Ankunft auf dem Firmengelände; v.l.n.r. Mitarbeiter der Fa. Kieserling in NSDAP-Uniform, Robert Ley, Franz Kieserling, Robert Kieserling, N. N. (ein Begleiter von Robert Ley). Die Fenster im Hintergrund sind zum Schutz der Scheiben bei Bombenangriffen bzw. zur Verdunkelung zugenagelt.

Robert Ley bei seiner Rede im Gemeinschaftsraum der Fa. Th. Kieserling & Albrecht und ein Blick auf die Zuhörer (rechtes Foto)

kamen, bekamen meine Kollegen und ich von der Betriebsleitung einen Schein, es wurde uns ein Tag Urlaub abgezogen und jeder 10 Mark Strafe. Ich habe mich damals geärgert. Der Betriebsleiter sagte: „Ich kann da nichts machen." Ich sagte: „Das ist mir doch zu dumm." Nun ja, wir hatten dann Streit. Es kam extra jemand von der Arbeitsfront, der hat dann mit dem Obmann gesprochen, aber es war nichts zu machen.

Wir haben dann mit dem von der Arbeitsfront debattiert. Dass ich nicht ins KZ gekommen bin, das hat mich gewundert. Die wollten mich ja schon zweimal dahin schaffen. Ich sagte: „Das geht Sie einen Dreck an, das ist doch eine interne Angelegenheit, damit haben Sie gar nichts zu tun. Wir regeln das hier intern." Da wurde der fuchtig, das war ja ein Beamter vom Verband der Arbeitsfront. Der Beckers Karl (Name geändert) und ich, wir mußten ins Hauptbüro kommen; da wurde das verhandelt mit dem Obmann, dem Betriebsleiter. Die waren alle dabei. Wir haben uns aber nicht kleinkriegen lassen.

„Dann sind auch viele Versammlungen im dem Gemeinschaftsraum gewesen, zum Beispiel mit Robert Ley. Dann kamen nicht nur Kieserling-Arbeiter, sondern auch die von den benachbarten Firmen. Wenn so etwas war, mußten wir alle dahin. Da wurde die Rede gehalten und dann mußten wir singen: „Unser Deutschland über alles", oder so. Da mußte jeder mitmachen ob er wollte oder nicht. Anschließend mußten wir natürlich wieder arbeiten."
(kaufmännische Angestellte, Jg. 1929)

Nach etwa 14 Tagen kam Freitag nachmittags mein Vorarbeiter, der Meyer, (Name geändert) und sagte: „Du mußt morgen nachmittag arbeiten." Ich antwortete: „Ich muß gar nichts." Ich hatte eine Wut auf den, weil die uns so dabeigekriegt hatten. Er sagte: „Dann muß ich das dem Hölzer melden." Ich erwiderte: „Ja, bitte, tu das, melde das dem Hölzer." Am anderen Tag, das vergesse ich nicht, stand er morgens an der Anrißplatte, und wartete bis der Hölzer kam. Der Hölzer kam dann und meinte zu mir: „Ja, was höre ich denn da?" Ich sagte: „Ja, was heißt, was höre ich denn da? Ich weiß ja nicht, was Ihnen der Herr Meyer (Name geändert) erzählt hat. Was ich Ihnen jetzt sage, das ist die Wahrheit und daran halte ich mich auch." Ich habe ihm dann erklärt, warum und weshalb. Ich sagte: „Überlegen Sie doch mal! Wir haben jetzt ein Vierteljahr lang samstags und sonntags gearbeitet, wir kommen ja bald auf den Knien hierhin. Wenn wir krank werden, wer macht dann unsere Arbeit? Wir haben ja keine Leute." Er erwiderte: „Ja, Sie müssen das doch verstehen, ich muß doch auch liefern." Ich sagte: „Da haben wir doch Verständnis für, das ist doch klar. Aber Sie müssen auch verstehen, wenn wir krank sind, dann können wir gar nichts mehr machen. Wir wollen doch nur mal eine Pause dazwischen machen, damit wir uns mal was erholen können." Er sagte: „Ja, das ist ja etwas anderes." Ich sagte: „Und nebenbei bemerkt, ich bin ja immer noch giftig wegen dem Schein." Ich hatte vor dem Hölzer keine Angst, wie die meisten. Er sagte: „Welcher Schein?" Ich sagte: „Den Sie unterschrieben haben." Er sagte: „Ich?" Ich sagte: „Ja, das haben Sie. Jetzt sagen Sie nur nicht, Sie hätten den nicht gelesen. Dass Sie etwas unterschreiben, was Sie vorher nicht gelesen haben, das traue ich Ihnen gar nicht zu." Da grinste er. Ich gab ihm dann den Schein und sagte: „Das ist doch Ihre Unterschrift." Er guckte und sagte: „Ja, wie verhielt sich das denn?" Ich habe ihm das denn erklärt, dass wir das in treuem Glauben gemacht haben und für uns der Fall erledigt war. Er sagte: „Herr Meyer, stimmt das?" Jetzt mußte der „Ja" sagen. Da war er kleinlaut. Er sagte: „Herr Meyer, gehen Sie mal sofort runter zu den Kollegen, die davon betroffen sind, und sagen ihnen, das wär hinfällig, das käme nicht in Frage." Damit war der Fall für mich erledigt. Er sagte: „Wegen heute nachmittag bekommen Sie von mir Bescheid." Ich brauchte dann an dem Nachmittag nicht zu arbeiten. Der Meyer kam dann später mit einem roten Kopf und sagte: „Du brauchst heute nicht zu kommen".

(Maschinenschlosser, Jg. 1911)

Im Krieg, da ging es nicht nur fünf Nächte, da ging es sieben Nächte durch, immer durch; sonntags, samstags, immer durch. Das waren 84 Stunden die Woche. Dafür waren wir ja reklamiert. Kieserling war ja eine kriegswichtige Fabrik. 48 Stunden waren ja normale Arbeitszeit; was drüber war, waren Überstunden. Wir kriegten auch Nachtzuschlag. Ich kann mich noch entsinnen, dass wir oft auch von der Wehrmacht Essen bekommen haben, nachts. Das weiß ich noch gut, doch. Ich bin sehr zufrieden gewesen. Ich bin froh, dass ich beim Kieserling gewesen bin, das können Sie mir glauben. Erst einmal, wie gesagt, im Krieg brauchte ich auch nicht Soldat zu werden. Ja, ja, und wer nicht parierte, der war Soldat. Es sind verschiedene Fälle gewesen, die waren nicht damit einverstan-

den, was sie so gesagt kriegten; am anderen Tag konnten sie zu den Soldaten.

(Horizontalbohrer, Jg. 1905)

Also, wenn irgendwie Termine waren, Überstunden zu machen oder, sagen wir mal, etwas mehr Disziplin beim Arbeiten - denn man nahm ja vielleicht an, dass vielleicht die Arbeiter .... sagen wir mal, die Arbeit sabotieren würden; aber da war überhaupt gar keine Rede von. Ich nehme das jetzt nur mal an, weil zum Beispiel die Pausen sehr genau eingehalten werden mußten. Man durfte nicht .... sagen wir mal, wenn also unsere Pause zu Ende war, wir hatten ja die Hupe zum Auffordern, die Arbeit wieder zu beginnen ...

Früher war das dann so; dann stand man erst mal ganz gemütlich auf und stand noch einen Augenblick zusammen. Bis dass man wieder an seinem Arbeitsplatz war, vergingen immerhin zwei, drei Minuten oder auch sogar fünf Minuten, bis dass man wieder zugange war. Das hatte man dann abgestellt, dass man dann also fünf Minuten vor Beendigung der Pause schon mal die Hupe gehen ließ, dass man sich dann langsam auf den Weg machte und dann genau nach der halben Stunde seine Arbeit wieder begann. Das war aber auch alles. Sonst hat man uns in der Zeit nicht irgendwie ‚getriezt'.

(Former, Jg. 1909)

Da war alles ziemlich verkommen, keine Putzfrauen. Und wir selbst arbeiteten von morgens sieben bis abends sieben und samstags auch. Und oft mußten wir auch Sonntag morgens arbeiten. Ja, und da wurden keine Fenster geputzt und nichts. Auf einmal fing unser ganzes Büro an. Wir waren am Kratzen. Uns liefen die Läuse schon hier herunter. Da haben wir ein großes Schild hier an die Türe gemacht, an die Bürotüre: Eintritt verboten. Vorsicht Läuse! Dann ist der Direktor Hölzer da vorbeigekommen und hat das Schild gesehen. Och, was hat der da ein Theater gemacht; ist hereingekommen, hat uns angefaucht. Auf jeden Fall ist aber dann unser Büro gesäubert worden anschließend.

(Kaufmännische Angestellte, Jg. 1929)

Ich war leidenschaftlicher Bastler, und mein Sohn, der hatte immer Spaß an Eisenbahnen; ich hatte ja auch immer Spaß dran. Und da habe ich mir einen Katalog geholt auf der Straße da oben. Da habe ich mir den Katalog mal angeguckt, und da steht eine schöne Lok drin. Und da habe ich also eine Lokomotive gebaut; habe nur so über den Daumen gepeilt, wie das 1:1 - oder 1:2 - oder 1:3 - Verhältnis hinzubekommen wäre und dann habe ich mir die Rädchen von der Lok schicken lassen.

Alles andere habe ich selber gemacht, den Kessel, die Pleuelstangen, Spur. Aus Schweißdrähten, die ich natürlich bei Kieserlings geklaut hatte. Na ja, das waren so Abfallstücke, ein Millimeter Schweißdrähte; das war aber nichts, da habe ich nur so ein Stückchen von gebraucht, weil die rosteten. Den Anker habe ich selbst gemacht. Mit der Laubsäge habe ich den Rotor ausgeschnitten. Na ja, später war die Lok fertig. Die war einwandfrei. Die sah aus wie eine .... man nennt die eine 2 C 1, d.h. also zwei kleine Laufräder, drei große

Antriebsräder und hinter dem Tender noch mal ein kleines Rad, das ist also 2, ABC, 1. So eine richtige schöne D-Zug-Lok. Die habe ich mitgenommen in den Betrieb, um die denen mal zu zeigen. Und da kommt doch der N. N., - der N. N. war unser nächster Formermeister -, und nimmt mir die Lok ab und stellt sie bei sich in das Büro, um sie sich auch zu begucken. Der Betriebsleiter, der fragte den, was haben Sie denn da? Ja, die hat der Herr Krause (Name geändert) gebastelt. Das war ja auch noch im Krieg. Und da sagte der Betriebsleiter. „Ja, wenn der das kann, dann können wir den auch in der Maschinenfabrik gebrauchen". Also, so ungefähr ... dann können wir den hier herausnehmen, und dann tun wir den in die Maschinenfabrik. Na ja, dann kam ich in die Maschinenfabrik, in die Kolonne. Und weil ich ja nun mal gern ein Pfeifchen rauchte .... in der Gießerei hatte ja keiner was dagegen ..., obwohl der Direktor Hölzer auch ein Feind vom Rauchen war. Da waren irgendwelche Auflagen wegen Feuerversicherung oder was weiß ich, die ihn bewogen haben, das Rauchen zu verbieten. In der Gießerei konnte er uns das ja nicht verbieten, da war ja dauernd Feuer. Aber mir tat das so leid, dass ich jetzt in der Maschinenfabrik keine Pfeife rauchen durfte, nicht. Dann mußte ich das natürlich heimlich machen, ja. Na ja, dann bin ich ein paar Wochen da gewesen, ja ... in der Kolonne. Na ja, wie das so ist, ... vielleicht war das so ein bißchen: dich können wir hier sowieso nicht gebrauchen ... so eine Stimmung war da ... Da habe ich dem Vorarbeiter so drei Gewindebohrer abgebrochen. Ich weiß es nicht mehr, beim Gewindebohren ging mir das nicht flott genug. Da wußte ich auch noch nicht: was mußte ich jetzt für ein Loch bohren, wenn ich das Gewinde schneiden will, nicht ... Das muß man ja auch noch wissen, das muß man ja auch noch erst lernen, ja. Und dann habe ich so ein paar Stück abgebrochen ...

Nachher bin ich dann doch wieder in die Gießerei gekommen. Und dann war ich froh, dass ich wieder in der Gießerei bei meinen alten Kameraden war ...

(Former, Jg. 1909)

Im Krieg, da sind Maschinen gebaut worden, wahrscheinlich auch für die Produktion von Munition. Aber wir Arbeiter kannten das ja nicht ... Wir wußten bloß ... eine Maschine habe ich da im Gedächtnis, eine Granatendrehbank. Mehr mußte ich nicht. Wo die anderen Klamotten, die gebraucht wurden, wo die für nötig waren, da hatten wir wirklich keine Ahnung von, da habe ich mich auch nie für interessiert. Was wir in der Gießerei gemacht haben, das waren die großen Körper oder kleine Pressen oder irgendwie so etwas. Ja, und was da im Technischen Büro oder in der Maschinenfabrik zusammengebaut wurde, dafür hatte ich gar kein Interesse, nicht.

(Former, Jg. 1909)

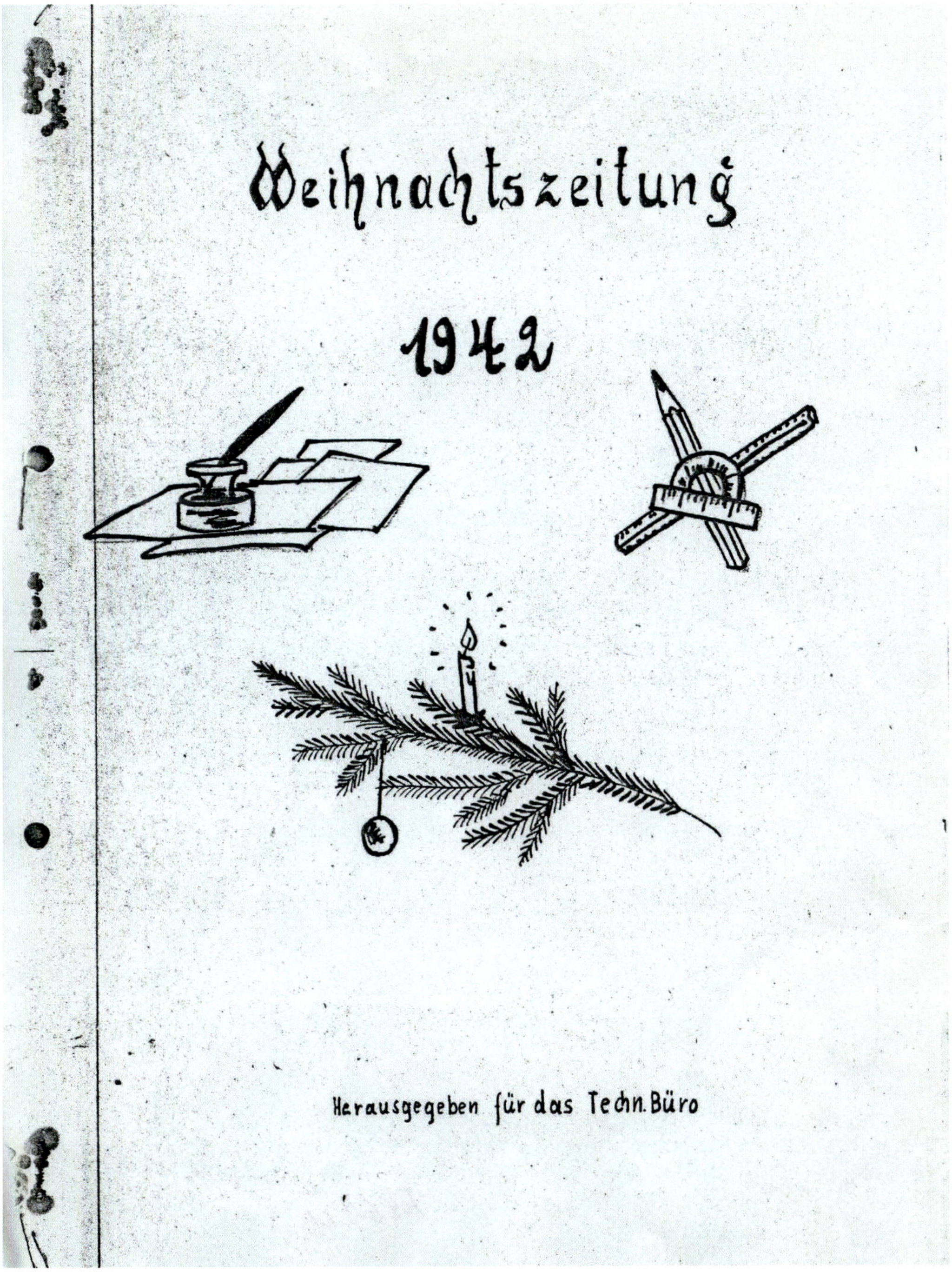

Titelseite der „Weihnachtszeitung 1942“, herausgegeben für das Technische Büro

3

Das heilige Band !

Nun neiget sich wieder das Jahr dem Ende,
In der langen Nacht zu neuer Wende .
Im großen Aufbruch ist die weite Erde,
Auf daß eine bessere Zukunft uns werde.

Es stehen im Kampf für das heilige Reich,
Die Alten und Jungen einander gleich.
Sie zogen über das weite Land,
Über Meer und Steppe und heißen Sand.

Nie ward gehemmet ihr eherner Schritt,
Und sollte es sein, sich blutig erstritt.
Wo Haß und Verblendung ihnen verwehrt,
Daß Glaube und Tat das Reich gemehrt.

So ward ihr berufen das Neue zu künden,
Daß wieder die Völker sich einig verbinden.
Daß gleiches Recht werde allen zugleich,
Darüber zu wachen ist gekommen das Reich.

....

Es schwinget ein Ton ganz leis und bedacht,
Hin, über die sternenbesäte Nacht.
Aus der fernen Heimat wie heller Schein,
In die müden Herzen, die so weit und allein.

Und seit ihr auch fern, wir bleiben verbunden,
Was kommen noch mag, in bitteren Stunden.
Es umschlingt uns alle, was einst uns erstand,
Das im Herzen wir tragen, dich - Deutschland.

Kriegsweihnachten 1942

K.H. Toll

Kannst Du keinen Spaß vertragen
Schau`nicht in dies Blatt hinein,
Denn es könnte Deinem Magen,
Manches nicht verdaulich sein.
Geißelt man hier Deine Fehler
Merke auf und bess`re Dich !
Einen Spaß muß jeder lieben
Übelnehmen gibt es nicht.
Ernst ist die Zeit
Das wird wohl jeder wissen,
Doch wollen wir am heut`gen Tag
Den Frohsinn auch nicht missen.
Daher sei dieses Blatt
Der Fröhlichkeit geweiht,
Und diene zur Erinnerung,
Für eine spätere Zeit.

Nehmt ihr die Zeitung in die Hand
So mögt ihr eins bedenken-
Nicht immer tat bei uns Verstand
Den Federhalter lenken.

Die unverantwortliche
Schriftleitung.

Anzeigenteil

Dunkelblonde schlanke Dame sucht Ehegefährten der ihr evtl. die Raucherkarte zur Verfügung stellt.

Zweiter Mann für Schraubstock II gesucht.

Vermißtenanzeige !!!

Wir suchen einen abhanden gekommenen Kameraden, selbiger hält sich vermutlich auf Chligser Gebiet auf. Gesuchter versucht stets derbe bergische Mundart zu sprechen, trinkfester Zecher, besonders wenn Getränke gratis sind, raucht gerne Geschenkzigarren. Wenn schlafend irgendwo aufgefunden, sofort die Büroleitung verständigen.

"Älterer Sportsmann" sucht trinkfester "Alt-Herren Fußballmannschaft" als rechter Verteidiger beizutreten. Habe lange Jahre altem westf. kreisklarem Verein angehört und besitze nachweislich noch trockenen harten Abschlag.

Ruhiger Familienvater sucht schon heute für seine 2 Knaben einen energischen St. Nikolaus für das kommende Jahr zu verpflichten. Nur Herren mit furchterregendem Äußeren wollen sich melden.

Suche noch einige techn. Schülerinnen denen ich mein pedagogisches Talent erproben kann. Bin firm in sämtl. techn. Fächern und jeden Anstürmen gewachsen. Suche ferner geeigneten Übersetzer welcher mein südd. Dialekt in Deutsch übersetzt.

Tausche aus meine alten reichhaltigen Beständen wenig gebrauchtes, guterhaltenes Mädchen.

Für Brett II Passierscheinblock gesucht.

Suche für meinen Charakterkopf noch künstlerisch veranlagte Haarakrobaten, (Düsseldorfer bevorzugt).
Bevorzugt werden Herren oder auch Damen, welche in der Lage sind, aus einem Haar zwei zu machen.

Junger Dichter sucht neuer geeigneten Wirkungskreis.-
Bin auf allen Gebieten beschlagen, besonders literaisch vorgebildet, politisch stets gut unterrichtet, debattiere über jedes Thema, guter Gesellschafter, mit gepflegtem Äußeren, bin zwar verheiratet habe aber für jeden das nötige Verständnis. Flinker und kühner Reimer. Entstamme alter niederrheinischer erdverbundenem Bauerngeschlecht (macht sich noch heute manschmal bei mir bemerkbar). Zuschriften unter 4711.

Suche noch Arbeit als "Schmer- Pack- on Loupjong", stelle evtl. Zwillingsbruder zur Verfügung, Ähnlichkeit verblüffend.

Suchen wegen unangenehmer Arbeitsüberlastung und neuer Schwierigkeiten unseres alten einen neuen Zeremonienmeister für unsere Weihnachtsfeier zur Ansage des Programms und zur Schaffung feierlicher Weihnachtsstimmung.
Techn. Büro.

Empfehle jedem der in den Stand der Eheneintreten will, vorher mit mir Rücksprache zu nehmen, da ich über ausreichende Erfahrungen verfüge.
Bin stets nach 9 Uhr morgens gegen einen Zigarettenhonora auf dem Patentbüro zu erreichen. (Bitte laut anklopfen)

Empfehle jedem, dass von mir angewandte System der Überstunden nicht zu verwenden, da dieselben weder bezahlt noch das Führerpaket bekommen. (320 Std. p.Mon.)

Nette junge Dame sucht ständigen Reisebegleiter, der sie nach ihren allabendlichen Spritztouren in die weitere Umgebung von Elberfeld glücklich nach Hause bringt.

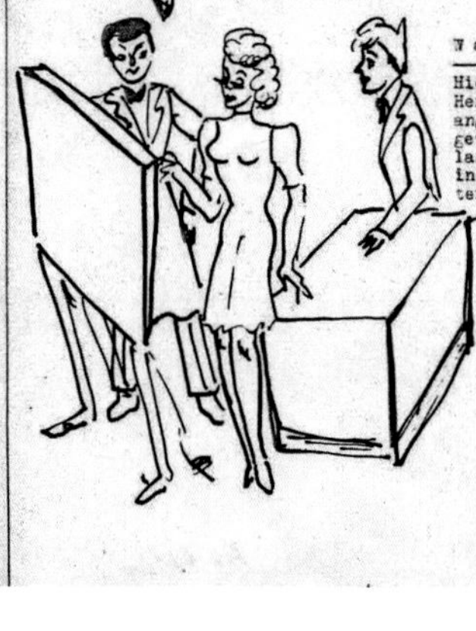

Warnung !!!

Hierdurch werden alle blonden Herren nochmals dringend angehalten, ihr Herz vor einer gewissen blonden Dame mit langen schwarzen Augenwimpern in Acht zu nehmen. Jede weitere Bemühungen auch Eifersuchtszenen sind zwecklos. Trumpf ist und bleibt : "Der schwarze Mann !!! "

Auszüge aus der „Weihnachtszeitung 1942", herausgegeben für das Technische Büro

In der Hitlerzeit wurde ja schon die Kontingentierung eingeführt. Da gab es Eisenscheine im Einkauf. Da konnte man ja nicht kaufen, was man wollte.... Wenn man jetzt einige Tonnen Eisen wollte, dafür mußte man Eisenscheine haben, und die mußte man erst wieder beantragen. Für jeden Auftrag, den Kieserling bekam, da mußte ausgerechnet werden, wieviel Material dafür gebraucht wird; und das mußte man beantragen beim Wirtschaftsministerium in Düsseldorf. Wenn man jetzt zum Beispiel einen Gußkörper gebaut hatte, mußte man zum Beispiel soundsoviele Eisenscheine dafür abgeben. Man konnte nicht soviel kaufen, wie man wollte. Das war im Krieg alles etwas eingeschränkt, d.h. vor dem Krieg schon, da war schon abzusehen, dass alles etwas knapper wurde.

(Kaufmännischer Angestellter, Jg. 1918)

Dann kam der Krieg, und ich hatte die Aufgabe bekommen, mich um die Unterkunft und die Maschinenbeschaffung, die sich auf die Fertigung von Kieserling bezog, zu bekümmern. Beispielsweise in Ohligs wurden Geschosse gefertigt, die „10,5" und die Feldhaubitze, die „8,8", die wurden dort geschmiedet und gedreht, und dann war Schluß für die Fertigung bei Kieserling. Dafür waren natürlich umfangreiche Maschinen notwendig. Und hier im Werk Solingen, da wurden die Maschinen für das Werk Ohligs gebaut, d.h. für die Geschoßfertigung. Hier wurden auch noch für die Rüstung die Kettenantriebe für Sturmgeschütze gemacht. Für diese Fertigung waren natürlich auch wieder umfangreiche Maschinen notwendig. Und die Beschaffung der Maschinen - d. h. nicht welche Maschinen, dafür waren entsprechende Experten vorhanden - aber dann hieß es über das Rüstungskommando: „Diese oder jene Maschinen kommen in Frage." Da mußte man natürlich mächtig hinterher sein, dass die Maschinen auch kamen und geliefert wurden. Das war nun eine Aufgabe, die mich ganz rasch bei Kriegsbeginn in diese Kreise hereinbrachte, die für die Lieferung verantwortlich waren; d.h. das war einmal in Wittenberg, das war in Berlin oder in Magdeburg, und überall wurden diese Dinge gefertigt. Das war das eine Bein. Das andere Bein war, dass wir auch Ausländer beschäftigten, einmal französische Kriegsgefangene - sagen wir mal, als die Elite - und das andere waren dann Verpflichtete, besonders in Ohligs. Hier in Solingen waren weniger, das waren dann Italiener, Polen und auch Mädchen aus Polen, Slawen. Diese mußten also Unterkünfte haben, und die noch getrennt; die mußten Verpflegung haben, und die mußten auch Gemeinschaftsräume haben. Und die mußten geschaffen werden; es mußten Baracken beschafft werden sowie Baumaterial, Einrichtungsgegenstände, Kleidung usw. - permanente Veränderungen, ... Verschleiß von Bettzeug usw. Ich arbeitete dann mit den Stellen zusammen, die das alles vermittelten. Das ging natürlich nicht so: „Wieviel brauchen Sie denn?" sondern man mußte dann schon handfest sagen: „So oder so ist das."

(Technischer Angestellter Jg. 1912)

Wenn z.B. für den Kettenantrieb für Sturmgeschütze Kugellager notwendig waren, die von einer Fabrik kamen, die kaputt war, dann mußten die von anderswo geholt werden. Dann brauchte

Spielzeugspende Solinger Betriebe im HJ-Heim Kotterstraße, Weihnachten 1942

man Stahlgußrohlinge für diese Kettenräder, und das mußte beschafft werden. Und keine Fabrik, die das fertigte, konnte ja so ganz alleine darüber verfügen, die zu verkaufen. Die waren ja alle kontingentiert und gingen dann über das Rüstungskommando. Man mußte also schon von dem Rüstungskommando einen Zettel haben, der besagte, die Firma „X" liefert die oder die Teile. Das war mit meine Aufgabe. Die Sturmgeschütze wurden in Reineckendorf usw. gemacht; da bin ich auch gewesen. Die machten nicht alles selbst. Die haben die Dinger geschweißt und montiert. Die lieferten die Geschütze dafür, und wir lieferten dann die seitlichen Kettentriebe dafür. Das war ein Antrieb, der hinter dem Benzinmotor saß. Da kam dann die Kardanwelle, und von der Kardanwelle an kamen dann diese Getriebe. Und diese kompletten Getriebe, die wurden hier gebaut. Also, wir lieferten die kompletten Getriebe, wobei wir keine Stahlgußgießerei hatten, wobei wir keine Kugellagerfertigung hatten, wobei wir keine Spezialeinrichtungen hatten, sondern wir waren darauf angewiesen, wie heute auch noch, Teile zu beziehen.

Dadurch ist das eigentlich gekommen, dass ich nicht im Krieg war. Ich hatte dadurch auch eine große Gefahr für mich. Während man andererseits sagte: der ist der Gefahr aus dem Wege gegangen. Ich bin oft, nicht nur manchmal, in Situationen

Die Luftschutz-Befehlsstelle war bereits eingerichtet, bevor der Krieg begann. Die Aufnahme entstand am 28. Juni 1939

gekommen, wo ich gedacht habe, noch einen Augenblick, dann bist du auch nicht mehr da. Denn wo wurden diese ganzen Dinge zertrümmert? Immer da, wo diese Teile gefertigt wurden für die Rüstung, ... ob das Maschinen, Rohteile oder Elemente waren, Elektroteile für Zulieferer oder ob das Baracken usw. waren.

(Technischer Angestellter, Jg. 1912)

Im Bombenhagel

Wenn Fliegeralarm war, dann wurde das ja auch in den Betrieb übertragen, und dann ging es ab in den Keller. Der war unter der Firma. Wenn es Fliegeralarm gab, mußte ich zum Pförtner, mußte hören, wo die Flieger waren, und aufpassen, was geschah. Wir haben auch während der Kriegszeit was geleistet. Ich habe da so manche Nacht auf dem Turm gestanden oder später unten beim Pförtner und habe gehorcht, welche Richtung die Flieger nahmen.

(Maschinenschlosser, Jg. 1911)

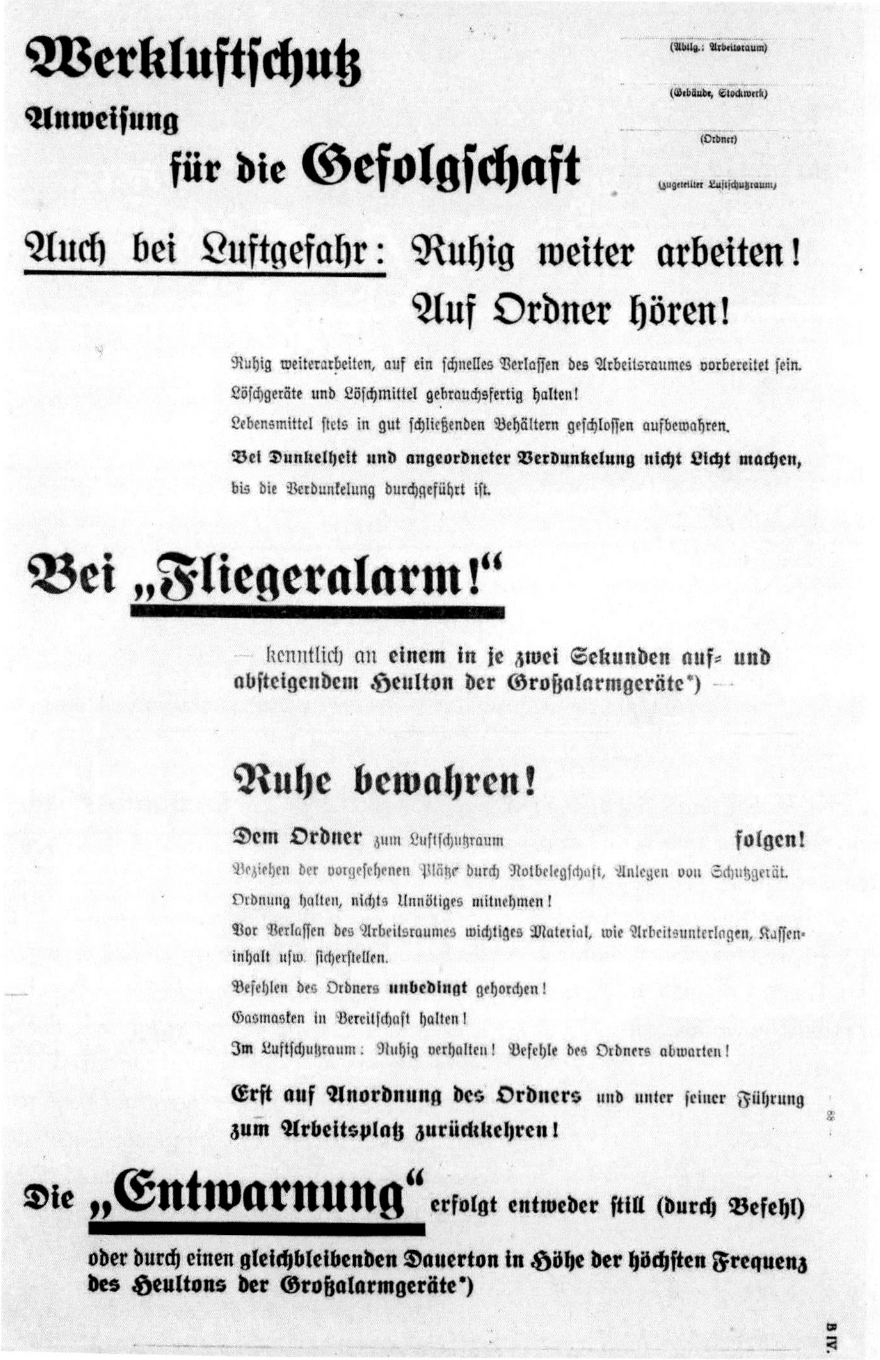

Werkluftschutz

Anweisung

für die Gefolgschaft

(Abtlg.: Arbeitsraum)

(Gebäude, Stockwerk)

(Ordner)

(zugeteilter Luftschutzraum)

Auch bei Luftgefahr: Ruhig weiter arbeiten!

Auf Ordner hören!

Ruhig weiterarbeiten, auf ein schnelles Verlassen des Arbeitsraumes vorbereitet sein.

Löschgeräte und Löschmittel gebrauchsfertig halten!

Lebensmittel stets in gut schließenden Behältern geschlossen aufbewahren.

Bei Dunkelheit und angeordneter Verdunkelung nicht Licht machen,

bis die Verdunkelung durchgeführt ist.

Bei „Fliegeralarm!“

— kenntlich an **einem in je zwei Sekunden auf- und absteigendem Heulton der Großalarmgeräte*)** —

Ruhe bewahren!

Dem Ordner zum Luftschutzraum **folgen!**

Beziehen der vorgesehenen Plätze durch Notbelegschaft, Anlegen von Schutzgerät.

Ordnung halten, nichts Unnötiges mitnehmen!

Vor Verlassen des Arbeitsraumes wichtiges Material, wie Arbeitsunterlagen, Kasseninhalt usw. sicherstellen.

Befehlen des Ordners **unbedingt** gehorchen!

Gasmasken in Bereitschaft halten!

Im Luftschutzraum: Ruhig verhalten! Befehle des Ordners abwarten!

Erst auf Anordnung des Ordners und unter seiner Führung **zum Arbeitsplatz zurückkehren!**

Die „Entwarnung“ erfolgt entweder still (durch Befehl) oder durch einen gleichbleibenden Dauerton in Höhe der höchsten Frequenz des Heultons der Großalarmgeräte*)

B IV.

Werkluftschutz-Anweisung für die Gefolgschaft

Werkluftschutz

Gasschleuse Nr. ....

zum Luftschutzraum im .... (Angabe des Raumes)

Bedienung: .... (Name)

Ersatzmann: .... (Name)

Anweisung für das Verhalten in der Gasschleuse

Die Türen zur Gasschleuse und zum Luftschutzraum werden von .... (Name des Bedienungsmannes)

auf Anordnung des .... (Name des Ordners) bei Luftgefahr geöffnet.

Bei „Fliegeralarm!“

— kenntlich an einem in je zwei Sekunden auf- und absteigendem Heulton der Großalarmgeräte*) —

Ruhe bewahren! **Auf Ordner hören!**

Beim Betreten des Luftschutzraumes nicht drängen!

Türen zur Gasschleuse und zum Luftschutzraum erst schließen, wenn Bombeneinschläge hörbar.

Vertreter des Ordners: .... (Name) und .... (Bedienungsmann)

bleiben mit umgehängter Gasmaske ständig in der Gasschleuse.

Allgemein bei Kampfstoffgefahr zu beachten:

Luftschutzräume und Schleusentür nie gleichzeitig öffnen; vor jedem Öffnen der Schleusentür — beispielsweise auch von außen — Gasmasken (S-Maske oder Volksgasmaske) aufsetzen.

Vergiftungsverdächtige erst aus Gasschleuse in Luftschutzraum hineinlassen, wenn Kampfstoffgeruch (Apothekengeruch usw.) nicht mehr wahrnehmbar.

Vergiftete hinlegen — wenn möglich, sofort zur Werksanitätsstelle (Werkrettungsstelle) bringen — nicht gehen lassen!

Eingedrungene Kampfstoffe, die sich nicht durch Lüften entfernen lassen, durch Zerstäuben von 1—2 prozentiger Soda- oder Seifenlösung vernichten.

Vor Absetzen der Gasmaske mehrere Riechproben vornehmen (Filtereinsatz lockerschrauben).

Bei Gelbkreuzvergifteten:

Vergiftete Oberkleider mit Gashandschuhen oder Zange entfernen, in eine Kleiderkiste außerhalb der Gasschleuse werfen (Gasmaske [S-Maske oder Volksgasmaske] aufsetzen!) und Kiste schließen.

Gelbkreuzvergiftete nur mit Gashandschuhen berühren. Bei Fehlen von Gashandschuhen vorher Hände mit Chlorkalkmitteln einreiben. (Achtung! Selbstgefährdung.)

Gelbkreuzspritzer am Körper erst mit Chlorkalkbrei behandeln, dann möglichst mit heißem Wasser (aus Thermosflasche) und Seife waschen.

Gelbkreuzverdächtige nicht in den Luftschutzraum, sondern möglichst sofort zum Sanitätsschutzraum bringen.

Befehle des Ordners abwarten. — 87 —

Die „Entwarnung“ erfolgt entweder still (durch Befehl) oder durch einen gleichbleibenden Dauerton in Höhe der höchsten Frequenz des Heultons der Großalarmgeräte*)

Nach der Entwarnung Gasschleusendichtung prüfen, beschädigte Stellen ausbessern, Entgiftungsstoffe, Wasser, Seife, Tücher, Apothekeninhalt usw. ergänzen, vergiftete Geräte entgiften. Zu entgiftende Kleidungsstücke zur Sachentgiftungsstelle schaffen lassen.

Gasschleuse durchlüften.

B. IV.

Werkluftschutz-Anweisung für das Verhalten in der Gasschleuse

Eines Tages bekam ich die Aufforderung, nachts bei der Polizei einsatzbereit zu sein. Wir kamen da in die Schule Elsa-Brandström-Straße. Junge, da hatten wir so einen Kleinen; das vergesse ich im Leben nicht. Das war einer von der SS, der hatte so einen Glatzkopf, der saß am Pult ... Da waren auch Betten, wir konnten uns legen. Wir waren dafür da, für Notfälle. Wenn feindliche Angriffe kamen, dann waren wir im Einsatz, oder wir gingen in der Kölner Straße in den Turm. Wenn dann der Angriff vorbei war, und es war während der Zeit etwas passiert, dann mußten wir raus ... Und das war ein Saukopf ... Wir konnten uns legen; wir hatten ja den ganzen Tag gearbeitet und mußten in der Nacht auch noch raus. Ich zog die Schuhe aus. Da kam ein Angriff. Jetzt fing der Kerl an zu brüllen: „Schuhe an, Schuhe an!" Da war der schon weg, wir mußten die Schuhe anziehen und sind hinterhergelaufen. Ich dachte hinterher: „Das hast du keinem Dummen gesagt." Ich zog die Schuhe nicht mehr aus.

Am anderen Tag - ich in den Sack rein, Decke drüber. Da kam der und kontrollierte das, ob wir die Schuhe anhatten. Ach, was hat der Kerl geschimpft. Ich weiß nicht, wo der mich hinbringen wollte; wir waren aber zu mehreren. Das war ein ganz fanatischer Hund. Aber der ist hinterher bei den Angriffen umgekommen. Vielmehr, den hat man weggetan, der war schon bekannt, der ist an die Front gekommen. Bei den Einsätzen, die die gemacht haben, da ist der bei geblieben.

Und ich kam unten auf die Bismarckstraße in das Revier. Als das Revier zerstört war, kamen wir in die Beckmanns-Villa auf der Eichenstraße; die existiert heute nicht mehr. Wir hatten Autos und Maschinenpistolen; dann mußten wir kontrollieren. Oder wir wurden angefordert. Wir hatten immer eine Woche vollen Einsatz, jede Nacht. Eine Woche, und dann ging es wieder von neuem los.

Und sonntags, wenn wir hier keine Einsätze hatten bei der Polizei, dann wurden wir von der Firma verpflichtet. Samstags und sonntags, wenn Ruhe war, dann hatten wir zu zweit Dienst. Dann mußten wir immer durch das Werk gehen, wegen den Brandbomben. Dann haben wir auf der Schreinerei, da, wo jetzt die Lehrwerkstatt ist, oben drauf gestanden. Da konnten wir hinten ins Ruhrgebiet sehen, den Rhein runter sehen. Da waren die großen Gebäude noch nicht, da war freie Aussicht. Da mußten wir das immer dem Betriebsleiter melden, wenn ein Angriff war. Oder der rief selber an ... Bis uns das mal zu bunt war. Wenn ein Angriff war, hielt der sich immer im Keller auf; der schützte sein Leben. Heute ist der auch tot. Der rief an, dann sagten wir, wenn er was wissen wollte, sollte er raufkommen. Dann sind wir runtergegangen und haben uns dadurch getan. Später hat der mal gefragt, wer denn da oben Dienst gehabt hat. Da ist er aber nicht richtig hintergekommen.

(Dreher, Jg. 1908)

Während des Krieges gehörte Solingen, am Rande des Rheinisch- Westfälischen Industriegebietes gelegen, zur erstrangig gefährdeten Zone. Als sich im Sommer 1943 der Luftkrieg verschärfte - Wuppertal und Remscheid waren durch Großangriffe bereits erheblich zer-

stört - wurden erste Evakuierungsmaßnahmen durchgeführt. Am ersten Novemberwochenende, am 4. und 5. November 1944, war es dann auch in Solingen soweit: In zwei etwa 20 Minuten dauernden Angriffen fielen jeweils am frühen Nachmittag insgesamt etwa 1800 Tonnen Sprengbomben und etwa 250 Tonnen Brandbomben auf die Solinger Innenstadt.[7] Die Betriebsgebäude der Firma Kieserling lagen in dem betroffenen Gebiet. Die städtische Infrastruktur war weitgehend zerstört.

Das weiß ich noch, da war der Dr. Ley da. Wir waren in dem Gemeinschaftsraum, und da kam der an. Der hatte auch schwer mit Asthma zu tun. Der war so dick, der hat nach Luft geschnappt. Und ich saß so ziemlich nach der Mitte hin, und da konnte ich das so hören, wie der vorbeiging. Und da hat der gesagt, ich spreche hier aus einer Stadt, in der noch keine Bomben gefallen sind - waren aber schon gefallen, so ist das nicht; ein paar einzelne. Und dann haben wir direkt die Woche danach die Quittung gekriegt ...

(Maschinenschlosser, Jg. 1906)

Das Verwaltungsgebäude nach den Luftangriffen vom 4. und 5. Nov. 1944

Die Montagehalle 6 nach den Luftangriffen vom 4. und 5. Nov. 1944

Der erste große Angriff war samstags; da bin ich mittags zur Nachtschicht gekommen, habe mich umgezogen, bin raufgegangen, und da gab es Alarm. Vorher war schon Vorwarnung gewesen. Als ich dann oben war, krachte es auf einmal. Die meisten liefen direkt weg. Oben auf der Schweißerei lag ein Berg Blechplatten. Nebenan war einer, der war auch gerade gekommen, der wollte weglaufen. Ich sagte: „Otto, bleib hier, lauf jetzt nicht durch die Bude". Es gab dann Beruhigung, da sind wir dann auch gelaufen. Vor uns lief der Direktor Hölzer. Als wir unten waren, fing es wieder an. Da kam auch was von der Luther-Kirche runter, aber was Genaueres wußten wir ja auch nicht. Bei uns hat die Vorhalle etwas abbekommen, da war natürlich große Aufregung, es ist auch einer ums Leben gekommen, der wollte jemandem helfen.

(Maschinenschlosser, Jg. 1911)

Ja, wie später der Luftalarm kam, der Fliegeralarm, haben wir zeitweise die Bank stillsetzen müssen. Dann gingen wir in den Luftschutzkeller. Aber wie der Angriff kam, das war samstags. Ja, das war so: Wir mußten sehr viel gute Arbeit machen, und die war eilig. Da war am 2. November ein Angriff auf Düsseldorf gewesen, da haben sie irgendein Elektrizitätswerk getroffen, da hatten wir wenig Strom.

Da haben wir noch Samstagmittag wieder angefangen, das war um 2.00 Uhr. Da bin ich im Betrieb gewesen, und die Arbeitszeit wurde neu eingeteilt, wegen dem Strom. Da wurde auf drei Schichten gemacht, und ich mußte samstags abends um 10.00 Uhr wieder anfangen. Da bin ich dann nach Hause gegangen. Und dann kam der Alarm. Da war natürlich alles weg, war hinfällig. Samstag mittags war der erste Angriff. Dabei ist die Firma auch ein bißchen beschädigt worden. Aber der Hauptangriff war sonntags, bei der Firma, dabei ist auch viel kaputt gewesen. Und dabei sind der Robert und der Franz Kieserling auf dem Hof umgekommen. Es hat eine Bombe eingeschlagen. Wie es genau gewesen ist, weiß ich nicht. Auf jeden Fall sind die da umgekommen.

(Horizontalbohrer, Jg. 1905)

Der erste Angriff war ja 1944, am 4. November. Das war Samstag mittags. Wir gingen nach Hause, und unterwegs fing das schon an. Da sind etliche aus dem Büro in den Bahnhof, unten in den Bahnhofskeller gegangen. Die haben gedacht, sie wären da sicher und sind dabei umgekommen. Ich bin auf jeden Fall noch nach Hause gekommen.

Und dann bin ich Sonntag morgen wieder rauf in die Firma. Na ja, da war ziemlich viel schon kaputt da ... Und dann kam dann wieder - hier waren auch schon die Sirenen kaputt ... konnte man nicht mehr hören - ganz von weitem hörte man Flieger und Sirenen. Und da haben wir noch draußen auf dem Hof gestanden, aber das Gemeinschaftshaus, das stand noch ... der Bahnhof war kaputt und so drum herum alles. Und ich sag: Ich bleibe nicht hier, ich gehe nach Hause. Da hat der Robert Kieserling gesagt, ich sollte da bleiben, ich sollte nicht nach Hause gehen; sie gingen alle ins Gemeinschaftshaus, die (gemeint sind die alliierten Bomber, d. Hrsg.) kämen hier nicht mehr hin, das rentiere sich nicht mehr, es wäre so viel kaputt. Ich sollte dableiben. Ich sagte: „Ich bleibe nicht hier." Und der wollte mich absolut dazu zwingen, dazubleiben, mit ins Gemeinschaftshaus zu gehen. Ich bin dann doch so halbwegs nach Hause gekommen, noch unterwegs am Grünewald im Bunker gewesen. Ja, und montags morgens bin ich dann wieder rauf in die Firma.

Ja, da ist ausgerechnet das Gemeinschaftshaus und alles bombadiert worden ... Ja, die sind umgekommen. Die sollten da den Fliegeralarm abwarten. Und dabei sind viele umgekommen. Und einen habe ich noch gesehen, den haben sie herausgeholt, der war verbrannt, der war ganz verkohlt. Der hatte die SA-Uniform an, den konnte man noch irgendwie erkennen.

Der Direktor Hölzer hatte seine ganze Familie verloren bei dem Angriff. Von da an durften wir, wenn Fliegeralarm kam, nicht mehr in den Bunker gehen. Wir sollten in der Firma bleiben. Und wir hatten da kaum noch eine Möglichkeit - unser Büro war auch kaputt - irgendwie unterzuschlüpfen. Wir haben da praktisch nur noch Aufräumungsarbeiten gemacht. Wir haben auch auf der Kölner Straße - da war noch ein großes Gebäude, das gehörte dem Kieserling, ich weiß jetzt gar nicht mehr, was da drin war, so was ähnliches wie Sozialamt oder Jugendamt oder so was - da haben wir noch die Toten herausgeholt. Da haben wir auch noch gebuddelt; da haben wir noch eine ganze Reihe Tote mit rausgeschafft.

Auf jeden Fall durften wir nicht mehr heraus in den Bunker ... Also einmal, da war ich auch auf dem Hof, und da hat Direktor Hölzer mich noch erwischt: „Nicht mehr in den Bunker, ihr bleibt hier!" ... Ja, ich sage: „Wir brauchen uns doch nicht der Gefahr auszusetzen, wenn wir doch in den Bunker können, das ist doch nicht weit." „Seinem Schicksal kann keiner entgehen", hat er da zu mir gesagt ... und da war der Bunker schon zu, und dann haben sie mich nicht mehr hereingelassen. Dann habe ich draußen beim Kieserling auf dem Hof zwischen den Maschinen gelegen, nicht ich allein, noch verschiedene. Und dann sind die Tiefflieger über uns gekommen, haben mit Maschinenpistolen geschossen.

Und einmal, da hat ihn seine Sekretärin mitgeschleift in den Bunker, da mußte er. Er sollte unbedingt mit, wollte auch nicht, und die hat ihn praktisch gezwungen. Und da kam Voralarm.

Bei Voralarm durfte noch niemand den Bunker verlassen wegen der Gefahr, falls noch etwas hinterherkam. Da machten die die Türe nicht auf. Als Voralarm kam, da wollte er unbedingt raus ...

Na ja, und dann habe ich später beim Kieserling aufgehört, weil das so schlimm war, weil ich überhaupt nicht mehr in den Bunker durfte, und wir ewig Angst hatten. Da hat mein Vater gesagt, also du bleibst hier und gehst nicht mehr ... Das sind so die letzten Tage vor der Kapitulation gewesen, 1945. Ich meine, wir haben auch nette, gesellige Stunden da gehabt, wie zum Beispiel diese Dampferfahrten ...

(Kaufmännische Angestellte, Jg. 1929)

Dann ging also der Krieg zu Ende, und da war natürlich hier alles zertrümmert, am 4. und 5. November. Dann mußte wieder aufgebaut werden. Zuerst mußte Baumaterial besorgt werden, und das Schlimme dabei war, dass am 5. November der Franz Kieserling umkam. Die beiden Herren und ich, wir standen in einer Baracke und hatten überlegt - ich konnte ja nur auf Anweisung handeln - was muß getan werden? ... Zu Hause bei uns war nun auch einiges nicht in Ordnung, ich hatte mir eine Schubkarre zurechtgemacht mit Dachpappe und sagte: „So, ich weiß was ich morgen tun soll, lassen Sie mich jetzt nach Hause.“ Ich bin nach Haus gefahren, und da genau ist das Ding runtergekommen, wo die beiden Herren umgekommen sind. Das war für mich natürlich besonders tragisch. Auf der einen Seite war ich froh, dass ich weg war; auf der anderen Seite waren das die beiden Inhaber, d.h. Leute, wo ich meistens mit zu tun hatte, außer dem Direktor Hölzer.

(Technischer Angestellter, Jg. 1912)

Des Samstags war der Angriff ... Da habe ich in der Halle 6 in dem Loch drin - die Maschinen waren ja so hoch, da mußten ja tiefe Löcher gemacht werden - und da habe ich unter der Maschine gehockt. Ich dachte, wenn da eine durchging auf die Maschine ... das einzige, was mir passieren kann, dass der Luftdruck mich kaputtmacht; aber wenn ich so sitze, dass der Luftdruck von mir abgehalten wird, dann kann es sein, dass es geht...

(Maschinenschlosser, Jg. 1906)

Tja, da haben wir noch gearbeitet, wie der Angriff kam. Aber zum Glück ist nur, wie ich weiß, nur ein Mensch gestorben. Also den Samstag, ja. Und das war folgendermaßen: Unser Schlossermeister war das. Wir sprachen noch zusammen, wir standen und unterhielten uns über die Maschine und so. Auf einmal ... „bum - bum“ ging das. Der läuft herunter, ich lauf heraus. Ich wußte, oben hinter der Dreherei im Eisenlager, da hatten sie einen Bunker gebaut, wo oben alles das Eisen lag. Das war einigermaßen sicher, ja. Und der ist ins Kompressor-Häuschen gelaufen, das war nicht so weit. Dem ist es da schlecht geworden. Und der Meister, der auch in dem Kompressorhäuschen war, der läuft da raus - gegenüber, da war ein Waschraum, da wollte der ein Glas Wasser holen - und ist nicht mehr wiedergekommen. Da ist eine Bombe hingekommen. Den Mann haben sie von der Heizung gekratzt. Sonst weiß ich nicht, dass da einer umgekommen ist, samstags. Sonntags doch mehr.

(Maschinenschlosser, Jg. 1903)

Ein Teil der Gießerei nach den Luftangriffen vom 4. und 5. Nov. 1944

Bei dem ersten Angriff war ich bei Kieserling, samstags, da arbeiteten wir. Wir sind natürlich erst einmal in den Keller gelaufen unter der Halle 6; das war eine Katastrophe, das war eigentlich gar kein Keller. Wenn da die Bomben eingeschlagen hätten, wären die ganzen schweren Maschinen, die da drüber standen, da unten reingekommen, dann hätte es mehr Tote gegeben. Wir wohnten zu der Zeit auf der Kurfürstenstraße. Dann hieß es: Der Angriff ist in diese Richtung gegangen. Ich habe mich so schnell wie möglich verdrückt, hinten herum, und bin nach Hause gelaufen. Ich dachte: „Laß Kieserling Kieserling sein“... Frau und Kinder waren zu Hause. Die haben dann das Glück gehabt, dass der Samstagsangriff am Haus vorbeigegangen ist. Die sind auch schnell in den Keller gelaufen. Den Sonntagsangriff haben wir dann im Vorspel im Bunker gesessen. Die Vorderseite unseres Wohnhauses war weg. An einer Ecke, da standen noch ein paar Möbel vom Schlafzimmer, das war aber auch alles, die haben wir dann rausgeholt. Wir haben dann eine Zeitlang bei den Schwiegereltern gewohnt, bis es ruhiger war. Da haben wir, was wir rausholen konnten, rausgeholt, und dann haben wir wieder neu angefangen. Wir konnten ja nur etwas vom Schlafzimmer retten, über die Leiter durch das Fenster. Anders ging das nicht.

(Dreher, Jg. 1910)

Als der Angriff nun war, am 4. und 5. November, da wurden die Dächer in Mitleidenschaft gezogen, schon alleine durch den Luftdruck. Damals fielen auch die Bomben am Bahnhof. Damals lagen die Dächer alle frei, und es konnte reinregnen. Nun gab es aber kein Material wie zum Beispiel Teerpappe oder Holz. Wir sind dann zum Kohlenhändler gegangen mit dem Meister. Der hatte einen Schuppen, da haben wir die Dächer abgedeckt, damit wir etwas Holz hatten, um in der Firma wieder etwas auszubessern. - Nebenbei gesagt, die englischen Flugzeuge schossen auf einzelne Personen auf der Straße, das habe ich noch in guter Erinnerung. - Wir haben uns die größte Mühe gegeben, alles wieder auszubessern, damit die Maschinen nicht rosteten. Es waren nicht viele Maschinen zerstört. Was zerstört wurde, war der Modellbau. Der

Aufräumungsarbeiten in Halle 10 nach dem Luftangriff vom 5. Nov. 1944.

ist später neu aufgebaut worden und steht auch heute noch da. Die Halle 6 wurde auch zerstört; da war eine Hobelbank völlig zerstört. Hauptsächlich war die Werkzeugausgabe betroffen, die ganzen Werkzeuge waren aneinandergeklebt durch das Napalm, das war schlimmer als Feuer. Was da verdorben worden ist mit den Bomben, das ging in die Millionen. Das war der Kernbereich der Firma. Da waren u.a. auch Schablonen, reihenweise, wo ungeheuerliche, jahrelange Arbeit mit verbunden war und auch die Mikrometer, das war alles kaputt.

(Maschinenarbeiter, Jg. 1905)

Es waren nicht nur die Dächer eingestürzt, sondern es waren auch die Dachkonstruktionen eingestürzt, also die Dachbinder. Die Bomben waren natürlich auch auf die Maschinen gefallen. Was wir nachher noch davon herausschälen konnten, war sehr wenig und unbrauchbar, denn inzwischen hatten die jahrelang im Regen und Sturm gelegen. Es war also nicht nur stark vom Rost befallen, sondern auch durch die herabstürzenden Teile zerstört. Die Halle 5 hat die Organisation Todt (NS-Spezialeinheit zur Beseitigung von Bombenschäden, d. Hrsg.) aufgebaut, d.h. die haben die provisorisch wieder instandgesetzt. Das war die am wenigsten zerstörte Halle, so dass man also da sofort mit der Produktion beginnen konnte. Die Vorderfront wurde mit schweren Hohlblocksteinen aufgebaut, oder ähnlichen Steinen. Das Dach wurde provisorisch gemacht. Da hatte man die Hölzer oder Stangen, die es gab, über die 1. Etage drüber gemacht und hat da Wellblech draufgelegt. Die dann nachher hier unten gearbeitet haben, die haben gelegentlich Tropfwasser mitgekriegt und ähnliches.

Also von den Maschinen, die in der Halle 6 waren, ist so gut wie keine brauchbar gewesen. Sicherlich waren, wo Horizontalbohrwerke standen, die großen Aufspannplatten, die waren natürlich verwendbar. Obwohl da auch Ecken und Kanten rausgeschlagen waren usw. Aber die konnte man sehr wohl noch verwenden. Es sind auch brauchbare Maschinenteile wieder aufgearbeitet worden; aber das waren nur relativ wenig. Das bezog sich auch auf die Halle 2 und 3, wo die mechanische Werkstatt untergebracht war. Auch da war einiges demoliert gewesen. Das waren Drehbänke, Fräsbänke, Hobelbänke, die sind wieder relativ ordentlich aufgemöbelt worden. Die waren natürlich nur noch teilweise brauchbar, aber immerhin ein solcher Teil, dass weiter gefertigt werden konnte.

(Technischer Angestellter, Jg. 1912)

Nach dem Angriff

Als die Fabrik weitgehend zerstört war, trennten sich die Wege der Beschäftigten:

Es mußte dann aufgeräumt werden. Was alles kaputtgegangen war, mußten wir aufräumen. Einige Bänke liefen dann noch. War ja nichts ganz kaputt, nur ein großer Teil. Ja, und dann haben wir aufgeräumt, aufgeräumt und nichts wie aufgeräumt. Und dann noch was, in der letzten Zeit wurden die Männer zum Volkssturm einberufen. Dabei bin ich nur 5 Minuten gewesen, auch die anderen vom Kieserling. Da kriegten wir eine Einladung, im Weegerhof mußten wir uns treffen. Nach dem Angriff war das allerdings, ich glaube, kurz vor Weihnachten. Da mußten wir antreten, um 8 Uhr. Einen Augenblick darauf hieß es: „Die Leute vom Kieserling vortreten. Sie können in den Betrieb." So bin ich keine Stunde im Volkssturm gewesen.

(Horizontalbohrer, Jg. 1905)

Ich weiß noch, da war der Krieg bald zu Ende; das Werk war kaputt, das Werk konnte nicht mehr arbeiten. Nach dem Angriff. Es war aber noch Krieg. Da sind wir mit 3 oder 4 Mann und einem halben Dutzend Italiener, die damals hier noch beschäftigt wurden, nach Höhscheid geordert worden, an die Villa Kieserling, und haben da einen Bunker gebaut. Ich verstand doch nichts vom Bunkerbauen; aber die Italiener, da waren viele bei, die kannten da etwas von. Warum? Die Frau Kieserling hatte ihren Mann verloren, beim Angriff.

(Maschinenschlosser, Jg. 1903)

Beim Volkssturm haben wir auf der Lindenbaumstraße die Sperren gebaut, die Panzersperren; das war ja Blödsinn. Wir hatten auch Uniformen damals. Da wurden Löcher ausgeschachtet, und dann kamen da alle die dicken Stämme rein. Wenn die Panzer kamen, die fuhren drumherum, oder die wälzten die weg. Wir hatten auch unten im Stadion an der Burger Landstraße Schießübungen.

Wie es aufs letzte zuging, das vergesse ich nicht: Samstags wurden wir zusammengetrommelt, hinter dem Weidenhof. Die Engländer und Amerikaner da hinten waren schon am Schießen. Unten in Burg standen die Scharfschützen von uns, oben auf dem Felsen. Also, die hatten schon Arbeit, die da rüberkamen. Unsere hatten auch die Brücke in Burg gesprengt. Das machte denen ja nichts, die hatten vorne die Seiltrommeln dran, die fuhren rein und zogen sich teilweise mit der Seiltrommel raus und unsere Scharfschützen hielten die eine Zeitlang in Schach ...

Ja, jetzt konnte jeder seine Waffe mitnehmen. Ich sagte: „Ich bin doch nicht doll, was soll ich denn mit einer Waffe?" Der Oberste sagte: „Machen Sie den Fußboden auf, und legen Sie den Karabiner unten rein, reißen Sie ein Brett hoch." Ich sagte: „Ich bin doch nicht bekloppt. Glauben Sie denn, die täten das nicht? Das ist mein Tod." Ach, was war ich ein ängstlicher Mann. Ich habe gesagt: „Hier, verteilt die Waffen, ich will von dem Zeug nichts haben." Das war mein Glück.

Als die einrückten, mußten wir da sofort raus (aus der Wohnung auf der Schaberger Straße d. Hrsg,). Da wurde das mit Engländern besetzt. Da kam unten bei den Baums in die Villa der Stab hin, und wir alle, auch Unteroffiziere, wir mußten alle raus. Da sind wir wieder zu den Eltern gezogen, bis dass wir wieder reinkonnten. Ich hatte so eine schöne Uhr, die zeigte das Jahr, den Tag und den Monat an, und ein Rasiermesser. Das habe ich alles unter die Kohlen getan, das konnte keiner sehen. Und in den Regalen stand das Eingemachte; früher wurde ja alles eingekocht von den Frauen, was man so im Garten hatte. Als wir dann wieder reinkonnten, war mein erstes, nach dem Rasiermesser und der Uhr zu gucken. Aber da war nichts mehr.

(Dreher, Jg. 1908)

Hochqualifizierte Facharbeiter blieben in der Fertigung:

Da sind wir noch eine Zeitlang - ein Teil der Horizontalbohrer - in Düsseldorf gewesen, ich auch. Die meisten Bänke bei der Firma in Solingen waren ja nicht startbereit. Ja, verschiedene, auch von den Schlossern. Da sind wir gewöhnlich morgens um sieben Uhr gefahren, und da sind wir 14 Tage gewesen, bei Malmedie in Düsseldorf. (Die Firma Malmedie war eine Tochtergesellschaft der Fa. Kieserling, d. Verf.) Malmedie, auch eine Maschinenfabrik, da lief noch alles, so ziemlich; da war noch wenig kaputt. Da haben wir noch gearbeitet. Aber das war auch keine Arbeiterei mehr. Die halbe Zeit war doch Fliegeralarm. Wenn wir morgens mit dem Zug fuhren ... der fuhr erstmal unpünktlich, bis wir dann mal da waren, da war es mittlerweile zehn Uhr. Wenn wir dann wirklich am Arbeiten waren, kam Fliegeralarm. Dann mußten wir wieder weg. Dann fuhren wir um vier oder fünf Uhr wieder weg; dann kamen wir glücklich um sieben Uhr abends hier an. Ach, das haben wir nur 14 Tage ausgehalten, dann mußten wir dann wieder hierbleiben. Ja, alles Aufräumungsarbeiten. Solange wie es ging, mußten wir das und das machen. Und wie dann so ziemlich wieder alles lief, dann haben wir auch gearbeitet. Da ist ja nach dem Angriff nichts mehr passiert.

(Horizontalbohrer, Jg. 1905)

Angelernte Arbeitskräfte wurden vom NS-Regime als „Kanonenfutter" freigegeben:

Später wurde ich dann nicht mehr freigestellt. Da waren nämlich SA-Leute, die brachten die Stellungsbefehle durch den Betrieb. Das ging nicht mehr durch die Post. An produktive Arbeit war da nicht mehr zu denken. Im ganzen Betrieb waren ja Holzböden, die sich durch das Wasser alle verzogen hatten. Das sah schrecklich aus. Wie gesagt, ich wurde am 21. Februar 1945 eingezogen und mußte mich in Höhscheid melden.

Von dort aus ging es zum Katternberg und

von dort aus nach Den Haag. Da lagen ja schon die Amerikaner. Das Bataillon war aufgelöst, wir sollten den Einsatz machen. Ich habe mir gedacht: „Das muß ich mir aber noch überlegen." Wir bekamen dann einen Karabiner und verschlissene Wehrmachtsanzüge. Die hatten keine Stahlhelme. Ich hatte einen Hut auf.

(Maschinenarbeiter, Jg. 1905)

Kriegsende

Man konnte es noch nicht glauben. Man guckte immer zur Seite und hinter sich, dass nichts passierte. Ja, da war Schluß. Und vorher noch, wie die Brücke noch gesprengt war, wie die vom Oberbergischen alle, also unsere Soldaten, so ein oder zwei Wochen vorher noch raufzogen, alle mit den Pferden und den Wagen, schwer beladen mit Konserven und was nichts alles, Kleider usw. Alles Sachen, die die Wehrmacht brauchte, Essenswagen. Wir hielten die an, wir bekamen nichts. Die Russenmädchen, die bekamen Büchsen mit Fleisch und so was. Wahrscheinlich hatten unsere auch schon Angst ... Die fuhren die ganzen Wagen drauf und haben die gesprengt. Wir haben nichts mitgekriegt. Wir haben die Soldaten angehalten, sie sollten uns was geben, ... nichts. Die haben alles gesprengt. Dann setzten sich die einzelnen Soldaten ab. Ob die nun alle durchgekommen sind ...?

Später haben die Engländer die ja alle aufgeschnappt. Die hat man dann an die Rheinwiesen gebracht; da sind dann viele gestorben, Ja, das waren die Kriegsgeschehen in der Heimat. Sicher, ich bin nicht an der Front gewesen. Ich war gemustert für Panzer, dann wäre ich ja gar nicht mehr ... Wir in der Heimat, - je nachdem was für Soldaten es waren - , wir haben mehr mitgemacht als die an der Front.

(Dreher, Jg. 1908)

Zwangsarbeiter/-innen bei "Kieserling"

Während des Zweiten Weltkrieges wurden in der deutschen Wirtschaft, besonders in der Landwirtschaft und in der Rüstungsindustrie, massenhaft ausländische Arbeitskräfte, Kriegsgefangene bzw. Zwangsarbeiter/innen, eingesetzt. Die Historikerin Ingrid Schupetta gelangt in ihrer Studie zu dem Schluss: *„Ohne die Ausbeutung der ausländischen Arbeitskraft wäre die deutsche Kriegswirtschaft bereits 1942 zusammengebrochen."*[8] Da die Rekrutierung von deutschen Frauen als zusätzliches Arbeitskräftepotential an deutliche Grenzen stieß, wählten die Behörden den Weg des Einsatzes ausländischer Arbeitskräfte, die auf dem Weg freiwilliger Anwerbung, drakonischer Zwangsrekrutierung oder als Kriegsgefangene ins Deutsche Reich kamen. Der Anteil der Ausländer stieg bis zum Ende des Krieges durchweg auf 10 Prozent der Wohnbevölkerung und 20 Prozent der Erwerbsbevölkerung. Ohne den Einsatz der ausländischen Arbeitskräfte hätte die deutsche Führung die Bevölkerung stärker und nachhaltiger zum Arbeitseinsatz heranziehen müssen. Die Ernteergebnisse und somit die Versorgung der deutschen Bevölkerung mit Nahrungsmitteln wären schlechter ausgefallen. Der Einsatz der ausländischen Arbeitskräfte machte es möglich, unpopuläre Belastungen der deutschen Bevölkerung wenigstens in den ersten Kriegsjahren zu vermeiden. In den Betrieben bildete sich eine neue Hierarchie heraus, in der die deutschen Arbeitskräfte am oberen Ende standen und auf die zerlumpten, entrechteten und gettoisierten Zwangsarbeiter herabsehen konnten.[9] Generell waren die deutschen Arbeiter Vorgesetzte der Ausländer. Die ausländischen Arbeitskräfte wurden von ihnen angelernt, beaufsichtigt, verwahrt und reglementiert.

Nachdem in Solingen in den Jahren 1940/41 die ersten Kriegsgefangenenlager mit je ca. 200 Gefangenen errichtet wurden, nahm die Zahl der in den Solinger Betrieben beschäftigten Ausländer permanent zu. Für das Jahr 1943 ergibt sich folgende Verteilung:

Unter 4609 Ausländern unterschiedlicher Nationalität, die in verschiedenen Solinger Betrieben im Jahre 1943 beschäftigt waren, befanden sich 1287, d.h. 27,9 Prozent, Frauen. Nahezu sämtliche Zwangsarbeiter aus den Ostgebieten, insbesondere aus Polen und der Sowjetunion, waren Frauen. Die aus den westlichen Ländern stammenden Arbeitskräfte waren überwiegend männlich.[10] Der Anteil der Ausländer an der in Solingen anwesenden Wohnbevölkerung lag 1944 bei 10 Prozent, der Anteil an der Erwerbsbevölkerung bei etwa 25 Prozent.

Solinger Firmen forderten Kriegsgefangene und Zwangsarbeiter in größerem Umfang an, um die Einziehungen zum Heer ausgleichen sowie ihre Rüstungsproduktion erhöhen zu können. So auch die Fa. Th. Kieserling & Albrecht, bei der der Anteil der in der Regel ungelernten ausländischen Beschäftigten an der Belegschaft im Jahre 1944 45,4 Prozent erreichte.

Granatendrehbank mit eingespanntem Werkstück. Die Aufnahme entstand um 1942.

Im Werk Ohligs sind die meisten Kriegsgefangenen und Fremdarbeiter eingesetzt worden.

Die haben auch in Ohligs gewohnt. Die haben hier ihre Baracken gehabt. Hier (in Solingen, d. Hrsg.) waren auch einige. Da waren allerdings keine französischen Kriegsgefangenen, in Ohligs. Die waren vorwiegend hier. Die muss man etwas differenzieren. Der französische Kriegsgefangene war ein seriöser Mann, der sich mit seinem Schicksal nun abgefunden hatte und wusste, dass er hier gefangen war; wogegen die ... sagen wir mal, „importierten" Leute aus Polen zum Beispiel, da waren nun mehr Leute, denen es an Intelligenz fehlte, sich zu sagen: „Nun ja, ich bin jetzt hier." Der Franzose wusste, wenn er nach Haus kam, war er „der" Mann: „Ich habe gekämpft für Frankreich, bin gefangengenommen worden und jetzt bin ich wieder hier, da bin ich." Die Polen, Russen und so weiter, wenn die zurückkamen, die mussten ja damit rechnen, dass die hier die deutschen Verhältnisse gesehen und kennengelernt haben; da konnten diese Länder nichts Besseres tun, als diese Leute wegzuschicken. Jedenfalls konnten die diese Leute nicht mehr gut gebrauchen, die an dieser Zivilisation hier teilgenommen hatten, wenn auch indirekt. Denen konnte man dann nichts mehr erzählen vom kapitalistischen Staat. Die wussten ja, was es hier gab. Die waren alle gleich untergebracht, allerdings exakt getrennt nach Nationalität und Männlein und Weiblein, sonst war die Unterbringung gleich. Das waren nur andere Mentalitäten; man muss schon sagen, dass

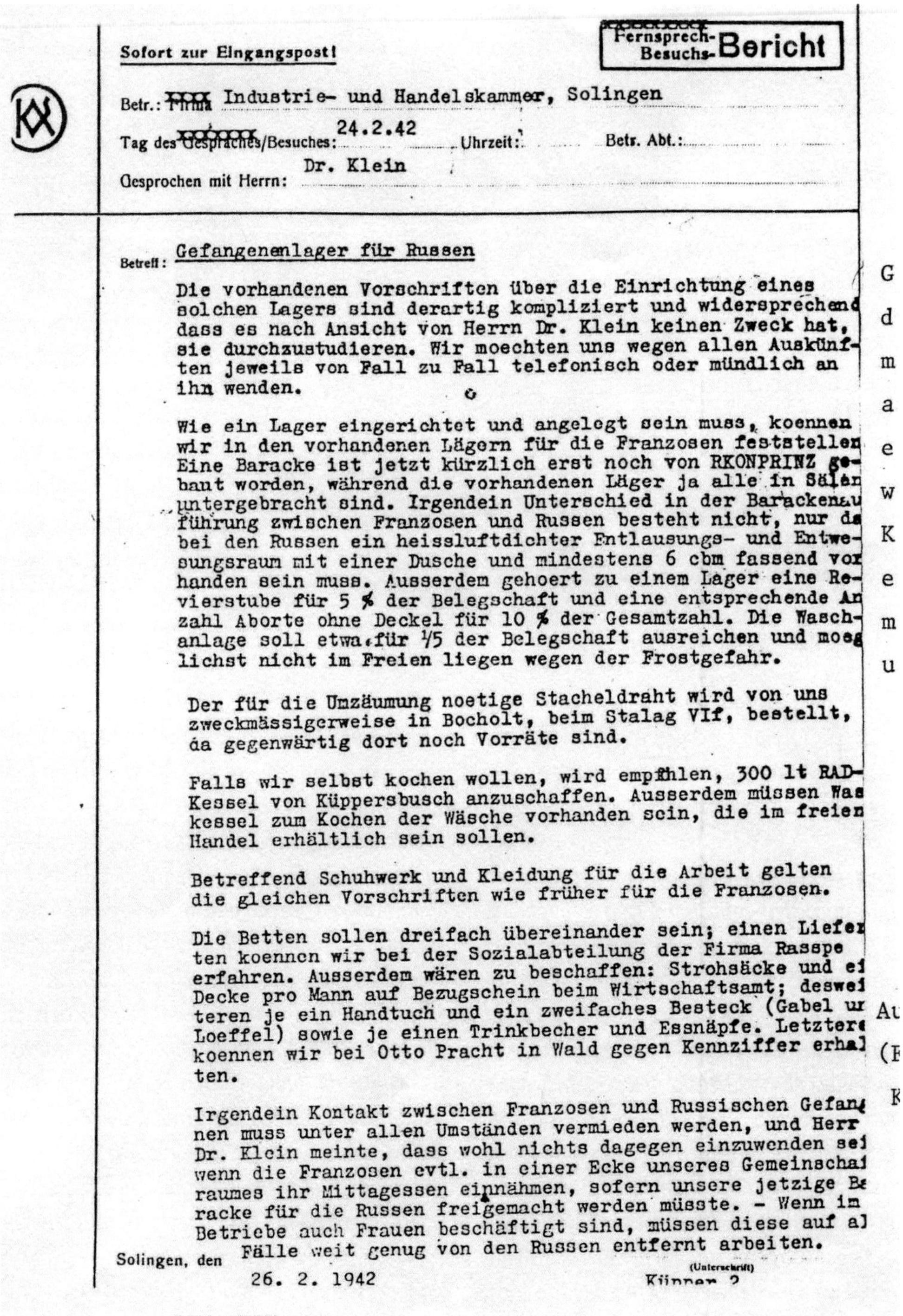

Sofort zur Eingangspost!

Fernsprech-
Besuchs-**Bericht**

Betr.: Firma Industrie- und Handelskammer, Solingen

Tag des Gespräches/Besuches: 24.2.42 Uhrzeit: Betr. Abt.:

Gesprochen mit Herrn: Dr. Klein

Betreff: Gefangenenlager für Russen

Die vorhandenen Vorschriften über die Einrichtung eines
solchen Lagers sind derartig kompliziert und widersprechend
dass es nach Ansicht von Herrn Dr. Klein keinen Zweck hat,
sie durchzustudieren. Wir moechten uns wegen allen Auskünf-
ten jeweils von Fall zu Fall telefonisch oder mündlich an
ihn wenden.

Wie ein Lager eingerichtet und angelegt sein muss, koennen
wir in den vorhandenen Lägern für die Franzosen feststellen
Eine Baracke ist jetzt kürzlich erst noch von RKONPRINZ ge-
baut worden, während die vorhandenen Läger ja alle in Sälen
untergebracht sind. Irgendein Unterschied in der Barackenau
führung zwischen Franzosen und Russen besteht nicht, nur da
bei den Russen ein heissluftdichter Entlausungs- und Entwe-
sungsraum mit einer Dusche und mindestens 6 cbm fassend vor
handen sein muss. Ausserdem gehoert zu einem Lager eine Re-
vierstube für 5 % der Belegschaft und eine entsprechende An
zahl Aborte ohne Deckel für 10 % der Gesamtzahl. Die Wasch-
anlage soll etwa für 1/5 der Belegschaft ausreichen und moeg
lichst nicht im Freien liegen wegen der Frostgefahr.

Der für die Umzäumung noetige Stacheldraht wird von uns
zweckmässigerweise in Bocholt, beim Stalag VIf, bestellt,
da gegenwärtig dort noch Vorräte sind.

Falls wir selbst kochen wollen, wird empfhlen, 300 lt RAD-
Kessel von Küppersbusch anzuschaffen. Ausserdem müssen Was
kessel zum Kochen der Wäsche vorhanden sein, die im freien
Handel erhältlich sein sollen.

Betreffend Schuhwerk und Kleidung für die Arbeit gelten
die gleichen Vorschriften wie früher für die Franzosen.

Die Betten sollen dreifach übereinander sein; einen Liefer
ten koennen wir bei der Sozialabteilung der Firma Rasspe
erfahren. Ausserdem wären zu beschaffen: Strohsäcke und ei
Decke pro Mann auf Bezugschein beim Wirtschaftsamt; deswei
teren je ein Handtuch und ein zweifaches Besteck (Gabel un
Loeffel) sowie je einen Trinkbecher und Essnäpfe. Letztere
koennen wir bei Otto Pracht in Wald gegen Kennziffer erhal
ten.

Irgendein Kontakt zwischen Franzosen und Russischen Gefang
nen muss unter allen Umständen vermieden werden, und Herr
Dr. Klein meinte, dass wohl nichts dagegen einzuwenden sei
wenn die Franzosen evtl. in einer Ecke unseres Gemeinschaf
raumes ihr Mittagessen einnähmen, sofern unsere jetzige Ba
racke für die Russen freigemacht werden müsste. - Wenn im
Betriebe auch Frauen beschäftigt sind, müssen diese auf al
Fälle weit genug von den Russen entfernt arbeiten.

Solingen, den 26. 2. 1942

(Unterschrift)
Küpper ?

Die Firmen waren bemüht, sogenannte Gemeinschaftslager für die angeforderten Arbeitskräfte einzurichten. Aktennotiz eines Verantwortlichen der Fa. Kieserling über einen Informationsaustausch mit der Solinger Industrie- und Handelskammer vom 24. Feb. 1942.[11]

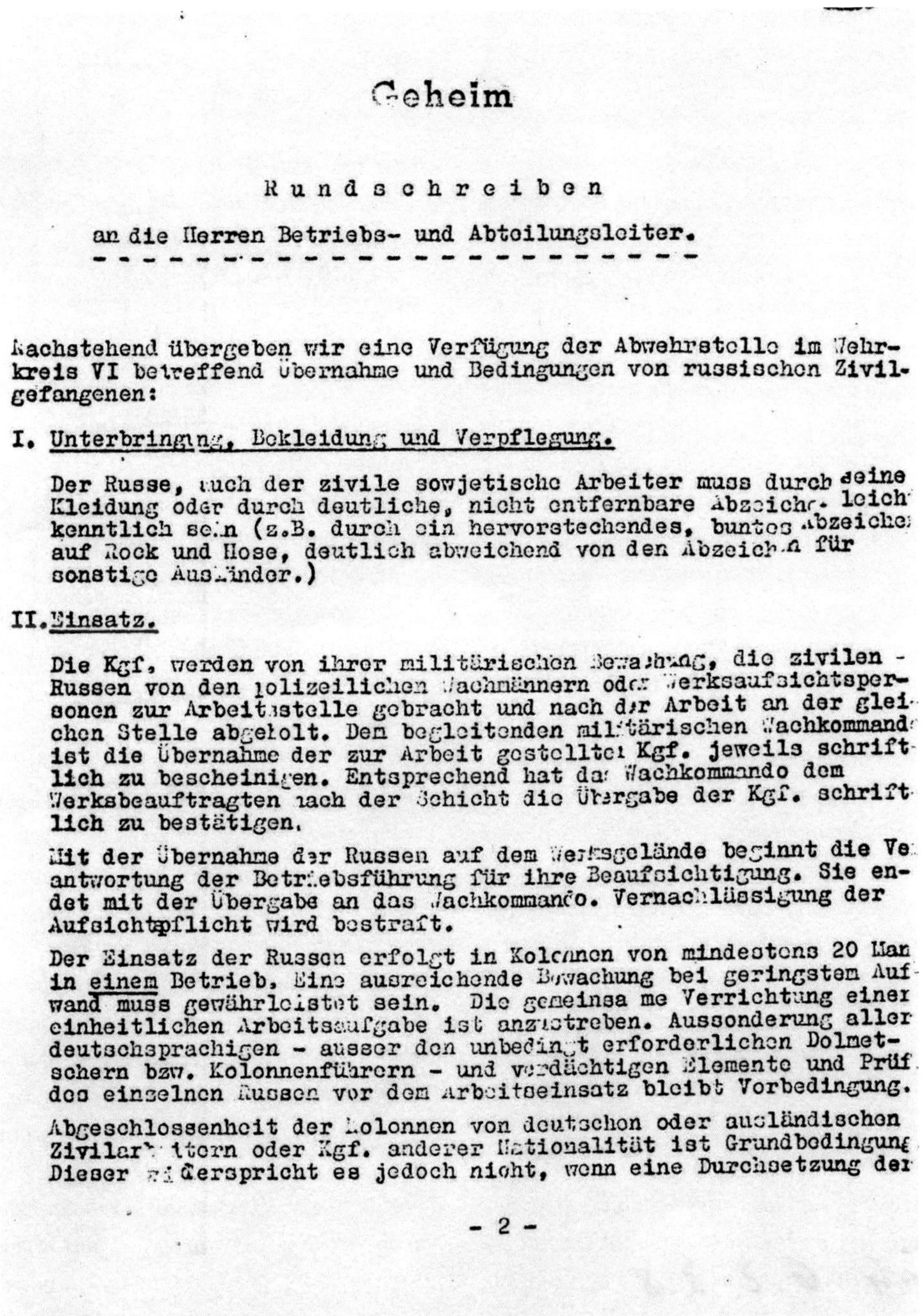

Geheim

Rundschreiben

an die Herren Betriebs- und Abteilungsleiter.

Nachstehend übergeben wir eine Verfügung der Abwehrstelle im Wehrkreis VI betreffend Übernahme und Bedingungen von russischen Zivilgefangenen:

I. Unterbringung, Bekleidung und Verpflegung.

Der Russe, auch der zivile sowjetische Arbeiter muss durch seine Kleidung oder durch deutliche, nicht entfernbare Abzeichen leicht kenntlich sein (z.B. durch ein hervorstechendes, buntes Abzeichen auf Rock und Hose, deutlich abweichend von den Abzeichen für sonstige Ausländer.)

II. Einsatz.

Die Kgf. werden von ihrer militärischen Bewachung, die zivilen Russen von den polizeilichen Wachmännern oder Werksaufsichtspersonen zur Arbeitsstelle gebracht und nach der Arbeit an der gleichen Stelle abgeholt. Den begleitenden militärischen Wachkommandos ist die Übernahme der zur Arbeit gestellten Kgf. jeweils schriftlich zu bescheinigen. Entsprechend hat das Wachkommando dem Werksbeauftragten nach der Schicht die Übergabe der Kgf. schriftlich zu bestätigen.

Mit der Übernahme der Russen auf dem Werksgelände beginnt die Verantwortung der Betriebsführung für ihre Beaufsichtigung. Sie endet mit der Übergabe an das Wachkommando. Vernachlässigung der Aufsichtspflicht wird bestraft.

Der Einsatz der Russen erfolgt in Kolonnen von mindestens 20 Mann in einem Betrieb. Eine ausreichende Bewachung bei geringstem Aufwand muss gewährleistet sein. Die gemeinsame Verrichtung einer einheitlichen Arbeitsaufgabe ist anzustreben. Aussonderung aller deutschsprachigen – ausser den unbedingt erforderlichen Dolmetschern bzw. Kolonnenführern – und verdächtigen Elemente und Prüfung des einzelnen Russen vor dem Arbeitseinsatz bleibt Vorbedingung.

Abgeschlossenheit der Kolonnen von deutschen oder ausländischen Zivilarbeitern oder Kgf. anderer Nationalität ist Grundbedingung. Dieser widerspricht es jedoch nicht, wenn eine Durchsetzung der

- 2 -

Über den Einsatz und die Behandlung von russischen Kriegsgefangenen und Zwangsarbeitern wurde im März 1942 ein mit dem Vermerk «Geheim» versehenes Rundschreiben der Abteilung Wehrwirtschaft an die Solinger Betriebe versand.[12]

die Polen andere Menschen waren als die Russen, und die Russen waren anders als die Franzosen.

(Technischer Angestellter, Jg. 1912)

Als in dem Interview mit einem ehemaligen Facharbeiter der Fa. Kieserling die Beschäftigung der Zwangsarbeiter/-innen angesprochen wurde, schaltete sich die zeitweilig anwesende Ehefrau des Interviewpartners ein:

Die Mädchen wurden ja von der Straße aufgelesen. Ich weiß noch gut - meine Mutter stammt aus dem Oberbergischen, und da sind wir oft raufgefahren und haben uns bei den Verwandten sattgegessen - da waren Russenmädchen, und die haben uns das erzählt: „Wir waren auf der Straße und da kommen die Deutschen und haben uns einfach gepackt. Wir durften nicht nach Hause gehen und Kleidung holen; wir kamen aufs Auto und mussten mit." Nun hatte dieses Russenmädchen das Glück, dass die hier zur Landwirtschaft kam. Sie konnte spinnen und verstand etwas vom Haushalt. Da waren die, wo sie untergebracht war, glücklich drüber. Denn der Bauer war im Krieg. Nach einem Monat oder nach einem Jahr kriegte die einen Brief von ihrem Vater ... ich habe noch nie gesehen, dass ein Mädchen so weint.

An dieser Stelle ergriff ihr Ehemann wieder das Wort:

Aber die Russenmädchen hatten es gut hier, bei uns hatten sie es gut. Die wurden jeden Sonntagmorgen von jemandem abgeholt, dann gingen die nach Burg und machten eine Tour. Die hatten es gut (...) Da waren mehrere, die den Betrieb bewachten. Die trugen auch eine Waffe, einer von denen ist dann auch später Pförtner geworden ... Ja, wie gesagt, der holte die ab, und dann marschierte der durch die Wupperberge mit denen. Die hatten es gut. Die wurden auch im Betrieb geachtet. Bloß, die Russenmädchen und die Polenmädchen, die konnten sich nicht verknausen. Wenn die zusammenkamen, hatten die sich in den Haaren.

(Dreher, Jg. 1908)

Frau N. N., die eine kaufmännische Lehre absolviert hatte, wurde 1939 zur Firma Kieserling dienstverpflichtet. Die Beschäftigung der Zwangsarbeiter/-innen stand im Vordergrund ihrer Erinnerungen an diese Zeit.

Und da ich bei Rautenbach oder Kronprinz in den Betrieb musste, Granaten drehen usw., und bei Kieserling eventuell auf das Büro konnte, habe ich natürlich versucht, beim Kieserling anzukommen. Man hat mich dann auch eingestellt; erst auf Probe, und dann hat man mich fest eingestellt. Ich war im technischen Einkauf zu der Zeit und musste auch viel durch den Betrieb gehen. Ich musste sehen, was fehlte an technischen Sachen, an Material und so; dass das bestellt wurde, das musste ich dann alles kontrollieren. Mein Abteilungsleiter war der Ewald Hölzer. Wir hatten auch sehr viele Ausländer da. Nicht im Büro, also im Betrieb, so Fremdarbeiter. Das waren Kriegsgefangene und so Verschleppte, wie man früher ... die verschleppt wurden; und wir hatten auch viele Russenmädchen da. Eine, die fuhr den Kranwagen. Unser Büro war in der Halle 6, war oben so abgeteilt vom Betrieb, und da ging ein hölzerner Laufgang so drumherum. Ja, und dann fuhr da oben immer der Kran, der die Maschinen transportierte. Ja, die Russenmädchen haben uns natürlich immer ziemlich leidgetan; es waren ganz junge Mädchen, die sie verschleppt hatten. Wie alt waren die damals? So 15 - 16 Jahre, da waren auch ein paar ältere bei, aber im Durchschnitt in dem Alter. Ich meine, wir hatten selbst nicht viel zu essen, aber wir hatten hier noch viel Obst. Wir hatten einen Baumhof noch. Dann habe ich schon mal Brot mitgenommen und von meinen Butterbroten schon mal was abgekniffen. Wir hatten da so eine kleine Durchreiche in den Betrieb rein, so ein Fenster, und dann hab ich das immer dahinter gelegt. Das war ja streng verboten, irgendwie persönlichen Kontakt mit den Ausländern zu haben. Dann habe ich das immer so heimlich dahingelegt, dann haben die sich das abgeholt. Die wussten, von wem das war. Wir sahen uns ja immer durch die Glasfenster.

Und in der Dreherei, die war auch in der Halle 6, ganz hinten in der Halle, da war ein Meister, der hatte dann die ganzen Russenmädchen, die in der Dreherei waren, unter sich. Und in der Pause, da sind wir dann hin; dann haben wir die Gitarre mitgenommen und haben da gesungen und gespielt. Wir mussten dann russische Lieder lernen, und die haben dann deutsche Lieder gelernt. Also wir durften uns natürlich außerhalb nicht mit den Russen sehen lassen.

In den Pausen und so, da waren wir meistens alleine mit den Kolonnenführern und denen, die die Mädchen betreuten, dann ging das. Die hatten das Lager auf der Lüneschloßstraße. Da war ein Russenmädchen, die hing kolossal an mir. Die habe ich denn auch schon mal im Lager abgeholt. Das durfte aber natürlich keiner wissen. Der Lagerleiter, den kannte ich; dessen Tochter ist mit mir zur Volksschule gegangen, und der hatte die Aufsicht da. Ich bin dann abends oft hin, habe Kleider von mir mitgenommen. Dann hat der ein Auge zugemacht. Da hat der die Tür aufgemacht und hat die dann rausgelassen. Dann sind wir zwei - dann hat sie sich von mir was angezogen - dann sind wir zwei ins Kino gegangen. Hier ins Grünewald, da war da noch ein Kino. Natürlich kam oft Fliegeralarm. Dann haben wir immer Blut geschwitzt, dass wir rauskamen. Dann durfte die den Mund nicht aufmachen; dann durfte die nichts sagen, dass das nicht auffiel.

(Kaufmännische Angestellte, Jg. 1928)

Mittagspause an einem warmen Februartag im Jahre 1943. Im Hintergrund eine kaufmännische Angestellte.

Die lagen natürlich in der Bezahlung ganz anders. Die bekamen ja kein Geld in die Hände; ... also die Bezahlung war gering. Die konnten sich aber, wenn die in die Stadt gingen, etwas kaufen.

(Technischer Angestellter, Jg. 1912)

Frau S. brachte ihrem Mann mittags das Essen in die Firma:

Wenn ich dann in den Essensraum kam, da durften wir Frauen nun hin; aber das war nicht lange, dann kam schon der Angriff. Wenn wir Frauen denn da standen, dann kamen die Russenmädchen. Die hatten da ja viele Russenmädchen; die sahen uns gar nicht an. Ich kann das gut verstehen. Die mussten dann Pellkartoffel schälen, die bekamen nur Pellkartoffeln zu essen, mit Hering dabei. Und einmal, da kam ich von der Schaberger Straße, und da kamen die auch alle vom Kieserling, so richtig im Trupp auf Blotschen, und hatten Tücher um, die Russenfrauen.

Die waren alle im Volksgarten; da stand das große Gebäude, ein großer Saal. Die wurden da alle gesammelt. Das tat mir immer sehr leid für die Frauen; auch dass die sahen, dass wir den Männern das Essen brachten, obwohl wir ja auch fast nichts im Essenstopf hatten. Die Verpflegung tagsüber war ja im Betrieb. Da hatten wir so einen Gemeinschaftsraum, so ein Haus war das, und da wurden die auch beköstigt. Und da haben wir auch gegessen; wir brachten uns das Essen natürlich von zu Hause mit. Die bekamen denn da von der Werksküche Essen. Und da ist es mehr wie einmal passiert - also nicht jetzt die Russenmädchen, auch Franzosen hatten wir, Italiener und Polen -, dass die das Essen umgekippt haben. Das war dann mehr so eine Gemüse-Wasser-Suppe. Die haben das dann demonstrativ umgekippt.

(Kaufmännische Angestellte, Jg. 1929)

Ja, die haben doch schlechtere Verpflegung gehabt wie die Deutschen. Da kann ich mich noch entsinnen; einen Italiener hatten wir auch da. Wenn die Pausen vorbei waren, dann ging der immer vorbei an den Abfalleimern, ... ob da noch was zu essen drin war, ... und holte sich doch noch was heraus. Daran kann ich mich noch entsinnen. Jeden Tag tat der das.

(Horizontalbohrer, Jg. 1905)

Ich musste nachts Essen ausgeben ... Die Italiener bekamen um 24.00 Uhr im Gemeinschaftsraum ihr Essen; auch die Deutschen, die Nachtschicht hatten. Die bekamen das gleiche Essen wie wir. In den ersten Tagen habe ich denen natürlich ordentlich aufgeschöpft. Dann bekam ich aber Streit mit dem Leiter der Kantine. Er sagte: „Du darfst denen nur einen Schlag geben." Ich sagte: „Wieso das denn? Das musst du mir erst mal erklären." Er sagte: „Ja, wir dürfen nicht mehr, das ist Vorschrift." Ich sagte: „Dann musst du dir einen suchen, der das macht, ich mach das nicht." Er sagte: „Otto, mach keine Witze."

Ich verstand mich sehr gut mit dem, das war auch ein prima Kerl, aber er hörte gerne auf die Obrigkeit. Ich sagte: „Tut mir leid, dann suche dir für meine Schicht jemand anders. Wenn ich das Essen verteile und die haben Hunger, dann sollen die auch ordentlich was haben, das gibt es bei mir nicht. Entweder du suchst dir einen anderen, ... Ich mach das nicht mehr." Er sagte: „Nein, ich will dich hier in der Küche haben, ich nehme nicht jeden." Wir hatten dort eine schöne große Küche ... Na ja, den hatte ich hinterher so weit, wenn er abends kam, dann guckte er noch mal, bevor er

nach Haus ging, und sagte: „Unten im Schrank, da steht noch dieses oder jenes, das kannst du denen auch geben." So weit war der hinterher. Meistens hatten wir ja immer zu viel Suppe. Ich sagte dann: „So, ich gebe euch für 3.00 Uhr noch eine Schüssel Essen mit. Wenn die Schüsseln aber am anderen Morgen nicht alle auf der Fensterbank stehen, dann ist Sense." Da hat nie eine gefehlt. Das gab es aber nur in unserer Schicht. Da bekamen die um 3.00 Uhr noch mal einen dicken Schlag, da konnten die dann noch mal was essen. Ich bin mit denen so prima ausgekommen, das kann man sich gar nicht vorstellen. Man musste die nur menschlich behandeln.

(Maschinenschlosser, Jg. 1911)

Essenausgabe der Kantine im Jahre 1941

Da war eine Kantine, eine Küche; die hatten dann ihre bestimmten Pausenzeiten - auch getrennt -, und die bekamen dann dort die Verpflegung. Man kann nicht sagen, dass die primitiv war. Ich möchte fast sagen, die sind gut verpflegt worden, ja. Die Behandlung war auch gut; auch das Verhältnis zu den Deutschen war nicht so, als wenn ständig einer hinter der Mauer steht und wartete ...

(Technischer Angestellter, Jg. 1912)

Es ist ja so, wenn die da rumliefen oder an den Drehbänken standen, die Russenmädchen, dann musste man ja manchmal zwangsläufig mit denen reden. Man musste natürlich vorsichtig sein, was man sagte; man konnte natürlich da keine Freundschaften schließen. Man durfte denen ja noch nicht einmal was zum Essen geben; aber es sind Sachen vorgekommen ... Die haben dann einfach etwas liegenlassen, und die Russenmädchen haben sich das dann genommen. Das habe ich später alles herausgehört. Es waren auch Fälle, wo das dann rausgekommen ist. Da war einer, das war so ein „200 prozentiger", aber das war eigentlich selten ... Die meisten hatten alle ein ziemlich gutes Verhältnis zu den Russenmädchen. Die machten ja auch ihre Arbeit. Was sollte man da auch machen?

(Dreher, Jg. 1910)

Wie ich schon sagte, der N. N., der war beim Werkschutz tätig. Und wenn ich dann schon mal eine Butter ..., die gab ich dann den Russenmädchen ganz heimlich. Das ist dann von einem anderen gesehen worden, der hat das denn dem N. N. gesagt. Der kam eines Tages zu mir und sagte: „Was du da gemacht hast, das geht nicht. Sei vorsichtig!"

(Dreher, Jg. 1908)

Wir kriegten schon mal bei uns in der Gießerei Kriegsgefangene, die hier und da bei den Firmen eingesetzt wurden. Das waren also arme Teufel. Und ich konnte es mir nicht verkneifen, wenn Pause war ... Wenn es arg heiß war, dann setzten wir uns nach draußen an die frische Luft ... Weil der ganze Raum ja warm war. Auch die Kriegsgefangenen, die setzten sich dann mit uns nach draußen. Und wir gaben denen, wenn wir mal ein Stückchen Brot übrig hatten, dann schusterten wir denen das zu. Ja, das durften wir ja nicht. Und ... ja, da waren die Nazis, die wollten uns ja auch entlassen ... Also, um halb eins war die Pause beendet. Und fünf Minuten vorher ging die Sirene. Das hieß, also jetzt musst du aufstehen, jetzt musst du an deinen Arbeitsplatz gehen, und in fünf Minuten brummt es, dann ist es halb, dann musst du loslegen. Na ja, weil wir uns aber nicht so ganz genau da dran hielten, wenn es gebrummt hatte, standen wir gemütlich auf, gingen an unseren Arbeitsplatz. Da hatten sie zwei, so Werkspolizei ... Die Firma, die wollte das sicher gar nicht. Die Firma musste das. Die wurden von den Nazis eingesetzt. Also, Werkspolizei nannten sich die. Ich habe immer gesagt, das sind so ein paar Schiffschaukelbremser; ich hatte es mit den Kadetten überhaupt nicht ... Und die ermunterten uns, wir sollten doch die Ausländer, die Kriegsgefangenen, in den Hintern treten, damit die auch mal voranmachten. Und ich hatte gerade ein großes, riesiges Loch ausgeworfen, da kam ein Untersatz, so ein Amboss rein, und da waren wir dann am schippen ... Da habe ich zu dem gesagt: „Wenn ihr nichts zu tun habe, ich habe noch Schüppen hier." Ich war giftig. Also, dass man uns aufforderte, die Leute in den Hintern zu treten, damit sie sich auch hier betätigten, ja ... Die taten wirklich ihre Pflicht, ja. Wenn man denen das aufgetragen hatte ... Aber es war manchmal auch so, bis man denen das begreiflich gemacht hatte, da hatte ich das schon selber getan ... Aber das ist egal, das war ja meine Sache; ich hätte ja auch warten können, bis die das gemacht hatten. Aber nein, der wollte jetzt unbedingt, dass wir die in den Hintern treten, damit die sich auch betätigten.

Und da habe ich denen zu verstehen gegeben,...ich sagte, wir haben noch „Schüppen" da, da kannst du dich dran beteiligen. Ich mochte die Brüder sowieso nicht leiden. Ja, vier Wochen später kriegte ich meinen Stellungsbefehl ... Ob das nun daran ...?

(Former, Jg. 1909)

Wir hatten vier Russinnen da. Die waren immer unmittelbar in meiner Nähe, die waren überhaupt sehr aufnahmefähig. Wozu andere drei Jahre gebraucht haben, das haben die in zwei Wochen verstanden; zum Beispiel das Lesen der Zeichnungen. Da habe ich oft gestaunt, die sprachen auch gut deutsch.

(Maschinenarbeiter, Jg. 1905)

Das waren auch angelernte Leute, nicht nur Hilfskräfte. In einer Fabrik wie hier gibt es ja Ungelernte, was nicht unbedingt Hilfsarbeiter sein müssen, dann gibt es gelernte Leute, und dann gibt es Spitzenkräfte usw.

(Technischer Angestellter, Jg. 1912)

Wir hatten Deutsche und Franzosen und Russenmädchen. Hinterher auch Kriegsgefangene. Aber die Arbeiten, die genau hielten, wurden von den Deutschen gemacht. Ja, da waren auch welche an den Drehbänken. Hier in Solingen waren auch welche. Da waren auch Russenmädchen an den Drehbänken und auch zum Kranfahren. Da konnten wir nicht drüber klagen, die waren in Ordnung. Die standen auch jeden Montagmorgen wieder mit frisch gewaschenem Anzug da; das kannten wir nicht anders. Wogegen ... da hatten wir mal belgische Frauen, das waren „Dreckpuddel", auf deutsch gesagt.

(Maschinenschlosser, Jg. 1911)

Die haben auch an den Drehbänken gestanden, an den Revolverdrehbänken oder an der Hobelbank. Jetzt war das aber so, ich hatte drei Russenmädchen, und in der Hobelei waren einige Polinnen; die konnten sich nicht ausstehen, die hatten sich die halbe Zeit in den Haaren. Jetzt hatte ich da ein Russenmädchen - die war ja von Angst geprägt in der Kriegszeit - an der Stangenbank, und da brach ein 3-4 mm Spiralböhrchen ab. Dann standen die da und weinten ..."kaputt, kaputt". Ich sagte: „Das ist doch nicht schlimm." Da nahm ich das alte, ging damit an die Ausgabe und holte neue und sagte: „Ist doch in Ordnung." Ich zeigte ihnen, dass sie nicht so schnell drücken sollten, sondern langsamer ...

(Dreher, Jg. 1908)

Klarer Abstand vom Polen

Der Jude hat in der Begaunerung des deutschen Volkes keine Ausnahme gemacht, und die Polen machten in ihrer Einstellung zu unserem Volke ebenfalls keine Ausnahme. Sie haben unsere Brüder und Schwestern ermordet, weil diese Deutsche waren. Das war der einzige Grund für ihre gemeinen Verbrechen. Die Opfer polnischen Terrors waren vor allem gerade solche Deutsche, die sich aufrecht zu ihrem Volkstum bekannt hatten, also die Besten unseres Volkes.

Darauf kann es für uns nur eine einzige Antwort geben. Haben die Polen Tausende von Menschen abgeschlachtet, weil diese Deutsche waren, so betrachten wir jeden Polen mit kalter Verachtung, weil er Pole ist. Gegen die Bestimmungen im Umgang mit polnischen Landarbeitern wird in Einzelfällen leider immer noch verstoßen. Wir richten daher an alle, die es angeht, noch einmal einen ernsthaften Appell, den Polen gegenüber Abstand zu wahren. Denen aber, denen dieses nationale Ehrgefühl bislang noch abgeht, empfehlen wir dringend die Lektüre des Buches „Der Tod in Polen“ von Dwinger. Sollten Sie dann noch nicht von ihrer falschen Einstellung überzeugt sein, so käme noch das Studium des amtlichen Dokumentenwerkes über „Die polnischen Greueltaten an den Volksdeutschen in Polen“ in Frage.

Im übrigen aber muß jenen Zeitgenossen, die dieses Gefühl dann immer noch nicht aufbringen können, der nötige Abstand ganz energisch beigebracht werden.

Rheinische Landeszeitung vom 18. Juli 1940

Unerlaubte Beziehungen zu Kriegsgefangenen. Gegen die Ehre der deutschen Frau verstoßen hatte eine Reihe von weiblichen Angehörigen eines größeren Betriebes, die unerlaubte Beziehungen zu im Werk beschäftigten Kriegsgefangenen aufnahmen. Sie standen dieserhalb vor dem Solinger Schöffengericht. In der Verhandlung ergab sich, daß die einzelnen Fälle zwar verschieden waren, sich aber alle Angeklagten strafbar gemacht hatten. Der Vertreter der Staatsanwaltschaft betonte in seiner Anklagerede, daß Deutschland im schwersten Kampf seiner Geschichte stehe, deshalb sei es ein Verbrechen gegen unsere im Felde stehenden Soldaten, wenn in der Heimat eine deutsche Frau oder ein deutsches Mädchen sich dazu verleiten lasse, in irgendeine Verbindung zu Kriegsgefangenen zu treten und dadurch das Ansehen der Nation zu verletzen. Jeder Kriegsgefangene sei grundsätzlich als Feind zu betrachten, selbst wenn es sich um den Angehörigen eines Staates handele, mit dem ein Waffenstillstandsabkommen bestehe. Auch der Einwand, daß Mitleid eine Rolle bei der Tat gespielt habe, sei eines Deutschen unwürdig. Je nach Schwere der in Frage kommenden Fälle erkannte das Gericht auf Gefängnisstrafen in Höhe von 9 Monaten bis 2 Monaten abwärts. Nur drei der Beschuldigten erhielten Geldstrafen.

Rheinische Landeszeitung vom 12. März 1943

Jetzt hatte ich einen Franzosen, so einen kleinen, stämmigen. Daneben war ein Belgier ... Ich meine, ich hätte ihn sofort rausschmeißen lassen können ... Jetzt macht der ein Stück mit seiner Revolverbank, einer älteren ... Der warf was ins Getriebe. Der dachte, das hätten wir nicht gemerkt. Jetzt gibt das einen Krach, und die Maschine war kaputt. Ich ließ mir nichts merken. Ich hatte aber mitgekriegt, was da los war. Ich dachte: „Lass ihn mal.“ Der stand da rum und rauchte eine Zigarette. Später kam er zu mir: „Meister, Maschine kaputt.“ „Och, Maschine kaputt?“ sagte ich. Ich ging mit, die Maschine war kaputt. Ich sagte: „Aufmachen.“ Er sagte: „Ich nicht kann aufmachen.“ „Doch, du kannst aufmachen“, sagte ich. Er sagte: „Nein, ich nicht weiß aufmachen.“ Ich sagte: „Doch, du weißt aufmachen.“ ... Na ja, er hat sie aufgemacht. Da sah ich, dass ein Zahnrad kaputt war. Er hat was reingeworfen, einen Schlüssel oder was; da war das Zahnrad kaputt. Ich sagte: „Und jetzt? Das darf aber nicht noch einmal passieren, auch nicht bei deinen Kameraden, sonst wirst du sofort erschossen.“ Also, wenn ich das gemeldet hätte, die wären tatsächlich erschossen worden. Die haben das aus Sabotage gemacht. Die Maschine musste repariert werden. Jetzt kam der Betriebsleiter, der guckte mich an ... Ich sagte: „Ja, da ist nichts zu machen, der hat den Deckel nicht richtig zugemacht, und da ist ihm der Schlüssel reingeraten.“ Er sagte: „Hoffentlich stimmt das auch.“ „Ja, das stimmt“, sagte ich. Da konnte er nichts machen.

(Dreher, Jg. 1908)

Ostarbeiter in Friseurgeschäften und Kinos

Der Gauobmann der Deutschen Arbeitsfront, Pg. **Bangert**, hat des öfteren festgestellt, daß in Friseurgeschäften, trotzdem diese überlastet sind, auch Ostarbeitskräfte bedient werden. Er weist darauf hin, daß diese Bedienung **unzulässig** ist. Nicht nur deshalb, weil deutsche Menschen nicht dafür da sind, um Ostarbeitskräfte zu bedienen, sondern weil durch Schließungen von Friseurgeschäften die Bedienung der deutschen Bevölkerung erschwert ist. Es wird daher von den Friseurgeschäften erwartet, daß sie **keine Bedienung von Ostarbeitskräften** vornehmen.

Die friseurmäßige Bedienung der Ostarbeitskräfte soll vielmehr in deren Sammelunterkünften durch landeseigene Kräfte erfolgen. Die Lagereigner haben deshalb aus den Reihen ihrer Ost- und sonstigen ausländischen Arbeitskräfte geeignete Personen herauszuziehen und ihnen die friseurmäßige Bedienung ihrer Lagerinsassen zu übertragen.

In dem gleichen Zusammenhang wird erneut darauf hingewiesen, daß Ostarbeitskräften das Betreten und Aufsuchen öffentlicher Lokale, Gastwirtschaften, Theater und Kinos **verboten** ist. Die Besitzer derartiger Einrichtungen haben dafür Vorsorge zu treffen, daß dieses Verbot strikte eingehalten und durchgeführt wird.

Rheinische Landeszeitung
vom 5. März 1943

Ostarbeiter und Polen in Gaststätten

Es besteht wegen verschiedener Beschwerden dringender Anlaß, erneut darauf hinzuweisen, daß der Besuch von Gaststätten durch polnische Zivilarbeiter und Ostarbeiter im hiesigen Regierungsbezirk durch die Regierungspolizeiverordnungen vom 29. Januar 1942 und vom 16. Juni 1943 verboten ist.

Während die Polizeiverordnung vom 29. Januar 1942 den polnischen Zivilarbeitern den Besuch solcher Gaststätten erlaubt, die während ganz bestimmter Tagesstunden von der Ortspolizeibehörde für sie freigegeben sind — während dieser Freigabezeit dürfen diese Gaststätten von deutschen Volksgenossen nicht besucht werden —, verbietet die Polizeiverordnung vom 16. Juni 1943 den Ostarbeitern und -arbeiterinnen den Besuch von Gaststätten grundsätzlich.

Ebenso ist diesen Ausländern der Aufenthalt als Gäste in Eisdielen verboten. An sie kann Eis erst dann verkauft werden, wenn der Bedarf der deutschen Volksgenossen befriedigt ist. Die Inhaber der Eisdielen werden angewiesen, bei vorkommendem „Schlangenstehen" deutschen Volksgenossen den Vorzug zu geben.

Solinger Tageblatt vom
15. Aug. 1944

Nein, da war nichts, es hat keine Sabotageakte gegeben. Das war auch für die Leute viel zu gefährlich; denn so dicht haben die ja gar nicht gehalten. Sicher, wenn da 10 Polen sind, dann halten die Polen zusammen. Aber ob die Polen mit den Italienern so zusammenhalten, dass die sagten: „Schmeiß da jetzt mal einen Schraubenzieher in die Maschine, dann kracht es". Dass die denn hinterher zusammenhalten, das habe ich nie gesehen; das kann ich nicht sagen. Von Sabotage habe ich bei den Ausländern wenig gehört.

(Technischer Angestellter, Jg. 1912)

Später als die Kriegsgefangenen da waren ... Wir hatten ja eine Abteilung, die lag in Halle 10, da wurden Getriebe gebaut; da waren drei oder vier Italiener und nur ein Deutscher, die ganze Nacht. Ab und zu rief ich da an und fragte: „Lebst du noch?" Oder er rief an und sagte: „Heinz, mir fehlen wieder drei oder vier Mann." Ich sagte: „Ich schicke sie dir wieder." Ich kannte die schon. Ich ging dann zu denen und sagte: „Avanti, avanti, arbeiten, das geht nicht. Die lagen hinter den Drehbänken, bei uns im Raum; da war es wärmer. Die schliefen da. Wir haben das aber nie angetragen. Eines Tages kam der Betriebsleiter und sagte: „Hört mal, passiert bei euch auf der Schicht nichts?" Ich sagte: „Sicher passiert bei uns was." Er sagte: „Ja, aber ich habe doch nie einen Zettel da liegen." Ich sagte: „Wofür denn einen Zettel?" Er sagte: „Beim N. N. habe ich jeden Morgen ein paar Zettel da liegen, wer was gemacht hat. Bei euch habe ich nie etwas. Passiert denn bei euch nichts?" Ich sagte: „Doch, wir arbeiten die ganze Nacht, was soll denn da passieren?" Der guckte mich dumm an. Ich sagte: „Ich wüsste nicht, was passieren soll." Das haben wir alles unter uns geregelt; dadurch kamen wir mit den Kriegsgefangenen prima zurecht.

(Maschinenschlosser, Jg. 1911)

Da waren einige bei, die waren gegenüber den Arbeitern dünkelhaft. Im Betrieb muss es ja auch ganz schlimm gewesen sein, als hier die Fremdarbeiter verpflichtet waren. Kieserling hatte ja viele Fremdarbeiter im Krieg verpflichtet, Russen, Franzosen ... Da waren auch einige, die haben die Leute nicht gut behandelt.

(Kaufmännischer Angestellter, Jg. 1918)

Wir sollten möglichst wenig Kontakt mit denen haben, aber man hat doch schon mal mit denen gesprochen usw. Es sind auch verschiedene Russen umgekommen. Wir hatten ja auch eine Baracke, da wohnten die Russinnen drin; da sind auch verschiedene umgekommen ...

(Horizontalbohrer, Jg. 1905)

Die habe ich zum letzten Mal beim Bombenangriff am 5. November gesehen. Die liefen nicht aus der Stadt, die liefen rein. Ich wohnte am Werwolf; man konnte von dort aus quer über den Kinderspielplatz sehen. Ich sah dann von weitem die drei Russinnen in die brennende Stadt laufen. Die liefen die Straße rauf, in Richtung Entenpfuhl. Die sind bestimmt umgekommen. Deshalb habe ich mir oft Gedanken gemacht, wohin die wohl gelaufen sind. Die habe ich nie wiedergesehen.

(Maschinenarbeiter, Jg. 1905)

Als die Mauer kaputt war, nach dem Angriff, da wurde das Firmengelände abgesichert. Da war ich dann auch bei. Wir hatten drei Schichten, zu acht Stunden; immer aufpassen ... Wir waren damals, glaube ich, sechs Personen. Wir mussten aufpassen, dass nichts geklaut wurde usw. Dann waren die Russenmädchen noch dort im Lager; da sind auch mal einige weggelaufen. Das war auch so eine Geschichte ... Da sagte einer zu mir: „Hör mal, Fritz, du hast doch dein Fahrrad dabei, kannst du nicht mal gucken, wo die sind?" Ich sagte: „Mich schickst du?" Der das zu mir sagte, das war ein alter Nationalsozialist. Der war schon vor 1933 dabei. Er sagte: „Hau doch ab, die findest du doch so nicht." Mit anderen Worten: „Fahr mal mit dem Rad weg, dann hast du deine Pflicht getan." Der kannte meine Einstellung auch. Also, man muss schon sagen, der war nach dem Angriff in Ordnung. Es gab auch Ehrliche unter denen.

(Dreher, Jg. 1910)

Nach dem Angriff war ich der Werkswache zugeteilt worden. Wir hatten unter sechs Mann drei Schichten Wache; es war ja alles offen. Und da wurde viel mitgenommen. Aber alles konnten wir ja nicht sehen und wollten wir auch nicht sehen. Ich war unten beim Pförtner mit zwei anderen von der Wache. Ich sah die Frl. Kieserling in den Keller gehen; da war ja noch Material für die Büros. Einen Augenblick später kam so ein kleiner Italiener, ein Sizilianer war das, der war bei Kieserling und half *schustern. Wir hatten eine kleine eigene Schusterei, hauptsächlich für die Belegschaft und für die Ausländer. Ich sah also, wie der reinstürmt in den Keller. Ich sagte zu den zwei anderen: „Flott hinterher, da stimmt was nicht." Ich hatte so ein komisches Gefühl. Die zwei gingen dem nach, und als die unten waren, sahen die schon, wie der mit dem Messer auf die los ging. Als er dann merkte, dass zwei hinter ihm standen, rannte der raus. Das hat hinterher noch ein Theater gegeben. Ich stand dann mit den beiden noch im Pförtnerhäuschen, da kam der an und wollte die verhauen. Ich sagte: „Mach flott, dass du hier rauskommst, aber ganz flott."*

Später kam dann der, der die Italiener leitete. Mit dem konnte ich es sehr gut. Ich habe ihm das erzählt. Dann haben sich die Italiener in der Wolle gehabt. Ich sagte: „Wir tun doch für euch, was wir können." Ich habe mir früher im Krieg immer gesagt: eine russische, französische oder italienische Mutter fühlt genauso wie eine deutsche Mutter, wenn ihr Kind verunglückt usw. Danach habe ich auch immer gehandelt; auch im Betrieb den Ausländern gegenüber. Ich verstand mich auch mit den zivilgefangenen Franzosen gut, da hatte ich keine Schwierigkeiten.

(Maschinenschlosser, Jg. 1911)

Und wie der Krieg aus war, da hat man dann den vorderen Teil des Gemeinschaftsraumes, der repariert werden konnte, zu Unterkunftsräumen gemacht. Da haben sie in kleinen Gruppen zusammengewohnt. Die haben doch da gemacht, was die wollten. Die waren auf der Lüneschloßstraße mit ca. 50 etwas komprimiert zusammen. Das waren ja die Herren der Welt ... Wenn die dann irgendwo hingingen, dann haben die gesagt: „So, macht hier mal frei, da ziehen wir ein."

(Technischer Angestellter, Jg. 1912)

Mich haben die ja immer in Ruhe gelassen. Aber es waren auch welche, die sind von denen angegriffen worden; also hinterher, als Ende war ...

(Dreher, Jg. 1908)

Die hatten ja da auch so einige Wehwehchen, was ihnen nicht gefiel; wo sie Zorn hatten. Das haben die natürlich nachher losgelassen, als der Krieg aus war. Ich hatte nun bei den Ausländern eine verhältnismäßig gute Nummer. Ich habe denen dieses oder jenes besorgt. Nach dem Krieg haben wir Brücken gebaut und repariert, und dann musste ich auch immer zu den Baustellen, zum Beispiel nach Burg, zu der Brücke, und zum Wiesenkotten, da war eine Brücke, in Wupperhof war eine Brücke usw. Das war immer gefährlich, wenn man mit dem Fahrrad nach Wupperhof fuhr. Dann musste man damit rechnen, dass man das Fahrrad abgenommen bekam. Die Italiener hatten mir ein kleines Fähnchen gegeben, ein grün-weiß-rotes Fähnchen. Nicht einfach so; die sagten mir dann, das sollte ich mir immer anstecken. Das war so komisch geschweift, das Fähnchen. Da ist nie etwas passiert. Also, da haben die natürlich die Luft abgelassen.

(Technischer Angestellter, Jg. 1912)

Henryk Skrzypek
64-100 Leszno
ul.Chociszewskiego Nr. 1
Polen

Leszno,den 8. März 1988

Kieserling & Albrecht
Eing. 06. April 1988
Erl.

Sehr geehrte Herrschaften Kieserling,

Während des 2. Weltkrieges wurde ich mit meiner Familie aus Gostyn, Wojewodschaft Leszno, ausgesiedelt und in Ihrer Fabrik /Maschinenfabrik/ angestellt. Ausser uns arbeiteten dort auch andere Familien aus Polen, u.a. die Familie Klauziński, eine der Töchter dieser Familie - Marie, ist meine Frau.
Die Aussiedlung aus Gostyn erfolgte am 5.Juli 1944. In Solingen trafen wir am 12.07.1944 ein. Wir wurden in den Baracken in der Lüneschlosstrasse einquatiert.
In der Fabrik arbeiteten wir an Maschinen. Die Arbeit war gut, auch das Essen war gut und ausreichend.
Am 4.11.44 um 14 Uhr /Samstag/ wurde die Stadt Solingen von den Allianten bombardiert. Das war ein schreckliches Erlebnis. Die Stadt war eine Ruine und eine grosse Feuerbrunst. Während des Fliegerangriffes war ich in der Fabrik, meine Arbeitszeit war gerade um 14 Uhr um. Auch die Fabrik wurde bombardiert, in einer Abteilung kam es zu einem Brand. Ich lief mit Marie in einen Luftschutzraum, der sich unter der Fabrik befand. Wir hatten Glück, uns ist nichts passiert. Der Bombenangriff dauerte etwa 20 - 30 Minuten. Die Fabrik wurde schwer beschädigt.
Wir verliessen die Fabrik und gingen in unsere Wohnungen. Aber die Baracken existierten nicht mehr, sie waren völlig abgebrannt. Wir hatten alles verloren, die Bekleidung, die Wäsche, das Bettzeug - alles war weg. Wir hatten nur das womit wir bekleidet waren. Das waren die Arbeitsanzüge.
In den Baracken sind einige Menschen ums Leben gekommen, u.a. die Tante meiner Frau - Margarete Jarosz. Andere waren schwer verwundet, auch meine Mutter und Schwester.
Am nächsten Tag gingen wir in die Fabrik /das war Sonntag/. Da waren auch zwei Brüder von Ihnen. Sie befahlen dem Küchenchef uns aus dem Magazin Lebensmittel auszugeben. Nachdem wir die Lebensmittel erhalten hatten, verliessen wir das Gelände der Fabrik. Nach einer Stunde wurde die Stadt wieder bombardiert. Die Herren Kieserling, die zu dieser Zeit die Fabrik verlassen wollten,kamen bei der Explosion einer Bombe ums Leben.

Das war sehr traurig für Sie, unsere Herrschaften, aber auch für die polnischen Familien.
Die Eigentümer der Fabrik bemühten sich darum uns so wie nur möglich gute Arbeitsbedingungen zu schaffen wie auch ausreichendes Essen. Wir haben auch in guter Erinnerung Frau Kieserling, die sich mit uns Lebensmittel teilte und auch erledigte, dass meine Familie und der kranke Bruder aus Zombor bei Wuppertal nach Solingen gebracht wurden. Wir danken recht herzlich dafür.
Nach dem Fliegerangriff arbeiteten wir bei dem Wiederaufbau der Fabrik und später bedienten wir wieder die Maschinen.
Am Ende unseres Briefes haben wir eine grosse Bitte.
Wir bitten um Bescheinigungen für zwei Familien mit der Bestätigung, dass sie bei Ihnen in der Fabrik gearbeitet haben. Es sind folgende Personen:

Władysława Skrzypek, geb. am 29.05.1903 /Wladislaus/
Henryk Skrzypek, geb. am 25.01.1926 /Heinrich/
Halina Skrzypek, geb. am 14.08.1939

Franciszek Klauziński, geb. am 20.09.1899 /Franz/
Pelagia Klauzińska, geb. am 27.02.1898
Stanisława Klauzińska, geb. am 5.12.1919
Maria Klauzińska, geb. am 8.12.1921 /Marie/
Anna Klauzińska, geb. am 1.04.1927
~~Edward~~ EDMUND Klauziński, geb. am 24.04.1924
Albin Klauziński, geb. am 26.07.1931
Eugeniusz Klauziński, geb. am 8.07.1935
Małgorzata Jarosz /Margarete/

Es geht auch um die Zeitangabe unseres Aufenthaltes.
Ich gebe noch dazu, dass wir im April 1945 in Solingen - Ohliks wohnten und dort in der Fabrik arbeiteten.
Gleich nachdem die Amerikaner kamen, starb der Bruder meiner Frau Edmund Klauziński und ist auf dem Friedhof in Solingen - Ohliks begraben worden. Wir haben Informationen, dass das Grab von guten Leuten gepflegt wird.
Vieleicht kommen wir noch einmal zum Grab des Bruders, zur Zeit haben wir jedoch keine Möglichkeiten.
Wir wären sehr froh, wenn Sie zu uns kommen möchten, vieleicht anlässlich Ihres Aufenthaltes in Polen während der Internationalen Messe in Poznań. Wir bitten sehr darum !

Schreiben eines ehemaligen polnischen Zwangsarbeiters an die Fa. Th. Kieserling & Albrecht vom 8. März 1988

Nachkriegszeit

„Und dann bin ich wieder zum Kieserling gegangen“

Wiederaufbau der zerstörten Fabrik

Mit dem Ende des Zweiten Weltkrieges war ein tiefer Einschnitt verbunden. Es waren schwere Verluste an Menschen zu beklagen, und auch das, was blieb, war weitgehend verwüstet. Zwar ist das Ausmaß der Zerstörungen, insbesondere der industriellen Anlagen, zunächst überschätzt worden; dennoch waren die Schäden beträchtlich. Das in der Solinger Innenstadt gelegene Hauptwerk der Firma Kieserling war bei den Angriffen vom November 1944 weitgehend zerstört worden. In den Akten wird das Ausmaß der Zerstörungen in der Firma Kieserling mit Schätz-Zahlen angegeben:1) Gebäude: Werk I, Solingen, 70 Prozent; Werk II, Ohligs, 5 Prozent, 2) Maschinen: 25 Prozent[13]. Die Situation in der Solinger Industrie wurde im Sommer 1945 vom Gewerbeaufsichtsamt folgendermaßen beschrieben: *„Bedingt durch die schlechte Ernährung besteht bei den Arbeitern große Arbeitsunlust und ist die Arbeitsleistung gering (...) In der Mehrzahl der Betriebe sind die Arbeiter mit Aufräumungs-, Instandsetzungs- und Wiederaufbauarbeiten beschäftigt. Die Produktion ist nur in wenigen Betrieben wieder aufgenommen.“*[14]

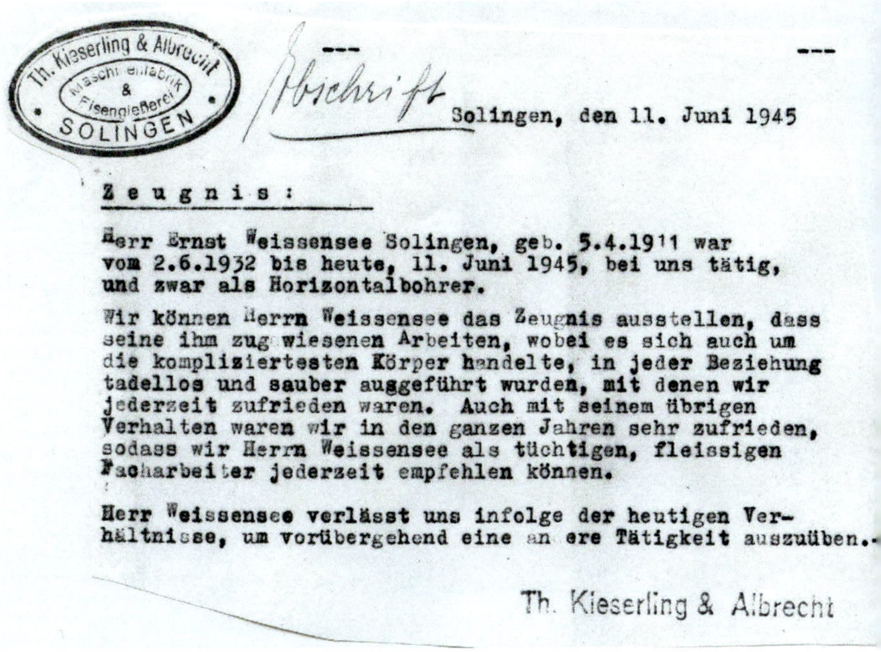
Th. Kieserling & Albrecht Maschinenfabrik & Eisengießerei SOLINGEN

Abschrift

Solingen, den 11. Juni 1945

Zeugnis:

Herr Ernst Weissensee Solingen, geb. 5.4.1911 war vom 2.6.1932 bis heute, 11. Juni 1945, bei uns tätig, und zwar als Horizontalbohrer.

Wir können Herrn Weissensee das Zeugnis ausstellen, dass seine ihm zug wiesenen Arbeiten, wobei es sich auch um die kompliziertesten Körper handelte, in jeder Beziehung tadellos und sauber ausgeführt wurden, mit denen wir jederzeit zufrieden waren. Auch mit seinem übrigen Verhalten waren wir in den ganzen Jahren sehr zufrieden, sodass wir Herrn Weissensee als tüchtigen, fleissigen Facharbeiter jederzeit empfehlen können.

Herr Weissensee verlässt uns infolge der heutigen Verhältnisse, um vorübergehend eine an ere Tätigkeit auszuüben.

Th. Kieserling & Albrecht

Entlassungszeugnis aus dem Jahre 1945

Zu Beginn des Sommers 1945 war die Zahl der Unternehmen mit einer Produktionsgenehmigung in Solingen noch sehr gering. Es arbeiteten lediglich einige Betriebe der Lebensmittel- und Genussmittelbranche, die Stadtwerke und das Transportgewerbe. Die Firmen Kronprinz und Patria-WKC waren mit der Herstellung von eisernen Betten für die Besatzungstruppen beauftragt worden, und die notdürftig wiederhergestellte Firma Kieserling übernahm die Reparatur bzw. den Neubau von einigen zerstörten kleineren Brücken, z.B. der Brücke in Burg a.d. Wupper.

Die Hälfte, würde ich sagen, war zerstört; also über die Hälfte der Produktionsstätte und der Maschinen waren im Moment nicht mehr einsatzfähig. Da musste natürlich hergehalten werden. Da mussten zunächst einmal die Gebäudeinstandgesetzt werden. Wir hatten zwei Gruppen, Ausländer und Deutsche. Außer dem üblichen Baumaterial musste auch Glas besorgt werden. Es musste auch noch Profilmaterial besorgt werden für eventuelle Eisenkonstruktionen. Das war die

Wiederaufbau der Halle 6 im Jahre 1950

erste hauptsächliche Arbeit, um die ganze Betriebswerkstätte unter Dach zu bekommen und trocken zu halten. Das war eine verteufelte Zeit von November (1944, d. Hrsg.) an. Das waren noch zu wenig, die mithelfen konnten; das war eine Gruppe, für die Instandsetzung der Gebäude. Hier ist es ja so gewesen, dass man gesagt hat: „Wir brauchen ein Konstruktionsbüro; wo bekommen wir ein Konstruktionsbüro her? So, ... auf der Kölner Straße war ein Bankgebäude (Barmer Bank, das Gebäude war in den 1930er Jahren von der Firma gekauft worden, d. Hrsg.), das war oben zerstört; der untere Teil war noch in Ordnung. Die Decke musste abgedeckt werden, damit die wasserdicht war. Dann ist das Konstruktionsbüro von hier dorthin gezogen. Bis das hier wieder einigermaßen fertig war, das hat auch längere Zeit gedauert. Verdichtet hat sich das ganze Programm zunächst einmal auf die Hallen, die zerstört waren, die keine Dächer mehr hatten usw.

Also, es gab eine Gruppe für die Instandsetzung der Gebäude und eine Gruppe für die Instandsetzung der Maschinen. Auch die Leute, die verhältnismäßig schnell wieder aus dem Krieg zurück waren, die wurden in die Arbeiten miteinbezogen. Da wurden keine Leute entlassen, um die überhaupt bei der Stange zu halten. Wenn wir die gehen lassen, dann gehen die irgendwohin, wo sie nicht zurückkommen; aber wenn wir sagten: Wir beschäftigen euch so lange - das waren ja größtenteils Fachleute - und wenn das abgeschlossen ist und wir hier wieder alles so weit in Ordnung haben, dann kommt ihr wieder in die Fertigung. Das war einmal ein Selbsterhaltungstrieb der Firma, um die Leute zu sichern, und andererseits auch, um den Leuten etwas zu geben. Denn damals eine Stelle zu bekommen war auch nicht so einfach für die Leute. Gute Leute musste man sich warmhalten. Ja, das war ja eine etwas verworrene Zeit.

Die Leute, die zurückgekommen waren oder die irgendwie so ein bisschen verschlagen waren, die traf man - die waren so etwas unschlüssig - und fragte: „Was machen Sie?" Die konnten dann am nächsten Tag wieder anfangen. Die alte Belegschaft hatte den Vorteil, denen konnte man sagen: „Da unten in der Halle, da ist das Dach kaputt. Dann nimmst du den Schmidt und den Meier dazu." Das waren eben die Leute, die sich hier auskannten. Ein Teil der Fabrikationsräume war doch nur primitiv einsatzfähig; wo es nicht von oben reinregnete. Die Transformatoren waren zum Teil noch in Ordnung, so dass man dann auch noch Stromanschluss hatte. Das war natürlich alles nur wieder durch die Elektriker möglich, und die waren sofort im Einsatz. (...)

Natürlich hat es da Engpässe gegeben, das blieb ja nicht aus. Die Engpässe fingen auch damals schon an, als man sagte: Wir brauchen jetzt Rundstahl; und wir hatten keinen mehr auf Lager. Der wurde dann aber beschafft; obwohl das nicht immer ganz einfach war. Aber das war eigentlich nicht der Engpass, der Engpass war, die Fertigungsstätte wiederherzurichten, das war für mich eine schwere Aufgabe, eigentlich die schwerste Aufgabe meines Lebens.

(Technischer Angestellter, Jg. 1912)

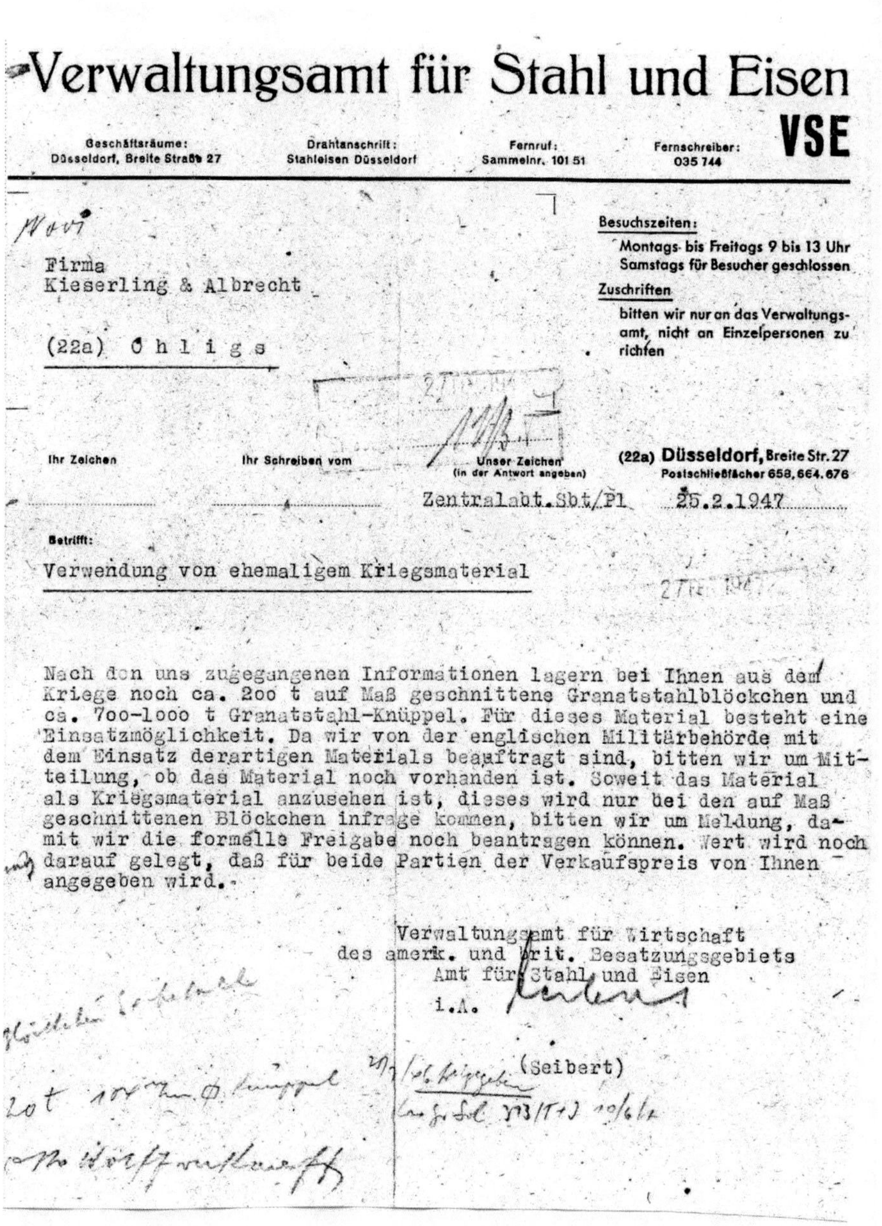

Verwaltungsamt für Stahl und Eisen

Geschäftsräume: Düsseldorf, Breite Straße 27 | Drahtanschrift: Stahleisen Düsseldorf | Fernruf: Sammelnr. 101 51 | Fernschreiber: 035 744

VSE

Firma
Kieserling & Albrecht

(22a) Ohligs

Besuchszeiten:
Montags- bis Freitags 9 bis 13 Uhr
Samstags für Besucher geschlossen
Zuschriften
bitten wir nur an das Verwaltungsamt, nicht an Einzelpersonen zu richten

Ihr Zeichen | Ihr Schreiben vom | Unser Zeichen (in der Antwort angeben) Zentralabt. Sbt/Pl | (22a) Düsseldorf, Breite Str. 27 Postschließfächer 658, 664, 676 25.2.1947

Betrifft: Verwendung von ehemaligem Kriegsmaterial

Nach den uns zugegangenen Informationen lagern bei Ihnen aus dem Kriege noch ca. 200 t auf Maß geschnittene Granatstahlblöckchen und ca. 700-1000 t Granatstahl-Knüppel. Für dieses Material besteht eine Einsatzmöglichkeit. Da wir von der englischen Militärbehörde mit dem Einsatz derartigen Materials beauftragt sind, bitten wir um Mitteilung, ob das Material noch vorhanden ist. Soweit das Material als Kriegsmaterial anzusehen ist, dieses wird nur bei den auf Maß geschnittenen Blöckchen infrage kommen, bitten wir um Meldung, damit wir die formelle Freigabe noch beantragen können. Wert wird noch darauf gelegt, daß für beide Partien der Verkaufspreis von Ihnen angegeben wird.

Verwaltungsamt für Wirtschaft
des amerk. und brit. Besatzungsgebiets
Amt für Stahl und Eisen
i.A.
(Seibert)

Schreiben des Verwaltungsamtes für Stahl und Eisen in Düsseldorf an die Fa. Kieserling vom 25. Feb. 1947

Permit: NRW 1/10 E 4/29

Verwaltungsamt für Stahl und
Eisen,

Düsseldorf

Breitestrasse 27

Zentralabtl.Stb./Pl. 25.2. 5/L.- 28 11. März 1947

Verwendung von ehemaligem Kriegsmaterial -

Auf Ihr obiges Schreiben erwidern wir Ihnen, dass die bei uns lagernden ca 200 to. auf Maß geschnittene Granatstahlblöcke von der Mil. Regierung beschlagnahmt waren, und inzwischen von dieser an die Fa. Eisen und Metall in Gelsenkirchen verkauft wurden.

820 to. Granatstahlknüppel waren uns von der Mil.Regierung freigegeben, und diese sind von uns an die Firma Otto Wolff in Köln verkauft worden.-

TH.KIESERLING & ALBRECHT
Kom. - Ges.

Hölzer Küpper

Antwortschreiben der Fa. Kieserling an das Verwaltungsamt für Stahl und Eisen vom 11. März 1947

Wir haben versucht ... alle, denen wir noch habhaft werden konnten, an Formern, die haben wir uns an Land gezogen. Die waren ja ausschließlich mit Aufräumungsarbeiten beschäftigt. Damit wir, wenn wir nachher wieder fertig waren, sofort wieder Leute hatten, die gießen konnten; damit die Gießerei betrieben werden konnte. So lange haben wir die mit allen möglichen Aufräumungsarbeiten beschäftigen können. Denn die Truppe, die ich zusammen hatte, das war eine Maurerkolonne, eine Schreinerkolonne, Klempner und andere Handwerker. Die anderen, die aufgeräumt haben, waren zum großen Teil frühere Angehörige der Formerei und Gießerei. (...) Die haben sich nach und nach wieder eingefunden, nachdem die Werkstätten nach und nach wiederhergerichtet waren; zum Teil alte und zum Teil dann natürlich auch neue Leute.

(Technischer Angestellter, Jg. 1912)

Von diesen Leuten war die Hälfte eingesetzt für einen produktiven Teil. Die Brücken wurden bezahlt von der Stadt, und die Maschinen, die bestellt wurden, wurden bezahlt. Und in den etwas einfachen Fertigungsräumen, die ja schnell erstellt wurden - man sagte, das kommt da hin, dieses dort hin; das waren Entschlüsse, die schnell gefällt werden mussten - kam man dann auch zu Geld. Natürlich waren da keine Gewinnspannen drin, Gott weiß wie, aber trotzdem, wenn von den Leuten die Hälfte produktiv eingesetzt war (...) Ich weiß nur, dass die Aufgabe darin bestand, möglichst schnell viele Leute in die Maschinenproduktion hereinzugewinnen, d.h. die Voraussetzung der

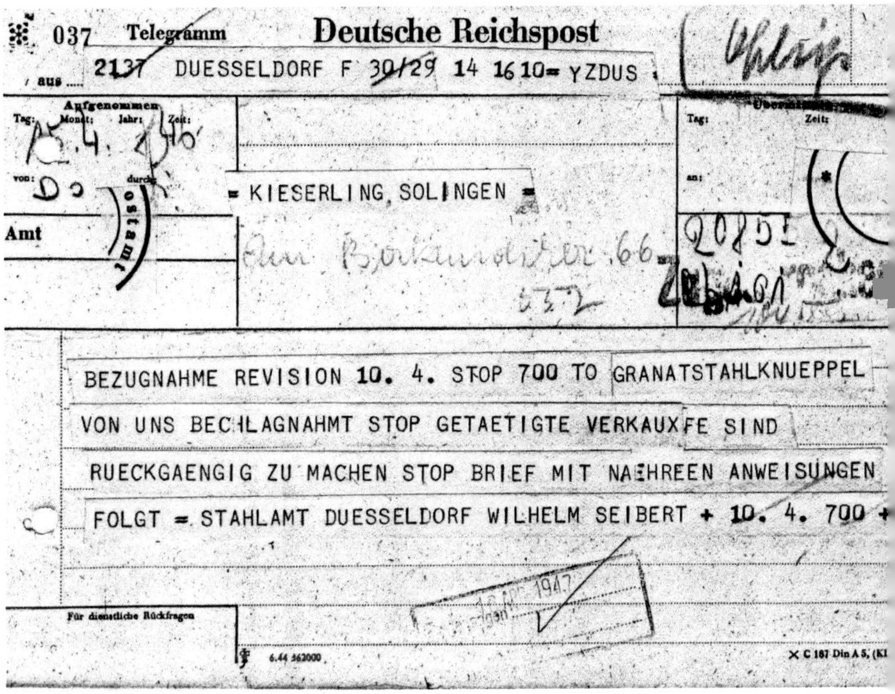

037 Telegramm Deutsche Reichspost

2137 DUESSELDORF F 30/29 14 1610= YZDUS

Aufgenommen Tag: Monat: Jahr: Zeit:

von: durch

Amt

= KIESERLING, SOLINGEN =

BEZUGNAHME REVISION 10. 4. STOP 700 TO GRANATSTAHLKNUEPPEL
VON UNS BECHLAGNAHMT STOP GETAETIGTE VERKAUXFE SIND
RUECKGAENGIG ZU MACHEN STOP BRIEF MIT NAEHREEN ANWEISUNGEN
FOLGT = STAHLAMT DUESSELDORF WILHELM SEIBERT + 10. 4. 700 +

Für dienstliche Rückfragen

Telegramm des Stahlamtes Düsseldorf an die Fa. Kieserling vom 16. April 1947

Innenansicht der Halle 6 beim Wiederaufbau im Jahre 1950

Maschineninstandsetzung, die Voraussetzung der Gebäudeinstandsetzung.

(Technischer Angestellter, Jg. 1912)

Ja, da war noch der Frankreichfeldzug, der Russlandfeldzug, dann zwei Jahre Gefangenschaft, dann kam ich nach Hause. Das war 1946. Am 29. Oktober 1946 bin ich wiedergekommen. Ich habe mich wieder vorgestellt und gefragt, wie das mit der Arbeit aussieht. Ich habe am 1. Dezember 1946 wieder angefangen. Wir haben dann zuerst die Fabrikdächer wieder neu mit Glas belegt. Die sagten mir, ich könnte auch später wieder ins Büro, aber zuerst müsste ich im Betrieb helfen. Ach, ich war dann auch noch lange in der Schlosserei. Dort wurden die Bearbeitungsmaschinen (d. Hrsg.) wieder repariert.

(Technischer Angestellter, Jg. 1917)

Ich bin am 6. August 1946 wiedergekommen. Ich war noch zwei Jahre in Gefangenschaft. Als ich dann wiederkam, war es schlecht mit Arbeit; man arbeitete noch nicht wieder auf Hochtouren. Wir machten nur Brückenbau, zum Beispiel die Wupperbrücken reparieren und so etwas. (...) Ich kam also wieder und wollte mal nachhören bei der Firma, was eigentlich los war und wie es geht.

Da habe ich im Gang zum Büro den Herrn Direktor Hölzer getroffen und der erkannte mich auf Anhieb wieder - ich mein, ich war ja sieben Jahre weg. Er hat mich gefragt, wie es mir ging ... Na ja, ich sagte: „Ich bin gestern aus der Gefangenschaft zurückgekommen, ich suche jetzt wieder eine Arbeit." Er sagte: „Sie können doch bei uns wieder anfangen." Ich sagte: „Wenn das möglich ist, ich habe ja hier gelernt und war bis 1939 hier." Er sagte: „Ja, sicher, im Einkauf, da ist der Herr N. N., der wurde entnazifiziert, der kann nicht mehr hierbleiben." Damals war der Herr F.N. (Name geändert) Einkaufsleiter, nur kommissarisch. Er sagte: „Sie können sich da ja schön reinarbeiten, und dann können Sie das später übernehmen." Das habe ich auch dann gemacht. Ich habe zwei oder drei Tage später angefangen und habe dann im Einkauf gearbeitet. (...) Der Hölzer hat mir damals schon gesagt als ich anfing: „Verdienen können Sie aber noch nicht viel." Das war das erste, was er sagte. Ich war aber erst mal froh, dass ich unterkam. Ich dachte: „Wenn ich einmal drin bin, werde ich schon sehen, dass ich weiterkomme." Das habe ich ja auch gemacht. Ich bin dann direkt gut weitergekommen; vom Lehrling bis zum Abteilungsleiter aufgearbeitet. Das ist in so einer Firma schon etwas.

Na ja, nach dem Krieg waren ja dann allerlei Hindernisse; ich hatte keine richtige Wohnung. 1947 wurde mein Sohn geboren. Wir mussten uns immer behelfen. Wir bekamen von der Firma schon mal Kohlen, die konnten wir uns samstags holen. Ich bin dann mit einem Handwagen hingefahren, ... Schlammkohle war das. In Bochum waren Zechen, da wurde die Schlammkohle über Tage abgebaut, das brannte eigentlich gut. Wenn man da mit dem Handwagen hinfuhr, dann konnte man hinterher sehen, wo ich hergegangen war; da lief dann der ganze Schmutz raus. Man hat dann auch schon mal getauscht, innerhalb der Firma, mit anderen Firmen. Da gab es schon mal Waffeleisen, damit man etwas zum Tauschen hatte. Damals wurde doch gehamstert. Die Firma hatte ja sonst keine Möglichkeit, uns etwas zu geben; wie zum Beispiel eine Stahlwarenfabrik. Die bekamen dann ein Besteck und konnten damit hamstern gehen. Bei Kieserling hatten wir ja keine Möglichkeiten. Deshalb wurde dann schon mal eine Maschine geliefert, und dafür wurden dann zum Beispiel Kochtöpfe, die die Firma macht, geliefert.

Die Leute bekamen dann die Kochtöpfe oder auch schon mal Lebensmittel, Palmintafeln usw. Die Firma hat sich bemüht, etwas für die Leute zu tun. Das war natürlich ein Tropfen auf den heißen Stein. Das war nicht viel, was die tun konnten.

Und für das Geld bekam man ja vor der Währungsreform nicht viel. Da musste man sehen, wie man sich durchschlug. Als ich wiederkam, war ich 29 Jahre. Damals verdiente ich im Monat brutto 180,-- Mark. Dann hieß es auf einmal: Die Angestellten müssen kurzarbeiten. Das waren damals 40 Stunden; dann bekamen wir das aber auch abgezogen. Ich ging dann mit 160,-- Mark im Monat nach Hause. Ich meine, man bekam damals mehr dafür. Aber man konnte ja damals auch nichts kaufen.

Wir waren da auch noch ausgebombt. Wir hatten 1944 geheiratet. Ich wohnte auf der Ritterstraße, wo meine Eltern wohnten. Da hatten wir uns so schlecht und recht eingerichtet. Und da fiel die Bombe rein, da war alles weg. Als ich dann wiederkam, da saß meine Frau auf der Neustraße auf einem Zimmer. Was in dem Zimmer war, das war zum Teil alles geliehen. Das Bett hatte uns jemand geliehen, das war ein Doppelbett. Als ich nach Hause kam, sagten die: „Ja, wir müssen das Bett wiederhaben." Da hatten wir kein Bett mehr. (...) Wir hatten auch so einen Kanonenofen, der war auch geliehen, und kurz vor Weihnachten sagten die Leute: „Wir müssen den Ofen wiederhaben." Damals war es so kalt. Ich wusste nicht, wo ich einen Ofen hernehmen sollte. Ich bin dann zum Chef gegangen, zum Direktor Hölzer. Ich habe ihm das erklärt, dass ich das Kind hatte. Mein Sohn war damals gerade 3 Monate. In der Kälte konnten wir gar nicht leben. Er sagte: „Ja, da müssen wir mal sehen." Die arbeiteten mit einer Firma aus Gevelsberg zusammen, die machten Öfen und Herde. Der Direktor Hölzer hat dann den Direktor von der Firma angerufen und ihm das erklärt. Der hat dann direkt gesagt: „Morgen können Sie ein Auto schicken, dann bekommen Sie einen Herd." So bekam ich einen ganz neuen Kochherd, der war schön. So konnte ich den anderen Ofen abgeben.

(Kaufmännischer Angestellter, Jg. 1918)

1947 bin ich wieder zurückgekommen hier nach Deutschland, im März war das. Und dann hieß es - das sagten meine Eltern: „Du musst jetzt sehen, dass du Arbeit bekommst, sonst kommst du ins Bergwerk." Und dann bin ich ein halbes Jahr bei der Firma Pütz gewesen, auch Maschinenbau. Und dann bin ich am 10. Dezember 1947 wieder zum Kieserling gegangen. Ich konnte sofort am nächsten Tag wieder anfangen. Die Firma war noch nicht wieder vollständig repariert. Dann haben wir samstags und sonntags mit verschiedenen Leuten die Dächer neu gedeckt, weil es ja keine Dachdecker gab. Da haben wir auch ein bisschen Aufbau mitgemacht. Und die meisten gingen ja dann „hamstern". Dann haben wir dafür Bügeleisen und Kochtöpfe bekommen. Der Koch-

Wiederaufbau der Halle 6 im Jahre 1950

topf war natürlich aus einem Stahlhelm, oder ... ich weiß es auch nicht, ... so ungefähr war das. Mal ein Bügeleisen, so verschiedene Sachen, die bekamen wir dann als Vergütung, weil wir nicht „hamstern" gingen, sondern beim Kieserling die Aufbauten mitmachten.

(Maschinenschlosser, Jg. 1917)

Kirchplatz in Solingen. Blick Richtung Neumarkt. Die Aufnahme entstand im Mai 1948

Das Ohligser Werk, in dem während des Zweiten Weltkrieges ausschließlich Rüstungsgüter hergestellt worden waren, war nach dem Krieg von der Demontage[15] betroffen:

Da kamen drei oder vier Waggons an, und dann wurde der ganze Zirkus wie Kraut und Rüben aufgeladen und nach Russland gebracht. Die bekamen Krane, da waren keine Motoren drauf; die hatten wir vorher abgebaut. Da haben wir später hier Zement und Fahrräder für getauscht. Was da überhaupt zu demontieren war, das waren ja eigentlich nur die Motoren, das andere war ja nicht mehr verwendbares Zeug. Wir haben dann Gott sei Dank nachher neue Krane aufgebaut. Da hätten wir die alten Motoren gar nicht brauchen können. Aber von den ganzen Granatdrehbänken usw. waren die Motoren alle schön sanft bei Seite geschafft.

(Technischer Angestellter, Jg. 1912)

Nach Maßgabe der Militärverwaltung mussten alle Hallen, in denen Kriegsproduktion untergebracht war, abgebaut werden. Sofern Fundamenteinrichtungen, oder ich will besser sagen, die Stützfüße auf den Fundamenten sichtbar waren. Die Halle in Ohligs hätte abgebaut werden müssen, weil die Fußplatten und die Fußanker sichtbar waren, auf denen sich die Konstruktion aufbaute. Das war eine sogenannte belgische

Halle. Die hat man am Anfang des Krieges in Belgien gekauft und in Ohligs aufgebaut. Dort sind dann Granaten gedreht worden. Das war ja hier eine ausgesprochen kriegswichtige Angelegenheit. Um diese Halle zu erhalten, bin ich mit einem Maurer bei Nacht und Nebel ... da war das noch unter der Militärverwaltung. Da hat uns ein Pförtner, der war später Meister bei uns, der hat uns reingelassen. Da sind wir hergegangen und haben diese Fundamente eingeschalt und haben die voll Beton gegossen. Somit waren die nicht mehr sichtbar und fielen deshalb nicht mehr unter die Vorschriften der Militärregierung. Das waren mehrere Nächte. Zuerst auf der Vorderseite, damit man es nicht mehr sehen konnte. Das waren ja Dussel, die Offiziere. (...) Die haben damals nicht bemerkt, dass wir denen da ein Schnippchen geschlagen haben.

(Technischer Angestellter, Jg. 1912)

Die Aufträge, die kamen auch nicht sofort. Ich weiß noch, ich habe mal für Stollwerk in Köln eine Nudelmaschine gebaut, wo Nudeln gemacht werden drauf, die Makkaroni, wo die vorne rausschossen. Wie die fertig war, die Nudelmaschine ... ja, wie konnten wir die denn ausprobieren? Wir hatten noch nichts. Und da hat die Firma einen halben Zentner oder einen Zentner, ich weiß es nicht mehr genau, Teig geschickt oder vielmehr Mehl. Die schrieben denn dabei: so und so viel Wasser dabei ... das haben wir gemacht und dann probiert. Und das klappte dann nicht auf Anhieb. Ist doch klar, ja. Das klappte doch nicht auf Anhieb. Und das Zeug musste abends eingeschlossen werden, damit sie es nicht klauen. Aber mittlerweile war das so schmutzig, von dem Anfassen. Ach, das war furchtbar ... aber sie ging später ...

(Maschinenschlosser, Jg. 1903)

Ich war ein Jahr in Gefangenschaft in Frankreich und bin von dort aus, weil ich einen Unfall hatte - ich hatte mir den Fuß gebrochen -, nach Landshut ins Lazarett gekommen. Dort habe ich dann auch noch zehn Wochen gelegen. Ich kam dann mit Krücken in Solingen an. Die Straßenbahn fuhr damals nur bis Mühlenhof. Damals war ja alles kaputt. Als ich dann wieder laufen konnte, musste ich mich ja wieder um Arbeit kümmern. Ich bin dann natürlich wieder zur Firma Kieserling gegangen. Ich habe mir gesagt: „Fang bei Kieserling an, da arbeitest du nun doch schon rund sieben Jahre." Ich habe mich dann bei Kieserling gemeldet. Der Pförtner schickte mich zum Direktor Hölzer. Der stand gerade dort auf dem Platz. Der Direktor Hölzer kannte mich ja. Ich sagte: „Wie ist es, Herr Direktor? Kann ich wieder bei ihnen arbeiten?" Der sagte: „Morgen früh sofort anfangen." Die bekamen ja damals keine Leute. Viele waren ja noch in Gefangenschaft. Oder die Leute hatten keine Lust zu arbeiten, weil man praktisch mit den paar Groschen, die man bekam, kaum etwas anfangen konnte.

Damals hieß es, wenn man 25 Jahre bei der Firma ist, bekäme man später eine gute Rente; das war damals schon bekannt. Ich habe mich eben dazu entschieden, wieder bei Kieserling anzufangen. Es war auch eine angenehme Atmosphäre, abgesehen von der Zeit damals, als ich noch lernte. Der Meister, das war kein Antreiber, der war immer gefällig, und der sagte damals schon, als ich wegging: „Du kommst wieder!“ Ich sagte damals: „Ja, ich überlege mir das.“ Ja, da hat alles wieder ganz von unten angefangen. Es standen noch die alten Schleppbänke, Hobelbänke, Shapingbänke da. Die wurden im Laufe der Zeit, aber höchstens nach zwei Jahren, ... da kam das ganze Zeug raus, und da kamen die modernen Bänke von Boehringer.

Als die alten Bänke aber noch dort standen - zu der Zeit war keine Heizung im Betrieb -, da war alles feucht und nass. Die Führungen in den Schleppbänken mussten mit Schmirgelpapier - weil alles verrostet war - wieder saubergemacht werden und sogar geschabt werden. Damals hatten wir natürlich drei oder vier Reparaturschlosser. Die mussten sehen, dass die Motoren wieder in Gang kamen. Aber die Heizung war das Schlimmste. Wir hatten in der Hobelei eine alte Öltonne stehen. Rundum wurden dann Löcher reingehauen; dann kam da Holz, was sehr knapp war, Koks oder später auch Brikett rein ... Damit haben wir uns dann auch schon mal selbst versorgt, denn wir mussten ja zu Hause auch den Ofen anmachen. Um 9.00 Uhr bis 9.30 Uhr war die Hobelei damals immer eine dunkle Wolke von dem Dreck. Das ging durch den ganzen Betrieb. Der Betriebsleiter sagte dann immer, wenn das so qualmte: „Was ist denn hier los?“ Aber was wollte er schon machen? Wenn es ganz doll wurde, dann haben wir die Sache noch etwas übertrieben und alte Öllappen und Putzlappen reingeworfen, damit der wieder wegging. Ach, wir waren ja, wie gesagt, so viel gewohnt. Wenn der Koks dann aber mal heiß war, war der Qualm weg, und wir hatten tagsüber Ruhe. Das interessierte auch keinen, ob der Qualm abziehen konnte, da war alles dicht. Das verflog mit der Zeit, da wurde keinem schlecht.

Wir bekamen dann schon mal zwei oder drei Heringe. Das war dann eine Sonderzuteilung, damit wir dablieben; denn draußen gab es ja nichts. Es ging damals alles auf Lebensmittelkarte. Die Firma hat uns dadurch gehalten. Es gab auch schon mal ein paar Hausschlappen oder eine Erbsensuppe oder Kartoffeln; die konnten wir uns an der Bahn abholen. Da gab es dann ein oder zwei Zentner Kartoffeln für den Winter. Die Firma legte also sehr großen Wert darauf, dass wir dablieben. Der Direktor Hölzer hat auch mal einen Vortrag gehalten auf dem Hof: „Wir sind jetzt eine große Familie“ - Das war übrigens früher mal ein ausgesprochen katholischer Betrieb. - „Wir sind eine große Familie, wir müssen jetzt zusammenhalten“ Na ja, das hat auch geklappt.

(Maschinenarbeiter, Jg. 1905)

(Abschrift)

VBW 1/10 E 4/29b

An das
Verwaltungsamt für Wirtschaft
des amerik. u. brit. Besatzungs-
gebietes,

(21a) Minden / Westf.

Dr.Ku/F. 26.8. 20 Dr.vW/L.- 9.Sept. 1947

A - Demt. - Nr. 1253/47

Unter Bezugnahme auf das dortige Schreiben vom 26.8. gestatten wir uns, Ihnen nachstehend Unterlagen über unsere Firma vorzulegen. Wir dürfen in dem Zusammenhang auf unser Schreiben vom 23.9.46 gerichtet an das Zentralamt, Abteilung Wirtschaft zu Händen des Herrn Lauschke, Abtl. E 4b verweisen.

Die Fa. Kieserling & Albrecht Solingen wurde im Jahre 1873 als Eisengiesserei und Maschinenfabrik gegründet. Die Firma hat im Laufe der Jahre den Spezial - Maschinenbau entwickelt. Das Programm bitten wir, aus der Anlage zu ersehen.

Diese Produktion wurde uneingeschränkt bis zum Jahre 1944 durchgeführt. Auch während des Krieges wurde Heeresbedarf zunächst nicht erzeugt, erst im Jahre 1944/45 wurde die Fabrikation von Getrieben für Panzer aufgenommen.

Im November 1944 wurde das Werk durch Bombenangriff schwer beschädigt. Etwa 80 % der Gebäude und 25 % der Maschinen wurden zerstört. Die Gebäude sind inzwischen zum grössten Teil wieder hergestellt, sodass der Gebäudeschaden auf etwa 40 % beziffert werden kann.

Die Produktionszahlen der Firma sind:

1936	4.367.205.--	Mark.
1938	5.378.281.--	"
1943	8.708.000.--	"
1946	667.013.--	"

(Die starke Steigerung unserer Produktion bei fast gleichbleibender Arbeiterzahl und gleicher Zahl der Produktionseinheiten ist zurückzuführen auf die Verschiebung innerhalb des Produktionsprogramms.)

Die Firma war stets ganz besonders auf Export eingestellt. In den Jahren 1929/1930 wurde bis zu 90 % der gesamten Produktion ins Ausland abgesetzt. Die entsprechenden Zahlen für die späteren Jahre sind:

1936	50%
1938	30%

Am 20.2.1946 wurde der Firma das grosse Permit zur Herstellung von Maschinen und Ersatzteilen im Rahmen des früheren Produktionsprogramms erteilt. Nachdem die ersten Schwierigkeiten der Arbeits-

b.w.

Schreiben der Fa. Kieserling an das Verwaltungsamt für Wirtschaft des britischen und amerikanischen Besatzungsgebietes vom 9. Sept. 1947

2.

9.9.47

Verwaltungsamt f. Wirtschaft, Minden

Wiederaufnahme überwunden waren, hat die Entwicklung einen befriedigenden Verlauf genommen, sodass wir heute über einen sehr grossen Auftragsbestand verfügen und laufend neu gefertigte Maschinen zur Ablieferung bringen.

Der gegenwärtige Stand der Angestellten und Arbeiter beträgt: 2 4 5

der monatliche Umsatz etwa Rmk. 110.000,--

Die Produktion könnte ganz wesentlich gesteigert werden, wenn mehr Arbeitskräfte zur Verfügung ständen.

Die Firma hat inzwischen ihre Verbindung mit dem Ausland wieder aufgenommen und konnte einige Exportaufträge buchen. Besprechungen über sehr umfangreiche Exportaufträge sind im Gange und versprechen eine günstige Entwicklung zu nehmen.

Für das Solinger Gebiet ist unsere Firma insofern von ganz besonderer Bedeutung, als sie der einzige grössere Produzent der von der hiesigen Industrie benötigten Maschinen am Platze ist, und sowohl für Neufabrikationen als auch für Reparaturen als unentbehrlich angesehen werden muss.

Darüber hinaus fertigt die Firma Maschinen für die Reichsbahn, den Bergbau, die Fahrzeugindustrie, Post und zahlreiche Privatfirmen, wobei bemerkt werden muß, dass sie für einen Teil des Programms völlig konkurrenzlos ist.

Falls das Verwaltungsamt für Wirtschaft weitere Unterlagen benötigt, bitten wir um Mitteilung.-

TH. KIESERLING & ALBRECHT K.G.

H ö l z e r

Anlagen.

2. Seite des Schreibens der Fa. Kieserling an das Verwaltungsamt für Wirtschaft des britischen und amerikanischen Besatzungsgebietes vom 9. Sept. 1947

Solingens Innenstadt im Juli 1948

Nun war es so, dass man mit dem Geld wenig anfangen konnte und die Leute hier mussten betreut werden. Da wurde auch schon mal gekungelt. Da fuhr man irgendwo hin, dann bekam man anstatt Geld zum Beispiel 50 Fahrräder. Dann wurden die Fahrräder versilbert in Naturalien. Die Naturalien wurden dann an die Leute verteilt. Das war die schlimmste Aufgabe. Die zu beschaffen, das war einfach; aber die zu verteilen, dass sich nicht einer benachteiligt fühlte, das war schon ein Problem.

Einmal haben wir eine Maschine geliefert nach Norddeutschland, und dann bekamen wir kistenweise Bücklinge, die mussten dann schnell verteilt werden und dann ... Verteilen Sie mal Bücklinge! ... Ich kann mich noch gut entsinnen, als die dann verteilt wurden. Die bekamen alle einen. Eine Stunde später aßen dann alle Bücklinge. Die wurden mit Haut und Haaren sofort vertilgt. Das war eine schlimme Zeit. Das waren ja über drei Jahre, vom Kriegsende bis zur Währungsreform.

(Technischer Angestellter, Jg. 1912)

Ja, da war der N. N. Betriebsratsvorsitzender, der fuhr dann immer über Land. Der kam aus dem Münsterland und hatte Verbindung zu den Bauern. Der hat dann Kartoffeln geholt, einen Lastwagen voll und so etwas. Das haben die gemacht in der Zeit. Wie die das nun mit Maschinen kompensiert haben, weiß ich nicht.

(Dreher, Jg. 1910)

75 Jahre Kieserling und Albrecht

Vom Solinger Kleinbetrieb zur Maschinenfabrik von Weltruf

Die sogenannten Gründerjahre nach dem Kriege von 1870/71 gingen auch an der Solinger Industrie nicht spurlos vorüber. Unter den neuen Unternehmungen, die sich später einen Namen verschaffen konnten, war die Firma Th. Kieserling und Albrecht, die 1873 von Theodor Kieserling mit seinem Teilhaber Albrecht gegründet wurde.

Aus Anlaß des 75jährigen Bestehens der Firma veranstaltete die Werksleitung eine Jubiläumsfeier im Eickhornschen Saal in Widdert, die unterteilt war in eine ernste Feierstunde und einen frohen Abend, an dem neben der Kapelle Alexander Schuster Solisten der Städtischen Bühnen mitwirkten. Im Mittelpunkt der Feier stand die Festrede des Direktors Hölzer, der den Werdegang der Firma anschaulich schilderte. Dabei gedachte er der Söhne des Gründers, Robert und Franz Kieserling, die bei dem Fliegerangriff auf Soligen vom 5. November 1944 im Werk ihren Tod fanden.

Während die Firma im Kriege rund 1450 Personen (mit der Abteilung Ohligs) beschäftigte, lag das Unternehmen nach dem Angriff infolge der 80prozentigen Zerstörung fast still. Alle Werkzeuge, Magazinteile und 68 000 Zeichnungen waren vernichtet. Nach dem Zusammenbruch 1945 wurde mit dem Aufbau begonnen, der sehr stark gehemmt wurde durch die bange Frage der Demontage, die jetzt soweit geklärt ist, daß das Solinger Werk von der Liste gestrichen ist, während die Abteilung Ohligs demontiert wird. Heute arbeiten schon wieder 300 Menschen im Betrieb. Von den 50 Jubilaren, die über 25 Jahre im Werk sind, gehören 10 Facharbeiter 40 bis 50 Jahre dem Betrieb an. Obmann Wiemeyer gedachte der Toten und der Kriegsgefangenen und brachte die Hoffnung zum Ausdruck, daß das Werk wieder den Weltruf erlangen wird, den es mit seinen Qualitätsmaschinen besessen hat. Oberbürgermeister Hellborn überbrachte die Glückwünsche der Stadt Solingen.

Rhein-Echo vom 22. Mai 1948

Es soll versucht werden, zusätzliche Lebensmittel für die Belegschaft zu beschaffen, und es wurde vereinbart, dass ein Mann aus der Belegschaft sich nur damit beschäftigen soll, diese Kompensationsgeschäfte durchzuführen. Es wurde von der Betriebsleitung versprochen, diese Kompensationsartikel zu beschaffen.

Es soll versucht werden, Kohlen für die Belegschaft zu besorgen. Hier konnte eine Zusage nicht gemacht werden, da die Kohlenbeschaffung sich außerordentlich schwierig gestaltet. Ferner wurde gebeten, Düngemittel, Thomasmehl oder Kali zu beschaffen. Auch hier konnte eine Zusage nicht gemacht werden, die Firma will sich darum bemühen.

(Protokoll Betriebsratssitzung 10. Feb. 1947)

Für unsere bombengeschädigten Belegschaftsmitglieder will die Geschäftsleitung alles tun, was in ihren Kräften steht, um diesen Menschen bei der Beschaffung fehlender Haushaltsgegenstände behilflich zu sein. Listenmäßig sollen die bombengeschädigten Kollegen nun erfasst werden. Auch gab uns die Geschäftsleitung die Zusicherung, für die kommenden Jahre würden die Belegschaftsmitglieder mit reichlich Hausbrand versorgt werden. Der Preis der Kohlen würde sich jedoch etwas höher stellen, als der jetzt bestehende. Die entstehende Differenz werde man jedoch nicht auf Kosten der Arbeiter umzulegen versuchen.

(Protokoll der Betriebsratssitzung 18. März 1948)

Punkt 3. Bonus „A"

Nach Anfrage des Betriebsrates bezgl. Beschaffung von Unterwäsche für die Belegschaft erklärt die Geschäftsleitung, dass im Augenblick noch keine anständige Ware auf dem Markte sei. Sie bleibt jedoch bemüht, auch in dieser Hinsicht ihr Möglichstes zu tun. Berufskittel für Meister und Angestellte sind in Bestellung. Ferner ist für die gesamte Belegschaft Kernseife bestellt.

Punkt 4.

Für die Kartoffelversorgung bewilligte die Geschäftsleitung einen Kredit von 5 - 6.00 DM für die Finanzierung der Aktion. In einem Zeitraum von 8 - 10 Wochen zahlt die Belegschaft den Betrag wieder zurück.

Punkt 5.

Ein weiterer Punkt war die Kohlenversorgung. Herr Direktor Hölzer erklärte, dass bessere Kohlen demnächst angeliefert werden. Auch wolle man versuchen, für die Belegschaft Brikett zu besorgen.

(Protokoll der Betriebsratssitzung 20. Sep. 1948)

Der Direktor war verständnisvoll und guckte über vieles hinweg ... Wenn zum Beispiel einer ein paar Briketts mit nach Hause nahm. Wir hatten ja damals zu Hause auch nichts. Holz war auch sehr knapp. Mit den Öfen, das war ein Problem für sich. Wir hatten zwar die Gasöfen an den Wänden hängen, aber kein Gas. Zwischendurch wärmten wir uns schon mal die Finger an den Tonnen, damit wir wieder arbeiten konnten. Das Eisen klebte einem praktisch an den Fingern fest, und wir gingen ja nur mit Eisen um.

(Maschinenarbeiter Jg. 1905)

Es bleibt ja auch nicht aus ... wenn man da mal nicht im Betrieb war, dann standen die Leute um den Ofen herum. Die Leute waren ja im Zeitlohn. Die standen um den Ofen herum, wenn ich dann kam. Natürlich gingen die dann weg. Aber man konnte das den Leuten nicht verdenken. Auf der anderen Seite, wenn man die Aufgabe hatte, den Betrieb rentabel zu gestalten, dann kann man ja auch mit Gefühlsduseleien nicht weiterkommen, dann muss man auch schon mal was sagen. Das kann man auf zwei Arten sagen, im Guten oder im Bösen ...

(Technischer Angestellter, Jg. 1912)

Das Mitnehmen von Brikett hat wieder Überhand genommen. Im Sommer war kein Betriebsangehöriger dazu zu bewegen, das zur Verfügung gestellte Brennholz mitzunehmen. Jetzt werden wieder laufend Brikett mitgenommen. Der Betriebsleiter wird Stichproben bei Arbeitsende der Aktentaschen vornehmen.

(Protokoll der Betriebsratssitzung 7. Nov. 1950)

Man musste ja eine Beschäftigung haben, man musste ja doch ein bisschen Geld haben. Meine Frau ist schon mal Hamstern gegangen in Lindlar und hier in der näheren Umgebung.

Ich rauchte nicht, und wenn wir dann Rauchwaren hatten, wurden die getauscht usw. Zu der Zeit wurde auch im Betrieb viel Privatarbeit gemacht, jeder hatte etwas.

(Dreher, Jg. 1910)

1946 bin ich nach Solingen gekommen und habe dann natürlich alle Arbeiten angenommen, die mir angeboten wurden. Ich habe dann zwar auch schon mal ein paar Tage oder eine Woche ausgesetzt und bin Hamstern gefahren; man musste ja überleben. 1947 heiratete ich, und dann ging das los, da wurde alles zusammengeschustert. Da war ich bei der Fa. Kieserling beschäftigt. Da habe ich dann allerhand gemacht. Ich hatte da so einen alten Herd, der hatte eine total verrostete Platte; aber bei Kieserling wurde das einfach auf die Schleifmaschine gespannt und geschliffen.

(Maschinenarbeiter, Jg. 1919)

Beschäftigt wurden die Leute ja auch, wenn sie Ölmühlen gemacht haben, was sie nicht durften. Das war wie ein Fleischwolf, da wurde dann der Raps drin gemahlen. Die Leute wussten ganz genau, dass die das nicht sollten und durften. Wenn man dann durch den Betrieb ging, dann ging man vorne herein, dann wussten die da hinten schon, dass sie die Klamotten da von der Maschine runternehmen mussten. Da ich auch mal eine bekommen habe, durfte ich da ja nicht so genau hingucken ... Ich meine, das waren keine 1000 Stück, aber ich schätze so ... 100 sind doch gebaut worden. Das war kein großer Aufwand. An einer Mühle war vielleicht an Dreharbeit ... fünf Stunden.

(Technischer Angestellter, Jg. 1912)

Man konnte, wenn man ganz schlau war - oder besser gesagt, wenn man an seine Familie dachte -, dann hätte man hamstern fahren können. Aber dafür musste man ja etwas anderes haben ... mit barem Geld war da auch nichts zu machen. Man musste Stahlwaren haben usw. Bei der Firma bekam man wenigstens ab und zu ein kleines Teil zugesteckt.

1953 oder 1954 hieß es dann plötzlich: „Jeder bekommt 3 Flaschen Sekt." Da hat die Geschäftsleitung einen ganzen Waggon Sekt bestellt und auf dem Hof verteilen lassen. Das war eine Anerkennung für die Jahre davor.

(Maschinenarbeiter, Jg. 1905)

Während der Arbeitslosigkeit voll beschäftigt

75 Jahre Kieserling & Albrecht, Solingen — Geschichte eines weltbekannten Hauses

Solingen. Über die Feier aus Anlaß des 75jährigen Bestehens der Firma Werkzeugmaschinenfabrik Th. Kieserling & Albrecht in Solingen berichtete die „Rheinische Post" bereits. Heute seien einige Abschnitte aus der Geschichte des Unternehmens nachgeholt, das sich in den letzten 25 Jahren den Weltmarkt erobern konnte. Bei der stichwortartigen Wiedergabe der Betriebsgeschichte folgen wir den Ausführungen, die der Teilhaber der Firma, Fabrikdirektor Hölzer, bei der Feierstunde machte. Gründer des Unternehmens, das im Anfang ausschließlich Maschinen und Einrichtungen für die Solinger Stahlwarenindustrie baute, waren die Herren Theodor Kieserling und Otto Albrecht. Die „Gründerjahre", wie die Zeit nach dem deutsch-französischen Kriege 1870/71 genannt wurden, eröffneten der deutschen Industrie hoffnungsfrohe Aussichten. Durch Lieferungen von Maschinen und Einrichtungen an damals gleichfalls entstehende namhafte Solinger Stahlwarenfabriken trug das Unternehmen indirekt wesentlich zur Begründung des Weltrufs der Solinger Stahlwarenfabrikation bei. Nachdem 1905 und 1908 Kieserling und Albrecht verstorben waren, übernahm mit 23 Jahren Robert Kieserling die kaufmännische Leitung des Hauses, das sich in erster Linie immer noch mit dem Bau ausgesprochener Maschinen für die einheimische Industrie beschäftigte und etwa 50 Personen beschäftigte.

Ein gründlicher Wechsel trat im Jahre 1909 ein, als Direktor Hölzer den Betrieb übernahm. In wenigen Jahren wurde die Belegschaftsstärke von 50 auf 250 Personen gesteigert. Die Produktion beschränkte sich nicht mehr allein auf Maschinen für die Stahlwarenindustrie, sondern dehnte sich auf mechanische Pressen aller Art und Gesenkschmiedeeinrichtungen aus. Der erste Weltkrieg hemmte die Entwickelung außerordentlich. Doch mit dem Ende der Inflation im Jahre 1923, als Robert und Franz Kieserling die kaufmännische und Direktor Hölzer die technische Leitung des Unternehmens übernahmen, begann auch der erneute steile Anstieg der Firma zum Weltunternehmen. Der Bau von Spezialmaschinen wurde auf eine neue, breitere Grundlage gestellt, grundsätzlich aber der Einzelbau von Spezialmaschinen beibehalten. Mit diesem neuen Bauprogramm eroberte die Firma in kürzester Zeit den Export nach allen Ländern der Welt. — Th. Kieserling & Albrecht erlangten Weltruf. Was wurde alles gebaut? Mechanische Pressen aller Art, Schmiedemaschinen in Verbindung mit der weltbekannten amerikanischen Firma Ajax, sämtliche Maschinen für die Schrauben-, Muttern- und Nietenfabrikation, Walz- und Profilmaschinen für die spanlose Verformung, insbesondere für die Fahrrad-, Auto- und Flugzeugindustrie, den Stahlleichtbau und die Rohrfabrikation. Der Export dehnte sich immer mehr aus, so daß das Werk auch in der Zeit der schwersten deutschen Arbeitslosigkeit stets voll beschäftigt war. Die Belegschaft wuchs auf mehr als 600 Personen an. Das neue imposante Verwaltungsgebäude, das der Umgebung des Solinger Hauptbahnhofs eine besondere Note verlieh, erstand in den Jahren 1923/24. Ausdrücklich muß festgestellt werden, daß der Vorwurf, die Solinger Stahlwarenindustrie durch den Export geeigneter Maschinen verschleppt zu haben, auf die Firma Th. Kieserling & Albrecht nicht zutrifft. Während des Krieges wuchs die Belegschaft in Solingen auf 1000, in Solingen-Ohligs auf 450 Mann an. Jäh unterbrochen wurde die Weiterarbeit durch den schweren Bombenschaden am 5. November 1944, der das Werk zu 80 Prozent zerstörte. Robert und Franz Kieserling fielen beide an diesem für Solingen so grauenvollen Tage. Fabrikdirektor Hölzer verlor nicht weniger als dreizehn Familienangehörige.

Angesichts der Riesenausmaße der Zerstörung lehnten 1944 selbst deutsche Stellen den Wiederaufbau ab. Als nach dem Einmarsch der Sieger bekannt wurde, daß in Zukunft in Deutschland Werkzeugmaschinen nicht mehr hergestellt werden sollten, sah es für die Firma trostlos aus. Fast neun Monate lag das Werk bis Mai 1946 völlig still. Dann erst konnte ein kleiner Reichsbahnauftrag, einzelne Maschinen, erledigt werden. Monatelang stand das Unternehmen auf der Demontage. Das Tochterwerk in Ohligs wird demontiert. Heute aber liegen bereits wieder Aufträge für vier Jahre vor, davon die Hälfte Aufträge des Auslandes, Aufträge aus aller Welt.

Rheinische Post vom 22. Mai 1948

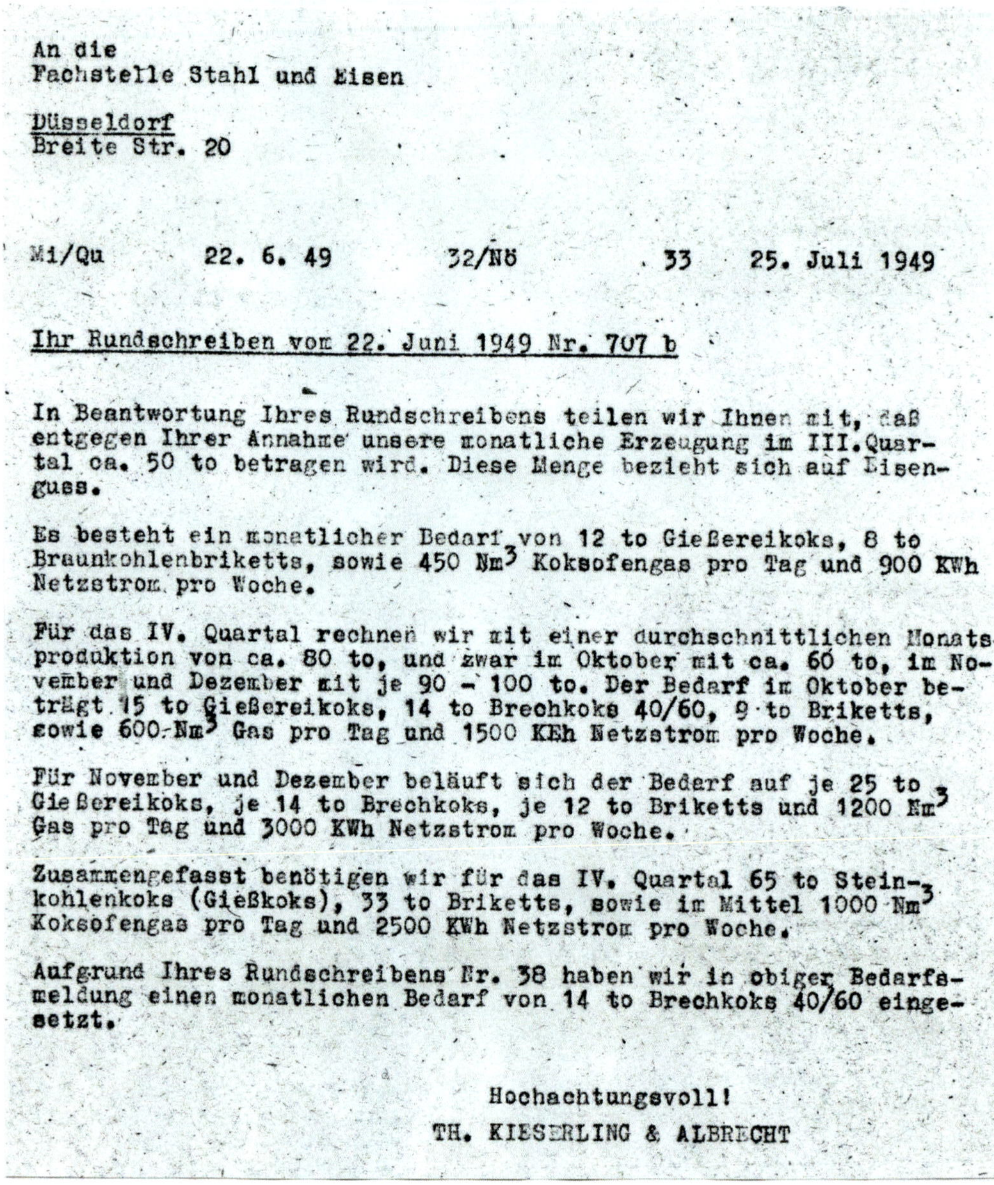

An die
Fachstelle Stahl und Eisen

Düsseldorf
Breite Str. 20

Mi/Qu 22. 6. 49 32/Nö 33 25. Juli 1949

Ihr Rundschreiben vom 22. Juni 1949 Nr. 707 b

In Beantwortung Ihres Rundschreibens teilen wir Ihnen mit, daß entgegen Ihrer Annahme unsere monatliche Erzeugung im III. Quartal ca. 50 to betragen wird. Diese Menge bezieht sich auf Eisenguss.

Es besteht ein monatlicher Bedarf von 12 to Gießereikoks, 8 to Braunkohlenbriketts, sowie 450 Nm^3 Koksofengas pro Tag und 900 KWh Netzstrom pro Woche.

Für das IV. Quartal rechnen wir mit einer durchschnittlichen Monatsproduktion von ca. 80 to, und zwar im Oktober mit ca. 60 to, im November und Dezember mit je 90 – 100 to. Der Bedarf im Oktober beträgt 15 to Gießereikoks, 14 to Brechkoks 40/60, 9 to Briketts, sowie 600 Nm^3 Gas pro Tag und 1500 KEh Netzstrom pro Woche.

Für November und Dezember beläuft sich der Bedarf auf je 25 to Gießereikoks, je 14 to Brechkoks, je 12 to Briketts und 1200 Nm^3 Gas pro Tag und 3000 KWh Netzstrom pro Woche.

Zusammengefasst benötigen wir für das IV. Quartal 65 to Steinkohlenkoks (Gießkoks), 33 to Briketts, sowie im Mittel 1000 Nm^3 Koksofengas pro Tag und 2500 KWh Netzstrom pro Woche.

Aufgrund Ihres Rundschreibens Nr. 38 haben wir in obiger Bedarfsmeldung einen monatlichen Bedarf von 14 to Brechkoks 40/60 eingesetzt.

Hochachtungsvoll!
TH. KIESERLING & ALBRECHT

Schreiben der Fa. Kieserling an die Fachstelle Stahl und Eisen vom 25. Juli 1949

"Kieserling" im Wirtschaftswunderland

Der rasche wirtschaftliche Aufstieg der Bundesrepublik Deutschland war zunächst einmal eine direkte Folge der Kriegsindustrialisierung. Insgesamt waren die industriellen Produktionsstätten nicht in gleichem Maße Kriegszerstörungen zum Opfer gefallen wie die Infrastrukturanlagen. Die hohen Rüstungsinvestitionen der Vorkriegs- und der Kriegszeit hatten sehr moderne Produktionsanlagen und große Kapazitäten entstehen lassen, die nach dem Krieg genutzt werden konnten, um eine fast unbegrenzte Nachfrage zu befriedigen. Die mit der Währungsreform von Juni 1948 geschaffenen stabilen Währungsverhältnisse und die amerikanischen Hilfsmaßnahmen (ERP, European Recovery Program) taten ein Übriges, um das westdeutsche „Wirtschaftswunder“ zu ermöglichen. Die fünfziger Jahre waren dann das Jahrzehnt des eigentlichen wirtschaftlichen Aufschwungs, wobei dem Ausbruch des Koreakrieges im Jahre 1953 eine nicht unerhebliche Bedeutung zukommt. Der Krieg zwang die auf dem Weltmarkt dominierenden Amerikaner zu einem zeitweiligen Rückzug von gewinnbringenden Märkten und überließ diese Lücke der westdeutschen Industrie mit ihren langfristig akkumulierten Kapazitätsreserven. Hatte das wirtschaftliche Wachstum bis zur Mitte der fünfziger Jahre auf der Basis der traditionellen Angebotspalette der deutschen Industrie stattgefunden, so änderte sich mit dem weiteren Ausbau der Produktionskapazitäten die Angebotsstruktur. Der einsetzende industrielle Strukturwandel zugunsten neuer Produkte und Technologien sowohl auf dem Investitionsgütermarkt als auch bei den Konsumgütern stellte erhöhte Anforderungen an die Qualifikationsstrukturen des Arbeitskräftepotentials.

Nicht zuletzt im Zuge dieser Vorgänge aber auch als Folge endogener Entwicklungen wurden in der Solinger Wirtschaftsstruktur in den 1950er Jahren markante Verschiebungen spürbar. Die Bedeutung der Schneidwarenindustrie, die über Jahrzehnte hinweg das wirtschaftliche Leben der Stadt bestimmt hatte, nahm in Relation zu anderen Industriezweigen ab. Auch wenn die lokalen Ursprünge der neben der Schneidwarenindustrie an Bedeutung gewinnenden Metallindustriezweige - wie zum Beispiel bei der Firma Kieserling - vielfach bis ins 19. Jahrhundert zurückreichten, lag deren Anteil an Umsatz und Beschäftigung in der Zeit vor der Weltwirtschaftskrise 1930 noch weit zurück. Weltwirtschaftskrise und Zweiter Weltkrieg beschleunigten in Solingen zwei gegenläufige Tendenzen: Während es der Schneidwarenindustrie als Konsumgüterbranche nicht gelang, von der nationalsozialistischen Rüstungskonjunktur zu profitieren, so dass der Beschäftigungsstand der 1920er Jahre nie wieder erreicht werden konnte, bewegten sich einige andere Branchen im Fahrwasser der wirtschaftlichen Entwicklung. Neben dem Maschinenbau, dessen Produkte in den Zeiten des nationalen und internationalen Ausbaus der industriellen Kapazitäten natürlich sehr

Lastkraftwagen der Firma Kieserling um 1955. Die Fahrzeuge wurde vor allem für die Transporte zwischen dem Solinger Hauptwerk und dem Ohligser Zweigwerk benötigt. Schwere Maschinen mussten jedoch auf die Bahn verladen werden.

gefragt waren, profitierten auch die zahlreichen Gießereien, Gesenkschmieden und Galvanobetriebe sowohl von der Rüstungs- als auch von der Nachkriegskonjunktur und erweiterten ihre Kapazitäten. Viele Betriebe spezialisierten sich nach dem Krieg auf die Fertigung von Zubehörteilen für die rasant wachsende Autoindustrie. Daneben verzeichneten auch die Hersteller von Schirmfurnituren, geschweißten Rohren oder Landmaschinen steigende Absätze.

Die Schneidwarenindustrie blieb zwar mit 15.310 Beschäftigten im Jahre 1961 der mit Abstand wichtigste Arbeitgeber der Solinger Wirtschaft, doch die durch größere Betriebseinheiten charakterisierten anderen Metallindustriezweige, in denen im gleichen Jahr zusammen 21.638 Beschäftigte gezählt wurden, prägten das wirtschaftliche Leben der Stadt in ausschlaggebender Weise mit.[16] Der Maschinenbau blieb innerhalb der Gruppe der nicht zur Schneidwarenindustrie zählenden

Metallbetriebe der bedeutendste Sektor. Im Jahre 1955 wurden hier nicht weniger als 50 Betriebe mit 6.059 Beschäftigten, dies waren etwa 15 Prozent aller Beschäftigten der Solinger Metallindustrie, gezählt.[17]

Die Fa. Th. Kieserling & Albrecht beschäftigte am 1. November 1957 899 Arbeiter und Angestellte, und war damit die größte Maschinenfabrik und der viertgrößte Betrieb der gesamten Solinger Industrie. An erster Stelle stand die Kronprinz AG, die Räder (insbesondere Autofelgen) und Rohre produzierte, mit 2.491 Beschäftigten, gefolgt von der Schirmfurnituren- und Rohrmöbelfabrik Bremshey mit 1.580 Beschäftigten und dem Henckels Zwillingswerk, der größten Stahlwarenfabrik, mit 1.101 Beschäftigten.[18] Die Entwicklung der Firma Kieserling in den fünfziger Jahren kommt in keiner Quelle besser zum Ausdruck als in den Protokollen des Betriebsrates, die im Mittelpunkt dieses Kapitels stehen.

In Anbetracht der neu hinzugekommenen Betriebsratsmitglieder bat der Obmann Herrn Dir. Hölzer, einen Überblick über die Geschäftslage des Unternehmens zu geben.

Aus den Ausführungen war zu entnehmen, dass das Unternehmen nach dem Zusammenbruch schwer zu kämpfen hatte. Herr Dir. Hölzer sagte, dass in den Jahren 1945 und 1946 mit sehr großen Verlusten gearbeitet worden sei. Wenn, so führte er aus, aus den früheren Jahren nicht eine ansehnliche Substanz vorhanden gewesen wäre, es oft auf Messers Schneide gestanden hätte, um die Geschäfte weiter fortführen zu können. Das Jahr 1947 brachte dann eine allmähliche Steigerung des Umsatzes. Es liegen z.Zt. sehr viele Inlandsaufträge vor, die durch den Einsatz aller im Werk Tätigen erledigt werden müssen. Ganz besonders verwies Herr Dir. Hölzer auf die jetzt schon vorliegenden Auslandsaufträge, denen man eine besondere Aufmerksamkeit zuwenden müsse, denn im Falle einer Währungsreform wären es die Auslandsaufträge, die dazu angetan wären, um die ersten Monate der kommenden Krisenzeit zu überbrücken. Es sei daher schon jetzt notwendig, diese Aufträge in das Produktionsprogramm einzuschieben. Um nun das Programm so aufstellen zu können, sei jedoch eine Verlängerung der Arbeitszeit auf wöchentlich 48 Stunden erforderlich.

(Protokoll Betriebsratssitzung 14. April 1948)

Auf Antrag des Betriebsrates war die Geschäftsleitung um eine zweite Sitzung bezügl. der 30%igen Lohnerhöhung ersucht worden.

Eingangs der Sitzung erklärte Herr Dir. Hölzer bezügl. der gestellten Lohnerhöhung möchte man doch die im Lauf der Woche stattfindende Verhandlung der beiden Verbände abwarten. Man sei ja bestrebt, noch vor der Währungsreform zu einem Abschluss zu kommen. Herr Dir. Hölzer gab weiter bekannt, dass er rückwirkend ab 1. Mai eine Nachzahlung vornehmen würde, falls eine Einigung zustande käme.

Herr Leupold als Vertreter der Industrie-Gewerkschaft Metall stellte in seinen Ausführungen fest, dass die Geschäftsleitung es mit einer arbeitsfreudigen Belegschaft zu tun habe, die aus sich heraus 48 Stunden wöchentlich arbeitete. Aus diesem Grunde müsse die Geschäftsleitung auch der Belegschaft gegenüber durch eine Lohnaufbesserung ihre Anerkennung bezeugen. Durch ungeheures Steigen der Preise für Lebensmittel sei diese Lohnaufbesserung voll gerechtfertigt.

Herr Dir. Hölzer erkannte dieses Entgegenkommen der Belegschaft auch an, jedoch auf die gestellte Lohnforderung könne er nicht eingehen. Er betonte nochmals, dass die Leute schon mehr verdienen könnten, wenn dieselben im Akkord arbeiten würden, da ja der Akkordindex von 1,6 auf 2 erhöht worden wäre.

Da keine Einigung erzielt wurde, machte dann die Geschäftsleitung folgenden Vorschlag: Jedes Belegschaftsmitglied erhalte eine Überbrückungszulage von RMk. 20.- pro Monat. RMk. 10.- sollen sofort ausgezahlt werden, die restlichen RMk. 10.- in acht Tagen.

Nach langem hin und her wurde dann der Vorschlag so formuliert, dass jedes Belegschaftsmitglied pro Woche RMk. 5.- Überbrückungszulage erhalte, welche rückwirkend ab 1. Mai gewährt werden solle.

(Protokoll Betriebsratssitzung 8. Juni 1948)

Zum Punkt Überstunden erklärte der Obmann, dass man hier eine Änderung schaffen müsse. In letzter Zeit sei ein Überhandnehmen von Überstunden-Machen zu verzeichnen. Die Geschäftsführung erklärte, dass auch sie gar kein Interesse daran habe, unnötige Überstunden machen zu lassen. Im Augenblick sei die wirtschaftliche Lage des Werkes jedoch folgende: Durch Mangel an Facharbeitern in fast allen Abteilungen, ferner durch zögernden Eingang der Rohware und auswärts bestellten Teile sei es nicht umgänglich gewesen, bei Erfüllung des Lieferprogrammes Überstunden einzuschieben. Denn nur auf Grund kurzfristiger Lieferzeiten sei es möglich, das Werk hochzubringen. Durch richtige Betriebsorganisation und Arbeitsbeurteilung sollen unnötige Überstunden vermieden werden.

Für zu leistende Überstunden soll in jedem Falle dem Obmann Mitteilung gemacht werden, damit er nach Überprüfung seine Zustimmung geben kann. Der Versuch neue Facharbeiter zu werben soll noch stärker als bisher durchgeführt werden.

(Protokoll Betriebsratssitzung 29. Sept. 1948)

Gegen 14.15 Uhr wurde die vom Betriebsrat auf Drängen der Belegschaft beantragte Sitzung mit der Geschäftsleitung eröffnet.

Der wichtigste Punkt der Tagesordnung war die von der Belegschaft geforderte 30-Prozent-Lohnerhöhung.

Zu Beginn der Sitzung ergriff Herr Dir. Hölzer das Wort. In seinen Ausführungen erklärte er, dass er festgestellt habe, dass die im Werk gezahlten Löhne gegenüber den durchschnittlichen Ortslöhnen etwas niedriger liegen. Er sei daher bereit, allgemein eine Aufbesserung der einzelnen Löhne zu bewilligen. An eine 30% Lohnerhöhung, wie sie gefordert werde, sei jedoch nicht zu denken, da dieselbe

Betriebsausflug nach
Rüdesheim im Jahre 1953

Freudige Betriebsfeier mit Sonderzug

Jubilarehrung, Weihnachtsgratifikation, Betriebsvergrößerung und gute Arbeitsaussichten bei Kieserling & Albrecht

9.12.49

Zum Wochenende feierte die Firma Th. Kieserling & Albrecht ihr 2. Betriebsfest nach dem Kriege. Während sie im letzten Jahre ihr 75jähriges Bestehen in Solingen festlich begehen konnte, reichten in diesem Jahre die Räume der größten Solinger Lokale nicht mehr aus, da sich die Belegschaft innerhalb eines Jahres verdoppelte. So kam es, daß am Freitagabend bei einbrechender Dunkelheit ein Sonderzug den Solinger Bahnhof verließ, der 1100 festlich gestimmte und erwartungsfrohe Menschen, die Belegschaftsmitglieder der Firma mit ihren Angehörigen, nach Wuppertal brachte, wo in den gastlichen Räumen der Zoogaststätten das Fest seinen Verlauf nahm.

Den Anlaß zu dem Betriebsfest boten zahlreiche Jubiläen, die die Firma gebührend feiern wollte. Insgesamt konnten 37 Jubilare auf eine langjährige Tätigkeit bei der Firma zurückblicken (davon zwei auf 50, zwei auf 40 und 33 auf 25 Jahre). Dazu kamen noch 7 Altersjubilare.

Außerdem war das Fest gleichzeitig Ausdruck der Freude über die Einweihung einer im Betrieb errichteten Gedenksäule für die Gefallenen der Firma und die im Betrieb Umgekommenen, sowie über den Abschluß der Bauarbeiten an den beiden Gießereien und der Halle 6 zum Ausdruck kommen.

Die Jubilare beglückwünschte Direktor Hölzer, der selbst sein 25jähriges Jubiläum feierte, und dankte ihnen für ihre vorbildliche Treue. Ferner gab er einen Ueberblick über die gute Entwicklung des Betriebes in der Nachkriegszeit, vor allem im vergangenen Jahre, und stellte auch für das kommende Jahr gute Arbeit in Aussicht. Die Jubilare erhielten als äußeres Zeichen der Dankbarkeit und Anerkennung goldene oder silberne Nadeln. Der Werkschor umrahmte die Feier durch den Vortrag einiger Lieder, und die Altistin Elisabeth Birkendahl sang mit ausgezeichneter Interpretation Schubertlieder.

Der 2. Teil der Festfolge stand unter dem Motto „Froh und heiter". Mit viel Humor und spritzigen Einfällen stellte der Ansager von Seydlitz den Musikalclown Fr. Heidelberg und die Humoristen Dick und Dünn vor, die die Lachmuskeln der Zuhörer ganz besonders anstrengten. Die Sympathie aller Anwesenden jedoch und herzlichen Beifall gewann Will Höhne, der seine Lieder zur Laute sang. Die frohe Laune, wozu das gute Essen und die Getränke nicht wenig beitrugen (und natürlich auch die am selben Morgen erhaltene Weihnachtsgratifikation) gelangte durch den anschließenden Tanz zu ihrem Höhepunkt.

Solinger Tageblatt vom 9. Dez. 1949

für die wirtschaftliche Lage des Werkes einfach nicht tragbar sei. Herr Dir. Hölzer führte weiter aus, dass die bestehenden Löhne der Arbeiter in den vorliegenden Listen aufgezeigt wären und gleichzeitig der neue, von der Firma tragbar, zu zahlende Lohn in den Listen zu ersehen sei.

Weiter sagte Herr Dir. Hölzer, er sei bereit, den Akkordindex von 2 auf 2,2 zu erhöhen. Dies besagt, dass der Arbeiter bei 80 Akkordminuten in der Std. einen Lohn von 1,76 DM erhält. Ferner gab er die Zusicherung, dass den Überfliegern (den besonders schnell Arbeitenden, d. Hrsg.) keine Grenzen gesetzt

Abb. 6.3.11.
Betriebsausflug mit dem Rheindampfer nach Rüdesheim im Jahre 1953

wären. Ein Abzug bezüglich eines Mehrverdienstes käme nicht in Frage. Bezüglich der Kalkulation der einzelnen Werkstücke wurde gesagt, dass jedes Teile gerecht kalkuliert werden müsse, bei evtl. Differenzen sei eine Überprüfung am Arbeitsplatz des betreffenden Arbeiters erforderlich.

Bezüglich des Zweibanksystems (Mehrmaschinenbedienung, d. Hrsg.) schlug die Geschäftsleitung folgende Regelung vor: Durch Bedienung von zwei Bänken durch eine Person müsse in der Folge pro Bank 2/3 des Akkordsatzes zur Auszahlung kommen. Es sei dies eine gerechte Lösung gegenüber den Arbeitern, welche nur eine Bank bedienen.Zusammengefasst zur Erhöhung der Löhne betragen jetzt die neuen Löhne:
Für Akkordarbeiter bei 80 Akkordmin./Std. = 1,76 DM
Für Schlosser beträgt der neue Lohn 1,40 - 1,65 DM/Std
Für Hilfsarbeiter 1,15 - 1,25 DM /Std.
Zum neuen Lohn der Hilfsarbeiter sei gesagt, dass derselbe um 15 - 20 Pf. pro Std. erhöht worden ist.

(Protokoll Betriebsratssitzung 14. Dez. 1948)

Protokoll der Betriebsratssitzung am 13.7.1951 nachmittags 17 Uhr.

Anwesend: Der geschlossene Betriebsrat,
Herr Direktor Hölzer, Herr Hensel, Herr Aderhold.

Folgende Begebenheiten gingen der Sitzung am 13.7.51 voraus:

Der Betriebsrat war einige Tage vorher schon an uns herangetreten, um eine Sitzung, in der über Lohnerhöhungen gesproche[n] werden sollte, abzuhalten, die jedoch infolge der Reise des Herrn Dir. Hölzer am 10., 11., 12.7. verschoben werden musste.

Da diese Fahrt nach Süddeutschland kurzfristig von Herrn Dir. Hölzer angetreten wurde und von seiten des Herrn Aderhold versäumt worden war, den Betriebsrat über eine Verschiebung der Versammlung zu unterrichten, waren Dienstag, den 10.7., Unruhen im Betrieb über die Mittagszeit hinaus entstanden, die dazu geführt haben, daß einzelne Betriebsangehörige ca. 1/2 Stunde lang ihre Arbeit vorwiegend in der Revolverdreherei, niedergelegt hatten.

Man vermutet, daß die Quelle der Unruhen in der Revolverdreherei zu suchen ist.
Dem Betriebsrat wurde von seiten der Leute vorgeworfen, daß die Sitzung bewusst von der Geschäftsleitung herausgezögert sei, um auf dem Wege der Verzögerungstaktik Zeit zu gewinnen usw.

<u>Zur Sitzung.</u>

1. Herr Dir. Hölzer sah sich veranlasst, scharfe Kritik über diese Handlungsweise der Belegschaft zu führen. Er verwies darauf, daß gerade in der Revolverdreherei die Unruhestifter zu suchen seien, die mehr oder weniger keine persönlichen Belange zu vertreten beabsichtigen, sondern durch politische Weisungen zu diesen Handlungen aufgehetzt werden.

2. Herr Hepp stellte im Namen der Belegschaft den Antrag auf eine Lohnerhöhung, die schon von seiner Spitzenbehörde gefordert sei, d. h. 15 Pfg. auf Ecklohn der Facharbeiter und 20 Pfg. auf Normallohn.
Herr Dir. Hölzer lehnte diese geforderte Lohnerhöhung aus grundsätzlichen Erwägungen heraus ab und gab eine Schilderung darüber welche Motive in der derzeitigen Wirtschaftslage uns dazu zwingen diese starre unbeugsame Haltung einzunehmen.
Er wies auf den Auftragseingang im Monat Juni hin, der nur 1/3

Protokoll der Betriebsratssitzung vom 13. Juli 1951

-2-

unseres monatlichen Umsatzes betragen hat.
Ferner auf die Teuerungszuschläge hinsichtlich Ankauf von Rohmaterial, abgesehen von den langen Lieferzeiten, die dazu führen, zusätzlich 1oo,- bis 15o,- per t auf normalen Walzstahl zu zahlen.
Und weiter auf die Beschaffung von Koks für die Giesserei, wo heute offiziell schon ein Mehrpreis durch die Behörden von DM 45,- per t gebilligt wird.
Diese Mehrbeträge sind auf unsere Erzeugnisse nicht umzulegen, da sie behördlicherseits nicht genehmigt werden und obendrein einen Absatz unserer Maschinen auf dem In- wie Auslandsmarkt preislich gesehen unmöglich machen.

3. Herr Wiemeyer beantragte daraufhin für den bevorstehenden Betriebsurlaub vom 6.-18. August eine Beihilfe von DM 2o,-- pro Kopf der Belegschaft zu gewähren, die gleichfalls abgelehnt wurde.
Herr Dir. Hlzer erwähnte dazu, daß eine geldliche Zuwendung ausgerechnet in diesem schweren wirtschaftlichen Zeitpunkt, den wir durchzustehen haben, ausgeschlossen sei.

4. Die 3 Tage Sonderurlaub für Schwerbeschädigte sollen nach Prüfung der gesetzlichen Bestimmungen evtl. gewährt werden.

5. Die Beihilfe zur Beschaffung von Kartoffeln wurde bis zum Herbst zurückgestellt.

Die Sitzung wurde gegen 18 Uhr geschlossen.

....

Der Betriebsrat

Sodann gab Herr Dir. Hölzer einen kurzen, aber klar zu verstehenden Überblick über die augenblickliche Wirtschaftslage. Er sagte: 15 Jahre sind vergangen, wo wir sagen konnten, die Wirtschaft sei normal. In diesem vergangenen Jahrzehnt, sei die Wirtschaft durch ungeheure Rüstungsproduktion aufgebläht worden. Durch den verlorenen Krieg sei dem jedoch ein Ende gemacht worden, und erst heute, vier Jahre nach Kriegsende, seien die Anzeichen einer normalen Wirtschaftslage zu erkennen. Der Kampf ums Dasein und um unsere Existenz nimmt wieder krasse Formen an. Das Ausland, vor allem Amerika, so sagte er, ist uns in der Herstellung von erstklassigen Werkzeugmaschinen eine Nasenlänge voraus.

Aber auch die deutsche Konkurrenz habe nicht geschlafen, um leistungsfähige und vor allem preiswerte Maschinen auf den Markt zu bringen. Abgesehen von den kleinen Krautern, seien es größere süddeutsche Unternehmen, welche die gleichen Maschinen wie wir auf den Markt bringen. An Hand von Original-Unterlagen sei nun festgestellt worden, dass diese Werke ihre Maschinen billiger herstellen können wie wir.

(Protokoll Betriebsratssitzung 16. März 1949)

1.) Weihnachtsgratifikation: Die Weihnachtsgratifikation wird in diesem Jahr das Doppelte von 1949 betragen, wobei ausdrücklich vermerkt wird, dass der überschießende Betrag über die Weihnachtsgratifikation für 1949 je nach Geschäftslage freiwillig und zunächst einmalig bezahlt wird. - Es besteht zu diesem Zuschlag kein Rechtsanspruch oder Gewohnheitsrecht. Es wurde vereinbart, dass dieses schriftlich von der Geschäftsleitung festgelegt und von jedem Betriebsangehörigen unterschrieben wird. Die Auszahlung erfolgt in der ersten Woche des Dezembers.

2.) Im November wird auf das Sparkonto der Unterstützungskasse unserer Firma eine freiwillige Zuwendung von DM 30.000,-- überwiesen.

3.) Die Kosten für den Kartoffelvorschuss übernimmt die Firma zur Hälfte. Die andere Hälfte wird den Betriebsangehörigen nach Weihnachten in Wochenraten abgehalten.

(Protokoll Betriebsratssitzung 7. Nov. 1950)

Titelseite der kommunistischen Bergischen Arbeiterstimme vom 14. Juli 1951

Bergische Arbeiterstimme

HERAUSGEGEBEN ALS MITTEILUNGSBLATT VON DER STADTVERORDNETENFRAKTION DER KPD SOLINGEN

Redaktion und Geschäftsstelle: Solingen, Hauptstraße 288, Tel.: Solingen 2 43 49 — Anzeigenpreisliste Nr. 1 10 Pf.

Nr. 8 Samstag, den 14. Juli 1951 46. Jahrg.

Kieserling-Belegschaft zeigt den Weg!

Proteststreik gegen Verschleppung der Lohnverhandlungen — Auch bei Gott, Pränafa, Schlemper und anderen Betrieben Lohnbewegungen! — Grabesruhe bei Kommissar Kieven!

Nachdem auf Grund der neuen Preiserhöhungen die Arbeiter immer stärker die Forderung nach höheren Löhnen erhoben, bequemte sich der Vorstand der IG Metall unter diesem Druck, die Tarifverträge zum 30. Juni 1951 zu kündigen.

Wer aber geglaubt hatte, daß der Vorstand nun den notwendigen Druck entwickeln würde, damit beim Ablauf der Tarife die Verhandlungen durchgeführt werden konnten, der irrte sich. Nach den letzten Meldungen beabsichtigt man sogar, die bestehenden Lohntarife um drei Monate zu verlängern, damit die Groß-Kapitalisten ihre Gewinne noch besser in der Rüstungsindustrie anlegen können.

Da die Arbeiter bei Kieserling & Albrecht jede Woche feststellten, daß ihre Frauen bei den steigenden Preisen immer weniger mit dem Verdienst auskommen, stellten sie nach dem 30. Juni 1951 sofort Lohnforderungen. Nach bekannter Unternehmermanier wurden die Lohnverhandlungen hinausgezögert. Als die Kollegen am Dienstag erfuhren, daß der Direktor trotz ihrer Lohnforderungen nach Bayern gefahren sei, führten sie mit berechtigter Empörung in der Zeit von 12.30 bis 13.30 Uhr einen Proteststreik durch, mit dem Ergebnis, daß ihnen am Donnerstag, nach Rückkehr des Direktors, eine Verhandlung mit dem Betriebsrat zugesagt wurde.

Damit haben die Kollegen von Kieserling & Albrecht nicht nur dem Vorstand der IG Metall, sondern auch allen Kollegen von Solingen gezeigt, daß man nur durch kraftvolles und mutiges Auftreten befriedigende Lohnverhandlungen erzwingen kann. Um ihre Entschlossenheit noch weiter unter Beweis zu stellen, haben auch am selben Tag der größte Teil der Kollegen, die sonst Ueberstunden machen, um ihr Leben zu fristen, den Betrieb pünktlich um 17.15 Uhr verlassen.

Eine äußerst merkwürdige Rolle bei diesen berechtigten Forderungen spielt der Betriebsleiter Aderholt, der den Kollegen mit der Rückkehr zur 48-Stundenwoche „drohte". Auch hierdurch dürfen sich die Kollegen nicht im geringsten beeinflussen lassen. Ist doch die 48-Stundenwoche bei ausreichenden Löhnen die gewerkschaftliche Forderung, für die auch die Solinger Arbeiterschaft hervorragende Kämpfe geführt und auch gewonnen hat! Wenn dies eine versteckte Drohung sein sollte, dann zeigt dies nur, daß die Arbeiterschaft sich viel zu lange die Ueberstundenschufterei hat aufdrängen lassen, anstatt für ausreichende Löhne bei 48 Stunden zu kämpfen.

Nachdem nun der Vorstand der IG Metall die bewährtesten Vertreter der Solinger Gewerkschaften, die Kollegen Leupold, Müller und die Ortsverwaltung wegen ihrer Verteidigung des Friedens entlassen hat, herrscht beim Kommissar Kieven Grabesruhe. Wie könnte es auch anders sein? Nach den Berichten aus Remscheid, wo er Stadtvertreter der SPD ist, hat Kieven bei der letzten Sitzung im Stadtparlament mit seiner Fraktion für die Verteuerung der Wochen- und Monatskarten bei der Straßenbahn gestimmt. Als Gewerkschaftsvertreter hat er also für die Verringerung des Einkommens der Arbeiter gestimmt, weil die rechte Gewerkschafts- und SPD-Führung die Aufrüstung befürworten. Dadurch haben die Gemeinden kein Geld und müssen nun ihrerseits auch die Werktätigen schröpfen. Wenn man einen solchen Kurs mitmacht, dann kann man als Gewerkschaftsvertreter ja auch nicht für Lohnforderungen eintreten. Denn jede Mark Lohnerhöhung bedeutet eine Mark weniger für die Aufrüstung!

Aus dem gleichen Grunde wird dann nichts getan, um den Kampfeswillen in den Betrieben, der sich in den Lohnforderungen bei Kieserling & Albrecht, bei Walter Gott, bei Schlemper, bei Pränafa und anderen Betrieben zeigt, zu entwickeln, obwohl gerade jetzt erfolgreiche Lohnkämpfe durchgeführt werden können. Das zeigte der Streik bei IA Henkels, wo ein beachtlicher Teilerfolg errungen werden konnte und wo sich die alte, gute Solidarität der Solinger Arbeiterschaft wieder hervorragend bewährte.

Alle Kollegen sollten sich daher das Vorgehen der Arbeiter von Kieserling als Beispiel dienen lassen. Die Kollegen von Kieserling werden auch diesmal wie vor 6 Monaten ihre Forderung durchsetzen, wenn sie sich nicht verwirren lassen und mutig und konsequent auftreten. Die ganze Solinger Arbeiterschaft wird hierbei hinter ihrem Kampf stehen und ihnen helfen.

Weg mit dem Kommissar!

Wir fordern die Aufhebung der Maßnahmen des Vorstandes gegen die Ortsverwaltung und die Kollegen Leupold und Müller! Mit einer solchen Ortsverwaltung wären die Arbeiter in Solingen mit ihren Forderungen schon weiter! Denn wer für die Erhaltung des Friedens kämpft, kämpft auch gleichzeitig für höhere Löhne und die Verbesserung unseres Lebens.

Solinger Patrioten vor dem Richter

Urteilsverkündung wurde ausgesetzt

Am vergangenen Donnerstag wurde vor dem Solinger Amtsgericht der Einspruch der Genossen Sbosny und R. Müller gegen einen polizeilichen Strafbefehl verhandelt. Bekanntlich war dem Kreisvorsitzenden der KPD auf Grund einer Polizeiverordnung des Innenministers gegen die Durchführung einer Volksbefragung gegen Remilitarisierung und für einen Friedensvertrag, eine Haftstrafe von einer Woche zudiktiert worden. Aus dem gleichen Grunde war der Genosse Müller mit 20 DM Strafe belegt.

Da die Angeklagten mit Hilfe ihres Verteidigers im Verlaufe der Verhandlung nachweisen konnten, daß die ihnen zur Last gelegten Vergehen (Volksbefragung im Interesse der Erhaltung des Friedens) im Bonner Grundgesetz als unveräußerliche Rechte jedes Bürgers verankert sind, konnte sich das Gericht nicht zu einer Urteilsverkündung entschließen. Das Gericht bezweifelte das Recht der Regierung, durch eine Polizeiverordnung ein bestehendes Gesetz umstoßen zu können. Um diese Frage einer eingehenden juristischen Prüfung unterziehen zu können, wurde die Verkündung des Gerichtsbeschlusses auf Montag morgen verschoben. (Wir werden über den Verlauf der Donnerstagsverhandlung noch ausführlich berichten. d. Red.)

Der Verlauf dieser Verhandlung zeigte wieder einmal, wie wertvoll für die Angeklagten die Hilfe eines Rechtsbeistandes ist. Die ständige Zunahme der Prozesse gegen die Friedensfreunde erfordert immer mehr Mittel für ihre Verteidigung. Daher ergeht an alle, die nicht wollen, daß unser Vaterland ein Kriegsschauplatz der USA-Imperialisten wird, die Bitte, durch Spenden den Verteidigungsfonds für die deutschen Patrioten zu unterstützen.

Wasch und Umkleideraum im Keller der Halle 5. Neubau aus dem Jahre 1950

Wir haben mal eine Rheintour gemacht, eine Schiffstour, was weiß ich wohin. Da ging es hoch her. Mit der ganzen Belegschaft, das waren vielleicht 1.000 Mann. Ich saß auf dem Zwischendeck, oben drüber da waren noch andere. Auf einmal „platsch", da war einer im Rhein ... Menschenskind der N. N., sofort gestoppt; und da dauerte es nicht lange ... ich weiß nicht wie der Ort noch hieß. Die konnten sich, glaube ich, verständigen vom Schiff aus. Da kam schon die Feuerwehr. Die kamen mit einem Boot und haben den aufgefischt. Da sagte der Kapitän noch, wenn der versoffen wär, hätte der mit uns nicht weiterfahren dürfen. Da hätte der uns wieder an die Anfahrtsstelle in Köln bringen müssen. Der ist nicht mehr an Deck gekommen, den haben sie mitgenommen. Da sind wir weitergefahren. Nachmittags, wie wir wieder zurückkamen, da stand der gestriegelt, also wie aus dem Ei gepellt, so stand der da.

(Maschinenschlosser, Jg. 1903)

Herr Dir. Hölzer führte aus, Gerüchte seinen im Umlauf, dass die Fertigstellung der Maschinen für die Pariser Messe unterbunden werden sollen. Herr Wiemeyer nahm dazu Stellung und entgegnete, dass im Betrieb selbst nichts darüber bekannt sei und er persönlich dafür geradestehe, dass eine solche Haltung im Betrieb nicht aufkomme. Im Anschluss daran forderte er, um das alte gute Verhältnis zwischen der Geschäftsleitung und dem Betrieb wiederherzustellen, eine Vorschusszahlung für die Urlaubstage in Höhe von DM 20,-- vorzunehmen. Herr Dir. Hölzer gab zur Antwort (...), dass in der heutigen Situation davon keine Rede sein könnte.(...)

Herr Dir. Hölzer gab bekannt, dass die Beschickung der Pariser Messe für unser Werk von ungeheurer Bedeutung sei und gab dazu aufklärende Erläuterungen. Die Ausstellung ist die erste internationale Messe für den Werkzeugmaschinenbau in Europa und wurde seitens der Industrieverbände Europäischer Staaten als entscheidend für den Aufbau einer Europäischen Union begrüßt. Da die Ausstellungsmaschinen bis Anfang August, d.h. vor den Betriebsferien, fertiggestellt sein müssen, stellte Herr Dir. Hölzer den Antrag, die Fertigstellung als

Notstandsarbeiten zu bezeichnen und die hierfür erforderlichen Überstunden zu gewähren.

Der Betriebsrat sagte zu, die einzelnen Vertrauensleute über die Gewährung der Überstunden zu befragen, für die die gesamten Montagekolonnen in Frage kommen. Am Spätnachmittag wurde der Geschäftsleitung mitgeteilt, dass die Belegschaft grundsätzlich eine ablehnende Haltung gegenüber der Gewährung von Überstunden einnähme, und wenn auch die Fertigstellung der Maschinen für die Pariser Messe in Frage gestellt sei.

(Protokoll Betriebsratssitzung 23. Juli 1951)

Wir wurden auch schon mal von zu Hause weggeholt, sonntags morgens zum Beispiel. Man muss nun von dem Standpunkt ausgehen: die Firma Kieserling hat viel Arbeit gehabt. Die anderen haben aber auch alle viel Arbeit gehabt. Egal, welcher Betrieb das war, es wurde nur gearbeitet, Tag und Nacht; weil der Bedarf ja so ungeheuer groß war. Dann kam es schon mal vor, dass wir sonntags morgens geholt wurden, weil unbedingt etwas gemacht werden musste. Wenn zum Beispiel eine Presse kaputt war und das am Montag fertig sein musste. Man wurde dann nicht gefragt, ob man Lust dazu hatte. Das war eine Selbstverständlichkeit. Wenn wir dann wirklich mal sonntags arbeiten mussten, dann ging die Firma aber auch her und stellte uns ein schönes Essen hin. Das war auch eine Selbstverständlichkeit. Das gibt es ja wohl heute nicht mehr. Im Lauf der Zeit hat man sich eben an alles gewöhnt. Wenn die Firma rief, dann waren die Leute da.

(Maschinenarbeiter, Jg. 1905)

Duschen im Keller der Halle 5. Neubau aus dem Jahre 1950

In dieser Zeit sind viele Überstunden gemacht worden. Damals war ja ein Mangel an Leuten. Die Firma war ja um jeden Menschen froh, den sie bekam. Der damalige Betriebsleiter hat immer gesagt: „Haben Sie keine guten Bekannte oder Freunde, Leute, die Sie uns anbieten können? Wir sind um jeden Menschen froh." Damals, als die Produktion wieder anlief, waren die doch froh, dass sie Leute bekamen. Damals war niemand arbeitslos, der arbeiten wollte, das war gar nicht möglich. Ich habe auch einmal 36 Stunden hintereinander gearbeitet bei Kieserling. Eine Maschine musste unbedingt fertig werden. Da ging es um Konventionalstrafe,

Die Ehefrauen von Werksangehörigen als Zuschauerinnen beim Fußballspiel der Betriebsmannschaft, um 1953

das wollte sich die Firma sparen. Und dann haben wir 36 Stunden gearbeitet. Dafür musste aber eine Genehmigung eingeholt werden.

(Maschinenarbeiter, Jg. 1919)

In den 50er Jahren hat es keine Schwierigkeiten gegeben mit dem Betriebsrat. Da hat es auch keine Schwierigkeiten mit Überstunden gegeben. Die Leute waren alle froh, dass sie mit dem Geld der Überstunden das eine oder andere anschaffen konnten. In den 50er Jahren wurden schon Autos gekauft von den Leuten, abgesehen von den anderen Dingen, die ja da zum Lebensstandard gehörten. Wobei die normalen 48 oder 55 Stunden gar nicht ausgereicht hätten. In den 50er Jahren fing das auch an, dass die Kinder dieser Leute auch schon. Das war damals eine teure Sache.

(Technischer Angestellter, Jg. 1912)

Die Überstunden in der Gießerei müssten unbedingt eingestellt werden. Scharfe Kontrollen durchführen.

(Protokoll Betriebsratssitzung 17. April 1951)

Für die in Tag- und Nachtschicht arbeitenden Horizontalbohrer wurde ein besonderes Abkommen getroffen. Kranken bzw. erholungsbedürftigen Horizontalbohrern soll eine Erholung in einem noch näher zu bestimmenden Erholungsheim gewährt werden, unter folgender Voraussetzung:

Durch Ausnutzung seines normalen Urlaubes und 8 Tagen Sonderurlaub, durch die Geschäftsleitung bewilligt, soll der infrage kommende Horizontalbohrer sich wirklich erholen. Diese Regelung soll durch Betriebsleitung und Betriebsrat entschieden werden.

(Protokoll Betriebsratssitzung 28. April 1952)

Die Waschraumnot wurde dadurch beseitigt, dass in etwa 2 Monaten die Gießerei ihren eigenen Waschraum erhält. Der Raum unter der Halle 6 würde ebenfalls in dieser Zeit wieder fertiggestellt sein. Dies bedeute dann eine wesentliche Entlastung des Waschraumes unter der Halle 5.

Eine Anfrage: Wasserkessel zum Kaffee-Wasser-Aufsetzen wurde noch nicht geklärt. Ein

Vorschlag der Geschäftsleitung, jeder möge seinen Kaffee in einer Thermosflasche mitbringen, dann sei die Aufstellung dieser Kessel nicht mehr notwendig. Kollege Wiemeyer machte den Vorschlag, die Firma möge jedem Belegschaftsmitglied eine Thermosflasche schenken. Die Angelegenheit muss nun noch geklärt werden.

Als ein weiterer Übelstand wird von der Geschäftsleitung das Hände-Waschen am Arbeitsplatz angesehen. Sie (d.h. die Geschäftsleitung d. Hrsg.) verbietet das Händewaschen im Betrieb, um die Verunreinigung der Arbeitsplätze zu verhindern. Sie erklärte sich aber bereit, ein gutes und billiges Schmutzlösemittel zu beschaffen, welches auch im Waschraum, ohne Schwierigkeiten in den Abflusskanälen herbeizuführen, benutzt werden kann.

(Protokoll Betriebsratssitzung 2. Sept. 1949)

Das Baden in den Wasch- und Duschräumen wird von dem Betriebsleiter neu geregelt. An Badetagen verbleibt der Badewärter bis ca. 7.15 Uhr (19.15 Uhr), an Sonnabenden bis 14.00 oder 15.00 Uhr. Anschließend werden die Badezellen abgeschlossen. Nähere Anweisungen erfolgen von dem Betriebsleiter.

Diejenigen Arbeitnehmer, die nach vollbrachten Überstunden noch baden, müssen die Kontrollkarten vor dem Baden drücken und dem Badewärter vorweisen, bzw. der Badewärter muss die Kontrollkarten geschlossen vom Pförtner holen. Nähere Anweisung vom Betriebsleiter.

(Protokoll Betriebsratssitzung 7. Nov. 1950)

Innerbetriebliche soziale Einrichtungen:

Wir haben in letzter Zeit festgestellt, dass über die innerbetrieblichen sozialen Einrichtungen keine Klarheit herrscht, und möchten einmal die Dinge ganz klar erläutern.

Der Abzug von DM -.80, der bei Tod eines Belegschaftsmitgliedes erfolgt, hat mit keiner Kasse etwas zu tun. Der abgehaltene Betrag wird der entsprechenden Familie zugeführt. Dies war ein Versammlungsbeschluss. (Der Beschluss gilt auch noch 1993, d. Hrsg.) Zu diesem Punkt erfolgte keine Diskussion.

Freiwillige Hilfskasse (W.U.K.) bei Krankheit. Dies war ebenfalls ein Versammlungsbeschluss. Es gehören ihr an sämtliche Arbeiter und ein Teil der Angestellten freiwillig. Bisher wurden aus dieser Kasse gezahlt DM 30.-- für länger als 3 Wochen Krankheit einmal im Jahr. Von diesem Betrag übernahm die Firma DM 15.-- unter Anrechnung auf den jährlichen Betrag der W.U.K.. Ferner erhielt jeder Jubilar aus dieser Kasse DM 100.-- zum Jubiläum. Die monatlichen Einnahmen betragen ca. DM 310.--. Im vergangenen Jahr wurden in 154 Fällen Krankheitsbeihilfen gezahlt. Im laufenden Jahr bisher in 68 Fällen, Betriebsunfälle nicht eingeschlossen. Die DM 100.-- für Jubilare werden ohne Beteiligung der Firma aufgebracht, da die Firma ja ihrerseits den Jubilaren ein Geschenk zukommen lässt. Im vergangenen Jahr waren es 13 Jubilare, und die gleiche Zahl wird es auch in diesem Jahr sein. Durch die ständig steigende Zahl der Krankheitsfälle, im April allein 21, ist es nicht mehr möglich, die Kasse mit den gleichen Leistungen weiterzuführen.

Die letzte Kassenprüfung 16.5.57 ergab einen Bestand von DM 34,09.

Wir fragen nun die Belegschaft: Sollen die Leistungen beschnitten oder die Beiträge erhöht werden? Unser Vorschlag wäre, Leistungen wie bisher zwei Monate, einen Beitrag von DM 1.--, und die Leistungen erst nach einem Jahr Betriebszugehörigkeit. Der Vorschlag wurde von der Belegschaft einstimmig angenommen.

Zur Wohlfahrts- u. Unterstützungskasse ist folgendes zu sagen: Der Eintritt muss schriftlich beantragt werden. Kann aber erst nach dreijähriger Betriebszugehörigkeit erfolgen. Als Ausweis dient die Mitgliedskarte. Es bestehen keine Ansprüche. Ein Unkostenbeitrag wird nicht erhoben. Diese Kasse wird nur von der Firma bestritten, die ihr jährlich eine Zuwendung von DM 75.000,-- macht. Die Leistungen sind: Rente Invaliden, Rente Witwen, Sterbegelder, Beihilfen für besondere Notfälle, Krankheit-Krankenhaus. An sonstigen Leistungen unter Anrechnung auf den Betrag der W.U.K.: Anteil der ½ der freiwilligen Hilfskasse, Erholungskuren, Kinderverschickung, Geburten, Hochzeit. Zu diesem Punkt erfolgte auch keine weitere Diskussion.

(Protokoll Betriebsratssitzung 27. Juni 1957)

Betriebssport um 1953

Nach der Währungsreform, da gab es ja die Deutsche Mark, und dann bekam ich auch von der Firma eine ganz schöne Gehaltserhöhung, von sich aus. Ich habe mich nie gemeldet, das kam alles von selbst, das hat sich alles von selbst immer gegeben. Damit konnte ich dann schon einigermaßen ganz schön auskommen. Das hat sich dann immer so gesteigert, bis ich dann Abteilungsleiter wurde. In der Beziehung bin ich immer zufrieden gewesen bei der Firma. Ich habe nie darum gekämpft. Aufgrund meiner Leistungen haben die das wahrscheinlich selbst eingesehen, dass ich eben das und das wert war.

(Kaufmännischer Angestellter, Jg. 1918)

Die Überstunden im TB (Technischen Büro, d. Hrsg.) haben überhandgenommen. Durch die überhäufte Arbeit veranlasst, wurden verschiedene Neueinstellungen getätigt. Eine gewisse Aussonderung muss in absehbarer Zeit stattfinden, da durch einzelne Herren derartig viel Stunden auf verschiedenen Konstruktionen

Carl Hölzer, ein Botschafter deutscher Arbeit

Der Teilhaber der Firma Th. Kieserling & Albrecht blickt auf eine 40jährige Tätigkeit im Werk zurück

SOLINGEN. 1944 wurde die Maschinenfabrik Th. Kieserling & Albrecht zu achtzig Prozent zerstört. So sehr, daß die damaligen Behörden das Werk nicht wieder aufbauen wollten. Die beiden Inhaber fanden den Tod. Direktor Carl Hölzer, der an jenem schrecklichen Tage dreizehn Familienmitglieder verlor, war von der Werksleitung der einzige Überlebende. Er ging, ohne sich einen Tag Ruhe zu gönnen, an die Wiederbelebung des Werkes. Der heute Siebenundsechzigjährige hatte vor knapp vierzehn Tagen auf einer Geschäftsreise vor Frankfurt einen Autounfall, der ihm einen Schädelbruch und eine Gehirnerschütterung einbrachte. Er fuhr mit verbundenem Kopf noch am gleichen Abend weiter zu seiner in Godesberg lebenden Tochter und war am nächsten Tag wieder im Werk bei der Arbeit. „Man darf nicht alles tun, was die Ärzte sagen", sagt er lächelnd.

Direktor Carl Hölzer ist die Seele der Firma Th. Kieserling & Albrecht KG. Vor genau vierzig Jahren trat er als technischer Leiter ein; heute ist er Teilhaber des Unternehmens. Die Werksgeschichte der letzten vierzig Jahre ist sein Leben. Hölzer ist Bergischer, wenn auch nicht Solinger, wurde an der Maschinenbauschule Wuppertal zum Ingenieur ausgebildet und hatte einige Jahre Arbeit im Konstruktionsbüro hinter sich, als er in das Solinger Werk eintrat. Das 1873 gegründete Unternehmen war damals fast vierzig Jahre alt. Es fertigte hauptsächlich Maschinen für die Solinger Industrie und Klempnereimaschinen an. Unter Hölzer wurde das Fabrikationsprogramm noch vor dem ersten Weltkrieg auf eine andere Basis gestellt. Man ging zu Maschinen für die Schwerindustrie und für den Export über, und zwar handelt es sich um Spezialmaschinen für die Metallbearbeitung, die nicht in Serien, sondern in Einzelfertigung als komplette Fabrikeinrichtungen entstehen. Fünftausend Modelle zeigte das Katalogbuch früher. Das forderte nicht nur eine starke Ausweitung des technischen Stabes: das Werk beschäftigt auch heute schon wieder dreißig Konstrukteure; es fordert auch umfassende Branchenkenntnisse. Man hat in der ganzen Welt eine Fülle verschiedenartigster Industriebetriebe eingerichtet, nur niemals einen Betrieb der Schneidwarenbranche. Im einzelnen unterscheidet die Fertigung heute vier Abteilungen: 1. den Bau mechanischer Pressen, 2. den Bau von Spezialschmiedemaschinen, z. T. in amerikanischer Lizenz, 3. den Bau sämtlicher Maschinen für die Warmfabrikation von Schrauben, Muttern, Nieten, 4. das Gebiet der spanlosen Verformung.

Als Hölzer vor vierzig Jahren seine Tätigkeit aufnahm, hatte der Betrieb fünfzig Arbeiter und war noch fast handwerklich eingerichtet. Noch vor dem ersten Weltkrieg verdreifachte sich die Belegschaft, schnellte im ersten — übrigens auch im zweiten — Weltkrieg riesenhaft empor, um schließlich zwischen den beiden Kriegen eine Normalbelegschaftsstärke von acht- bis neunhundert Menschen zu haben. Heute beschäftigt man rund sechshundert Leute in Wochenarbeitszeiten von mindestens achtundvierzig, häufig bis sechzig Stunden. Der Exportanteil beträgt 81 Prozent. In den ganz schlechten Jahren 1929/30 waren es sogar 95 Prozent! Man liefert heute wieder nach Australien, Südamerika, Afrika, der Schweiz, den skandinavischen Staaten, England, Frankreich, Holland, Belgien, Portugal, Indien und nach den osteuropäischen Staaten — soweit möglich, vor allem nach der Tschechei. Was das Werk in der Welt gilt, zeigte sich, als z. B. vor zwei Jahren Vertreter aus Australien kamen und dringend um Lieferung baten. Es kam mehr als einmal vor, daß Solinger auf Reisen in der Welt irgendwo eine interessante Maschine sahen und bei genauerer Betrachtung staunend Th. Kieserling & Albrecht als den Hersteller feststellten. Nach den Angaben des Wirtschaftsministeriums ist das Werk innerhalb seiner Branche heute wohl das in Westdeutschland im Export führende Unternehmen!

In zahlreichen Reisen im Ausland unterrichtete sich Direktor Hölzer auch nach dem letzten Kriege schon wieder über die Marktlage in den einzelnen Ländern und über die Qualifikation seines Vertreterstabes. Und wie früher führte er, angefangen bei der Konzeption des entscheidenden Gedankens über Verhandlung, Offerte, Konstruktion und Lieferung umfassend die Geschicke des Betriebes. Als Leiter des Werkes ist er nicht nur Ideenträger und Konstrukteur, sondern beherrscht auch den Verkauf. Das brachte ein unschätzbares Kapital an Vertrauen bei den Kunden ein.

Seine Persönlichkeit erreichte, daß das Werk trotz des zunächst grundsätzlichen Verbotes des Maschinenbaues nach dem Zusammenbruch schon am 6. Mai 1945 wieder Arbeitserlaubnis bekam. Man setzte damals zunächst die zerstörten Brücken instand und errichtete Holzbrücken: bei Burg, bei Widdert, in Wiesenkotten. Später kamen Lizenzen für den Bau einzelner Spezialmaschinen für die Bundesbahn und schließlich das Wiederaufleben des gesamten Maschinenbaues, vor allem nach der Währungsumstellung.

Ein Gang durch das Werk: ein imponierender Komplex sauberer, sachlicher neuer Klinkerbauten mit bis jetzt zwei riesigen Montagehallen, Gießerei und Formerei, einer fast fertigen Lehrwerkstatt, in der am 1. April vierzig Lehrlinge ihre Ausbildung beginnen sollen, mit riesigen Wasch- und modernen schönen Brauseräumen.

Auf einigen Flächen ist noch Trümmerräumung. Aber es ist ein schöner Gedanke, daß hier aus Trümmern und Zerstörung in knapp fünf Jahren ein blühendes Werk gegen hundertfache Widerstände wieder zum Leben gebracht wurde, moderner als früher und leistungsfähiger heute schon. Carl Hölzer ist in vierzigjähriger Arbeit mehr geworden als Mitinhaber und führender Kopf: Er ist zum Botschafter und lebendigen Beweis deutscher Wertarbeit geworden.

Rheinische Post vom 31. März 1950

liegen, die für ein rentables Arbeiten unerträglich sind. Mit einer gewissen Aussonderung muss daher bei Gelegenheit gerechnet werden.

(Protokoll Betriebsratssitzung 7. Nov. 1950)

Herr Dir. Hölzer sagte, die allgemeine Geschäftslage sei nicht rosig. Die Preise der Pressen seien gewaltig gesunken. Die süddeutsche Konkurrenz sei um 30% billiger als wir. So besuchten wir vor kurzem die Maschinenfabrik Weingarten (Konkurrenz in Süddeutschland d. Hrsg.), um mit den Herren dieser Firma Fühlung zu nehmen und über eine vernünftige Preisbildung zu sprechen. (...)

Die Beschäftigungslage sieht für ein Jahr volle Beschäftigung für alle Abteilungen vor, laufend kommen noch neue Aufträge hinzu. Ein neuer Opel-Auftrag steht bevor. Der Engpass ist immer noch unser T.B. (Technischen Büro, d. Hrsg.) Die Neukonstruktionen, die vorliegen, warten noch auf ihre Ausführung. Von Krisen kann noch keine Rede sein. Die Firmen Schuler und Weingarten sind die Firmen, die mit uns in scharfem Konkurrenzkampf stehen, um gewisse Aufträge an sich zu reißen. Jedoch der Spezialmaschinenbau ist unser Plus. Verkauf von Pressen sind Verlustgeschäfte. Durch Serienbau von Pressen hoffen wir eine Verbilligung derselben herbeizuführen. Der Pressenbau soll dann evtl. nach Ohligs verlegt werden. Ausschlaggebend sei bei den heutigen Aufträgen die Genauigkeit in der Ausführung der Arbeit. Jeder müsse darauf bedacht sein, das Beste herzugeben.

(Protokoll Betriebsratssitzung 9. Feb. 1954)

Die wussten, dass ich auch Fahrer war bei der Militärregierung und dann sagte der Betriebsleiter: „Sie fahren doch auch?" Ich hatte zu der Zeit auch noch meine Montur von der Militärregierung, die hatte ich ja bezahlt, die durfte ich behalten, die hatte ich immer an. Der Aderholt sagte: „Dann können sie mich fahren, sie sehen doch sauber aus, sie können den Direktor Hölzer fahren." Aber ich musste in den Betrieb, arbeiten. Wenn der Direktor Hölzer weg musste, dann wurde ich angerufen.

(Maschinenarbeiter, Jg. 1912)

Es waren viele von Burg und von Höhrath bei Kieserling. Als ich in der Lehre war, bin ich immer zu Fuß bis zur Krahenhöhe gegangen und von dort aus hatte ich dann eine Wochenkarte bis zur Schwertstraße. Von Burg bis zur Krahenhöhe fahren, so viel Geld, das war nicht drin. Es fuhr eine Straßenbahn, aber das war nicht drin. In der Zeit gingen fast alle zu Fuß. Ein Fahrrad hatte ich nicht, da dachte noch keiner an ein Fahrrad. Heute kommt man mit einem Fahrrad auf die Welt. Später, als ich so 20 war, da habe ich mein erstes Fahrrad bekommen. Dann sind wir natürlich mit dem Rad gefahren.

(Dreher, Jg. 1910)

Die Konkurrenz ist heute sehr groß. Bei dem Opel-Auftrag über 17 Pressen wurde seitens der Bestellerfirma ein ungeheurer Preisnachlass gefordert. Auch bei den Auslandsaufträgen seien Festpreise zugrunde gelegt, das bedeute wiederum Verminderung der Verdienstspanne.

Nicht allein die Lohnerhöhung müssen wir hinnehmen, auch sei mit einer Erhöhung der Materialpreise zu rechnen. Durch die Reklamation KZU/Volkswagen sei für uns ein Schaden

Dienstwagen von Direktor Hölzer um 1955

Parkplatz für Werksangehörige am Birkenweiher im Jahre 1959

Weihnachtsfeier der Revolverdreher um 1955

von ca. DM. 60.000.- entstanden.

Saubere, gewissenhafte Arbeiten eines jeden seien die unbedingte Voraussetzung, um derartige Beanstandungen zu vermeiden.

Betriebsleiter H. Aderhold sagte:

Sämtliche Meister und Vorarbeiter werden in Zukunft über die aufgetretenen Reklamationen in Kenntnis gesetzt, um ihrerseits mitzuhelfen, diese fürs Werk unangenehmen Dinge abzustellen.

Ein besonders schwieriges Kapitel ist die Terminnot. Dieselbe wird wohl auch das ganze Jahr hindurch anhalten, ja sogar zum Jahresende sich noch verstärken. Auftragserteilungen hängen in den meisten Fällen von kurzfristigen Lieferterminen ab.

(Protokoll Betriebsratssitzung 15. Sept. 1954)

(...) gab Herr Dir. Hölzer bekannt, trotz ungeheurer, finanzieller Belastung würde das Kartoffelgeld auch für das Jahr 1954 ausgezahlt. Als Stichtag wurde der 31. August festgelegt. Herr Dir. Hölzer meinte, es würden doch lange nicht mehr so viel Kartoffeln gegessen wie in den vergangenen Jahren. Trotzdem wolle man die Kopfquote für die Erwachsenen beibehalten wie bisher, nur die Kinder bis 6 Jahre sollen unberücksichtigt bleiben, d.h. also: Belegschaftsmitglieder und Ehefrau je 3 Ztr., Kinder über 6 - 14 Jahre 2 Ztr., Lehrlinge des Werkes 3 Ztr.; Preis pro Ztr. DM 8.--

Auszahlung des Kartoffelgeldes erfolgt am Freitag, dem 15. Oktober 1954. Zu bemerken ist, dass die Auszahlungssumme gewaltig ansteigt, z.B. waren 1953 785 Beschäftigte, 1954 850 Beschäftigte. Die als Invaliden ausgeschiedenen Arbeitskameraden H. sen., S. und S. erhalten ebenfalls noch das Kartoffelgeld. (...)

Baden im Betrieb:
Es wurde festgelegt, die Aufsicht im Baderaum von Montag bis Freitag bis 19.30 Uhr zu verlängern. Dann werden die Baderäume geschlossen. Samstag solle der Baderaum bis 18.00 geöffnet bleiben. Herr Dir. Hölzer meint, auch Familienangehörige könnten diese Einrichtung in Anspruch nehmen, denn nicht alle Familien besitzen ein Badezimmer.

Uhrzeit auf der Kontrollkarte:

Hier wurde von Herr Aderhold gesagt:

Allgemein werden von der angezeigten Uhrzeit 15 Minuten in Abzug gebracht. Für Baden wird ½ Stunde in Abzug gebracht. Kontrolle muss hier vom zuständigen Badewärter strengstens durchgeführt werden.

(Protokoll Betriebsratssitzung 8. Okt. 1954)

Eine Anfrage auf eine allgemeine Lohnerhöhung wurde von der Geschäftsleitung als untragbar abgelehnt.

Herr Dir. Hölzer sagte ferner, unsere größte Sorge ist der Fortbestand unseres Werkes. Um der Konkurrenz immer eine Nasenspitze voraus zu sein, hat sich die Geschäftsleitung entschlossen, den Maschinenpark mit den modernsten Bearbeitungsmaschinen zu vervollständigen. Die Kosten hierfür sind ungeheuer.

Auch für Erweiterungsarbeiten des Werkes müssen noch beträchtliche Gelder bereitgestellt werden. Die kleinen Pressen sollen demnächst im Groß-Serienbau hergestellt werden, um die Produktion, die bis jetzt ein Verlustgeschäft war, rentabler zu gestalten.

(Protokoll Betriebsratssitzung 18. März 1955)

„Früher wurde ja bis ein oder zwei Uhr gearbeitet am Heiligabend. Dann machten wir ungefähr um 11.00 Uhr Schluss. Dann wurden die Maschinen geputzt, alles sauber gemacht und dann setzen wir uns in die Abteilungen zusammen. Da hatten wir unsere Bänke, die wurden runtergeklappt. Dann wurde sich dahingesetzt oder erzählt und gesungen. Dann war man fröhlich; der Weihnachtsbaum wurde angesteckt."

(Dreher, Jg.1908)

Lohnerhöhung:

Herr Dir. Hölzer sagte, dass er diesen Tagesordnungspunkt, ohne viel zu diskutieren, ablehnen müsse, mit der Begründung, dass die Geschäftsleitung als Mitglied des Arbeitgeber-Verbandes an die Beschlüsse ihrer Organisation gebunden sei, genau so, wie die

Arbeitnehmerschaft durch die Gewerkschaften ihre Richtlinien erhalte. Alle vorliegenden Aufträge seien zu Festpreisen angenommen. Ein solides Unternehmen könne sich keine Seitensprünge erlauben, um nicht eines Tages vor dem Bankrott zu stehen. Durch die baulichen Veränderungen der Werkshallen wollen wir auf der Höhe unserer Leistungsfähigkeit bleiben. Die Arbeiten müssen eben durchgeführt werden, um mit der Konkurrenz Schritt zu halten. Jedem Belegschaftsmitglied wollen wir einen sicheren Arbeitsplatz schaffen. Ein großer Auftragsbestand ist mit einem großen Risiko verbunden. Materialbeschaffung sowie Eingang von Waren für unsere Maschinen gestaltet sich immer schwieriger. Die Einhaltung der Lieferzeiten für unsere Maschinenaufträge ist dadurch bedroht. Wir müssen alle an einem Strick ziehen, um die Situation zu meistern.

(Protokoll Betriebsratssitzung 30. Aug. 1955)

Neuer Tarif

Zu diesem Tagesordnungspunkt bat der Obmann, Herr Wiemeyer, Herrn Dir. Hölzer um die Stellungnahme der Geschäftsleitung.

Herr Dir. Hölzer sagte, wir können diese Erhöhung nicht verkraften. Wir sind gegenüber der Konkurrenz schon zu teuer. Durch die innerbetrieblichen Verbesserungen, so z.B. neue Werkzeugmaschinen, verbesserte Werkzeuge und Transportverbesserungen sei eine Einkommenserhöhung der Arbeiter um insgesamt 8 % zu verzeichnen.

Die Ausnutzung der verbesserten Einrichtung müsse eine Leistungssteigerung zur Folge haben. Wir müssen jedenfalls ganz scharf rechnen, um konkurrenzfähig zu bleiben. Für 8.000.000.- DM Festpreise sind Aufträge vorhanden, und zwar bis Juli, August 1956.

Das Bauprojekt hinter der Halle 6 ist für den Bau von großen Pressen vorgesehen, da wir bisher hierfür nicht eingerichtet waren. Hier sei gesagt, dass dieses Bauen nicht vom Gewinn, sondern von Vorauszahlungen auf bestellte Maschinen geschieht.

Man kann heute keine Reserven für schlechtere Zeiten sammeln. Eine Erklärung für den ungeheuren Auftrieb der Konjunktur ist nicht zu finden. Von uns aus geschieht alles zum Wohle aller und zur Erhaltung der Arbeitsplätze.

Der Lebensstandard gegenüber früher ist enorm gestiegen. Der Lebensstandard von heute ist jedoch aufgrund der allgemeinen Veränderungen berechtigt. Der Arbeiter hat mitgeholfen, den Staat wieder neu zu formen, er soll dafür auch ernten. (...)

Jedoch Herr von Busse meinte, der frühere Unterschied zwischen Arbeitern und Angestellten in Bezug auf das Einkommen habe sich zu Gunsten der Arbeiter gewaltig verändert.

Herr Dir. Hölzer meinte, die freie Wirtschaft sei die Wirtschaft, die Vorteile schafft. Die Ernährungswirtschaft wisse das und stelle aus diesem Grunde ihre Forderungen. Die Gewerkschaften müssten an maßgeblicher Stelle vorsprechen, um die Preise der Verbrauchsgüter in einem annähernden Rahmen zu halten. Herr Dir. Hölzer sagte, die Geschäftsleitung ist tolerant genug, was wir konnten, haben wir getan.

(Protokoll Betriebsratssitzung 22. Nov. 1955)

Betriebsausflug nach Schmalenberg in Westfalen um 1958. In zwei Sonderzügen fuhren etwa 1.500 Personen mit.

Über die augenblickliche Situation führte Hr. Dir. Hölzer aus:

Die Entwicklung der Welt-Wirtschaftslage könne im Moment überhaupt noch nicht übersehen werden. Auf jeden Fall sei überall eine abwartende Tendenz zu beobachten. Betrieblich gesehen, wird sich in den nächsten Monaten eine Lücke zeigen, die nur mit den äußersten Anstrengungen aller überwunden werden kann. Jedoch bestehe die Hoffnung, dass sich gegen Jahresmitte die Lage etwas bessert, da verschiedene Neukonstruktionen ein reges Interesse bei der Kundschaft hervorrufen. Es sei die vornehmste Aufgabe der Geschäftsleitung,

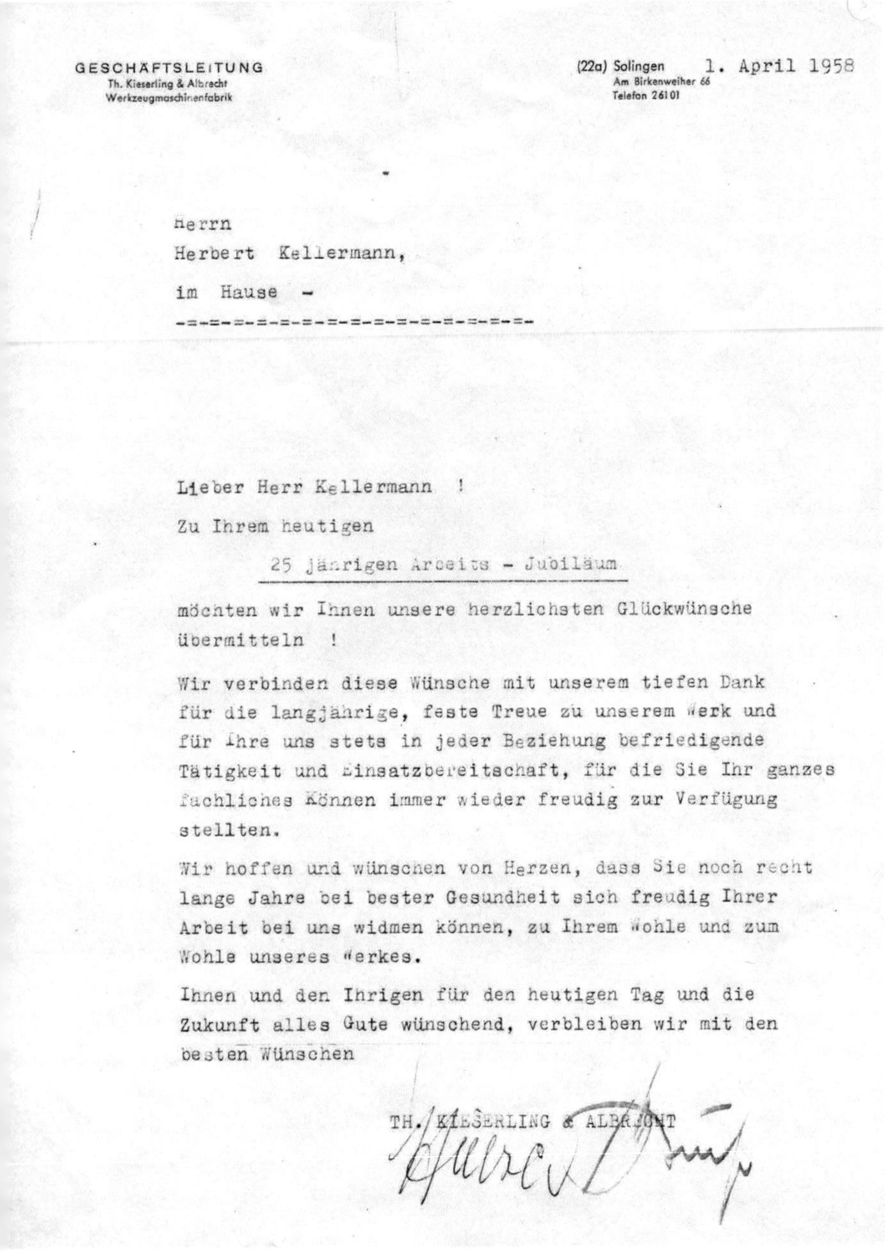
GESCHÄFTSLEITUNG
Th. Kieserling & Albrecht
Werkzeugmaschinenfabrik

(22a) Solingen 1. April 1958
Am Birkenweiher 66
Telefon 26101

Herrn
Herbert Kellermann,
im Hause -

Lieber Herr Kellermann !

Zu Ihrem heutigen

25 jährigen Arbeits - Jubiläum

möchten wir Ihnen unsere herzlichsten Glückwünsche übermitteln !

Wir verbinden diese Wünsche mit unserem tiefen Dank für die langjährige, feste Treue zu unserem Werk und für Ihre uns stets in jeder Beziehung befriedigende Tätigkeit und Einsatzbereitschaft, für die Sie Ihr ganzes fachliches Können immer wieder freudig zur Verfügung stellten.

Wir hoffen und wünschen von Herzen, dass Sie noch recht lange Jahre bei bester Gesundheit sich freudig Ihrer Arbeit bei uns widmen können, zu Ihrem Wohle und zum Wohle unseres Werkes.

Ihnen und den Ihrigen für den heutigen Tag und die Zukunft alles Gute wünschend, verbleiben wir mit den besten Wünschen

TH. KIESERLING & ALBRECHT

Glückwunschschreiben der Geschäftsleitung für einen Jubilar aus dem Jahre 1958

den Betriebsangehörigen ihren Arbeitsplatz zu erhalten, was mit erheblichen Aufwendungen verbunden ist. Deshalb bedaure man, keinen anderen Vorschlag machen zu können.

Herr N. N. vom Betriebsrat führte aus:

Von Seiten des Betriebsrates könne die Situation doch nicht so schwarz gesehen werden, da wir, wie andere Betriebe schon lange Zeit, erst jetzt 45 Stunden arbeiten und die Auslieferung unserer Produktion noch Überstunden erfordert.

Herr Dir. Hölzer entgegnete hierauf, dass man dies nicht als Maßstab nehmen dürfe, sondern die Ursache in der zum größten Teil sehr kurzen Lieferzeit liegt, wir aber andererseits die Aufträge nicht bekommen würden.

Herr N. N. brachte dann zum Ausdruck, dass es der Wunsch und auch Wille des Betriebsrates sei, die Geschäftsleitung in der Erledigung der Aufträge zu unterstützen und auch seinerseits die vornehmste Aufgabe darin sehe, den Belegschaftsmitgliedern ihre Arbeitsplätze zu erhalten.

(Protokoll Betriebsratssitzung 17. Jan. 1958)

Herr N. N. vom Betriebsrat wies darauf hin, dass im letzten halben Jahr 60 Belegschaftsmitglieder das Werk verlassen haben, da sie in anderen Firmen mehr verdienen können.

(Protokoll Betriebsratssitzung 16. Juli 1958)

Es wurde darauf hingewiesen, dass eine Reihe von Reklamationen, hervorgerufen durch schlechte Werkstattarbeit, unter allen Umständen hätte vermieden werden können. Der Betriebsrat wurde gebeten, doch mitzuhelfen, dass auch in dieser Hinsicht die Firma konkurrenzfähig bleibe und dadurch der Arbeitsplatz gesichert werde. (...)

Zu den Reklamationen wies der Betriebsrats-Vorsitzende darauf hin, dass der Betriebsrat selbst das allergrößte Interesse habe, durch Qualitätsarbeit den Arbeitsplatz der Belegschaft zu erhalten und sicherte der Geschäftsleitung seine volle Unterstützung zu. Gleichzeitig machte er aber auch darauf aufmerksam, dass sich die Zahl der Hilfsarbeiter beträchtlich reduziert habe und durch diese Tatsache dem Betrieb die Produktion wesentlich erschwert würde.

Der Betriebsrat stellte in diesem Zusammenhang den Antrag, das gesamte System in der Montage zu ändern, und zwar insofern, dass von Akkord- auf Stundenlohn überzugehen ist. Man sieht hierin auf die Dauer einen großen Vorteil, der allen zugute kommt.

Von der Geschäfts- und Betriebsleitung wurde diesem Antrag jedoch nicht stattgegeben. Man wies darauf hin, dass die Montage die Gesch.Ltg. durch erstklassige Werkstattarbeit veranlassen könne, über dieses Thema zu einem späteren Zeitpunkt erneut zu sprechen.

(Protokoll Betriebsratssitzung 30. Sept. 1958)

nicht entschließen könne, die Montage in den Stundenlohn zu nehmen. Die Betriebsleitung solle mit der Montage alle strittigen Fragen besprechen und Mängel abstellen.

Der Betriebsrat erklärte, dass man schon jahrelang über dieses Thema spreche, dass sich bisher aber nichts geändert habe. Es liege ein Antrag der Montage vor und da die Geschäftsleitung diesen abgelehnt habe, müsse man nun einen zweiten Antrag stellen. Die Abteilung Montage bittet um Überprüfung, ob ihre Tätigkeit akkordfähig sei. Wenn sich innerbetrieblich keine Einigung ergebe, sollen Experten der Tarifparteien zugezogen werden. Diesem Antrag stimmte die Geschäftsleitung zu. Herr Dir. Hölzer hoffte, dass es gelingen möge, die Angelegenheit schnellstens innerbetrieblich zur Zufriedenheit der Montage zu klären.

(Protokoll Betriebsratssitzung 25. Aug. 1959)

Die Abteilung Montage bittet die Geschäftsleitung, eine andere Entlohnungsmethode einzuführen, da die Schlosser der Meinung sind, die jetzt übliche und mögliche Arbeitsweise sei unter Akkordbedingungen nicht zumutbar.

Sowohl Geschäfts- als auch Betriebsleitung vertraten die Meinung, dass bei Stundenlohnsystem das Programm und damit die Produktion gefährdet seien; das könne dem gesamten Betrieb großen Schaden zufügen. Die Geschäftsleitung sei überzeugt davon, dass der größte Teil der Schlosser fleißig und zuverlässig sei, dass aber gerade für die jugendlichen Arbeiter der Akkord ein wesentlicher Erziehungsfaktor zu korrekter Arbeitsleistung sei und sie sich deshalb

Die Fertigung verlangte höhere Genauigkeit. Wir bauten ja da schon Maschinen beispielsweise für die Mutternfertigung usw., Maschinen mit ungeheurer Geschwindigkeit. Damals war die Durchlaufzeit für eine Schraube oder Mutter, die war damals sehr kurz geworden. Dadurch entstanden Dinge, die ja auch die Arbeitsvorbereitung nicht so in den Griff bekam. Der Konstrukteur neigt dazu zu sagen:

„Wenn wir das so genau machen, dann ist das für mich gerade gut genug." Der Arbeitsvorbereiter sagt: „Mann, wenn wir das so machen wollen, dann muss der ja noch einen Arbeitsgang zusätzlich machen." Der Mann an der Maschine sagt: „Verdammt noch mal, so kann es nicht weitergehen."

Bohrwerksdreher bei der Bearbeitung eines Körpers für eine Felgenanlage. Ein Schnappschuss aus den 1960er Jahren.

Da gibt es auch Differenzen, dass man dann von der Betriebsleitung her auch schon mal über die Arbeitsvorbereitung einen Stab haben muss, der dann sagt: „Herr Konstrukteur, so ist das doch nicht möglich." Also war wieder jemand notwendig, der dann auch eine Kommunikation mit der Konstruktion machen musste, das ging meistens vom Meister aus, der ja die Schwierigkeiten mit den Leuten hatte. Als nächstes kam noch, dass der Mann, der die Maschine zusammenbaute, genauso umdenken musste. Der konnte nicht mehr sagen: „Die Welle soll zwar etwas schließend da reingehen, das ist etwas sehr locker, aber ich bau die rein." Das war die nächste Station, dass der Mann in der Montage sagen müsste: „Ich bau die nicht rein."

Es musste also ein umfangreiches Kontrollwesen eingesetzt werden, so dass die Kontrolle erweitert werden musste. Also musste eine Kontrolle her, eine etwas aufwendigere Kontrolle. Das sind alles Probleme, die kommen alle hintereinander; aber in kurzfristigen Abständen, so dass man damals in der Zeit richtig ins Schleudern kam. Für die Kontrolle konnte man keinen von der Straße nehmen, dafür brauchte man schon einen Fachmann. Wenn man also 10 Fachleute zur Verfügung hatte, kamen zwei Mann an die Maschine, zwei Mann in die Arbeitsvorbereitung, zwei Mann in die Kontrolle und zwei Mann machten etwas anderes. Man konnte mit den 10 Leuten kein Loch stopfen, es gab eine ganze Reihe Löcher. (...)

Damit ist das Wort „Kontrolle" gefallen, aber noch nicht ausgestanden. Was wird alles benötigt für die Kontrolle? Messwerkzeuge, um innen und außen zu messen. Dann ging das Theater los. Nun hatte man, angefangen von dem Durchmesser bis zu dem Durchmesser, 50 verschiedene Größen; nun musste man 50 solche und 50 solche Werkzeuge haben. Die mussten auch gekauft werden. (...)

Um nun nicht die Kontrolle so irrsinnig aufzublähen, werden wir den Mann an der Maschine dafür, dass er nun gute Arbeit leistet, honorieren, indem wir ihm sagten: „Du bekommst pro Stunde soundso viel mehr, dafür verlangen wir, dass du gute Arbeit leistest.

Und wenn da einmal ein Fehler aufgedeckt wird, dann heben wir noch den Finger hoch, beim zweiten oder dritten Mal wird das Geld abgezogen.

Das waren so Dinge, um nicht direkt in die Flut der Genauigkeit hereinzukommen. Zur Genauigkeit gehört eine genaue Maschine, genaues Werkzeug und ein Mann, der Sinn hat für Genauigkeit.

(Technischer Angestellter Jg. 1912)

Aufnahme einer fertig montierten Spindelpresse. Zum Größenvergleich wurde ein Arbeiter auf das Bild genommen. Die Aufnahme entstand vermutlich Ende der 1920er Jahre.

"Langjährige Erfahrungen - Große Erfolge"
Zur Geschichte des Produktionsprogramms

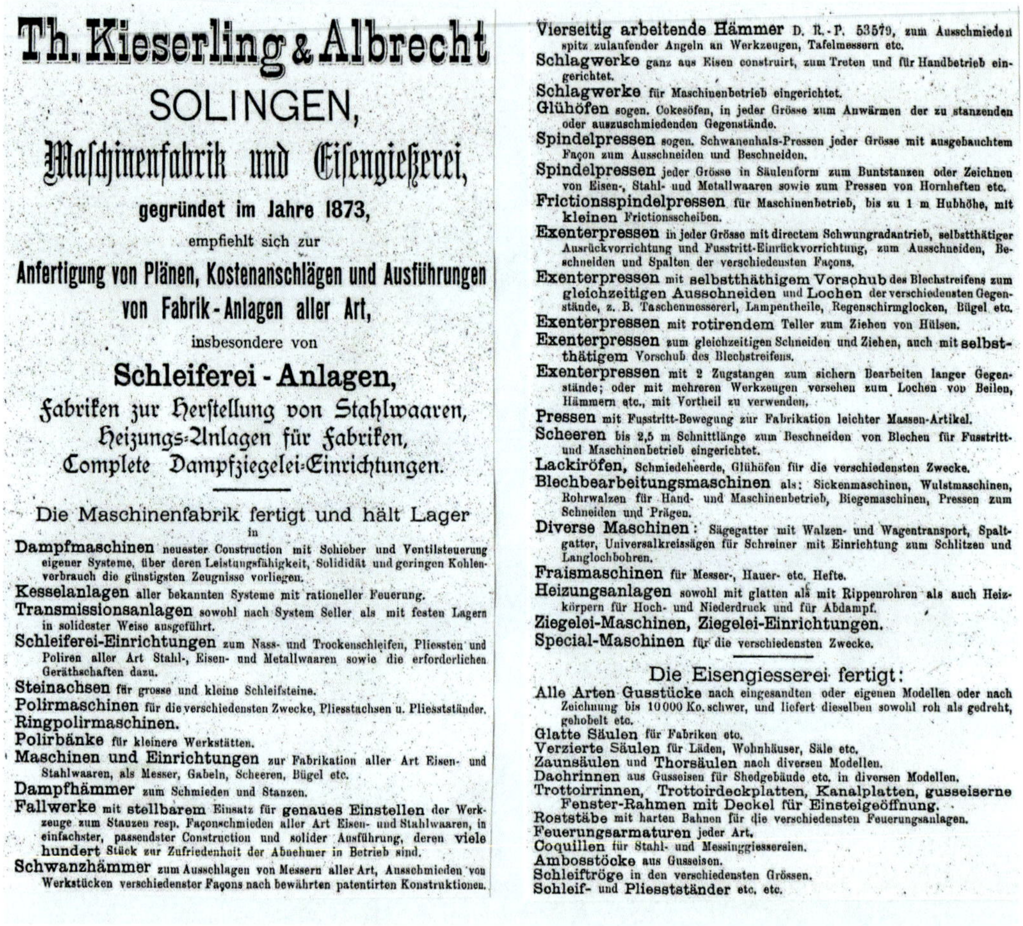

Th. Kieserling & Albrecht

SOLINGEN,

Maschinenfabrik und Eisengießerei,

gegründet im Jahre 1873,

empfiehlt sich zur

Anfertigung von Plänen, Kostenanschlägen und Ausführungen von Fabrik-Anlagen aller Art,

insbesondere von

Schleiferei-Anlagen,

Fabriken zur Herstellung von Stahlwaaren,
Heizungs-Anlagen für Fabriken,
Complete Dampfziegelei-Einrichtungen.

Die Maschinenfabrik fertigt und hält Lager in

Dampfmaschinen neuester Construction mit Schieber und Ventilsteuerung eigener Systeme, über deren Leistungsfähigkeit, Solididät und geringen Kohlenverbrauch die günstigsten Zeugnisse vorliegen.
Kesselanlagen aller bekannten Systeme mit rationeller Feuerung.
Transmissionsanlagen sowohl nach System Seller als mit festen Lagern in solidester Weise ausgeführt.
Schleiferei-Einrichtungen zum Nass- und Trockenschleifen, Pliessten und Poliren aller Art Stahl-, Eisen- und Metallwaaren sowie die erforderlichen Geräthschaften dazu.
Steinachsen für grosse und kleine Schleifsteine.
Polirmaschinen für die verschiedensten Zwecke, Pliesstachsen u. Pliessständer.
Ringpolirmaschinen.
Polirbänke für kleinere Werkstätten.
Maschinen und Einrichtungen zur Fabrikation aller Art Eisen- und Stahlwaaren, als Messer, Gabeln, Scheeren, Bügel etc.
Dampfhämmer zum Schmieden und Stanzen.
Fallwerke mit **stellbarem** Einsatz für **genaues Einstellen** der Werkzeuge zum Stanzen resp. Façonschmieden aller Art Eisen- und Stahlwaaren, in einfachster, passendster Construction und solider Ausführung, deren **viele hundert** Stück zur Zufriedenheit der Abnehmer in Betrieb sind.
Schwanzhämmer zum Ausschlagen von Messern aller Art, Ausschmieden von Werkstücken verschiedenster Façons nach bewährten patentirten Konstruktionen.
Vierseitig arbeitende Hämmer D. R.-P. 53579, zum Ausschmieden spitz zulaufender Angeln an Werkzeugen, Tafelmessern etc.
Schlagwerke ganz aus Eisen construirt, zum Treten und für Handbetrieb eingerichtet.
Schlagwerke für Maschinenbetrieb eingerichtet.
Glühöfen sogen. Cokesöfen, in jeder Grösse zum Anwärmen der zu stanzenden oder auszuschmiedenden Gegenstände.
Spindelpressen sogen. Schwanenhals-Pressen jeder Grösse mit ausgebauchtem Façon zum Ausschneiden und Beschneiden.
Spindelpressen jeder Grösse in Säulenform zum Buntstanzen oder Zeichnen von Eisen-, Stahl- und Metallwaaren sowie zum Pressen von Hornheften etc.
Frictionsspindelpressen für Maschinenbetrieb, bis zu 1 m Hubhöhe, mit **kleinen** Frictionsscheiben.
Exenterpressen in jeder Grösse mit directem Schwungradantrieb, selbstthätiger Ausrückvorrichtung und Fusstritt-Einrückvorrichtung, zum Ausschneiden, Beschneiden und Spalten der verschiedensten Façons.
Exenterpressen mit **selbstthäthigem Vorschub** des Blechstreifens zum **gleichzeitigen Ausschneiden** und **Lochen** der verschiedensten Gegenstände, z. B. Taschenmessererl, Lampentheile, Regenschirmglocken, Bügel etc.
Exenterpressen mit **rotirendem** Teller zum Ziehen von Hülsen.
Exenterpressen zum gleichzeitigen Schneiden und Ziehen, auch mit **selbstthätigem** Vorschub des Blechstreifens.
Exenterpressen mit 2 Zugstangen zum sichern Bearbeiten langer Gegenstände; oder mit mehreren Werkzeugen versehen zum Lochen von Beilen, Hämmern etc., mit Vortheil zu verwenden.
Pressen mit Fusstritt-Bewegung zur Fabrikation leichter Massen-Artikel.
Scheeren bis 2,5 m Schnittlänge zum Beschneiden von Blechen für Fusstritt- und Maschinenbetrieb eingerichtet.
Lackiröfen, Schmiedeheerde, Glühöfen für die verschiedensten Zwecke.
Blechbearbeitungsmaschinen als: Sickenmaschinen, Wulstmaschinen, Rohrwalzen für Hand- und Maschinenbetrieb, Biegemaschinen, Pressen zum Schneiden und Prägen.
Diverse Maschinen: Sägegatter mit Walzen- und Wagentransport, Spaltgatter, Universalkreissägen für Schreiner mit Einrichtung zum Schlitzen und Langlochbohren.
Fraismaschinen für Messer-, Hauer- etc. Hefte.
Heizungsanlagen sowohl mit glatten als mit Rippenrohren als auch Heizkörpern für Hoch- und Niederdruck und für Abdampf.
Ziegelei-Maschinen, Ziegelei-Einrichtungen.
Special-Maschinen für die verschiedensten Zwecke.

Die Eisengiesserei fertigt:

Alle Arten Gusstücke nach eingesandten oder eigenen Modellen oder nach Zeichnung bis 10 000 Ko. schwer, und liefert dieselben sowohl roh als gedreht, gehobelt etc.
Glatte Säulen für Fabriken etc.
Verzierte Säulen für Läden, Wohnhäuser, Säle etc.
Zaunsäulen und **Thorsäulen** nach diversen Modellen.
Dachrinnen aus Gusseisen für Shedgebäude etc. in diversen Modellen.
Trottoirrinnen, Trottoirdeckplatten, Kanalplatten, gusseiserne Fenster-Rahmen mit Deckel für Einsteigeöffnung.
Roststäbe mit harten Bahnen für die verschiedensten Feuerungsanlagen.
Feuerungsarmaturen jeder Art.
Coquillen für Stahl- und Messinggiessereien.
Ambosstöcke aus Gusseisen.
Schleiftröge in den verschiedensten Grössen.
Schleif- und **Pliesstständer** etc. etc.

Anzeige der Fa. Th. Kieserling & Albrecht in Morsbachs Solinger Adressbuch von 1884

Die Gründung der Fa. Th. Kieserling & Albrecht zu Beginn der 1870er Jahre erfolgte unter günstigen Rahmenbedingungen. Nicht nur, dass die auf jahrhundertealte Traditionen zurückblickende, am Ort dominante Schneidwarenindustrie ein großes Potential qualifizierter handwerklich geschulter Arbeitskräfte bereithielt, zugleich bot sie aufgrund der einsetzenden Mechanisierung des Schmiedesektors wachsende Absatzmöglichkeiten. Diese Voraussetzungen trafen im Übrigen auf die gesamte Bergische Kleineisenindustrie zu.

An der Entwicklung des Produktionsprogramms der Fa. Kieserling lässt sich die fortschreitende Industrialisierung der Solinger Industrieregion ablesen. Gemäß den Anzeigen im Solinger Adressbuch war das Programm um 1884 noch relativ breit angelegt. Neben den Hammermaschinen und Pressen für den Schmiedebereich scheinen auch die Ausrüstungen für Schleifereibetriebe eine gleichwertige Rolle zu spielen. Daneben wurden sogar Klempnerwerkzeugmaschinen und Gerbereieinrichtungen angeboten. Offenbar bot der Markt für Schmiedemaschinen der verschiedensten Art noch keine hinreichenden Absatzmöglichkeiten. Die Gründungswelle der Gesenkschmieden stand erst am Anfang. Die Anfertigung von Gussfenstern und Säulen in der Eisengießerei der Fa. Th. Kieserling & Albrecht war gezielt auf den zukunftsträchtigen Markt ausgerichtet, den das Voranschreiten des Fabriksystems bot. Überhaupt war die Eisengießerei, in der vom Kanaldeckel über Parkbänke bis zum Baumaschinenkipper alle denkbaren Gussteile hergestellt wurden, besonders in der Anfangsphase ein wichtiges Standbein des Unternehmens. Sie wurde erst im Jahre 1980 geschlossen.

Auch wenn die Aufstellung des Produktionsprogramms an sich noch keine Aussage über die relative Bedeutung der einzelnen Maschinen erlaubt, drängt sich beim Vergleich der ersten Anzeigen mit denjenigen der 1890er Jahre der Verdacht auf, dass die Firma nun ihren Schwerpunkt eindeutiger im Bereich der Schmiedemaschinen festgelegt hat. Während die Klempnereimaschinen weitgehend aus dem Programm gestrichen sind, werden zwar weiterhin auch Schleifereieinrichtungen angeboten; die Anlagen zur Ausstattung von Gesenkschmieden - von der Dampfmaschine über die Fallhämmer bis zu diversen Pressen - sind jedoch absolut dominierend. Besonders der Pressenbau scheint sich bis zum Ersten Weltkrieg zu einer Spezialität der Fa. Th. Kieserling & Albrecht entwickelt zu haben. Während der Einsatz von Fallhämmern bei aller Expansion relativ begrenzt war und weiterhin an die Dampfmaschine als Antriebskraft gebunden blieb, waren die universeller einsetzbaren Pressen seit der Elektrifizierung der Solinger Industrieregion auch in kleineren Werkstätten gebräuchlich. Häufig wurden die Spindel-Pressen auch noch von Hand angetrieben.

AUSGEGEBEN DEN 23. SEP

KAISERLICHES PATENTAMT.

PATENTSCHRIFT

— № 36774 —

KLASSE 49: MECHANISCHE METALLBEARBEITUNG.

TH. KIESERLING & ALBRECHT IN SOLINGEN.

Drehhämmer mit besonderer Achsen- und Prellfeder-Lagerung.

Patentirt im Deutschen Reiche vom 29. December 1885 ab.

Das Hammergerüst *A* des neuen Hammers besteht aus einem einzigen Stück. Die Daumenachse *B* läuft bei diesem Hammer in einer Vertiefung *C*, um einer Verschleuderung des Schmiermaterials vorzubeugen und die Schmierung der Daumen *D* in leichter Weise zu ermöglichen. Die Seitenständer *F* und F_1, zwischen welchen der Hammerstiel *E* sich bewegt, sind ebenfalls angegossen, und es ist dem Ganzen durch geeignete Rippen der nöthige Halt gegeben.

Die Chabotte *b* steht mit dem Hammergerüst nicht in directer Verbindung, sondern ist lose vor demselben auf dem Holzgerüst *c* verschraubt, welches dem Ganzen als Fundament dient und direct ohne weiteres Fundament auf festgestampftem Boden aufgestellt werden kann.

Die Hammerhülse wird durch zwei gufseiserne Schuhe *G* und G_1 gebildet, welche den Hammerstiel *E* umfassen und mit Schrauben an demselben befestigt sind. Die Schuhe tragen zwei halbkugelförmig ausgedrehte harte Stahlpfannen, mit welchen dieselben auf zwei halbkugelförmig gedrehten Schraubenspitzen laufen. Letztere sitzen in zwei Lagerstücken *H* und *H*, welche sowohl auf und nieder, sowie in der Längsrichtung des Hammerstieles mit Schrauben verstellt werden können und aus Stahlgufs angefertigt sind. Ferner ist zur Hubbegrenzung des Hammers eine Holzfeder *I* über dem Hammerstiel *E* angebracht, wodurch die Reibung in den Hülsenlagern noch mehr vermindert und der Stofs, welcher beim Aufschlagen des Stieles auf die Feder im Hammer entsteht, bedeutend reducirt wird, da derselbe sich nicht mehr durch die Hülsenlager auf das Schwanzende des Stieles und von hier auf die Feder überträgt, sondern direct vom Hammerstiel auf die Feder übergeht. Die Holzfeder *I* ist in den schmiedeisernen Gerüsten *K K* befestigt, welche am Hauptkörper verschraubt sind.

Das genauere Einstellen der Feder geschieht auf leichte Weise mittelst Unterlagen bei *L*.

PATENT-ANSPRUCH:

Ein Drehhammer, bei welchem sowohl die Drehachse *G* des Holmes, als auch die Daumenantriebswelle *B* in dem gufseisernen, aus einem Stück bestehenden Hauptgerüst *A* gelagert sind, während die den Hammerhub begrenzende Holzfeder *I* von einem mit dem Gestell *A* zusammengeschraubten schmiedeisernen Gerüst *K* getragen wird.

Hierzu 1 Blatt Zeichnungen.

BERLIN. GEDRUCKT IN DER REICHSDRUCKEREI

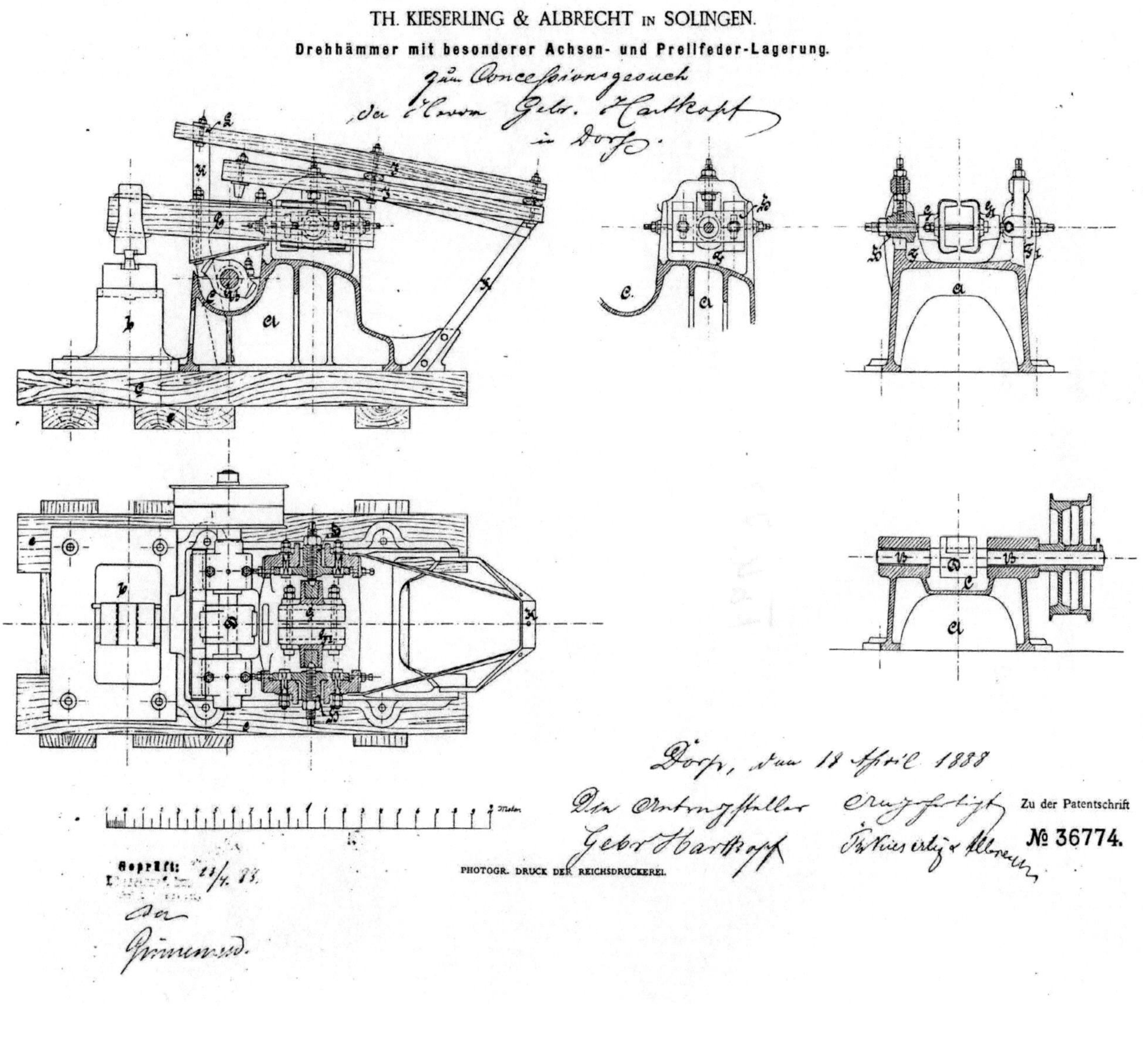

Patentschrift eines Drehhammers inklusive technischer Zeichnung aus dem Jahre 1885

Th. Kieserling & Albrecht

Solingen. 16

Maschinenfabrik und Eisengiesserei.

Fernsprecher Nr. 112. — Telegramm-Adresse: Kieserling-Solingen.

Specialitäten seit 1873:

Dampfmaschinen

neuester Construction mit Schieber- und Ventilsteuerung eigener Systeme.

Kessel-Anlagen

aller bekannten Systeme mit rationeller Feuerung.

Moderne Transmissionsanlagen mit Oelsparlager.

Schleiferei-Einrichtungen.

Sämmtliche Maschinen zur Stahl- und Eisenwaaren-Fabrikation

als:

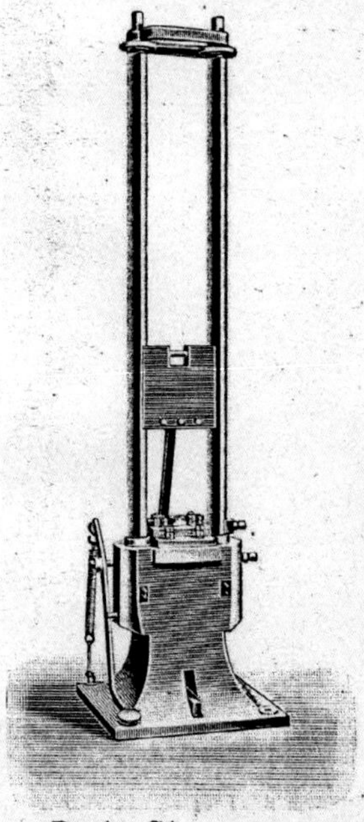

Fallwerke,
Schwanz-
hämmer, Vier-
schlaghämmer
zum Anspitzen
von Angeln an
Werkzeugen,
Tafelmessern
etc.

Pressen
vieler Systeme.

Scheeren.

**Blech-
bearbeitungs-
maschinen.**

**Ziegelei-
maschinen**
etc.

Beste Strangpressen-Mundstücke, Patent Nr. 118677 etc. etc.

Die **Giesserei** liefert Gussstsücke aller Arten nach Bedarf bis zu 10 000 Kilo Einzelgewicht in sauberster Ausführung.

Schnelle und gute Bedienung.

Entwürfe und Kostenanschläge für jegliche Neuanlage zu Diensten.

Anzeige der Fa. Th. Kieserling & Albrecht in Morsbachs Solinger Adressbuch von 1901

2. Anzeige der Fa. Th. Kieserling & Albrecht in Morsbachs Solinger Adressbuch von 1901

Anhand der im Stadtarchiv Solingen aufbewahrten Gewerbekonzessionsakten lassen sich die Hersteller von Hammer- bzw. Maschinenanlagen im Solinger Industriegebiet exakt ermitteln.[1] Eine quantitative Untersuchung für den Zeitraum von etwa 1870 bis 1930 ergab, dass neben der Firma Kieserling nur sehr wenige (zwölf) Anbieter auftraten, von denen allein die erheblich kleinere Solinger Firma Carl Müller als nennenswerter Mitbewerber anzusehen war. Die Fa. Th. Kieserling & Albrecht war in jeder Hinsicht, zu jedem Zeitpunkt und in jedem heutigen Stadtteil mit Abstand führend. In den zwei Jahrzehnten zwischen 1890 und 1910 - der Blütephase der Solinger Industrie - wird die Fa. Kieserling in nicht weniger als 299 Fällen als Hersteller von neukonzessionierten Maschinen- oder Hammeranlagen genannt. Die Fa. Müller brachte es im gleichen Zeitraum immerhin auf 164 Nennungen, wobei der jeweilige Umfang der Aufträge hier nicht in Rechnung gestellt ist. Insgesamt wurden etwa 50 Prozent der Maschinenanlagen, die gemäß der Konzessionsakten zwischen 1890 und 1910 durch die nennenswerten 13 Hersteller in Solingen aufgestellt wurden, von der Fa. Th. Kieserling & Albrecht geliefert.[2]

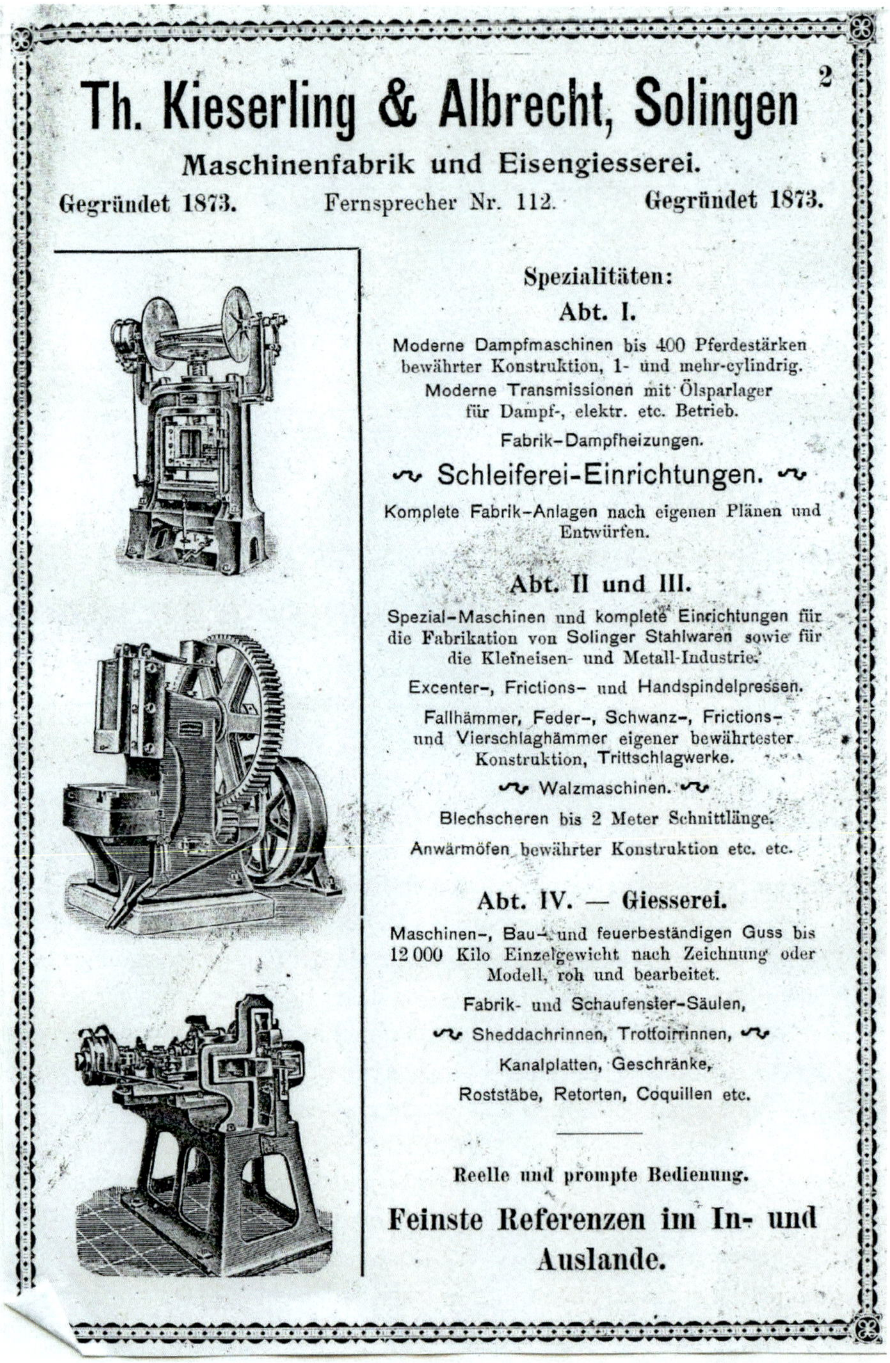

Anzeige der Fa. Th. Kieserling & Albrecht in Morsbachs Solinger Adressbuch von 1905

Th. Kieserling & Albrecht

Maschinenfabrik und Eisengießerei

Fernsprecher Nr. 112 u. 2022 — **Solingen** — Gegründet 1873

Abteilung: Maschinenfabrik

Exzenter-, Friktions-, und **Handspindel-Pressen, Fallhämmer,** Feder-, Breit-, Friktions- und Vierschlaghämmer eigener, bewährtester Konstruktion · Trittschlagwerke, Handschlagwerke, Walzmaschinen, Blechscheren; Anwärmöfen

Spezialmaschinen und komplette Einrichtungen für die Fabrikation von Stahlwaren, sowie für die Kleineisen- und Metallindustrie, **Transmissionen,** Fabrik-Dampfheizungen

Abteilung: Eisengießerei

Maschinen-, Bau- und Feuerbeständiger Guß bis 15000 kg Einzelgewicht nach Zeichnung oder Modell, roh oder bearbeitet.

Exzenterpresse
mit in der Höhe verstellbarem Tisch.

1

Anzeige der Fa. Th. Kieserling & Albrecht in Morsbachs Solinger Adressbuch von 1913/14

Riemenfallhammer
Modell FH mit festem
Stahleinsatz.

Riemenfallhämmer

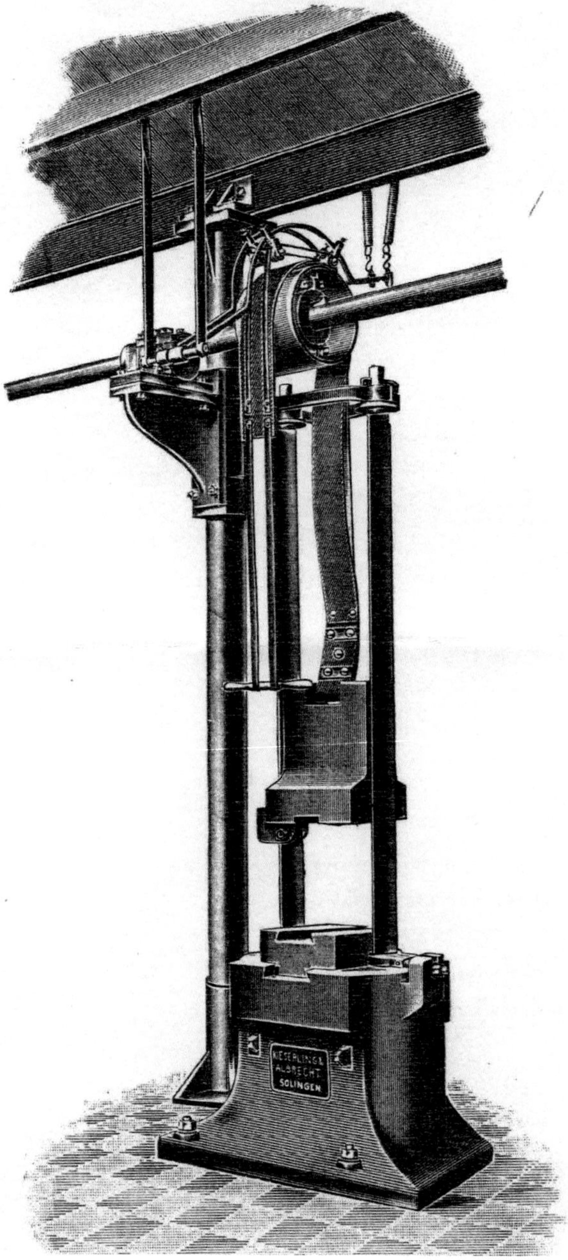

In dem Katalog, dem die Darstellung entnommen ist, heißt es: „Die unentbehrlichste Maschine in Gesenkschmiedereien sind wohl die Fallhämmer. Da sie sich für alle vorkommenden Schmiedearbeiten, wie Recken, Lochen, Breiten, Stauchen, Gesenkschlagen u.s.w., eignen, so haben sie in Stanz- und Hammerwerken überall Eingang gefunden. Sie sind aber auch in Waffen- und Waggonfabriken sowie Eisenbahnwerkstätten und sonstigen Kleineisenzeug- und Werkzeugfabriken unentbehrlich geworden. Die Hauptbedingung, um gute und gleichmäßig geschlagene Waren zu erzielen, ist beim Fallhammer die genaue Führung des Bären und die sichere, präzise Einstellung und Befestigung der Führungsstangen, worauf wir beim Bau unserer Fallwerke den größten Wert legen. Durch über 40jährige Erfahrung im Fallhammerbau haben wir die Konstruktion derselben so vervollkommnet, dass sie den höchsten Anforderungen standhalten. Bei Neuanlagen stehen wir gern jederzeit mit unserem Rat und kostenloser Ausarbeitung von Projekten zur Verfügung."

KAISERLICHES PATENTAMT.

AUSGEGEBEN DEN 11. DEZEMBER 1911.

PATENTSCHRIFT

— № 241759 —

KLASSE 63 d. GRUPPE 6. 8.

THEODOR KIESERLING IN SOLINGEN.

Abnehmbarer Felgenkranz für Fahrzeugräder.

Patentiert im Deutschen Reiche vom 13. Juni 1909 ab.

Die Erfindung bezieht sich auf einen abnehmbaren Felgenkranz, an dessen Innenumfang Zapfen befestigt sind, die mit den äußeren Speichenenden vereinigt sind.

Die Erfindung besteht darin, daß die Zapfen des abnehmbaren Felgenkranzes und die Enden der in der Nabe starr befestigten Speichen kegelförmig gestaltet sind und durch je eine an den Speichen entlang verschiebbare Muffe oder Hülse zusammengehalten werden, deren Innenumfang den Felgenzapfen und Speichenenden entsprechend kegelförmig ausgebildet ist. Die Berührungsflächen der Zapfen und Speichenenden sind dabei derart ausgebildet, daß sie auf einem Kegelmantel liegen.

Durch diese Anordnung wird der Vorteil erreicht, daß der Felgenkranz durch Verschieben der Hülsen auf den Speichen nach außen hin nicht nur fest mit den Speichen vereinigt wird, sondern auch gegenüber dem inneren Radteil genau zentriert wird. Weiterhin werden alle tragenden Teile durch die Hülse vollständig umschlossen, so daß die Verbindung vor Straßenschmutz geschützt ist.

Fig. 1 der Zeichnung zeigt das zusammengesetzte Rad in Ansicht mit einem Querschnitt der Verbindungsstelle.

Fig. 2 und 3 sind Querschnitte durch das Rad.

Die in der Nabe befestigten Speichen *a* reichen nicht ganz bis an den Innenumfang des Felgenkranzes und stehen den Zapfen *b* gegenüber, die an dem auswechselbaren Felgenkranz vorgesehen sind. Die äußeren Enden der Speichen *a* sind von Metallbüchsen *f* umgeben, um eine Zerstörung der Speichenenden zu verhindern. Diese Büchsen *f* sind in gleicher Weise wie die an der Felge sitzenden Zapfen *b* kegelförmig gestaltet, und zwar derart, daß die Außenflächen von *b* und *f* auf einem gemeinsamen Kegelmantel liegen, dessen Achse in der Mittellinie der Speichen liegt. Weiterhin liegen die Berührungsflächen der Zapfen *b* und der Speichenbüchsen *f* gemäß der Erfindung auf einem Kegelmantel, dessen Achse mit der Radachse zusammenfällt.

Die Vereinigung der Zapfen des Felgenkranzes mit den Speichenenden erfolgt durch eine an den Speichen entlang verschiebbare Hülse oder Muffe *g*, deren Innenfläche kegelförmig gestaltet ist, so daß sie sich auf die Speichenenden *f* und Zapfen *b* aufschieben läßt. Soll der Felgenkranz befestigt werden, so werden die Zapfen *b* den Speichenbüchsen *f* gegenübergestellt. Durch Bewegung der Muffen *g* mittels eines Hammers o. dgl. nach außen gleiten die Berührungsflächen der Zapfen und Speichen aufeinander, wodurch bewirkt wird, daß der Felgenkranz gegenüber dem inneren Radteil allmählich sowohl in achsialer wie radialer Richtung zentriert wird.

Die Muffen *g* können durch beliebige Vorrichtungen (Splinte) in ihrer Lage gesichert werden.

PATENT-ANSPRUCH:

Abnehmbarer Felgenkranz für Fahrzeugräder mit am Innenumfang angeordneten Zapfen, die mit den äußeren Speichenenden vereinigt sind, dadurch gekennzeichnet, daß die Zapfen *(b)* des abnehmbaren Felgenkranzes und die Enden der in der Nabe starr befestigten Speichen *(a)* kegelförmig gestaltet sind und durch eine an den Speichen entlang verschiebbare Muffe *(g)* zusammengehalten werden, deren Innenfläche gleichfalls kegelförmig ausgebildet ist, und daß die Berührungsflächen der Zapfen und Speichenenden auf einem Kegelmantel liegen.

Zu der Patentschrift **241759**

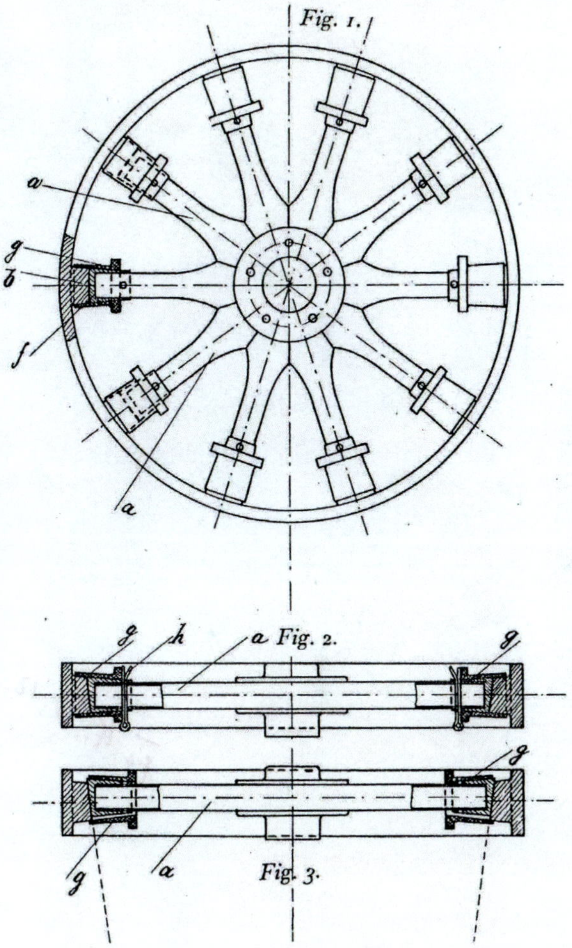

PHOTOGR. DRUCK DER REICHSDRUCKEREI.

Patentschrift für einen abnehmbaren Felgenkranz für Fahrzeugräder aus dem Jahre 1911 inklusive technischer Zeichnung,

Westflügel des Verwaltungsgebäudes der Fa. Kieserling im Jahre 1932. Im Erdgeschoss befand sich ein Ausstellungsraum für kleinere Maschinen.

Die Mechanisierung der Solinger Schneidwarenindustrie allein bot trotz dieser führenden Position auf dem lokalen Markt keinen ausreichenden Absatzmarkt für die inzwischen auf eine Belegschaft von mehr als einhundert Beschäftigten angewachsene Firma. Insofern lag es nahe, die Produktion zusätzlich auf die nicht nur in Solingen seit den 1880er Jahren expandierende Metallindustrie auszurichten. Besonders die Rohr- und Stangenziehereien und die damit verbundenen Fahrradteilefabriken boten sich hierbei als Absatzmarkt an. Aus dem Jahre 1909 datiert ein Patent auf einen abnehmbaren Felgenkranz für Fahrzeugräder. Maschinen für die Herstellung von Fahrrad- und später auch Automobilfelgen wurden zu einem der wichtigsten Produktionsgebiete. Die Fa. Kieserling hatte sich bis zum Ersten Weltkrieg zu einem der bedeutendsten Solinger Industrieunternehmen überhaupt entwickelt. Im Adressbuch für Solingen war fortan die Seite eins gerade gut genug.

Auch wenn keine näheren Angaben zur Produktion der Fa. Th. Kieserling & Albrecht während des Ersten Weltkrieges zur Verfügung stehen, kann davon ausgegangen werden, dass in dieser Zeit Rüstungsgüter hergestellt wurden. Neben Granaten waren dies vermutlich auch kleinere Schmiedeteile wie Muttern, Schrauben, Nieten, Bolzen o.ä. Der Erste Weltkrieg wurde zur entscheidenden Zäsur bei der Ausdehnung des Absatzgebietes über die Region hinaus. Damit verknüpft war eine beträchtliche Ausweitung der Produktpalette. Das Fabrikationsprogramm der Fa. Th. Kieserling & Albrecht war in den 1920er Jahren in vier Abteilungen gegliedert. In der Abteilung I wurden die Pressen (Exzenterpressen, Kurbelpressen, Ziehpressen, Friktions-Spindelpressen, Hand-Spindelpressen) zusammengefasst. Abteilung II lieferte Gesenkschmieden sowie Einrichtungen für die Solinger Stahlwarenindustrie, Abteilung III Maschinen und komplette Einrichtungen zur Kalt- und Warmfabrikation von Schrauben, Muttern, Nieten, Schienennägeln, Isolierstützen und anderem Kleineisenzeugs.[3] Als Abteilung IV schließlich wurden folgende Maschinen angeboten: komplette Präzisions-Anlagen für Rohre und Stangen, wie Ziehbänke, Anspitz-, Richt- und Reduziermaschinen, Rohrwalzmaschinen, autogene Rohrschweißmaschinen, Rohrsägen. Adjustagemaschinen für Rohrwerke wie Hochleistungs-Abstechmaschinen, automatisch arbeitende Gewindeschneid-Anlagen usw.; Maschinen zur Wellenfabrikation, und zwar Wellen-Schälmaschinen, Wellen-Richt- und Poliermaschinen, Anspitzmaschinen; Maschinen für Fahrrad-, Motorrad-, Automobil- und Kinderwagenfelgen-Fabrikation usw.; Spezialmaschinen für Fahrrad- und Motorradbau; Spezialwalzen zum Kaltformen der verschiedenartigsten Profile aus Bandeisen.[4] Allein die Teilkataloge C und D, die um 1925 herausgegeben wurden, enthielten zusammen etwa 60 verschiedene Maschinentypen in jeweils ein bis vier verschiedenen Ausführungen.

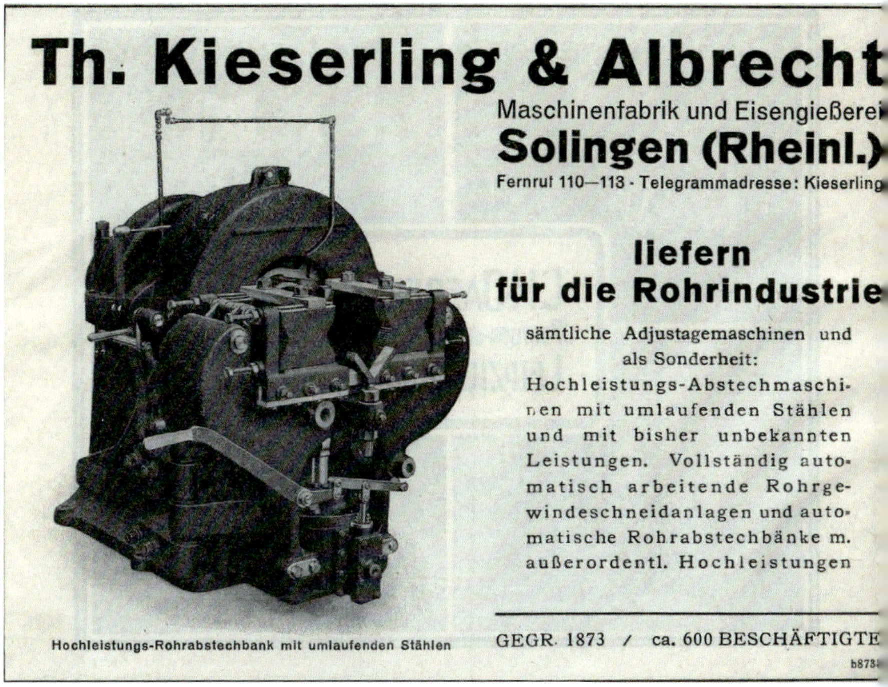

Anzeige der Firma Kieserling in der Zeitschrift Stahl und Eisen Jg. 1928, Nr. 4

Anzeige der Fa. Th. Kieserling & Albrecht in Morsbachs Solinger Adressbuch von 1921/22

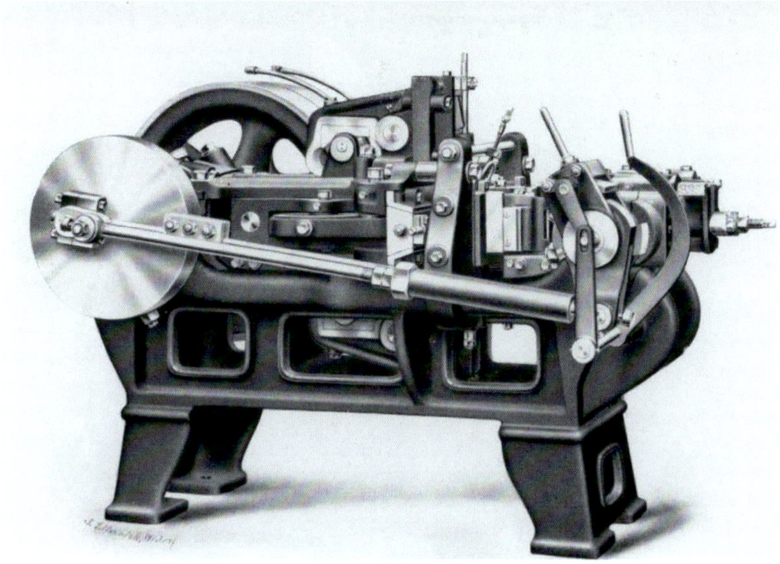

Bolzenkopf-Schmiedemaschine Modell BS, um 1925

Anspitz-Schmiedemaschine Modell ASM, um 1925

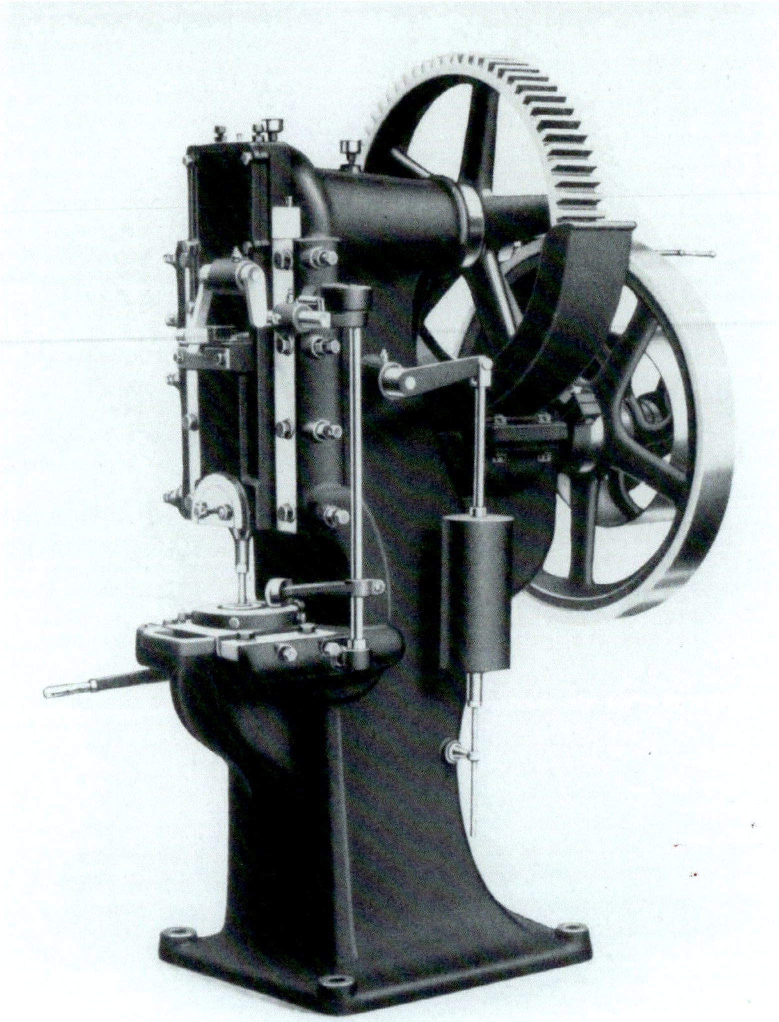

Vertikale Abgratmaschine
Modell VAN, um 1925

Wagenachsen-Drehbank
Modell DWD , um 1925

Bolzengewindeschneid-
maschine Modell GSC ,
um 1925

Schutzblech-Walzma-
schine Modell Sch W,
um 1925

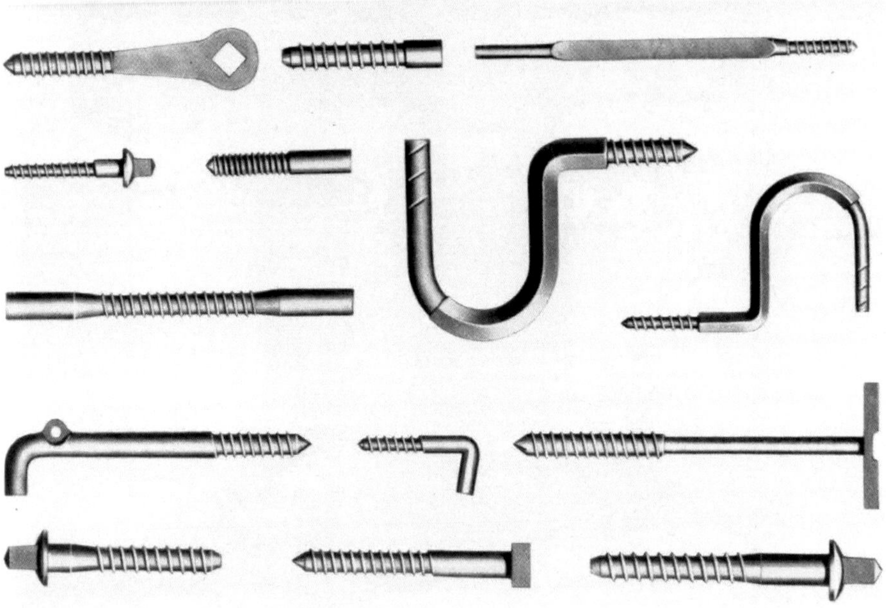

Verschiedene Muster der auf Warmgewinde-Walzmaschinen herzustellenden Werkstücke, um 1925

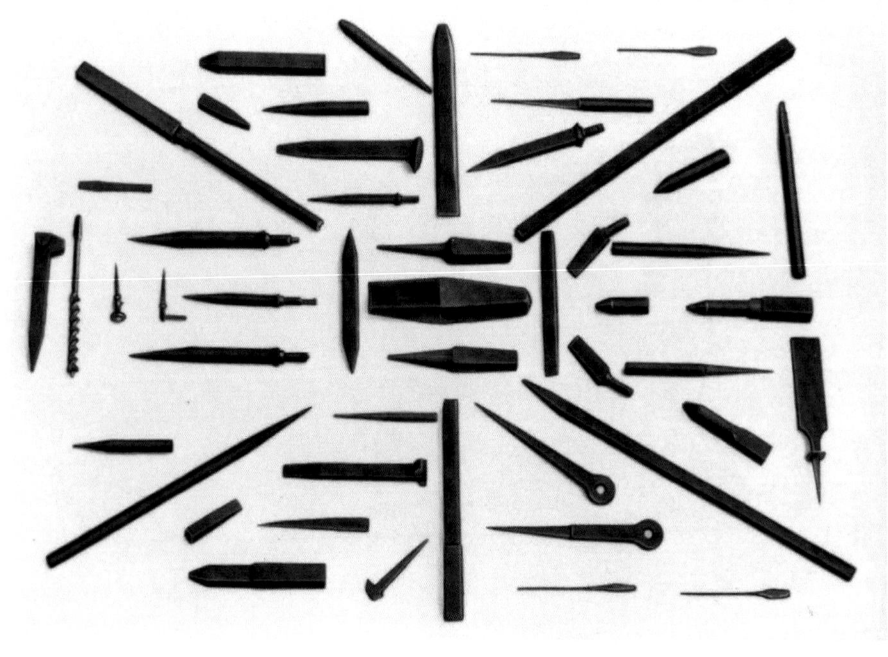

Verschiedene Muster der auf Anspitz-Schmiedemaschinen herzustellenden Werkstücke, um 1925

Felgen Richtmaschine,
Modell FRA, um 1925

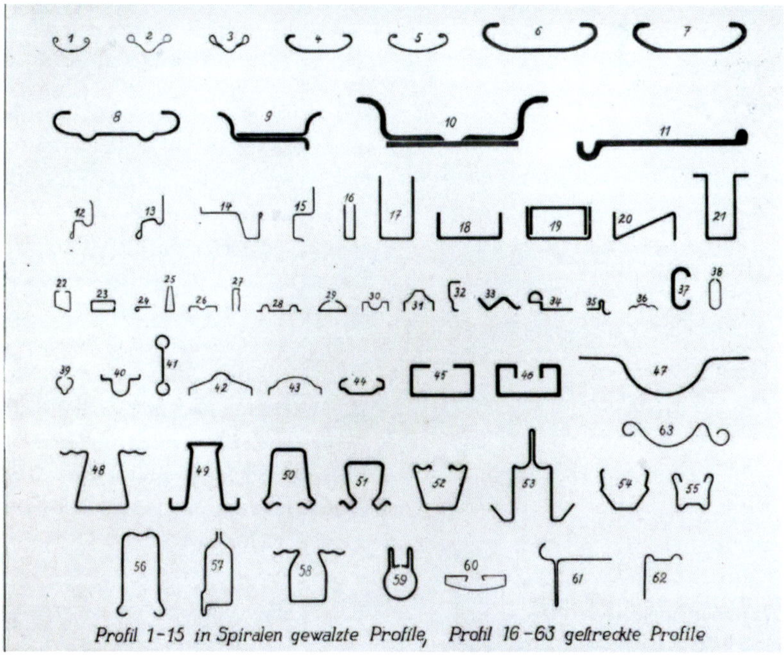

Auswahl von Profilen,
die auf den Profil-Walz-
maschinen hergestellt
werden können, um 1925

Modell WM 5

Die Vorzüge sind kurz zusammengefaßt:

1. Seit vielen Jahren bestbewährte Bauart.
2. Ausführung nach neuzeitlichen Gesichtspunkten in größtmöglicher Genauigkeit.
3. Ohne Einkneifapparate arbeitend, daher
4. Größte Leistungsfähigkeit
5. Denkbar kleinster Abfall
6. Doppellagerung der Hauptwelle, daher auch hervorragend für Achsmuttern und sonstige schwere Arbeitsstücke geeignet.
7. Mehrfache Sicherheitsvorrichtungen gegen Überbelastung.
8. Hauptarbeitsteile aus geschmiedetem Stahl, Schlitten mit eingelassenen geschliffenen, auswechselbaren Verschleißplatten, daher
9. Geringste Reparaturbedürftigkeit.
10. Einfache, leicht auswechselbare Werkzeuge.
11. Sauberste Ware mit genau zentrischen Löchern und keinem einseitig langen Grat.
12. Leichte Bedienbarkeit.

Warmmutternpresse
Modell WM5, um 1925

TH. KIESERLING & ALBRECHT, MASCHINENFABRIK UND EISENGIESSEREI, SOLINGEN

Lieferungsbedingungen der Firma Th. Kieserling & Albrecht, Solingen

1. **Unsere Angebote** sind stets unverbindlich, und gelten Bestellungen erst dann von uns angenommen, wenn sie schriftlich bestätigt sind. Ergänzungen, Abänderungen usw. bedürfen stets schriftlicher Bestätigung. Ein Widerruf der Bestellungen nach Eingang bei uns ist ausgeschlossen.

2. **Umfang der Lieferpflicht.** Die in Angeboten, Prospekten und Zeichnungen enthaltenen Maße, Gewichte und Abbildungen sind für uns ganz unverbindlich, da wir auf stetige Verbesserungen, die naturgemäß nicht immer auf Abbildungen, Zeichnungen usw. direkt berücksichtigt werden können, bedacht sind. Deshalb berechtigen Abweichungen den Besteller nicht, irgendwelche Abzüge zu machen oder etwa Ersatz zu verlangen.

   Schutzvorrichtungen, Werkzeuge, Fundamentanker sind in unseren Lieferungen nur dann enthalten, wenn solche besonders von uns bestätigt werden.

3. **Preise.** Die Preise (1 Reichsmark = 10/42 U. S. A. Dollar) gelten ab unserem Werk und schließen Verpackung, Fracht usw. nicht ein. Unser Werk ist auch Erfüllungsort. Verpackung wird selbstkostend berechnet und nicht zurückgenommen.

4. **Zahlungsbedingungen.** Die Zahlungen sind in bar ohne jeden Abzug frei Solingen zu leisten, und zwar:

   Für das Inland: 1/3 bei Bestellung, 1/3 vor Versand, Rest vier Wochen nach Lieferung, soweit nichts anderes vereinbart ist.

   Für das Ausland: 1/2 bei Bestellung, 1/2 bei Anzeige der Versandbereitschaft. Bei Überschreitung der festgesetzten Zahlungstermine werden, ohne daß es einer förmlichen Inverzugsetzung bedarf, für die Zeit des Verzuges diejenigen Zinsen berechnet, welche uns unsere Bank für Inanspruchnahme ungedeckter Kredite belastet. Die Zurückhaltungen der Zahlungen, ganz gleich wie diese begründet werden, oder die Aufrechnung wegen etwaiger Gegenansprüche des Bestellers sind ausgeschlossen.

5. **Lieferzeit.** Die Lieferzeit beginnt nach Klarstellung sämtlicher für die Ausführung des Auftrages erforderlichen Unterlagen und nach Eingang der vereinbarten Anzahlung. Die mitgeteilte Lieferzeit ist stets als annähernd zu betrachten, und sind wir von der Einhaltung derselben entbunden, wenn unvorhergesehene Ereignisse, wie höhere Gewalt, Mobilmachung, Krieg, Streik, Aussperrung, Transportschäden, Ausschußwerden von Arbeitsstücken usw. uns an der Fertigstellung hindern, wobei eine Aufhebung des Kaufvertrages durch den Besteller ausgeschlossen ist. Jede Verzugsstrafe und Schadenersatzansprüche irgendwelcher Art lehnen wir ab. Später gewünschte Änderungen bedingen verlängerte Lieferzeit.

6. **Abnahme.** Die Abnahme der Maschinen muß in unserem Werk erfolgen, soweit keine andere Vereinbarung getroffen wurde. Alle Maschinen werden vor dem Verlassen unserer Fabrik in Betrieb gesetzt und geprüft. Der Besteller kann diesen Versuchen, zu denen uns kostenlos genügendes Probiermaterial zur Verfügung gestellt werden muß, zwecks Abnahme beiwohnen oder sich durch einen Bevollmächtigten vertreten lassen. Erfolgt die Abnahme nicht durch den Besteller in unserer Fabrik, so gilt die Maschine als geprüft und abgenommen, sodaß spätere Reklamationen jeder Art, soweit sie nicht unter unsere Garantiepflicht fallen, ausgeschlossen sind.

7. **Versand.** Der Versand erfolgt nur auf Rechnung und Gefahr des Bestellers, auch wenn frachtfreie Lieferung vereinbart wird. Verzögert sich der Versand ohne unser Verschulden, so geht die Gefahr vom Tage der Versandbereitschaft auf den Besteller über. Wir versichern sämtliche Teile gegen Transportschäden, wenn andere Bedingungen nicht vorgeschrieben werden. Die hierdurch entstehenden Kosten werden durch Nachnahme erhoben.

8. **Haftung für Mängel der Lieferung.** Für Mängel der Lieferungen haften wir unter Ausschluß weiterer Ansprüche in der Weise, daß wir alle diejenigen Teile unentgeltlich ausbessern oder nach unserer Wahl neu zu liefern haben, die innerhalb 6 Monaten, bei Tag- und Nachtbetrieb innerhalb 3 Monaten **nach dem Tage unserer Lieferung** nachweislich unbrauchbar oder in einem die Brauchbarkeit erheblich beeinträchtigendem Maße schadhaft und als solche uns unverzüglich angemeldet werden. Voraussetzung der Haftung ist, daß es sich bei dem Unbrauchbar- oder Schadhaftwerden um einen vor dem Gefahrübergang liegenden Umstand handelt, insbesondere um fehlerhafte Bauart, schlechten Baustoff oder mangelhafte Ausführung. Für auftretende Materialmängel haften wir nur in den Fällen, in denen wir bei Anwendung pflichtmäßiger, fachmännischer Sorgfalt und ordnungsmäßiger Prüfung und Arbeitsmethoden den Mangel bei der Verwendung des Materials hätten erkennen müssen. Für etwaige Frachten und sonstige Kosten sowie für Instandsetzungsarbeiten, die ohne unsere Zustimmung vom Empfänger selbst oder in einer anderen Fabrik ausgeführt werden, kommen wir nicht auf.

   Für Lieferteile, die durch ihre stoffliche Beschaffenheit oder nach Art ihrer Verwendung einem vorzeitigen Verbrauch unterliegen, wird keine Haftung übernommen, ferner nicht für Schäden infolge natürlicher Abnutzung, fehlerhafter oder nachlässiger Behandlung, ungeeigneter Betriebsmittel. Für alle Zubehörteile zu Maschinen, welche wir selbst nicht herstellen können, haften wir nur in der Weise, wie der Unterlieferant uns gegenüber haftet.

   Wir sind zur Beseitigung etwaiger Mängel bzw. zur Lieferung irgendwelcher Ersatzstücke für unbrauchbar gewordene Teile nicht verpflichtet, solange die Zahlungsverpflichtungen seitens des Bestellers nicht vereinbarungsgemäß erfüllt sind.

   Ersatzlieferungen, welche nach vorstehenden Bedingungen zu unseren Lasten gehen, werden nur bis zur Höhe des Lieferwertes von uns übernommen, darüber hinausgehende Beträge müssen vom Besteller getragen werden.

9. **Gerichtsstand.** Alleiniger Gerichtsstand ist bei allen aus dem Vertragsverhältnis mittelbar oder unmittelbar sich ergebenden Streitigkeiten erster Instanz das Amtsgericht Solingen.

10. **Unübertragbarkeit der Vertragsrechte und Eigentumsvorbehalt.** Der Besteller darf seine Vertragsrechte ohne unsere ausdrückliche Zustimmung nicht auf Dritte übertragen. Der Gegenstand der Lieferung bleibt bis zur endgültigen Erfüllung aller für den Besteller aus dem Lieferungsvertrage sich ergebenden Verbindlichkeiten unser ausschließliches Eigentum, auch im Falle einer Geschäftsaufsicht oder eines Konkurses. Im Falle der Ausnutzung des Eigentumsrechtes hat der Besteller für allen hierdurch entstehenden Schaden aufzukommen. Wechselzahlungen gelten erst dann als endgültige Bezahlung, wenn die Wechsel eingelöst sind.

11. Etwa auf Wunsch von uns angefertigte Selbstkostenberechnungen sind unverbindlich für uns.

12. **Aufstellung und Montage** erfolgen nur auf besonderen Wunsch und gegen billigste Berechnung.

Lieferbedingungen der Fa. Kieserling, um 1925

Anzeige der Firma Th. Kieserling & Albrecht in der Zeitschrift Stahl und Eisen Jg. 1932, Nr. 47

Anzeige der Firma Th. Kieserling & Albrecht in der Zeitschrift Stahl und Eisen Jg. 1931, Nr. 2

Obwohl bei Th. Kieserling & Albrecht sogar auf die in den 1920er Jahren zaghaft einsetzende Mechanisierung des Schleifens in der Solinger Schneidwarenindustrie reagiert wurde[5], verlagerte sich die Produktion der Maschinenfabrik völlig auf die außerhalb der Solinger Industrie nachgefragten Maschinen. Besonders die verschiedenen Rohrbearbeitungsmaschinen waren das Vehikel für den Einstieg in den russischen Absatzmarkt, der auch während der Weltwirtschaftskrise nicht versiegen sollte. Während die Produktion von Fallhämmern in den 1930er Jahren weitgehend auslief, gewann der Pressenbau weiter an Bedeutung. Besonders bei der Fertigung von Zubehörteilen für die Automobilfertigung war man dazu übergegangen, die Fallhämmer durch die exakteren, großen Friktions- und Kniehebelpressen zu ersetzen.

Die meisten der in den 1930er Jahren bei Kieserling hergestellten Maschinen eigneten sich natürlich prinzipiell auch für die Produktion von Rüstungsgütern. Man denke neben den genannten Pressen auch etwa an die Maschinen für die Herstellung von Felgen, die ja schließlich nicht allein für zivile Lastkraftwagen oder Flugzeuge verwendet wurden. Zu Beginn des Zweiten Weltkrieges wurden sämtliche Aufträge aus der Sowjetunion annulliert. Spätestens ab 1941 wurde die Produktion von Maschinen für die Geschoßfertigung aufgenommen, die zum Teil im Ohligser Werk zur eigenen Granatenproduktion eingesetzt wurden. Hinzu kam die Produktion von Kettengetrieben für Sturmgeschütze und Kettenantrieben für Panzer.[6]

Anzeige der Fa. Th. Kieserling & Albrecht in Morsbachs Solinger Adressbuch von 1931

Anzeige der Firma Th. Kieserling & Albrecht in der Zeitschrift Stahl und Eisen Jg. 1935, Nr. 48

Anzeige der Firma Th. Kieserling & Albrecht in der Zeitschrift Stahl und Eisen Jg. 1941, Nr. 20

Anzeige der Firma Th. Kieserling & Albrecht in der Zeitschrift Stahl und Eisen Jg. 1942, Nr. 28

B23B 13/10

DEUTSCHES REICH

AUSGEGEBEN AM
29. JUNI 1936

REICHSPATENTAMT

PATENTSCHRIFT

№ 631 887

KLASSE 49a GRUPPE 29 01

K 133549 I/49a

Tag der Bekanntmachung über die Erteilung des Patents: 4. Juni 1936

Th. Kieserling & Albrecht in Solingen

Einspannvorrichtung für Stangen und Rohre, insbesondere an Wellendrehbänken und Richtmaschinen

Patentiert im Deutschen Reiche vom 16. März 1934 ab

Die Erfindung betrifft eine Einspannvorrichtung für Stangen und Rohre, die auf fahrbaren Stützwagen angeordnet sind, wie sie bei Wellendreh- und Richtmaschinen verwandt werden.

Solche Einspannvorrichtungen müssen das Werkstück, die Stange, das Rohr, gegen Drehung unbedingt sichern, ohne daß der Vorschub gegen das Werkzeug behindert wird.

Man hat nun seit langem schon den Weg gewählt, Klemmstücke, auch Schiebekeile, wie sie für ähnliche Zwecke schon verwendet worden sind, vorzusehen, so daß sich das Werkstück bei der geringsten Drehung stets nur fester klemmt. Um diese Bewegung des Werkstückes möglichst gering zu halten, hat man auch schon Vorrichtungen gebaut, bei welchen z. B. durch Hebelübertragung eine Vorspannung erfolgt. Man hat auch schon Gewindespindeln benutzt, um die Anfangsspannung des Keiles zu erzeugen. Bei der Festspannung von Werkstücken größeren Durchmessers haben diese Vorrichtungen auch im allgemeinen zufriedenstellend gearbeitet. Bei Werkstücken geringeren Durchmessers aber, wie es Stangen oder Rohre sind, treten so erhebliche Kräfte auf, daß dadurch ganz besondere Bedingungen an die Einspannvorrichtungen gestellt werden. Beim Nachspannen, das selbsttätig während der Bearbeitung eintreten kann und auch eintreten soll, können infolge der hohen Belastungen sehr leicht übermäßige Beanspruchungen in der Einstellvorrichtung für die Anfangsspannung, also bei Gewindeverstellung in der Gewindespindel, auftreten, die nur schwer zu beherrschen sind. Andererseits soll aber die Nachspannung möglichst leicht und widerstandlos erfolgen.

Erfindungsgemäß wird das Werkstück nun mittels eines Schiebekeiles gegen Spannstücke festgeklemmt in solcher Weise, daß der Spannkeil in Drehrichtung des um das Werkstück umlaufenden Messerkopfes bzw. der Richtrollen frei bewegbar ist, wobei der Keilwinkel so gewählt ist, daß Selbsthemmung eintritt, so daß auch bei Erschütterungen eine Lockerung des Keiles nicht möglich ist. Die Festspannung des Keiles erfolgt mittels Gewindespindel, die das Keilstück in Spannrichtung bewegt. Die Festspannung des Werkstückes muß ausreichend sein, um zu verhindern, daß dieses durch den Angriff des umlaufenden Werkzeuges mit in Drehung versetzt wird. Ist die Festspannung nicht kräftig genug, so wird das Werkstück sich mitzudrehen versuchen, hierbei aber durch die entstehende Reibung den Schiebekeil mitnehmen, der dann selbsttätig das Werkstück immer

Patentschrift für eine Einspannvorrichtung für Stangen und Rohre aus dem Jahre 1936 inklusive technischer Zeichnung

Zu der Patentschrift 631 887
Kl. 49a Gr. 29 01

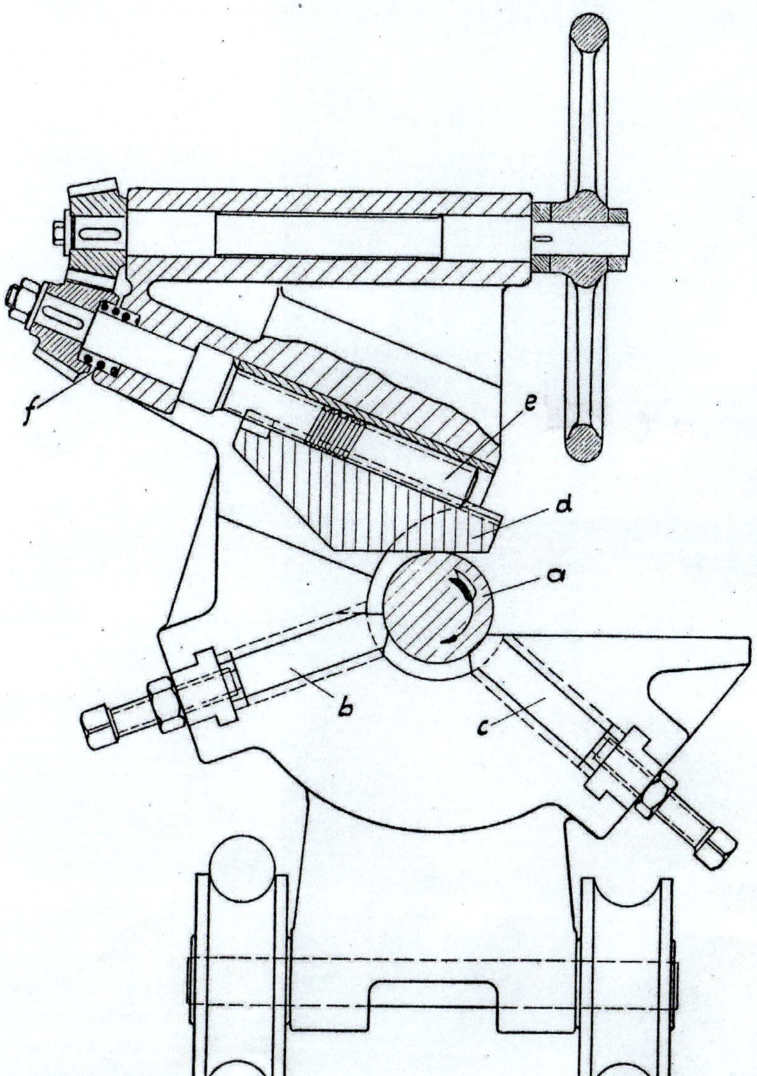

Abtransport einer schweren Schmiedemaschine im Jahre 1941

Fertigung eines Kessels für die Reichsbahn im Jahre 1940. Der Kessel hatte eine Druckleistung von 1650 Tonnen. Das Eigengewicht lag bei 148 Tonnen.

Maschinen für die Rüstungsindustrie: Geschosspresse GSP (rechts), zwei Zielpressen SZP (Mitte), um 1942

Maschinen für die Rüstungsindustrie: Material Blockbrecher mit mechanischer Greifervorrichtung. Im Hintergrund: Rückansicht der Geschosspresse GSP, um 1942

Maschinen für die Rüstungsindustrie: Geschoss-Gewinde-schälmaschine, um 1942

Maschinen für die Rüstungsindustrie: Granaten-Abstechbank, um 1942

Direktor Hölzer wird von der internationalen Kundschaft umringt. Fotomontage des Werksfotografen anlässlich des Geburtstages von Direktor Hölzer um 1955. Die Zeichnung stammt aus dem Privatbesitz eines ehemaligen Drehers.

Nach dem Zweiten Weltkrieg knüpfte die Firma bei den Schwerpunkten der Vorkriegsproduktion, den Rohrbearbeitungsmaschinen und dem Pressenbau, wieder an. Besondere Bedeutung hatten die Wellenschäl- und Wellenrichtmaschinen sowie die Ajax-Schmiedemaschinen.

In den 1950er Jahren, dem Jahrzehnt des sogenannten „Wirtschaftswunders", profitierte die Firma Kieserling auch von der gewaltigen Expansion des Automobilsektors. Die Adam-Opel-Werke in Rüsselsheim etwa wurden mit schweren Kieserling-Karosseriepressen ausgerüstet. In der Erinnerung der Beschäftigten wurden in dieser Zeit Pressen „wie warme Semmel" (technischer Angestellter, Jg. 1912) gebaut.

Hinzu kamen die diversen Maschinen und Anlagen für die Fertigung von Zubehörteilen für die Automobilindustrie, so etwa die Maschinen für die Felgenfertigung, die ja auch in nächster Nähe, an die Ohligser Firma Kronprinz, verkauft wurden.

Anzeige der Firma Th. Kieserling & Albrecht in der Zeitschrift Stahl und Eisen Jg. 1949, Nr. 23

Serienfertigung von kleinen Exzenterpressen in Halle 5 im Jahre 1948

Stand der Fa. Kieserling auf der zweiten europäischen Werkzeugmaschinen-Ausstellung in Hannover 1952

Arbeiterin eines Gelsenkirchener Betriebes an einer Kieserling-Exzenterpresse Modell PRE 50 im Jahre 1951

Montage einer schweren Presse für das Opel-Werk Rüsselsheim um 1952. Die Arbeiter haben zum Spaß einen Firmenwagen auf die Presse gestellt.

B 30 B 15/04

Erteilt auf Grund des Ersten Überleitungsgesetzes vom 8. Juli 1949
(WiGBl. S. 175)

BUNDESREPUBLIK DEUTSCHLAND

AUSGEGEBEN AM
23. JULI 1964

DEUTSCHES PATENTAMT

PATENTSCHRIFT

№ 976 909

KLASSE 58b GRUPPE 7

INTERNAT. KLASSE B 30c

p 20668 I b / 58 b D

Carl Hölzer, Solingen
ist als Erfinder genannt worden

Th. Kieserling & Albrecht, Solingen

Einarmige Exzenterpresse

Patentiert im Gebiet der Bundesrepublik Deutschland vom 5. November 1948 an
Patentanmeldung bekanntgemacht am 5. Juli 1951
Patenterteilung bekanntgemacht am 2. Juli 1964

409 645/7

2 976 909

Die Erfindung bezieht sich auf eine einarmige Exzenterpresse mit einem seitlich und frontal nach oben verlängerte Führungswangen aufweisenden Verstelltisch und im Bereich der vorderen Führungsbahnen angeordneten Verstellmitteln. Bisher gebräuchliche einarmige Pressen haben den Nachteil, daß der Tisch beim Arbeiten nicht so fest gehalten werden kann, daß nicht ein das zulässige Maß übersteigendes Atmen sich bemerkbar macht. Dieser Nachteil ist vor allem dadurch bedingt, daß sich die unter dem Tisch liegende Verstellspindel auf den Fuß des Pressenkörpers abstützt. Dieser Fuß muß so stark ausgebildet werden, daß ein Federn im Pressenunterteil vermieden wird. Dabei ist weiter zu berücksichtigen, daß Teile der Presse zu verstärken sind, die einen weiteren Umweg der hier aufzunehmenden Preßdrücke bedingen. Schließlich haben die bekannten Pressen mit unter dem Tisch angeordneter Verstellspindel noch den Nachteil, daß der Raum unterhalb des Tisches von den Tischverstellelementen besetzt wird und dadurch für andere Zwecke nicht nutzbar ist.

Es sind auch einarmige Pressen mit am Ständer geführtem Tisch bekannt, bei denen die Verstellmittel im Bereich der vorderen Führungsbahn vorgesehen sind. Dort ist ein Zahnstangentrieb benutzt; dieser kann aber nicht als Nebenweg für das Aufnehmen eines Teiles des Arbeitsdruckes ausgenutzt werden.

Deshalb wird nach der Erfindung eine einarmige Exzenterpresse vorgeschlagen, bei der das Verstellmittel als auf Zug beanspruchte Spindel ausgebildet und dementsprechend oberhalb des Tisches gelagert ist. Man erreicht hiermit, daß die Spindel auf Zug beansprucht werden kann und einen Teil der auftretenden Kräfte unmittelbar aufnimmt; anderenteils werden die oberhalb des Tisches vorhandenen Pressenteile so verspannt, daß ein Auffedern noch weniger möglich ist. Alle Kraftwege sind hierbei kurz und ergeben Gesamtbeanspruchungen, bei denen der Pressenständer weitgehend entlastet ist. Zusätzlich wird durch die Verlegung der Spindel der Raum unterhalb des Tisches für andere Zwecke frei.

In der Zeichnung ist ein Ausführungsbeispiel einer einarmigen Exzenterpresse gemäß der Erfindung dargestellt, und zwar zeigt

Fig. 1 die Seitenansicht,

Fig. 2 den Längsschnitt,

Fig. 3 den Querschnitt nach der Linie *A-B* der Fig. 2 und

Fig. 4 den unteren Teil der Presse in Vorderansicht.

Der in bekannter Weise kastenförmig ausgebildete Ständer 5 erhält auf der Vorderseite den in der Höhe verstellbaren Tisch 6, der auf der Vorderseite des Ständers an Führungen 7 und 8 und auf jeder Seite an einer Führung 9 verstellbar ist. Die Führungswangen des Tisches sind über die Tischfläche hinaus nach oben verlängert, so daß unterhalb des Tisches die Führungswangen 10 und oberhalb der Tischfläche die Führungswangen 11 angeordnet sind. Auf der Rückseite dieser Wangen 10 und 11 sind Klemmleisten 12 mit schrägen Klemmflächen vorgesehen, die mittels je zweier Knebelschrauben 13 und 14 angezogen werden. Hierdurch wird der Tisch sowohl gegen die vorderen Führungsbahnen 7 und 8 als auch gegen die seitlichen Führungsbahnen 9 angezogen, so daß ein Bewegen des Tisches unmöglich ist. Zur Abstützung der Klemmleisten 12 sind noch besondere Stützleisten 15 am Rücken der Klemmleisten angeordnet, die mittels Schrauben 16 auf der Rückseite der Tischwangen befestigt sind.

Zur Verstellung des Tisches ist innerhalb des Ständers 5 eine Spindel 17 angebracht, die unterhalb der Exzenterwelle 18 gelagert ist. Am Kopf dieser Spindel 17 ist ein Kegelrad 19 befestigt, das mit einem weiteren Kegelrad auf einer waagerecht liegenden Welle 20 im Eingriff steht. Auf dieser Welle 20 befindet sich an der Seite der Presse ein Handrad 21, durch das in bequemer Arbeitslage die Spindel verstellt wird.

Bei dieser Ausbildung der Tischverstellung ist ein Ausweichen des Tisches auch bei stärkster Beanspruchung unmöglich, so daß die Werkzeuge weitgehend geschont werden. Durch die Anordnung der Spindel innerhalb des Pressenständers findet keine Behinderung unterhalb des Tisches statt, so daß der Materialdurchfall ungestört erfolgt.

PATENTANSPRUCH:

Einarmige Exzenterpresse mit einem seitlich und frontal nach oben verlängerte Führungswangen aufweisenden Verstelltisch und im Bereich der vorderen Führungsbahn angeordneten Verstellmitteln, **dadurch gekennzeichnet,** daß das Verstellmittel als auf Zug beanspruchte Spindel ausgebildet und dementsprechend oberhalb des Tisches gelagert ist.

In Betracht gezogene Druckschriften:
Deutsche Patentschriften Nr. 109 504, 358 741;
französische Patentschrift Nr. 523 846;
USA.-Patentschriften Nr. 2 036 297, 2 260 635;
Buch von Göhre, Werkzeuge und Pressen der Stanzerei, 1936, S. 47 und Bildtafeln 72 und 75;
Buch von Schlesinger, Die Werkzeugmaschinen, Bd. 1, S. 278 bis 282, 343, 588, 589 und 601.

Hierzu 1 Blatt Zeichnungen

409 645/7 7.64

Patentschrift für eine einarmige Exzenterpresse aus dem Jahre 1964 inklusive technischer Zeichnung

Zu der Patentschrift **976 909**
Kl. **58b** Gr. 7
Internat. Kl. **B 30c** —

Fig. 1

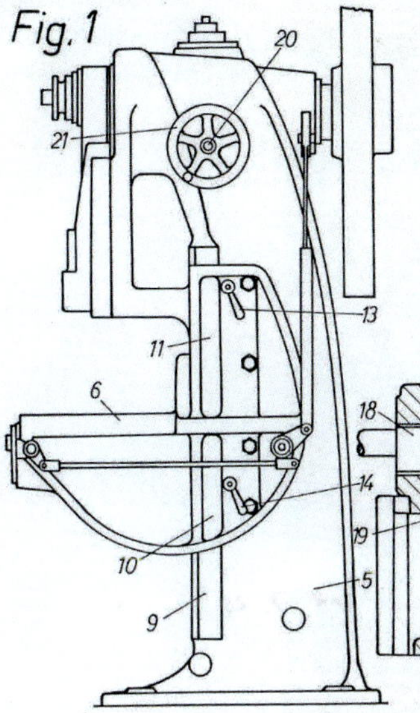

Fig. 2

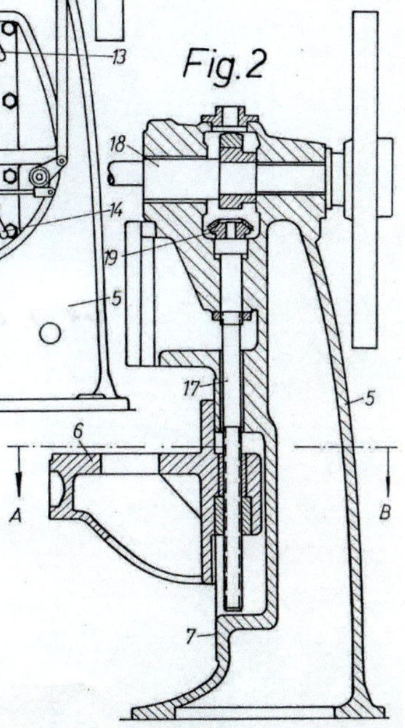

Zu der Patentschrift **976 909**
Kl. **58b** Gr. 7
Internat. Kl. **B 30c** —

Fig. 3

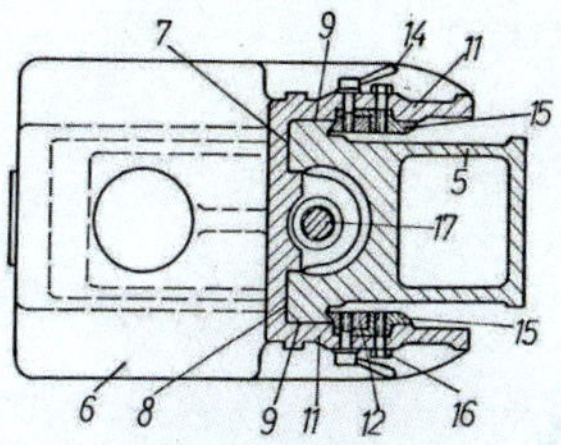

Fig. 4

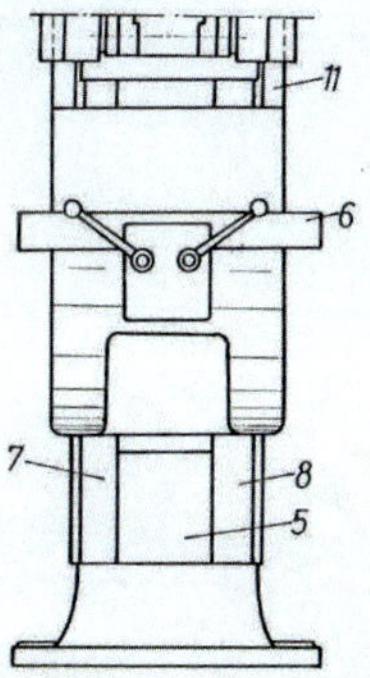

409 645/7

Arbeitstagung der Vertreter für die Bundesrepublik Deutschland, die Schweiz und Holland, 14.-16. Oktober 1952. In der Bildmitte Direktor Carl Hölzer

Nach der Verladung einer Maschine auf einen Bundesbahnwaggon um 1952

KIESERLING

Verwaltungsgebäude gegenüber dem Hauptbahnhof.

Unser Fabrikationsprogramm:

Abteilung: A
Mechanische Pressen aller Art.

Abteilung: B
Spezialmaschinen für die Schmiedetechnik.

Abteilung: C
Spezialmaschinen für die Warmherstellung und weitere Verarbeitung von Schrauben, Muttern und Nieten.

Abteilung: D
Anlagen und Maschinen für die spanlose und spanabhebende Verformung von Wellen, Rohren und Profilen.

TH. KIESERLING & ALBRECHT

WERKZEUGMASCHINENFABRIK UND EISENGIESSEREI
SOLINGEN SEIT 1873

Anzeige der Fa. Th. Kieserling & Albrecht in Morsbachs Solinger Adressbuch von 1953

Konstruktionsbüro, um 1958

Wellenschälmaschine, links im Bild der umlaufende Messerkopf

Fotoserie:
Verladung einer
schweren Presse,
um 1958

Gruppenbild nach der Fertigstellung einer schweren Presse, um 1959

"Mehr als die Hülle der Fabrik"
Baugeschichte und Fabrikarchitektur

Stellen wir uns einen auswärtigen Kunden vor, der zum ersten Mal Solingen und die Firma Th. Kieserling & Albrecht besuchen will. Nehmen wir an, er fährt mit dem PKW aus nördlicher Richtung von der Autobahn kommend durch die Stadt. Wenige hundert Meter nach dem Zentrum wird er von der Kölner Straße aus die alles überragende Halle 10 erkennen. Etwas später, den Blick auf die anderen Hallen der Firma gerichtet, wird er dann am Birkenweiher einbiegen, das Rondell umkreisen, vor dem Verwaltungsgebäude parken, einen verwunderten Blick auf den Hauptbahnhof werfen, und schließlich die Firma betreten.

Welche Gedanken werden ihm durch den Kopf gehen? Muss er sich nicht fast zwangsläufig fragen, wie sich eine Firma an diesem nach heutigen Gesichtspunkten ungeeigneten Standort zwischen Stadtzentrum und Bahnhof zu dieser Größe entwickeln konnte?

Um eine Antwort auf diese Frage geben zu können, müssen nicht nur die heute sichtbaren Bauten der Firma, sondern alle jemals errichteten Gebäude und die Bedingungen unter denen sie erbaut werden konnten, untersucht werden.

Th. Kieserling & Albrecht ist eine Fabrik, deren heutiges Aussehen wesentlich durch die beiden Weltkriege geprägt wurde. Die sichtbare Anordnung der einzelnen Gebäude in der gesamten Industrieanlage spiegelt firmengeschichtlich immer noch die Situation seit dem Ersten Weltkrieg wieder, obwohl von den Gebäuden selbst, die vor 1914 erbaut wurden, keines mehr im ursprünglichen Zustand erhalten geblieben ist. Die einheitliche Architektur entstand in der Zeit des raschen Wiederaufbaues in den fünfziger Jahren; mit lediglich zwei Ausnahmen: dem des Verwaltungsgebäudes aus den frühen zwanziger und den Neubauten der Konstruktionsabteilungen aus den sechziger Jahren.

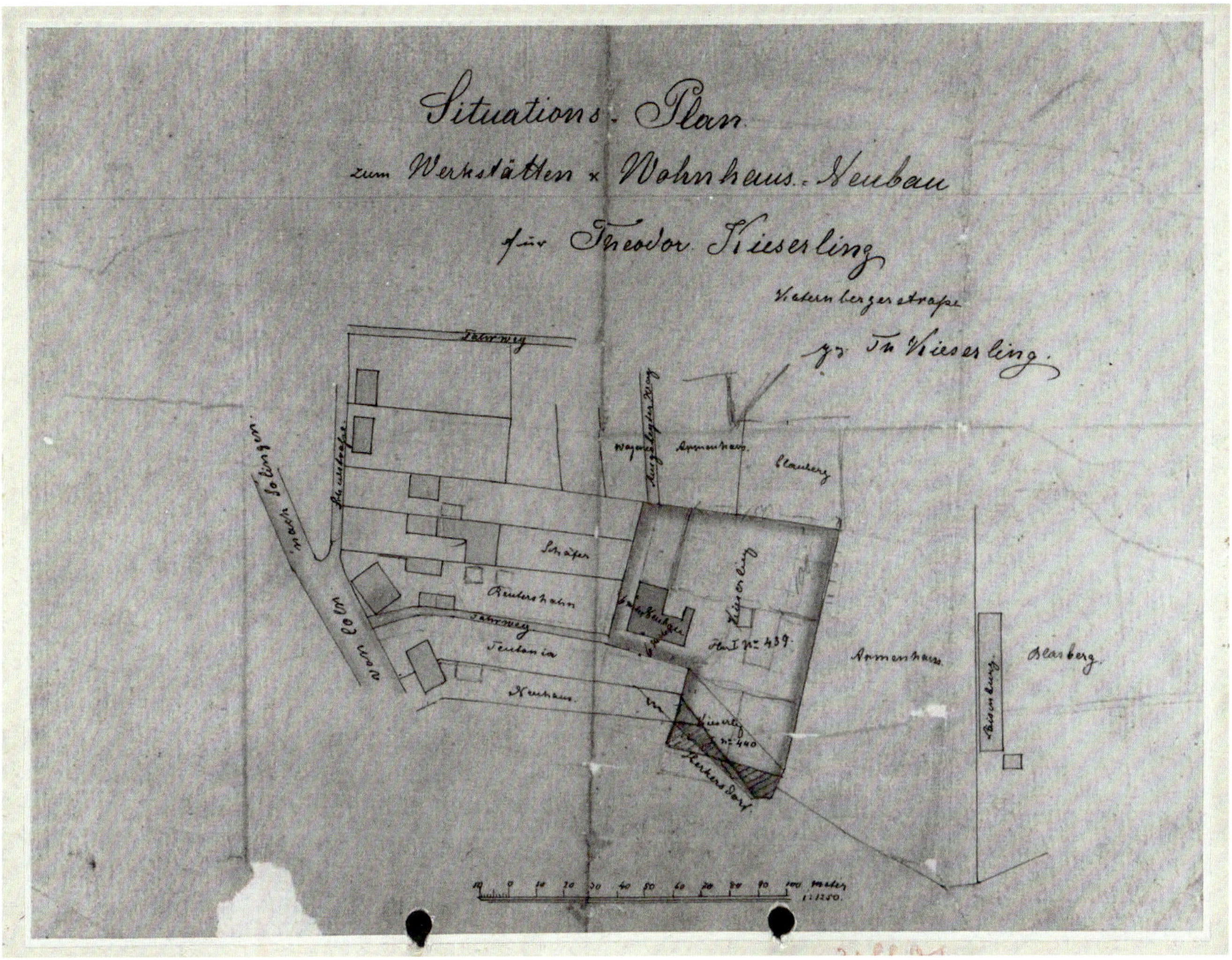

Situationsplan des Firmen-Grundstückes 1873

Fabrik in Fachwerk (1874)

Als Theodor Kieserling und Otto Albrecht im Jahre 1873 einen Bauplatz für ihr gemeinsames Wohn- und Fabrikgebäude suchten, hatten sie keinerlei Probleme, eine freie Fläche für diese „Industrieansiedlung“ zu finden. Grüne Wiesen gab es zu dieser Zeit noch in Hülle und Fülle innerhalb der Stadt. Fabriken und Industrieanlagen waren für Solingen noch nicht zu den stadtbildenden Elementen geworden, die Industrie hatte das Aussehen der Stadt kaum verändert. Der Prozess der „Urbanisierung“, das Entstehen der „modernen“ Industriestadt begann gerade erst.

Wichtigere „Standortfaktoren“ bei der Wahl des Grundstückes für seinen Fabrikneubau - die Fabrik definiert als Gebäudekomplex mit zentraler Kraftanlage (= Dampfmaschine) und zusammengefassten Arbeitsabläufen unter einem Dach - werden für den vorausschauenden Theodor Kieserling die Nähe zu den wenigen ausgebauten Straßen gewesen sein, um nicht allzu große Schwierigkeiten beim Transport der benötigten Kohlen zu haben, ein natürliches Wasservorkommen, um den notwendigen Bedarf an diesem Rohstoff decken zu können und weitere freie Flächen für eine spätere Ausdehnung der Fabrik.

Wenige hundert Meter von seiner Werkstatt auf der Schulstraße entfernt, konnten Kieserling und Albrecht einen geeigneten Bauplatz in der Größe von ungefähr 1300 m^2 mit einer Quelle des Weinsberger Baches in unmittelbarer Nähe erwerben. Wie auf dem eigenhändig von Theodor Kieserling gezeichneten Situationsplan aus dem Jahre 1873 zu erkennen ist, befand sich das Firmengrundstück ca. 100 Meter hinter der Rheinchaussee von Köln nach Solingen, der späteren Kölner Straße, die zu diesem Zeitpunkt noch „Dickenbusch" hieß. Erreichbar war die Firma über einen Fuhrweg von der Chaussee aus. Nur die Schulstraße (heute: Graf-Engelbert-Straße) ist mit Namen eingezeichnet, die spätere Flurstraße ist als Fahrweg, die spätere Eisenstraße als ausgelegter (Fuß-)Weg erkennbar.

Das gesamte Areal zwischen der heutigen Kölner Straße und der Brühler Straße, damals Birker Gärten und Birker Feld genannt, war in der Mitte des vorigen Jahrhunderts parzelliert, die Birker-, Elisen- und Weyerstraße (heute: Am Birkenweiher) projektiert worden,[1] um Ausdehungsmöglichkeiten für die langsam über ihren Kern hinaus wachsende Stadt zu erhalten.

Im Herbst 1873 begannen die Bauarbeiten in „zweiter Reihe" hinter der Kölner Straße, im Sommer 1874 konnten das zweieinhalbstöckige Wohnhaus (Nr. 1 im Lageplan) für die Familien Kieserling und Albrecht, in dem sich auch die „Büros" der Firma befanden (es dürfte kaum mehr als ein Raum gewesen sein), und das zweistöckige Fabrikationsgebäude (Nr. 2) bezogen werden. Beide Gebäude wurden als Fachwerkbauten im traditionellen bergischen Stil errichtet. Für das relativ schmale Betriebsgebäude reichte das Licht, das durch die seitlich angeordneten Fenster fiel, aus. Das Dach wurde entsprechend als Satteldach ausgeführt.

Die neue Produktionsstätte stellte eine deutliche Vergrößerung gegenüber den gemieteten Räumen auf der Schulstraße dar, auch war eine Dampfmaschine als zentraler Kraftantrieb in einer Ecke des Fabrikationsgebäudes aufgestellt worden, doch kann man bei einer Produktionsfläche von ca. 350 m^2 kaum von einer Fabrik sprechen, sondern muss sie als eine, wenn auch größere, Werkstatt einstufen.

Trotz der späten Entstehungszeit gehören die Anfänge der Kieserling'schen Fabrik wegen ihrer rein traditionellen und der Region verhafteten Fachwerkbauweise architektonisch noch zu den Vorläufern der Industriearchitektur. Die Ähnlichkeit mit den Solinger (Wasser-) Schleifkotten ist auf-, aber keineswegs zufällig. Hier wie dort ist aus der Architektur ein Rückschluss auf das „Innenleben" der Produktionsstätte nur insoweit möglich, als die Gebäudeform eine handwerksmäßige Fertigungsweise innerhalb ihrer Mauern nahelegt. Die große Bedeutung der „Handarbeit" im Maschinenbau dieser Jahre wird so auch sichtbar. Die gedankliche Nähe, die die Firmengründer Theodor Kieserling und Otto Albrecht zu dieser Zeit noch zum Handwerksmeister und zum traditionellen Verlagskaufmann der Solinger Schneidwarenindustrie gehabt haben müssen, wird im Nebeneinander von Wohnen und Arbeiten deutlich. Wie der klassische Handwerksmeister in unmittelbarer Nachbarschaft zu seiner Werkstatt wohnte oder wie der Verleger in einem Hintergebäude bzw. Teil seines Wohnhauses die Packstube für die Solinger Schneidwaren eingerichtet hatte, bauten Kieserling und Albrecht ihr Wohn- und Fabrikgebäude. Diese Bauweise hatte mit der einige Jahre später üblichen Fabrikantenvilla vor oder neben der Fabrik nichts gemeinsam, dazu fehlten dem Wohnhaus der beiden Familien alle schmückenden Beigaben und jeglicher Repräsentationsanspruch.

Sheds und Gießerei (1881 - 1891)

In welchem Maße die Firma Th. Kieserling & Albrecht in den 1880er Jahre mit Aufträgen durch die Mechanisierung der Solinger Industrie in Anspruch genommen wurde, wie die Firma an diesem Industrialisierungsprozess durch die verstärkte Fertigung von Maschinen und die zunehmende technische Ausstattung der Gesenkschmieden, Schlägereien und Dampfschleifereien teilnahm, und wie sie dadurch die finanziellen Mittel erhielt, selber den Übergang von der Maschinenwerkstatt zur Fabrik zu erreichen, lässt sich an den Erweiterungsbauten in dem Jahrzehnt zwischen 1881 und 1891 ablesen. Aus einer Werkstatt wurde eine Fabrikanlage mit einer Gebäudefläche von ungefähr 2600 m².

Interessanterweise gehörte die Fa. Th. Kieserling & Albrecht damit zu den ersten während der Hochindustrialisierungsphase vor dem Ersten Weltkrieg entstehenden Fabrikkomplexen in Solingen.

Ein wesentlicher Schritt bei dieser Entwicklung war die Aufstellung einer größeren Dampfmaschine um 1880, der Anbau der Dreherei und die Errichtung der Gießerei 1881. Voraussetzung für diese Neubauten war die Vergrößerung des Firmengrundstückes durch Ankauf weiterer Flächen in Richtung Süden und Osten von der evangelischen Kirchengemeinde, dem früheren Ackerland des Armenhauses.

Die Dreherei (Nr. 4) wurde als einstöckige Erweiterung in traditioneller Fachwerkbauweise mit einem Satteldach an das bestehende Fabrikationsgebäude angebaut, und beide Gebäude wurden danach als Dreherei und Schreinerei genutzt. Nicht nur eine quantitative Erweiterung, sondern eine qualitative Änderung der Produktion bedeutete der Bau der Gießerei (Nr. 5). Im Gegensatz zur Dreherei, die in der Verlängerung an das alte Fabrikationsgebäude angebaut wurde, stand die Gießerei als separates Gebäude und ohne räumliche Verbindung zu den anderen Fabrikationsräumen in Verlängerung der Flucht des Wohnhauses an dem Fuhrweg zur Kölner Straße und bildete mit ihren Anbauten wie dem Gießofen eine kleine eigene „Fabrik“ für sich. Die Gießerei wurde als massiver einstöckiger Backsteinbau (dem typischen Baumaterial für Fabrikbauten im ausgehenden 19. Jahrhundert) mit Oberlichtern im traditionellen Satteldach errichtet und lehnte sich damit in der architektonischen Form an die bestehenden Fabrikationsgebäuden und das Wohnhaus an.

Mögen vor allem funktionale Gesichtspunkte bei dem separaten Standort der Gießerei den Ausschlag gegeben haben, vielleicht die Nähe zum Wasser, der Fahrweg, die Hitze der Gießerei oder andere produktionstechnische Gründe, zeigt diese Anordnung aber auch die mehr oder weniger große Unabhängigkeit, die quasi Selbständigkeit der zwei Abteilungen der Kieserlingschen Fabrik.

Die einmal gewählten Standorte der Betriebsteile bedingten die verschiedenen Ausdehnungsrichtungen bei den Erweiterungen der nächsten Jahre.

Vor 1885 wurde ein eigenes Kesselhaus (Nr. 6) für die Dampfmaschine als zentraler Antrieb der „Abteilung" Dreherei-Maschinenbau" in Fortsetzung der später sogenannten Eisenstraße hinter der Dreherei erbaut. Um die optimale Kraftübertragung mittels der Transmission zu den einzelnen Werkzeugmaschinen zu erreichen, erfolgte 1885 der nächste Erweiterungsbau für die Dreherei (Nr. 7) im rechten Winkel zur bisherigen Bebauung, so dass nun die Kraftanlage zwischen alter und neuere Dreherei gelegen war. 1886 wurde an die Dreherei eine weitere Shedhalle (Nr. 8) mit knapp 250 m² Grundfläche angebaut. Die Erweiterungen der mechanischen Werkstätten waren mit dem zwei Jahre später (1888) erbauten Lager (Nr. 10) für Eisen dann für Jahre abgeschlossen.

Auffällig an dieser Erweiterung ist nicht nur die hinzugekommene Fabrikationsfläche von fast 800 m², damit vergrößerte sich diese Firmenabteilung auf das Dreifache, sondern vor allem der Wandel in der Dachform der Gebäude. Für die eingeschossigen Bauten wurde nun das sägeförmige Shed als Dach gewählt. Es garantierte in großflächigen Produktionsräumen den gleichmäßigen Lichteinfall an fast allen Arbeitsplätzen. Die Hallen mit Sheddach und der 1886 für die vergrößerte Dampfkesselanlage (Nr. 6) gebaute 26 Meter hohe Schornstein sind als architektonischer Ausdruck der Mechanisierung des Maschinenbaues anzusehen. Dabei konnten sowohl die Kraftzentrale als auch die neuen Räumlichkeiten in den Werkstätten zum Zeitpunkt ihrer Errichtung von der Fa. Th. Kieserling & Albrecht alleine gar nicht vollständig genutzt werden.

Während die Produktionsstätten des Maschinenbaus in diesen Jahren eine große räumliche Erweiterung erfuhren, blieben die Gebäude der „Abteilung" Gießerei fast zehn Jahr unverändert. Welche Bedeutung die Unternehmer der Gießerei danach für die Gesamt-Firma zumaßen, zeigt der Erweiterungsbau (Nr. 11), ebenfalls mit Sheddach, aus dem Jahre 1891. Damit wurde die Gießerei insgesamt in ihrer Größe verdreifacht und die betrieblichen Voraussetzungen geschaffen, nicht nur den Bedarf an Guss für die eigene Maschinenproduktion zu decken, sondern auch mit gegossenen Artikeln verstärkt direkt auf den Markt zu drängen.

Gießerei und Dreherei stießen nunmehr erstmalig aneinander, die Einfahrt in den vollständig von Gebäuden umgebenen Fabrikhof lag zwischen altem Wohnhaus und Gießerei in der Verlängerung des Fuhrweges von der Kölner Straße zur Firma. Die gesamte Fabrikanlage erweckt in dieser Phase den Eindruck einer optischen Einheit, so als wäre für die Firmeninhaber Kieserling und Albrecht mit diesem Bauzustand ein Ende des Firmenwachstums schon erreicht worden.

Eine weitere wichtige Veränderung in der Nutzung der Gebäude stellte der 1888 erfolgte Umzug der Familie Kieserling in ihr eigenes Wohnhaus (Nr. 9) dar. Ob die mit der wachsenden Fabrik verbundenen erhöhten Anforderungen an Räumlichkeiten für Bürozwecke und Konstruktionsarbeiten zu einer gewissen Enge im Wohnhaus geführt hatten, oder ob mittlerweile die Zahl der Familienmitglieder einfach zu groß geworden war, lässt sich nicht mehr nachvollziehen. Obwohl die Familie Albrecht noch bis 1900 in dem Haus wohnte, wurde im Laufe der nächsten Jahre aus dem ehemaligen Wohnhaus der Familien Kieserling und Albrecht das erste Verwaltungsgebäude der Fa. Th. Kieserling & Albrecht.

Kapitalanlagen (1892 - 1901)

Dass mit dem Bau der Gießereierweiterung 1891 für die beiden Unternehmer Kieserling und Albrecht ein gewisser Endpunkt einer Entwicklung erreicht worden war, zeigen die weiteren Gebäude-Investitionen im letzten Lebensjahrzehnt der Firmengründer.

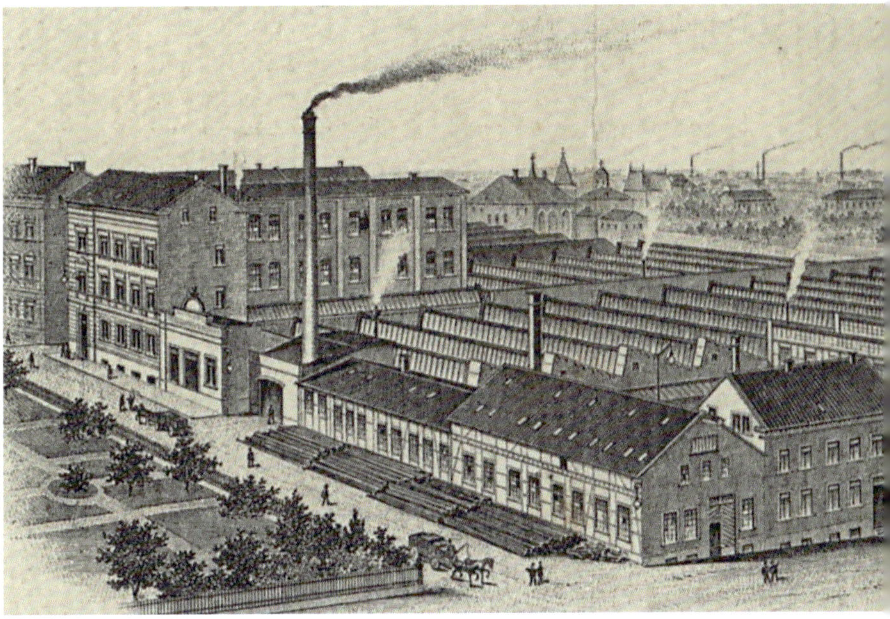

Die Dampfschleiferei Kieserling, erkennbar hinter dem hohen Schornstein. Eine Vergrößerung aus dem Firmenbriefkopf von 1904

Während im gesamten Solinger Industriebezirk in dieser Zeit immer neue Fabrikbauten errichtet wurden, stand für Theodor Kieserling nicht mehr der Ausbau der eigenen Fabrikations- und Produktionsmöglichkeiten im Vordergrund der Kapitalanlage, sondern der Bau von Mietshäusern und Betriebsgebäuden für die Nutzung durch andere Unternehmer.

Begonnen wurde 1892 mit dem Bau einer Wohn- und Fabrikationseinheit an der späteren Eisenstraße. Zwischen dem drei Stockwerke hohen Wohnhaus (Nr. 12) und der Dampfkesselanlage wurden der Baubehörde eine Gesenkschmiede (Nr. 13) und hinter dem Wohnhaus ein „Hochbau" (Nr. 14) zur Genehmigung vorgelegt. Im rechten Erdgeschossraum des Wohnhauses war eine Verbindungstür zu den beiden anderen Gebäuden geplant.

Im Allgemeinen ist die beabsichtige Nutzung der neu zu errichtenden Gebäudekörper nur dann bekannt, wenn sie in den Bauanträgen erwähnt wird. Auch Veränderungen und Umnutzungen der Räumlichkeiten sind nur in seltenen Fällen aufzuspüren, wenn in den Quellen explizit auf die Nutzung einzelner Gebäudeteile Bezug genommen wird. Die Haut der Gebäudekörper ist rekonstruierbar, nicht aber das Innenleben. In diesem besonderen Fall ist aber aus der weiteren Entwicklung zu ersehen, was mit der Bezeichnung „Hochbau" von Kieserling'scher Seite gemeint war, und welche Vorstellungen dem gesamten Projekt zu Grunde lagen.

Die vom eigenen Betrieb nicht voll ausgenutzte Energie der Dampfmaschine ließ Theodor Kieserling eine von ihm selbst bei anderen Firmen erprobte Idee nochmals aufgreifen. Die zentrale Kraftanlage sollte so ganz nebenbei eine Gesenkschmiede und eine Dampfschleiferei („Hochbau") antreiben, der Wohnraum für den zukünftigen Fabrikanten wurde gleich mitgebaut. Die Neubauten von Gesenkschmiede und Dampfschleiferei stießen zwar unmittelbar an die Gebäude der Firma Th. Kieserling & Albrecht, hatten aber produktionsmäßig nichts mit ihnen zu tun.

Theodor Kieserling versuchte eine zu diesem Zeitpunkt neue Kombination von Schlägerei und Schleiferei in einem Betrieb umzusetzen. Der „Hochbau" war deshalb ursprünglich zur gemeinsamen Nutzung mit der Gesenkschmiede vorgesehen, denn der Zugang war nur durch diese möglich. Das gesamte Lagergebäude musste durchquert werden, um endlich zum Treppenhaus zu gelangen. Die Nutzung des „Hochbaues" als Dampfschleiferei war so nur als Teil der neuen Fabrik möglich, die Schleifer hätten als Fabrikarbeiter arbeiten müssen. In dieser Form ließ sich zwar ein Betreiber für die Gesenkschmiede finden, der „Hochbau" konnte aber nicht mitvermietet werden. Deshalb musste das Konzept geändert und entsprechende Umbauten in den nächsten Monaten durchgeführt werden. Ein weiteres Gebäude für die Gesenkschmiede (Nr. 15) sowie ein externes Treppenhaus für den „Hochbau" mussten errichtet werden, um das dreistöckige Gebäude nun endlich als Dampfschleiferei im klassischen Solinger System mit selbständigen Schleifern als Stellenmietern nutzen zu können. Das rasche Wachstum des Schmiedebereichs machte 1898 den Bau eines großen Materiallagers (Nr. 18) nötig. Während des 1. Weltkrieges übernahm die Fa. Th. Kieserling & Albrecht die Räume der Gesenkschmiede und der Dampfschleiferei in eigener Regie.

Für die Planung dieses Projekts zog Theodor Kieserling zum ersten und einzigen Mal fachliche Hilfe von außen hinzu, die statischen Berechnungen führte Ludwig Maus durch. Bei allen anderen Baumaßnahmen von 1874 bis 1901 fungierte die Fa. Th. Kieserling & Albrecht gleichzeitig als Bauherr und Bauleiter - Auftraggeber und Architekt in einem.

Wahrscheinlich entwarf der Architekt Robert Kieserling, bis er im Jahre 1896 Solingen verließ, für seinen Bruder die Pläne. Auch für andere Firmen, wie bei dem Bau der Dampfschleiferei für das Hugo Linder Deltawerk und bei F.&W.

Hendrichs, war die Th. Kieserling & Albrecht als „Architekt" tätig

1893 ließ die Fa. Th. Kieserling & Albrecht in Fortsetzung der Flucht an der Ecke Flurstraße / Eisenstraße vier dreigeschossige Mietswohnhäuser (Nr. 17) errichten. 1899 folgte ein weiteres Mietshaus (Nr. 21) in der gleichen Größe. Auch dieses Engagement beweist Theodor Kieserlings kaufmännisches Geschick. Gleichzeitig aber setzten die Firmengründer damit der nachfolgenden Generation Grenzen für die Erweiterung der eigenen Produktionsstätten. So wurde aus einer lukrativen Investition in späteren Jahren ein „Eigentor", welches erst nach den Zerstörungen des 2. Weltkrieges wieder „ausgebügelt" werden konnte.

Die Erweiterungen der eigenen Fabrik in diesem letzten Jahrzehnt des 19. Jahrhunderts waren im Vergleich zu den vorigen Jahren unbedeutend. 1893 wurde ein Teil des Fabrikhofes überdacht und die 1. Etage als Modell-Lager (Nr. 16) genutzt. 1898 erfolgten zwei weitere Anbauten als Lagerraum für Gusswaren (Nr. 18 und Nr. 19) an die alte Gießerei - eine nochmaliges Indiz für die Bedeutung der Abteilung „Eisengießerei" für die Gesamt-Firma. Die Anordnung der Gebäude, die Form der Fabrikanlage, wurde durch diese baulichen Veränderungen nicht gesprengt, in einer gewissen Weise wurde sie mit der Teilüberdachung des Hofraumes sogar vollendet.

Die bedeutendste städtebauliche Veränderung im umliegenden Stadtteil wurde mit dem Bau des Solinger Süd-Bahnhofs (dem späteren Hauptbahnhof) an der Bahnstrecke von Solingen nach Remscheid 1890/1891 eingeleitet. Zuerst stand die Frage der Regelung der Zufahrt bzw. die Straßenführung zum neuen Bahnhof Solingen-Süd im Mittelpunkt des öffentlichen Interesses, mit der sich auch Theodor Kieserling in seinen letzten Lebensjahren intensiver beschäftigte. Als Mitglied der städtischen Baukommission beteiligte sich Kieserling aktiv an den konkreten Planungen, er musste im optimalen Anschluss an die Bahnlinie vor allem eine Chance für seine Firma sehen. Ob er aber auch die Schwierigkeiten geahnt hat, die damit für die zukünftigen Ausdehnungsmöglichkeiten der Firma Th. Kieserling & Albrecht entstehen würden, muss bezweifelt werden.

Schauen wir uns wegen der weitreichenden Konsequenzen für die Entwicklung der Firma deshalb die städtebauliche Situation und die Planungen, die am Ende des vorigen Jahrhunderts für das Gebiet zwischen dem Kern von Alt-Solingen und dem Bahnhof entworfen wurden, genauer an. Die Zufuhr zum Bahnhof erfolgte um 1900 über die Verlängerung der Weyerstraße (heute: Am Birkenweiher). Eine Zufahrt von der Kölner Straße existierte noch nicht. Projektiert waren folgende Straßenführungen:

- Die Flurstraße (Birkerstraße II.) sollte über das Gelände der Fa. Th. Kieserling & Albrecht bis an den Zufuhrweg zum Bahnhof verlängert werden.
- Der Fahrweg zur Firma sollte als direkte Verbindung zwischen Kölner Straße und dem Bahnhof ausgebaut werden.

Firmenbriefkopf 1904

- Der Ausbau der Eisenstraße (seit 1898 so bezeichnet) war von der Birkerstraße bis zur Kölner Straße geplant.
- Parallel zu dieser Straße sollte südlich der Firma eine weitere Verbindung zwischen Kölner Straße und Flurstraße mit einem Rondell gebaut werden; dies entspricht ungefähr dem heutigen Verlauf am Birkenweiher.

Diese Bauplanung setzte der weiteren Ausdehnung von Th. Kieserling & Albrecht enge Grenzen und deutet eines der großen Probleme an, vor deren Lösung die zweite Generation der Firmeninhaber im ersten Viertel dieses Jahrhunderts gestellt werden sollte.

Stillstand und Moderne (1901 - 1914)

Der Tod der Firmengründer Theodor Kieserling und Otto Albrecht innerhalb eines Jahres machte die Firma führungslos. Bevor die zweite Generation die Geschicke des Unternehmens vollständig nach ihren Vorstellungen gestalten konnte, vergingen einige Jahre der Stagnation. Den baulichen Zustand der Fabrik in dieser Zeit zeigt, trotz gewisser Vorbehalte in Bezug auf die getreue Wiedergabe, der erste Firmenbriefkopf mit einer Ansicht der Kieserlingschen Fabrik von der Kölner Straße aus dem Jahre 1904. Üblicherweise wurde für solche Ansichten ein Blick von der Straßenseite und auf das in den Augen des Firmeninhabers repräsentativste Gebäude, sei es die Fabrikantenvilla oder das Verwaltungsgebäude, gewählt. Andere Solinger Unternehmen betrieben diese Art von Eigenwerbung schon seit mehr als einem Jahrzehnt. Bei Kieserling signalisierte sie einen Wandel im unternehmerischen Selbstverständnis zur auf Außenwirkung bedachten Repräsentation.

Aber erst 1907, als die Trennung von der Mitbesitzerfamilie Albrecht schon vollendet worden war, zeigte der Wandel des unternehmerischen Selbstverständnisses beim ersten Neubau unter der Leitung der Söhne Theodor und Robert Kieserling moderne architektonische Formen. *„Modernität bedeutete jedoch vor allem höchster ökonomischer wie auch technischer Standard. Stahlfachwerkbauten waren billiger geworden als eine dekorative konventionelle Mauerwerksarchitektur.“* [2]

Um den entsprechenden Anspruch an ein modernes Bauen verwirklichen zu können, erhielt zum ersten Mal in der Geschichte der Firma ein selbständiger Architekt, Carl Reinschmidt[3], den Planungsauftrag. Ein knappes Jahrzehnt, bis in den 1. Weltkrieg hinein, sollte diese Verbindung zwischen der Firma und dem Architekten bestehen bleiben.

Für den Bau der Montagehalle (Nr. 23) schlug Reinschmidt eine von den bisherigen eingeschossigen Shedhallen abweichende architektonische Lösung vor. Die teilweise dreigeschossige Halle mit einer Grundfläche von 50 m * 16 m = 800 m² wurde als Eisenkonstruktion mit ausgemauerten Ziegelsteinen und zwei Reihen rechteckiger Seitenfenster sowie einem Satteldach mit einem durchlaufenden Oberlicht im Firstbereich zur Beleuchtung des großen Arbeitsraumes errichtet. Genutzt werden sollte die Halle als Maschinenschlosserei für zwanzig bis dreißig Arbeiter und den entsprechenden Eisenbearbeitungsmaschinen. Die Empore war als Modell-Lager geplant.

Im Genehmigungsverfahren für diesen Neubau ergaben sich Verzögerungen, weil das städtische Bauamt aus Gründen des Feuerschutzes ein geschlossenes Treppenhaus zwischen Montagehalle und Empore verlangte. Mit folgenden Argumenten widersprach die Firma dieser Auflage: [4]

„Die projektierte Treppe vermittelt den Verkehr zwischen der Montagehalle und der als Modell-Lager dienenden Empore, welche nach der Montagehalle nicht geschlossen ist, mithin keinen besonderen Raum bildet. Im Brandfalle würde das Treppenhaus keinesfalls von den vielleicht zufällig im Modell-Lager befindlichen Personen zur Rettung benutzt werden, denn die Betreffenden würden nicht den langen Weg durch Rauch und Flammen zum Treppenhaus hin nehmen, sondern einfach an der nächstliegenden Stütze herabsteigen, was durch die leiterartige Konstruktion derselben leicht angängig ist. Ein feuersicheres, geschlossenes Treppenhaus würde deshalb keinen Zweck haben, uns jedoch viel schaden, indem ein abgeschlossener, nicht übersehbarer Raum den Arbeitern Gelegenheit gäbe, durch gegenseitige Plaudereien sich der Arbeit zu entziehen, wodurch wir finanziell sehr geschädigt würden“

Von Theodor Kieserling wäre ein solches „Herr im Hause“ Schreiben wohl kaum verfasst worden. Die zweite Unternehmer-Generation aber zeigte ihre betrieblichen und gesellschaftlichen Herrschaftsansprüche of-

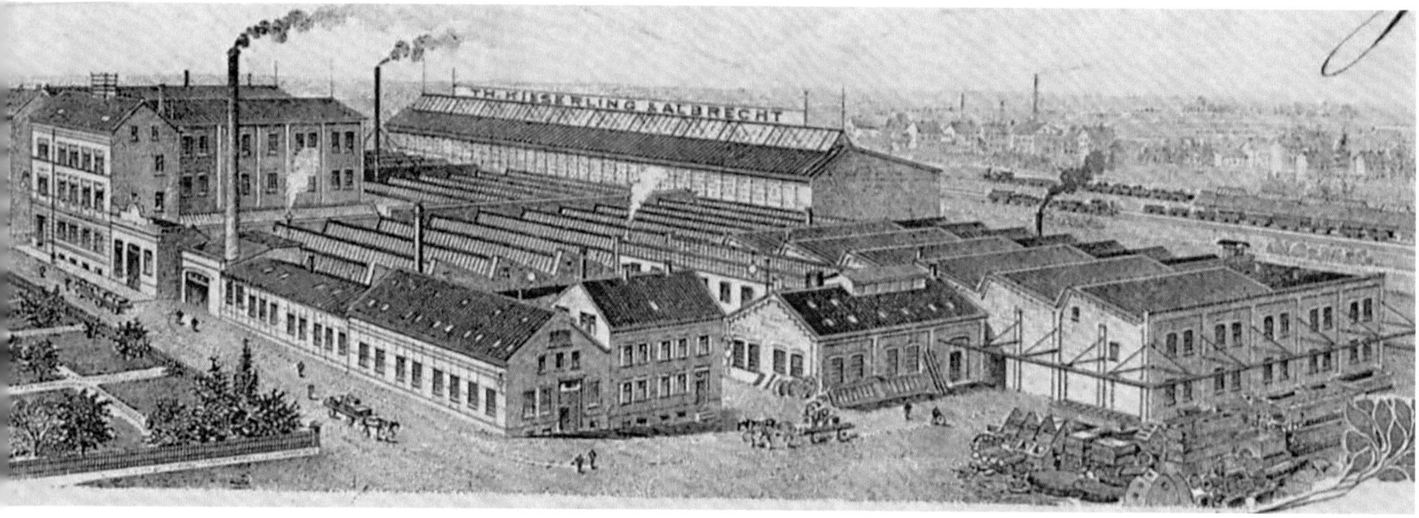

Die erste Firmenansicht auf dem Briefkopf aus dem Jahre 1907: Bei gleicher Perspektive wie auf dem Briefkopf von 1904 ist die Montagehalle neu in die Ansicht aufgenommen

fener und war ebenfalls erfolgreich. Dieser „stichhaltigen" Argumentation konnte sich die Solinger Baubehörde nicht entziehen und nahm ihre Auflage zurück.

Und noch ein weiteres Indiz soll den Wandel im unternehmerischen Selbstverständnis, aber auch den Ehrgeiz, die eigene Leistung darzustellen, belegen.

Unmittelbar nach dem Bau der Montagehalle 1907 ließ die Firmenleitung wieder einen neuen Briefkopf entwerfen. Robert Kieserling wollte seiner Kundschaft die neueste, modernste Errungenschaft der Firma, die Montagehalle (Nr. 23), zeigen. Aber ein Blick von hinten auf den Fabrikkomplex widersprach allen Gepflogenheiten. Die Lösung dieses Problems der Firmendarstellung war simpel, ungewöhnlich und aufschlussreich: es wurden einfach zwei Ansichten auf dem Briefkopf verwand. Zum einen der Blick von der Kölner Straße aus, wie er schon einige Jahre als Briefkopf diente, lediglich in winzigen Nuancen geändert und zum zweiten eine Ansicht von der heutigen Ecke Flurstraße / Am Birkenweiher mit der modernen Montagehalle im Mittelpunkt.

Wie problematisch diese Briefköpfe als historische Quellen für die Fabrikarchitektur sein können, legt folgendes Detail offen. Die Unternehmensleitung plante den Firmennamen deutlich sichtbar auf der Montagehalle anbringen zu lassen (ebenfalls ein Novum in der Firmengeschichte). So zeigt es der Briefkopf. Die Realisierung dieses Planes ließ aber fünf Jahre auf sich warten. Erst im Jahre 1912, und dann mit einer anderen Art der Befestigung auf der Montagehalle und der Gießerei, wurde das Firmenschild angebracht.

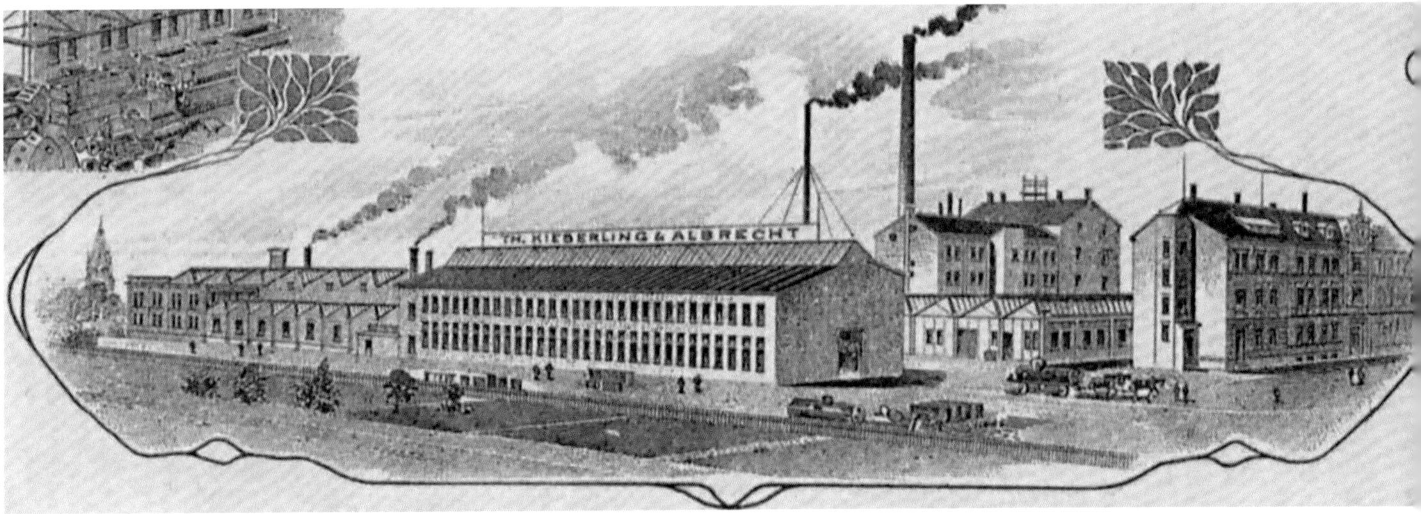

Die zweite Firmenansicht 1907: Blick auf die neue Montagehalle, rechts die Flurstraße, in der Bildmitte die Dampfschleiferei

Vergleichen wir die Darstellung der Firma im Briefkopf von 1907 mit dem heutigen Bild, so ist der auffallende Unterschied: Keinerlei Mauern umschließen das Firmenareal. An allen Seiten war die Fabrik offen. Eine Kontrolle, wer das Firmengelände betrat, konnte nicht erfolgen. Ein Pförtner an einem Tor war für die Fa. Th. Kieserling & Albrecht zu diesem Zeitpunkt ein nicht benötigter Luxus. Erst 1908 wurde an der Flurstraße mit der Errichtung einer Mauer ein Teil des Firmengrundstückes eingefriedet. Endgültig umschlossen wurde der Fabrikkomplex dann am Ende des 1. Weltkrieges auf Initiative der zuständigen Heeresinstanzen.

Als letzter architektonischer Hinweis auf das neue Selbstverständnis der 2. Unternehmergeneration Kieserling mag der Bau des ebenfalls von Carl Reinschmidt entworfenen herrschaftlichen Mehretagenwohnhauses Birkerstraße 28 (Nr. 24) dienen.

1910 folgte der Bau eines Eisenlagers (Nr. 25), über dem überdachten Hof die Einrichtung eines Modellagers (Nr. 26) sowie die durch den Bau des Eisenlagers bedingte Verlegung des Pferdestalls und der Wagenremise (Nr. 27) jenseits der Eisenstraße. An der unter Theodor Kieserling entstandenen Struktur der Industrieanlage ändert sich nichts, wenn auch die letzten Bauten in Richtung Flurstraße erfolgten. Weitere Planungen zur Verlängerung der Montagehalle bis an die Flurstraße und zur architektonischen Ausgestaltung der Fluchtlinie an dieser Straße mit Einfahrten und Mauer wurden 1911 der Baubehörde eingereicht, kamen aber bis zum Ersten Weltkrieg nach Aussage der Firma auf Grund schlechter Geschäftslage sowie beabsichtigter Änderung der Betriebsabläufe nicht zur Ausführung.

Briefkopf aus dem Jahr 1907 mit beiden Firmenansichten

Provisorische Erweiterungen im 1. Weltkrieg (1914 - 1918)

Die Ertragslage der Firma Th. Kieserling & Albrecht verbesserte sich im Lauf des Ersten Weltkrieges durch Rüstungsaufträge erheblich. Neben direkten Rüstungsgütern, wie Geschoß-granaten, konnten Hämmer für die Solinger Industrie in einem bisher nicht gekannten Ausmaße produziert und verkauft werden. Die Belegschaft wuchs rasch, die vorhandenen Fabrikgebäude reichten schon nach wenigen Kriegsmonaten nicht mehr aus. Neue Produktionsstätten wurden benötigt und wegen Material- und Arbeitskräftemangel meist in einfacher Holzbauweise erstellt. Voraussetzung für diese Firmenerweiterungen waren umfangreiche Grundstückskäufe in Richtung Weyerstraße. Die Baugenehmigungen erfolgten für diese provisorischen Holzschuppen (Nr. 28 - 33) bis ein Jahr nach dem Krieg auf Widerruf.

Dass das Baurecht zwar nicht außer Kraft gesetzt worden war, aber den Kriegserfordernissen entsprechend nur sehr eingeschränkt gehandhabt wurde, belegt das Beispiel des Gebäudes Nr. 33: Der Neubau des Schuppens wurde zur Lagerung von Kriegsmaterial mit der Auflage, dass sich Menschen dort nicht dauerhaft aufhalten sollten, im Mai 1916 genehmigt. Bereits im Oktober 1916 wurde der Schuppen in eine Produktionshalle für Munition umgewandelt. Im Nachhinein erhoben weder die Gewerbeinspektion noch die Bauaufsicht Bedenken gegen diese Umnutzung, weil *„in den Räumen wichtige Munitionsteile hergestellt werden."* [5]

Eine neue Phase erreichte die firmeninterne Planung der weiteren Unternehmensentwicklung Ende 1916. Robert Kieserling legte der Baubehörde einen Plan vor, der neben dem Bau einer massiv zu errichtenden Montagehalle (Nr. 34) ein neues Verwaltungsgebäude gegenüber dem Hauptbahnhof in der Fluchtlinie der Weyerstraße und eine neue Gießerei am Standort der heutigen Halle 6 vorsah. Auf dem Papier erhielt der Fabrikkomplex damit seine bis heute gültige Anordnung.

Verwirklicht werden konnte während des Krieges nur die Errichtung der Montagehalle als kriegswichtiger Fabrikbau. Das Verwaltungsgebäude und die neue Gießerei blieben vorerst im Stadium des Projektierten. Wesentlicher aber war es, dass es Robert Kieserling unter Ausnutzung der zeitbedingten Umstände gelungen war, die Vorstellungen der Stadt für eine Verlängerung der Bahnhofstraße bis zur Kölner Straße endgültig vom Tisch zu bekommen.

Ein weiterer wichtiger Teilerfolg im Streit um die zukünftige Bebauung zwischen Stadtzentrum und Hauptbahnhof gelang der Firma 1918. Mit Hinweis auf die Vorhaltungen der Militärpolizei beantragte Th. Kieserling & Albrecht die Einzäunung des gesamten Firmenareals und die Abschließung der Eisenstraße durch ein Tor. Der Zugang zu den dahinterliegenden Wohnhäusern Eisenstraße 9 und 11 sollte gewahrt bleiben. Die neue Haupteinfahrt ins Werksgelände gegenüber dem Bahnhof wurde mit einem Pförtnerhäuschen an der Stelle des heutigen Verwaltungsgebäudes (Nr. 37) gesichert.

Seit Mitte des Krieges unterhielt die Firma an der Stelle des heutigen Verwaltungsgebäudes einen Milch- und Lebensmittelladen, um vor allem den vielen weiblichen Arbeitskräften bei den langen Arbeitszeiten eine Einkaufsmöglichkeit zu bieten. Kurz vor Kriegsende zwang die Größe der Belegschaft (fast 1000 Beschäftigte) und die schlechte Ernährungs- und Versorgungslage zum Bau einer provisorischen Baracken-Kantine (Nr. 38), um die Rüstungsarbeiter/-arbeiterinnen wenigstens einigermaßen bei Kräften zu halten.

Bauboom während der Inflationszeit (1919 - 1925)

Ende 1919 hatte sich Robert Kieserling nach zwischenzeitlichen Abwanderungsplänen endgültig für den Verbleib in Solingen entschieden und nahm nun die Verwirklichung der 1916 entworfenen Zielvorstellungen systematisch in Angriff. Der Zeit der Provisorien sollte eine Zeit des massiven Bauens folgen.

Mit folgender Begründung beantragte die Fa. Th. Kieserling & Albrecht Anfang 1920 den Bau eines neuen Kontorgebäudes (Nr. 39):[6]

„Die jetzigen Kontorräume sind nicht nur an Raum vollständig unzulänglich, sondern wir haben auch schon einzelne Abteilungen durch das Grösserwerden des Werkes infolge Platzmangel in mehreren von einander getrennt liegenden Gebäuden unterbringen müssen. Hierdurch ist die Geschäftsführung derartig unübersichtlich und zeitraubend geworden, dass der Betrieb sehr darunter leidet. Die jetzigen technischen

und kaufmännischen Kontorräume sind in einem Fachwerkhause in nächster Nähe des Cupolofens untergebracht und dadurch sehr gefährdet. Wenn die wichtigen und unersetzlichen Maschinenzeichnungen und andere Originale durch Feuer beschädigt würden, müsste der ganze Betrieb stillgelegt werden. Durch den Neubau werden auch fünf Wohnungen geschaffen, drei in dem Neubau selbst und zwei in Häusern, welche jetzt zu Kontorzwecken dienen. Ein großer Teil der Baumaterialien für den Neubau, welcher bereits im vorigen Jahr ausgeführt werden sollte, ist vorhanden."

Der Hinweis auf drohende Arbeitsplatzverluste, Wohnraumschaffung und bereits vorhandene Baumaterialien wirft ein Schlaglicht auf die Nachkriegsnöte in Solingen. Trotzdem ergab sich eine gewisse Verzögerung, weil nach Ansicht der Baubehörde der Abstand zwischen Verwaltungs- und Fabrikgebäuden zu gering war. Die Planung musste daraufhin geändert werden. Ende 1920 wurde die Genehmigung zur Errichtung des Gebäudes erteilt.

Den Entwurf und die Ausführung des neuen Verwaltungsgebäudes übernahmen die beiden Solinger Architektenbrüder Max und Carl Franz, da Carl Reinschmidt Solingen 1919 verlassen hatte. Der Wandel, oder vielleicht angemessener, der Bruch im architektonischen Stil, den das nach klassizistischem Vorbild erbaute Verwaltungsgebäude im Vergleich zu den bisherigen Bauten der Firma Th. Kieserling & Albrecht darstellt, kann aber kaum auf den Wechsel der Architekten zurückgeführt werden. [7]

Vielmehr zeigt dieser monumentale, auf Herrschaft und Repräsentation gerichtete Stil das Selbstverständnis des Unternehmers und Bauherrn Robert Kieserling in dieser unruhigen Zeit; aber auch ein gewandeltes Verhältnis von Produktion und Verwaltung im gewachsenen Unternehmen ist an der Architektur abzulesen.

Die Planungs- und Entscheidungsbefugnis innerhalb eines Unternehmens der Größe, die Th. Kieserling & Albrecht um 1920 erreicht hatte, lag nicht mehr ausschließlich bei dem einzelnen Fabrikanten. Innerhalb der großen Industriefirmen hatten sich Verwaltungsapparate herausgebildet, deren Informationsvorsprung gegenüber den Produktionsbereichen sie zu den geistigen und bürokratischen Zentralen der Unternehmen machte. Deshalb wurden sie an besonders vorherrschenden Stellen innerhalb der Firmenareale angesiedelt. Dadurch besaßen sie auch einen hohen repräsentativen Wert: sie vertraten quasi den Unternehmer selbst.

Entsprechend ist der Wandel in der Selbstdarstellung der Unternehmen und Unternehmer zu sehen: Nicht mehr die repräsentative Fabrikantenvilla, in der sich das Selbstbewusstsein des Unternehmerbürgertums seit dem letzten Viertel des 19. Jahrhunderts manifestierte, steht nunmehr im Vordergrund, sondern das Verwaltungsgebäude. Die persönliche Präsenz eines Fabrikanten war der anonymeren Macht eines Apparates gewichen.

Für das gewachsene Bedürfnis der Unternehmensverwaltung nach Überwachung des Werkverkehrs und Kontrolle der Arbeitszeit der

Belegschaft bot sich für den Eingangsbereich aus der Baugeschichte als Form das Burg- oder Stadttor an. Die Verantwortlichen wählten bei Th. Kieserling & Albrecht kein separates Fabriktor, sondern griffen auf eine häufiger verwendete integrierte Lösung von Hauptgebäude und Eingang zurück.[8] Die Haupteinfahrt in die Fabrikanlage wurde in die als Durchgang gestaltete Mitte des neuen Verwaltungsgebäudes gelegt. Der besondere Eindruck eines „Torbogen“ ergab sich aus dem Verspringen der beiden Stockwerke in die Höhe, der Verwendung antiker Säulen als Stützen und dem als „Mauerkrone“ künstlerisch gestalteten Giebel.

Die linke der beiden Figuren stellt den römischen Kriegsgott Mars (bei den Griechen hieß er Ares) mit dem Helm als seinem Sinnbild dar. Mars galt in der Antike als der Gott des Eisens und des Eisenbearbeitens. Das Zahnrad in seiner Hand weist auf die spezielle Bedeutung für die Fa. Th. Kieserling & Albrecht hin: Mars mit Zahnrad symbolisiert den Maschinenbauer. Die rechte antike Gestalt ist der römische Gott Merkur (griechisch Hermes), erkennbar an seinem Reisehut und dem Heroldsstab in der Hand. Merkur/Hermes war der Gott der Boten, aber auch des Handels und steht bei Th. Kieserling & Albrecht für den Kaufmann. Der Rückgriff auf die antike Mythologie passt stilistisch zum klassizistischen Gesamteindruck des Gebäudes. Die Gestalten der beiden Götterfiguren erinnern nach heutigem Empfinden eher an ein Kriegerdenkmal oder an die unsägliche nationalsozialistische Kunst, die ein Jahrzehnt später in Deutschland propagiert wurde.

Zeichnung des neuen Verwaltungsgebäudes, um 1925

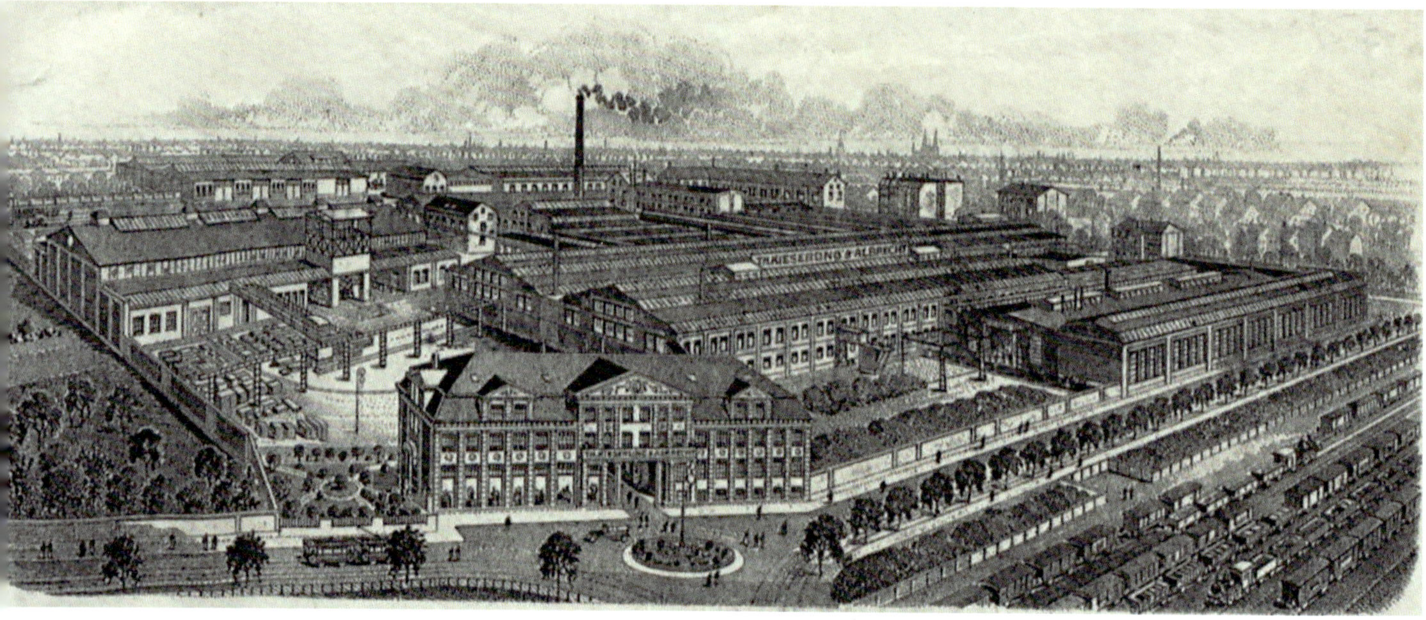

Briefkopf mit Firmenansicht aus dem Jahr 1923. Blick auf das Verwaltungsgebäude vom Hauptbahnhof Solingen aus

Das Verwaltungsgebäude gegenüber dem Hauptbahnhof muss als erster Repräsentationsbau der Firma Th. Kieserling & Albrecht für eine dauerhafte Selbstdarstellung interpretiert werden. Funktionalität alleine war nicht mehr der Gradmesser - in einer Zeit der veränderten wirtschaftlichen Bedingungen und gesellschaftlicher Kräfteverhältnisses galten andere ästhetische Gesetze.

Th. Kieserling & Albrecht war auf dem Sprung zu einer Firma mit Weltruf. Den Bemühungen des Unternehmens um Anteile auf dem Weltmarkt musste eine repräsentative Dimension verliehen werden. In diesen Zusammenhang gehört auch die Gestaltung des linken Teiles des Erdgeschosses im neuen Verwaltungsgebäudes Hier entstanden Ausstellungs- und Vorführräume mit entsprechenden Schaufenstern. Die Maschine, das Produkt der Firma, wurde zum ständigen Werbeobjekt. Die betriebliche Macht nach innen und den Herrschaftsanspruch des Unternehmers nach außen galt es ebenfalls zu dokumentieren. So betrachtete stellte das neue Verwaltungsgebäude der Firma in Stil und Größe eine trotzige Kampfansage an die (Solinger) Arbeiterbewegung außerhalb des Betriebes dar.

Im gleichen Zusammenhang muss auch der anlässlich des 50jährigen Bestehens von Th. Kieserling & Albrecht neu gestaltete Briefkopf der Firma gesehen werden. Selbstverständlich steht das neue Verwaltungsgebäude im Zentrum der Darstellung. Auffallend ist im Unterschied zu den alten Ansichten die Betonung der Größe der Firma. Aber auch bei diesem Briefkopf gilt es vorsichtig zu sein. Wie schon sein Vorgänger zeigt er nicht nur reale bauliche Veränderungen, sondern auch weitere Planungen und Bauwünsche.

Der Verbindungsgang (Nr. 40) zwischen Verwaltungsgebäude (Technischem Büro) und Montagehalle (Betriebsbüro) im 1. Obergeschoß ist gut erkennbar. Das Pförtnerhäuschen (Nr. 41) hinter dem Verwaltungsgebäude auf der östlichen Seite der Durchfahrt kann dagegen nur erahnt werden.

Die links am Rande dargestellte Gießerei (gut erkennbar der Turm des Kupolofens und die Kokslager links und rechts vom Ofen) war seit 1916 geplant worden, gebaut wurde sie aber erst 1924, mehr als ein Jahr nach dem Firmenjubiläum, und dann nicht als Gießerei, sondern als Montagehalle (Nr. 47). Die Hallen am rechten Rande des Firmengeländes wurden nie in dieser Form errichtet. Bis 1944 standen hier die provisorischen Holzschuppen aus dem Ersten Weltkrieg, die erst als Magazin und Modell-Lager und später in nationalsozialistischer Zeit als „Gefolgschaftsraum“ genutzt wurden.

Die Errichtung des Verwaltungsgebäudes markiert den Beginn eines auf wenige Jahre beschränkten Baubooms. Während die galoppierende Inflation zur allgemeinen Verarmung der arbeitenden Bevölkerung und großer Teile der Mittelschichten führte, versuchten viele Unternehmen die Zeit zu nutzen, um kostengünstig ihre im 1. Weltkrieg provisorisch erweiterten Fabrikationsanlagen nunmehr durch massive Gebäude zu ersetzen.
Neben den schon erwähnten Bauten ließ Robert Kieserling von den Gebrüdern Franz weitere Ausstellungsgebäude (Nr. 43, Nr. 46) an der Flurstraße an Stelle von Holzschuppen errichten (stilistisch finden sich an ihnen Elemente der Burgarchitektur wie „Türmchen“ und „Mauerkrone“) und ein Lagergebäude (Nr. 44) zur Erweiterung der provisorischen zweiten Gießerei umnutzen. Im Jahre 1925 wurde dieses Gebäude durch einen Brand zerstört und nicht wieder aufgebaut. Dafür erhielt die alte Gießerei (Nr. 18/19) durch eine neue Dachkonstruktion und Fassade eine andere Form und erweiterte Nutzung (Nr. 48).

Aber die Zeitspanne der Inflationskonjunktur reichte nicht aus, um alle Provisorien des Ersten Weltkrieges zu ersetzen. Die noch vorhandenen Schuppen wurden selbstverständlich weiterhin von der Firma genutzt. Die Bestrebungen der Baubehörde, diese auf Widerruf genehmigten Provisorien abreißen zu lassen, unterlief die Firmenleitung mit dem Hinweis auf die schlechte wirtschaftliche Lage und der Gefährdung von Arbeitsplätzen.

Der Kieserling'sche Nachkriegsbauboom fand mit einem Randbereich der Fabrikarchitektur sein Ende. 1925 wurde mit dem Bau eines Schuppens für PKW und LKW auch architektonisch das Ende des Pferdezeitalters besiegelt.

Das Verwaltungsgebäude vor ...

Zwischen Krise und Krieg (1926 - 1944)

Spätestens nachdem 1930 die Weltwirtschaftskrise auch die Fa. Th. Kieserling & Albrecht erfasst hatte, Auftragsrückgang, Kurzarbeit und Massenentlassungen die Folge waren, konnte an Neubauten nicht mehr gedacht werden. Im Gegenteil, es wurde nur noch ein Bruchteil der Fabrikanlage in diesen Jahren genutzt.

Erst als Mitte der 1930er Jahre ein konjunktureller Silberstreif der nationalsozialisti-

… und nach dem Umbau 1936

schen Aufrüstungsbemühungen am Horizont zu erkennen war, begann die Firma wieder mit Baumaßnahmen in Zusammenarbeit mit dem Bad Godesberger Architekten Karl Schwarz. Im linken Flügel des Verwaltungsgebäudes wurden an Stelle der Ausstellungsräume Wartezimmer für Kunden und im hinteren Bereich die Buchhaltung untergebracht. Die Schaufensterfront wurde wie die Fassade des rechten Flügels umgestaltet. Gleichzeitig wurde die bisherige Werkseinfahrt aus der Mitte des Verwaltungsgebäudes an die linke Seite verlegt und durch einen repräsentativen Eingangsbereich in das Gebäude ersetzt.

Der Schuppen Ecke Flurstraße / Am Birkenweiher - der spätere „Gefolgschaftsraum“

Anfängliche Schwierigkeiten ergaben sich 1935/1936 bei der Realisierung eines Projektes für den Bau des neuen Modell-Lagers, weil das geplante Gebäude im Geschäftsgebiet von Alt-Solingen lag, aber ganz für industrielle Zwecke genutzt werden sollte. Da aber in städtebaulicher Hinsicht trotzdem keine Bedenken von der Solinger Baupolizei geäußert wurden, verschloss sich auch der Regierungspräsident der folgenden wirtschaftlichen Argumentation der Baubehörde nicht und erteilte eine Ausnahmegenehmigung:[9]

„Das Werk stellt Maschinen für die gesamte Industrie her. Die Belegschaft besteht aus 534 Köpfen. Der Neubau soll dazu dienen, die jetzt in einigen Gebäuden, die niedergelegt werden sollen,

verstreut untergebrachten Maschinenmodelle aufzunehmen, wodurch ein besserer Überblick und eine schnellere Abwicklung des Geschäftsbetriebes erreicht wird und der Gefolgschaft günstigere Arbeitsbedingungen gegeben werden, Die Firma, von deren Fabrikation 60 % ins Ausland geht, ist bestrebt, dem Werk eine größere Rentabilität zu geben, um der Auslandskonkurrenz erfolgreich begegnen zu können. Eine Maßnahme, die mit der Rücksicht auf die Devisenbeschaffung im volkswirtschaftlichen Interesse und somit auch im Interesse der Allgemeinheit liegt, ist zu unterstützen."

Der „Gefolgschaftsraum" um 1940

Bei der Erteilung der Baugenehmigung erließ die Behörde trotzdem folgende Auflagen:

a) Errichtung eines Luftschutzraumes;
b) Abriss alter Gebäude (Nr. 31, 1 und 2)
c) Einrichtung Zufahrt Kölner Straße
d) Verbesserung der sanitären Anlagen.

Als die Pläne des Bad Godesberger Architekten Schwarz für das Modell-Lager (Nr. 50) im nächsten Jahr tatsächlich zur Ausführung kamen, schien die Fa. Th. Kieserling & Albrecht schon wieder jeden Quadratmeter Produktionsfläche benötigt zu haben, denn der angeordnete Abriss der alten Gebäude unterblieb.

Der Schuppen an der Ecke Flurstraße / Am Birkenweiher, der bis zum Neubau auch als Modell-Lager gedient hatte, wurde danach als „Gefolgschaftsraum" umgebaut. Mit der Einrichtung der Lehrwerkstatt auf der Empore der Montagehalle (Nr. 23) fanden die Baumaßnahmen ein vorläufiges Ende.

Während andere Firmen in dieser Zeit in eine regelrechte Bauwut verfielen, verhinderten zunächst die geringen Ausdehnungsmöglichkeiten auf dem Firmengelände in Solingen größere Neuinvestitionen. Als nach Grundstückszukäufen die Bauprojekte für die Erweiterung der Montagehalle Nr. 47 und die Errichtung einer Härterei 1943 bei den zuständigen Behörden beantragt werden konnten, versagten diese die Genehmigung unter Hinweis auf den Kriegsverlauf und die angespannte Bauwirtschaft. Schließlich war das Werk Solingen im Gegensatz zum Werk Ohligs der Firma Th. Kieserling & Albrecht kein ausschließlicher Rüstungsbetrieb.

Die 1927 errichtete Halle des Eisenwerks Ohligs (1320 m²) wurde 1942 um 792 m² für die Granatenherstellung erweitert und dann als Halle A bezeichnet. Im gleichen Jahr wurde eine weitere Halle B (ca. 780 m²) für den gleichen Zweck danebengesetzt.

Bis Oktober 1944 war Th. Kieserling & Albrecht von Bombenzerstörungen fast gänzlich verschont geblieben. Am 4. und 5. November 1944 wurden bei den Luftangriffen auf Solingen nicht nur das Zentrum der Stadt, sondern auch die so zentral gelegene Fabrik schwer getroffen. Das Verwaltungsgebäude brannte völlig aus, einzelne Hallen lagen völlig oder zum größten Teil in Schutt und Asche, die Fabrikationsgebäude wurden insgesamt zu ca. 60 Prozent zerstört.

Die Luftkriegszerstörungen der Fa. Th. Kieserling & Albrecht nach dem 5. November 1944

Wiederaufbau (1945 - 1960)

„Fabriken entstanden aus einem Kernbau für die Produktion, um den Hilfseinrichtungen wie Schuppen, Wächterhäuschen und Kontor gruppiert wurden. Da man in der Anfangsphase meist genügend Grundfläche zur Verfügung hatte, legte man bei der Organisation der Lagepläne keinen besonderen Wert auf die Abstimmung der Betriebsabläufe und der Verkehrswege mit den Grundstücken. Das Gedränge der Fabriken auf engem Raum und die mit zunehmender Expansion der Einzelbetriebe knapper bemessene Grundfläche des Fabrikgeländes ließen die Betriebsareale schnell zu wuchern. Um den ursprünglichen Kernbau lagerten sich immer mehr Produktionsgebäude und Hilfseinrichtungen wie Maschinenhäuser, Wassertürme, Lagerschuppen, Betriebswerkstätten und freistehende Aggregate an. Eine längerfristige Planung für dieses Wachstum gab es meist nicht. Es scheint, als seien die Fabrikherren von der Expansion ihrer Betriebe überrascht worden. Sukzessiv und pragmatisch behalf man sich mit Zu-, Um- und Anbauten solange, bis das Betriebsgelände, das in den seltensten Fällen durch Zukäufe nennenswert erweitert werden konnte, derart vollgestellt war, dass nur noch die Auslagerung des Betriebes in ein größeres Gelände den völligen Zusammenbruch des Betriebsabläufe verhindern konnte.“ :[10]

Wir haben gesehen, dass die Firma Th. Kieserling & Albrecht einer drohenden Verlagerung nur wegen der besonderen Situation des Ersten Weltkrieges entgehen konnte. Die nächste Rüstungskonjunktur vor und während des Zweiten Weltkrieges bot nur noch in Ohligs diese Ausweichmöglichkeiten. Erst die Zerstörungen der Solinger Fabrik im November 1944 eröffneten dem Unternehmen die so nicht gewollte Perspektive, die notwendigen Veränderungen hin zur geplanten Industrieanlage unter gleichzeitiger Aufrechterhaltung der Produktion auf dem alten Firmenareal zu erreichen. In der unmittelbaren Nachbarschaft der Firma waren ebenfalls die meisten Gebäude zerstört oder schwer beschädigt. In den nächsten Jahren gelang es der Fa. Th. Kieserling & Albrecht durch den Ankauf benachbarter Grundstücksflächen nochmals das Firmengelände beträchtlich zu erweitern und die dringend benötigten Ausdehnungsmöglichkeiten zu erhalten.

Die ersten provisorischen Wiederaufbaumaßnahmen galten noch während des Krieges dem Verwaltungsgebäude. Durch Brand ab dem 1. Stock zerstört, konnten die erhalten gebliebenen Umfassungsmauern und die Betondecke im Erdgeschoß soweit ausgebaut werden, dass Verwaltungs- und Konstruktionsbüros dort untergebracht werden konnten. Schon ab Sommer 1945 versuchte die Firmenleitung, eine weitergehende Wiederaufbaugenehmigung von der Bauverwaltung zu erhalten. Im 2. Obergeschoß sollten abweichend von der ursprünglichen Architektur die Mansardendächer wegfallen und die Außenmauern aufgestockt werden. Insgesamt wären auf diese Weise sieben Wohnungen im Verwaltungsgebäude entstanden. Trotz des Angebotes, Wohnraum zu schaffen, musste die Genehmigung aus

Mangel an Baumaterial und wegen dringender anderer Bauvorhaben im zerstörten Solingen zunächst einmal versagt werden. Erst zwei Jahre später durfte offiziell der Wiederaufbau des Verwaltungsgebäudes erfolgen. Die Verlegung der Werkseinfahrt in den dreißiger Jahren und die Aufstockung des Gebäudes veränderte das ursprüngliche Aussehen des Kieserling'schen Verwaltungsgebäudes erheblich. Nach der Währungsreform 1948 begann ein rasanter „Wiederaufbau" der Firma, der gleichzeitig eine Rationalisierung des Produktionsablaufes durch diverse Neubauten ermöglichte. Dem Abriss von nicht mehr rationellen Betriebsteilen und veralteten Produktionsstätten fielen schließlich alle diejenigen Gebäude zum Opfer, die noch aus den Anfangsjahren der Firma vor dem Ersten Weltkrieg stammten: die ersten Firmengebäude von 1874, die Gesenkschmiede, die Dampfschleiferei, die Wohnhäuser Eisen- und Flurstraße. Am Ende dieser Phase des „Wirtschaftswunders" stand eine von Grund auf modernisierte, neue Fabrikanlage.

Das Verwaltungsgebäude nach dem Wiederaufbau mit drei Stockwerken.

Auf den folgenden acht Seiten: Der Wiederaufbau bei Th. Kieserling & Albrecht im Jahre 1950. Aus einem Fotoalbum, das Direktor Hölzer zu seinem 40jährigen Dienstjubiläum als Geschenk überreicht wurde.

1950

1950

1950

1950

1950

1950

1950

1950

1950

1950

1950

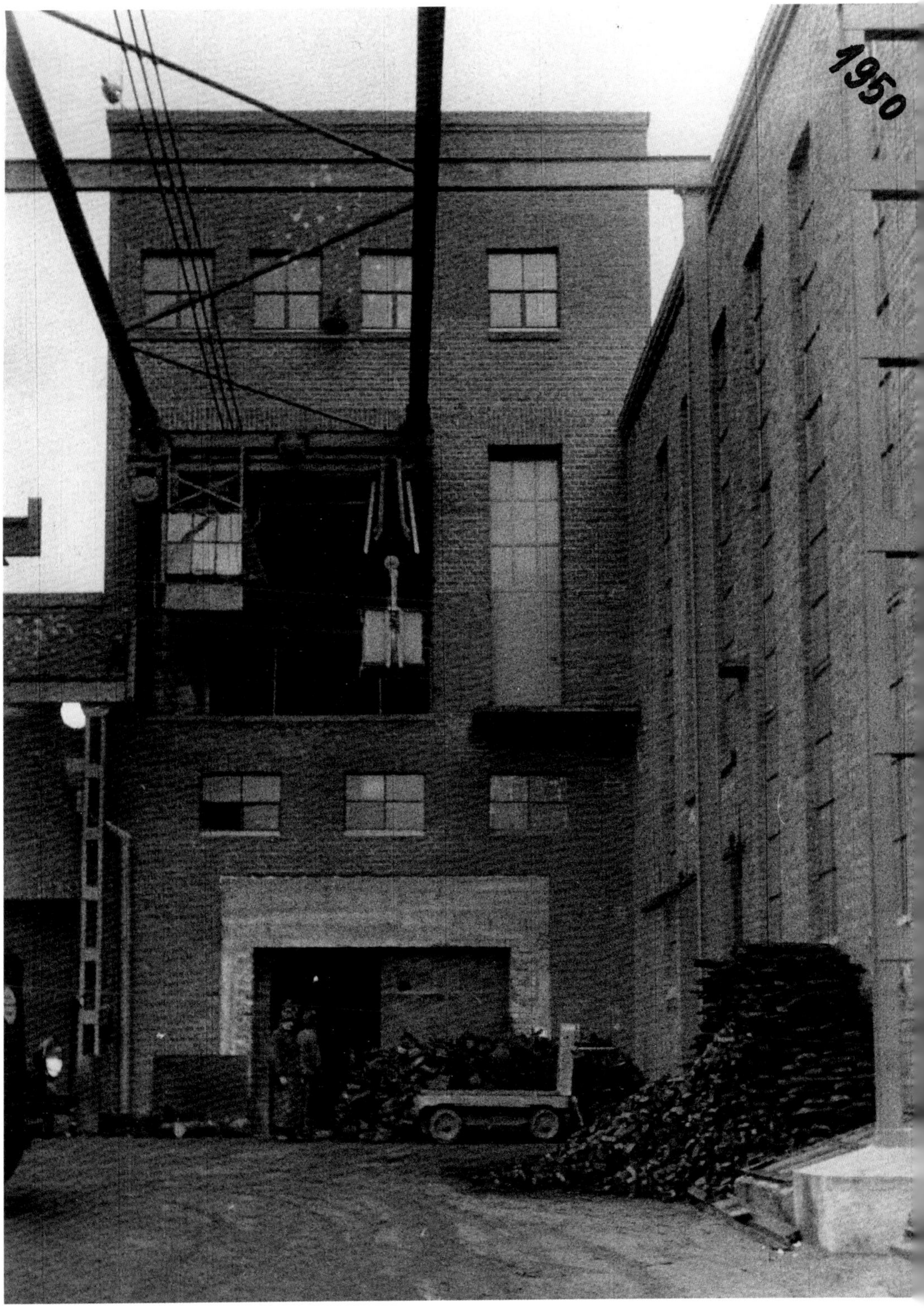
1950

Reparaturen an der Kranbahn

Der mit der Leitung der Baumaßnahmen beauftragte A. Vahland berichtet dazu aus der Rückschau:[11]

1947 begann für mich eine neue Laufbahn. Zuerst wurde das Verwaltungsgebäude aufgebaut und zwar wurden dort alle möglichen Abteilungen untergebracht. In den Obergeschossen wurden Wohnungen eingerichtet.

Zuerst für den Direktor Hölzer, dessen eigenes Haus gänzlich zerstört war. Das war in der ersten Etage. In der zweiten Etage wohnte der Leiter der Exportabteilung, ein Einkäufer, der Betriebsleiter und auf der anderen Seite die kaufmännische Leiterin. Die wohnten alle hier oben (...) Die technischen Mittel wie Zement, Holz usw. waren eigentlich gar nicht erhältlich, sondern wir haben die auf Tauschwegen bekommen. In unserem Werk Ohligs, da standen noch einige demontierte Motore, die die Engländer uns gelassen hatten und die wir nachher benutzt haben, um Fahrräder damit einzutauschen und mit den Fahrrädern wiederum haben wir Zement gekauft, lastzugweise Zement, da kamen dann 15 oder 16 Fahrräder dahin und wir haben dafür Zement bekommen. Auf diese Art und Weise wurde das Material beschafft. Wir hatten beispielsweise für das Verwaltungsgebäude überhaupt kein Holz, um den Dachstuhl zu machen. Aber durch die Tauschgeschichte kamen wir an Walzeisen, Winkeleisen, und daraus ist der Dachstuhl gemacht. Der existiert jetzt noch. Normalerweise ist so ein Dachstuhl ja aus Holz. Die Elemente, auf denen die Dachziegel ruhen, die sogenannten Dachlatten, das sind dort alles Winkeleisen, die wurden alle geschweißt. Es waren unendliche Schweißarbeiten notwendig, um das zu machen.

Das Verwaltungsgebäude war also nachher fertig und dann kamen die anderen Betriebswerkstätten. Es wurde zuerst die Halle 6 geräumt. Dort lag alles wie Kraut und Rüben. Zuerst wurde alles Eisen ausgeräumt und dann ist die Halle wieder aufgebaut worden. Wir haben dann unten neue Waschräume eingerichtet, neue Kranbahnen gemacht, so dass wieder die alte verwertet werden konnte, in der größere Maschinen gebaut werden konnten. Parallel dazu wurde die Gießerei, die auch in Trümmern lag, der Kupolofen war im Eimer, der wurde zerstört, wieder aufgebaut, (...) so dass wir dann, so ca. 1949, in der Lage waren, wieder selbst zu gießen.

Im Anschluss daran wurde auch die Kleingießerei, die sich dahinter anschloss, wieder aufgebaut, so dass wieder Kleinteile gegossen werden konnten. Dann wurde, fast parallel dazu, die sogenannte Halle 10 gebaut. Das ist das große Gebäude, was man oben von der Kölner Straße aus sieht. Das war dann Modellagerraum und vor allen Dingen

Modellschreinerei und es wurde dort noch ein Magazin eingerichtet. Anschließend haben wir die Halle 7 und 8 gemacht, die Halle 7 setzt sich fast wie ein Dreieck an die Halle 6 an. Daran anschließend haben wir die Halle 8 gebaut.

Das war Niemandsland, da lagen alte Formkästen verstreut herum. Da ist regelrecht aus dem Nichts diese Halle entstanden, die wurde aus dem Schlamm heraus geboren. (...) Das war hier unten ein Weiher.

Als wir die Halle nebenan bauten, neben dem Technischen Büro, da haben wir eine Sonderkonstruktion wählen müssen, um es überhaupt dicht zu machen, damit das Grundwasser nicht reinkam. Wir mussten dann zuerst eine Wanne bauen aus Ziegelmauerwerk, dreifach isoliert und dann erst konnte man die Fundamentierung vornehmen, die also in diese Wanne hereingebaut werden musste.

Wir waren also an der Halle 10, dann haben wir die Häuser an der Eisenstraße abgebaut. Die ging früher noch in den Betrieb herein und da standen noch zwei Wohnhäuser. Die Wohnhäuser wurden abgebaut, weil es unerträglich wurde für die Leute neben der Schmiede mit den schweren Fallhämmern. Wenn die Fallhämmer arbeiteten und die Leute saßen beim Frühstück, klapperten die Kaffeetassen, das ist nicht übertrieben. (...)

Dann wurde anschließend die gesamte Flurstraße bebaut, die ganzen Hallen. Dort wurden dann kleine Pressen gebaut, da kamen Magazine hinein und das Labor kam dort hinein. (...) Gleichzeitig wurde die Halle 5 um ca. 30 m verlängert, bis an das Gebäude Flurstraße heran.

Wiederaufbau-Arbeiten
an der Halle 10

Ich muss es immer wieder sagen, er (Dr. Hölzer) hat dann eisenhart und konsequent den Wiederaufbau gefördert. Er sagte auch, was gebaut werden sollte und das war recht häufig eine merkwürdige Angelegenheit. Der Dr. Hölzer sagte mir dann: „Wir müssen für die großen Maschinen etwas machen, was sollen wir tun?" Ich habe gesagt: „Wir können doch dort hinten etwas bauen." Damals waren wir mit der Baugesellschaft Weber nicht befreundet, die haben einiges für uns gemacht und dann hat der alte Richard Weber uns dafür einen Entwurf gemacht.

Das wollten die anderen Herren eigentlich gar nicht so sehr, vor allen Dingen wollte die Frau Altenbracht das Geld immer zusammenhalten. Das ist uns mit vielen Dingen leider, oder Gott sei Dank so gegangen. (...) Es ist einfach alles gebaut worden, und ich bin im Nachhinein der festen Überzeugung, dass es zum Segen der Firma war, ausschließlich durch seine (Hölzers) eigene knall- und eisenharte Energie und sein Durchsetzungsvermögen.

Bis heute ist die Geschlossenheit und Einheitlichkeit der Bebauung dieser Zeit mit den verklinkerten Gebäuden und ihren rechteckigen hohen Fenstern beeindruckend geblieben. Verantwortlich dafür zeichnete der Solinger Architekt und Bauunternehmer Richard Weber, der schon vor dem Zweiten Weltkrieg für die Firma arbeitete, und dann den gesamten Wiederaufbau des Werkes Solingen architektonisch und baulich begleitete.[12]

Wiederaufbau-Arbeiten
an der Halle 10

Das Werk Ohligs hatte während des Krieges keinerlei Beschädigungen erhalten, wurde aber als ehemalige Rüstungsfabrik am 13. Dezember 1945 von der englischen Besatzungsmacht beschlagnahmt. Nach der Demontage der Granatenbearbeitungsmaschine im Jahre 1947 dienten die Hallen in Ohligs den Engländern als Lager und Zerstörungsstätte für in anderen Firmen demontierte RüstungsProduktionsanlagen. Seit Januar 1950 durfte die Fa. Th. Kieserling & Albrecht mit den notwendigen größeren Instandsetzungreparaturen im Werk Ohligs beginnen, ab 15. Januar 1951 wurde die Beschlagnahmung aufgehoben und es konnte als Teil des ständig wachsenden Unternehmens genutzt werden.

In Ohligs war untergebracht: Der schwere Fallhammer, dann das Holzlager, die Anstreicherei und die Modelltischlerei in der langgestreckten Nebenhalle. (...) Vor der großen Halle war das riesige Stahlplattenlager und in der Halle die Großschweißerei, wo die schweren Teile aus Platten ausgeschnitten wurden, untergebracht. In Ohligs wurden die kompletten Maschinenkörper gemacht, die man u.a. auch in Guss oder Stahlguss hätte machen können, die aber in Stahl für uns selbst zu machen waren, die auch einfacher und vielleicht auch leichter in Stahl als in Stahlguss hergestellt werden konnten. (...)

In Ohligs war auch noch die sogenannte Blechschweißerei, die wir einfach Blechschusterei nannten, d.h. für Schutzhauben, die um Räder kamen und andere Bleche, die zum Schutz irgendwo angebracht werden mussten.

Es standen in Ohligs dann außerdem noch zwei große Horizontalbohrwerke um ggf. auch solche schweren Teile dort unten bearbeiten zu können. Wenn die bearbeitet waren, kamen die zur Montage nach Solingen, die wurden dann hier in der Halle 6 und 8 aufgebaut.

Insgesamt waren dort ca. 40 Leute beschäftigt, schon mal mehr, schon mal weniger. Wir haben irgendwann mal wieder die Blechschlosserei nach Solingen genommen, um unten etwas mehr Platz zu haben, aber so 40 Leute waren es schon.[13]

Veränderungen in den letzten Jahrzehnten (1960 - 1990)

In den letzten drei Jahrzehnten veränderte sich an der Hülle der Fabrik nicht mehr viel. Architektonisch auffallend, und ebenfalls ein wichtiges Indiz für die wachsende Bedeutung der Konstruktionsabteilung innerhalb des Betriebes, sind der Neubau des Technischen Büros 1960 und seine Erweiterung um 1970. Die neu eingerichteten Parkplätze für die Belegschaft stellen weniger eine architektonische Veränderung der Fabrik, als vielmehr einen Wandel im Fortbewegungsverhalten der Arbeiter dar. Innerhalb des Werkes hingegen blieben Veränderungen und Anpassungen an die betrieblichen Notwendigkeiten nicht aus. Die bedeutendste Umnutzung dürfte dabei die Aufgabe der eigenen Gießerei gewesen sein - mehr als achtzig Jahre lang ein wesentliches Standbein der Firma.

Ein simples Gegenüberstellen der ersten Gebäude und der heutigen Größe der Kieser-

lingschen Fabrikanlagen suggeriert ein kontinuierliches, vielleicht sogar planmäßiges Wachstum. Nichts wäre falscher als dieser Eindruck. Das Wachsen einer Fabrik, als Entwicklung der Gebäude gesehen, ist kein organischer, kontinuierlicher Prozess. Er ist aber auch kein in seiner Gesamtheit im Voraus geplanter Aufbau.

Vielmehr spiegelt sich in den einzelnen Bauabschnitten (den industriearchäologischen Schichten) eines Fabrikkomplexes die wirtschaftliche Entwicklung einer Branche und des Einzelbetriebs wieder. Jede Fabrik hat ihre eigenen Wachstums- und Stagnationsphasen. Wachstumsphasen lassen sich an Neubauten, Erweiterungen bzw. weiteren Fabrikationsstätten an anderen Orten ablesen. Phasen der Stagnation, der nicht genutzten und leerstehenden Räumlichkeiten sind nur dann erkennbar, wenn Gebäudeteile verkauft oder von anderen Firmen genutzt werden.

Die Entwicklung der einzelnen Gebäude, die Neu- und Erweiterungsbauten, die Umbauten und geänderten Nutzungen sagen nur wenig und indirekt etwas über das Innenleben der Fabrik aus; sie lassen keine Aussagen über Arbeitsbedingungen und Produktionsverhältnisse zu, sie zeigen nicht, wie und unter welchen Bedingungen in der Fabrik gearbeitet wurde.

Aber die Hülle der Fabrik lässt doch den Aufstieg der Firma Th. Kieserling & Albrecht aus kleinsten Anfängen zu einem bedeutenden Industrieunternehmen im wahrsten Sinne des Wortes sichtbar werden.

Neubau Technisches Büro
1960

Luftbild der Fa. Th. Kieserling & Albrecht im Jahre 1959

Luftbild der Fa. Th. Kieserling & Albrecht um 1965

Gebäudelexikon A (1874 - 1944)

Das Gebäudelexikon gliedert sich chronologisch nach der Errichtung des Gebäudes. Die angeführte Nummer des Gebäudes entspricht der im Lageplan verwendeten Kennzeichnung und kann somit als Legende zu den Plänen dienen. Das Schema des Gebäudelexikons umfasst neben Angaben zum Gebäudetyp die Größe der bebauten Grundfläche, die Anzahl der errichteten Stockwerke sowie die Höhe des Gebäudes, den Namen des ausführenden Architekten, verwendete Baumaterialien und Konstruktionsprinzipien sowie die ursprüngliche und spätere Nutzungen, soweit diese für die Jahre 1911, 1928 und 1940 ermittelt werden konnten. Das Datum des Bauantrages und der Baugenehmigung wurden zur Orientierung in das Lexikon mit aufgenommen. Besonderheiten sind kommentierend ergänzt worden.

1 Fabrikantenwohnhaus / Verwaltungsgebäude 1874

Grundfläche: 9,00 m * 9,22 m = 82,98 m²
Anzahl der Stockwerke: 2½
Umfassungswände aus Fachwerk; Satteldach
1911 Nutzung als Büro
1928 Nutzung ohne Bezeichnung
1940 Nutzung ohne Bezeichnung
Seit 1874 das ursprüngliche Wohnhaus der Familien Theodor Kieserling und Otto Albrecht, ebenfalls werden sich in diesem Gebäude die „Kaufmännischen- und Konstruktionsbüros" der Firma befunden haben, die aber nicht mehr als ein oder zwei Räume umfasst haben dürften. Nach dem Auszug der Familie Kieserling (1888) wurden dann auch diese Räumlichkeiten als weitere Büroräume und „Konstruktionsabteilung" genutzt. Nach dem Auszug von Familie Otto Albrecht am 6.6.1900 wurde ein Teil weiterhin als Wohnraum vermietet, obwohl seit 1900 die hauptsächliche Funktion des Gebäudes der Sitz der Verwaltung und der Konstruktion war. Nach dem Bau des neuen Verwaltungsgebäudes waren hier u.a. Aufenthaltsräume untergebracht (1935). 1944 nicht zerstört, erfolgte der Abriss des Stammhauses zwischen 1953 und 1955.

2 Fabrikgebäude 1874

Grundfläche: 17,66 m * 11,76 m = 207,68
Anzahl der Stockwerke: 2
Umfassungswände aus Fachwerk; Satteldach
1911 Nutzung als Dreherei und Schreinerei
1928 Nutzung als Schreinerei und Gusslager
1940 Nutzung als Schweißerei
1944 nicht zerstört, erfolgte der Abriss des ersten Fabrikgebäudes der Fa. Th. Kieserling & Albrecht zwischen 1953 und 1955.

3 Abortanlage 1874

Grundfläche: 2,45 m * 3,65 m = 8,94
hinter Fabrikgebäude (Nr. 2)
1940 nicht mehr vorhanden

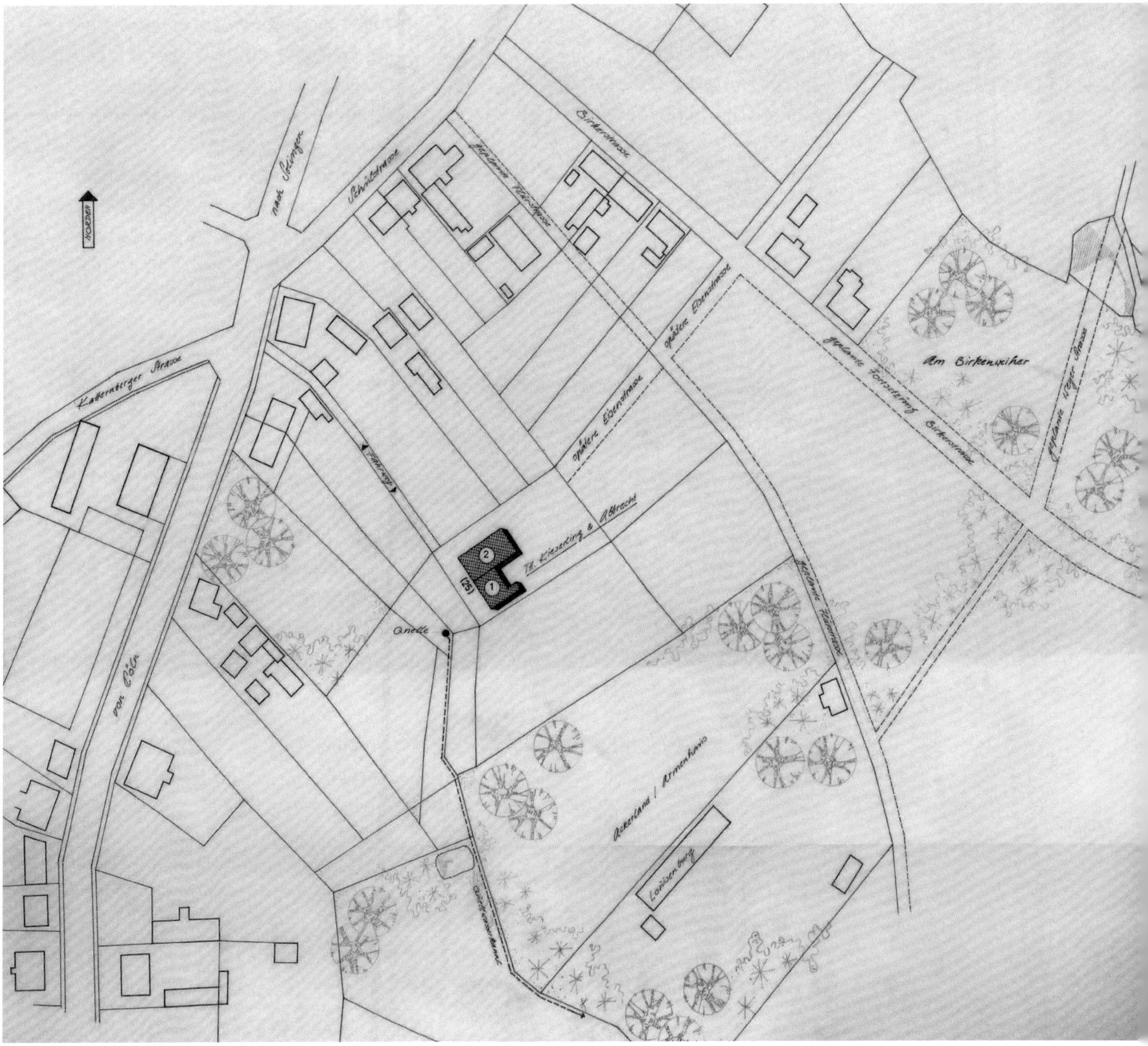

Lageplan 1874

4 Dreherei 1881
Bauantrag: 2.11.1881
Baugenehmigung: 3.11.1881
Grundfläche: 18,59 m * 10,66 m = 198,17
Anzahl der Stockwerke: 1
Umfassungswände aus Fachwerk; Satteldach
Architekt: Kieserling & Albrecht
1911 Nutzung als Dreherei
1928 Nutzung als Schreinerei und Gusslager
1940 Nutzung als Teil der Mechanischen Werkstatt.

5 Gießerei mit Anbauten A und B 1881
Grundfläche: 14,79 m * 16,73 m = 247,44 m²
Anzahl der Stockwerke: 1
Höhe des Gebäudes: 4,5 m
Ober- und Seitenlicht, massiv
Architekt: Kieserling & Albrecht
1911, 1928 und 1940 Nutzung als Teil der Gießerei
Anbauten der Gießerei:
*A: Kamin Grundfläche: 3,5 m * 3 m = 10,5 m²*
*B: Grundfläche: 5 m * 5 m = 25 m²*

6 Kesselhaus vor 1885
Grundfläche: ca. 10 m * 10 m = 100 m²
Satteldach
Schornstein: 26 m hoch
Bauantrag: 15.5.1886
Baugenehmigung: 22.5.1886
Über die erste Kesselanlage ist nichts Weiteres bekannt. Niedergelegt wurde der Schornstein Ende der 1920 Jahre, nachdem die Dampfkesselanlage nicht mehr für die Energieversorgung benötigt wurde.

7 Erweiterung der Dreherei 1885
Bauantrag: 13.4.1885
Baugenehmigung: 18.4.1885
Grundfläche: ca.: 19 m * 22 m = 418 m²
Anzahl der Stockwerke: 1
Umfassungswände aus Ziegelsteinen; Stützen aus Gussstahl; Träger aus Eisen; Dachkonstruktion aus Holz in Shed.
Architekt: Th. Kieserling & Albrecht
1911 Nutzung Nr. 7, 8, 10 als Dreherei mit Sheds
1928 Nutzung als Hoblerei
1940 Nutzung als Teil der Mechanischen Werkstatt

8 2. Erweiterung der Dreherei 1886
Bauantrag: 15.5.1886
Baugenehmigung: 22.5.1886
Grundfläche: 20,78 m * 11,8 m = 245,20 m²
Anzahl der Stockwerke: 1
Höhe des Gebäudes: 4,24 m
Umfassungswände aus Ziegelmauerwerk, Stützen aus Gussstahl, Träger aus Eisen, Dachkonstruktion Shed aus Holz
Architekt: Th. Kieserling & Albrecht
1911 Nutzung Nr. 7, 8, 10 als Dreherei mit Sheds
1928 Nutzung als Hoblerei
1940 Nutzung als Teil der Mechanischen Werkstatt

9 Wohnhaus Theodor Kieserling 1888
(Birkerstr. 24 / Eisenstr. 2)

10 Lagergebäude / Dreherei 1888
Bauantrag: 28.4.1888
Baugenehmigung: 26.5.1888
Grundfläche: 21 m * 6 m = 126 m^2
Anzahl der Stockwerke: 1
Architekt: Th. Kieserling & Albrecht
1911 Nutzung Nr. 7, 8, 10 als Dreherei mit Sheds
1928 Nutzung als Hoblerei
1940 Nutzung als Teil der Mechanischen Werkstatt

11 Erweiterung Gießerei 1891
Bauantrag: 19.5.1891
Baugenehmigung: 22.5.1891
Grundfläche: 17,02 m * 27,34 m = 465,33 m^2
Anzahl der Stockwerke: 1
Sheddach
Architekt: Th. Kieserling & Albrecht
1911 Nutzung als Gießerei
1928, 1940 Nutzung als Teil der (Groß-) Gießerei
Als „Werkstättenanbau" der Baubehörde eingereicht

12 Wohnhaus 1892 (Eisenstraße 13)
Bauantrag: 27.9.1892
Baugenehmigung: 2.11.1892
Grundfläche: 7,42 m * 13,20 m = 97,94 m^2
Anzahl der Stockwerke: 3 Stockwerke
Höhe der Geschosse: je 3,5 m
Umfassungs- und Zwischenwände massiv, Träger Kappendecken in den Geschossen, Dachkonstruktion aus Holz, Satteldach
Architekt: Th. Kieserling & Albrecht
Statik: Ludwig Maus, Solingen
1911 und 1928 Nutzung als Wohnhaus
1940 Nutzung als Teil der Härterei
Zusammen mit Nr. 13 und 14 als Einheit geplant. Im rechten Raum des EG war eine Verbindungstür zu Nr. 13 und 14 geplant.

13 Gesenkschmiede, Maschinenhaus, Lager 1892
Bauantrag: 27.9.1892
Baugenehmigung: 2.11.1892
Grundfläche: 8,4 m * 24 m = 201,6 m^2
Anzahl der Stockwerke: 1
Umfassungswände aus Ziegelsteinen; Träger aus Stahl; Dachkonstruktion aus Holz
Architekt: Th. Kieserling & Albrecht
1911 Nutzung als Schmiede und Lager
1928 Nutzung als Maschinenhaus und Teil der Dreherei
1940 Nutzung als Teil der Mechanischen Werkstatt

14 Lagergebäude / Dampfschleiferei 1892
Bauantrag: 27.9.1892
Baugenehmigung: 2.11.1892
Grundfläche: 17,35 m * 11,92 m = 206,81 m^2
Anzahl der Stockwerke: 3
Höhe der Geschosse: EG = 5,5 m; 1.OG = 3,5 m; 2.OG = 3,3 m
Umfassungswände massiv; Kappendecken; Stützen aus Gussstahl in allen Geschossen; Satteldach aus Stahlträgern mit Dachsparren.Das Gebäude ist nicht unterkellert.
1911 Nutzung als Schleiferei
1928 Bezeichnung „Hochbau"
1940 Nutzung als Härterei

Zuerst als „Lagergebäude“ für Nr. 13 geplant. Zugang war ursprünglich nur durch Nr. 10, das Lagergebäude musste durchquert werden, um zum Treppenhaus zu gelangen. In dieser Form ließ sich kein Nutzer finden, deshalb wurde nach Errichtung des Gebäudes Nr. 15 und eines externen Treppenhauses im nächsten Jahr der „Hochbau“ als Dampfschleiferei mit Stellenmietern auf der 1. und 2. Etage genutzt.

15 Erweiterung der Gesenkschmiede Nr. 13 und Treppenhaus für Nr. 14, 1893
Bauantrag: 4.8.1893
Baugenehmigung: 12.8.1893
Grundfläche: ca. 17,24 m * 11m = 189,64 m²
Anzahl der Stockwerke: 1
Umfassungswände massiv; Stützen aus Gusseisen; Träger aus Stahl, Dachkonstruktion Shed
Architekt: Th. Kieserling & Albrecht
1911 Bezeichnung „Sheds“
1928 und 1940 Nutzung als Schmiede

16 Teilüberdachung des Hofraumes 1893
Grundfläche: 12,55 m * 13,53 m = 169,80 m²
1911 und 1928 Nutzung als Modelllager
1940 nicht mehr vorhanden.

17 Mietswohnhäuser 1893
(Eisenstr. 9, 11, Flurstr. 18, 20)
Bauantrag: 15.5.1893
Baugenehmigung: 27.9.1893
Anzahl der Stockwerke: 3

18 Anbau eines Lagerraumes für Gusswaren 1897
Bauantrag: 2.4.1897
Baugenehmigung: 14.4.1897
Architekt: Th. Kieserling & Albrecht
Grundfläche: 18,32 m * 11 m = 201,52 m²
Anzahl der Stockwerke: 1 - 2
Höhe des Gebäudes: 6,50 m, zu einem Drittel zwei Geschosse mit 3,50 m und 3,00 m hohen Decken, Sheddach
1911 Nutzung als Gießerei Shed
Zum großen Teil blinde Fensteröffnungen, erst nach dem 1.12.1898 errichtet
Umbau siehe Nr. 48

19 Erweiterung Gießerei 1897
Grundfläche: 18,32 m * 6 m = 109,92 m²
Anzahl der Stockwerke: 2
Flachdach
1911 Nutzung als Gießerei
Umbau siehe Nr. 48

20 Materiallager / Gesenkschmiede 1898
Bauantrag: 5.5.1898
Baugenehmigung: 2.6.1898
Grundfläche:
Materiallager 9,15 m * 28,5 m = 260,78 m²;
Gesenkschmiede 6,5 m * 12 m = 78 m²
Anzahl der Stockwerke: 1
Höhe des Gebäudes: 4,50 m
Shedanbau, Flachdach
Architekt: Th. Kieserling & Albrecht
1911 Bezeichnung als Shed
1928 Nutzung als Teil der Dreherei
1940 Nutzung als Teil der Mechanischen Werkstatt

21 Mietswohnhaus Flurstr. 22, 1899
Bauantrag: 1.12.1898
Baugenehmigung: 10.9.1899
Anzahl der Stockwerke: 3

22 Pferdestall und Wagenremise 1901
Bauantrag: 6.9.1901
Baugenehmigung:7.9.1901
Grundfläche: 6,30 m * 5,40 m = 34,02 m^2
Höhe des Gebäudes: 5,20 m
Architekt: Th. Kieserling & Albrecht
1910 für den Bau von Nr. 25 verlegt nach Nr. 27.

23 Maschinenschlosserei - Montagehalle 1907
Bauantrag: 22.8.1907
Baugenehmigung: 14.10.1907
Grundfläche: 50,23 m * 16,06 m = 806,69 m^2
Erdgeschoss und eine Empore
Eisenkonstruktion mit ausgemauerten Ziegelsteinen (Eisenfachwerk) mit doppeltem Pappdach; Seiten und Oberlicht
Architekt: Carl Reinschmidt
1911 Nutzung als Montagehalle, Empore als Modellager
1928 Nutzung als Werkzeugmacherei
1943 Lehrwerkstatt in der Empore

24 Wohnhaus Birkerstr. 28, 1909
Architekt: Carl Reinschmidt

25 Eisenlager 1910
Grundfläche: 33,6 m * 14,45 m = 485,52 m^2
Höhe/Anzahl der Stockwerke:
1 Stockwerk, Oberlicht
Seitenwände teils vorhanden, neue Frontwand aus Eisenfachwerk, Pappdach
Architekt: Carl Reinschmidt
1928 Nutzung als Fräserei und für Elektrotechnik
1940 Nutzung als Teil der Mechanischen Werkstatt

26 Überdachter Hof - Modellager 1911
Baugenehmigung: 19.12.1910
Grundfläche: 11,60 m * 18,40 m = 213,44 m^2
Eisenfachwerk
Architekt: Carl Reinschmidt
1940 nach Bau von Nr. 50 abgebrochen

27 Pferdestall und Wagenremise 1911
1928 Nutzung als Pferdestall und Garage
1910 wegen des Baues von Nr. 25 als Ersatz für Nr. 22.

28 Provisorischer Holzlagerschuppen 1915
Errichtet auf dem Nachbargrundstück Neuhaus, seit 1920 im Besitz der Fa. Th. Kieserling & Albrecht. 1922 wurde beantragt, den Holzschuppen durch einen massiven Bau für die Nutzung als Formerei zu ersetzen. Bevor das Gebäude errichtet wurde, brannte das an dieser Stelle stehende Lagergebäude ab (1925). Die Formerei wurde dann nicht gebaut.

29 Provisorischer Holzschuppen 1915
Baugenehmigung: 9.6.1915
Anzahl der Stockwerke: 1
Architekt: Gebr. Kurz, Solingen

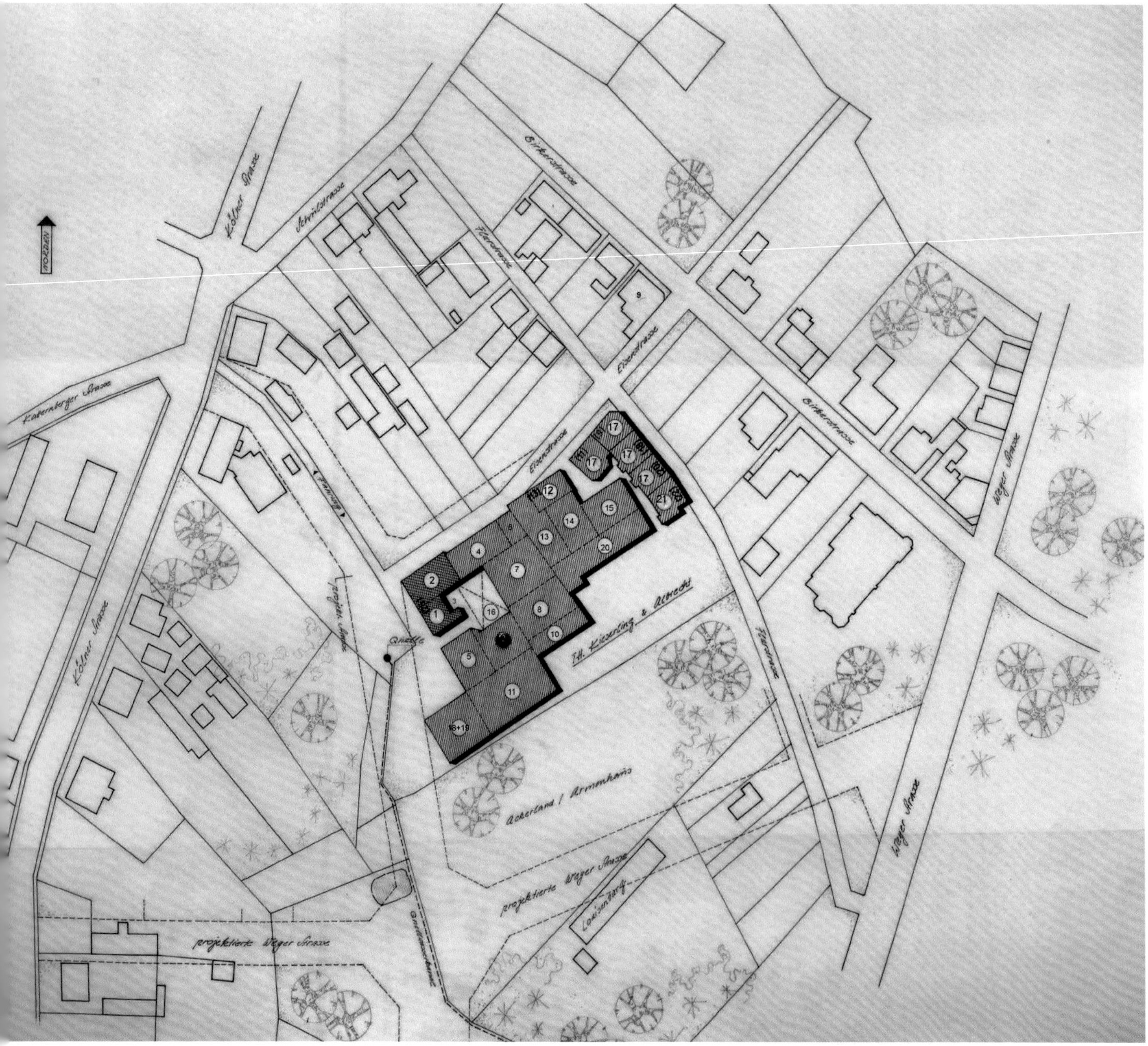

Lageplan 1900

30 Provisorischer Holzlagerschuppen 1915
Bauantrag: 7.10.1915
Baugenehmigung auf Widerruf: 11.10.1915
Grundfläche: 14 m * 24 m = 336 m^2
Anzahl der Stockwerke: 1
Architekt: Carl Reinschmidt
1928 Nutzung als Eisenlager
1940 Nutzung als Eisenlager und Abstecherei

31 Provisorischer Holzschuppen 1916
1928 und 1940 Nutzung als Putzerei

32 Provisorischer Holzlagerschuppen 1916
Bauantrag: 7.2.1916
Baugenehmigung auf Widerruf: 9.2.1916
Grundfläche: 13 m * 15 m = 195 m^2
Anzahl der Stockwerke: 1
Architekt: Carl Reinschmidt
1928 Nutzung als Eisenlager
1940 Nutzung als Eisenlager und Abstecherei

33 Lagerhalle / Produktionsstätte für Munition 1916
Bauantrag: 13.5.1916
Baugenehmigung auf Widerruf:22.5.1916
Anzahl der Stockwerke: 1
Architekt: Th. Kieserling & Albrecht
Genehmigt wurde der Neubau eines Schuppens zur Lagerung von Kriegsmaterial mit der Auflage, dass sich Menschen dort nicht dauerhaft aufhalten sollten. Bereits im Oktober 1916 wurden die beiden Schuppen zu Produktionshallen für Munition umgenutzt. Im Nachhinein erhob weder die Gewerbeinspektion noch die Bauaufsicht Bedenken gegen diese Umnutzung, weil in den Räumen wichtige Munitionsteile hergestellt wurden. 1925 wurden die Holzschuppen Nr. 29 und 33 für den Neubau von Nr. 46 niedergelegt.

34 Montagehalle und Gießerei 1917
Bauantrag: 12.12.1916
Baugenehmigung:20.2.1917
Grundfläche: 71 m * 19 m = 1349 m^2
Anzahl der Stockwerke: teilweise 2
Architekt: Stöpfgeshoff
1928 Bezeichnung Halle II, im Untergeschoß Umkleideräume, im 1. Obergeschoß Betriebsbüro
1940 Nutzung als Montagehalle
Die Baugenehmigung kam durch die Unterstützung des Waffen- und Munitionsbeschaffungsamtes so schnell zu Stande, weil ein Auftrag zur Herstellung von 400 000 Hüllen für eine leichte Sprengmine eingehalten werden müssten.

35 Provisorischer Holzschuppen 1917
Bauantrag: 12.12.1916
Baugenehmigung:20.2.1917
Architekt: Stöpfgeshoff
1928 Nutzung als Magazin
1940 Nutzung als Zwischenlager und Bunker

36 Provisorischer Holzschuppen 1917
Bauantrag: 12.12.1916
Baugenehmigung:20.2.1917
Grundfläche: 50 m * 18 m = 900 m^2

Architekt: Stöpfgeshoff
1918 Nutzung als Modell-Lager
1940 Nutzung als Küche (vorderer Teil) und Kantine („Gefolgschaftsraum“)

37 Pförtnerhaus 1918
Bauantrag: 6.4.1918
Baugenehmigung: 8.5.1918
Westlich vom Eingang auf das Betriebsgelände; niedergelegt für den Neubau des Verwaltungsgebäudes (Nr. 39)

38 Provisorische Kantine 1918
Baugenehmigung: 16.9.1918
Zerlegbare Holzbaracke
Genehmigt als Essensplatz und Aufenthaltsort für ca. 1000 Arbeiter; niedergelegt für den Neubau des Verwaltungsgebäudes (Nr. 39)

39 Verwaltungsgebäude 1921
Bauantrag: 30.1.1920
Baugenehmigung: 18.11.1920
Grundfläche: 42,5 m * 12,5 m = 530 m²
Anzahl der Stockwerke: 2½
Verwaltung, Technisches Büro und drei Wohnungen
Architekt: Max und Carl Franz
Die Einfahrt in das Fabrikgelände erfolgte durch die Mitte des Verwaltungsgebäudes. Ursprünglich befanden sich im linken Teil des Erdgeschosses Ausstellungsräume mit entsprechenden Schaufenstern. Nach dem Bau des Modell-Lagers wurde die Einfahrt westlich neben das Verwaltungsgebäude gelegt, die Durchfahrt geschlossen und die restlichen Ausstellungsräume zu Verwaltungsräumen umgebaut. Architekt dieser Baumaßnahmen, die den architektonischen Stil der optisch überhöhten Durchfahrt veränderten, war Karl Schwarz, Bad Godesberg. Am Giebel sind die antiken Götter Mars/Ares (mit Helm und Zahnrad als Symbolen des Maschinenbauers) und Merkur/Hermes (mit Reisehut und Heroldsstab als Symbolen des Kaufmannes) dargestellt.

40 Verbindungsgang 1921
Architekt: Max und Carl Franz
Zwischen Verwaltungsgebäude und Montagehalle (Betriebsbüro) im 1. Obergeschoß

41 Pförtnerhäuschen 1922
Architekt: Kurz
Hinter dem Verwaltungsgebäude auf der östlichen Seite der Durchfahrt.

42 Pförtnerhäuschen 1937
Architekt: Karl Schwarz, Bad Godesberg
Einfahrt und Pförtnerhäuschen wurden westlich neben das Verwaltungsgebäude verlegt, gemäß den Auflagen für die Genehmigung von Nr. 50.

43 Ausstellungsgebäude 1922
Bauantrag: 18.2.1921
Baugenehmigung: 20.2.1921
Anzahl der Stockwerke:1
Architekt: Max und Carl Franz
1928 Nutzung als Ausstellungsräume
1940 Nutzung ohne Bezeichnung

44 Lagergebäude / Gießerei 1922
Bauantrag: 19.4.1922
Baugenehmigung: 27.4.1922
Architekt: Max und Carl Franz
Ende 1922 Umnutzung als Gießerei genehmigt; 1925 durch Brand zerstört

45 Kupolofen 1922
Bauantrag: 14.11.1922
Baugenehmigung: 13.12.1922
1925 durch Brand zerstört

46 Ausstellungsgebäude 1924
Bauantrag: 22.8.1923
Baugenehmigung: 10.11.1923
Anzahl der Stockwerke:2
1928 ohne Bezeichnung
1940 Traforaum und Werkzeuglager
Errichtet anstelle der Holzschuppen Nr. 29 + 33

47 Montagehalle / Gießerei 1924
Baugenehmigung: 1917
Grundfläche: 55 m * 17 m = 935 m²
Architekt: Stöpfgeshoff
1928 Bezeichnung Halle III
1940 Nutzung als Montagehalle (Halle III)
1917 als neue Gießerei geplant und genehmigt. Im Frühjahr 1920 wurde mit dem Bau begonnen, aber erst 1924 als Montagehalle vollendet. Auf dem Briefkopf zum 50jährigen Firmenjubiläum ist die projektierte Gießerei abgebildet.

48 Gießerei 1925
1928 Nutzung als Groß-Gießerei
1940 Nutzung als Groß-Gießerei
Umbau von Nr. 11, 18 und 19: Neue Dachkonstruktion, neue Fassade

49 Schuppen für PKW und LKW 1925
1928 und 1940 Nutzung als Garage

50 Modell-Lager 1937
Bauantrag: 16.8.1935
Baugenehmigung: 4.10.1935
Anzahl der Stockwerke: 3
Höhe des Gebäudes 14,5 m
Architekt: Schwarz, Bad Godesberg

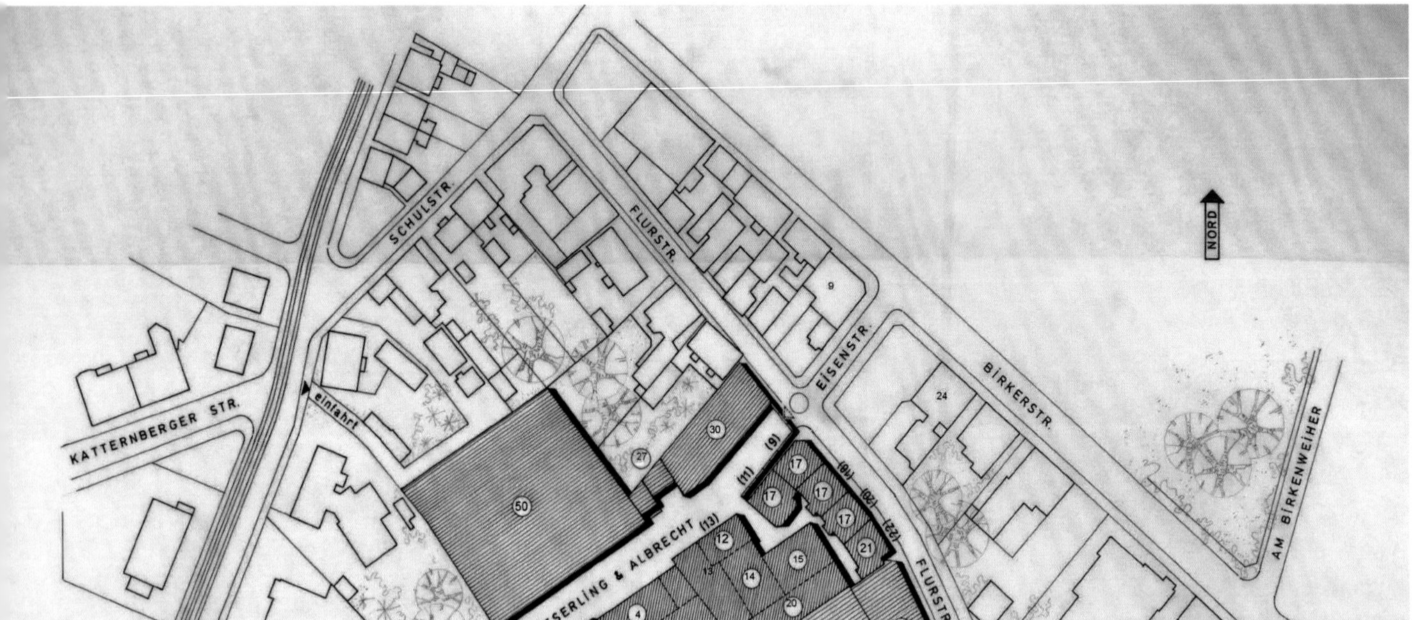

Lageplan 1940

Gebäudelexikon B (1945 - 1989)

Alle Baumaßnahmen des Wiederaufbaues der 1940er und 1950er Jahre wurden von dem Architekturbüro und der Bauunternehmung Weber & Co, Solingen, planerisch begleitet. Der Hinweis auf den Stand im Jahre 1940 stellt die Verbindung zum Gebäudelexikon A her.

A: Verwaltungsgebäude
Entspricht dem Gebäude mit der Nr. 39
Nach der Zerstörung des Verwaltungsgebäudes bis auf die Außenmauern wurde es beim Wiederaufbau 1947 um ein Stockwerk erhöht, die Mansarden fielen fort. Die Proportionen des Gebäudes wurden so gravierend verändert.

B: Pförtnerhaus
1959/1960 erfolgte der Umbau und die Änderung der Einfahrt.

C: Verbindungsgang
Entspricht dem Bauwerk mit der Nr. 40

D: Technisches Büro
erbaut 1960 von Kissel - Rapid
Errichtet anstelle des ehemaligen Gebäudes Nr. 49

E: Erweiterung Technisches Büro
erbaut um 1970
In den 1950er Jahren befand sich an dieser Stelle eine Hofüberdachung mit Garagen

F1: Garagen und Lagerschuppen
1953: Lagerschuppen für Zement, Sand, Kohlen, Holz

F2: Garagen und Lagerschuppen
Errichtet für das ehemalige Gebäude Nr. 43
1953: Koksschuppen für die Gießerei

F3: Garagen und Lagerschuppen
Errichtet für das ehemalige Gebäude Nr. 43
1954: Schuppen für Fässer; Garagen und Tieflader

G: Versand, Lohnbüro, Betriebskrankenkasse
Seit 1955 befanden sich hier das Betriebsbüro und Fahrrad- und Motorradständer, vorher Kokslager.

H: Halle 1
Eisenlager, Sägerei, Karusseldreherei
Errichtet auf der ehemaligen Eisenstr. 1955 / 1956

I: (Halle 1)
Eisenlager, Sägerei, Karusseldreherei
1954/1955: Schmiede (ehemals Nr. 27); daneben Eisen- und Stahl-Lager (Nr. 30, 32); nach dem Bau der Halle 1 auf der ehemaligen Eisenstraße mit dieser verbunden.

J: Halle 2
Mechanische Werkstatt:
Dreherei, Fräserei, Schleiferei
Die Halle 2 wurde anstelle der ehemaligen Gebäuden Nr. 1, 2, 4, 6, 7, 8, 12, 13, 14, 15 17 und 20 errichtet und vereinigte die vorhandenen Sheds mit der neuen Dachkonstruktion zu einer einheitlichen Bedachung in Shedbauweise. Die Wohnhäuser Eisenstr. 11 und 13, die ehemalige Dampfschleiferei, (Nr. 14) und die Gebäude Nr. 1 und 2 wurden zwischen 1953 und 1955 für den Neubau bzw. Umbau Halle 2 niedergelegt.
1960 Nutzung als Mechanische Werkstatt - Großstück-Dreherei

K: Halle 3
Waagerecht Bohren und Bearbeitungszentren
Entspricht dem Gebäude mit der Nr. 25
1957: Erneuerung der Dachkonstruktion und Verlängerung der Halle 3 über die ehemaligen Gebäude Nr. 8 und 10.
1960 Nutzung als Mechanische Werkstatt - Horizontalbohrerei

L: Halle 4
Waagerecht Bohren und Anreißplatten
Entspricht dem Gebäude mit der Nr. 23 - Montagehalle
1948 Nutzung u.a. als Lehrwerkstatt
1960 Nutzung als Mechanische Werkstatt - Fräserei

M: Halle 5
Montage, Inspektion und Betriebsleitung
Entspricht dem Gebäude mit der Nr. 34: Montagehalle
Vor 1950 neue Gestaltung der Fassade zum Fabrikinnenhof wie Halle 11
1951: Verlängerung der Halle 5 über die Parzelle Flurstraße 30 (ehemals Dross) und das ehemalige Gebäude Nr. 35 bis an die Halle 9.

N: Halle 6
Montagehalle, waagerecht Bohren
Errichtet anstelle des Gebäudes mit der Nr. 47: Montagehalle
Im November 1944 völlig zerstört; 1948/1949 als erstes Fabrikationsgebäude wieder aufgebaut

O: Halle 7
Schweißerei, Radialbohren
1940 projektiert
1950/1951 als Erweiterung der Halle 6 errichtet
1960 Nutzung als Mechanische Werkstatt - Lang-Dreherei

P: Halle 8
Montage, Lackierung
1949 projektiert, 1956/1957 auf der Verlängerung der ehemaligen Eisenstraße errichtet, 1959 in Richtung Halle 1 verlängert als Packraum. Auf der ehemaligen Eisenstraße wurde eine Kranbahn errichtet.

Q, R, S: Halle 9

Q: Härterei
Errichtet anstelle der ehemaligen Wohnhäuser Eisenstraße 9, Flurstraße 18 bis 22. (Nr. 17, 21)
Im November 1944 völlig zerstört.
1949 neu errichtet für Härterei, Elektrowerkstatt und den Schaltraum

R: Werkzeugmacherei
Entspricht dem Gebäude mit der Nr. 46
1949 Werkzeugmacherei, umgebaut für einheitliche Fassadengestaltung der Bebauung Flurstraße

S: Wareneingang
1951 anstelle des Wohnhaus Flurstraße 30 und Teilen des Gebäudes Nr. 43 neu errichtet.

T: Halle 10
Erdgeschoß: Werksinstandhaltung, Labor- und Versuchsabteilung
1. Etage: Lehrwerkstatt und Modellager
2. Etage: Modellager
Entspricht dem Gebäude Nr.50
Im November 1944 fast völlig zerstört; danach provisorisch wieder aufgebaut und ein Teil des Gebäudes als Modellschreinerei (1950) genutzt
1953 Wiederaufbau Halle 10 unter Verwendung der verwertbaren Reste des Gebäudes

V: Halle 11
Technikum
Versuchsmaschinen für Kundendemonstration
Errichtet anstelle der ehemaligen Gebäude mit den Nr.11, 31 und 48
Im November 1944 völlig zerstört; Wiederaufbau 1949 als Großgießerei und Klein-Gießerei
Neue Fassadegestaltung ähnlich wie Halle 5
1965 Nutzung als Gießerei

W: Halle 12
Kontrolle für mechanische Teile
Errichtet anstelle des ehemaligen Gebäudes Nr. 5

X: Turm Kupolofen
Kranbahn
1960 Nutzung als Formkastenlager für Gießerei

Y: Kantine
1949: 2 Baracken, eine davon Modellbau
1965 Nutzung als Gemeinschaftsraum

Z1: Betriebsschreinerei und -klempnerei
Z2: Gaszentrale für die Werksversorgung
Z3: Holzschuppen für die Kistenfertigung
Z4: Öllager
Z5: Garage für E-Wagen und Stapler
Wohnbaracke Kölner Str. 26
1947 errichtet

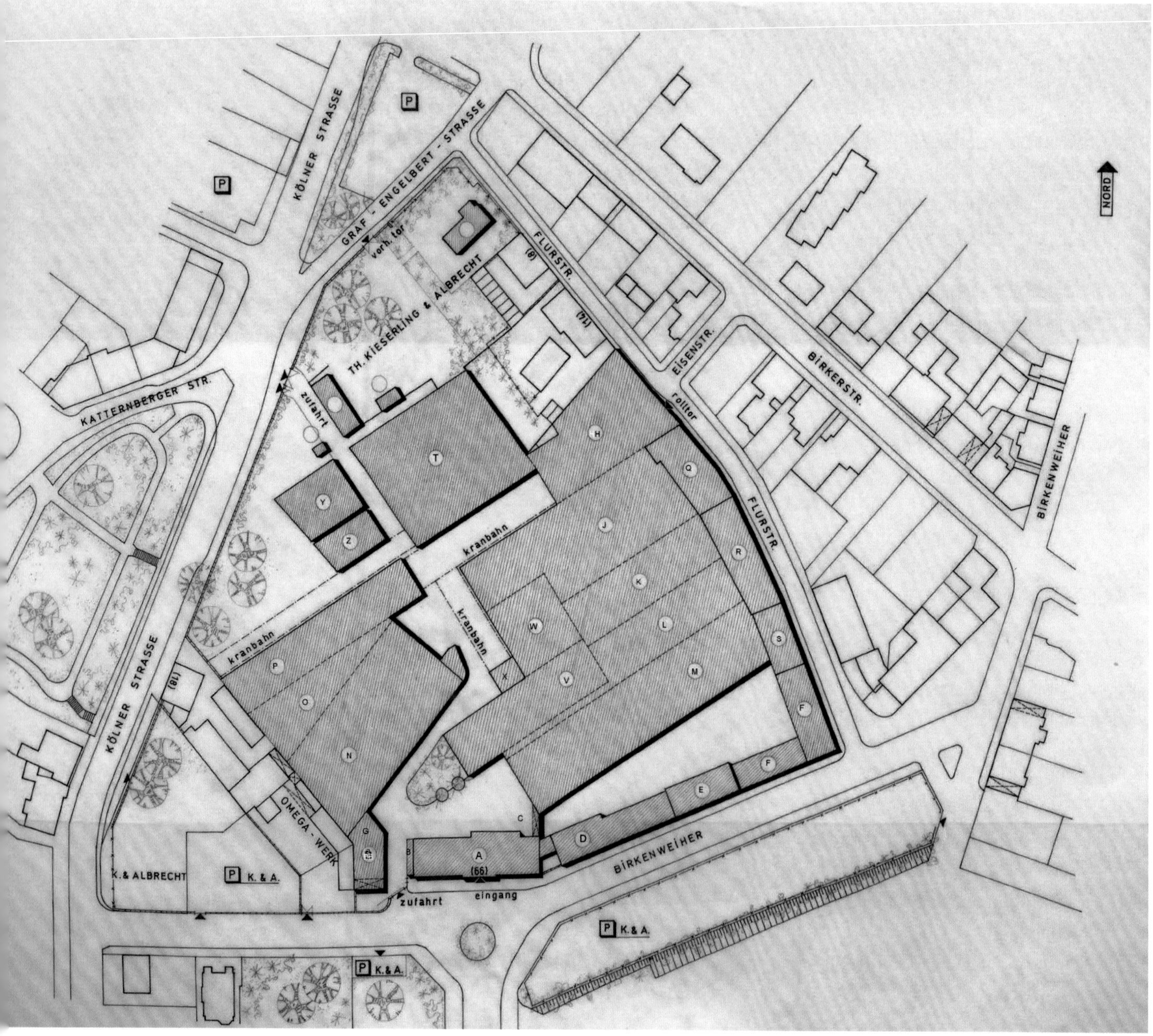

Lageplan 1989

Arbeit, Arbeiterbewusstsein und Alltagswirklichkeit bei Kieserling (1918 - 1960)

Montage einer Presse um 1930; links vermutlich ein Ingenieur des Technisches Büros der Fa. Kieserling. In der Mitte vermutlich ein Ingenieur, der die Abnahme der Maschine vornahm. Auf dem Zahnrad der Montageschlosser.

Eine Einführung

„Macht es gut, egal wie lange es dauert!"

Das in dem Zitat wiedergegebene Rezept eines ehemaligen Meisters der Hobelei deutet auf ein entscheidendes Charakteristikum der Arbeit im Maschinenbau. Auch wenn am Werkzeugmaschinenbau die beschriebenen Entwicklungen der industriellen Arbeit keineswegs spurlos vorübergegangen sind, so haben sich in diesem Industriezweig in dem Zeitraum, in dem die Interviewpartner im Berufsleben standen, durchweg eine Reihe von Besonderheiten erhalten können bzw. herausgebildet, deren Kenntnis zum besseren Verständnis der nachfolgend wiedergegebenen Erzählpassagen hilfreich sein könnte. Die Besonderheiten des Maschinenbaus ergaben sich durch das Vorherrschen der kundenbezogenen Einzelfertigung, durch die Komplexität des Produkts und durch die hohen Ansprüche an Präzision und Qualität in der technischen Ausführung. Damit korreliert das hohe Qualifikationsniveau der Belegschaft.

Eine repräsentative soziologische Untersuchung, die Ende der 1950er Jahre in verschiedenen Maschinenbaubetrieben durchgeführt wurde[1], zeigte, dass die Facharbeiter nach wie vor den weitaus größten Anteil an der Belegschaft hatten. Ihr Anteil war in der Montage am höchsten; 83 Prozent der Arbeiter waren gelernt, 10 Prozent angelernt und 7 Prozent ungelernt. Im mechanischen Betrieb waren 64 Prozent gelernt, 26 Prozent angelernt und 10 Prozent ungelernt. Am geringsten war der Facharbeiteranteil in den Fertigungshilfsstellen. Hier waren jedoch immerhin noch 47 Prozent gelernte Arbeiter, 16 Prozent angelernt und 37 Prozent ungelernt.[2]

Der hohe Facharbeiteranteil im Bereich der Montage ist kein Zufall. Die Montage, zudem von Einzelanfertigungen oder Kleinserienmaschinen, stellt einer Rationalisierung bis heute kaum überwindbare Hindernisse entgegen. Dies gilt nicht nur bezogen auf die Möglichkeiten der Mechanisierung, sondern auch im Hinblick auf arbeitsorganisatorische Rationalisierungsbemühungen. In der Montage ist die Arbeitsteilung relativ gering, und die Arbeiter verfügen über einen großen Dispositionsspielraum. *„Entscheidungen über die inhaltliche Auslegung, praktische Ausführung und zeitliche Abwicklung der Arbeitsschritte müssen vielfach noch dem einzelnen Monteur oder, bei der häufig gebotenen Teamarbeit, der Montagegruppe überlassen bleiben."*[3]

Bei Ungenauigkeiten der vorgefertigten Teile, die häufig erst beim Zusammenbau deutlich werden, muss der Montageschlosser durch gezielte Bearbeitung der zugehörigen Teile, abweichend von den Angaben der Zeichnung, das richtige Funktionieren des Maschinenteils sicherstellen. Die zunehmende Elektronisierung und Perfektionierung der Maschinen hat die Anforderungen an die Monteure ständig erhöht bzw. verändert. Spezialisierungen verlieren immer wieder ihren Wert. Die Montagearbeiter müssen sich laufend mit neuen Materialien und Arbeitstechniken vertraut machen, denn in der Montage kommen die verschiedensten Fügeverfahren, wie Verstiften, Verschrauben, Schweißen, Löten, Kleben, Aufziehen usw., zur Anwendung. Die Arbeit der Monteure ist durch eine sehr enge Kooperation gekennzeichnet, die gegenseitiges Auskommen und Verständnis voraussetzt. Häufig wird über Wochen und Monate hinweg an einer einzigen Maschine gearbeitet, deren Fertigung als Ergebnis kooperativer Arbeit einen gemeinsamen Bezugspunkt darstellt. Es ist ja schließlich nicht allen Industriearbeitern gegönnt, sich am ganzheitlichen, fertigen Produkt, dessen Funktionsweise man bis ins Detail versteht, „zu erfreuen". Dieses Erlebnis, das einen auch außerhalb der Fabrik sichtbaren Höhepunkt findet, wenn eine fertige Maschine zu einem Schwertransport verladen wird, ist nicht allein auf die Monteure beschränkt.

Wie erwähnt, hat sich im Gegensatz zum amerikanischen Vorbild im deutschen Werkzeugmaschinenbau die Vorherrschaft der Universalmaschinen behaupten können. Man versteht hierunter Mehrzweckmaschinen, die sich für verschiedene Bearbeitungsvorgänge einrichten lassen und entsprechend eine erhöhte Vielseitigkeit und Qualifikation des Bedienungspersonals erfordern. Diese Art der Maschinen gewähren gegenüber den Einzweckmaschinen, die sich nur für einen ganz bestimmtes Werkstück und einen ganz bestimmten Arbeitsgang verwenden lassen, die im Hinblick auf die Variation des Produktionsprogrammes erforderliche Elastizität und Flexibilität. Eine Drehbank kann als eine typische Universalmaschine angesehen werden; deshalb sei der Arbeitsplatz des Drehers an dieser Stelle stellvertretend für die hochqualifizierte Arbeit in der mechanischen Fertigung kurz beschrieben:

Der Dreher muss die für die Bearbeitung des Werkstückes erforderlichen Werkzeuge auswählen, mit dem richtigen Schnittwinkel versehen und schärfen. Die Werkstücke müssen auf dem Spannfutter maßgenau angebracht, und der Anstellwinkel und die Maschinengeschwindigkeit muss exakt berechnet werden. Der Dreher *„kennt die Stärken und Schwächen seiner Maschine genau und weiß, wie er bestimmte Mängel mit einfachen Mitteln korrigieren kann. Es stellen sich ihm bei der Arbeit immer wieder Probleme, die er mit Initiative und technischer Kompetenz zu lösen hat. Auch ist der Kontakt zum Material, das er bearbeitet, eng. Er muss das Verhalten der verschiedensten Materialsorten kennen und braucht ein erhebliches Maß an Sensibilität, um die geforderte Toleranz und Oberflächengüte durch beständiges Zustellen des Werkzeuges und Nachregulieren einhalten zu können."*[4]

An der Arbeit des Drehers wird ein Merkmal der Maschinenherstellung besonders deutlich. Es werden hochwertige Materialien verarbeitet, die im Zuge der an mehreren Maschinen nacheinander durchgeführten Arbeitsgänge einen hohen Wertzuwachs erfahren. Mit jeder Arbeitsstufe, die ein solches Werkstück durchläuft, wächst die Verantwortung, und nicht selten wäre ein Fehler nicht wiedergutzumachen.

Bei der Bearbeitung kommt es von daher weniger auf Schnelligkeit als auf Genauigkeit und Gewissenhaftigkeit an. Die Arbeiter, die nacheinander an einem Werkstück arbeiten oder sich dabei - wie an den Bohrwerken - sogar im Schichtdienst ablösen, stehen in einem engen, die persönlichen Beziehungen fördernden - bisweilen strapaziösen - Kooperationsverhältnis.

Die Besonderheiten des Maschinenbaus lassen sich von daher durch zwei - wenn auch typische - Arbeitsplätze allein nicht begreifen. Entscheidend ist die Art der Verzahnung der verschiedenen Tätigkeiten zwecks gemeinsamer Herstellung des Produkts. Generell lässt sich hierzu feststellen, dass angesichts der Kleinserienproduktion komplexer Produkte hochformalisierte Arbeitsabläufe und Interaktionsbeziehungen nur begrenzt greifen können. Im Hinblick auf die bei wenig standardisierten Arbeiten erforderliche Kooperation, Flexibilität und Improvisationsfähigkeit kommt es ganz entscheidend auf die sogenannten informellen (spontanen) Beziehungen unter den Arbeitern und Angestellten an. Diese wiederum setzen erhebliche Freiräume im betrieblichen Geschehen voraus. Die besten Laufzettel, Stücklisten, Zeichnungen oder Fabrikordnungen können die durch Kollegialität geprägten Beziehungen unter den Arbeitern nicht ersetzen, denn sie existieren nur auf dem Papier und werden erst durch das Handeln der Beteiligten praktisch;[5] dort, wo funktionierende Kollegialität, etwa durch strenge betriebliche Kontrolle von oben, verlorengeht, droht der gesamte Ablauf in ökonomische Irrationalität umzuschlagen.

Der mit Abstand beeindruckendste Reiz an den Erzählungen der Arbeiter und Angestellten liegt in dem farbigen und plastischen Einblick in die informellen Strukturen des Betriebes, den sie bieten. Dies gilt nicht nur für das Verhältnis der Arbeiter untereinander, sondern auch für die Beziehungen zu Vorgesetzten, zu den Planungsabteilungen und zu den Unternehmern.

Nicht nur, dass sie tiefe und vielfältige, bis in den Freizeitbereich reichende soziale Bindungen und Bezüge und damit emotionale Sicherheiten hervorbrachten; darüber hinaus war selbst sogar die spezifisch betriebliche - und dies hieß zugleich berufliche - Qualifikation des Arbeiters an diese informellen Beziehungen gebunden. Eine generell entsprechend hohe Verweildauer war zumindest für die Kernbelegschaft die Folge.[6]

Die Lehrwerkstatt im Jahre 1937. Etwa 50 Lehrlinge wurden durch drei Facharbeiter und einen Meister betreut. Die Werkzeugausgabe (vorne links) wurde abwechselnd besetzt.

Erinnerungen an die Ausbildung und die berufliche Laufbahn

Bis zur Mitte der 1930er Jahre, als bei der Fa. Kieserling erstmals eine Lehrwerkstatt eingerichtet wurde, war die Ausbildung wenig formalisiert. Vieles blieb dem Zufall überlassen. So hing die Qualität der Ausbildung primär von den Meistern und Kollegen ab, denen die Lehrlinge zugeteilt wurden. Die eigene Initiative, Neugier und Interesse waren notwendige Voraussetzungen für eine vielseitige und fundierte Ausbildung, die wiederum das entscheidende Vehikel beruflicher Mobilität war. Der älteste Interviewpartner, ein gelernter Dreher, begann seine Ausbildung bei der Fa. Kieserling während des Ersten Weltkrieges. Er erinnerte sich noch genau an die ersten Tage seines Berufslebens in einer fremden, ihn beeindruckenden Umgebung. Er hat seine Erinnerungen, die zugleich einen Eindruck vom Innenleben der Maschinenfabrik in dieser Zeit vermitteln, aufgeschrieben:

Ich selbst fing am 2. April 1918 bei der Firma an; ich war 1,40 m groß, 13 Jahre und 7 Monate alt. Mein Vater war Soldat. Mein Onkel stellte mich bei Ingenieur Blasberg vor, der die Leitung über die kleine Maschinenfabrik hatte. Ein Eingang war an der Flurstraße durch die heutige Werkzeugausgabe in die Halle 4. Als ich am 2. April vor 7 Uhr dort rein wollte, war der Eingang mit einer großen Blechtüre verschlossen. Dichter Nebel versperrte jede Sicht. Dass oberhalb ein öffentlicher Eingang an der Eisenstraße war, erfuhr ich erst später. Von der Treppe eines Lebensmittelgeschäftes Franzen sah ich viele Arbeiter, die, wie ich später erfuhr, beim Pförtner ihre Kontrollkarte drückten und dann ihre Arbeit an Granaten aufnahmen. Es tutete 7 Uhr, da hatte ein Junge wie ich wohl Mitleid mit mir. Er fragte, ob ich auch bei Kieserling & Albrecht anfangen wollte. Es war der N. N., dessen Vater und Brüder alle bei Kieserling und Albrecht arbeiteten.

Wir gingen zum Pförtner. Eine Kontrollkarte mit der Nummer 57 musste ich nun beim Eingang und Ausgang drücken. An der Ecke zur Eisenstraße stand ein zweieinhalbstöckiges Fachwerkhaus. In den unteren Räumen war das Kontor sowie ein Raum für Robert Kieserling, der aber meist unterwegs war. Im ersten Stock war eine Wohnung, daneben so eine Art Technisches Büro. Unter dem Dach auf dem Speicher war Meister Hilbrecht mit seiner Schreinerei, die Holzmodelle für die Gießerei herstellte. (...) Unten im Gang standen rechts und links Drehbänke, deren Deckenvorgelege viel Krach und Staub verursachten. Links oben in der Ecke war die Feuerungsanlage für die Dampfmaschine. Der Heizer musste fleißig schüppen, um genügend Dampf zu haben, um das große Schwungrad und die großen Seilscheiben in Schwung zu halten. In dem Gang waren Schienen für kleine Rollwagen. Rechts standen Hobelbänke, auch eine größere, auf der Schabotten (Unterteile von Fallhämmern) gefertigt wurden. Links kam die Schmiede; damals der wichtigste Teil einer Maschinenfabrik. Dort arbeiteten geschickte Schmiede, die am Amboss formgerechte Schmiedestücke herstellten. Ein Zuschläger war dem Schmied immer zur Seite; er musste das Kohlenschmiedefeuer mit einem Fußgebläse zum Hochglühen bringen.

Das war Knochenarbeit, aber die Schmiede waren weißhaarig und sehr alt. Drehbänke, an

„Man musste ja selber sehen, dass man mal von einer Stelle zur anderen kam."

Lehrvertrag

Zwischen der Firma **Th. Kieserling & Albrecht**, Maschinenfabrik und Eisengiesserei, Solingen einerseits und als rechtmässigen Vertreter des Lehrling anderseits wird hiermit nachstehender Vertrag abgeschlossen.

Genannte Firma nimmt den *Alex Brand* als Sohn des als Schlosserlehrling an und verpflichtet sich, denselben in allen Arbeiten nach besten Kräften, seinen Fähigkeiten entsprechend, auszubilden.

Der Lehrling *Alex Brand* verspricht dagegen, die ihm übertragenen Arbeiten stets willig und mit allem Fleiss und grösster Gewissenhaftigkeit auszuführen und sich redlich zu bemühen, etwas Tüchtiges zu lernen, auch verspricht, durch ordentliches und sittsames Betragen in und ausser der Arbeitszeit sich die Achtung seiner Vorgesetzten zu erwerben.

Die Lehrzeit dauert 4. Jahre anfangend *1. April 1918* und endigend *1. April 1922*

An Vergütung erhält der Lehrling

im ersten Jahre	*15. - - Mk*
im zweiten "	*20. - - -*
im driten "	*30. - - -*
im vierten "	*40. - - -*

wöchentlich, welche am Schlusse der Woche bei Löhnung zahlbar sind.

Falls während der Lehrzeit eine allgemeine Ermässigung der tariflich festgelegten Löhne eintritt, so ermässigen sich auch die vorstehenden Sätze im gleichen Verhältnis.

Bezüglich der Arbeitszeit wird auf die Arbeitsordnung Bezug genommen.

Der Lehrling ist es strengstens verboten, Brantwein für sich oder andere in die Fabrik zu holen, widrigenfalls hat die Firma das Recht, nachdem sie beim ersten Male den Vater oder Vormund benachrichtigt hat, im Wiederholungsfalle den Lehrling sofort aus der Arbeit zu entlassen. und den Vater oder Vormund wegen Nichterfüllung des Vertrages heranzuziehen.

Dieser Vertrag wird doppelt ausgefertigt und jedem Teil eine Ausfertigung ausgehändigt.

Genannte Firma nimmt den *Alex Brand* als Sohn des als Schlosserlehrling an und verpflichtet sich, denselben in allen Arbeiten nach besten Kräften, seinen Fähigkeiten entsprechend, auszubilden.

Der Lehrling *Alex Brand* verspricht dagegen, die ihm übertragenen Arbeiten stets willig und mit allem Fleiss und grösster Gewissenhaftigkeit auszuführen und sich redlich zu bemühen, etwas Tüchtige zu lernen, auch verspricht, durch ordentliches und sittsames Betragen in und ausser der Arbeitszeit sich die Achtung seiner Vorgesetzten zu erwerbe

Die Lehrzeit dauert 4. Jahre anfangend *1. April 191* und endigend *1. April 1922*

An Vergütung erhält der Lehrling

im ersten Jahre	*15. - - Mk*
im zweiten "	*20. - - -*
im driten "	*30. - - -*
im vierten "	*40. - - -*

wöchentlich, welche am Schlusse der Woche bei Löhnung zahlbar sind.

Falls während der Lehrzeit eine allgemeine Ermässigung der tariflich festgelegten Löhne eintritt, so ermässigen sich auch die vorstehenden Sätze im gleichen Verhältnis.

Bezüglich der Arbeitszeit wird auf die Arbeitsordnung Bezug genommen.

Der Lehrling ist es strengstens verboten, Brantwein für sich oder andere in die Fabrik zu holen, widrigenfalls hat die Firma das Recht, nachdem sie beim ersten Male den Vater oder Vormund benachrichtigt hat, im Wiederholungsfalle den Lehrling sofort aus der Arbeit zu entlassen. und den Vater oder Vormund wegen Nichterfüllung des Vertrages heranzuziehe

Dieser Vertrag wird doppelt ausgefertigt und jedem Teil eine Ausfertigung ausgehändigt.

Solingen, den

Vater:

Lehrling:

Lehrherr:

Th. Kieserling & Albrec

Lehrvertrag aus dem Jahre 1918

denen Granaten gedreht wurden, waren in großer Anzahl am Wirken. Eine Schleiferei mit großen Sandsteinen und einem großen Schmirgelstein gab es auch. Vier Schleifer gaben dort den vorgeschmiedeten Stählen den richtigen Schliff. Eine Treppe höher war das Nieten- und Schrauben-Magazin. Wer Glück hatte, bekam auch mal eine gute Feile oder einen Gewindebohrer. Für Unfälle waren Binden vorhanden. Und wenn es arg blutete, kam Wasser in eine Waschschüssel, zum Abwaschen; anschließend wurde verbunden.

Unten wieder war ein „Glaskasten". Dort hatte Ing. Blasberg, der Betriebsleiter, seinen Schreibtisch. Daneben saß Schlossermeister Pitzer, der mich zur Kolonne (die meist aus drei Arbeitern bestand) führte. Der Kolonnenführer wies mir einen Schraubstock zu, der viel zu hoch stand. Ein junger Mitarbeiter ging mit mir zur Schreinerei, in der für mich ein 35 cm hohes Podest gezimmert wurde. Man gab mir eine Feile, mit der ich eine geschmiedete Rechenlehre, die beim Granatendrehen gebraucht wurde, bearbeiten sollte.

Das war alles Handarbeit, Hobeln, Fräsen oder Schleifen gab es nicht. Die Glühbirne (Kohlenfadenlampe), deren Strom von einem Generator, der bei der Dampfmaschine stand, erzeugt wurde, leuchtete manchmal recht spärlich. Um halb neun ging es mit einem Holzkasten mit den Kaffeetöpfen der Schlosser zur Schmiede. Auf dem Schmiedefeuer wurde in einem rostigen Eisentopf Wasser zum Kochen gebracht. Die Kaffeekannen wurden gefüllt, dann schnell zurück. Eine Viertelstunde Kaffeepause. Dann wieder meißeln oder feilen an der Rechenlehre.

Um immer mittags und abends schnell aus dem Betrieb zu kommen (weil es keinen Umkleideraum gab, d. Hrsg.), hatten die älteren Schlosser ihre Holzspinde für die Kleider ganz in der Nähe von ihrem Arbeitsplatz. Mit dem Wassereimer mussten wir Lehrlinge zur Schmiede. Dort wurde ein Stück Eisen zum Glühen gebracht und in den Eimer getaucht, damit die Herren sich in dieser Brühe waschen konnten. Groß umziehen gab es nicht, manche trugen ihre Straßenhose unter ihrem Arbeitsanzug. Sie hatten ein Leinenhemd an - so eine Art Kinderlatz mit angenähtem Stehkragen oder einem Kragen mit Krawatten - und einen Hut oder Bibi auf. Draußen wussten die Leute nicht, ist der Kerl nun ein feiner Büromensch oder ein dreckiger Schlosser. Die Arbeiter waren damals noch stolz.

Ich selbst bekam bald einen Lehrvertrag. Die Lehre dauerte vier Jahre. Außer der Kolonne Mohren (Name des Kolonnenführers, d. Hrsg.) gab es die Kolonne Harscheid, die eine Nietenpresse in Arbeit hatte und die Kolonne Kühnert, die ein Fallhammerwerk mit Riemenantrieb baute. Der Kolonnenführer spielte später lange Jahre den Obermeister in der neuen Halle 5. Er drängte immer, dass die Maschinen fertig wurden. Die Kolonne Brandt fertigte Handspindelpressen. Dann war da noch die Kolonne Hammes mit den Friktionspressen. Der Hammes, der trank gerne einen (Schnaps). Dann ging er zur Dreherei und zeigte mit den Fingern: so dick soll der Bolzen sein. Die Kolonne Vesper baute so eine Art Ziehbank für Rohre. Die Kolonne Selig baute Handspindelpressen. Der Selig war immer schwarz, auch wenn er gewaschen war. Zwei Schlosser bauten Formen für Mundstücke von Ziegelpressen.

Auf der anderen Seite der Halle 4 standen ein kleineres und ein größeres Bohrwerk. Der Dültgen wirkte dort. Er hörte erst mit weit über 70 Jahren mit der Arbeit auf. In der oberen Ecke der Halle 4 stand eine größere Hobelbank, bedient vom Inger, dessen Hand leicht ausrutschte und einem Lehrling eine klebte. An der Kopfwand der Halle 4 war eine Tür zur Gießerei, ein staubiger heißer Irrgarten. Am Eingang vorne war die Kernmacherei, links befand sich so eine Art Grube, in der Holzmodelle zur Hälfte versenkt wurden. Die andere Hälfte der Maschine wurde später aufgesetzt. Am Ende der Gießerei waren die Gussputzer; Uttermann, bald 1,90 m groß, der in die Feuerungsanlage des Dampfkessels kroch und den Unrat von den Rohren abklopfte, sowie Runtemund und Mathes, die trotz des vielen Staubes, den sie gefressen haben, sehr alt wurden.

(Dreher, Jg. 1904)

Wir gingen zum Betriebsbüro, wo die Anmeldung war. Da ging der Vater mit. Dann kam der Direktor Hölzer, der war früher Betriebsleiter, da war er noch nicht Direktor. Der nahm mich dann mit und wies mir meinen Arbeitsplatz an. Ich kam zuerst in die Werkzeugabteilung, die lag unter dem Dach, wo heute die Kalkulation ist. Von da oben konnte man unten die großen Hobelbänke und alles sehen. Das war alles interessant. Und dann ging das los. Da kam man zu einem älteren Arbeitskollegen, der musste dann aufpassen. Da war dann auch ein Meister. Man bekam dann so ein Vierkantstück, das war rund gedreht. Dann musste das angezeichnet werden. Anstatt dass der nun gehobelt wurde - das würde ja heute nicht mehr gemacht. Wir hatten auch eine Shapingbank, da wurde dran gehobelt. - Aber wir Jungen, wir mussten das feilen. Wir hatten dann alles voll Blasen die erste Zeit.

In der Werkzeugabteilung war unten im Keller die Härterei. Der Ofen wurde mit Koks bedient. Das würde ja heute auch keiner mehr machen. Da kriegten wir Jungen einen großen Korb. Wir hatten draußen den Kokshaufen gezeigt bekommen, der musste kleingeklopft werden, in die Mange (Tragekorb, d. Hrsg.) auf den Buckel, und dann in die Härterei.

Eines Tages, wie ich im Küben sitze - da gab es noch keine Badewannen und so etwas, da kamen immer zwei rein -, da kommt die Mutter und sagte: „Da will ich aber den Vater mal rufen." Da hatte ich den ganzen Buckel grün und blau vom Tragen. Am anderen Tag waren wir aber beim Direktor Hölzer. Da wurde das sofort abgeschafft, da wurde ein Handwagen gekauft. Also, der Vater ließ sich über seine Söhne nichts sagen. Bei dem Meister war er jetzt nicht mehr angesehen. Das habe ich zu spüren gekriegt, am eigenen Leibe.

Die ganze Arbeit, auch wenn zu putzen war, oder ein Klo zu putzen war, das musste ich dann machen. Nach 10 oder 12 Wochen ist mein Vater wieder hin und hat gesagt: „Also, mein Sohn ist in die Lehre gekommen, um etwas zu lernen, aber nicht als Hilfskraft." Und da ließ der Direktor Hölzer den Meister kommen. Da wurde ich dann gegenübergestellt und musste meine Aussage machen. Da konnte er nichts gegen machen. Da waren ja auch Leute, die standen auf meiner

Die Lehrwerkstatt im Jahre 1938

Seite. Die hatten das gesehen, wie ich die Mangen schleppen musste. Da wurde das sofort verboten. Anschließend kam ich von der Werkzeugabteilung weg, in die Hobelei. Ich wurde wahrscheinlich von da weggenommen, um dem Streit aus dem Wege zu gehen.

Ich habe dann ein Jahr in der Hobelei gearbeitet. Zuerst war ich an der Shapingbank. Das waren ja alles Bänke, die können sie ja heute nicht mehr vergleichen. Das waren früher ganz provisorische Maschinen, obwohl die gekauft waren. Dann ging ich auf die Schleppbank, wo der Tisch hin und

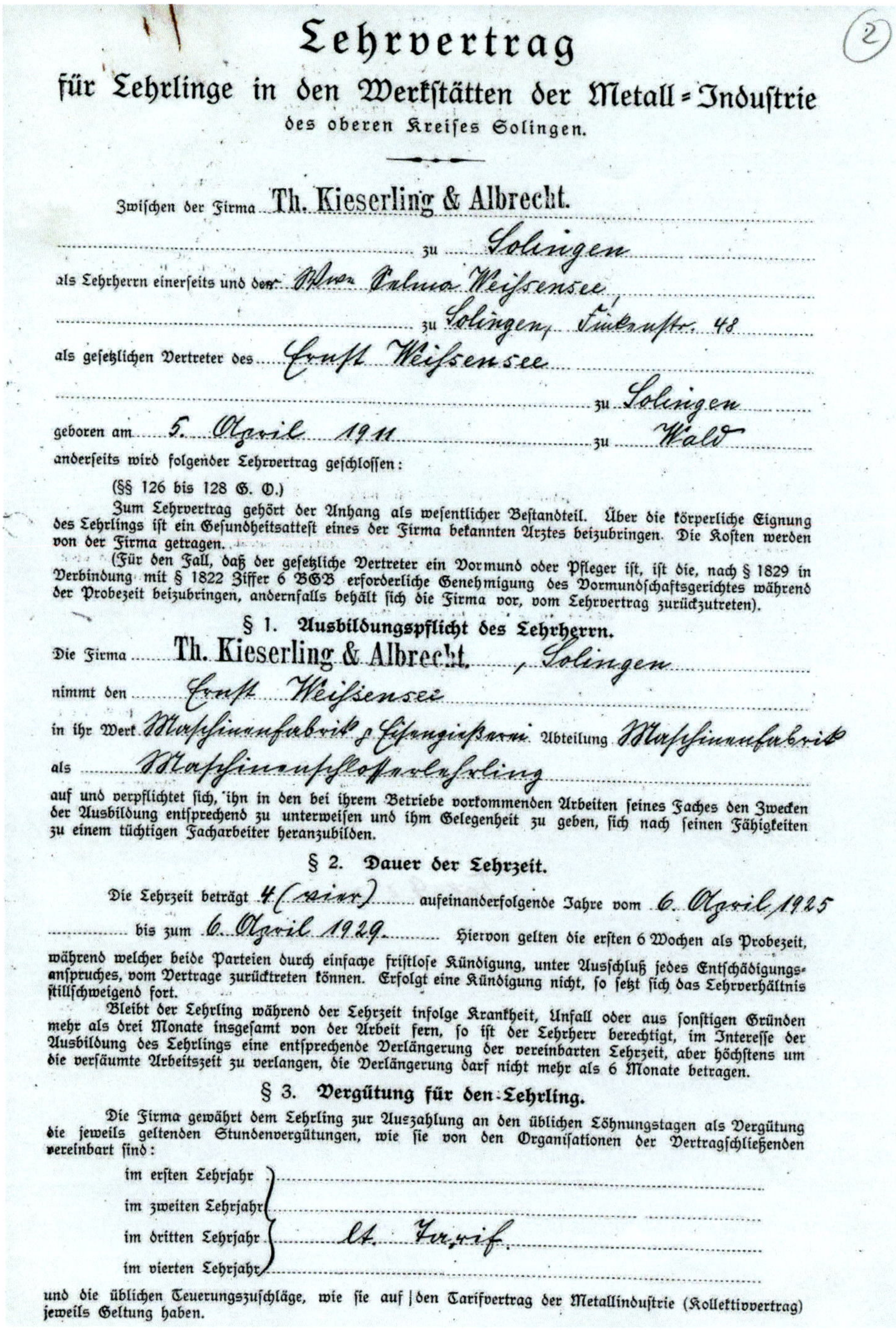

Lehrvertrag

für Lehrlinge in den Werkstätten der Metall-Industrie des oberen Kreises Solingen.

Zwischen der Firma Th. Kieserling & Albrecht.

zu Solingen

als Lehrherrn einerseits und der Wwe Palma Weissensee

zu Solingen, Finkenstr. 48

als gesetzlichen Vertreter des Ernst Weissensee

zu Solingen

geboren am 5. April 1911 zu Wald

anderseits wird folgender Lehrvertrag geschlossen:

(§§ 126 bis 128 G. O.)

Zum Lehrvertrag gehört der Anhang als wesentlicher Bestandteil. Über die körperliche Eignung des Lehrlings ist ein Gesundheitsattest eines der Firma bekannten Arztes beizubringen. Die Kosten werden von der Firma getragen.

(Für den Fall, daß der gesetzliche Vertreter ein Vormund oder Pfleger ist, ist die, nach § 1829 in Verbindung mit § 1822 Ziffer 6 BGB erforderliche Genehmigung des Vormundschaftsgerichtes während der Probezeit beizubringen, andernfalls behält sich die Firma vor, vom Lehrvertrag zurückzutreten).

§ 1. Ausbildungspflicht des Lehrherrn.

Die Firma Th. Kieserling & Albrecht, Solingen

nimmt den Ernst Weissensee

in ihr Werk Maschinenfabrik & Eisengießerei Abteilung Maschinenfabrik

als Maschinenschlosserlehrling

auf und verpflichtet sich, ihn in den bei ihrem Betriebe vorkommenden Arbeiten seines Faches den Zwecken der Ausbildung entsprechend zu unterweisen und ihm Gelegenheit zu geben, sich nach seinen Fähigkeiten zu einem tüchtigen Facharbeiter heranzubilden.

§ 2. Dauer der Lehrzeit.

Die Lehrzeit beträgt 4 (vier) aufeinanderfolgende Jahre vom 6. April 1925 bis zum 6. April 1929. Hiervon gelten die ersten 6 Wochen als Probezeit, während welcher beide Parteien durch einfache fristlose Kündigung, unter Ausschluß jedes Entschädigungsanspruches, vom Vertrage zurücktreten können. Erfolgt eine Kündigung nicht, so setzt sich das Lehrverhältnis stillschweigend fort.

Bleibt der Lehrling während der Lehrzeit infolge Krankheit, Unfall oder aus sonstigen Gründen mehr als drei Monate insgesamt von der Arbeit fern, so ist der Lehrherr berechtigt, im Interesse der Ausbildung des Lehrlings eine entsprechende Verlängerung der vereinbarten Lehrzeit, aber höchstens um die versäumte Arbeitszeit zu verlangen, die Verlängerung darf nicht mehr als 6 Monate betragen.

§ 3. Vergütung für den Lehrling.

Die Firma gewährt dem Lehrling zur Auszahlung an den üblichen Löhnungstagen als Vergütung die jeweils geltenden Stundenvergütungen, wie sie von den Organisationen der Vertragschließenden vereinbart sind:

im ersten Lehrjahr
im zweiten Lehrjahr
im dritten Lehrjahr } lt. Tarif.
im vierten Lehrjahr

und die üblichen Teuerungszuschläge, wie sie auf den Tarifvertrag der Metallindustrie (Kollektivvertrag) jeweils Geltung haben.

Ein vierseitiger Lehrvertrag aus dem Jahre 1925

Die Zeit für den Besuch der Pflichtfortbildungsschule einschließlich einer angemessenen Zeit für den Schulweg wird vergütet, soweit sie in die Arbeitszeit fällt.

§ 4. Pflichten des Lehrlings.

Der Lehrling hat sich innerhalb und außerhalb der Fabrik bescheiden und sittsam zu betragen, den Beamten, Meistern und Arbeitern der Firma jederzeit die schuldige Achtung zu erweisen und zu seinen Mitlehrlingen ein gutes, kameradschaftliches Verhältnis zu pflegen.

Allen Anordnungen seiner Vorgesetzten hat der Lehrling willig und genau nachzukommen, die für ihn geltende Arbeitszeit pünktlich einzuhalten, die Unfallverhütungsvorschriften und die Arbeitsordnung gewissenhaft zu beachten. Ohne Erlaubnis seiner Vorgesetzten darf der Lehrling während seiner freien Zeit für Entgelt anderweitige Beschäftigung nicht ausüben.

Der Lehrling ist verpflichtet, seine Arbeiten fleißig und gewissenhaft auszuführen, die Betriebseinrichtung mit größter Sorgfalt zu behandeln, über alle Geschäftsverhältnisse und Arbeitsverfahren gegen Dritte strengstes Stillschweigen zu beobachten, überhaupt das Interesse der Firma in jeder Beziehung zu wahren. Grober Vertrauensbruch durch den Lehrling berechtigt die Firma zur sofortigen Entlassung.

Der Lehrling ist nach den behördlichen Vorschriften und etwaigen Sonderbestimmungen seiner Firma verpflichtet, Gewerbe-, Fortbildungs- und Werkschulen sowie auch besondere Kurse regelmäßig und pünktlich zu besuchen und die Schulzeugnisse sofort nach Erhalt der Firma vorzulegen.

Der Lehrling gehört der Krankenkasse an, die nach der Reichsversicherungsordnung für das Werk in Betracht kommt. Die vom Lehrling zur Krankenkasse sowie zur Invaliditäts- und Altersversicherung zu zahlenden Beiträge werden von den ihm gewährten Vergütungen abgezogen.

Ist der Lehrling gezwungen, von der Arbeit oder irgend welchen Veranstaltungen, an denen er teilnehmen soll, fernzubleiben, so hat er der Firma bezw. dem Erziehungsberechtigten unverzüglich über den Grund seines Fernbleibens Nachricht zu geben.

§ 5. Pflichten des gesetzlichen Vertreters.

Der gesetzliche Vertreter des Lehrlings verpflichtet sich, dafür zu sorgen, daß das Betragen des Lehrlings außerhalb der Arbeitszeit überwacht wird, daß er zu einem ordentlich gesitteten Lebenswandel und zur Erfüllung der aus dem Lehrvertrag ihm obliegenden Verpflichtungen angehalten wird, und übernimmt es ferner, für angemessene Wohnung, Bekleidung und Beköstigung des Lehrlings zu sorgen.

Er erklärt sich weiter damit einverstanden, daß das der Firma zustehende Erziehungsrecht auf die mit der Ausbildung des Lehrlings ausdrücklich betrauten Personen übertragen wird, und verpflichtet sich, die Bemühungen derselben in der Erziehung des Lehrlings nach Kräften zu unterstützen.

§ 6. Allgemeine Bestimmungen, Auflösung des Lehrvertrages.

Soweit in diesem Vertrage nichts anderes bestimmt ist, regelt sich das Lehrverhältnis nach der Reichsgewerbeordnung, insbesondere nach den im Anhange zu § 6 des Lehrvertrages aufgeführten Bestimmungen, der Arbeitsordnung der Firma und der Satzung der von der Firma für den Lehrling bestimmten Krankenkasse.

Nach Ablauf der Probezeit kann das Lehrverhältnis außer in den in § 4 des Lehrvertrages angeführten Fällen vorzeitig gelöst werden, wenn ein gesetzlicher Auflösungsgrund nach den §§ 127 b und 127 e in Verbindung mit den §§ 123, 124 Ziffer 1, 3 bis 5 der Reichsgewerbeordnung vorliegt (siehe Anhang zu § 6), ferner dann, wenn die Firma gezwungen ist, aus Gründen, die sie bei der Annahme des Lehrlings nicht voraussehen konnte, den Betrieb ganz oder die betreffende Abteilung, für die der Lehrling angenommen wurde, still zu legen.

Bei Betriebsstörungen, Arbeitseinschränkungen und in sonstigen Ausnahmefällen behält sich die Firma das Recht vor, den Lehrling nach den Betriebsmöglichkeiten zu beschäftigen oder zu beurlauben.

Die Kürzung der Arbeitszeit und der Vergütung erfolgt höchstens in dem gleichen Maße wie die der Arbeitnehmer im Betriebe.

Das Vertragsverhältnis zwischen dem Lehrherrn einerseits und dem Lehrling und seinem gesetzlichen Vertreter andererseits endet mit Ablauf der vereinbarten Lehrzeit, wenn nicht zwischen dem Arbeitgeber und dem bisherigen Lehrling ausdrücklich ein neuer Arbeitsvertrag geschlossen wird. Wird der Lehrling nach Ablauf der Lehrzeit vom Arbeitgeber versehentlich weiter beschäftigt, so gilt er als zu vorübergehender Arbeit mit der in der Arbeitsordnung des Betriebes vorgeschriebenen Kündigungsfrist eingestellt. Diese Zeit darf 4 Wochen nicht überschreiten. Erfüllungsort für alle Ansprüche aus diesem Vertrage ist der Sitz der Firma.

§ 7. Sonstige Vereinbarungen.

Der Lehrling Ernst Weissensee kommt bei vierjähriger Lehrzeit durch alle Abteilungen der Maschinenfabrik.

Namensunterschrift, daß sie mit den Bestimmungen desselben einverstanden sind und sie als bindend anerkennen. Eine Ausfertigung ist dem gesetzlichen Vertreter des Lehrlings ausgehändigt worden.

Ort und Datum: Solingen, 18. Juli 1925.

Die Firma: Th. Kieserling & Albrecht. [illegible]

Der gesetzliche Vertreter des Lehrlings: [illegible]

Der Lehrling: [illegible]

Anhang zum Lehrvertrag.

I. Allgemeines.

Lehrlinge für die Werkstätten der Metall-Industrie des oberen Kreises Solingen sollen beim Antritt der Lehre von der Schule ordnungsmäßig entlassen sein und das Alter von 14 Jahren erreicht haben, aber auch im allgemeinen nicht mehr als 16 Jahre alt sein.

Wenn ein Lehrling bereits anderweitig in einem Lehrverhältnis gestanden hat, so muß dieses Verhältnis vor der Aufnahme in rechtmäßiger Weise gelöst sein. Dazu bestimmt § 127 e der Reichsgewerbeordnung:

„Wird von dem gesetzlichen Vertreter für den Lehrling oder sofern der letztere volljährig ist, von ihm selbst dem Lehrherrn die schriftliche Erklärung abgegeben, daß der Lehrling zu einem anderen Gewerbe oder anderen Beruf übergehen werde, so gilt das Lehrverhältnis, wenn der Lehrling nicht früher entlassen wird, nach Ablauf von vier Wochen als aufgelöst. Den Grund der Auflösung hat der Lehrherr in dem Arbeitsbuche zu vermerken.

Binnen neun Monaten nach der Auflösung darf der Lehrling in demselben Gewerbe von einem anderen Arbeitgeber ohne Zustimmung des früheren Lehrherrn nicht beschäftigt werden."

Zu § 1.

Die Entscheidung darüber, ob und in welcher Weise der Lehrling in verschiedenen Werkstätten des ausbildenden Werkes beschäftigt werden soll, behält sich die Firma vor.

Über die Ausstellung des Lehrzeugnisses bestimmt § 127 c der Reichsgewerbeordnung:

„Bei Beendigung des Lehrverhältnisses hat der Lehrherr dem Lehrling unter Angabe des Gewerbes, in welchem der Lehrling unterwiesen worden ist, über die Dauer der Lehrzeit und die während derselben erworbenen Kenntnisse und Fertigkeiten, sowie über sein Betragen ein Zeugnis auszustellen, welches von der Gemeindebehörde kosten- und stempelfrei zu beglaubigen ist."

Zu § 6.

Die betr. Vorschriften der Reichsgewerbeordnung lauten sinngemäß zusammengestellt wie folgt:

(§ 127 a) Der Lehrling ist der väterlichen Zucht des Lehrherrn unterworfen und dem Lehrherrn sowie demjenigen, welcher an Stelle des Lehrherrn die Ausbildung zu leiten hat, zur Folgsamkeit und Treue, zu Fleiß und anständigem Betragen verpflichtet.

(§ 128 und 127 b) Vor Ablauf der vertragsmäßigen Zeit und ohne Aufkündigung kann der Lehrling entlassen werden:

1. Wenn er oder seine gesetzlichen Vertreter beim Abschluß des Lehrvertrages den Lehrherrn durch Vorzeigung falscher oder gefälschter Arbeitsbücher oder Zeugnisse hintergangen oder ihn über das Bestehen eines anderen, ihn gleichzeitig verpflichtenden Arbeitsverhältnisses in einen Irrtum versetzt hat.
2. Wenn er eines Diebstahles, einer Entwendung, einer Unterschlagung, eines Betruges zum Nachteile des Lehrherrn bezw. dritter oder eines liederlichen Lebenswandels sich schuldig macht;
3. Wenn er die Lehre unbefugt verlassen hat oder sonst den nach dem Lehrvertrage ihm obliegenden Verpflichtungen nachzukommen, beharrlich verweigert;
4. Wenn er, der Verwarnung ungeachtet, mit Feuer und Licht unvorsichtig umgeht.
5. Wenn er sich Tätlichkeiten oder grobe Beleidigung gegen den Lehrherrn oder seine Vertreter oder deren Familienangehörige zuschulden kommen läßt;
6. Wenn er einer vorsätzlichen und rechtswidrigen Sachbeschädigung zum Nachteile des Lehrherrn oder eines Mitarbeiters sich schuldig macht;
7. Wenn er Familienangehörige des Lehrherrn oder seiner Vertreter oder Mitarbeiterzu Handlungen verleitet oder zu verleiten sucht oder mit Familienangehörigen des Lehrherrn oder seiner Vertreter Handlungen begeht, welche wider die Gesetze oder die guten Sitten verstoßen.
8. Wenn er zur Fortsetzung der Lehre unfähig oder mit einer abschreckenden Krankheit behaftet ist.
9. Wenn er die ihm durch den Lehrvertrag auferlegten Pflichten wiederholt verletzt oder wenn er den Besuch der Fortbildungs- oder Fachschule vernachlässigt.

In den unter Ziffer 1 bis 7 gedachten Fällen ist die Entlassung des Lehrlings nicht mehr zulässig, wenn die zugrunde liegenden Tatsachen dem Arbeitgeber länger als eine Woche bekannt sind.

(§ 124 und 127 b) Von seiten des Lehrlings kann das Lehrverhältnis nach Ablauf der Probezeit aufgelöst werden:

1. Wenn er zur Fortsetzung der Lehre unfähig ist.
2. Wenn der Lehrherr oder seine Vertreter oder Familienangehörige derselben den Lehrling oder seine Familienangehörigen zu Handlungen verleiten oder zu verleiten suchen oder mit Familienangehörigen des Lehrlings Handlungen begehen, welche wider die Gesetze oder die guten Sitten laufen.
3. Wenn der Lehrherr dem Lehrling die im Lehrvertrage bedungene Vergütung nicht zahlt, oder wenn er sich widerrechtlicher Uebervorteilungen gegen ihn schuldig macht.

4. Wenn bei Fortsetzung der Lehre das Leben oder die Gesundheit des Lehrlings einer nachweislichen Gefahr ausgesetzt sein würde, welche bei Eingehung des Lehrvertrages nicht zu erkennen war.

5. Wenn der Lehrherr seine gesetzlichen oder vertraglichen Verpflichtungen gegen den Lehrling in einer die Gesundheit, die Sittlichkeit oder die Ausbildung des Lehrlings gefährdenden Weise vernachlässigt oder das Recht der väterlichen Zucht mißbraucht oder zur Erfüllung der ihm vertragsmäßig obliegenden Verpflichtungen unfähig wird.

(§ 127 b) Der Lehrvertrag wird durch den Tod des Lehrlings aufgehoben.

(§ 127 d) Verläßt ein Lehrling, mit dem ein schriftlicher Lehrvertrag geschlossen ist, in einem durch dieses Gesetz nicht vorgesehenen Falle ohne Zustimmung des Lehrherrn die Lehre und weigert sich unbegründet zurückzukehren, so hat auf ordnungsmäßigen Antrag des Lehrherrn die Polizeibehörde den Lehrling zwangsweise zurückführen zu lassen, oder durch Androhung von Geldstrafe bis zu 50 Mark oder Haft bis zu fünf Tagen zur Rückkehr anzuhalten.

II. Grundsätze für die Regelung des Lehrlingswesens in der Metall-Industrie des oberen Kreises Solingen.

1. Lehrverhältnis.

Das Lehrverhältnis ist ein Ausbildungs- und Erziehungsverhältnis, das nach allgemeinen Bestimmungen durch Lehrvertrag zwischen dem Lehrherrn einerseits und dem Lehrling sowie seinem gesetzlichen Vertreter anderseits zu regeln ist.

2. Lehrzeit.

Die Lehrzeit soll im allgemeinen drei Jahre betragen. In solchen Betrieben, in denen eine mehrseitige hochwertige Ausbildung gegeben wird, ist eine Lehrzeit bis zu vier Jahren zulässig. Versäumt der Lehrling durch Krankheit oder aus anderen Gründen mehr als drei Monate insgesamt von seiner Lehrzeit, so ist der Lehrherr berechtigt, im Interesse der Ausbildung des Lehrlings eine Verlängerung der Lehrzeit bis zu der Dauer der Versäumnisse zu verlangen, aber nicht über 6 Monate hinaus.

3. Arbeitszeit.

Die Arbeitszeit darf 48 Stunden die Woche einschließlich des pflichtgemäßen Schulbesuches nicht überschreiten, soweit letzterer in die Arbeitszeit fällt.

Pausen müssen nach den gesetzlichen Bestimmungen und Verordnungen eingelegt werden. Sonntagsarbeit ist unzulässig. Im letzten Drittel der Lehrzeit kann jedoch zu Ausbildungszwecken Sonntagsarbeit in Ausnahmefällen gestattet werden. Überstunden dürfen nur in ganz dringenden Fällen von Lehrlingen gemacht werden.

4. Vergütung.

Die Vergütungen von Lehrlingen werden als Stundenvergütungen gewährt. Sie erhalten:

~~im ersten Jahre pro Stunde Mk. 0,13~~
~~im zweiten Jahre pro Stunde Mk. 0,18~~
~~im dritten Jahre pro Stunde Mk. 0,22~~
~~im vierten Jahre pro Stunde Mk. 0,25~~

Als Vergütung gelten die jeweiligen Tarifsätze.

und die üblichen Teuerungszuschläge, wie sie auf den Tarifvertrag der Metallindustrie (Kollektivvertrag) jeweils Geltung haben.

Die Zeit für den Besuch der Pflicht-Fortbildungsschule einschließlich einer angemessenen Zeit für den Schulweg wird vergütet, soweit sie in die Arbeitszeit fällt.

5. Erziehung.

Die Erziehung des Lehrlings soll sachlich und wohlwollend geleitet werden. Soweit fachlich-theoretische Ausbildung im Betriebe gegeben werden kann, ist dies durchzuführen. In jedem größeren Betriebe wird ein praktisch und theoretisch vorgebildeter Ingenieur oder Meister für die Überwachung und Ausbildung der Lehrlinge verantwortlich gemacht.

6. Ausbildungsberechtigung.

Jedem dazu geeigneten Betrieb mit Berufsarbeitern ist gestattet, Lehrlinge einzustellen, doch muß die Zahl in einem angemessenen Verhältnis zu den Berufsarbeitern stehen und darf im allgemeinen ein Drittel von diesen nicht übersteigen.

Die Probezeit beträgt 6 Wochen. Innerhalb dieser Zeit können beide Parteien vom Lehrvertrag zurücktreten.

Am Schlusse der Lehrzeit hat eine Prüfung zu erfolgen, über deren Ergebnis ein Zeugnis auszustellen ist.

7. Ärztliche Untersuchungen.

Die Lehrlinge werden vor ihrer Einstellung daraufhin ärztlich untersucht, ob ihre körperliche und geistige Beschaffenheit den Anforderungen des gewählten Berufes entspricht.

8. Ferien.

Die tariflich festgelegten Ferien für die hiesige Industrie finden sinngemäß auch für die Lehrlinge Anwendung und müssen entsprechend bezahlt werden. Die Ferien sollen möglichst in die Zeit der Ferien der Fortbildungsschule fallen

9. Ausschuß für Lehrlingswesen.

Die Ausbildung liegt in der Hand der Werkleitung. Zur Regelung sonstiger, das Lehrlingswesen betreffenden Fragen und Behandlung von Streitigkeiten wird ein paritätisch zusammengesetzter Ausschuß gebildet, der aus drei Arbeitnehmern, die entsprechend ihrer Ausbildung Erfahrungen im Lehrlingswesen haben, und drei Arbeitgebern besteht.

10. Allgemeine Bestimmungen.

Weibliche Lehrlinge sind den männlichen in vertraglichen Bestimmungen gleich zu stellen. Jetzt bestehende Verträge sollen nach Möglichkeit in gegenseitigem Einvernehmen zwischen den Vertragsparteien diesen Vereinbarungen entsprechend abgeändert werden. Die Vergütung tritt nach Vereinbarung für die laufenden Lehrverträge vom 1. 4. 21. in Kraft.

Solingen, den 25. August 1921.
~~den 1. April 1921~~

her läuft. Und dann bin ich später, da hatte ich sehr großes Interesse dran, an die ganz großen Maschinen, ganz großen Hobelbänke gekommen; wir hatten zwei Stück. Da wurden die Fallhämmer, die Schabotten, drauf gehobelt und die Einsätze, wo die Gesenke rein kamen. Die blieben tagelang drauf. (...)

Die Verantwortung haben die (Auszubildenden, d. Hrsg.) heute auf der Lehrwerkstatt nicht mehr. Heute wird von Grund auf anders ausgebildet als früher.

Wir kamen sofort an die Maschinen.(...) Ach, das hat mir Freude gemacht, das sage ich geradeheraus. Der Beruf hat mir Freude gemacht. Ich ging morgens mit Freude dahin, trotzdem ich manchmal die Finger so kaputt hatte.

Und als ich das Jahr hinter mir hatte, das Jahr oder etwas mehr, da ging ich in die Schlosserei. Da fing aber mal erst das Elend an, das Feilen. Heute würde man das auf dem Bohrwerk machen, oder es würde gehobelt oder gefräst werden. Heute wird alles geschliffen, eingepasst, Maß auf Maß. Das mussten wir früher alles von Hand machen. Die Mikrometer und diese Sachen, die waren nicht vorhanden. Da musste das alles mit der Schieblehre gemacht werden und mit dem Winkel. Da haben wir Ziehbänke gebaut. Die hatten so lange Träger, wo die Rohre draufgezogen werden. Die mussten an den Körper angepasst werden. Da wurde nicht abgefräst oder was. Da wurde angezeichnet, oben war es wenig, und unten war es so ein Brocken. Und das waren solche Träger, die mussten aber runtergeklopft werden, mit Hammer und Meißel. Da können sie sich vorstellen, wie ich manchmal die ganzen Finger untenherum kaputt hatte; wenn der Hammer abrutschte, wenn ich da nicht richtig draufschlug.

Wir waren tagelang am Klopfen, das war ja praktisch keine Lehre mehr. Aber ich habe es gelernt, mit dem Meißel zu arbeiten. Ja, und je nachdem wie die Arbeit kolonnenmäßig verteilt wurde, kamen auch schon mal Pressen herein. Das war wieder günstiger und schöner zu arbeiten. Aber feilen, da kam man nicht drumherum. Die ganzen Keile, wo die Zahnräder oder Schwungräder mit befestigt wurden auf den Wellen ... Da musste dann der Keil eingefeilt werden, etwas konisch, dass die Räder draufkamen, dass die Halt bekamen und die Welle mitnehmen konnten. Das wurde alles von Hand gemacht.

Frau H., die während des Gesprächs streckenweise zuhörte: *„Das wusste ich auch nicht, dass du so gearbeitet hast."*

Und dann waren in der Werkzeugabteilung mehrere krank, einer hatte aufgehört. Da kam ich wieder oben zum Hildebrand. Da wurde ich aber anders bedient. Ich hatte jetzt auch schon ein kleines Vermögen angeworben, eine Übersicht, was ich oben in die Tat umsetzen konnte. Da brauchte ich keinen Vierkant mehr zu feilen, die Qual war vorbei.

Ich konnte mich an die Shapingbank setzen, da war ein kleines Stühlchen dran, da konnte ich meinen Vierkant jetzt hobeln und dann später nachfeilen. Die Vergünstigung hatte ich. Jetzt wurde ich schon etwas besser angefasst, obwohl der Meister da war; wir waren ja quasi im Streit auseinandergegangen.

Dann sah ich dann von oben ... da lagen die zwei größten Hobelbänke in der Mitte, wo der große Kran drüber läuft, um die großen Sachen raufzuziehen und auf die Maschinen zu legen; auch für die großen Bohrwerke. Der Kran wurde immer von einem Mann bedient, der mitfuhr.

Da sah ich zu meinem Entsetzen, wie der Junge, der mit mir zusammen angefangen hatte, oben auf der Schabotte stand. Der ließ sich hin und her fahren, der Kran lief ja von selbst. Jetzt steht der Mann unten und gab ein Zeichen, das machte er bei mir auch; die andere Bank stand dann still, er war am aufspannen und wollte Schrauben haben. Dann mussten wir Jungen runter von der Maschine und mussten dem helfen. Das hatte der Junge wahrscheinlich nicht begriffen. Da geht der Mann auf die Maschine und haut dem Jungen eine runter, dass er runterfliegt. Also, so brutal waren sie früher. Heute kämen die ja ins Zuchthaus. Ja, und was blieb? Der Junge wurde krank durch den Fall. Es dauerte länger, und der Druck war da. Der Hobelmeister kam dann zu mir, weil ich da schon gewesen war. Da habe ich zugesagt, habe aber dabei gesagt: „Unter der Bedingung, dass ich nicht geschlagen werde." Nun kam ich also zu dem hin. Ich machte dasselbe, ich habe ihm geholfen, und dann gerieten wir aneinander: Ich sei zu faul, ich ließ mich nur hin und her fahren, - ja, die Maschine arbeitete ja. Da kommt der rauf und will mir eine runterhauen. Da habe ich mir den Hammer genommen. Ich war früher sehr impulsiv, also sehr aufgeregt. Ich tat meine Pflicht, aber wenn mir einer dagegen kam, dann wehrte ich mich, egal wie. Da nahm ich den Hammer und sagte: „Sie haben den ersten Schlag, aber ich habe den zweiten." Da ist er runtergegangen. Von der Zeit an waren wir die besten Freunde geworden.

Das letzte halbe Jahr oder dreiviertel Jahr war ich in der Dreherei, da bin ich auch geblieben. Der Beruf hat mir am besten gefallen. Der war der genaueste, und das hat mir am besten gefallen, und es war abwechslungsreich.

Mein Bruder stand mir quasi gegenüber, und wenn es dann auf 9.00 Uhr zuging, wenn Pause war - besonders montags war es schlimm -, dann wollten die Gesellen ihr Bier haben und ihre Rollmöpse. Da war oben ein Geschäft, da holten wir das dann. Das wurde dann angeschrieben, für den oder den ist das ... Und da habe ich schon mal gesagt: „Das Stückchen noch, dann bin ich am Ende" (mit dem Arbeitsgang, d. Hrsg.). Ja, von wegen, die haben einen in den Hintern getreten: „Jetzt aber mal los!" (...)

Es gab zu der Zeit noch keinen Waschraum. Die Spinde standen alle in den Ecken im Betrieb, in jeder Abteilung. Dann mussten wir Jungen dann in die Schmiede gehen, Stücke Eisen warm machen, und dann wurde das in einen Eimer gezoppt, wo die sich dann drin waschen taten. Uns blieb dann, als den letzten, der Schmier über, das vergesse ich nicht ... Und dann gingen die Gesellen immer in die Ecken; da wurde sich früher gewaschen. Und wenn es dann an der Zeit war, Mittagspause war, dann waren die schon zum Tor raus; damit sie schnell nach Hause kamen. (...)

Jetzt kam der Direktor Hölzer von oben. Das war dem sein Steckenpferd, Pünktlichkeit war bei dem alles. Pünktlich anfangen und pünktlich aufhören, sonst war bei dem der Teufel los ... Da kam der wieder, da sah man ihn früh genug. Dann warnte einer den anderen, und wir krochen in den

Maschinen
und komplette Anlagen
für die **Warm- u. Kaltfabrikation**
von **Schrauben, Muttern, Nieten.**

Gesenkschmiedeanlagen,
Riemen- und Brettfallhämmer,
Horizontale Stauch- u. Schmiedemaschinen, Abgratpressen,
Schmiedewalzen

Komplette Anlagen für **Hufeisen** und **Achsenfabrikation.**

Spezialmaschinen für die
Solinger Stahlwaren-Industrie.

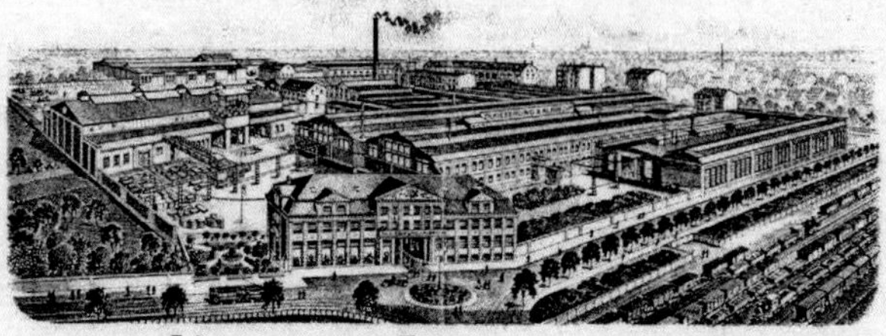

Exzenter-,
Kurbel- und Ziehpressen
mit und ohne automatische
Materialzuführung
Friktions-Spindelpressen,
Kurbel- und Tafelscheren.

Maschinen u. komplette Anlagen
für **nahtlose** und **geschweißte Rohre,** für **Stangen-** und **Profileisenziehereien,** Kaltprofilwalzwerke, Spezialwalzen.

Komplette Anlagen für **Felgen-Schutzbleche** und **Fahrradbau.**

Th. Kieserling & Albrecht, Solingen

Maschinenfabrik u. Eisengiesserei
GEGR. 1873.

Solingen, den 22. Nov. 1930
Stat. Solingen-Hbhf.

Fernsprecher Sammelnummer 26101
Telegramme: KIESERLING SOLINGEN
Postscheck-Konto: Amt Köln Nr. 16638

Reichsbank-Giro-Konto,
Deutsche Bank
und Disconto-Gesellschaft, Solingen,
Rudolf Mosse Code

L e h r z e u g n i s .

Herr Ernst W e i s s e n s e e , geb. am 5. 4. 1911, ist am 6. 4. 1925 bei uns in die Lehre eingetreten.

Der Genannte hatte während seiner Lehrzeit Gelegenheit, sich in folgenden Betriebsabteilungen alle erforderlichen Kenntnisse für den Maschinenbau anzueignen:

W. war in der Schlosserei, Dreherei, Hobelei, Fräserei, Revolver-Dreherei tatig. Auch hatte Weissensee Gelegenheit, sich in der Werkzeugmacherei, Zahnradfräserei und in der Spezialabteilung zur Anfertigung von Gewindeschneidbacken auszubilden.

Am 6. 4. 1929 beendete Weissensee seine Lehrzeit und blieb fernerhin in der Revolver-Dreherei tatig.

Mit seinem Fleiss und mit seiner Fuhrung waren wir jederzeit zufrieden.

Th. Kieserling & Albrecht

Betriebsleiter.

Lehrzeugnis aus dem Jahre 1930

Sondererzeugnisse:
MASCHINEN ALLER ART
für die Blech- und Metallbearbeitung
wie Pressen, Scheren, Hämmer usw.
für die Warmfabrikation von Schrauben, Muttern u. Nieten,
zur Herstellung von Fahrrad- u. Autoteilen,
vollständige Anlagen für Stanz- u. Hammerwerke
sowie für die Solinger Stahlwarenindustrie.
Spezialmaschinen für Rohr- u. Stangenziehereien.
Abt. Giesserei:
Graugußstücke bis 16 Tonnen Einzelgewicht.
Fernsprech Anschlüsse: Nr. 112, 2360 bis 2362.
Telegramme:
Kieserling Solingen

TH. KIESERLING & ALBRECHT, SOLINGEN
MASCHINENFABRIK u. EISENGIESSEREI
GEGR. 1873.

BANK KONTEN:
Reichsbanknebenstelle Solingen · Barmer Bankverein Solingen
Deutsche Bank, Elberfeld · Deutsche Bank, Köln
Postscheckkonto Amt Köln
Nr. 16638.

Solingen, den
Station: Solingen-Hbhf.

Vorläufiges L e h r z e u g n i s .
==================================

Der Ernst W e i ß e n s e e , geb. am 5. 4. 1911, ist seit dem 6. 4. 1925 bei uns als Lehrling beschäftigt. Er war bis jetzt in der Fräserei, Dreherei und Schlosserei tätig.

Seine Lehrzeit dauert 4 Jahre. Die ihm übertragenen Arbeiten verrichtete er zu unserer vollsten Zufriedenheit und waren wir mit seiner Führung und seinen Leistungen immer zufrieden.

S o l i n g e n , den 7. 12. 1928.

Th. Kieserling & Albrecht.
i. A.
Betriebsleiter

Vorläufiges Lehrzeugnis
aus dem Jahre 1928

Zeugnis der Facharbeiter-Prüfung aus dem Jahre 1929

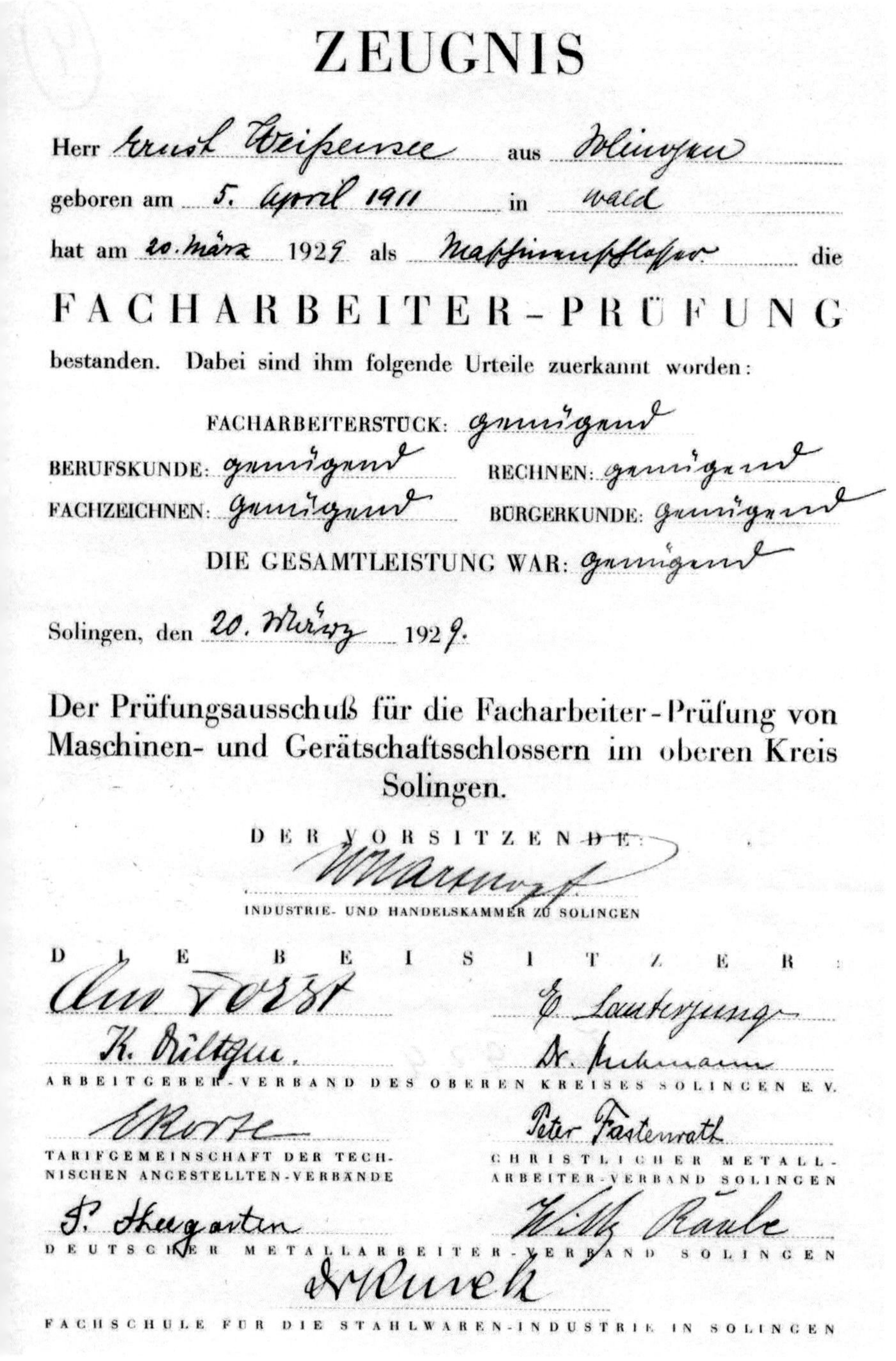

ZEUGNIS

Herr Ernst Weißensee aus Ohligs

geboren am 5. April 1911 in Wald

hat am 20. März 1929 als Maschinenschlosser die

FACHARBEITER-PRÜFUNG

bestanden. Dabei sind ihm folgende Urteile zuerkannt worden:

FACHARBEITERSTÜCK: genügend

BERUFSKUNDE: genügend RECHNEN: genügend

FACHZEICHNEN: genügend BÜRGERKUNDE: genügend

DIE GESAMTLEISTUNG WAR: genügend

Solingen, den 20. März 1929.

Der Prüfungsausschuß für die Facharbeiter-Prüfung von Maschinen- und Gerätschaftsschlossern im oberen Kreis Solingen.

DER VORSITZENDE:

INDUSTRIE- UND HANDELSKAMMER ZU SOLINGEN

DIE BEISITZER:

ARBEITGEBER-VERBAND DES OBEREN KREISES SOLINGEN E. V.

TARIFGEMEINSCHAFT DER TECHNISCHEN ANGESTELLTEN-VERBÄNDE

CHRISTLICHER METALLARBEITER-VERBAND SOLINGEN

DEUTSCHER METALLARBEITER-VERBAND SOLINGEN

FACHSCHULE FÜR DIE STAHLWAREN-INDUSTRIE IN SOLINGEN

Spind rein; da gingen so eben die Türen zu. Dann kam der, machte die Türe auf, dann wurden wir wieder ausgeschimpft. Ich war ja am Fingerwaschen gewesen; es war doch noch keine Pause. Ich hatte das von den Gesellen abgesehen und dachte: das kann ich auch.

(Dreher, Jg. 1908)

Die Lehre war verhältnismäßig, nach meiner Ansicht war sie gut; sie war ein bisschen streng, aber ich war zufrieden damit. Pünktlichkeit war gefragt, fehlen durften Sie nicht. In die Berufsschule mussten Sie immer einwandfrei hingehen. Sie durften nie fehlen. Und die Meister, die Vorarbeiter in den Kolonnen, wo wir drin waren, die waren auch sehr streng; besonders ein Meister, der war ziemlich hinter uns Lehrjungen her, der hat uns ein bisschen gescheucht.

(Maschinenschlosser, Jg. 1917)

Ich war sehr impulsiv. Da, wo heute das Betriebsbüro ist, da musste ich mal hin, und da war einer, so ein Saukopp ... Wenn ich da vorbeikam - ich hatte rote Haare, das war früher schlecht angesehen - rief der immer: „Rote Haare leuchten in der Ferne wie eine Straßenlaterne." Da habe ich mir das ein paarmal angehört; der konnte mich aber nicht in Ruhe lassen, das war schon ein älterer Mann ... Dann bin ich anständig zu ihm gegangen und habe ihm gesagt, er soll das unterlassen, ich würde mich wehren; das aber bloß am Rande. Als ich eines Tages wieder dahin musste, fing er wieder an. Da nahm ich mir so ein Vierkantstück. - Ich war dermaßen aufgeregt, da weiß man im Moment nicht, was man tut. - Da habe ich das Stück genommen; das wollte ich dem an den Kopf werfen. Da hat der sich gebückt, da ist das durch die Klotüre, die war aus Holz, durchgegangen. Da war die Holztüre kaputt. Ja, ich wurde ausgeschimpft und zur Rede gestellt. Dann hat sich das aber geklärt. Da wurde das dem Mann ans Herz gelegt. (...)

Im letzten Jahr der Lehre, als ich in der Dreherei war, da mussten wir dann die Essensbehälter, die Henkelmänner, im Waschraum aufwärmen. Da wurden so lange Becken gemacht, da wurden die reingesetzt. Da wurde das Essen dann mit dem warmen Dampf warmgemacht. Das musste man eine Stunde vorher machen. Das musste dann pünktlich um 11.00 Uhr unten sein. Das mussten die Lehrjungen ja machen, jeder für seine Abteilung. Und wenn es dann viel war, dann wurden zwei herangezogen. Da war so ein Kasten, der konnte mit zwei Mann getragen werden. Gewöhnlich ging man zu zweit und brachte das weg. Dann drückte man sich unten noch was im Waschraum herum. Es wurde was erzählt, und dann gingen wir wieder.

(Dreher, Jg. 1908)

Früher als Lehrjunge mussten wir immer noch in die großen Körper (Maschinenkörper, d. Hrsg.) reinkriechen und innen streichen. Wir waren dann mehr rot als die Maschine. Das wurde später gespritzt.

(Maschinenschlosser, Jg. 1911)

Wir mussten das Essen wegbringen, und wir mussten jede Woche die Abteilung kehren, immer unter drei oder vier Mann. Auch mussten wir zu der Zeit noch die Drehspäne rausschleppen. Die kamen in eine Blechkiste, da kam ein Haken dran, und dann musste man die herausziehen. Wir hatten keine Schubkarren. Wir mussten sogar die Treppe herunter. Da sorgte jeder dafür, dass er einen leichten Kasten bekam, dann ging man lieber einmal mehr. Keiner kam auf die Idee, eine Schubkarre zu nehmen. Später, nach meiner Lehre, da wurde das geändert. Da wurden Hilfsarbeiter eingestellt, die machten das mit der Schubkarre. (...)

Das Essen wurde zum Wärmen in der Schmiede um die Schmiedeöfen herumgestellt. Dann mussten immer ein oder zwei Mann das Essen für die Gesellen mitbringen oder auch morgens hinbringen, zum Wärmen. Wir waren da oben eine richtige Clique. Die Lehrlinge mit den Gesellen. Der Meister war immer weg, der musste Maschinen einstellen, für die Walzen. Die Gesellen waren manchmal auch noch jünger, so 18 oder 20 Jahre. Der älteste war 10 Jahre älter als ich, älter waren die nicht. Wenn kein Meister da war, dann wurde auch schon mal Unfug gemacht. Dann haben die Fett an die Griffe geschmiert. Wenn man da was anpackte, hatte man das Ölfett an den Fingern. Oder, was das unsauberste war, wenn man mal etwas länger von der Maschine weg war, haben die Blechbüchsen mit Bohrwasser auf die Transmission gestellt, mit einer Kordel dran. Wenn man dann nicht nach oben guckte, fiel das dann runter. Ja, allerhand Unsinn wurde gemacht. Wir waren da oben mindestens sieben Lehrlinge und etwa zehn Gesellen. Die Gesellen hatten natürlich alle Akkord, die mussten sehen, dass es weiterging. Wir

Auszubildender beim Schaben eines Werkstückes, um 1955

Lehrlinge mussten auch schon mal was holen. Auf der Flurstraße war ein Geschäft. Wir gingen dann bis zur Mauer, dann wurde ein Steinchen geworfen. Die kamen dann und fragten, was wir haben wollten. Manchmal mussten wir einen Hering oder Rollmops holen oder auch Schokolade. Da war ja noch keine Kantine, das musste dann alles die Lehrlinge machen. (...) Ja, die haben sich nicht so sehr mit uns abgegeben; wir waren auch nie den Gesellen unterstellt. Aber wenn die Gesellen uns gefragt haben, haben wir denen auch schon mal was geholt. Da gab es ja keine Vorarbeiter, nur Meister. (...)

Ich meine, wenn man lernen wollte, musste man mit den Augen stehlen, wie man das so sagt. Ich habe das damals auch gemacht. Wenn was Neues kam, das hat der Meister dann immer vorher gezeigt. Das erste, was ich an der Drehbank machen musste, das waren Stifte, die brauchte man für die Kupplungen der Pressen. Ich hatte schon einige gemacht, da kam der Meister und sagte: „Na, die sind ja schön, wollen wir mal messen." Der fing an zu messen mit der Schieblehre. Er sagte: „Gemacht sind die gut, aber die stimmen nicht. Wirf sie weg und mach neue." Das war meine erste Arbeit, das vergesse ich nicht. Das wird ja heute nicht mehr auf der Drehbank gemacht, das waren ganz kleine

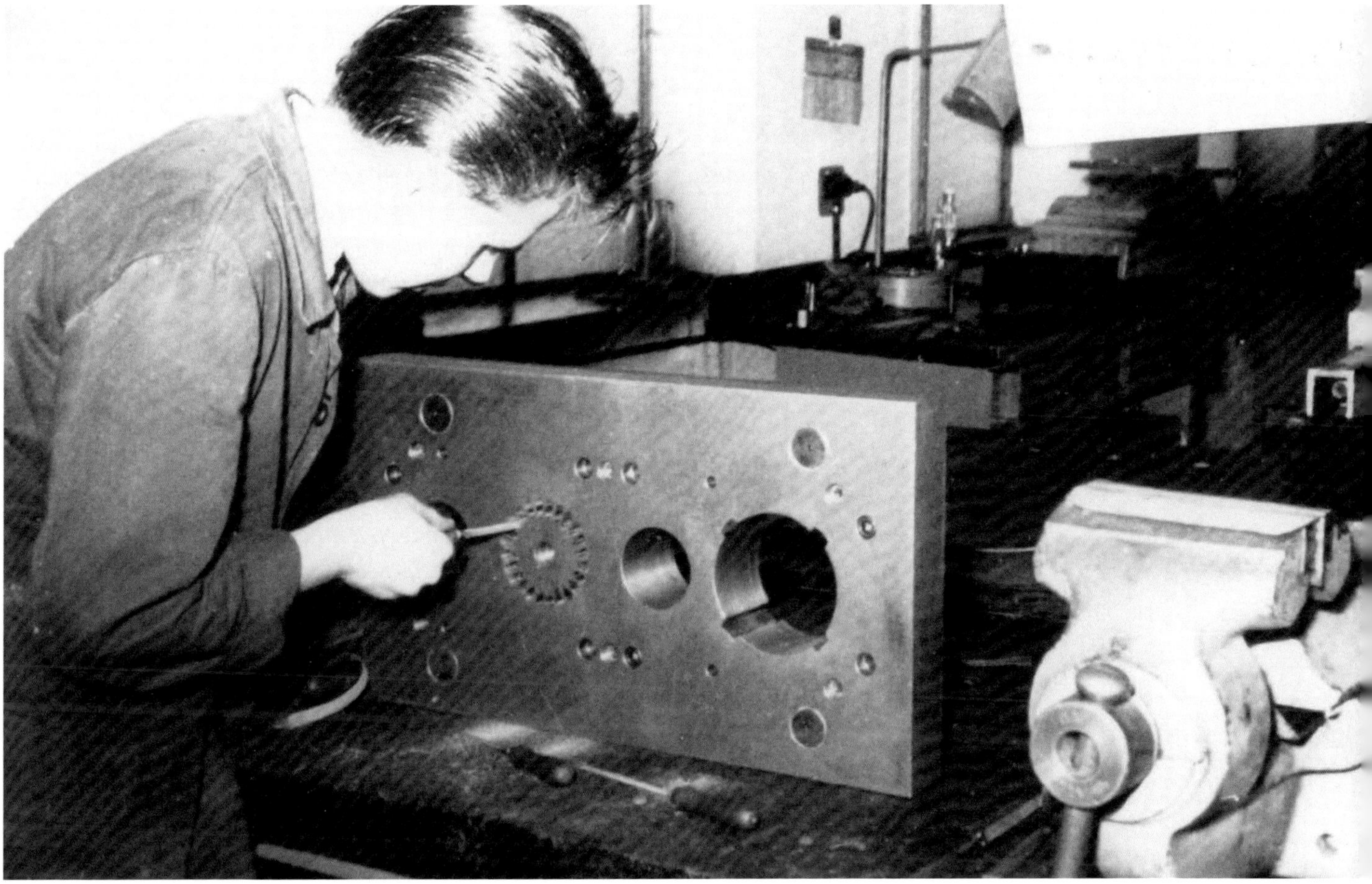

Stifte, die macht man heute im Automaten, dann geht das ruckzuck. Später machte man die ja schon auf der Revolverbank oder auf der Stangenbank.

(Dreher, Jg. 1910)

Unser Lehrmeister kam jeden Morgen von Wipperfürth. Den hatten wir sehr geachtet. Der hielt auch sehr genau darauf, dass wir was lernten. (...) Da ist ja der Unterkasten, und wir hoben den Oberkasten ab und stellten ihn an die Seite. Wenn wir dann das Modell rausnahmen und die Zwischenräume in dem Modell hängenblieben, dann brauchte man bloß auf die Erde zu gucken. Dann sah man so ein paar glänzende Schuhe. Das war dann unser Former-Meister, unser Lehrmeister. Und dann, wenn der das Bein hob, dann stieß der mit dem Fuß den Oberkasten einfach um, so dass der wieder auseinander fiel. Das hieß also so viel: du bist ein Schafskopf, das hast du nicht richtig begriffen. Also, du kannst das Dingen noch mal machen; ausleeren und den Kasten noch mal neu machen. Und zwar so lange, bis ich das raus hatte, den Sand so anzudrücken, dass der nicht an dem Modell festklebte.

(Former, Jg. 1909)

Auszubildender bei der Bearbeitung einer Bohrung, um 1955

Wir hatten einen Lehrmeister, vor dem hatten wir alle „Schiß", das muss ich ehrlich sagen. Der hatte so einen komischen Daumen. Wenn der seine Schieblehre rausnahm, hatten wir alle Angst, dass es nicht genau war. Ich war in der Schlosserei, und da waren damals neun Lehrlinge. Damals waren die Dreherei und die Schlosserei in einer Abteilung. Da wurden montags morgens erst mal alle Filme aus dem Kino durchgesprochen. Einer war darunter, der war darin Spezialist, der konnte einen Film erzählen, als wenn der noch lief. Mit dem hatten wir mal ein Erlebnis: Wir durften ja in der Firma für uns privat nichts machen. Einer von denen arbeitete aber anscheinend doch privat. Da kam der Meister um die Ecke, und in dem Moment muss da jemand etwas ausgespannt haben und in die Späne fallen lassen. Das hatte der Meister aber schon mitgekriegt. Der ging dahin und sagte: „Was hast du denn gemacht?" Der sagte: „Nichts." Der Meister sagte: „Du sollst mir sagen, was du gemacht hast." Der Meister griff in die Späne und nahm das Teil raus. Er hob die Hand, als wollte er ihm eine runterhauen. Obwohl, der Meister hätte das niemals getan, der war in Ordnung. Der andere hob auch die Hand. Da bekam der Meister Wut und lief hinter dem Lehrling her. Der lief bis zur Treppe. Der Meister bekam ihn noch am Kragen zu fassen; dieser riss kaputt, aber der Lehrling lief die Treppe runter. Solche Sachen sind schon mal passiert, obwohl da nichts von nachkam. Das wurde auch nicht dem Direktor gemeldet. Nach ein paar Tagen war das wieder vergessen.

(Maschinenschlosser, Jg. 1911)

Einmal habe ich einige Wochen im Krankenhaus liegen müssen. Als ich dann wiederkam - ich hatte vorher die Backenfräserei als Lehrling geleitet - da war in der Abteilung nicht mehr so viel Arbeit. Da sagte mein Meister: „Wir müssen dich bald mal in eine andere Abteilung stecken." Ich sagte: „Ja, damit habe ich auch gerechnet. Ich will nicht mein ganzes Leben lang nur in der Backenfräserei sein." Er sagte: „Wie wäre es denn, wenn du mal runtergehst zum Hugo Schmidt?" (Name geändert). Der hatte die Zahnradfräserei unter sich, mit acht Fräsmaschinen. Mir passte das anfangs nicht, weil ich wusste, als Lehrling muss ich samstags morgens die ganzen Maschinen putzen. Da bin ich ehrlich drin, das weiß ich noch genau. Ich kann mir das noch genau vorstellen, als ich mit meinem Meister eine Etage höher stand, und wir guckten von oben runter, wie mir das dann alles so direkt durch den Kopf ging. Na ja, das war freitags nachmittags. Am Samstagmorgen bin ich dann zu dem Herrn Schmidt gegangen. Dann hat das aber schön geklappt. Der Schmidt selbst putzte genau wie ich auch. Wir zwei waren dann auch schnell mit allem fertig. Der sagte dann: „Das hat aber heute fein geklappt, so habe ich das noch nicht gehabt." Ich war dann noch zwei Tage bei ihm, und dann kam der Meister und sagte: „ Das musst du heute alleine machen, der Hugo ist krank geworden." Ich sagte: „Um Gottes willen! Ich kann doch keine acht Maschinen alleine bedienen." Er sagte: „ Ich helfe dir, wir machen das schon." Mein Meister hat mir dann Anweisungen gegeben, und etwas wusste ich ja selbst von den zwei Tagen, die ich vorher da war. Wenn die komplizierten Räder kamen, Schraubenräder oder Schneckenräder, dann kam er und sagte mir, was ich drauf tun

musste. Ich kannte ja die einzelnen Fräser nicht so genau. Ich habe mich dann 14 Tage alleine herumgeschlagen; es hat auch einigermaßen gut geklappt. Wir haben selbst nachher darüber gestaunt, dass ich das überhaupt fertiggebracht hatte. Aber mit allen Maschinen wo ich dran war,

Eine Serie Exzenterpressen, die von den Auszubildenden in der Lehrwerkstatt montiert wurden. Die Pressen waren für die Fa. Kronprinz bestimmt. Hinter den Pressen steht der Lehrlingsausbilder. Die Aufnahme entstand im Jahre 1953.

Weihnachtsfeier in der Lehrwerkstatt. Gruppenbild der Auszubildenden im Jahre 1954

bin ich immer gut mit fertig geworden. Ich war dann noch ungefähr acht Wochen da, und von da aus bin ich in eine andere Abteilung gekommen. Es ging mal erst in die Fräserei, Schlosserei, Dreherei, und 1929 hatte ich dann die Lehre aus.

(Maschinenschlosser, Jg. 1911)

Ja, wir wurden dann aufgeteilt. Ich wurde zur Kontrolle geschickt und musste dort helfen. Später kam ich in die Schlosserei, dann kam ich mal eine Zeitlang in die Hobelei. Man musste ja selbst sehen, dass man mal von einer Stelle zur anderen kam.

(Technischer Angestellter, Jg. 1917)

Auszubildende im Unterrichtsraum im Jahre 1957

Eine Abschlussprüfung gab es früher nicht. Früher war man als Lehrling ungefähr ein Jahr in jeder Abteilung. Das waren ja vier Jahre. Aber je nachdem, wie der Lehrling sich schickte, oder es fiel mal einer aus, dann musste man wieder in die erste Abteilung zurück. Weil er gut war, wahrscheinlich, da konnte man sich auf ihn verlassen. Der Meister von jeder Abteilung musste seinen Bericht machen, der ging zum Betriebsbüro. Als ich zuletzt in der Dreherei war - ich glaube, das letzte Vierteljahr - da bin ich noch in den Akkord gegangen, so fix war ich da schon.

(Dreher, Jg. 1908)

Man konnte es auch ohne Lehre „zu etwas bringen“:

Ich hatte ja diesen Beruf nicht gelernt, ich hatte mir das alles erarbeitet. Wenn die also hörten „Forst“, dann wussten die, die Leute können wir dafür brauchen. Ich habe mir das alles selbst angeeignet. Ich habe keine Schlosserlehre abgelegt, auch keine Gesellenprüfung gemacht. Das ist ja so, bei der Firma Kieserling kam man an alles dran. Die haben einen schon beobachtet, die Meister oder der Betriebsleiter, der wusste, dass man dafür geeignet war. Es waren viele Leute, die auf diese Art bei der Firma Kieserling etwas geworden sind. Man musste von Grund auf etwas machen. Sie können heute nicht einen Mann, der Schlosser gelernt hat, bei der Firma Kieserling reinsetzen, das ist unmöglich. Oder er muss Zeit haben, sich zu akklimatisieren, einzuarbeiten, und er muss Interesse zeigen, sonst ist der Mann dort tot geboren. Das wird ihnen auch jeder andere sagen. Man muss sich von der Pike aus emporarbeiten, und man muss Talent haben, das ist alles.

(Maschinenarbeiter, Jg. 1919)

Wie die Laufbahn eines Angestellten der Firma Kieserling zeigt, schien dies auch für die technischen Berufe zu gelten:

Mein Vater war in der Gießerei bei Kieserling, und ich interessierte mich für die Hüttenschule. Dazu musste man ja normalerweise eine etwas umfangreiche Erfahrung oder Praxis haben in der Gießerei. Deswegen bin ich da eingetreten, in die Gießerei als Lehrling. Nach einem Jahr, einem Lehrjahr, da habe ich im Konstruktionsbüro angefragt, bzw. mein Vater. Damals hatte der Herr Hölzer sein Einverständnis gegeben, dass ich ins Konstruktionsbüro gehen konnte. Dann war ich einige Zeit im Konstruktionsbüro. In der Zwischenzeit kam ich wieder in die Gießerei. (...) Nach Beendigung der Lehre bin ich dann wieder ins Konstruktionsbüro gegangen, habe da einige Jahre gearbeitet und mich dann bei der Hüttenschule in Duisburg angemeldet.

Die Hüttenschule in Duisburg hat das auch anerkannt, und dabei habe ich dann gewisse Auflagen bekommen. Die Lehre war klar, aber es mussten doch noch einige Dinge zusätzlich erledigt werden auf dem Gebiet der Praxis. Man hat da gewisse Vorstellungen gehabt, die damals von der Praxis her wesentlich umfangreicher waren als heute. Das ist ja eine Fachhochschule, keine Uni. Da gab es keine Fachhochschulreife, sondern man konnte, wenn man sich qualifiziert hatte, dort hin. Ich bin dann wieder in die Gießerei gegangen und anschließend verabredungsgemäß in Duisburg gewesen. Man hat mich da getestet. Ich hatte mich ein wenig auf die Analysen konzentriert, durch Lektüren und Lehrgänge, und dann war das in Ordnung. Da konnte ich nun, wann ich wollte - der Andrang war nicht so groß - dorthin gehen. (...)

Dann habe ich mich entschlossen, doch bei der Konstruktion zu bleiben, um wenigstens einen technischen Abschluss zu haben. Damals hat mir Herr Hölzer gesagt: „Wenn Sie Konstrukteur oder Technischer Zeichner werden wollen, dann müssen Sie eine Praxis in der Maschinenfabrik haben.“ Darüber war ich mir auch im Klaren und das habe ich dann gemacht. Es ist so arrangiert worden, dass ich zu einem Praktikum in die Ma-

schinenfabrik gegangen bin, etwa ein Jahr in der Montageabteilung und auch in der mechanischen Werkstatt. Außerdem war ich einen Monat in der Modelltischlerei, nur um das mal kennenzulernen. So, und dann kurzerhand, früher als ich gedacht hatte, kam dann der Direktor Hölzer zu mir in den Betrieb und sagte: „So, machen Sie ihre Sachen fertig, morgen früh müssen Sie zum Konstruktionsbüro." Na ja, da war ich noch schüchtern und auf Abstand und sagte: „Das ist doch etwas früh, ich wollte doch das komplette Jahr fertig machen." Er sagte: „Nix da, morgen früh sind Sie da." Das war 1936. Dann musste ich zunächst mal zum Direktor Hölzer ins Büro. Ich war natürlich neugierig, warum das auf einmal so schnell ging. Er sagte mir dann: „Sie waren ja schon mal im Konstruktionsbüro. Sie können ja schon einen Schäferhund vom Möbelwagen unterscheiden. So etwas brauchen wir, wir haben jetzt Lizenzaufträge von amerikanischen und englischen Maschinen." Das waren damals die Schmiedemaschinen der Firma Ajax. Die ganzen Zeichnungen waren in Zoll vermaßt und mussten nun neu gezeichnet werden. Sie mussten dann mit unseren üblichen Maßen vermaßt werden, bzw. die Zollmaße mussten geändert werden in Millimeter-Maße. Das war natürlich eine unheimliche

Die mechanische Abteilung der 1955 neu eingerichteten Lehrwerkstatt. Die Aufnahme entstand im Jahre 1957

Die Schlosserabteilung der neuen Lehrwerkstatt im Jahre 1957

Arbeit. Ich habe fleißig mitzeichnen müssen, und als das nun zu Ende ging, war mir eigentlich der Beruf im Konstruktionsbüro so lieb geworden, dass ich das andere (die Hüttenschule, d. Hrsg.) gar nicht mehr wollte.

Ich sah auch von mir aus hier mehr Möglichkeiten und habe dann auch Glück gehabt, dass man mich als verhältnismäßig jungen Mann dort schon anerkannte und mich in die Konstruktion einbezog. Das war natürlich deshalb möglich, weil ich mir ja auch in meiner Freizeit mit Privatunterricht nun allerhand angeeignet hatte. Das war ja damals so, wenn Sie detaillieren, sind Sie nur halb verantwortlich. Wenn Sie aber eine Konstruktion machen, auch wenn die noch so klein ist, sind Sie dafür verantwortlich, dass sie auf der einen Seite nicht überdimensioniert ist - damals war das noch nicht so schlimm mit dem Überdimensionalen - und auf der anderen Seite durfte es auch nicht auseinanderfallen. Das ging natürlich nur schrittweise, aber das hat mir sehr gut gefallen.

(Technischer Angestellter, Jg. 1912)

Ich habe vorher ein Jahr lang (bei einer anderen Firma, d. Hrsg.) eine Schlosserlehre gemacht. Die habe ich dann nachher freundlicherweise aufgekündigt bekommen, um dann hier die Techniker-Lehre zu beginnen. Das war von Anfang an vereinbart, dass, wenn es für mich eine bessere Lehrstelle gab, dass ich die dann aufkündigen konnte. Das hat man dann auch getan. Ich habe hier bei Kieserling im TB (Technischen Büro, d. Hrsg.) begonnen, bin im Laufe der Ausbildung dann auch - das war eine Voraussetzung für die Technikerlehre - in die verschiedenen Betriebsabteilungen gekommen, d.h. in die Schreinerei, Gießerei, Dreherei und in die anderen mechanischen Werkstätten, wie Schlosserei usw. Anschließend hat man mich wieder, nach Beendigung der Lehrzeit, in das TB zurückgenommen. Dort habe ich dann als Techniker und nachher als Konstrukteur gearbeitet.

(Technischer Angestellter, Jg. 1912)

Ich kam dann in die Schlosserei ... 1934, da kam der Direktor Hölzer und der Betriebsleiter, die gingen an verschiedenen Lehrlingen entlang und fragten, ob man Interesse hätte, im Technischen Büro zu arbeiten. Ich sagte dann: „Ich überlege mir das mal, ich will mal mit meinem Vater reden." Der hat sich dann noch mal mit dem Betriebsleiter unterhalten, und so bin ich dann zum Technischen Büro gekommen ... gezeichnet habe ich immer gern.

(Technischer Angestellter, Jg. 1917)

Damals war eine schlechtere Zeit als heute, was die Lehrstellen angeht. Mein Vater kannte jemanden vom Christlichen Metallarbeiter-Verband, und der hat dann irgendwie vermittelt, dass ich eine Lehrstelle bekam. Die meisten waren katholisch, denn die Herren Kieserling und die ganze Familie waren katholisch, und die haben bis dahin keinen evangelischen Lehrling eingestellt (so erzählt man, d. Hrsg.). Ich hatte zwar vorher auch andere Stellen in Aussicht genommen, das hat aber nicht so geklappt. Ich sagte ja, damals war es schlecht ... aber bei Kieserling hat es geklappt. Ich bin 1932 eingetreten und war zuerst beim Betriebsleiter im Betriebsbüro, als Betriebsbüro-Lehrling. Nach einem Jahr kam ich ins kaufmännische Büro, dort bin ich dann die einzelnen Stationen durchgegangen. (...)

Das Verhältnis (zu den Vorgesetzten, d. Hrsg.) war immer sehr gut. Die hatten mich alle gern. Da war der alte Herr, der war Büro-Chef, bei dem kam ich ganz gut an, dann hatten wir später im Einkauf einen Herrn Z., der war Einkaufsleiter. Die waren alle sehr mit mir zufrieden. (...) Es herrschte kein autoritäres Klima, damals war es noch leger. Man wurde da nicht angeschnauzt, als Lehrling. Man musste natürlich seine Arbeit machen, und man musste auch willig sein und gerne lernen wollen, das waren Voraussetzungen. (...)

Früher musste man auch mal Arbeiten machen, die nicht direkt dem Beruf entsprachen. Man musste auch schon mal für andere etwas holen, das ist ja heute alles etwas verpönt ... Ich musste Auftragsbücher einschreiben, die Post fertigmachen ... Später war ich mal einige Zeit im Einkauf und dann eine Zeitlang im Verkauf, auch in der Registratur.

(Kaufmännischer Angestellter, Jg. 1918)

Nach dem zweiten Weltkrieg wurde das Ausbildungswesen in der Firma Kieserling neu geregelt. Steigende Qualitätsanforderungen und der wachsende Bedarf an Facharbeitern führten zur Einrichtung einer neuen, größeren Lehrwerkstatt, die von vier bewährten Betriebsmitgliedern aufgebaut wurde. Herr Z., der fast drei Jahrzehnte in der Lehrlingsausbildung tätig war, berichtet aus dieser Zeit:

1950 haben wir mit der Lehrwerkstatt angefangen. Im ersten Jahr haben ca. 54 Mann angefangen und im nächsten Jahr auch wieder. Aber dann haben wir weniger genommen, wir wussten ja nicht mehr wohin. Nach 5 Jahren haben wir eine neue Lehrwerkstatt bekommen. Als wir anfingen, war die zwar auch bei. Da war der Zementboden noch feucht; da durften wir keine Maschine schieben, dann gab es Rillen. Nach fünf Jahren sind wir in die Halle 10 gekommen, wo die Werkstatt jetzt auch ist. Da haben wir 1955 wieder angefangen und haben die aufgebaut.

Ich wolle gar nicht in die Lehrwerkstatt. Ich hatte einen Meniskusschaden und war im Krankenhaus. Als ich dann wieder raus war, kam einer zu mir und sagte: „Heinz (Name geändert, d. Hrsg.), du sollst zum Betriebsleiter kommen." Ich bin dann dort hingegangen. Er sagte: „Wir wollen wieder eine Lehrwerkstatt aufbauen. Ich habe mir überlegt, es wäre doch für dich eine schöne Aufgabe, da du mit der Jugend ja gut fertig wirst. Und du kennst alle Maschinen. Du übernimmst dann die mechanische und der W. übernimmt die Schlosserei." Dazu kam dann auch noch der Herr X., der hatte bis dahin eine kleine Ecke gehabt, wo er immer mit drei bis vier Lehrlingen stand. Ich sagte: „Das passt mir nicht. Ich bin jetzt am größten Bohrwerk. Wir machen Tag- und Nachtschicht, das bringt Geld ein. Ich bin ja ausgebombt, das weißt du doch, dann habe ich ja Verlust." Er sagte: „Irgendwie kommen wir schon zurecht." Der hat mich dann acht- oder neunmal angehalten und gefragt. Dann hat mich noch jemand anders dazu bewogen und meine Frau auch, die sagte: „Dann kommst du doch wenigstens von der Nachtschicht weg." Ich sagte: „Ja, wir kommen dann aber finanziell schlechter voran." Ich wollte doch wieder alles aufbauen. Sie sagte: „Das ist egal, ich bin dann aber nachts nicht immer alleine, das ist nicht schön." Ich habe dann hinterher zugesagt. Ich sagte: „Aber höchstens ein bis zwei Jahre, dann gehe ich wieder zurück." Er sagte: „ Ja, da reden wir noch drüber." Dann sind es dann 27 Jahre geworden.

Als ich in der Lehrwerkstatt war, hatte ich ja über 20 Maschinen unter mir, das waren Bohrwerke, also Horizontalbohrwerke und Vertikalbohrwerke, Schleifmaschinen, Fräsmaschinen und Drehbänke. Die Lehrlinge, die bei Kieserling ausgebildet wurden, wurden später mit Kußhand in der Industrie angenommen, aber alle, ... das war einmalig. Wir haben uns die Lehrlinge immer ausgesucht. Es meldeten sich immer so ungefähr 80 - 90 Lehrlinge jährlich; aber alle konnten wir sie ja nicht einstellen. Wir haben das immer so gehalten, dass wir die Lehrlinge, die wir einstellten, auch später gern behalten wollten und nicht wie bei der Firma K., die stellten für drei Monate 70 oder 80 Lehrlinge ein, zur Probezeit, und dann bekamen 40 davon Bescheid, dass sie nicht gebraucht werden. Dann standen die nach drei Monaten auf der Straße. Das haben wir uns nie getraut, denn wir haben uns immer vorgestellt, wenn wir selbst Kinder hätten und die kämen nach drei Monaten nach Hause und ständen auf der Straße. Wir haben immer versucht, auch bei einem Taugenichts, den in die Reihe zu bekommen. Das hat auch meistens hingehauen. (...) Wir haben mit unserer Lehrwerkstatt sehr gute Ergebnisse erzielt. Wenn es hieß, ein Lehrling kommt von Kieserling, wurde der sofort genommen und ohne Papiere eingestellt.

Die Facharbeiterstücke wurden ja später in den einzelnen Betrieben ausgewertet. Eines Tages kamen die auch mal zu uns in die Lehrwerkstatt. Da wurde auch alles ausgewertet. Da hatten wir sechs oder sieben mit einer „Eins". Da hieß es, wir hätten gemogelt. Wir mussten dann nach Bremshey. Da hatten wir noch mehr mit einer „Eins". Da sagten die: „Das ist doch nicht möglich, dass Kieserling so eine gute Ausbildung hat." (...) Früher war das so, die besten Schlosser oder auch Dreher, die Interesse hatten am technischen Zeichnen; also die die besten Berichtshefte hatten, die kamen ein Vierteljahr ins TB (Technische Büro, d. Hrsg.) -

Einstellarbeiten an der Drehbank, o.J.

Die Montageabteilung der neuen Lehrwerkstatt im Jahre 1957

während der Lehrzeit. Da haben sie sich dann viel angeeignet. Die meisten sind dann später im TB übernommen worden, da haben wir immer gute Erfahrungen mit gemacht. (...)

Die Lehrlinge kamen ja an alle Maschinen - sie mussten drehen, fräsen, hobeln - außer ans Bohrwerk. Das waren Spezialberufe, das Schleifen am Bohrwerk. Obwohl, die kamen auch an die Schleifmaschine. Aber da hatte ich noch jemanden dabei. Also die Schleifmaschine war schon eine Sache für sich, ... da braucht man bloß mal richtig dranzuhauen, und der Stein fliegt, das ist gefährlich, und das war uns immer zu riskant. Wir haben immer dafür gesorgt, dass nichts passieren konnte. Aber es passiert trotzdem immer mal was. Aus dieser Sicht hat mir das wirklich Spaß gemacht. Wir haben zum Teil auch produktiv gearbeitet an den Maschinen, ... und wie. Es wurde natürlich auch manches weggeworfen, das ist ja klar. Das wurde dann aber neu gemacht, es musste ja gebraucht werden. Das habe ich den Lehrlingen auch immer gesagt: „Ihr müsst daran denken, das muss gebraucht werden, das darf nicht kaputtgehen. Wenn das nachher in der Maschine nicht klappt, was dann?" Alles, was gemacht wurde, wurde auch noch kontrolliert. Wir haben nichts abgegeben, was nicht in Ordnung war. Wir hatten manchmal so viele Lehrlinge, dass an jeder Maschine 2 Lehrlinge standen, und wir hatten ja 18 Maschinen. Der eine machte Blödsinn, der andere arbeitete. Ich konnte ja nicht von einem verlangen, dass er stur zusah, was der andere machte. Ich habe mich manchmal rumgedreht und gedacht: Das hast du nicht gesehen. Solange nichts passierte.

Einmal hat einer einen ganzen Eimer Benzin umgeworfen. Das war Benzin zum Reinigen. Da sagte ein anderer: „Och, wirf doch ein Streichholz rein." Der machte das wirklich. Das gab eine Flamme bis unter die Decke.

(Maschinenschlosser, Jg. 1911)

Teilansicht der Gießerei im Jahre 1950. Arbeiter beim Gießen eines schweren Maschinenkörpers.

Erinnerungen an Arbeit und Beruf

„Wenn es sein muss, bohr ich dir ein Loch von hier bis zum Bahnhof."

Das hier wiedergegebene Zitat war einem der interviewten Arbeiter als Äußerung eines Vorgesetzten (Meister Iserlohe, d. Hrsg.) noch bestens in Erinnerung geblieben. In dem Spruch kommt das schwungvolle Selbstbewusstsein des qualifizierten Facharbeiters zum Ausdruck. Die in den Arbeitszusammenhängen gelegenen Grundlagen des Facharbeiterberufsstolzes werden durch die in diesem Kapitel wiedergegebenen Gesprächspassagen veranschaulicht. Zwecks Erleichterung des Verständnisses der Erzählungen und zur Verdeutlichung der Komplexität der innerbetrieblichen Strukturen wird zunächst ein kurzer Überblick zur Arbeitsteilung bei der Herstellung von Werkzeugmaschinen vorangestellt.

Innerbetriebliche Arbeitsteilung

Die betriebliche Fertigung kann in jeder Hinsicht als das Zentrum des Maschinenbauunternehmens angesehen werden. Historisch gesehen, haben sich aus diesem Bereich heraus verschiedene Vor- und Nachräume abgespalten, die jedoch vollständig auf die Fertigung hin ausgerichtet blieben. Auf diese Weise hat sich seit den zwanziger Jahren unseres Jahrhunderts eine, größtenteils heute noch übliche, komplexe innerbetriebliche Arbeitsteilung entwickelt, die sich ab einer gewissen Betriebsgröße - wenn auch in modifizierter Form - in jedem Industrieausrüster- bzw. Maschinenbaubetrieb wiederfindet.[7]

Im Bereich der Fertigung kann zwischen dem mechanischen Betrieb und dem Zusammenbau unterschieden werden.[8] Im mechanischen Betrieb werden die bei der Montage benötigten Maschinenteile durch spanabhebende oder spanlose Verformung hergestellt. Man unterscheidet zwischen der großmechanischen Fertigung etwa von Maschinenkörpern und der kleinmechanischen Fertigung etwa von Achsen, Spindeln oder Lagern. In der großmechanischen Abteilung werden Karusseldrehbänke, Horizontalbohrwerke, Fräswerke oder Langhobelmaschinen eingesetzt. In der kleinmechanischen Fertigung bilden sich nach bestimmten Maschinengattungen kleinere Werkstatteinheiten, wie Dreherei, Fräserei oder Bohrerei. D.h. in der Art der Bearbeitungsvorgänge bestehen keine prinzipiellen Unterschiede zwischen beiden Bereichen. Die Maschinenbedienung besteht aus folgenden Komponenten: Einrichten der Anlage, Auf- und Abspannen der Werkstücke und Durchführung des eigentlichen Bearbeitungsvorganges, der bei modernen Maschinen teilweise automatisch abläuft.

Im Bereich des Zusammenbaus hat sich eine differenzierte Arbeitsteilung herausgebildet, wobei folgende Abteilungen eine wichtige Rolle spielen: Die Aufgabe der Maschinenschlosser in den Montagewerkstätten ist es, die in der mechanischen Fertigung hergestellten Bauteile nach Maßgabe der Montagezeichnungen zusammenzusetzen. Größere Maschinen werden probeweise zusammengebaut und anschließend wieder zerlegt. In der Blechschlosserei werden durch Blechschlosser und Schweißer Verkleidungen oder Behälter hergestellt.

Die Elektrowerkstatt ist für die Installation der zumeist von Zulieferbetrieben bezogenen Schaltelemente zuständig. Im Anschluss an die Endmontage werden die zum Teil angelernten Arbeitskräfte der Lackiererei tätig.

Neben den damit aufgeführten Fertigungshauptstellen gibt es noch zahlreiche Hilfsstellen. Neben den allgemeinen Diensten wie dem Lager- und Transportwesen oder der sogenannten Hofkolonne seien besonders folgende Abteilungen genannt: Werkzeugmacherei, Vorrichtungsbau, Modellschlosserei und Reparaturabteilung.

Aus dem Bereich der Fertigung hat sich der Bereich der Planung herausgelöst. Hier werden die Voraussetzungen sowohl für die Ausführung als auch für die Kontrolle geschaffen. Die technische Planung besteht aus einer Reihe von verschiedenen Aufgabenkomplexen[9]:

1. Planung der herzustellenden Erzeugnisse
2. Planung des Einsatzes der Arbeitskräfte, der Betriebsmittel und Werkstoffe
3. Planung des Herstellungsprozesses
4. Planung der Termine für Konstruktion und Fertigung
5. Aufstellen von Beurteilungsrichtlinien für die betriebliche Qualitätskontrolle

Es können zwei Hauptbereiche der Planung unterschieden werden. Neben der Konstruktion und Entwicklung, also der Fertigungsplanung, die vom Technischen Büro wahrgenommen wird, finden wir die Vollzugsplanung, die den eigentlichen Fabrikationsprozess betrifft und für den optimalen Ablauf der Produktion zuständig ist. Sie hat dafür Sorge zu tragen, dass die benötigten Betriebsmittel, Werkstoffe und Arbeitskräfte zum richtigen Zeitpunkt verfügbar sind und nach dem Prinzip des geringsten Mitteleinsatzes verwendet werden.

Das Technische Büro versorgt den Betrieb mit den erforderlichen technischen Unterlagen, den Zeichnungen und Stücklisten. Außerdem stellt es den anderen Planungsstellen, also der Arbeitsablaufplanung, der Terminplanung, der Materialdisposition und den Kontrollinstanzen, die nötigen Unterlagen zur Verfügung. Der Materialdisposition obliegt es, unter Auswertung der Stücklisten und Überprüfung der Lagerbestände die Bestellungen aufzugeben. Die Arbeitsablaufplanung bestimmt die Reihenfolge der Arbeitsgänge, eruiert, welche Werkzeuge und Vorrichtungen erforderlich sind, und legt durch Zeitstudien die Arbeitszeitrichtwerte, und damit die Entlohnung, fest. Die Abteilung Terminplanung bzw. Terminkontrolle koordiniert und überwacht die Arbeitsverteilung.

Die Relation der einzelnen Unternehmensteile kommt in der Aufteilung der Beschäftigten nach ihrer Stellung im Betrieb zum Ausdruck. In den in einer Untersuchung der ausgehenden 1950er Jahre berücksichtigten Industrieausrüsterbetriebe, waren die Beschäftigten durchschnittlich folgendermaßen verteilt:

Inhaber und Angestellte einschließlich kaufmännische Lehrlinge 24,2 Prozent, Arbeiter 66,7 Prozent, gewerbliche Lehrlinge 9,1 Prozent.[10]

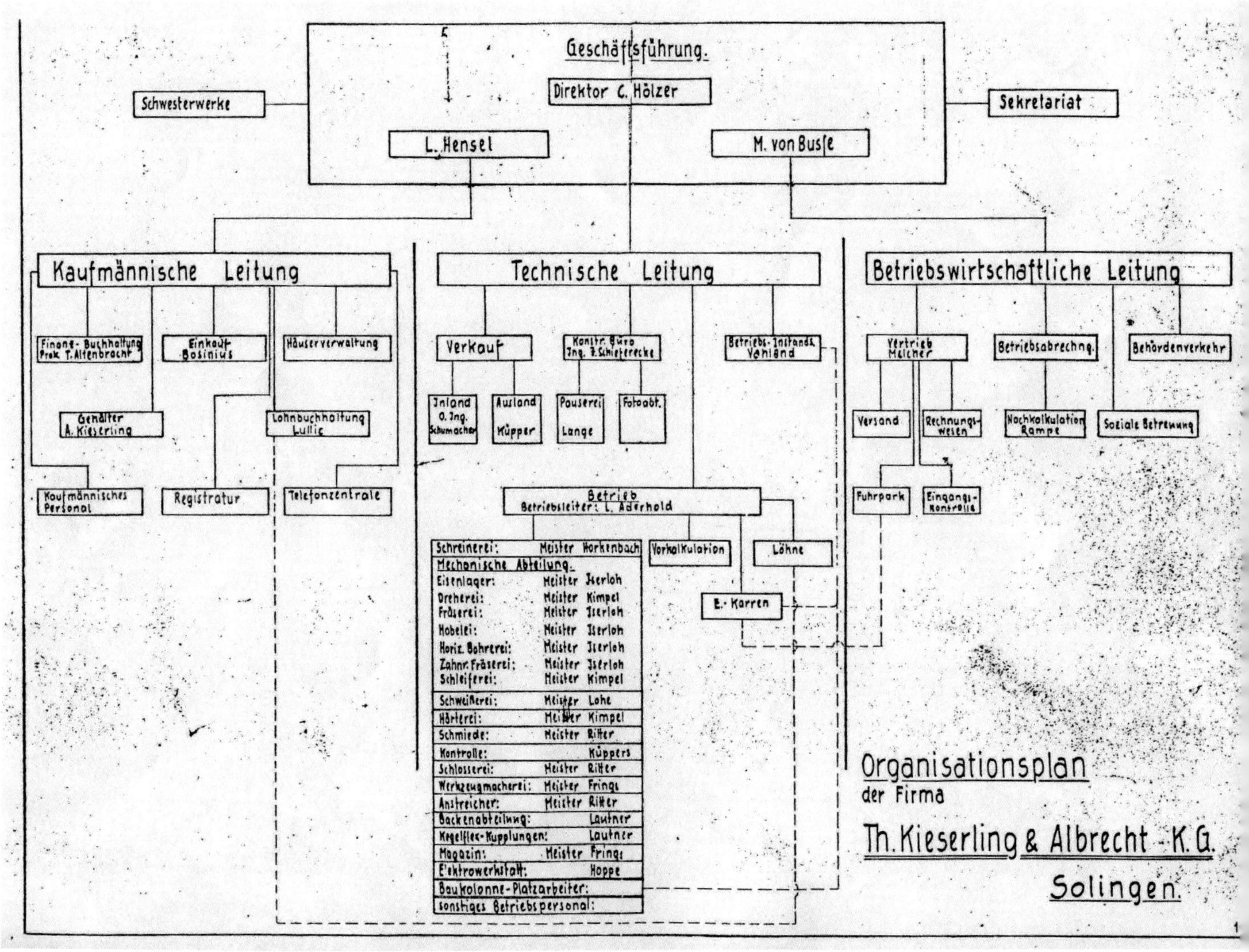

Organisationsplan der Fa. Th. Kieserling & Albrecht vom 1. Juli 1948

E-Wagen im Stahllager um 1955. Der E-Wagen-Fahrer war ein wichtiges Bindeglied zwischen den einzelnen Abteilungen. Die schweren innerbetrieblichen Transporte wurden bis in die 1920er Jahre mit Pferden und anschließend mit einem Traktor abgewickelt. Erst Mitte der 1930er Jahre wurde der E-Wagen eingeführt.

Qualifikationsstruktur der Belegschaft Kieserling im Jahre 1956

Berufsgruppen	absolut	in %
Vorarbeiter	15	2,5
Gießereifacharbeiter	58	9,8
Mechanische Bearbeitung 1.)	191	32,0
Montage 2.)	127	21,3
Schweißer	30	5,0
Sekundärbereich 3.)	47	7,7
Hilfsarbeiter	80	13,5
Sonstige 4.)	49	8,2
Summe	597	100,0

1.) Dreher, Schleifer, Fräser, Hobler, Stoßer, Bohrer, Anreißer, Säger, Zahnradfräser
2.) Elektriker, Anstreicher, Schlosser, Monteure
3.) Härter, Schmiede, Reparaturschlosser, Werkzeugmacher, Schreiner
4.) Fahrer, Pförtner, Lehrlingsbetreuer, Obmann, Ferminjäger, Revisor, Bauarbeiter

Teilansicht des Konstruktionsbüros im Jahre 1928

Technik und Konstruktion

Es gibt ja eine klare Vorstellung davon, was die Firma Kieserling baut. Wenn ich beispielsweise mal davon ausgehe, die baut jetzt Maschinen für die Rohrfertigung, etwa um Rohre zu richten, und ein Kunde interessiert sich jetzt dafür, dann haben die Kunden ja meistens spezielle Wünsche; einmal von der Dimension her ein anderes, mal von der Leistung her und dann auch von der Produktion her. Diese drei Dinge und den Preis natürlich muss man unter einen Hut bringen. D.h. unser Verkäufer sagt: „Sicher können wir das." Vielleicht sagt er auch: „Ich komme morgen noch mal vorbei." Der Verkäufer hat nun mit oder ohne Rücksprache gesagt: „Jawohl, Ihre Vorstellungen ... das wird gemacht." Damit war zunächst einmal vom Kunden ein Auftrag erteilt. Die Maschine musste jetzt so zu Papier gebracht werden, dass man die in der Maschinenfabrik auch fertigen konnte. Zunächst einmal musste ein Entwurf konstruiert werden, und der Entwurf musste mit der Preisvorstellung übereinstimmen. Man konnte nicht einfach munter drauflosmalen, es musste dabei schon etwas gedacht werden. Nun war die Konstruktion erstellt.

Blick in das Technische Büro im Jahre 1958

Anschließend musste der Entwurf detailliert werden, d.h. es mussten von den Teilen Einzelzeichnungen erstellt werden. Diese Einzelzeichnungen mussten dann in die Fertigung gehen. Das war die Aufgabe der Konstruktion. Die Aufgabe des Konstruktionsbüros endete damit, dass der Entwurf entsprechend dem Kundenwunsch erstellt war.

Das wurde dann dem Betrieb übergeben. Der Betrieb, im Ganzen gesehen, umfasst dann eine Arbeitsvorbereitung. Die Arbeitsvorbereitung sagt: „Mit den Zeichnungen können wir keine Maschine bauen. Wir müssen Einzelarbeitsgänge festlegen. Dann werden die Zeichnungen mit einem Arbeitsablaufzettel versehen, und dann geht das in die Fertigung. Die zweite Station war, dass diese Arbeitsbegleitkarte nun ... Als damals der einfache Zeitlohn in den Leistungslohn oder Akkord umgewandelt wurde, da musste auf der Arbeitsbegleitkarte stehen, welche Arbeitsgänge gemacht werden mussten, und diese Arbeitsgänge wurden dann auch noch mit den gedachten (vorgegebenen, d. Hrsg.) Zeiten errechnet und kalkuliert.

Zuerst war da nur ein einfacher Zettel dabei, dann hieß es: „Da ist die Zeichnung, dieses Ding

Glückwunschkarte zum 25jährigen Jubiläum eines technischen Angestellten aus dem Jahre 1958

musst du machen." Wenn das aus Grauguss war, ist die Zeichnung auch in die Gießerei gegangen. Die haben dann in der Schreinerei ein Modell gefertigt. Die Gießerei kam, nahm das Modell. Und dann wurde das Teil gegossen und der Maschinenfabrik übergeben.

(Technischer Angestellter Jg. 1912)

Dann besprach der (gemeint: Direktor Hölzer, d. Hrsg.) das als erstes mit dem Oberingenieur und sagte: „Wir müssen eine Maschine bauen, um beispielsweise Felgen zu richten: Ich stelle mir das folgendermaßen vor." Dann bekam das der Konstrukteur und dann begann der einen Entwurf zu fertigen, so wie er sich das vorstellte. Dann wurde die Konstruktion besprochen mit dem Direktor Hölzer, dann wurden Änderungen vorgenommen, und dann wurde diese Maschine, wenn alle „Ja und Amen" gesagt hatten, detailliert. Dann wurden also daraus die Gussteile herausgezogen und die anderen Teile, Stahlteile, Wellen und Bolzen ... Wenn also die Entwurfszeichnung fertig war und man hatte eine Übereinkunft erzielt,

so soll es jetzt gemacht werden, dann wurden aus der Zusammenstellung die Einzelteile gezeichnet. Das machte dann auch der Konstrukteur, der den Auftrag erhalten hatte, und dann wurde eine solche Maschine gebaut.

(Technischer Angestellter, Jg. 1912)

Alle stehen in Gruppen, mit einem Gruppenführer, es waren ganz wenige Leute, die eine Ein-Mann-Gruppe bildeten. Die Gruppen hatten eine bestimmte Art von Maschinen, die sie betreuten. Die eine Gruppe hatte Friktionspressen, die andere Gruppe hatte Exzenterpressen oder Löffelwalzen oder auch andere Maschinen, die in der Solinger Industrie gebraucht wurden. Ich war bei den Friktionspressen. Ich musste immer einzelne Teile zeichnen ... die Scheiben oder die Arme, die seitlich hochgehen. (...) Bei guter Auftragslage wurden wir immer zuerst getreten, dass die Zeichnungen fertig wurden. Das ist ja heute noch so.

(Technischer Angestellter, Jg. 1917)

25jähriges Jubiläum eines technischen Angestellten im Jahre 1958

Heute ist es die EDV-Anlage, die über den ganzen Betrieb wacht, da ist es einfach. Vorher wurden die fertigen Teile zur Kontrolle gebracht; da wurde nachgemessen, der Durchmesser, die Länge ... Dinge, die sich drehen mussten, die hatten dann einen leichten Laufsitz. Das wurde also geprüft, und wenn da nichts zu beanstanden war, kamen die in das Regal für die Maschine. Jetzt wurden inzwischen ebenfalls die Gussteile in die Werkstatt gebracht und wurden dort bearbeitet, gefräst, gehobelt, gebohrt. Die Teile wurden, nachdem sie vorher auf der Anreißplatte auf ihre Vollständigkeit und auf ihre Maßhaltigkeit grob geprüft waren, angestrichen. Da wurde dort, wo gefräst werden sollte, angerissen, und dann konnte man sehen: Alles ist innerhalb der vorgeschriebenen Maße, also, es ist ausreichend bemessen. Die Teile wurden von den jeweiligen Meistern in die entsprechende Abteilung gebracht zum Fräsen usw. und wurden dann zur Seite gestellt.

Wenn jetzt alle Teile beieinander waren ... man merkte schon an der schwierig werdenden Darstellungsmöglichkeit: Das war nicht konkret zu erfassen, sondern das war nachher mehr oder weniger alles Routinesache.

Ist das Schwungrad schon gedreht? Sind die Wellen schon fertig? Man musste dann im Magazin nachsehen, ob die Teile schon alle beieinander sind.

Jetzt bekam z.B. die Maschine „ABC" in der Schlosserei die Gruppe „X". Dann kam der Kolonnenführer, der holte sich dann die Sachen zusammen und die wurden dann zusammengebaut. Wenn die Geschichte dann irgendwann fertig war, gab es natürlich den notwendigen Probelauf mit allen dazugehörenden Dingen. Da musste Probematerial beschafft werden usw. Das wurde aber meistens durch den Techniker und den Einkauf erledigt. Dann wurde die Maschine fertiggestellt, und anschließend wurde sie gespachtelt, gespritzt und für den Versand hergerichtet, mit Rostschutz versehen.

Es gab schon mal Schwierigkeiten insofern, dass das eine oder andere Teil nicht da war oder das Rohmaterial war nicht rechtzeitig gekommen, weil ein besonderer Stahl gebraucht wurde. Jetzt mit der EDV-Anlage kann man genau ersehen, ob alle Teile nun rechtzeitig da sind, wo sie gelagert sind ... .Dadurch ist das natürlich wesentlich vereinfacht worden. Alle diese Dinge wurden früher ja in den jeweiligen Abteilungen von den verantwortlichen Meistern überwacht. Die mussten schon dafür sorgen, dass der Dreher „X" nun die Welle rechtzeitig zur Bearbeitung bekam und sie nachher auch rechtzeitig fertiggestellt wurde. Es konnte auch passieren, wenn Spindeln gedreht werden mussten, die etwas kompliziert waren, dass das schon mal daneben ging. Das verzögerte dann natürlich die ganze Fertigstellung.

(Technischer Angestellter, Jg. 1912)

Kaufmännische Abteilung

Wo Sie heute reingehen in das Hauptgebäude, da ging man auch früher rein ... Aber da war erst einmal eine Unterführung, da konnte man rechts die Treppe hoch. Links war ein Ausstellungsraum mit einem großen Schaufenster, da wurden die

Kontor im Jahre 1928

Betriebsbüro im Jahre 1928

Beschäftigte des kaufmännischen Büros im Jahre 1928

Erzeugnisse von Kieserling ausgestellt, kleine Maschinen usw. Wenn Sie jetzt durch den Bogen durch waren, war direkt am Schluss, rechts, der Pförtner. Aber da hatte ich nichts mit zu tun. Wir brauchten keine Karte zu drücken. Wir bogen vorher ab und gingen die Treppe hoch und waren im Büro. Da drüber war dann das Technische Büro. (...)

Eine Kleiderordnung gab es nicht. Es waren einige Leute da, die hatten so Stutzen über die Ärmel. Das waren Schützer, um die Anzüge zu schützen. Die waren aus dem Stoff, aus dem heute die Arbeitskittel sind. Das waren Jackenschützer; die habe ich aber nie getragen. Wir standen ja auch zum Teil am Pult. Das waren Stehpulte. Wir konnten uns aber auch setzen. Da war so ein Drehstuhl, den konnte man hochdrehen. (...)

Im kaufmännischen Bereich waren Frauen hauptsächlich in der Buchhaltung, und später war auch eine Frau im Einkauf. Aber viele Frauen waren damals nicht da. Vielleicht 20 Prozent, später (nach dem Zweiten Weltkrieg, d. Hrsg.) kamen ja mehr. Ich möchte sagen 40 Prozent Frauen und 60 Prozent Männer. Im Technischen Büro war es natürlich noch anders, da waren weniger Frauen, höchstens 10 Prozent, das hat sich aber später auch geändert. Ich meine, es gibt heute mehr Technikerinnen als früher, aber es sind trotzdem noch mehr Männer da. (...)

Das Büro kann ich mir noch genau vorstellen. Das war ein Büro mit Unterteilungen; zwischen jeder Abteilung war eine Wand mit Fenstern ... Zuerst kam die Registratur mit dem Herrn N., der war Registraturleiter, dann kam der Büro-Leiter, das war der alte Herr K., bei dem saß der Herr B.

Dann kam der Versand; also alles in einem großen Raum, aber unterteilt, da saßen der Herr M. und der Herr B. Und dann kam der Einkauf, wieder in einer Nische, da waren der Herr K. und der Herr K. In dem ganzen Büro waren natürlich noch mehr Lehrlinge. Wir wurden auch nicht nur einer Abteilung zugeteilt. Wir hatten ein großes Pult in der Mitte, ein Stehpult, daran standen wir und hatten z.B. Kommissionsbücher zu schreiben. Das waren große Bücher. Das wurde alles von Hand eingeschrieben, wenn Aufträge kamen. Heute wird das ja alles mit dem Computer gemacht. Da wurde dann aufgeschrieben, z.B. 1 Exzenterpresse NEPR 12; die ganzen technischen Daten wurden aufgeschrieben. Wenn jetzt jemand etwas wollte, der musste das Haupt-Kommissionsbuch holen, dann konnte er nachschlagen.

Technische Daten und Zahlungsvereinbarungen, das stand alles da drin. Das mussten die Lehrlinge hauptsächlich im ersten Lehrjahr machen. Dann machten wir noch Karteiarbeiten usw. Wie gesagt, dort war der Einkauf, und dann kam noch mal ein Sekretär vom Chef, vom Robert Kieserling. Der saß extra, der hatte aber auch gleichzeitig Arbeiten für die Firma Malmedie zu übernehmen. Malmedie gehörte ja damals zu Kieserling. Das war also alles in einem großem Raum. Auf der anderen Seite des Raumes war die Buchhaltung abgeteilt, da waren die Frau A. und Frl. R. und einige andere. Daneben war ein Schreibzimmer, in dem einige Damen saßen, die für alle schrieben. Dann kamen die Chef-Zimmer; der Robert Kieserling hatte ein Zimmer, und der Franz Kieserling hatte ein Zimmer. Oben war dann der Verkauf. D.h. zuerst kam der Export und der Verkauf

Kaufmännischer Lehrling im ersten Lehrjahr, 1932

Kaufmännische Angestellte bei einer Geburtstagsfeier, um 1953

Inland. Das waren die technischen Herren. Unten der Herr K., der hatte mit dem kaufmännischen zu tun, und oben waren die technischen Herren, die die ganzen Aufträge technisch abwickelten. Das waren die Abteilungen. (...)

Man musste ja viel telefonieren, und es durfte einer den anderen nicht stören. Heute hat man ja die Großraumbüros, die sind meiner Meinung nach auch nicht so schön. Früher war das ja schon eine Art Großraumbüro, ein Vorläufer davon. Der Kontakt an sich, von Abteilung zu Abteilung, der war gar nicht so doll, weil jeder seine Arbeit hatte. Ja, es wurde sich schon mal untereinander unterhalten aber eine große Laberei war da nicht, privat. Da hatte man auch wenig Zeit zu. Wie das heute manchmal vorkommt, dass sich viel privat unterhalten wird, das war früher nicht der Fall.

Es saßen immer zwei Personen in einem Büro, der Kontakt war immer gegeben. Die Büros waren alle zur Seite hin offen, ohne Türen. Sicher, man hat mal ein Wort gewechselt, auch privat, aber grundsätzlich hat sich jeder an seine Arbeit gehalten. Die Chefs waren auch immer ziemlich dahinter, dass jeder seine Arbeit machte. (...)

Die Arbeiter fingen morgens um 7.00 Uhr an und hatten, glaube ich, nachmittags um 17.00 Uhr Feierabend. Die hatten mittags eine Stunde Pause. Wir fingen um 8.00 Uhr an, hatten mittags zwei Stunden Pause und mussten bis 18.00 Uhr arbeiten, also 8 Stunden, aber samstags dann auch noch bis 12.30 Uhr, das waren 48 Stunden. (Bereits im Jahre 1949 wurde bei der Firma Kieserling die 5-Tage-Woche eingeführt, wobei täglich 9 ½ Stunden gearbeitet wurde, d. Hrsg.)

Mit der langen Mittagspause, das war nicht immer angenehm. Ich hatte ja einen kurzen Weg. Ich wohnte ja auf der Ritterstraße. Meine Mutter brachte mir immer das Essen. Wir hatten ja keine Kantine oder einen Aufenthaltsraum, das war damals noch nicht. Wenn man in die Halle 5 geht, wo jetzt der Betriebsleiter sitzt, da war unten ein „Versandloch", das ist heute noch. Wenn eine Maschine verladen wird, kommt unten der Wagen rein. Wir haben uns dann dort hingesetzt und gegessen; da waren wir unter mehreren. Zum Teil waren da auch die Arbeiter. Ich bin dann meistens, weil ich ja noch Zeit hatte, spazieren gegangen und war um 14.00 Uhr wieder da.

Später wurde das dann geändert. Das war für alle nicht so angenehm, vor allen Dingen nicht für die, die auswärts wohnten, z.B. in Ohligs. Wenn die mittags hier zwei Stunden rumsitzen mussten, dann war das für die ein Zeitverlust. Abends kamen die ja auch spät nach Hause. Das ist dann irgendwann, ich glaube nach dem Krieg, geändert worden, auf eine Stunde. (...)

Da hatte jeder seine selbständige Arbeit. Ich hatte auch zum Teil im Technischen Einkauf zu tun. Ich bekam Zeichnungen, musste aus den Zeichnungen Material rausziehen, um das Material dann bestellten zu können. Dabei habe ich natürlich viel Materialkenntnis bekommen, Materialbezeichnungen, Stahlbezeichnungen und alles, was mit Maschinen zu tun hatte, ob das Bronze, Rotguss, Grauguss, Stahlguss war. Das ist mir natürlich später als Einkaufsleiter sehr

Sekretärinnen der Geschäftsleitung, um 1952

Blick in das Schreibzimmer, um 1953

zugute gekommen, weil ich das alles von der Pike auf gelernt hatte. Von der Materialseite her konnte mir im Einkauf keiner etwas vormachen, auch die Techniker nicht. Wenn die mir gesagt haben: „Du musst den Stahl dafür bestellen", dann habe ich meistens noch feststellen können, dass wir früher etwas anderes dafür genommen hatten und dass das besser war. Die haben dann auch vielfach meine Erfahrungen mit eingebaut und zur Kenntnis genommen. Man musste das Material schnell beschaffen. Wenn man etwas bestellte, musste man ja schon berücksichtigen, wann die Maschine geliefert wird, wie lange benötigt der Betrieb dafür, wann muss das Material schon bereitstehen. Da musste man selbständig alles überlegen und sich das so einteilen, dass der Betrieb keine Schwierigkeiten bekam. In der Zeit, als der Aufbau begann, da war so viel Material gar nicht zu bekommen. Man musste dafür praktisch auf die Knie fallen. Ich bin zu den Stahlgießereien gefahren und hatte dort gute Bekannte, da habe ich gebittet und gefleht.

Feier des 40jährigen Betriebsjubiläums einer kaufmännischen Angestellten, um 1960

Wir hatten mal einen Stahlgusskörper von 92 t, das war ein ganz großes Ding. (Es handelte sich um die Schmiedemaschine SA 6a für die Tschechoslowakei d. Hrsg.) Der war fast so groß wie ein Zimmer. Da musste man bitten und flehen, damit die den Stahlguss- oder Graugusskörper termingerecht machten. Die hatten ja so viel zu tun. Da musste man gute Verbindungen haben, sonst war man schlecht dran. (...) Man musste auch sehr viel Verbindungen haben in die einzelnen Firmen, die für uns als Lieferanten in Frage kamen. Aber die hatte ich ja durch meine Tätigkeit. Ich habe auch manchmal Nächte durchgemacht mit den Leuten, die uns Sachen lieferten, habe mit denen die ganze Nacht durchgezecht. Ich habe dann eine große Rechnung gemacht, damit ich die zufriedenstellten konnte und irgendetwas durchdrücken konnte, was ich sonst vielleicht am Telefon nicht erreicht hätte. Alles musste man einsetzen, die Familie musste hintenanstehen. Man war hauptsächlich eingestellt auf den Beruf.(...)

Direktor Hölzer mit kaufmännischen Angestellten auf einer Jubiläumsfeier um 1960

Sicher, die Arbeitskräfte wurden immer etwas knapp gehalten, aber der Stress war nie so groß wie nach dem Krieg, als ich im Einkauf war. Da habe ich den Stress viel doller empfunden. Weil ich zu wenig Leute hatte. Ich musste mit wenig Leuten viel schaffen, und dafür hatte man nicht immer Verständnis. Wenn ich sagte: „ Ich muss da noch jemanden haben", hieß es immer: „Ja, Sie werden das auch so schaffen." Die hatten immer das Vertrauen zu mir, dass ich das auch so schaffe. Man hatte dann den Ehrgeiz und hat es auch geschafft. Aber da leidet natürlich die Gesundheit darunter. Von 1950 bis 1969 habe ich das gemacht, ... aber dann hatte ich es immer mit dem Herz zu tun. Da habe ich gebeten, mir doch eine andere Stelle zu geben. Das war eine aufreibende Sache im Einkauf. Damals überhaupt, in den ganzen Jahren des Aufbaus, da war ja unheimlich viel in der Industrie zu tun. Da hatte man Schwierigkeiten, das Material anzuschaffen. Das war für mich ziemlich schwer, und in den 19 Jahren habe ich mich ziemlich verschlissen. Man hat mich dann in die Betriebsabrechnung versetzt, auf meinen Wunsch hin. Ich habe dann dort Kalkulationen, Betriebsabrechnungen usw. gemacht. Dort war es für mich etwas ruhiger, und als ich dann 1979 61 Jahre wurde, da hatte ich die Möglichkeit, durch den Schwerbehindertenausweis aufzuhören. Das habe ich dann auch wahrgenommen, weil ich immer schon etwas angeknackst war.

(Kaufmänn. Angestellter, Jg. 1918)

Gruppenbild in Halle 6 um 1958. Im Hintergrund das Oberteil einer Kurbelpresse.

Fertigung

In einer Maschinenfabrik kommt es vor allem auf Kooperation an. Jeder, der da arbeitet, hilft dem anderen bei Schwierigkeiten. Es gibt ja immer Schwierigkeiten im Arbeitsprozess. Wenn jemand Hilfe benötigte, das wurde niemals abgelehnt. Die Kollegen haben sich gegenseitig unterstützt, das ist das Schöne dabei. Ja, es gab ja immer Schwierigkeiten. Wenn z.B. in der Zeichnung ein Fehler war, brauchte ich einen Techniker. Oder ich wurde aus einer Zeichnung nicht klug, dann habe ich den Meister gerufen. Der kam dann sofort und sagte: „Das kann ich dir auch nicht erklären, da müssen wir einen Techniker rufen". Der Techniker war sofort da. Der sagte nicht: „Ich komme nicht." Oder: „Das geht mich nichts an". Das war eben die Unterstützung des einzelnen Kollegen durch den anderen in den einzelnen Arbeitsbereichen. Niemals wurde man im Stich gelassen. Das gab es nicht, jedenfalls soweit ich das sehen kann. Das war die Kameradschaft und Hilfsbereitschaft, und deswegen war auch das Betriebsklima so gut.

(Maschinenarbeiter, Jg. 1919)

Im Betrieb hatte man nie das Gefühl, dass ein anderer etwas Besseres war. Sicher, im Technischen Büro waren schon mal welche, die waren ... ja, die kamen ja auch im weißen Kittel. Das hat uns aber nichts gemacht. Wenn wir die nötig hatten, dann

Arbeiter bei der Besprechung einer Maschinenbespannung. Die Aufnahme entstand in Halle 6 um 1965.

mussten die zu uns runterkommen. Die hatten die Zeichnungen gemacht und nicht wir. Die hatten ja auch Zeichnungen, was man praktisch gar nicht bearbeiten konnte. Ja, die kannten nichts vom Bohrwerk.

(Horizontalbohrer, Jg. 1911)

Also mein Verhältnis zu den Arbeitern im Betrieb war immer gut. Ich glaube, bei den anderen war das auch so. Ich war immer sehr beliebt im Betrieb. Ich habe als Einkaufsleiter vielen einen Gefallen getan, wenn jemand mal etwas billiger besorgt haben wollte. Ich war immer ansprechbar.

(Kaufmännischer Angestellter, Jg. 1918)

Gießerei

Die meisten Arbeiter in der Gießerei waren Angelernte oder Hilfsarbeiter. Sie arbeiteten als Gussputzer oder Gussschmirgler und waren für die Bedienung des Krans oder die Herbeischaffung der erforderlichen Materialien, etwa Sand und Brikett, verantwortlich. Die qualifizierten Facharbeiter in der Gießerei waren die Former. Die Former verfügten über ein außerordentliches handwerkliches Erfahrungswissen und zählten zu den am höchsten qualifizierten Arbeitern in den Maschinenfabriken. Dies zeigte sich nicht nur in der im Vergleich zu den Kollegen guten Bezahlung, sondern auch in ihrem starken Selbstbewusstsein bzw. Gruppenbewusstsein. Beim Gießen war eine besondere Kooperationsbereitschaft gefordert, nicht nur damit der Guss gelang, sondern auch, um Gefährdungen z.B. durch glühendes, überfließendes Eisen zu vermeiden.

Es war schon so, dass die (die Former, d. Hrsg.) eine gewisse Einigkeit hatten: Wir müssen für uns sorgen, und wir müssen für uns was Besonderes tun, wir müssen zusammenhalten. Es ist aber schon so, dass die Former - nicht nur hier, das war überall so, schon aus der Schwere ihres Berufes, aus der gefährlichen Arbeit, die sie machen - eine gewisse Monopolstellung hatten. Wenn sich da nichts mehr tat, dann war doch vieles am Ende.

(Technischer Angestellter, Jg. 1912)

Ich habe diese Zeit in der Gießerei noch sehr gut in Erinnerung; insofern gut in Erinnerung, als das in der damaligen Zeit dazugehörte und aus der späteren oder heutigen Sicht ein unmöglicher Zustand war. Auch der war nicht nur Gießerei bedingt. Wenn man in England vor 20 Jahren in eine Maschinenfabrik kam, und es war kurz vor Feierabend, dann gingen die Leute hinter den Arbeitsplatz, hinter die Maschine. Da hatten sie einen Eimer stehen, darin wurde sich gewaschen. Dann wurde die blaue Hose ausgezogen, hingelegt, dann wurde die andere Hose angezogen, und dann ging man nach Hause. Das war vor 20 oder 30 Jahren noch in England so. So war das hier auch. In der Maschinenfabrik, da waren ja viel mehr Leute. Da hatte man einen Umkleideraum und einen Waschraum, und in diesem Wasch-

Teilansicht der Gießerei um 1928

Gießereiarbeiter beim Abguss, um 1930

raum war fließendes Wasser. In der Gießerei haben die Leute damals ihren Eimer genommen, Wasser geholt und haben den Eimer irgendwo hingestellt. Dann haben sie ein Stück heißes Eisen genommen, in das Wasser getaucht, dann war das Wasser warm. Irgendwo in einer Ecke oder auch in der Gießerei standen die Holz-Umkleidespinde. Dort wurde sich dann gewaschen, und dann ging man nach Hause. Das waren wie gesagt, aus der heutigen Sicht, unmögliche Verhältnisse. (...) Für den Mann in der Gießerei ist das fließende Eisen aus dem Kupolofen kein gefährliches Werkzeug. Auch wenn da die Funken sprühen, dafür geht kein Gießereimann aus dem Weg. Der Funke geht ja wieder aus, das gibt ja keinen Brand. Das gibt zwar Flecke, aber dafür hatte man ja Arbeitskleidung an. Der Mann aus der Gießerei, der ging auch mit der Gießpfanne da ran und hat die voll laufen lassen und ging dann mit der Gießpfanne weg, da waren dann so ein paar Bohlen. (...) Da ist nie etwas passiert. Man kann nicht sagen, dass das sonderlich leichtsinnig war. Das gehörte einfach dazu. Wenn man in der Maschinenfabrik war, an einer Drehbank, da konnte das Ding auch durch die Gegend fliegen. Aber der Arbeitsplatz in der Gießerei, der war schon miserabel, nicht nur hier, allgemein gesehen. Es wurde mit Sand gearbeitet, da wird mit Staub hantiert. Da ist ja alles etwas schwer für den Handbetrieb und die Kranverhältnisse ... Da waren handbetätigte Kräne - wenn ich daran denke ... Da war eine kleine Klammer oben drauf. Wenn sich da etwas löste, passierte Gott weiß was. Aber es ist nie etwas passiert. (...) Die Formen wurden mit Brikett ausgelegt. Da wurden dann hinterher glühende Briketts reingeworfen, das glimmte dann in der Nacht. Dann konnte man natürlich die Hand nicht mehr vor Augen sehen. Aber nachts wurde ja nicht gearbeitet. (...)

Wenn eine Gießerei damals 50 Leute hatte, waren von den 50 Leuten vielleicht 20 oder 25 Former oder Kernmacher. Meistens gehörten zwei Leute zu einem Gespann. Wenn dann 20 Former da waren und davon vielleicht sechs oder acht als Zwei-Mann-Gespann, dann waren das schon mal acht Arbeitsplätze, und die anderen vier waren Einzelarbeitsplätze, dann waren das zwölf Arbeitsplätze, d.h. so viele Teile wurden auch gefertigt. Da waren die Leute, die den Sand aufbereiteten, Leute, die dafür sorgten, dass die Teile herangebracht wurden, Transportleute, Kranbediener, Leute, die die gegossene Form ausleerten, und die Hilfskräfte. Das Rohteil wurde vom Sand und vom Grat befreit, das waren die Gussputzer. Dann kamen schon so viele Leute zusammen.

(Technischer Angestellter, Jg. 1912)

Wenn man hereinkam, morgens früh, dann teilte der Meister die Arbeit ein. Der sagte uns dann: Da liegt oben auf dem Modellboden dieses und jenes Modell. Hier hast du die Zeichnung. Oder: Setz dich mit dem Schreiner in Verbindung und lass dir das Modell geben. Such dir den Kasten aus, wo das Modell ... Können wir das in einem Doppelkasten formen, oder müssen wir die eine Hälfte in die Erde formen? Wenn wir die eine Hälfte in die Erde formen mussten, dann fingen wir morgens an, machten einen Umriss je nach Größe des Modells, entsprechend etwas größer. Und dann hat man erst mal kräftig mit Muskeln ein Loch auswerfen müssen, mit Spitzhacke und Schüppe. Also erst mal das nötige Loch, wo das

Gießereiarbeiter beim Füllen der Formkästen, um 1928

Modell überhaupt drinpasste, und dann wurde angefangen.

Nehmen wir mal an, das Modell ist nicht geteilt. Es sieht also aus, wie eine Maschine sein soll, mit allen Nocken und allem, was dran muss, was noch mit Formen zu verbinden ist. Nachher wird ja an die Maschine, an den Körper, noch allerhand dran montiert. Aber wir sehen jetzt mal erst das Modell. Das Modell ist so, wie der Körper später mal aussehen soll. Dieses Modell formen wir. Da müssen wir das Loch auswerfen, so tief, dass das Modell ganz drinpasst oder bis zur Hälfte drinpasst.

Wollen wir mal annehmen, wir haben hier noch irgendwelche Verzierungen dran. Dann nehmen wir an, wir machen das bis in die Hälfte. Dann wird das Modell auf losen Sand, auf drei oder vier Hügel losen Sand, draufgelegt in die Waage.

Dann nehmen wir Gewichte, die wiegen ungefähr so 40 Zentner. Die stellen wir da drauf, dann drückt sich der Sand drunter fest. Wenn man mit zwei Mann arbeitet, dann ist einer unten. Der liegt oder kniet in dem Loch da drin und wühlt jetzt unter dem Modell den Sand fest. Überall, bis wir dann auf der Hälfte sind. Mit dem Presslufthammer wurde dann die ganze Geschichte festgestampft. Damit das auch fest ist. Dann wird das Modell bis auf die Hälfte glatt und saubergemacht, und dann kommt der Oberkasten drauf, der Kasten, in den die andere Hälfte drinpasst. Dann wird auch da mit Sand gefüllt. Natürlich mit Vorrichtungen durch Haken, damit der Sand auch hält. Wenn der Kasten jetzt aufgefüllt ist - natürlich mit entsprechenden Löchern, wo so Holzstücke drin sind für den Trichter, in den man reinschüttet, und wo das nachher wieder hochkommt, das ganze Eisen -, dann wurde der Kasten grundsätzlich hochgenommen. Der wird in Balance gewendet. Jetzt hat ein Mann damit zu tun, die Hälfte auszubessern, was da kaputtgegangen ist. Und ein Mann hat, nachdem das Modell mit dem Kran aus der unteren Form rausgezogen wurde, Arbeit mit der anderen Hälfte.

Wenn man die Form raus nimmt, legt man überall Brettchen hin und vermeidet vor allen Dingen, dass viel kaputtgeht. Man möchte möglichst viel erhalten. Aber da geht immer so viel kaputt, dass man dann wieder ausflicken muss. Dann hat man seinen Wasserpott da stehen, da ist ein Pinsel drin, und dann tut man immer so ein bisschen Wasser dran.

Später, wenn das alles ausgebessert war, dann wurde das getrocknet. Wir legten dann immer Brikett rein. Wir hatten ja haufenweise Brikett, ich weiß nicht, wie viele Waggons Brikett ... da wurde die Form ausgelegt mit Brikett. Vorher hatte man schon - so wie die Köhler das machen - so einen Haufen Brikett gestapelt und angesteckt, damit man Glut hatte. Wenn die Form dann ausgelegt war mit Brikett - immer so ein Zwischenraum von einer Fingerdicke, das hatte man so im Gefühl -, dann wurde des Abends die Glut darüber gestreut. Morgens früh waren die Brikett alle verglüht, das ist ja eine ziemliche Hitze.

Dann ging es los ... Da hatten wir welche, da wurde die Asche, die war richtig gelb, nur grob heraus gemacht mit der „Schüppe". Der Rest wurde dann mit Pressluft beseitigt. Also das sah dann aus ... Da mussten wir raus gehen, bis sich der Nebel

Gießereiarbeiter beim Abguss, um 1928

Formenlager, Teilansicht der Gießerei im Jahre 1959

wieder gelegt hatte. Das waren dann welche, denen ging es nicht schnell genug. Die nahmen das Gröbste heraus, nur die Glut. Aber was in den Ecken lag, das wurde dann mit Pressluft herausgeblasen. Wenn man dann eine halbe Stunde später wieder reinkam - also, so lange waren wir zwar nicht draußen, nicht ... Aber wir gingen immer in dem Moment, in dem die Wolke da stand von dem Brikett-Staub -, dann konnte man immer spüren, wie das so alles in den Nacken hereinrieselte, diese Asche. Ja, dann wurde saubergemacht. Dann wurde noch mal von dieser Schwärze, wurde die ganze Form noch mal angestrichen, also feuerfest gemacht.

Dann mussten natürlich Kerne eingesetzt werden, damit da, wo ein Kern ist, kein Eisen hinlaufen kann. Also man braucht ja nicht das ganze Dingen voll Eisen zu machen. Es gab Hohlungen und Aussparungen, die man durch Kerne dann festsetzte. Und wenn das ganze nun alles klar war, da war man natürlich gespannt, nicht. Das war für mich immer ein gegebener Moment; morgens früh, der erste Gedanke, wenn ich wach wurde zu Hause: Heute haben wir Gießen. Kerne einlegen und gießen. Bis Mittag musste man die Kerne eingelegt haben. Das musste so sein, dass die Luft, die sich in den Kernen bildet, auch raus kann. Wenn irgendwo bei so einem Ding die Luft

Former bei der Arbeit, Teilansicht der Gießerei im Jahre 1959

Glückwunschkarte zum 40jährigen Arbeitsjubiläum eines Rotguss-Drehers aus dem Jahre 1960

nicht raus kann, dann jagt die in dem Eisen rum. Dann gibt es poröse Stellen, und das Stück ist hinterher überhaupt nichts mehr wert ... Ja, da macht man sich Gedanken: Heute hast du Gießen, hast du alles richtig gemacht? Na ja, wenn dann gegossen war und es war alles abgelaufen, dann war das erste ... wir mussten uns eine Flasche Bier holen. Jetzt mussten wir uns entspannen. Das war immer ein schöner Augenblick.

Die Frau des Formers, die während des gesamten Gesprächs anwesend war, schaltete sich an dieser Stelle ein:

Ich habe dem abends immer Essen bringen müssen, wenn sie Überstunden gemacht haben. Wie ich da mal gesehen habe, wie der gegossen hat ... Da war ich immer bestrebt, dass der aus dem Beruf rauskam ... Der stank wie ein Toter, und dann das rote glühende Eisen, und dann ... wie der an dem Rad gedreht hat. Das Eisen und das Wasser, das spritze nur so ...

Das sind die Former-Flöhe, so nennt man die, die Former-Flöhe ... man darf keine Manchester-Hose anziehen dabei. Das ist verkehrt. Die Erfahrung habe ich nämlich auch gemacht. Diese Streifen ... wenn da unten so ein Funken hinkommt ... das habe ich nämlich auch mal gehabt, der brennt ganz schön - wie ein Schnürriemen, brennt der weiter. Ja, man musste ein bisschen aufpassen ... Bei großen Stücken, da guckten auch schon mal andere zu. Also, dann ruhte für die anderen die Arbeit, um eventuell einspringen zu können, wenn was passiert, nicht ... der kann sich verbrennen, dem kann was in das Auge fliegen ... da muss einer da sein, der das sofort übernimmt. (...)

In die Form wurde ja die Glut reingeworfen, und das verqualmte dann des Nachts. Dann war ja ein riesiger Qualm da in der Bude, in der Gießerei. Da habe ich mal drin gearbeitet eine Nacht. Da musste den nächsten Tag etwas gegossen werden, das war noch nicht fertig. Und da habe ich von Freitagmorgen bis Samstagmittag die ganze Nacht durchgearbeitet. Da bin ich hier bei der Erbsensuppe eingeschlafen. Das habe ich da nicht so empfunden. Erst später, wie ich nach Hause kam. Der Qualm, der kommt ja immer mehr, immer dichter, immer tiefer. Nachher kann man nur noch gebückt gehen, wo man sehen kann. Heute mittag haben sie im Radio davon gesprochen, womit man nicht alles Krebs von kriegen kann. Ich müsste schon längst tot sein, nicht. Was wir alles an Dreck gefressen haben.

Es ist ja nicht so, als wenn ich jetzt eine Maschine zusammenbaue. Sicher, die hat man ja auf dem Bild irgendwie, man montiert dieses und jenes; da kommt noch ein Rad rein, und da kommt noch was dran. Man sieht ja dann auch, dass das langsam fertig wird und ob sie nachher läuft, beim Kontroll-Lauf das ist auch eine spannende Sache. Aber ich meine immer, das hier wäre doch interessanter, so ein Guss. Ja, das hat mir immer Spaß gemacht. Nun war ich immer zu ordentlich. Vielleicht hat das auch ein bisschen Zeit gekostet. Aber ich konnte es einfach nicht vertragen, wenn z.B. ... man konnte ja später, wenn der Abguss fertig war, konnte man ja Unebenheiten mit Eisenspachtel verdecken.

Als wir für die Russen gearbeitet haben, da war da nichts mehr mit Spachtel zu machen. Die Russen, die von uns Maschinen kriegten, die hätten den Spachtel weggeklopft und hätten gesagt: Guck mal, da ist ein Loch. Ich kann mich nämlich noch entsinnen, in der Halle 6 unten, dass die an einem Schwungrad eine Lunkerstelle gefunden haben. Das Rad musste neu gegossen werden ... das war so fein versteckt und so fein gemacht. Aber die Russen, wenn die eine Maschine abgenommen haben, dann war die auch abgenommen. - Das kommt dadurch, wenn Schlacke mit reinfließt in das Eisen, setzt sich das irgendwo fest. Das hat an sich gar nichts zu sagen. Das hätte man mit Eisenkitt zugemacht. Das wird ja alles gespachtelt und nachher gespritzt. Dann sieht das aus wie neu. - Deshalb konnte ich es nicht verkraften, wenn ich mit solchen Leuten zusammenarbeiten musste (die nicht gewissenhaft arbeiteten, d. Hrsg.). Wenn da ein großes Modell, eine große Form war, dann mussten wir da mit zwei, drei Mann dran. Oder wenn morgens gegossen werden sollte und das musste nachmittags fertig werden, dann waren wir mit zwei oder drei Mann dran ... das passte mir nicht.

(Former, Jg. 1909)

Ausstossen eines Innenzahnringes an der Stossmaschine, um 1959

Mechanische Werkstatt

Bei der mechanischen Fertigung von Einzelteilen einer herzustellenden Maschine gehört zu jeder Werkzeugmaschine eine Bedienungskraft, die eng an ihren Arbeitsplatz gebunden ist. Die Maschinenbedienung setzt sich im Wesentlichen aus folgenden Arbeitsgängen zusammen: Einrichten der Anlage, Auf- und Abspannen der Werkstücke und Vornahme des eigentlichen Bearbeitungsvorgangs. Der Bearbeitungsvorgang läuft teilweise selbsttätig ab, wobei die hierbei erreichten Arbeitserleichterungen zum Teil dadurch aufgehoben wurden, dass die technische Entwicklung eine Verringerung der Maschinenlaufzeiten nach sich zog.

Radialbohrer in Halle 6,
um 1952

Am Bohrwerk

Zuerst kommt der Körper, der aus der Gießerei kommt. Der wird zuerst bearbeitet. Es wird die Länge gefräst, und dann werden die Bohrungen gemacht, genau nach Zeichnung. Ja, die Bohrwerke früher ... die Tische bewegten sich nach aufwärts und abwärts. Ja, und die neuen Bohrwerke ... ich habe mal eins gesehen. Ich bin kürzlich mal dagewesen. Da werden ja die Werkzeuge jetzt alle selbsttätig eingeführt. Und die Werkzeuge, die Bohrer und später die Stähle sind genau eingestellt auf Maß. Zu meiner Zeit war das eine sehr komplizierte Arbeit. Z.B. wenn ich zwei Bohrungen machte, die ziemlich genau hielten. Die beiden Stiche - das ist der Unterschied, die Entfernung von einem Bohrloch zum anderen -, die mussten auf ein Hundertstel Millimeter genau sein. Vor allen Dingen beim Kugellager, wenn die Zahnräder später zusammenlaufen. Entweder sind die zu eng, dann laufen sie nicht. Dann fressen sie. Oder sie sind zu weit, dann rappeln sie. Also muss der Stich ganz genau stimmen auf ein Hundertstel Millimeter. Und früher, wenn ich eine Bohrung gemacht habe, musste ich vorher probieren und kontrollieren. Erst mal kleinbohren, also nicht Fertig-Maß.

Teilansicht der Bohrwerksdreherei um 1930. Die Maschinen werden noch mit Handhebel und Handkurbeln bedient.

Hochpräzises
Oerlikon- Bohrwerk
in Halle 10, um 1959

Angenommen, 100 mm ist eine fertige Bohrung, dann bohre ich erst auf 90 genau, und dann kontrolliere ich das mit der Schieblehre, ob der Stich genau stimmt. Stimmt er nicht, muss ich entweder etwas zurückgehen oder vorwärtsgehen. Das ist heute nicht mehr nötig. Wenn die Maschine heute genau eingefahren ist, stimmt das haargenau. Das ist ein Vorteil. Es wurde natürlich auch schon einmal Ausschuss gemacht, das hat jeder einer schon mal. Das kann passieren. Aber wenn die Bohrung Ausschuss war, kann man die Bohrung größer bohren. Dann kommt eine Büchse rein. Das wird ausgebüchst, dann ist die Bohrung wieder in Ordnung. Es ist nur ein bisschen Mehrarbeit dann. (...)

Wenn da ein Körper kommt, kann man nie wissen, ist das Material hundertprozentig, sind z.B. in den Bohrungen harte Stellen drin? Das dauert natürlich viel länger, das kann man vorher nicht genau wissen. In der ersten Zeit hatten wir auch nur ganz primitive Werkzeuge, nicht so gute Werkzeuge wie später. Das waren alles Natur-Stähle. Später kamen die Widia-Stähle auf. Die Widia-Stähle, die gingen dadurch. Ja, wie gesagt, als wir früher die weniger guten Werkzeuge hatten, da hatten wir so lange Bohrungen, meinetwegen 120, 130 oder 200 mm Durchmesser. Was meinen Sie, wie lange so ein Span durchlief? Doch mitunter eine viertel, eine halbe oder eine dreiviertel Stunde.

Ich habe immer Schicht gemacht, immer abwechselnd, mit zwei Personen. Es waren immer zwei Mann an einem Bohrwerk. Es wurde Tag- und Nachtschicht gemacht. Wenn meinetwegen morgens früh einer eine Bohrung gemacht hat und ich komme dann eine Stunde später, dann ist das eine andere Temperatur, und die Bohrung ist ganz anders. An dem Werkzeug, da gibt es ja eine Hitze. Wenn eine Bohrung warm ist, kann man manchmal nicht fertigbohren. Da mussten wir jedenfalls warten ein paar Stunden. Wir mussten etwas anderes machen, damit die Bohrung ganz genau temperiert war. Das macht sich im Winter viel bemerkbar, besonders im Winter, je nachdem wie die Temperatur in der Halle war.

Man konnte in der Zeit dann etwas anderes machen an dem Körper. Es wird ja nicht nur gebohrt an dem Körper, es wird ja auch gefräst an den Seiten. Es gibt Körper, die werden vorher gefräst, so dass der ganze Körper gerade aufsteht. Es gibt auch Körper, die werden nicht drunter bearbeitet. Die werden auch vorher angerissen durch Risse, Mittelriss, Seitenriss, Senkrechtriss, und danach müssen wir den Körper ausrichten, unterkeilen usw. Das mussten wir immer ausrichten und feststellen an der Anreißplatte, so wie der Körper seitlich gestellt werden muss. Dafür sind die Risse. (...)

Das ging gut, das waren ziemlich gute Körper. Die blieben acht Tage auf der Bank, Tag- und Nachtschicht. Wenn der Kollege kam, zum Wechsel, dann wurde vorher besprochen: Das haben wir so gemacht; jetzt sind wir so weit, jetzt wird der Nächste das und das machen. Wir wissen, wie es gemacht wird.

Es gibt auch Körper, die sind bald einen ganzen Monat auf dem Bohrwerk. Nach dem Krieg haben wir auch die erste Zeit noch Tag- und Nachtschicht gemacht bis 1957. Dann haben wir Früh- und Spätschicht angefangen. Dann ging es von 6 Uhr bis 2 Uhr und die erste Zeit von 2 Uhr bis 2 Uhr, also doch noch 12 Stunden nachts. Und dann später doch von 6 Uhr bis 2 Uhr und von 2 Uhr bis 11 Uhr. Das ist auch so geblieben.

Als ich 65 Jahre wurde, da wollte ich aufhören; da sagten sie, ich solle noch ein Jahr dableiben, damit ich das 40jährige vollmachen konnte. Dann bin ich doch noch ein Jahr dageblieben. Dann wollte ich gehen, dann sollte ich noch länger dableiben. Ja, die Leute fehlen; Horizontalbohrer, das ist ein gesuchter, ganz seltener Beruf.

(Horizontalbohrer, Jg. 1905)

Für mich war eine abwechslungsreiche Tätigkeit wichtig. Wenn ich z.B. beim Drehen Massenartikel hatte, dann war ich ein armer Mann. Wenn z.B. 100 Deckscheiben gemacht wurden, die ersten 20 gingen mir noch richtig von der Hand. Aber dann wurde mir das zu langweilig. Ich verdiente auch nicht viel bei Massenartikeln. Ich habe lieber Arbeiten gemacht, wo immer wieder etwas Neues kam, wo man sich wieder reinknien musste. Das

Bohrwerksdreher am Horizontalbohrwerk in Halle 8, um 1959

Interessanteste war die Bohrwerks-Dreherei, das ist klar. Da musste am genauesten gearbeitet werden. Das war eine Spezialarbeit. Da musste man bohren, fräsen, manchmal auch Nuten hobeln. Da war einfach alles drin enthalten; da musste man alles können. (...) Ich habe mir zuerst mal die Zeichnung angesehen, wie der Körper gedreht werden musste, denn ich musste ja so arbeiten, dass alles hintereinander lief. Dann haben wir angefangen mit Aufspannen, Ausrichten, denn wir können nicht einfach einen Körper draufmachen und mit dem Bohren anfangen. Meistens kam auch jemand von der Anreißplatte dazu. Dann musste man so ausrichten, dass man damit anfangen konnte, was die eben angerissen hatten. Wenn man das nicht machte, konnte es möglich sein, dass man an einer Seite anfing, und an der anderen Seite fehlte einem hinterher etwas, oder

es war viel zu viel. Darauf musste man achten. Das sind ja vorgegossene Körper.
Da sind ja auch zum Teil die Bohrungen roh drin, das mussten wir dann fertigmachen. Zuerst einmal wurde er gedreht, so wie er stand, und dann wurde er später umgespannt. Der Dreck wurde weggemacht, das gab immer eine schöne Staubwolke. Dann wurde er anders gespannt, und dann wurde der Rest gemacht. Wenn er fertig war, wurde er abgespannt. Dann ging er in die Schlosserei oder auch schon mal auf die große Hobelbank.

(Horizontalbohrer Jg. 1911)

Die Bohrwerke bei uns waren immer unter Stress. Wir bekamen ja keine Facharbeiter. Horizontalbohrer waren ja keine zu kriegen. Wir bekamen vom Arbeitsamt Dampfwalzenfahrer, also grobe Arbeiter. Die konnten nicht nach einem Zehntel oder einem Hundertstel arbeiten, das war gar nicht möglich. Im Krieg habe ich sogar zwei Maschinen bedient, ein Horizontalbohrwerk und eine große Zahnradbank. Das waren manchmal Räder, die über 2 m groß waren. Für die großen Pressen, die haben wir viel gemacht. Dann kamen wieder die kleinen Ritzel. Die Räder liefen zeitweilig auch zwei oder drei Tage, ehe die fertig waren. Das ging dann automatisch. Aber man musste die Späne wegmachen und alles sauber halten, sehen, dass Kühlwasser da war - das lief ja alles mit Bohrwasser.

Als ich in der Abteilung anfing, da war die Maschine schon da. Da waren da acht Fräsbänke. Da haben wir morgens ein Ritzel aufgespannt, das lief dann meistens bis nachmittags. Dann wurde ein zweiter Fertigschnitt gemacht und wieder eingesetzt, und dann lief das bis in die Nacht. In der Nacht kam der Nachtwächter und setzte das still. Die Maschine setzte automatisch aus, aber lief weiter. Der Nachtwächter setzte sie dann ganz still. Das konnte man aber nur bei glatten Rädern machen, bei anderen Teilen war das nicht möglich. Am Bohrwerk hatten wir ja manchmal einen langen Selbstgang, dann machten wir z.B. unsere Stähle und Werkzeuge in Ordnung. Wenn wir dann wieder an die Maschine mussten, hatten wir wieder alles griffbereit liegen. Die Zeit haben wir für solche Sachen ausgenutzt. Manchmal konnte man natürlich auch rumstehen und sich mit jemandem unterhalten.

(Maschinenschlosser, Jg. 1911)

An der Hobelbank

Herr N. N., der eine Ausbildung im Druckereigewerbe durchlaufen hatte, wurde während des Krieges in die Fa. Kieserling dienstverpflichtet und an der Schleppbank angelernt. Von den Kollegen, die gelernte Facharbeiter waren und es nur skeptisch hinnahmen, dass jemand an eine Schleppbank gestellt wurde, der keine volle Ausbildung absolviert hatte, wurde er zunächst nicht anerkannt.

Die Kollegen, die gelernt hatten, die informierten einen nicht, dass das so oder so gemacht werden musste. Die gingen von dem Standpunkt aus, dass sie zwei oder drei Jahre gelernt hatten. Heute kann ich das verstehen. Die hatten ja zwei oder drei Jahre gelernt, und ich sollte ihnen ja nicht dazwischenfunken. (...) Sie müssen sich einen Tisch vorstellen, der ist auf einer Gleitbahn, darin läuft der hin und zurück. Beim Vorlauf arbeitet der Support, und dieser bearbeitet das Werkstück, das auf den Tisch gespannt ist. Mit den Schleppbänken konnte man damals nicht so eine große Genauigkeit erzielen wie heute. Heute gibt es die Öldruck-Schleppbänke. Damals hieß es, die Schleppbänke arbeiten in der Minute 8 m Arbeitsgang und 8 m zurück, also sehr langsam.

Anfang der 1950er Jahre kamen die modernsten Bänke von Bayern, Firma Waldrich. Die liefen im Arbeitsgang mit Widiastahl - Widia wird hauptsächlich zur Bearbeitung von Guss verwendet - also mit Widiastahl 30 m und im Rücklauf 65 m. Das ging alles viel schneller. Am Anfang wurde einem fast schwindelig durch das Tempo. Man kann also sagen, dass es dann auch mit meinen Kenntnissen rapide bergauf ging.

Die anderen Kollegen haben das dann auch anerkannt. Ich habe später schwere Körper gehobelt, und das soll schon was heißen. Das muss ja feste gespannt werden. Manche Körper waren schon mal halb so groß wie ein Zimmer. Wenn man den nicht richtig fachmännisch festspannt und man hobelt und der schlägt irgendwo an, dann fliegt das Werkstück in der Gegend herum. Das hielt schon genau. Auf den neuen Bänken wurde eine Genauigkeitstoleranz von drei hundertstel Millimeter verlangt. Das haben wir alles mit Mikrometer gemacht.

Bevor wir die neuen Maschinen hatten, mussten die Schlosser, wenn sie unsere Sachen zur Bearbeitung bekamen, tagelang feilen, und das war Schwerstarbeit. Wenn man z.B. an einem Teil drei Wochen arbeitete, dann musste man so präzise aufhören, wie man mit der Arbeit angefangen hatte, sonst war alles Schrott. (...) Darin war die Firma eigentlich ganz groß, das muss ich schon sagen. Später wurden die Verhältnisse natürlich zu unseren Ungunsten geändert. Wir hatten dann einen neuen Personalchef, da wurde alles notiert. Wenn einer Schrott machte, erfuhr das der Personalchef, und der notierte das. Wenn das dreimal hintereinander, vielleicht in einem oder einem halben Jahr, passierte, dann kam derjenige schon von der Bank weg. Damals hieß es immer - und vielleicht heute auch noch -, dass die alten Menschen nichts mehr leisten. Ich war einer der ältesten, und man ist dann vorsichtig. Man bangt um seine Existenz, man hat Angst, dass man rausfliegt, wenn man etwas kaputtmacht. Deshalb ist man dann vorsichtiger.

Alles, was bei Kieserling fabriziert wird, geht über eine Zeichnung. Das Wichtigste ist das Lesen der Zeichnungen. Es fängt mit kleinen Teilen an. Zuerst wurde das vom Meister erklärt. Vorderansicht, Seitenansicht und Draufsicht, das sind die drei Dinge bei einer Zeichnung. Im Laufe der Zeit eignet man sich das denn an, wenn man ein klein wenig Grips hat. Auf der Zeichnung sind alle Maße angegeben, und danach musste man sich unbedingt richten. Anfangs waren die Zeichnungen für einen Laien, wenn man ihm alles gezeigt hatte, nicht schwer. Schwerer wurde es hinterher bei den großen Zeichnungen von den Körpern, da sah die Sache schon anders aus. Aber durch den langsamen Aufstieg war das dann

kein großes Problem. Wenn einem der Meister so etwas anvertraut, dann geht der von der Voraussetzung aus: ich kenne den Mann, der kann das. Es kommt nämlich viel auf den Meister an. Der muss die Leute kennen und wissen, ob man das kann oder nicht. Deshalb hatte ich bei meinem Meister immer eine gute Nummer. Der sagte: „Auf dich kann man sich verlassen, du machst das schon." Ja, dann bemühte man sich noch mehr, weil man den Mann ja nicht enttäuschen wollte. Ich habe mir auch immer die größte Mühe gegeben, damit er mit mir zufrieden war.

(Maschinenarbeiter, Jg. 1905)

Vorher (vor der Einführung des Widia-Stahls, d. Hrsg.) kann man das als Zeitlupentempo bezeichnen. (...) Das ging mit Riemenantrieb. Manchmal ging auch ein Riemen kaputt. Dann kam der

Hobler bei der Bearbeitung eines Kurbelpressenkörpers an einer Schleppbank in Halle 6. Die Aufnahme entstand im Jahre 1940.

Blick in die Revolverdreherei um 1922. Die Aufnahme wurde für einen Firmenkatalog angefertigt.
„Die großen Abteilungen hatten noch bis weit in die 1930er Jahre Transmissionen. Wenn dann mal ein Riemen gerissen war, dann musste der N. N. kommen und nähen. Das dauerte schon mal eine Stunde." (Maschinenschlosser, Jg. 1911)

Flickmeister, dann war wieder Stillstand. Man hatte immer mal Pausen zwischendurch. Auch die ganze Arbeitsweise war sehr primitiv. Die Maschinen waren 40 bis 80 Jahre alt. Da hatte man einen netten Job ... Da konnte man sich hinsetzen, stundenlang, wenn man Selbstgang hatte, wenn z.B. Platten gehobelt wurden.

Als 1952-1953 die neuen Maschinen kamen, die Öldruckmaschinen, da konnten wir den Stuhl wegstellen. Dabei konnten wir nicht mehr sitzen. Nein, da musste man intensiv aufpassen. Da hat sich insofern vieles geändert, dass die Kollegen tatsächlich für ihr Geld arbeiten mussten. Vorher haben sie es leichter verdient, obwohl sie körperlich schwerer arbeiten mussten. (...)

Wie ich damals wieder angefangen hatte, 1946, 1947, da kann ich mich noch genau erinnern: Wir hatten einen Kran - da gab es ja Akkord -, und an diesen Kran gingen immerhin fünf oder sechs Akkordarbeiter, die den Kran alle benutzen mussten. Wenn jetzt z.B. der Dreher den Kran gerade brauchte, dann musste der Hobler warten, bis der fertig war. Wenn dann aber noch jemand vor mir war, dann stand man manchmal eine halbe oder eine Stunde und musste auf den Kran warten. Das wurde anfangs nicht bezahlt, später dann doch ... Von dem Hochziehen der schweren Körper hatten wir manchmal die Finger kaputt. Wenn es Teile waren, die man heben konnte, dann wartete man nicht auf den Kran. Ich kann von mir sagen, dass ich mit der Hand Tischplatten für Pressen, die waren immerhin aus Guss - 145 kg stand da drauf - gehoben habe. Die nahm ich mit der Hand, auf die Knie und dann auf die Bank. Was glauben Sie, woher ich meine Muskeln habe? ... von Kieserling. Wir haben schon gebrasselt bei Kieserling, und das wusste der Hölzer auch, das hat der beobachtet. Da kamen dann fünf oder sechs Platten auf die Bank, und dann hatte man vier oder fünf Stunden Ruhe. Dann konnte man ruhig spazieren gehen.

(Maschinenarbeiter, Jg. 1905)

An der Drehbank

Der Dreherberuf war sehr interessant, sehr abwechslungsreich. Früher waren da ja Kurbelwellen, Exzenterwellen, Spindeln mit Trapezgewinde. Diese Sachen haben mich sehr interessiert. Da wurde noch das Gewinde selbst berechnet. Heute sind ja bloß durch Hebel oder Knopfdruck ... Wenn Sie jetzt 8-Gang oder Zoll, wenn Sie diese Gewinde machen wollten, mussten Sie früher alles durch Zahnräder ... da wurde das über die Leitspindel übertragen ... da musste das alles ausgerechnet werden. Dann hatte man jede Menge Wechselräder dabei für jeden. Da stand dann die Zähnezahl drauf, und dann mussten die reingesetzt werden. Manchmal waren das vier Zahnräder, die umgesetzt werden mussten, um das Gewinde herzustellen. Also, das war ein sehr interessanter Beruf. Der hat mir am meisten Spaß gemacht. Da bin ich auch bei geblieben. Mir konnte keiner was vormachen. (...)

Die Firma hat wahrscheinlich bei anderen Firmen, die Revolverdrehbänke hatten, gesehen, dass da gewisse Teile bedeutend schneller hergestellt wurden als auf den Spitzenbänken. Man konnte mit dem Kopf von hinten und von vorne arbeiten, also zwei Teile zusammen, das war das Plus dabei. Die wir zuerst hatten, das waren alles gebrauchte Maschinen, alte Maschinen waren das. (Die ersten Revolverbänke wurden Ende der 1920er Jahre aufgestellt, d. Hrsg.) Das machte mir Spaß, als ich das sah. Da habe ich mich gemeldet. Ich wollte immer was dazulernen, wenn es eben ging. Ich habe viel „mit den Augen gestohlen", wie man sagt. Man muss immer die Augen einsetzen, dann kann man das alles mitkriegen. (...) Man konnte auch das hintere Teil, den Schlitten, den Revolverkopf, den konnte man auch einstellen. Da konnte man Gewinde schneiden und das ging viel, viel schneller als auf der Drehbank. Der Dreher, der musste immer vor- und zurückfahren mit der Hand. Wir konnten, wenn wir da waren, ausdrehen, den Gewindegang links umschalten und vorne ziehen, dann lief der sofort zurück. Da brauchte man die Hand nicht so viel zu bewegen. Die Handarbeit fiel da schon so ziemlich weg. Das war die Schnelligkeit.

Was habe ich denen aus der Dreherei viel Arbeit weggenommen. Die Dreherei hatte früher, als die Revolverdreherei noch nicht so groß war, Teile, wo Löcher reinkamen, auch alle gemacht. Das war pure, direkte Revolverarbeit, und die habe ich denen alle weggenommen. Ich bin hinterher in meinem Bereich so weit gegangen, ich habe Konusse gedreht, da habe ich mir Sachen gebaut und habe die Konusse gemacht, alles selbständig. Alles mit dem hinteren Teil, eine Stange eingespannt, ein Gelenk zwischengebaut und einen Zoomer drumgedreht, und dann wurde der obere Zoomer mit dem gedrückt, da machte ich die Konusse mit.

Die anderen in der Dreherei, die mussten das alles mit der Hand machen. Die Revolverdreherei, das war eine Goldgrube, das habe ich dem N. auch schon gesagt, auch früher dem Betriebsleiter. Ich hatte hinterher freie Hand. Ich konnte mir die besten Maschinen aussuchen, die wurden gekauft. Da ging ich mit ... Boehringer, von Hamburg, in Mannheim und in Berlin war ich. Das konnte ich mir alles aussuchen, da war immer Geld für da. Im Gegenteil, wenn das Jahr um war oder zwei Jahre um waren, dann rief mich der Betriebsleiter: „Wie ist es, wir haben noch einen Überschuss, den wir noch für Werkzeuge oder Maschinen ausgeben können." Ich sagte: „Wo soll ich denn damit hin?" Er sagte: „Ja, dann müssen alte raus. Was sollen wir machen? Wer weiß, ob nächstes Jahr so ein Überschuss da ist. Jetzt haben wir einen Überschuss, den können wir einsetzen für neue Maschinen." Dann haben wir eben Maschinen gekauft.

(Dreher, Jg. 1908)

Der ehemalige Betriebsleiter erinnert sich ebenfalls:

Ich habe damals den Standpunkt vertreten, das habe ich auch bis zuletzt gemacht. Wenn wir jetzt eine Maschine kaufen, eine modernere, eine neuere, dann habe ich gesagt: „Sie sind der Meister oder Vorarbeiter, und wir sehen uns die Maschine mal gemeinsam an, und nachher sagen wir, was wir davon halten. Sollen wir die beschaffen?" Und wenn die gesagt haben: „Jawohl, ich finde, das ist die richtige Maschine", dann war das in Ordnung. Wenn dann nachher was dran war - sagen wir mal, das Rad ging etwas schwer -, dann dauerte es gar nicht lange, dann hatte der schon etwas erfunden, damit das leichter ging. Wenn ich die gleiche Maschine alleine angeschafft hätte, ohne die mit einzubeziehen, dann wäre die beim Pförtner reingefahren, dann wär die schon nicht in Ordnung gewesen. Und so gibt man den Leuten die Entscheidung. Das kostet doch nichts. Man gibt ihnen die Verantwortung mit, und man kann nachher sagen: „Du als Fachmann hättest doch mehr sehen müssen als ich. Jetzt seh mal

Karusseldreherei
um 1928

zu, wie du fertig wirst." Von wegen - da hat der Alte eine Maschine gekauft, die hätte er besser in die Waschküche gestellt -, so geht das nicht. Das bewährt sich immer.

(Technischer Angestellter, Jg. 1912)

Da hatte ich mich (in der Revolverdreherei, d. Hrsg.) gut eingearbeitet und dann wurde in der Spitzendreherei ein Mann krank, ein älterer, der hatte bloß hochwertiges Material, das Buntmaterial, den Rotguss, auf seiner Maschine. Das war auch eine genaue Arbeit. Die mussten da noch reingeklopft werden, in den Körper. Die Messwerkzeuge waren sehr primitiv in diesen Jahren. Dann musste man das auf der Schieblehre - die war Eigentum von jedem Dreher, später wurde das alles angeschafft - übertragen. Wenn man die abgesteckt hatte, musste das praktisch sitzen. Da konnte man nicht mehr viel machen, die war so dünnwandig. Jetzt wurde der krank. Da kam der Betriebsleiter zu mir und sagte: „Ich habe eine

Karusselldreherei (Halle 1) um 1959. Im Vordergrung sind Schwungräder und Keilriemenscheiben-Rohlinge für Kurbelpressen zu sehen.

nette Aufgabe für dich." Ich sagte: „Hier gehe ich nicht weg, das ist so interessant, hier verdiene ich mein Geld." Er sagte: „Drüben, Rotguss drehen." Ich sagte: „Nein, da bin ich nicht für." Eines Tages war es soweit. Er wollte mich zwingen. Ich wollte den Arbeitsplatz nicht verlassen. Jetzt ging ich aufs Klo, setzte meine Maschine still, und wie ich wieder komme, sitzt ein anderer da. Da haben die mich mit Gewalt von der Maschine weggetan, an den Rotguss. Da konnte ich nichts mehr machen. Später bin ich wieder auf die Revolverbank gegangen.

(Dreher, Jg. 1908)

Jetzt ging das auf Schicht. Ein Teil dauerte 15 oder 18 Stunden, man konnte ja die schweren Teile nicht abspannen, wenn die im Schnitt waren. Wenn es 14.00 Uhr war, kam der Schichtwechsel. Jetzt musste das ja - wir hatten Lohnarbeit - in einem gearbeitet werden. Jetzt musste sich der eine auf den anderen verlassen. Ich will mich nicht „bestrunksen". Jetzt waren verschiedene Sachen fertig. Es wurde nach Schablonen gearbeitet, weil die Abstufungen auswechselbar sein mussten. Das waren Haupt-Verschleißteile. Jetzt hatte ich bei der Kontrolle - da musste ich verschiedene Male hinkommen - Beanstandungen. Da war etwas nicht gerade, und eine war ganz kaputt, die stimmte in der Schablone nicht. Man kann sich ja denken, zwei Mann, zwei Gedanken. Der eine schiebt es dem anderen in die Schuhe. Da habe ich hinterher gesagt. „Schluss, neue." Das musste ja immer gemeldet werden, damit man das Material auch wieder bekam. Danach wurde ich ein bisschen hellhörig. Da bin ich in die Kontrolle gegangen und habe mir einen alten Stempel besorgt. Der Kollege, der bei mir in der Schicht war, der schrieb sich auch N. N., wir waren aber nicht verwandt. Wenn es auf Mittag zuging, also 14.00 Uhr, musste jeder an seiner Maschine die Späne rausmachen. Wenn es denn so weit war - ich habe aber nichts gesagt -, da habe ich meinen Stempel hingemacht. Den Stempel nahm ich mit nach Hause. Nach längerer Zeit kam wieder eine Beanstandung. Ich fing nachmittags an und der andere mittags. Mein Partner sagte: „Du musst zur Kontrolle kommen, da ist dir aber ein schwerer Fehler unterlaufen." Ich sagte: „Da kann ich mit ruhigem Gewissen hingehen." Ich bin dahin, da zeigt man mir das. Jetzt war die einen Millimeter zu schmal und da konnte nichts mehr dran gemacht werden. Und die Bohrung war ein bisschen weit, aber das war nicht so wesentlich, denn über zwei Drittel war ja noch voll da. Ich sagte: „So, dann wollen wir mal eben gucken." Da habe ich mich gebückt - die Teile lagen auf der Erde - und meinen Stempel gesucht. Ich sagte: „Das habe ich nicht gemacht. Holen Sie den anderen, der ist noch da." Der sagte: „Ich? Solche Arbeit liefere ich nicht ab." Ich sagte: „Ja, wie kannst du dasdenn beweisen? Ich kann das beweisen." Er sagte: „Da ist nichts zu beweisen. Wir haben hier halb und halb jeder was gemacht, ich kenne meine Arbeit." Ich sagte. „Ich kenne meine Arbeit auch. Hier, jetzt kannst du von mir denken, was du willst. Da, da und da, die 3 Flächen, die sind von mir gemacht, die sind gestempelt. Ich bin zu dem Entschluss gekommen, meine Arbeit selbst zu stempeln." Da sagte der zu mir: „Du Drecksack." Der hat allerhand Wörter gebraucht. Ich sagte: „Ist gut, das Tuch ist gerissen. Du machst deine Arbeit und ich meine. Mittags um 14.00 Uhr, wenn Abwechslung ist, spanne ich selbst meine Sachen auf, und wenn es halb im Span ist." Das haben wir von da an so gehandhabt. Ich hatte keine Reklamationen.

(Dreher, Jg. 1908)

Vorher (vor der Einführung der Hartmetall-Drehstähle, d. Hrsg.) war es bedeutend gemütlicher; obwohl das auch Akkord war, das war Stückakkord. Ich weiß noch, als ich in der Dreherei war, wenn man eine Welle hatte. Mit den Naturstählen wurde die verarbeitet. Da konnte man dabei stehen und ein Pfeifchen rauchen oder mit einem anderen etwas sprechen. Als dann die Hartmetall-Werkzeuge kamen, da haben wir mal erst die Augen aufgerissen. Das konnten wir gar nicht begreifen. Das konnten wir nicht kapieren. Zuerst fing das an mit dem Gusseisen. Im Gusseisen gingen uns die meisten Stähle kaputt, durch die harte Haut, die außen war, durch den Dreck. Wir waren überrascht. Man konnte das in der ersten Zeit gar nicht glauben. (...) Der Körper stellt sich auch danach um. Die Pausen wurden eingehalten. Die an den großen Maschinen arbeiteten - auch später, als wir den Hartmetall hatten - die hatten immer ein Plus gegenüber denjenigen, die an den kleinen Stangenbänken arbeiteten. Ich habe die auch immer angehoben. (Herr N. N. war Meister in der Dreherei, d. Hrsg.) Die standen ja, als ich die übernahm, ganz am Ende, die armen Teufel.

Die standen hinterher über den anderen im Lohn. Die an den großen Maschinen arbeiteten, waren dann am Maulen. Da habe ich zu denen gesagt: „Ist gut, dann wechseln wir, dann kommen die dahin und ihr geht dahin." Da haben die aber den Mund gehalten.

Die kleinen Sachen zu machen, das war eine unheimliche Arbeit; die kleinen Schräubchen mit den Absätzen, vorne Gewinde, dann kam wieder ein Absatz und dann wieder einer, dann kam hinten noch mal ein Gewinde, dann ein Kopf und dann wurde abgesteckt, und alles maßhaltig. Jetzt drehen Sie mal ... trotzdem, dass wir Wasser hatten. Es ist maßhaltig. Jetzt wartet man einen Augenblick, bis dass das durch und durch kalt ist. Jetzt nimmt man den Mikrometer oder das Messwerkzeug und misst. Jetzt können Sie das in den Schrott werfen. Wärme geht auseinander, Kälte zieht zusammen. Wenn das Material jetzt kalt wurde ... da haben

Dreher an einer Feindrehbank. Die Aufnahme entstand in der Werkzeugmacherei, um 1959

wir auch schwer mit der Kontrolle zu tun gehabt. Die Toleranzen bei den kleinen Sachen sind ja bedeutend kleiner, als wenn ich jetzt ein Stück habe, wo ich 10er Kaliber brauche. Da habe ich ja drei oder vier Hundertstel, die ich nach außen gehen kann; dann ist das ja erst Ausschuss. Und wenn ich größere Teile habe, wenn ich z.B. ein Zahnrad habe, da arbeite ich ja außen mit der Schieblehre. Da spielt es keine Rolle, wenn das mal ein oder zwei Zehntel dünner wird von außen. Auch wenn das sich einzieht, das wird dann in der Bohrung enger, das kann ich noch ausschaben. Aber an den Stangenbänken, das waren die ärmsten Teufel. Weil die Toleranz zu klein ist, zu minimal. Die Verantwortung ist da noch größer.

Natürlich, bei den großen Teilen, ist der Ausschuss bedeutend teurer als bei einem kleinen Stück. Aber da haben wir auch schon Sachen gemacht … Wenn das Kaliber wackelte, dann wurde das warm gemacht, außen, dann abgekühlt, abgeschreckt. Dann ging das in die Bohrung rein, dann konnte man das wieder brauchen. Man konnte ja nicht alles wegwerfen, man musste dabei auch ein bisschen weiterdenken. Genauso, wenn jetzt ein Mann ein Werkstück hatte, und der verhaut sich da. Das kann ja mal passieren, wir sind ja alles Menschen. Wenn da z.B. ½ mm fehlt, das geht ja gar nicht, das passt ja hinterher nicht übereinander mit den Zeichnungen. Dann musste ich immer wieder zum Technischen Büro laufen und mit dem Konstrukteur reden und sehen, wo das Teil hinkam. Ob man nicht das Nebenteil ändern konnte, wenigstens etwas. Meistens hatte ich auch immer Glück. Ich konnte mit denen gut arbeiten im TB (Technische Büro d. Hrsg.). Die hatten sehr großes Verständnis.

Außer einem, das war so ein Egoist. Der sagte: „Die Zeichnung, die ist abgepaust. Das haben Sie hier drauf, und was da draufsteht, danach wird gearbeitet. Mit dem anderen habe ich nichts zu tun." Das war dem egal, ob da dann 100.-- oder 1.000.--DM weg waren. Das war ein komischer Mensch. Da bin ich dann hinterher auch nicht mehr hingegangen. Da wusste ich, das hat sowieso keinen Zweck. Die anderen, die zogen dann diese Sachen heraus und kopierten mir eine Zeichnung von dem Gegenstück. Ich musste dann das Stück abfangen und ändern mit Genehmigung vom TB. Ich musste dann meinen Namen dahinter schreiben. Wenn dann noch etwas war, kam man dann zu mir. Doch, die waren großzügig. Ich kam gut mit denen klar.

(Dreher, Jg. 1908)

Als der Drehermeister mal krank war, musste ich die Dreherei mit übernehmen. Ich hatte wohl einen Vorarbeiter. Dann kamen die Leute ... ich hatte das doch selbst gesehen. Ich hatte ja auch an den Drehbänken gearbeitet ... Wenn die Bohrungen machten - vorne waren die gut, dann war wieder ein Stück, das war weiter in der Mitte, dann wurde es wieder enger. Die Leute waren verzweifelt. Der Drehermeister kümmerte sich nicht darum. Der meinte, das ging so lange, das kann auch so weitergehen. Der Meister hat sich nicht für neue Maschinen eingesetzt. Der war zu bange. Ja, was blieb mir übrig? Das ging nicht mehr so weiter. Besonders beim Rotguss, die Edelmetalle, das war ja viel zu teuer. Das ging nicht mehr. Ich habe dann mit der Betriebsleitung gesprochen. Ich sagte: „Es geht nicht, es geht wirklich nicht. Wir sind am Ende. Entweder neue Maschinen, oder wir müssen die Maschinen aufarbeiten." Dann wurden die Maschinen aufgearbeitet. Dann kam die Reparaturschlosserkolonne, baute alles aus. Dann kam das auf die Hobelbank. Da wurden die gehobelt, die Führungsleisten, die Supporte wurden nachgehobelt, alles geschabt, die Ölfilter wurden etwas tiefer geschabt. Die Leute kriegten sich gar nicht mehr ein, als die fertig waren, so glücklich waren die. Den Span, den die vorne ansetzten, der kam auch hinten heraus, ganz genau, auch mit den Messwerkzeugen. Das war eine Liebhaberei, wie die jetzt arbeiteten. Was die vorher gemacht hatten, das war nicht sauber. Aber die Leute konnten nicht anders.

(Revolverdrehermeister, Jg. 1908)

Revolverdreherei (Halle 2) um 1959. Am oberen Bildrand ist der Sockelbereich der Meisterbude zu sehen.

Der Dreher N. N. hatte seine Maschine stabilisiert, um eine höhere Bearbeitungsgeschwindigkeit zu erreichen:

Wenn ich jetzt durch meinen Schlitten den Span etwas mehr nahm … Der dünne Werkzeughalter, wo der Stahl eingespannt wurde, wo eine lange Bohrung war, der kippte schon mal und rubbelte. Das hatte ich nicht. Da konnte ich drangehen mit 10 oder 15 mm Spantiefe, da huschte ich dadurch. Die Leute in der Dreherei, die gingen laufen. Die haben extra Bleche drübermachen lassen, wo die Späne vorflogen. Das war lebensgefährlich. Das waren die Pluspunkte. Ich habe da schon was hergestellt.

(Dreher, Jg. 1908)

Zusammenbau

Mein Vorgesetzter, der Kolonnenführer, der hatte die Verantwortung. Wir waren ja Gesellen. Nach einiger Zeit - wie lange hat es gedauert? vielleicht zwei Jahre - wurde ich Kolonnenführer. Die (Kolonnenführer, d. Hrsg.) kriegten ihre Zeichnungen, Einzelteile und auch die Zusammenstellung, und dann hatten die dafür zu sorgen, dass das Zeug hereinkam. Eine Partie Zeichnungen bekam meinetwegen die Gießerei. Da hatten wir noch eine Gießerei, da wurde noch viel gegossen. Heute kriegen Sie ja nichts mehr gegossen.

Und dann die Schreinerei: dort wurden die Modelle gemacht. Wir hatten ja immer nur Einzelanfertigungen; immer nur einzelne Maschinen hatten wir gebaut. Und jede war anders. Das war das Interessante bei der Firma. Immer neue Maschinen, immer was Neues, und immer fortschrittlicher war das. Dann kamen also die Zeichnungen, die kamen dann auch in die mechanische Werkstatt. Es ging auch eine Partie in die Kalkulation. Von da aus wurden die Einzelteile der Maschine kalkuliert in der Arbeit, in der Fertigung. Die schrieben die Preise da drauf, wie viele Minuten das waren (die man für die Bearbeitung angerechnet bekam, d. Hrsg.) Da waren Stopper da, die das abstoppten. Im Großen und Ganzen lief es gut. Es war natürlich schwierig beim Groß-Maschinenbau. Da konnte keiner im Voraus sagen, das und das kriegst du dafür, das war nicht möglich. Mitunter haben Sie 14 Tage an so einer Maschine gearbeitet und. mitunter nur einen Tag, je nachdem wie groß sie waren. Und das war doch nur auf gut Glauben.

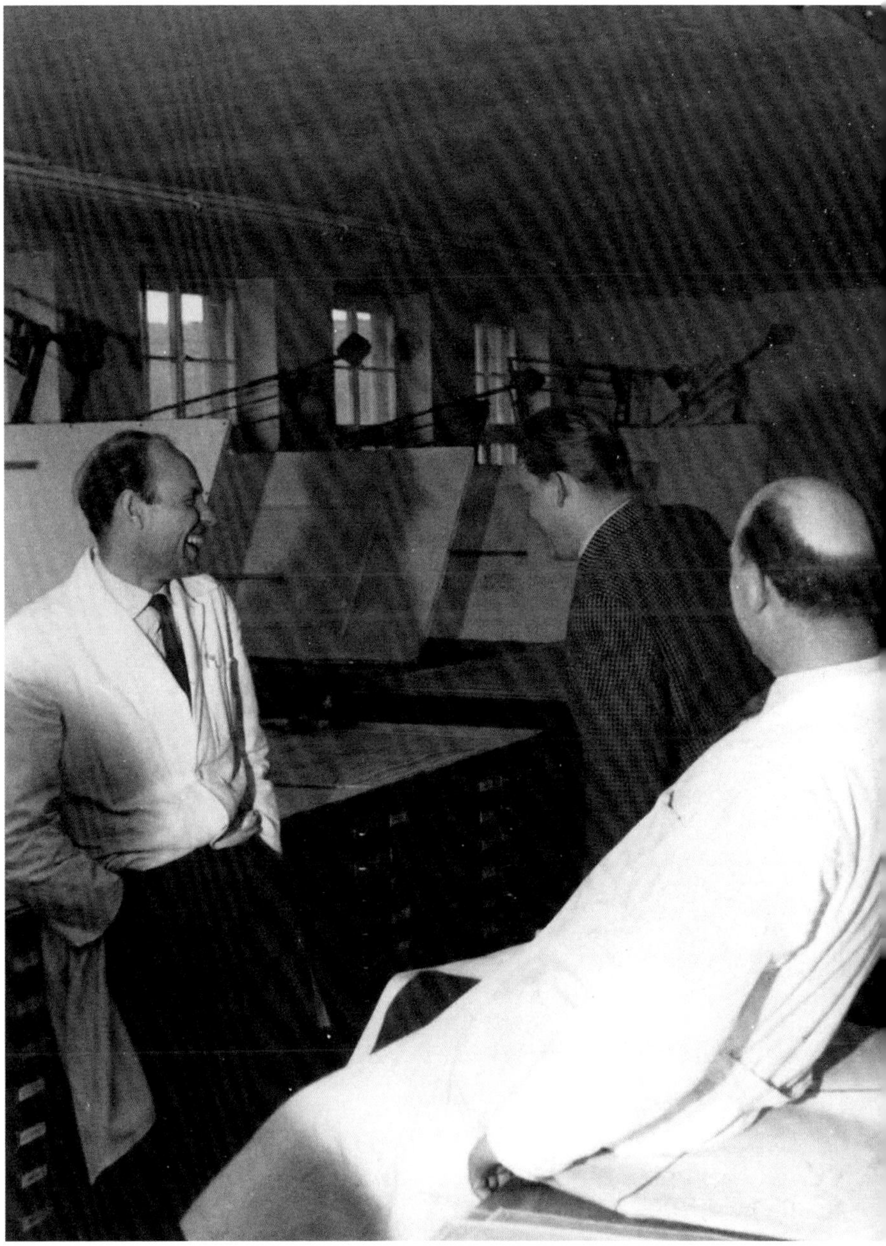

Technisches Büro, um 1952

Montage in Halle 6 im Jahre 1937. V.l.n.r.: Kniehebelkaltpresse, einfache Kurbelpresse, Warmkniehebelpresse.

Die wurden schließlich nur ein- oder zweimal gemacht, dann kam wieder eine neue. Deshalb hatten sie bei uns immer nur Fachkräfte nötig.

Der Kolonnenführer hatte dafür zu sorgen, dass die Teile hereinkamen. Der hat Druck gemacht. Der ging jetzt beispielsweise in die Fräserei: Ich muss das und das haben. Dann ging er in die Dreherei: Ich benötige das und das, mit der Zeichnung natürlich. Die kriegten natürlich auch bei der Betriebsleitung - das waren immer Zusammenkünfte, alle Wochen sozusagen -, die kriegten dann gesagt:

Die und die Maschinen sind jetzt zuerst in Arbeit zu nehmen. (...) Der Kolonnenführer bekam seine Zeichnungen, die er brauchte, und dann haben sie den in Ruhe gelassen. Ich hatte absolute Freiheit. Ich musste dafür sorgen, dass die Maschine gebaut wurde. Dann musste ich dafür sorgen, dass ich die Einzelteile zuerst kriegte, die ich auch zuerst benötigte. Ja, das war nicht so einfach. Da waren auch komplizierte Maschinen bei, große Maschinen. Wir liefen den ganzen Tag und sorgten, dass die Sachen hereinkamen. (...) Das wurde nicht sofort zusammengebaut. Wir mussten erst Räder auf-

Montage von Exzenterpessen in Halle 6 im Jahre 1950. An der Decke die neue Beleuchtung.

Montage einer Doppelständerpresse (Halle 6) um 1959. Die Montagekolonne hat ein provisorisches Holzgerüst mit Flaschenzug zum Aufbau des Ausgleichzylinders installiert.

Montagehalle für Maschinen bis 10 Tonnen (Halle 5) im Jahre 1959. Im Vordergrund: Teil einer Adjustagemaschine. Rechts im Hintergrund: Einständer-Exzenterpresse. In der Mitte: Rohrziehbank. Vorne links: Kleine Schmiedemaschine. Rechts im Hintergrund ist im weißen Kittel der Meister erkennbar.

keilen und meinetwegen Schieber einjustieren, dass das alles passte. Die konnten nicht alles genau vorarbeiten. Eine Maschine, die dauerte ja immerhin schließlich 4 Wochen, mitunter auch 6 Wochen, 8 Wochen, ja mitunter auch nur 3 Tage, wenn es eine kleine Maschine war.

Zuerst kriegte man den Körper, den Gusskörper. Der war jetzt fix und fertig bearbeitet, horizontalgebohrt, gehobelt, alles. Und dann haben wir den angeflanscht. Die Flansche mussten wir anbohren. Wo ein Schieber immer hin- und herging, das musste saubergeschabt werden, damit es schön trug immer. Das war immer Arbeit. Vor allen Dingen mussten dann auch die Schmierlöcher gebohrt werden. Ja, das musste alles selbst gemacht werden von Hand. Das waren ja kleine Bohrungen, meinetwegen acht oder zehn Millimeter, größer nicht. Auch noch kleiner, für Ölschmierung waren es sechs Millimeter.

Montage einer Muttern-
presse in Halle 5, um 1955

Das ging später mit der automatischen Schmierung. Früher waren es nur einzelne Schmierungen. Die mussten ja Fett spritzen. Das gab es ja später nicht mehr, das hatte man nur noch einzufüllen in den Behälter. Das Verteilen, das ging durch die Rohre. Jede Schmierstelle hat eine Rohrleitung. (...) In der Kolonne waren nur Fachkräfte und ein oder zwei Lehrlinge waren dabei. Der Kolonnenführer hatte dafür zu sorgen: So, du machst das und das, und das machst du jetzt. Zwischendurch kam der Spachtler. Da mussten ja die einzelnen Teile gespachtelt werden. Der Anstreicher machte das. Die wurden ja nicht nur gestrichen, die wurden saubergespachtelt, die Rohkörper. Man musste sehen, dass man zurechtkam.

(Maschinenschlosser, Jg. 1903)

Oben war die Lehrwerkstatt. Wenn ich da was haben wollte oder schnell gemacht haben wollte, dann bin ich eben da oben rauf und sagte: Das muss ich haben. Ja, wer sich gut mit denen kannte, der kriegte auch alles gemacht. Auch wenn ich mal eine Büchse oder was gemacht haben musste, dann ging ich in die Lehrwerkstatt. Ich hatte überall Kontakt mit, Dreherei, Hobelbänke ... Die Arbeiter, die dabei waren, die kannte ich ja alle. Und wenn ich was haben musste, dann sagte ich: „Hier, so und so, dann machst du das drauf ..." Die hatten ja auch Akkordkarten, da wurde immer im Akkord gehobelt. Dann sagte ich denen: „Das und das musst du mitmachen." Dann kriegte ich das gemacht. Deshalb ging das so schnell bei mir. Das wissen die auch alle. Ich sage ja, wenn ich sechs Maschinen bauen musste, eine hatte ich „umsonst". Das Geld hatte ich verdient, kriegte

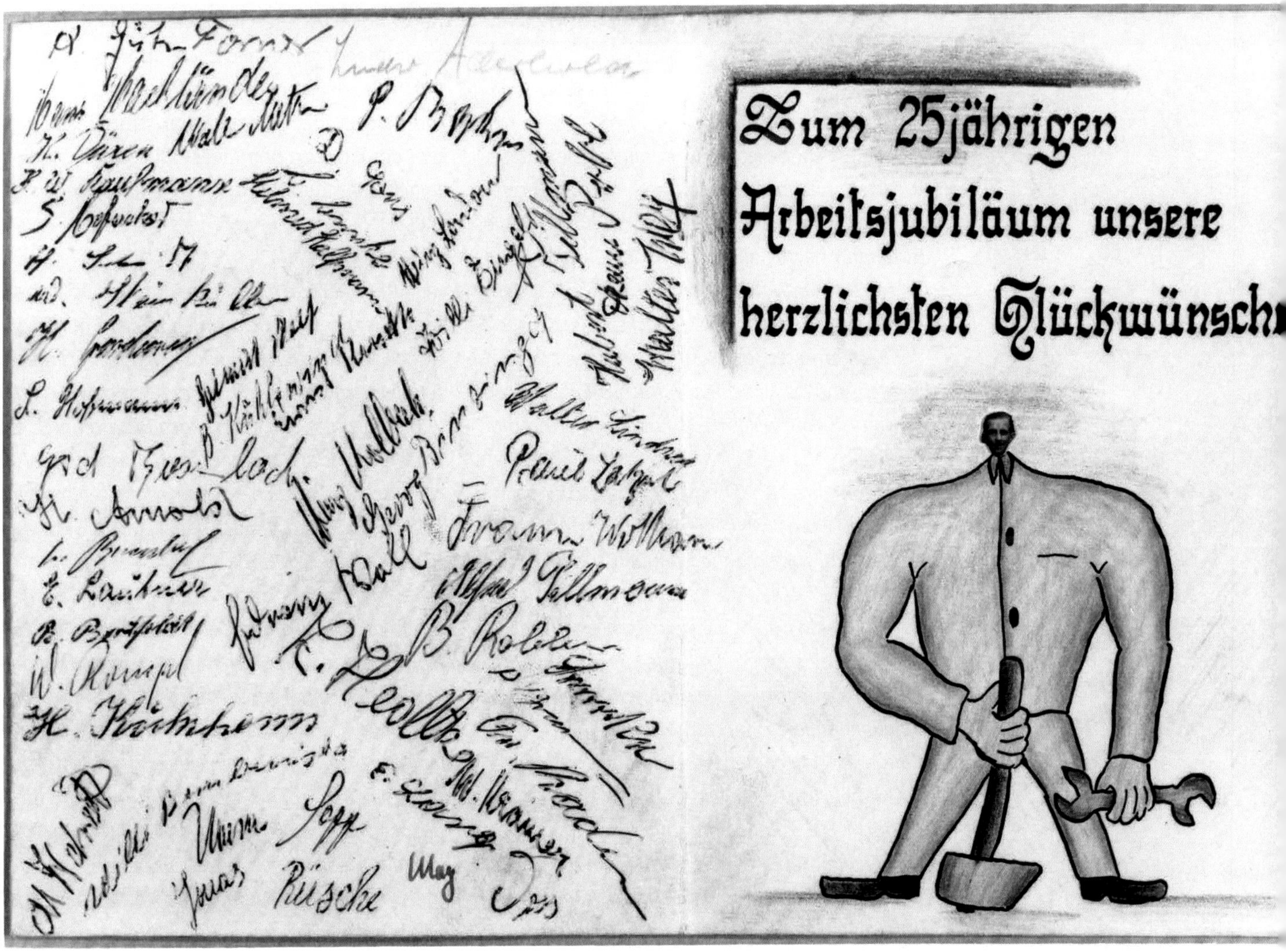

ich dann ausbezahlt für alle. Das durften die gar nicht wissen, dass ich eine Maschine umsonst machte, nebenbei. Das Geld mussten die uns ja ausbezahlen. Das wird ausgerechnet, wieviel Mann das waren. Da war ein Lehrjunge, der bekam nur 5.-- DM. Die Lehrlinge wollten immer gerne bei mir in der Kolonne sein.

(Maschinenschlosser, Jg. 1906)

Glückwunschkarte zum 25jährigen Jubiläum eines Maschinenschlossers aus dem Jahre 1960

Über den Arbeitstag hinaus

Was habe ich für die Firma nicht alles gemacht; was habe ich da Neuerungen eingeführt. Wenn ich ein großes Loch hatte, 150, 200 oder noch größer oder etwas kleiner, da habe ich die Stähle für hergestellt. Erst im kleinen und dann im großen zum Ausstecken; dann blieb der Kern so 10 oder 12 mm breit. Aussteckstähle, da blieb der Kern erhalten, der konnte wieder verwendet werden, und die Maschine wurde nicht überlastet. Es wurde Strom gespart. Da kam so ein schmaler Stich rein von zwei Seiten, das wurde umgedreht, dann kam da so ein „Ömmes" heraus, so ein Kernstück, das wurde weiter verwendet. Ja, nun stellen sie sich mal vor, da habe ich nichts für gekriegt.

Später, da hatten wir viele Probleme: Die Exzenterpressen haben ja alle die Kugeln, und dann müssen die auch die Kugelpfannen haben, wo die durchgehen, die dann runterdrückt. Die geht ja dann wieder hoch durch die Exzenterwelle, durch die Kurbel. Also die Kugeln wurden in der Dreherei gemacht. Die waren hundertprozentig da, also an Genauigkeit. Jetzt haperte es aber bei mir an den Kugeltöpfen, die Überwürfe, wo die Kugeln ganz hinten weit drin waren. Da musste ja auch die Kugel rein, das wurde in den Stößel eingeschraubt. Jetzt wurden Kugelmesser gemacht. Wenn an dem Messer Jahr für Jahr gearbeitet wird, muss das ja auch geschliffen oder abgezogen werden. In dem Moment, wo einer am Kugelmesser arbeitet, ist ja die Kugel nicht mehr hundertprozentig. Da habe ich es erst mit Schabern probiert. Wir haben immer so halbrunde Schaber machen lassen, um die Kugel nachzuschaben. Bei kleinen ging es, aber bei größeren ging es nicht. Da habe ich überlegt. Da habe ich hier Nächte gesessen und habe aus mir heraus einen Kugelapparat entwickelt. Erst war das ein ganz primitives Ding, für ganz kleine Kugeln, ich glaube 70 oder 80 (Millimeter Durchmesser, d. Hrsg.).

Jetzt war man dahintergekommen. Ich arbeitete abends immer noch. Ich musste mir ja die Sachen selbst machen. Das sollte kein anderer tun. Jetzt kommt der N. N., der hatte den Werkzeugbau unter sich, jetzt kam der dahinter. Es wurde irgendetwas gemunkelt. Er sagte: „Was machst du eigentlich abends immer?" Ich sagte: „Ich mach einen Versuch." Ich durfte dem das ja nicht sagen. Jetzt kam der Drehereimeister auch, der kriegte auch Wind. Die haben mich oben von der Galerie beobachtet, die Meister. Ich habe dann die Sachen, wenn ich nach Haus ging, in den Spind getan; mal dahin gesteckt, mal dahin, da kam keiner hinter.

Als ich dann den ersten Versuch gemacht hatte, da hatte ich Freude. Das wurde mit der Hand gezogen, das war ein ganz einfaches Ding. Jetzt konnte ich es ja sagen. Jetzt kamen sie wieder. Der Meister des Werkzeugbaus sagte: „Du brauchst gar keine Messer mehr?" Ich sagte: „Nein, wahrscheinlich in Zukunft gar nicht mehr, das können wir einstellen." Was glauben Sie, was das ein teurer Apparat war, um die Kugelmesser herzustellen, sagen wir mal Kugelmesser von der Größe 150, wo von zwei Seiten dran gearbeitet wird. Er sagte: „Das ist mir aber was Neues, zeige mir das doch." Ich sagte: „Nein, wofür denn? Es ist ja noch nicht reif." (...)

Ich hätte das melden müssen, dass ich die Idee hatte mit dem Kugelapparat. Aber dann wäre mir die Idee aus der Hand genommen worden. Dann wäre da sofort ein Konstrukteur oder Techniker für angesetzt worden. Die Idee hätte ich dann auf eine Skizze zeichnen müssen, und die Techniker hätten das vervollständigt. Ich habe oft hier zu Hause gesessen und etwas durchstudiert; das konnte ich ja nicht während der Arbeit.

Jetzt hatte der nichts Eiligeres zu tun, als einen Bericht an die Geschäftsleitung - noch nicht einmal an den Betriebsleiter - zu schreiben. Von der Geschäftsleitung bekam dann der Betriebsleiter einen verpasst, dass der nicht wüsste, was in seinem Betrieb geschieht. Dass das von anderen Meistern gesagt werden musste. Jetzt wurde ich geholt. Nun fiel der über mich her. Ich sagte: „Nun mal ruhig, das klappt schon. Das kleine Provisorium, das klappt." Ich wollte mich ja vorher nicht blamieren. Nicht dass es heißt, der will was machen, und es klappt doch nicht. Es klappte hundertprozentig. Und ich machte das alles mit Widiastahl. Der Betriebsleiter sagte: „Und so etwas muss ich mir von anderen Leuten sagen lassen? Warum bist du denn nicht zu mir gekommen? Du hättest von mir Unterstützung gehabt." Ich sagte: „Ich wollte mich nicht blamieren." Er sagte: „Gut, am Samstag führst du mir das vor."

Also nun führte ich das samstags vor, da waren der Betriebsleiter und noch ein anderer dabei. Jetzt hatte ich das Material vorgearbeitet, die Kugeln mit dem Stahl vorgearbeitet. Dann hatte ich das ganze eingespannt, schön ausgerichtet. Die wollten genau sehen, wie ich das mache. Jetzt fing ich an. Der eine guckte den anderen an. Nun kamen auch welche vom Bohrwerk, in der Zwischenzeit stand alles voll. Ich sagte: „Hier, prüf." Er sagte: „Ja, das mach ich auch." Er prüfte und sagte: „Die ist nicht hundertprozentig, wir haben vorne Luft drin." Ich sagte: „Die Luft muss ja drin sein, wenn die jetzt voll wäre und die würde arbeiten, dann kommt ja gar keine Schmierung dazwischen. Du bist ja auf dem Büro gewesen, aber in der Praxis sieht das etwas anders aus." Er sagte: „Ja, das stimmt, aber ich will sie trotzdem rund haben." Nun musste ich wieder ... Mikrometer und den Stahl ausrechnen und wieder etwas zurücksetzen. Dann nahm ich sie wieder und sagte: „So!" Er sagte: „Ja, da kann ich nichts sagen." Jetzt nahm man mich zur Seite. Die ganzen Leute standen da. Die sind ja alle so neugierig. Der N. N. sagte zu mir: „Wer hat das denn gemacht?" Ich sagte: „Das habe ich persönlich gemacht." Er fragte: „Hat da keiner geholfen?" „Nein", sagte ich, „das habe ich alleine gemacht. Bloß das Loch, wo der Einsatz rein kommt, das habe ich bohren lassen, und die Fräsung, wo der Einsatz drauflag. Das andere ist alles Dreharbeit, das habe ich selbst gemacht." Der Betriebsleiter fragte: „Stimmt das?" Ich sagte: „Ja, das stimmt." Er sagte: „Ich stelle dich einer Person gegenüber. Ihr müsst euch rechtfertigen. Da haben wir viel Streit wegen gehabt."

Wir gingen ins Büro, da wurde der Meister des Werkzeugbaus geholt. Den Apparat hatte ich bei mir. Der Betriebsleiter sagte: „So, jetzt erzählen Sie mal, warum Sie der Geschäftsleitung einen Zwei-Seiten-Bericht geschrieben haben." Der hatte schon die Beträge eingesetzt, was die Unkosten waren davon, und nun stand er vor dem Nichts. Der Betriebsleiter sagte: „So ein primitives Werkzeug, das schafft der alleine und hundertprozentig gut.

Werkzeugschleiferei (Halle 9), um 1959

Da habe ich mich selbst von überzeugt, und es geht bedeutend flotter und sauberer. Es braucht nicht mehr poliert zu werden." Der Meister des Werkzeugbaus konnte nichts mehr sagen, der war leichenblass. Er sagte: „Da reden wir unter vier Augen noch mal drüber." Da konnte er gehen. Ich durfte mich setzen. Jetzt war ich der Mann. Der Betriebsleiter sagte: „Ich habe ja schon gehört, du hast noch größere Pläne vor." Ich sagte: „ Ja, das habe ich, ich will die mit Transport selbst ziehen lassen, nicht mehr mit der Hand. Mit dem hinteren Schlitten will ich die ziehen lassen oder mehr drücken lassen." Er sagte: „Von mir hast du jede Unterstützung." Ich sagte: „Ich will hochgehen bis 200 oder 250." Er sagte: „Ich stell dir einen Konstrukteur zur Verfügung." Das wurde auch gemacht.

Da haben wir zwei beraten, wie das gemacht wird. Wir haben das Kugelproblem gelöst, hundertprozentig. Die Leute haben die Kugeln hinterher so gerne gemacht wie anderes auch. Vorher war immer Krach: „Ich krieg immer nur die schlechte Arbeit, die Kugeln machen." Meistens klappte das nicht, denn ein Messer kann ja gar nicht so hundertprozentig hergestellt werden. Es muss ja auch mal wieder scharf gemacht werden, und dann sind ja schon Unebenheiten drin.

(Dreher, Jg. 1908)

Auch der beteiligte ehemalige Betriebsleiter erinnert sich noch an die Entwicklung des Apparates für die Anfertigung der Kugeln:

Eine Kugel zu drehen, zu der Zeit, war ja schwierig. Denn wenn Sie eine Kugel drehen wollen, dann haben Sie ja kein Packende um die einzuspannen. Sie können auch nicht wie bei einer Stecknadel einen Pinn lassen und drehen die Kugel, das geht nicht. Also Sie müssen ein Packende machen für den ersten Arbeitsgang, dass Sie die Kugel nun runddrehen oder dass Sie ein Kugelwerkzeug nehmen. Nun haben Sie die eine Seite rund, und jetzt müssen Sie das Werkstück umspannen, müssen das in eine Kalotte aufnehmen, wo das runde Stück reingeht und müssen nun den Anschluss an der höchsten Stelle finden, um dann die Seite drehen zu können, und das muss die Kalotte halten. Was damals der X. machte, der drehte die Kugel von vorne an, von der Mitte an, da drehte er die hoch, bis hinten runter, bis auf das Einspannstück. Dann wurde die Kugel nachher genommen ... dann lässt sie sich verhältnismäßig gut fassen und entsprechend dem Radius bearbeiten. Das war damals schon etwas.

(Technischer Angestellter, Jg. 1912)

Auf Montage

Ich habe selbst eine Reparatur-Kolonne beim Kieserling übernommen. Da waren wir mit sechs bis sieben Mann. Da haben wir die ganzen Teile für die Maschinen geliefert; hier waren die Auslöse-Böckchen oder da war eine Welle kaputt, oder da mussten neue Messing-Büchsen in die Räder oder so etwas. Das haben wir dann mit dieser Reparaturkolonne gemacht, das war für auswärtige Reparaturen. Wir haben die Teile oder kleine Maschinen überholt. Und dann, 1951 bis 1952, bin ich auf Montage gefahren. Zuerst angefangen habe ich bei dem Dr. Hermann Müller. Das war an und für sich der beste Kunde vom Kieserling. Das ist in Berg-Neustadt.

Ab 1953/54 bin ich auch ins Ausland gefahren. Ich habe damals die erste halbautomatische Felgenanlage bei FIAT in Turin aufgebaut. Und dann hat FIAT später noch mal eine vollautomatische Felgenanlage bekommen. Die habe ich da aufgestellt. Die erste machte so 400 Stück die Stunde. Und die spätere, die machte 600 Stück die Stunde. Die heutigen machen, glaube ich, 1.000 Stück pro Stunde, die automatischen Felgenanlagen. (...)

Da war der Leiter vom Verkauf, der hat mich gefragt. Wir haben uns persönlich gekannt. Da sagte er: „Hast du keine Lust, auf Montage zu fahren?" Da habe ich ja gesagt. Und da kann Ihnen meine Frau sicher noch was erzählen. Also, wenn ich des Samstags wiederkam, des Sonntags musste ich schon wieder irgendwo anders hin. Also, dass wir kaum einen Tag hier zusammenwaren. Hier war ich Weihnachten und Pfingsten. Mehr war ich nicht hier. Ich meine, wir haben gut verdient, das sehe ich auch heute an meiner Rente. Weil, wenn Sie draußen sind, ob da Feiertag ist oder Sonntag oder Samstag, wenn Sie Arbeit haben, wird gearbeitet. Und weil ja auch immer Termine im Rücken stehen.

Abladen einer schweren Kieserling Kurbelpresse bei einer Coburger Firma um 1964. Für die Installation der Presse musste die Fabrikwand eingerissen werden.

Ich kann heute sagen, dass meine Rente höher ist als bei denen, die im Betrieb gewesen sind. Es hat sich doch etwas ausgezahlt, so finanziell ...

Wenn Sie so bedenken, wir haben uns schon zwei- oder dreimal einrichten müssen. Wir haben erst angefangen mit alten selbstgebastelten Sachen. Das hat natürlich finanziell etwas getragen.

Die Frau des Maschinenschlossers, die während des gesamten Gesprächs anwesend war, schaltete sich ein:

Aber ich will auch ehrlich sein, ich würde jedem jungen Ehepaar davon abraten, das so zu machen. Denn es hat später die Ausmaße angenommen, dass wir uns ein halbes Jahr oft überhaupt nicht gesehen haben, oft auch länger, wenn er im Ausland war.

Wie ich in Japan war, das hat ja über ein halbes Jahr gedauert. Oder Piombino, zwei Jahre hat es gedauert. Oder wie ich in England war, da hat es über sechs Monate gedauert.

Nochmals die Ehefrau:

Das ist natürlich so. Wenn kein Kind da ist, dann ist das halb so schlimm, dann kann man schon mal mitfahren. Aber wenn dann ein Kind da ist, das hat ja nicht viel vom Vater. Wir haben dann natürlich jede Gelegenheit wahrgenommen, ihn zu besuchen, wo es möglich war. Also über den Teich konnten wir ja nun nicht.

In Turin bei FIAT war es so: Wochentags haben wir gearbeitet, also tagsüber. Und des Samstags wurde meistens auch gearbeitet, weil ja alles immer unter Termin stand. Und des Sonntags morgens kamen dann die Vorgesetzten von FIAT, die Abteilungsleiter und der die Montage unter sich hatte. Dann kamen wir dann um 8.00 Uhr sonntags morgens zusammen. Bis 12.00 Uhr haben wir dann alles besprochen, was in der Woche gemacht worden ist und was in der nächstfolgenden Woche vorgesehen war, was wir machen sollten. Also haben wir uns gar nicht umgezogen und haben auch nicht gearbeitet, sondern haben nur dagesessen und haben uns da drüber unterhalten. Da wurde dann ein Glas Wein bei getrunken. Das war natürlich für mich Arbeitszeit. Die wurde auch von FIAT bezahlt, die Zeit. Ich habe mit den italienischen Arbeitern zusammen gearbeitet. Die italienische Sprache habe ich da etwas gelernt, und dann konnte ich mich auch ganz gut mit den Italienern unterhalten. Bis sechs Uhr haben wir meistens gearbeitet. Wenn irgendetwas kaputtgegangen ist, mussten wir ja länger arbeiten. Freizeit war an und für sich nicht viel. Dann sind wir abends essen gegangen, gut essen gegangen. Das muss ich ehrlich sagen, das haben wir überall, in Italien oder Frankreich ...

Montageschlosser der Fa. Kieserling (links) mit Frau und zwei Mitarbeitern der Fa. Fiat in Turin, um 1958. Die Aufnahme entstand anlässlich des Betriebsfestes der Felgenabteilung der Fa. Fiat.

An und für sich hatten wir es am schönsten immer in Italien, weil ich ja auch die Sprache, sagen wir mal dreiviertel, verstehen konnte. Englisch spreche ich auch ein bisschen. In England bin ich auch zurechtgekommen. Aber das war doch ein bisschen schwerer in England. Ich weiß es nicht, in England, das ganze Milieu, also ich weiß es nicht. Obwohl wir auch guten Kontakt zu dem Betriebsleiter hatten. Bei der Firma Ford, das war ein Österreicher, der hat uns schon eingeladen,

Einzelteile einer Kieserling Rohr-Adjustage-Anlage in einer neu errichteten Werkhalle der Fa. Italsider bei Piombino, Italien. Der Monteur der Fa. Kieserling war insgesamt zwei Jahre mit der Installation von drei solcher Anlagen beschäftigt.

und so. Und dann bin ich mal in Birmingham gewesen, da wurden Rohre gefertigt. Da war eine Rohradjustage-Anlage von uns. Da wurde mir, was ich sehr nett empfunden habe, ein 60jähriger Ingenieur - der da so ungefähr das Gnadenbrot gegessen hat, den sie nicht entlassen wollten, aber der auch nicht immer arbeiten brauchte -, der wurde mir zugeteilt. Und wenn dann so Teezeit war, dann kam der Jo: „ It's tea-time now." Also der hat mich so richtig bemuttert, und des Abends hat er mich dann eingeladen. Die hatten unter der Fabrik einen großen Saal, da war Billard und alles, Flipper, und wie man das alles nennt. Da trafen die sich mit ihren Frauen, und dann wurden die Oldtimer-Tänze gemacht. Also, das habe ich als nett empfunden. Der hat sich wirklich um mich gekümmert. Dann hat er mir noch drei Päckchen Tee mitgegeben. War ich froh, dass sie mich beim Zoll nicht kontrolliert haben.

In Indien war ich auch. In Indien, das war eine ganz fatale Angelegenheit. Da sollte ich eine Presse überholen. Das war eine Reparationsmaschine, die sie hier in Deutschland abgeholt haben. Da komme ich da an, und da ist das eine Kieserling-Presse mit einer Schuler-Kupplung. Und das geht ja nicht, also das ist ein Ding der Unmöglichkeit. Der wollte so Wagenräder machen. Da hinten hatten sie doch die Karren, die sie so ziehen, wo sie dann so Räder mit Felgen drauf haben, also die wollte der da herstellen. Und da kein Hotel

Montageschlosser der Fa. Kieserling (Bildmitte) mit den Mitarbeitern einer japanischen Firma, um 1958. Nach der Inbetriebnahme der Maschine wurde mit der gesamten Belegschaft gefeiert.

in der Stadt war, wohnte ich bei dem. Der hatte mich in Bombay abgeholt, der Besitzer. Da habe ich bei ihm in der Villa gewohnt, eine ganz phantastische Villa. Da habe ich auch gegessen. Abends lief da der Schäferhund rum, da konnte ich nicht mehr heraus, also da war ich wie im goldenen Gefängnis. Da war ich froh, wie ich da wieder weg war. Mittags gab es meistens Reis und Erbsen. Auf dem ganz großen Tisch lagen alles grüne Bananen, die schmeckten an und für sich ganz gut. Aber keine Zeitschriften hatte ich da. Ich hatte ein wunderbares, klimatisiertes Zimmer; aber ich konnte nirgendwo hingehen, ich konnte nicht in die Stadt. Ich war wie im Gefängnis da. Da war ich froh, wie die sechsTage herum waren. Einmal habe ich ihm das gesagt, und da ist der mit mir in die Stadt gefahren. Da haben wir da gegessen. Nachher sind wir ins Geschäft gegangen, und da hat er mir da den Elefant und eine silberne Kette gekauft. Da war er nett. Da hat er sich wirklich erkenntlich gezeigt. Aber das Wohnen, das war nichts. (...)

Als ich in Japan war, da kriegte ich ein Telegramm, ich müsste nach Australien, zur Firma Bosch. Und dann flog ich nach den Philippinen, nach Manila. Da musste ich dann eine Nacht übernachten. Und dann flog ich mit der Quantas nach Melbourne runter. Also, da habe ich ein Zimmer frei gehabt und ein Taschengeld in Manila. Und das war auch ganz nett. Und da bin ich auch sehr

Montageschlosser der Fa. Kieserling bei der Besichtigung einer Tempelanlage in Japan.

nett aufgenommen worden. Von Bosch die Vorgesetzten sprachen deutsch. Der Betriebsleiter, der ist mit mir in die Oper gefahren nach Melbourne. Aber was gespielt wurde, das weiß ich nicht mehr. Und in der Kantine gab es Schwarzbrot, Blutwurst und Leberwurst ...

Bei Opel bin ich auch über fünf Jahre gewesen, als die ganzen Pressen aufgebaut worden sind; Opel in Rüsselsheim und hier in Bochum. Da hatten wir schon ein Auto in der Zeit. Da sind wir jeden Morgen hingefahren und jeden Abend nach Hause gefahren. Wir hatten aber trotzdem ein Zimmer da, für den Fall, dass wir mal später fertig wurden. Nach Rüsselsheim sind wir mit Motorrad und Beiwagen gefahren.

Sie kennen ja hier das Wetter. Wenn wir in den Taunus kamen oder unten ankamen, dann haben wir die Stiefel ausgezogen und das Wasser ausgekippt. Da haben wir gesagt, hätten wir doch so einen Kabinenroller. Da hätte man sich gefreut, dann wären wir trocken da heruntergekommen. Aber das war auch an und für sich eine gute Zeit da in Rüsselsheim, aber auch viel Arbeit. Da haben wir manche Nacht ... und abends bis 12.00 Uhr. Da waren immer Termine gesetzt, dann mussten die Maschinen fertig sein.(...)

Einmal bin ich auch bei FIAT gewesen. Da war eine Rohrabstechbank, da werden die Rohre auf bestimmte Längen abgestochen. Die kannte ich auch nicht, die Maschine. Da sagte der Betriebsleiter zu mir: „Ach, guck mal, dann brauchen wir keinen herunterzuschicken. Vielleicht gelingt es dir.“ Dann bin ich dahingekommen und habe mir die Betriebsanleitung geben lassen. Ich habe dann zu dem Haupt-Vorgesetzten gesagt: „Ich muss erst mal das Öl warm werden lassen. Die Maschine muss ich zwei bis drei Stunden laufen lassen, damit das Öl warm wird, damit die auch funktionsfähig ist.“ Da hat er gesagt: „Ja, ist gut, rufen Sie mich dann, wenn Sie soweit sind.“ Und da habe ich die Maschine angestellt und habe mir die Betriebsanleitung genommen. Ich habe dann jedes Blatt studiert. Dann habe ich die Hydraulik ein bisschen kontrolliert. Wie ich nun drin war, Bescheid wusste, da habe ich den gerufen und habe denen die Maschine vorgeführt. Das sind dann so die Tricks. Das muss man dann ein bisschen überbrücken, und es hat geklappt. Umgekehrt ist es auch gewesen. Das war, glaube ich, auch bei FIAT. Das war eine Wellenschälmaschine. Die habe ich aufgebaut, habe sie in Betrieb genommen und fang an zu schälen. Es funktionierte nicht. Da hatte auch der Betriebsleiter gesagt: „Stell sie mal auf, und wenn du nicht klarkommst, kommt jemand herunter.“ Und das funktionierte nicht. Und dann habe ich den Kieserling angerufen, den Vertreter von Kieserling, und dann ist der heruntergekommen, der die Maschine gebaut hat, der auch später in der Inspektion war. Der hat zu mir gesagt: „Die Schablone stimmt nicht, du musst die Messer 5 Millimeter vorstellen.“ Das hat der getan. Dann ging das Dingen. Das hätte der mir auch telefonisch sagen können.

(Maschinenschlosser, Jg. 1917)

Pause an der Werkbank. Die Aufnahme entstand um 1953.

Die andere Geschichte der Arbeit

„... dadurch wurde aber die Arbeit nicht vernachlässigt."

Ja, als Junge hat man schon mal Blödsinn gemacht. Z.B. wie ich in der Abteilung L. war, da ist es passiert, dass ich des Mittags meinen Henkelmann kriegen will, und der war nicht mehr da. Und wie ich den gesucht habe, da hatten sie mir den am Kran ... Den müssen sie mit den Ketten hochziehen, ganz bis oben hin. Das dauert eine Viertelstunde, bis sie den wieder runterhaben. Und dann habe ich dem N. N. - ich wusste, dass das der N. N. war -, dann habe ich dem eines Abends - wenn wir die Schuhe auszogen, stellten wir die unter die Bank -, dann habe ich so einen vierzölligen Nagel geholt und hab den ganz hereingeschlagen. Dann musste der mit den alten Schuhen nach Hause gehen, mit seinen Arbeitsschuhen.

An der Karusseldrehbank bin ich auch eine Zeit gewesen. Wenn wir Spätschicht hatten ... da war über der Karusseldrehbank noch eine Abteilung, das war die Abteilung, wo die Messer für die Gewindeschneidbacken gemacht wurden. Da bestand die Möglichkeit - wenn sie jetzt unten am Messen waren, wenn sie z.B. eine Bohrung ausgemessen haben -, dass sie von oben auf einmal einen Eimer Wasser über den Kopf gekriegt haben. Dann haben wir uns über die Maschine einen Regenschirm aufgespannt, damit wir nicht so nass wurden. (...)

Da war noch ein alter Meister, der hatte die Aufsicht in der Spätschicht. Wir hatten so ein paar alte Eimer; und wenn der Meister so gemütlich durch den Gang ging, dann haben wir irgendwo den Eimer hingeschmissen, damit der einen Schreck kriegte und sich ein bisschen aufregt.

(Maschinenschlosser, Jg. 1917)

Wir hatten einen alten Mann, der kam von Burg - wir hatten Werkbänke, da konnte man unten drin seine Sachen ablegen -, der hatte sich da ein Bett gemacht, mit einer Tür, da konnte er reinkriechen. In der Mittagspause schlief der da. Eines Tages, als der gerade wieder schlief, kamen einige und haben die Tür einfach zugenagelt. Der konnte dann natürlich nicht mehr raus ... Was früher alles passiert ist, gegenüber heute ... Das wäre heute nicht mehr denkbar, dann wäre man direkt draußen, aber früher ... da wurde viel, viel Blödsinn gemacht, das muss ich sagen.

(Maschinenschlosser, Jg. 1911)

Da kamen dann fünf der sechs Platten auf die Bank, und dann hatte man vier oder fünf Stunden Ruhe, dann konnte man ruhig spazierengehen. Man ging dann durch den Betrieb zu den Kollegen und unterhielt sich was. Oder der Meister kam und man unterhielt sich ein bisschen mit ihm. Wenn man es richtig verstand, die Platten zu befestigen, brauchte man keine Angst zu haben ... es konnte höchstens passieren, dass der Stahl kaputtging. Aber mir ist da nie etwas passiert. (...)

Man musste immer Arbeit vortäuschen, immer irgendwie etwas anfassen. Ich kannte ja verschiedene Kollegen an den Bohrwerken. Ich tat dann so, als wenn ich etwas von denen haben wollte, das geht mal für eine Viertelstunde.

Wir hatten ja auch alle unser Buch, wo die einzelnen Positionen reingeschrieben wurden, der Akkordpreis usw. Da habe ich mir dann ein Blatt von der Zeitung reingetan, dann fiel das nicht so auf. Die Bildzeitung wurde auf der Toilette gelesen. Die Bildzeitung ging von 7.00 Uhr bis 9.00 Uhr von Hand zu Hand in den einzelnen Abteilungen ... immer zur Toilette. Das wusste sogar der Betriebsleiter. Aber die konnten nichts ändern. Der hat mir mal persönlich gesagt: „Die Bildzeitung macht uns noch kaputt. Im Laufe der Jahre gehen uns da tausende Stunden unproduktiv vor die Hunde." Ja, ja, die Bildzeitung ... das ist nicht mein Blättchen ... die kann man einem Analphabeten vorsetzen.

(Maschinenarbeiter, Jg. 1905)

Als ich 1919 anfing, war da noch eine Dampfmaschine mit einem Gasgenerator. Der ganze mechanische Betrieb wurde von der Dampfmaschine mit Kraft versorgt. Von der Hauptwelle, also von der Dampfmaschine aus, gingen die Wellen raus, auf so große Seilräder. Das waren zwei nebeneinander. Das waren vier Seile. Die liefen dann weiter, wieder auf vier Seile, und von diesen Seilen an war eine Transmission. (...) Morgens, wenn die Hupe ging, dann fing die an zu laufen, und es dauerte einen Augenblick, dann konnten wir arbeiten. Und wenn wir dann unter mehreren waren - das war später, als die Dreherei etwas größer wurde -, dann setzten wir ordentlich an, da wurde das immer langsamer. Da kriegten wir die Maschine zum Stillstand. Die hatte ja noch nicht genügend Dampf, wenn der morgens früh dran war.

(Dreher, Jg. 1908)

Als ich die Lehre aus hatte, da bin ich in die größere Gießerei gekommen. Und da wurde ich dann unter die Fittiche genommen, sozusagen. Da war ich hier bei dem Kollegen N. N., wir beide arbeiteten zusammen. Zwei oder drei Mann können ruhig an einem großen Stück arbeiten. Da gibt es immer abwechselnde Arbeiten, der macht das, und der macht das. Und da war eine so phantastische Belegschaft - also wenn ich mir das heute überlege -, die so wie Pech und Schwefel zusammenhielt. Man war richtig als Kumpel angenommen.

Und das war also auch eine schöne Gesellenzeit. Dann lernte man auch ein bisschen was trinken ... drei Flaschen Bier am Tag, nicht, und auch schon mal ein Schnäpschen. Ich kann mich nicht entsinnen, dass man uns das mal verboten hat. Denn es wurde ja auch nicht übertrieben. Es passierten nie irgendwelche Unfälle, die darauf schließen ließen, auf ein bisschen Alkoholgenuss. Wir haben schon schwere Unfälle mal gehabt, wo später der Meister wegen noch schwer verbrannt wurde. Aber Alkohol war nicht die Ursache. Das war eine ganz andere Ursache, die ich auch nicht erklären kann.

(Former, Jg. 1909)

Wenn man (in der Gießerei, d. Hrsg.) die Form rausnimmt, legt man überall Brettchen hin. Aber da geht dann immer so viel kaputt, was man wieder ausflicken muss. Man hat dann seinen Wasserpott da stehen ... da ist ein Pinsel, und dann tut man immer so ein bisschen Wasser dran. Nicht immer ist da Wasser drin, nicht immer. Denn die Former, die tranken ja gerne mal einen. Und da hatten wir besonders einen, man wunderte sich immer, dass der immer so besoffen war - da hat man sich tatsächlich gewundert. Der hatte einen Wasserpott, der

war sauber, da war Schnaps drin ... und in dem anderen, da war die Schwärze drin, die Schwärze, die man später braucht, wenn die Form ausgebessert wurde.

Da hatte der so einen Pott mit Schwärze stehen, da war auch ein Pinsel drin. Und in dem Pott, wo der Schnaps drin war, da war auch ein Pinsel drin, ein sauberer Pinsel drin ... und machen Sie mal einen Pinsel, ungefähr von der Dicke, in den Pott, und dann saugen Sie den so platt, dann haben Sie ein Schnapsgläschen voll. Und da hat er sich mal vertan, dann hat der den Schwärzepinsel in den Schnapspott rein getan. Das war vielleicht ein „Schnaps-Backen". Der war ständig besoffen; aber da ist nichts passiert bei dem.

(Former, Jg. 1909)

Weihnachtsfeier des Technischen Büros im Jahre 1937. Drei Personen tragen Uniform.

Da waren ja auch schon mal ältere Leute, die schon etwas kompliziertere, kleinere Sachen da in der Formerei gemacht haben ... Und die brachten auch schon mal einen Hund mit. Also, wenn da morgens einer reinkam, durch den Pförtner, mit einem Hund, der ging ohne Hund natürlich wieder nach Hause; der ging ohne Hund nach Hause, nicht ... Der wurde da geschlachtet ... Wenn ich heute darüber nachdenke, dann tut mir das ja leid ... Aber damals, da hat man das als junger Bursche gar nicht so empfunden ... Jedenfalls, man sah dann schon mal unseren Lehrmeister, da lief der mit so einem Knochen herum, nicht ... der hatte immer einen Knochen ... Ich denke immer, was essen die da - den Hund?

Ja, der Hund, den haben sie dann in der ... Da war so eine kleine Abteilung, so ein bisschen abgeteilt, das war die Kernmacherei. Und in dieser Kernmacherei, da waren auch die Öfen, wo die Kerne drin gebrannt (getrocknet, d. Hrsg.) wurden, die später in die Formen herein kamen. Und in den Öfen wurden nicht nur Kerne gebrannt, sondern da wurde auch noch Hundefleisch gebraten. Ja ..., und da kann ich mich noch gut dran erinnern ... das ist nicht nur einmal, das ist mehrere Male passiert ... Na ja, einmal hat mir mal einer ein Stückchen mitgegeben ... ich habe das auch gegessen. Ich habe mir aber nichts dabei gedacht ...

(Former, Jg. 1909)

Die hatten auch einen, der kam aus Cronenberg. Wenn etwas gemacht wurde, dann musste der meistens mit dran glauben. Die älteren Arbeiter haben dann schon mal die Maschine unter Strom gesetzt. Wenn der dann kam, bekam der einen gewischt. Oder die sind hergegangen und haben selbst am Strom angefasst und einem anderen dann über die Nase gestrichen. Der bekam dann natürlich auch einen Stromschlag. Solche Stücke sind da passiert.

(Maschinenschlosser, Jg. 1911)

Früher wurde ja bei uns im Betrieb Bier verkauft, da konnte man Flaschenbier kaufen. In späteren Jahren nicht mehr; als das immer rasanter wurde, da hörte das auf. Das war in der Werkzeugausgabe. Der hatte da nebenbei noch ein Geschäft. Das war von der Firma aus gestattet. Da war noch wöchentliche Löhnung. Da waren welche, wenn die beim Pförtner rauswollten, dann standen die Frauen schon da. Wenn die das merkten, dann gingen die wieder rein und kletterten auf der anderen Seite über die Mauer, und dann waren die in der Stadt. Die Frauen, die warteten auf das Geld. Das waren Subjekte; man kann sie aber nicht alle über einen Kamm scheren. Der eine ist enthaltsam, der weiß, wie weit er geht, und der andere, der fällt aus der Rolle.

Später haben wir ja Kästen dahingestellt bekommen, wo Kaffee drin war und Limonade; da hörte das mit dem Bier schon auf. In dem laufenden Betrieb kann man ja keinen Alkohol trinken.

(Dreher, Jg. 1908)

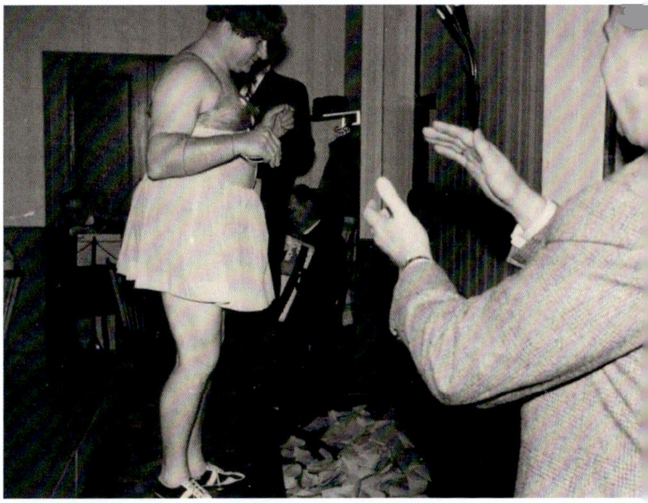

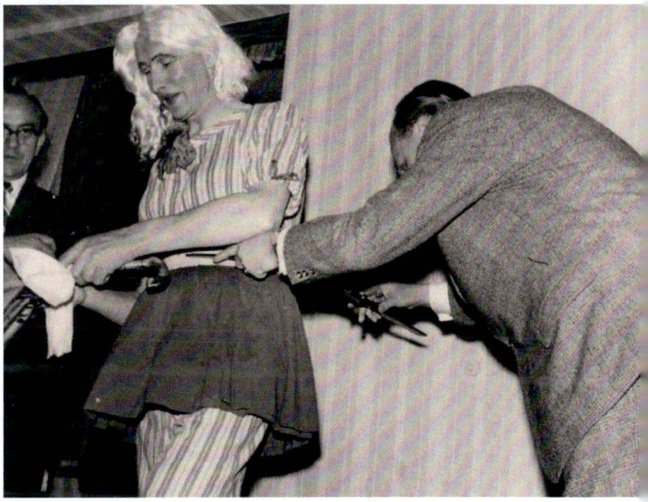

„Miss-Wahl“ auf einer Karnevalsfeier Anfang der 1960er Jahre

Weihnachtsfeier Anfang der 1960er Jahre

Was auch immer schön war, das waren die Weihnachtsfeiern, die wir selbst veranstaltet haben. Ich habe immer dafür gesorgt, dass ein Weihnachtsbaum da war. Ich hatte Verbindung nach Dabringhausen, da war eine Baumschule und da holte ich den Weihnachtsbaum. Wenn es an der Zeit war, kamen schon die Kollegen und sagten, ich sollte eine Blautanne mitbringen. Ich habe dann immer säckeweise Blautannen mitgebracht. Folgendes vergesse ich auch nicht: Wir hatten Rohre genommen, die hatten alle einen anderen Klang. Dann wurde ein Kollege beauftragt, stille Nacht, heilige Nacht auf den Rohren zu spielen. Das war etwas Herrliches. Das war einmalig."

(Maschinenschlosser, Jg. 1919)

„Frei sein muss der Busch." Für die Bezahlung der Überstunden wurde von einigen Arbeitern ein Sonderkonto eingerichtet, von dem die Ehefrauen nichts wussten.

Ja, das war eine schöne Zeit bei der Firma Kieserling. Die Leute, die damals in der Ausgabe waren, die konnten auch Bier verkaufen, das gibt es ja heute nicht mehr. Heute gibt es ja überhaupt keinen Alkohol mehr bei der Firma Kieserling. Das haben sich die Leute selbst versaut ... die sich dann unbegrenzt voll laufen ließen ... dann war Feierabend. Wir haben früher sehr viel Spaß bekommen, wir haben auch schon mal ein oder zwei Flaschen Bier getrunken, dann war aber Schluss. Ja, es war wirklich ein schönes Arbeiten bei Kieserling. Das muss ich immer wieder sagen.
(Maschinenarbeiter, Jg. 1919)

Weihnachtskonzert, o.J.

Wir haben Bier geholt und Schnaps, Bratwurst usw. Das sollte man nicht, das war klar. Als ich das erste Jahr da war, da konnte ich unten die Bohrwerke sehen ... Da pfiff dann manchmal einer auf den Fingern, dann wusste ich schon Bescheid, dass ich was holen musste. Wir gingen dann über die Mauer an der Ecke Schulstraße. Da wurde ein Schoppen geholt und dann wieder zurück. Das Bier bekamen wir an der (Fabrik-, d. Hrsg.) Mauer (an der Eisenstraße, d. Hrsg.), da war ein Schalter, und gegenüber der Mauer war ein Geschäft. Dort drückten wir auf einen Knopf, und dann kam jemand. Da sind Sachen geholt worden ... Oh, die hatten durch Kieserling ein gutes Geschäft. Da ist so mancher Kasten Bier geholt worden. Im Krieg war das auch noch. Da hatten einige bei uns im Betrieb ein Konto bei der Frau, da wurde dann immer aufgeschrieben. Die gingen dann am Monatsende und bezahlten. (...)

In der Reparaturabteilung, da haben mal zwei Mann an einem Nachmittag einen ganzen Kasten Bier leergemacht. Zeitweise, wenn die es draufhatten, dann wurde viel getrunken. (...) Im Großen und Ganzen ging das immer noch. Ich meine, es waren auch einige, die dann wirklich betrunken nach Hause gingen. Das wurde dann immer von anderen vertuscht, damit keiner etwas merkte. Die Kameradschaft war schon in Ordnung, damals.
(Maschinenschlosser, Jg. 1911)

Glückwunschkarte zum Geburtstag eines Montageschlossers um 1958

Biertrinken an Gieß-Tagen:

Nach den bestehenden Vorschriften des Gewerbeaussichtsamtes ist wegen der damit verbundenen Unfallgefahr der Bierverkauf an Gieß-Tagen nicht gestattet. Ein entsprechender Anschlag soll in der Gießerei zum Aushang kommen.

(Protokoll Betriebsratssitzung 8. Okt. 1954)

Außenseiter waren ja immer dabei -, der störte das Betriebsklima in der Abteilung. Freitagabends spannte der sich Platten auf, die er Samstagmorgens hobelte. Der war aber meistens schon Freitagabends beschickert, der spannte die dann nicht so fest, wie sich das gehörte. Wenn der dann samstags anfing, dann flog das ganze Zeug über die Bank. Der Betriebsleiter kam dann und ordnete verschärfte Maßnahmen an. Wir mussten dann darunter leiden, wegen dieses Kollegen. Das Betriebsklima wurde durch einige Außenseiter gestört. Der hatte dann durch den Alkohol, den er getrunken hatte, keine Übersicht mehr. Die Platten flogen herum, und die Firma hatte den Schaden. (...) Anfangs konnte man Alkohol an der Ausgabe kaufen, später wurde das verboten. Wer beim Alkoholgenuss erwischt wurde, der konnte mit einer fristlosen Kündigung rechnen.

Die wollten auch das Rauchen verbieten. Ich habe immer geraucht und habe mich nicht daran gestört. Der Hölzer kam jeden Morgen vorbei, wenn ich meine Zigarette rauchte. Der hat aber nie etwas gesagt. Ich hätte mir auch nicht die Zigarette verbieten lassen. Dann wäre ich lieber gegangen. Die haben das auch nicht versucht.

(Maschinenarbeiter, Jg. 1905)

Da war ein Meister... Wenn unser Direktor durch die Abteilung ging, dann schnappte der sich - egal, was es war - ein Stück Material, nahm es auf den Buckel und lief ein paarmal an dem Direktor vorbei, damit der auch sah, dass er arbeitet. Es gibt solche Menschen, aber das war mir nicht gegeben, so etwas. Nein, das habe ich niemals gemacht.

(Dreher, Jg. 1908)

Der N. N., der ließ andere arbeiten, und er hat das Geld verdient. Da haben wir Maschinen gebaut, und dann hat der Gewinde geschnitten. Im Sommer, wenn es warm war, dann hat der sich einen Eimer Wasser geholt, die Strümpfe ausgezogen, Beine in das Wasser gestellt, und dann hat der Gewinde geschnitten. Das war ja eigentlich keine Arbeit für ihn, das war ja für einen jungen Burschen Arbeit... Dann hat der Gewinde geschnitten. Wo er nicht drankam, wurde es ihm zu lästig. Dann hat er nachher die Jungen für ausgeschimpft, die hätten das unterlassen. So ein Vogel war das ...

(Maschinenschlosser, Jg. 1906)

Wir haben damals - ZKPU hießen die Maschinen - große Pressen für Opel gemacht. Die wurden auf ein Montageloch gesetzt, wir mussten ja von unten arbeiten. Und wir hatten allerhand Leute dort, Lehrjungen usw. Wir waren dann immer so richtig schön in Stimmung, die Arbeit lief und klappte.

Und dann wedelte einer mit der Hand, dann wussten die meisten, was los war. Wir haben dann einen Lehrjungen weggeschickt, der musste Rollmöpse holen. Der lief dann zur Schwertstraße, zum „Hüört ens", und holte dann einige Rollmöpse mit Brötchen. Es wurde auch schon mal einer weggeschickt, der musste Pferdewürstchen holen. Das wurde dann mal zwischendurch gemacht. Dadurch wurde aber die Arbeit nicht vernachlässigt.

(Maschinenarbeiter, Jg. 1909)

Damals stand der eine für den anderen mehr als heute. Das waren ja alles Menschen, die aus dem Zustand, wo alles kaputt und nichts mehr da war, kamen. Und als man dann wieder ein Dach über dem Kopf hatte und anstatt dem Koksofen sogar einen anderen Ofen und einen gesicherten Arbeitsplatz, als dann vieles selbstverständlich wurde, das Auto, die moderne Wohnung usw., dann kam es schon, dass der eine zum anderen guckte und sagte: „Wie kann der das nur?" Und dann kam später so die Entrüstung über das Besserstehen von anderen. Aber in den 50er Jahren war die Kollegialität noch in Ordnung. Ich muss auch sagen, dass die Achtung der Leute den Vorgesetzten gegenüber, auch mir gegenüber, in Ordnung war. Ich spreche nicht von dem Respekt, den brauchten sie ja nicht zu haben, aber geachtet haben die einen.

(Technischer Angestellter, Jg. 1912)

ARBEITSORDNUNG

TH. KIESERLING & ALBRECHT · SOLINGEN

stand den hierfür bezeichneten Stellen zu übergeben. Der Arbeitgeber kann eine schriftliche Versicherung der Vollständigkeit halber, der Arbeitnehmer eine Empfangsbescheinigung verlangen.

11. Aushändigung von Arbeitspapieren und restlichem Arbeitsengelt

11.1 Der ausscheidende Angestellte erhält gegen Empfangsbescheinigung seine Arbeitspapiere und das restliche Gehalt.

11.2 Der ausscheidende Arbeiter erhält einen Vorschuß etwa in Höhe des Nettoverdienstes der geleisteten Arbeit und eine vorläufige Bescheinigung für seinen neuen Arbeitgeber.

11.3 Die Restzahlung und die Zustellung der Arbeitspapiere erfolgt nach Abrechnung der Lohnperiode, in der der Arbeiter ausgeschieden ist, und zwar an die von ihm angegebene Adresse.

12. Zeugnis

12.1 Der Arbeitnehmer kann nach der Kündigung ein Zeugnis über die Art und Dauer seiner Beschäftigung fordern. Das Zeugnis hat auf sein Verlangen auch über Führung und Leistung Auskunft zu geben.

III. Allgemeine Pflichten und Rechte aus dem Arbeitsverhältnis

13. Nebentätigkeit

13.1 Der Arbeitnehmer braucht die vorherige schriftliche Zustimmung des Arbeitgebers zu Veröffentlichungen in Wort, Schrift und Bild, soweit sie die Interessen des Unternehmens berühren.

14. Geheimhaltungspflicht

14.1 Jeder Arbeitnehmer ist verpflichtet, Geschäfts- und Betriebsgeheimnisse sowie betriebliche Angelegenheiten vertraulicher Natur geheimzuhalten und ausschließlich für betriebliche Zwecke zu verwerten.

6

Die Verschwiegenheitspflicht gilt auch Werksangehörigen gegenüber. Sie bleibt auch nach Beendigung des Arbeitsverhältnisses bestehen.

15. Gefälligkeitsleistungen

15.1 Kein Arbeitnehmer darf Geschenke oder andere Vorteile von Personen oder Firmen fordern, sich versprechen lassen oder annehmen, die zu unserem Unternehmen eine Geschäftsverbindung anstreben oder unterhalten.

15.2 Das gilt nicht für übliche Gelegenheitsgeschenke von geringem Wert.

IV. Arbeitszeit

16. Regelmäßige Arbeitszeit

16.1 Die Dauer der regelmäßigen Arbeitszeit richtet sich nach den gesetzlichen und tariflichen Bestimmungen. Beginn und Ende der regelmäßigen Arbeitszeit und der Pause sind mit dem Betriebsrat vereinbart (§ 56 BVG) und werden durch Anschlag bekanntgemacht. Änderungen werden in der gleichen Weise bekanntgegeben.

16.2 Für Beginn und Ende der täglichen Arbeitszeit ist die Werksuhr maßgebend. Da sich die Kontrolluhren nicht am Arbeitsplatz befinden, müssen zwischen Stempelaufdruck und Arbeitsaufnahme mindestens fünf Minuten und zwischen Beendigung der Arbeit und Stempelaufdruck auf der Kontrollkarte mindestens 10 Minuten ausgewiesen sein. Sonderreglungen werden zwischen Geschäftsleitung oder deren Beauftragten und dem Betriebsrat vereinbart.

16.3 Wer zu spät kommt, hat dieses sofort seinem Vorgesetzten mitzuteilen.
Bei Lohnempfängern, die zu spät kommen, beginnt die bezahlte Arbeitszeit erst mit der nächsten Viertelstunde unter Berücksichtigung von Ziff. 16.2.

16.4 Jeder gewerbliche Arbeitnehmer ist verpflichtet, die für ihn bestimmte Kontrolleinrichtung zu benutzen. Es ist unzulässig, die Karte eines anderen Belegschaftsmitglieds mitzustempeln.

7

17. Unterbrechung der Arbeitszeit

17.1 Wer das Werk vor Ende der geregelten Arbeitszeit verläßt, wenn auch nur vorübergehend, hat einen Passierschein auszufüllen und ihn von seinem Vorgesetzten unterzeichnen zu lassen.

17.2 Der Passierschein ist beim Verlassen des Werkes beim Pförtner abzugeben. Eine evtl. Rückkehr wird vom Pförtner mit der Angabe der Uhrzeit vermerkt.

17.3 Passierscheine, die von einem Arzt abzustempeln sind, sind bei der Rückkehr beim Pförtner abzugeben.

17.4 Als Ein- und Ausgang wird nur der Haupteingang beim Pförtner benutzt, nicht aber der Durchgang durch die Diele.

V. Arbeitsentgelt

18. Abrechnungszeitraum — Zeit der Auszahlung

18.1 Der Abrechnungszeitraum für Löhne und Gehälter und die Tage der Auszahlung werden zwischen Geschäftsleitung und Betriebsrat in einer besonderen Vereinbarung, die als Anlage dieser Arbeitsordnung beigefügt ist, festgelegt.

19. Abzüge

19.1 Vom Lohn und Gehalt werden einbehalten und abgeführt:
a) die gesetzlichen Abzüge
b) Beträge aufgrund einer Betriebsvereinbarung
c) Lohnpfändungen und -abtretungen, wobei die Rechtmäßigkeit nicht geprüft wird.

20. Auszahlung

20.1 Lohn- und Gehaltszahlungen hat der Arbeitnehmer persönlich gegen Quittung in Empfang zu nehmen.

20.2 Soll an Beauftragte gezahlt werden, so müssen sich diese durch eine schriftliche Vollmacht ausweisen. Daraus evtl. entstehende Nachteile trägt der Vollmachtgeber.

8

Auszüge aus der Arbeitsordnung der Fa. Kieserling von 1965

VI. Arbeitsversäumnis, Urlaub

21. Arbeitsversäumnis

21.1 Eine mit Arbeitsunfähigkeit verbundene Erkrankung hat der Arbeitnehmer umgehend der Personalstelle mitzuteilen. Spätestens am dritten Tag der Arbeitsunfähigkeit ist ein ärztliches Zeugnis oder eine Bescheinigung der Krankenkasse vorzulegen.

21.2 Bei Fehlen aus anderen unvorgesehenen Gründen sind der Personalstelle Gründe und voraussichtliche Dauer des Fernbleibens innerhalb einer Dreitagefrist mitzuteilen. Andernfalls gilt der Arbeitnehmer als unentschuldigt.

22. Urlaub

22.1 Die Urlaubsregelung wird jährlich zwischen Geschäftsleitung und Betriebsrat aufgrund der tariflichen Vereinbarungen festgelegt.

VII. Ordnung und Verhalten im Betrieb

23. Bekanntmachungen

23.1 Allgemeine Bekanntmachungen werden an den hierfür vorgesehenen Stellen, die allen Arbeitnehmern zugänglich sind, angeschlagen.

24. Aufenthalt im Betrieb

24.1 Der Arbeitnehmer darf sich nur in den Teilen des Werkes aufhalten, in die ihn seine Beschäftigung führt.

25. Alkohol- und Rauchverbot

25.1 Alkoholische Getränke ins Werk mitzubringen, im Werk zu trinken oder zu verteilen, ist nicht gestattet (Unfallverhütungsvorschriften).

25.2 In feuergefährdeten Betriebsteilen ist das Rauchen nicht gestattet.

9

26. Mißbrauch der Arbeitszeit — Privatarbeiten

26.1 Die Arbeitszeit darf nur für betriebliche Zwecke benutzt werden. Privatarbeiten dürfen ohne vorherige Zustimmung des Arbeitgebers auch außerhalb der Arbeitszeit im Betrieb nicht ausgeführt werden.

27. Privatpost

27.1 Jeder hat seine Privatpost an seine Privatadresse richten zu lassen. Die Firma ist nicht verpflichtet, Privatpost an den Empfänger weiterzuleiten. Sie kann sie an den Absender zurückschicken.

28. Privateigentum

28.1 Privatsachen, die während der Arbeitszeit nicht benötigt werden, sollen nicht in das Werk mitgenommen werden (Versicherung).

28.2 Motorfahrzeuge und Fahrräder sind an den hierfür vorgesehenen Plätzen abzustellen und gegen Diebstahl zu sichern (Versicherung).

29. Schutz des Eigentums

29.1 Zum Schutz des betrieblichen und persönlichen Eigentums können im Einvernehmen mit dem Betriebsrat Kontrollen durchgeführt werden.

30. Ordnung und Sauberkeit

30.1 Arbeitsplatz, Aufenthalts-, Speise- und Waschräume sowie Aborte sind ordentlich und sauber zu halten. Die Arbeitsplätze sind vor Verlassen aufzuräumen.

VIII. Unfall- und Schadenverhütung

31. Arbeits-, Gesundheits- und Unfallschutz

31.1 Die zur Verhütung von Unfällen und Berufskrankheiten sowie für erste Hilfe bei Unfällen erforderlichen Einrichtungen und Arbeitsschutzgeräte werden von der Geschäftsleitung

10

zur Verfügung gestellt. Sie werden in regelmäßigen Abständen von den Sicherheitsbeauftragten überprüft.

Die Belegschaftsmitglieder sind gehalten, diese Einrichtungen und Geräte zu benutzen. Es ist nicht gestattet, sie zu verändern, zu beseitigen oder unwirksam zu machen.

31.2 Mängel an diesen Einrichtungen und Geräten sowie die Nichtbefolgung von Unfallverhütungsvorschriften sind von den Belegschaftsmitgliedern sofort den Sicherheitsbeauftragten zu melden.

31.3 Jeder Beschäftigte hat seine Arbeit in der seiner Abteilung entsprechenden unfallsicheren Berufskleidung einschließlich Schuhwerk zu verrichten.

31.4 Die von der Firma zur Verfügung gestellten Unfallschutzmittel, wie Helme, Brillen, Stiefel, Handschuhe, Schürzen, Kleidung zum Feuerschutz, sind zu tragen und zu pflegen.

31.5 Jeder Unfall und jede auch scheinbar unbedeutende Verletzung ist von dem Betroffenen oder, falls dieser nicht dazu in der Lage ist, von den Zeugen oder demjenigen, der zuerst Kenntnis von dem Unfall erhielt, der Betriebskrankenkasse und den Sicherheitsbeauftragten zu melden. Das gilt für alle Unfälle auf dem Wege von oder zu der Arbeitsstätte. Dabei sind nach Möglichkeit Zeugen des Unfalls zu benennen.

31.6 Die hygienischen Einrichtungen des Betriebes werden laufend überwacht. Alle Belegschaftsmitglieder müssen dazu beitragen, diese Einrichtungen in Ordnung zu halten.

31.7 Die Feuerverhütungsvorschriften sind zu beachten. Feuerlöschanlagen und -Geräte dürfen nicht beseitigt oder unwirksam gemacht werden. Schäden an diesen Einrichtungen sind den Sicherheitsbeauftragten zu melden.

31.8 Bei Verletzungen und plötzlich auftretenden körperlichen Beschwerden, Übelkeit, Schwächezuständen usw. während der Arbeit stehen als erste Hilfe die Sanitätsabteilung der BKK und die Unfallhelfer zur Verfügung.

31.9 In den Abteilungen des Betriebes wird an sichtbaren Stellen ein Hinweis angebracht, wo sich ein Verbandskasten

11

Anlage 1 zur Arbeitsordnung vom 1. Mai 1965

Regelmäßige Arbeitszeit montags bis freitags

1. **Arbeiter**
   Angestellte in Betrieb und Betriebsbüros

Arbeitszeit	Beginn	7.00 Uhr
Frühstückspause	Beginn	9.00 Uhr
	Ende	9.15 Uhr
Mittagspause	Beginn	12.00 Uhr
	Ende	12.30 Uhr
Arbeitszeit	Ende	16.00 Uhr

2. **Schicht**

		Frühschicht	**Spätschicht**
Arbeitszeit	Beginn	6.00 Uhr	14.00 Uhr
Pause	Beginn	9.00 Uhr	20.00 Uhr
	Ende	9.15 Uhr	20.30 Uhr
Arbeitszeit	Ende	14.00 Uhr	23.15 Uhr

3. **Angestellte, die nicht in Betriebsbüros arbeiten**

Arbeitszeit	Beginn	7.45 Uhr
Pause	Beginn	12.30 Uhr
	Ende	13.30 Uhr
Arbeitszeit	Ende	17.00 Uhr

4. **Jugendliche**
   Für Jugendliche gelten andere Arbeitszeiten, die durch Anschlag bekannt gemacht werden.

Solingen, den 15. April 1965

Geschäftsleitung — Betriebsrat

gez. von Bushe gez. i. V. Nassenstein gez. Lück

13

Schweißen eines Maschinenkörpers im Werk Ohligs.
Die Aufnahme entstand im Jahre 1952.

Aspekte der Lohnfrage zwischen Arbeitsvorbereitung und Lohntüte

„Lohnsätze und -beträge ergeben sich weder aus dem Aushandeln zwischen unabhängigen Individuen, noch werden sie unmittelbar vom 'Markt' diktiert. Bei genauer Inspektion erweisen sie sich vielmehr als mehrschichtig: Sie sind zum einen momentaner Ausdruck von Interessenkonflikten und Machtbeziehungen. Zugleich symbolisieren sie den Anspruch auf Teilhabe an gesellschaftlichem Reichtum - Mark und Pfenning bedeuten aber auch Chance und Hoffnung zu individueller Lebensgestaltung und Unabhängigkeit. Dabei sind die jeweiligen Beträge und Summen nicht nur gegenüber Vorgesetzten, sondern auch gegenüber Kollegen ausgehandelt oder durchgesetzt (vor allem beim Gruppenakkord). Löhne symbolisieren Auseinandersetzungen - deren Ergebnisse sie immer auch sind."[11]

Wir hatten immer Arbeit. Ich war keinen Tag in meinen 52½ Jahren erwerbslos. Nur, der Lohn war nicht so angehoben wie z.B. bei Forst. Forst bezahlte besser. Aber wir hatten unsere Arbeit. Das wurde dann ja ungefähr mit den Überstunden ausgeglichen. Ich habe auch schon mal zwischendurch in den Abendstunden in einem anderen Werk gearbeitet. Aber wie ich schon sagte: Die Firma Kieserling hatte immer Arbeit, aber sie zahlte nicht wie andere Unternehmen.

(Dreher, Jg. 1908)

Also, in den 1930er Jahren war das Verhältnis zwischen Firma und Arbeiterschaft ein bisschen gespannt, wegen den Preisen und vor allen Dingen wegen der Kalkulation. Da waren sie meist nicht mit zufrieden. Da haben wir schwere Kämpfe gehabt.

Später ging das besser. Nach dem Krieg war es verhältnismäßig gut. Da hat der Betriebsleiter das eingeführt, dass das aufhörte mit den Minuten, mit dem Minutenakkord (vorgegebene Bearbeitungszeiten, d. Hrsg.). Da haben sie uns freie Bahn gelassen auf ähnlichen Unterlagen. Soundso viel hatten wir gebraucht ... das konnten die Meister auch überprüfen. Wir hatten ja auch Meister-Horizontalbohrer, ist doch klar. Die konnten ja prüfen, wie lange wir daran gearbeitet hatten usw. Da haben wir keinen Akkord mehr gehabt.

(Horizontalbohrer, Jg. 1905)

Das war ein Erlebnis, was mir nicht aus dem Kopf geht ... Ich hatte mir vorgenommen, verdammt noch einmal, ich verdiene zu wenig, da müsste doch bei meiner Arbeit noch ein Groschen dranhängen, ja ... Da hatte ich mir vorgenommen, heute morgen gehst du zum Betriebsleiter. Wenn wir unter uns waren, haben wir uns geduzt. Aber wenn der irgendwie mit mir sprach, dann war das für mich der Betriebsleiter B., das ist klar, nicht. Ich komme die Treppe herauf, mein B., der war nicht da ... Da hatten die unten, in der Halle 6 glaube ich, eine ganz große Bronze-Mutter irgendwie verbohrt. Irgendwie war dem Dreher ein Fehler unterlaufen. Eine riesige Bronze-Mutter, die musste irgendwo eingebaut werden. Ich habe das Dingen allerdings nicht gesehen ... Und da ist der B. hin, morgens. Anstatt direkt in sein Büro, ist der in die Halle 6, und wahrscheinlich war das auch eine eilige Sache ... Und da war der doch fürchterlich

„Die Firma Kieserling hatte immer Arbeit, aber sie zahlte nicht wie andere Unternehmen."

sauer, das kann man sich vorstellen, ja ... Der kriegte dann von oben Druck, das ist doch klar, ja. Dann und dann musste das Ding fertig sein, jetzt wird das vermurkst, ja. Aber ich wusste das doch nicht, dass der B. schon so eine Stimmung hatte. Jetzt kommt der die Treppe rauf, ich war bei dem im Büro. Ich sag: „Morgen, Rudi (Name geändert), wenn man sich des Morgens schon aufregt, dann ist der ganze Tag nichts wert". Da wusste ich nicht, dass der schon sauer war ...

Ja, da haben wir natürlich gefeilscht wegen einem Groschen. Nun weiß ich nicht, habe ich was drauf gekriegt? ... Nein, so: Er sagte: „Wenn ich dir das jetzt gebe, dann muss ich das allen anderen auch geben." Das war immer die Ausrede, ja. (...) Es durfte ja keiner dem anderen sein Lohnbläschen zeigen. Dann wurde der eine schon wieder neidisch, dann ging der auch schon wieder hin ... und dann nahm das so einen Rattenschwanz. Das sagte der auch noch: „Dann kommt so ein Rattenschwanz hinterher ..." Das hat er dann abgelehnt. (...)

Bei uns auf der Abteilung, wenn der N. N. mit den Lohnbläschen kam, dann hat der die immer so gehalten, dass der eine nicht sehen konnte, was der andere verdient ... Warum, weiß ich nicht. Mir war das egal. Von mir durfte jeder wissen, was ich verdiene. So wild war das nämlich gar nicht. Und trotzdem haben wir ja immer Arbeit gehabt. Das ist ja wichtig, nicht. Und wir sind nicht verhungert. Und das ist ja das, was mich immer noch so an der Firma festhält, auch heute noch.

(Former, Jg. 1908)

„Die Vorgabezeitermittlung gewinnt bei Vorliegen einer Leistungsentlohnung besondere Bedeutung. Sie ist aber auch beim Zeitlohn von Wichtigkeit, da ohne Anhaltspunkte über den voraussichtlichen Zeitbedarf weder eine Leistungsüberwachung noch die Verbindung zwischen Arbeitsablaufplanung und Terminplanung hergestellt werden kann."[12]

Die (Zeichnungen für die, d. Hrsg.) Stahlteile, die Rotgussteile und andere Teile wurden auf Laufkarten aufgeklebt. Jedes einzelne Teil wurde auf eine Laufkarte geklebt, und die kamen vorher in die Kalkulation. In der Kalkulation wurde dann gesagt, welche Art von Arbeitsgängen erforderlich waren und wieviel Zeit für den einzelnen Arbeitsgang vorgegeben war. Dann konnte also z.B. ein Dreher, der drei oder vier Karten bekam, anhand der Minuten seine Arbeitsleistung addieren und dann in Relation bringen zu der tatsächlich gebrauchten Arbeitszeit. Danach bestimmte sich sein Lohn für diese bestimmte Zeit.

Die Abschnitte gab er ab. Dann hatte er z.B. für 10.000 Minuten abgegeben, hat aber dafür in Wirklichkeit nur 8.000 Minuten aufgewandt. Er bekam die 10.000 bezahlt. Die Modelle für die Gussteile wurden am Anfang nicht im Akkord gemacht. Das wurde im normalen Lohn hergestellt. Erst in späterer Zeit wurden auch für die Modelle Zeiten vorgegeben. Die wurden aber mehr oder weniger vom Meister geschätzt. Wenn sich der natürlich positiv verschätzte, dann konnten die sich zwischendurch mal auf die faule Haut lagen, also sie brauchten sich nicht anzustrengen.

(Technischer Angestellter, Jg. 1912)

Als ich nun Geselle war, kam ich sofort in den Akkord, in den Stückakkord. Später kam dann der Minutenakkord, da war das System noch besser ausgereift ... Also, da waren die Laufkarten, gelbe Laufkarten, da standen die einzelnen Arbeitsgänge drauf ... vom Absägen bis zum Ende, Bohren oder was zum Schluss war ... Und dann standen dahinter die Vorgabezeiten, z.B. 100 Minuten bekommt der Dreher, der Bohrer kriegt 10 Minuten ... und wenn etwas zum Hobeln war, eventuell 15 Minuten. Da war ja extra die Arbeitsvorbereitung. Mit vier oder fünf Mann saßen die da, die das in Gang setzten.

(Dreher, Jg. 1908)

Arbeiter an der Eisensäge beim Abtrennen von Rohlingen für Drehteile. Die Aufnahme entstand um 1959

Arbeiter an der Flächenschleifmaschine. Die Aufnahme entstand um 1959

Jedes Teil ist vorher kalkuliert worden von der Kalkulation. Es gibt extra Leute, die da sitzen, die kalkulieren das. In der Dreherei, da kann man genau kalkulieren. Da stimmt das sozusagen fast genau, was die kalkulieren. Am Bohrwerk, das kann man auch kalkulieren, aber nicht so genau. Wenn da ein Körper kommt, kann man nie wissen, ist der Körper, das Material hundertprozentig, sind in den Bohrungen harte Stellen drin? Das dauert natürlich viel länger, das kann man vorher nicht wissen. Und früher, in der ersten Zeit hatten wir auch nur ganz primitive Werkzeuge, d.h. nicht so gute Werkzeuge wie später.

Das waren alles Naturstähle, später kamen die Widia-Stähle auf. (...) Wenn ein ganz neuer Körper, eine ganz neue Maschine kam - ein ganz neues Produkt also -, dann kam der Kalkulator mit an die Bank und beobachtete genau die Handhabungen, die wir machten, und notierte sich alles. Meinetwegen, Aufspannung dauert eine Viertelstunde ... das schrieb der sich alles auf. Die Bohrungen, erst Fräsen, dann das ... das schrieb der sich alles auf. Da konnten die nachkalkulieren, so ungefähr wie das ist. Denn so ein Körper, das ist schwer zu kalkulieren.

(Horizontalbohrer, Jg. 1905)

Wenn da nur ein Gehäuse drauf war, dann lief das zwei Stunden. Dann ging der Arbeiter zuerst mal zur Toilette, und dann ging er zum N. N. und sprach über den Fußballclub Nürnberg, und dann hat er sich die Zeitung genommen und gelesen. Und wenn da zwei Bohrwerke zusammenstanden, dann hat man sich abgewechselt. Der eine passte auf, dass keiner kam, und der andere las. Das war ein Arbeitsplatz aus der Zeit, wo der Arbeitsvorbereiter sagen musste: „Den Arbeitsgang von dem Teil ... Ich weiß nicht, so genau kann ich das nicht ausrechnen." Da kamen dann auch Konflikte, wo der Arbeitsvorbereiter auch schon mal „sieben gerade sein ließ" und schrieb dann, wo er meinte, er müsse da zehn Stunden für haben, schrieb er mal acht Stunden rein und dachte, der meldet sich schon. Das war das Verwässern des Leistungslohnes.

(Technischer Angestellter, Jg. 1912)

Es waren ja immer zwei Meinungen. Der Arbeitsvorbereiter sagte: „Eine Stunde." Der Mann an der Maschine sagte: „Da komme ich nicht mit aus." So, wie bekomme ich das nun in die Reihe? Das einfachste Mittel war, da musste jemand her, der soll das mal kontrollieren und prüfen. Das kann man im kleinen Maßstab machen. Sie können aber keine zehn Leute in der Fertigung haben und noch fünf Leute, die dahinterstehen und aufpassen.

Das war also nicht einfach, die Vorgabezeiten oder den Arbeitsablauf, die Begleitkarte mit Arbeitsgängen und mit Zeiten zu programmieren und herzustellen und dann nachher auch in Geld umzuwandeln. Das Geld, was die Leute in die Lohntüte bekamen, dass das nun keinen Hass erzeugte. Das war nicht einfach.

(Technischer Angestellter, Jg. 1912)

Da war so ein lumpiger Hund ... Wir hatten ja die Vorgabekarten, da waren unsere Preise vermerkt. Bei den Walzen, die wir bauten, oder den Zahnrädern - das waren immer mehrere Teile, so 6,7,8 Stück oder 12 - da konnte man etwas rausholen. Einer, der ein bisschen fix war, konnte was rausholen. Und das merkte der Hund. Jetzt kam der - das war doch unmenschlich, so etwas zu tun -, jetzt kam der zu einem - man hatte die Karte schön auf dem Ständer stehen oder auf der Maschine liegen, damit man die vor Augen hatte -, nahm die Karte, sagte keinen Ton, machte den Finger nass, strich über die Zahl, z.B. 500 Minuten und ging mit seinem Blaustift - den konnte man nicht mehr wegmachen - drüber; wir wollen mal annehmen 500 Minuten, jetzt ging der direkt runter auf 400 Minuten, zog mir 100 Minuten ab ...

Da war mal Erwerbslosigkeit, da hatte ich mich auch mal darüber so aufgeregt, da sagte der doch zu mir: „Wenn Sie das nicht machen wollen, dann gehen Sie doch mal zum Pförtner, da stehen 50, die warten auf einen Arbeitsplatz." Ja, was wollte man da machen?

(Dreher, Jg. 1908)

Die Vorgabezeiten waren zu knapp bemessen. Als ich die Revolverdreherei übernahm, als Vorarbeiter, kam ich gegen meinen Meister nicht an. Ich hatte bei dieser Arbeit noch nichts zu tun mit der AV, mit der Arbeitsvorbereitung. Der Meister war zu schisserig, der ließ die Abteilung überhaupt etwas hängen.

Später selbst als Meister:

Hier im Betrieb war ich dann Meister, da konnte ich meine ganze Angelegenheit selbst machen. Ich habe mir einen Schieber angeschafft und habe mich dahintergeklemmt, diese Berechnungen selbst zu machen. Ich habe mich oben auf die Bude gesetzt und die Berechnungen selbst gemacht. Wenn der Mann kam vom Eisenlager mit den Arbeitspapieren und ich sah schon, dass die nicht in Ordnung waren, habe ich den Preis nachgerechnet. Und dann ging ich auf die AV. Ich sagte: „Bitte, rechne den nach, ich komme nicht hin, da fehlt soundso viel dran." Dann rechnete der nach. Ja, dann habe ich das mit denen durchgenommen, das dauerte manchmal Stunden, den Arbeitsgang so, und den Arbeitsgang so. Ich sagte: „Ihr seid mit den Geschwindigkeiten zu hoch gegangen, die Drehzahlen habt ihr zu hoch liegen." Besonders wenn der erste Schnitt drüber ist, die Schlacke drüber war, da musste langsamer gefahren werden. Dann rechneten die die Spanstärke von 15 mm und ich rechnete 10 mm, das war das Höchste, was wir nahmen. Ich sagte: „Da müsst ihr euch nach richten." Wir kamen hinterher immer prima auf einen Nenner. (...) Dann kamen die aus dem Akkord, dass die diesen „Musstrieb" nicht mehr hatten. Die wollten ja auch was verdienen, die hatten Familie. Dadurch konnten die dann ruhiger arbeiten. Gleichzeitig wurde auch der Grundlohn erhöht.

Später habe ich das so gemacht: Da habe ich die noch maschinenmäßig eingeteilt, auch bei den anderen an den größeren Maschinen, also mit Prozenten belegt. Z.B. bekam eine ältere Maschine 30 Prozent, eine andere 20 Prozent oder nur 10 Prozent, so habe ich das machen lassen. Das habe ich alles durchgesetzt. Aber das dauerte lange. Das ging alles nicht von heute auf morgen. Ich musste die erst überzeugen. Den ganzen Dreck, den die schlucken mussten, weil die mit Gusseisen arbeiten; den ganzen Staub, die hatten die ganze Nase voll davon. Wenn die husteten und ausspuckten, das war schwarz. Ich hatte das ja alles selbst mitgemacht. Da drauf bekamen die dann noch mal Prozente, wenn die Guss drehten. Da wurde dann abgemacht, wenn genug Guss da war, kam jeder eine Woche dran. In der Woche mit Guss bekamen die dann 20 oder 30 Prozent mehr. Und in einer Woche kam da allerhand bei rum.

(Dreher, Jg. 1908)

Ja also, wir waren ja alle im Akkord, als Lehrlinge natürlich nicht, aber die älteren Gesellen. In unserer Abteilung wurden Rollen gemacht, Rollen für Walzen, um Profile zu walzen. Da wurde viel Handarbeit gemacht. Da war der Akkord nicht ganz so streng. Aber sonst war ja alles Akkordarbeit, und so viele Minuten, wie man brauchte, bekam man bezahlt, bzw. so viele Minuten, wie vom Kalkulator vorgegeben waren, bekam man bezahlt. Was man dann mehr an Zeit brauchte,

war verlorene Zeit. Es wurde dann manchmal der Kalkulator bestellt und vorgetragen, dass die Zeit nicht reichte. In diesem Zusammenhang ist dann auch einiges passiert. Einem ist ein Hammer nachgeworfen worden ... da waren einige, die gingen direkt in die „Ketten".

(Maschinenschlosser, Jg. 1911)

Der Kalkulator kam einmal und sagte: „Hör mal, ich muss dir was sagen. Der Hölzer will das nicht mehr, dass du 50 Prozent von der Zahnradfräserei nimmst." (Der Angesprochene sollte nur noch 20 Prozent Zuschlag bekommen, d. Hrsg.) Ich sagte: „So? Will er das nicht mehr? Das ist nicht schlimm. Das ist mein Bohrwerk, und jetzt musst du sehen, wer dir die Zahnräder macht." Er sagte: „Wieso?" Ich sagte: „Entweder es bleibt so,

Montage einer Rohr-Adjustage-Maschine (Halle 6) für den Probelauf. Die Aufnahme entstand um 1959.

wie es ist, oder für mich ist Sense. Ich bekomme meine Minuten auch hier voll. Ich brauche keine Zahnradfräserei, das ist nicht notwendig." Er sagte: „Das geht nicht." Ich sagte: „Das ist mir egal. Sag das dem Hölzer. Für mich ist der Fall erledigt. Dort steht die Zahnradbank, mach damit, was du willst."

Ich wusste ja, die hatten sonst niemanden. Nachmittags kam er dann und sagte, er hätte mit dem Hölzer gesprochen, und der meinte, wir wollen es so lassen, wie es ist. Ich sagte: „Hör mal, du hast mich heute morgen belogen, jetzt belügst du mich schon wieder." Er sagte: „Wieso?" Ich sagte: „Ich habe mit dem Hölzer selbst gesprochen und der weiß von nichts." Da bekam er einen roten Kopf. Es war wirklich so, der hatte gar nicht mit dem Hölzer gesprochen, der wollte nur von sich aus wieder etwas reinholen. Ich sagte: „Das kannst du mit mir nicht machen. Wir haben bis jetzt immer gut Hand in Hand gearbeitet, aber wenn du das nicht mehr willst ..."

Dann war aber wieder alles vergessen. Ja, die Kalkulatoren sind so. Die müssen möglichst viel für die Firma tun. Die können ja nicht ins Uferlose einfach Minuten ausgeben, dann werden die Maschinen teurer. Dadurch wollen die alles möglichst eng halten. Der wusste ja, dass ich 50 Prozent bekam, schon seit Jahren.

(Maschinenschlosser, Jg. 1911)

Einmal bekamen wir sechs WDS (Wellenschälmaschinen, d. Hrsg.), die waren größer wie der Tisch (der Bearbeitungsmaschine, d. Hrsg.) Da mussten wir uns extra Laschen machen lassen. Die wurden auf den Tisch geschraubt, und da kam der Körper dann drauf, damit wir ihn von allen Seiten drehen, d.h. versetzen konnten. Wir mussten den Körper ja geradestehen haben, damit wir rundherum arbeiten konnten. Wie gesagt, davon hatten wir mal sechs Stück, das vergesse ich nie. Die ersten haben wir bei uns auf der Maschine gemacht. Da haben wir Nächte bei schlafen können; die waren über 14 Tage drauf. Wir wussten, dass andere auch noch welche machen mussten. Wir wollten natürlich, dass die anderen auch ihr Geld verdienten; darum haben wir etwas gezögert, das mussten wir ja schon. Dann kam einer von der Halle 6, der hatte dieselbe Maschine gemacht. Wir haben uns mit dem unterhalten, wie das mit den Minuten war. Wir haben dann einige Tausend Minuten abgegeben, damit wir mit dem auch zurechtkamen, und haben dann gesagt, was die kosten darf.

Jetzt bekam noch ein anderer Kollege die Maschine. Jetzt ging es darum, wer schneller war. Es kam einer vom Lohnbüro und sagte: „Hör mal, weißt du auch, dass die anderen 5 Mark Prämie bekommen, wenn die schneller sind wie ihr? Aber sagt nichts." Ich habe dann mit meinem Ablöser gesprochen. Der sagte."Was? Was hat der da gemacht?" Da hat der den zur Sau gemacht und gesagt: „Die 5 Mark, die die bekommen, die kriege ich auch." Die haben wir dann auch bekommen. Mit den anderen haben wir aber auch abgerechnet. Das war ja eine Gemeinheit, uns das nicht zu sagen; das hat uns so geärgert. Wir können aber immer noch ein paar Nächte schlafen, trotz des Preises, den die gemacht hatten ... Wir hatten uns immer gewundert, warum die so reinhauten, es war doch ein guter Preis; das konnten wir uns nicht erklären. Bis wir das dann mit der Prämie erfuhren. Wir hatten eine Wut, weil uns die Kollegen so reingelegt hatten.

(Maschinenschlosser, Jg. 1911)

Wenn ich sechs Maschinen bauen musste, hatte ich eine „umsonst". Das Geld hatte ich verdient, kriegte ich dann ausbezahlt für alle. Das durften die nicht wissen, dass ich eine Maschine umsonst machte, nebenbei ... Wenn ich sechs machen musste, hatte ich eine umsonst. Das Geld mussten die uns ja ausbezahlen. (...) Die Maschinen wurden immer abgerechnet, weil wir im Akkord waren. 150 Stunden rechneten sie ab, dann musst du fertig sein ... und wir hatten die viel früher fertig. Dann hatten wir wieder mehr Geld verdient da dran. Das wussten auch die auf dem Büro bei mir. Wir schreiben ja die Stunden immer auf. Wenn ich die mit 150 Stunden abrechne, die 150 Stunden kommen drauf. Und wenn ich die Maschine abrechne, habe ich die andere schon wieder soweit. Die andere Maschine habe ich dann schon wieder in Arbeit. Wenn die Maschinen schon fertig sind, dann fange ich schon an einer anderen an, aber die Stunden schreibe ich noch auf die (vorherige, d. Hrsg.) Maschine ... Deshalb war ich immer vor. Das wussten sie aber alle. Bei mir ging es am schnellsten.

(Kolonnenführer, Montage, Jg. 1906)

Das hatten alle Leute, die im Leistungslohn waren, und das haben wir auch konzediert. Wenn der Mann sagte: „Ich muss das Ding jetzt in einer halben Stunde fertighaben, sonst bekomme ich kein Geld, oder sonst habe ich nicht genug Geld", das ist kein Arbeiten, das ist eine psychische Belastung, die hält keiner aus. Dann ist er z.B. mal spät ins Bett gekommen, und das klappt nicht so, und er sagt um 10.00 Uhr: „Jetzt bin ich schon wieder in den Miesen, ..." Damit kann man einen Mann nicht zu einer guten Arbeit motivieren. Man muss schon zugestehen, dass der Mann sagt: „Na ja, ich habe ja noch 2, 3, 4, 5 oder 6 Stunden im Voraus, und die kann ich ja gegebenenfalls mit hineinbuttern. Wenn eine Gruppe natürlich schon so viel im Sack hat, dass das nicht mehr vertretbar ist, dann muss es eine Stelle geben, die das verfolgt und dem nachgeht. Das geht nicht.

(Technischer Angestellter, Jg. 1912)

„Der Berufsstolz macht sich auch und gerade an der Fähigkeit fest, pfiffiger als die Arbeitsvorbereitung zu sein und die betrieblichen Vorgaben mit Können und List zu hintergehen, um leichter und schneller beim Leistungssoll anzukommen."[13]

Wir haben ja früher, als wir Akkord machten, immer gesorgt, dass wir für die nächste Woche die Löhnung fast voll hatten. Wenn wir mal Pech hatten - das konnte ja mal vorkommen -, dann hatten wir immer was zum Greifen, um unsere Löhnung in der Höhe zu halten. Oder wir haben auch schon mal den Kollegen ausgeholfen. Wir hielten die Zettel zurück. Das lief ja alles über Zettel, die gingen dann zur Kalkulation, und dann kam das zum Lohnbüro. Die meisten hatten dann schon so viel da liegen, dass sie sich Geld holen konnten.

Da waren natürlich auch solche, die nicht

mitkamen. Denen haben wir dann unter die Arme gegriffen und gesagt: „Hier hast du noch 1000 Minuten." Das waren Phasen, wo die z.B. krank waren. Oder auch wo man Pech hatte, dann hat man geholfen. Bei uns war das früher so ... Eine Abteilung, die Bohrwerke, die waren unten in der Halle 6. Da waren die großen Maschinen, da war es so.

Wir hatten auch mal Kalkulationen, die waren zu hoch. Dann bin ich aber auch hergegangen und habe gesagt: „Hier, da könnt ihr noch 1000 Minuten abziehen, das ist viel zu viel, das wollen wir gar nicht." Die haben sich dann gewundert. Ich habe immer so gearbeitet und gedacht: „Wenn man älter wird, muss man ja auch was verdienen." Ich hatte dadurch bei den Kalkulatoren in der Art viel Profit gehabt. Wenn etwas nicht richtig war, habe ich das immer gesagt. Da waren Maschinen bei, da habe ich weit über 1000 Minuten abgegeben ... Ach, was hätte ich Minuten haben können, wenn ich das voll ausgeschöpft hätte. Aber das wollte ich gar nicht, warum auch? Wir hatten dicke genug, damit kamen wir hin, und mehr wollten wir nicht.

(Maschinenschlosser, Jg. 1911)

Als es noch den normalen Schneidstahl gab, sagen wir mal den HSS, Hochleistungsschneidstahl ... Der Schneidstahl hatte für die Bearbeitung von Guss oder von Stahl oder von legierten Stählen eine ganz bestimmte Standzeit, die mit dem Span zusammenhängt. Dann ging man dazu über und hat gesagt: „Wenn wir jetzt diesen Stahl als Werkzeugstahl ablösen wollen, dann müssen wir einen anderen Stahl haben, dann nehmen wir Hartmetall. Mit diesem Hartmetall können wir die Schnittgeschwindigkeit und auch das Zerspanungsvolumen verändern; die Geschwindigkeit vergrößern und auch das Spanvolumen vergrößern. So, die kaufen wir jetzt."

Die Arbeitsvorbereitung bekam gesagt: „Die bisherigen Zeiten haben jetzt keine Gültigkeit mehr. Die Arbeitsbegleitkarte für das Teil muss geändert werden." Dann gibt es andere Drehzahlen, Geschwindigkeiten usw. Der Mann an der Maschine musste mit den Dingen auch vertraut werden. Der muss ja jetzt wissen, wie weit kann ich jetzt gehen, oder was muss ich tun, wenn ich die neue Arbeitszeit für das Teil einhalten will? Dann muss ich mit anderen Schnittgeschwindigkeiten ..., die in der ersten Zeit auch noch mit angegeben wurden ... Der Mann an der Maschine musste mit umdenken, und er bekam am Anfang auch einen Schock. Denn wenn Sie heute ein Teil mit einer Drehzahl ... - ich denke jetzt mal an die einfachen Drehmaschinen - und Sie haben dann die dreifache Geschwindigkeit, dann geht man zuerst mal ein Stück zurück. Auch das war eine zwangsläufige Umgewöhnung.

(Technischer Angestellter, Jg. 1912)

Wenn jemand an einer kleineren Drehbank steht, der ist ja intensiv eingespannt. Der hat das Teil und muss dann dafür sorgen ... Dann ist er ja verhältnismäßig eingespannt, wenn es keine automatische Zuführung gibt. Und der Mann an einer großen Maschine, ob numerisch gesteuert oder von Hand gesteuert, der hat für den Arbeitsgang vielleicht eine Laufzeit von, sagen wir mal einer

Stunde. Was tut der Mann? Der geht zu einem anderen hin und hält den noch von der Arbeit ab. Was ist jetzt der Erfolg? Dass der Mann, der jetzt intensiv an der Maschine arbeitet, der sagt: „Komisch, ich bekomme 15 Mark, und der da hinten, der die halbe Zeit rumlaufen kann, der bekommt 18 Mark. Dann muss man dem Mann das hier plausibel machen. Der hat ja recht, wenn er sagt: „Ich kann mein Kreuz nicht geradeмachen, und der andere geht und hält die anderen noch auf." Sie können dem natürlich sagen: „Der ist auch verantwortlich dafür. Der hat eine Maschine, die kostet 400.000 Mark. Du hast eine, die kostet 100.000 Mark." Dann sagt ihnen der Mann: „Das

Arbeiter an einer Fräsmaschine. Die Aufnahme entstand um 1959.

Vorbereitung zur Montage: Schabarbeiten an einem Maschinenteil. Die Aufnahme entstand um 1959.

kann mir doch egal sein mit der Verantwortung." Das sind nicht nur menschliche Probleme, sondern auch Probleme, die etwas Wahrheit beinhalten ...

(Technischer Angestellter, Jg. 1912)

Zum Vergleich: Die Georg Fischer AG in Schaffhausen[14]

„Eine außerordentlich wichtige Funktion kam dem Lohnsystem zu. Die gelernten Arbeiter, insbesondere die Gießer, wurden seit jeher im Stücklohn bezahlt. Auch die mit Serienarbeit beschäftigten Angelerntengruppen und seit der Jahrhundertwende auch zunehmend die Gussputzer und Appreturarbeiter wurden im Akkord bezahlt. Der Anteil der Akkordarbeiter stieg von 20-25 Prozent im Jahr 1900 auf gegen 80 Prozent 1918. Vor allem für die qualifizierten Arbeiter erzeugte der Stücklohn den Anschein eines Arbeitens in eigener Verantwortung, die eigene Tüchtigkeit entschied über die Höhe des Einkommens, und individuelle Leistung schien sich bezahlt zu machen. Bei den qualifizierten Formern erstreckten sich einzelne Akkordaufträge oft über Wochen. Der Arbeiter war damit in seiner Arbeit sehr stark auf sich gestellt, er musste selbst verhältnismäßig schwierige und folgenreiche Organisations- und Planungsarbeit leisten, und Fehler konnten ihn teuer zu stehen kommen, wie er umgekehrt immer wieder hoffte, durch geschickte Einteilung seiner Arbeit auf besonders hohe Löhne zu kommen. Wie sich an den großen Unterschieden bei den Formerlöhnen zeigte, war diese Hoffnung durchaus nicht unbegründet. Für die Angelernten, etwa die Gewindeschneider oder die Gussputzer, mit ihrer Serienarbeit konnte zwar weniger als beim handwerklich qualifizierten Arbeiter aus der Lohnform ein individuelles Leistungsbewusstsein abgeleitet werden, doch auch hier bewertete der Akkordlohn individuelle Kraft- und Leistungsunterschiede und führte die Arbeiter immer wieder in Versuchung, Lohnverbesserungen durch individuelle Anstrengungen anzustreben. Der Akkordlohn scheint also, mit seiner Heraushebung der individuellen Leistung und der Förderung der Konkurrenz zwischen den Arbeitern, einer kollektiven Interessenvertretung der Arbeiterschaft entgegenzustehen. Bis zu einem gewissen Grad war das auch der Fall, doch liegen in der Akkordarbeit auch wichtige gegenteilige Tendenzen angelegt:

Charakteristisch für den Akkordlohn dieser Zeit war einmal die dauernde Lohnunsicherheit. Die Arbeiter konnten bei der Annahme einer Arbeit nie genau wissen, wieviel sie verdienen würden; stets konnten Fehler, die nicht einmal ihre eigenen sein mussten, ihren Verdienst empfindlich schmälern. Dies erzeugte eine latente Spannung und Unzufriedenheit im Betrieb.

Brisant wurde das Akkordlohnsystem für die Beziehungen zwischen Unternehmen und Arbeitern unter den Bedingungen raschen technischen Fortschritts und stark steigender Arbeitsproduktivität. Diese steigende Produktivität, die aus verbesserten Einrichtungen ebenso resultierte wie aus Verbesserungen der betrieblichen Organisation, erhöhte bei einem Stücklohnsystem automatisch auch die Löhne der Arbeiter. Der Unternehmer, der diese Lohnsteigerungen nicht hinnehmen wollte und bei der Arbeitsmarktlage dieser Zeit in der Regel auch nicht hinnehmen musste, kürzte deshalb die Akkordsätze in mehr oder weniger regelmäßigen Abständen. Durch den Stücklohn hatten andererseits die Arbeiter sehr klare Vorstellungen vom Ausmaß der Produktivitätssteigerung, und sie betrachteten diese mit gutem Grund auch als Resultat ihrer eigenen Anstrengung, sei es durch intensivere Arbeit oder durch kleinere Verbesserungen an den Maschinen und im Arbeitsablauf, für die im Akkordsystem ein starker Anreiz bestand. Die Arbeiter erfuhren so den technischen Fortschritt als ständigen und in der Regel erfolgreichen Versuch des Unternehmens, ihren Anteil am Arbeitsprodukt zu verkleinern. Der Interessengegensatz zum Unternehmer wurde so Tag für Tag anschaulich erfahren.

Für den Zusammenhang zwischen Lohnsystem und gewerkschaftlicher Organisation noch relevanter ist folgendes: Da das Unternehmen dort zu Akkordkürzungen schritt, wo die erzielten Stundenlöhne wesentlich anstiegen, bot sich als sinnvolle Gegenstrategie der Arbeiter an, die eigene Arbeitskraft nicht vollständig einzusetzen, sich in der Arbeit zu entlasten und dabei die günstigen Lohnsätze zu bewahren. Dies war nur möglich bei einer wenigstens informellen Organisation der Arbeiter, bei gegenseitiger Solidarität, welche die Arbeiter davon abhielt, bei einem günstigen Akkord zu „schinden" und so diesen in kurzer Zeit „kaputt" zu machen. Das Akkordsystem wurde so unter den Bedingungen relativ raschen technischen und organisatorischen Fortschritts zu einer Schule der Solidarität und des Gemeinschaftsbewusstseins.

Der Egoismus zahlte sich, auf längere Sicht gesehen, nicht aus. Nur im Kollektiv vermochte man die eigene Lohnsituation zu optimieren. Daraus erklärt sich die spontane, wenn auch häufig nur kurzfristige Organisationsbereitschaft der angelernten Akkordarbeitergruppen. Alle Arbeitergruppen lernten in mehr oder weniger langer, schmerzlicher Erfahrung die gleiche Lektion - doch, und dies muss ebenfalls festgehalten werden, bei stark fluktuierender Belegschaft und laufender Zuwanderung von Arbeitskräften aus nichtindustriellen Verhältnissen fanden sich immer wieder die wenigen Uneinsichtigen, die genügten, die Solidarität der Gruppe zu durchbrechen, und die dem Unternehmen erlaubten, die wirklichen Leistungsmöglichkeiten der Arbeiter zu durchschauen. In diesem Prozess kam den Meistern eine zentrale Rolle zu:

Die Akkordtarife der Firma waren, zumindest solange als keine präzise und wissenschaftlich fundierte Kalkulation der Einzelstücke bestand, niemals ganz genau. Es gab Arbeiten, die verhältnismäßig gut bezahlt wurden, andere, bei denen man schlecht abschnitt. Dadurch unterlagen die Arbeiter in starkem Maß der Willkür der Meister, welche die Arbeitsverteilung vornahmen. Wer mit dem Meister nicht auskam, musste in der Regel kündigen und sich neue Arbeit suchen. Bei dieser häufig beklagten Willkür der Meister handelte es sich indessen nicht in erster Linie um individuelle Charakterfehler der Meister, sondern um eine durchaus sinnvolle Strategie zur Durchbrechung der Solidarität der Arbeiter. Die Bevorzugten gerieten in Versuchung, ihre Lage eher durch Wohlverhalten gegen dem Meister zu verbessern als durch Solidarität mit ihren Kollegen. Und diese argwöhnten schon Verrat, wo nur die leisesten Anzeichen für eine Bevorzugung vorlagen. Zahlreiche Konflikte zwischen den Arbeitern, welche oftmals auch die gewerkschaftliche Organisation tangierten, resultierten aus solchem Meisterverhalten. Allerdings war die Strategie auch aus der Sicht des Unternehmens nicht unproblematisch: Die ständigen kleinen Konflikte verschlechterten das Betriebsklima, die erfahrenen Ungerechtigkeiten verbitterten die Arbeiter, und der Streit zwischen den Arbeitern konnte sehr rasch umschlagen in Solidarisierung gegen die Meister und gegen das Unternehmen."

Abtransport einer Schmiedemaschine
durch den Spediteur um 1940

Betriebsunfall am 30. März 1944

Unfälle und Gesundheitsbewusstsein

„Früher war man nicht so zimperlich wie heute."

Die Hobelbank hatte einen kurzen Antrieb, und die Schleppbank war vorgebaut, die hatte einen längeren Antrieb. Das wurde alles mit Riemen angetrieben. Und in dem Getriebe, das war so ein Winkelgetriebe, da ist der ..., der ist später Chauffeur gewesen, ich komm nicht mehr auf den Namen, ... der ist schwer verunglückt da. Der ging an die Leiter, wollte da irgendwie einen Riemen draufziehen, und der setzte das nicht ab, machte das im Laufen, - früher machte man das alles im Laufen, auch in der Dreherei - und ist da reingekommen. Der hatte die ganzen Hände verstümmelt. Das haben die dem alles wieder so aufgebaut. Ich hatte auch mal ...

An der großen Hobelbank die Riemen, das war Kamelhaar, das war noch nicht einmal richtiges Leder. Das waren breite Riemen auf den großen Hobelbänken. Vom Motor kam das oben auf die Transmission und die Transmission schaltete dann weiter unten auf das Getriebe. Dann waren da wieder zwei Riemen. Ich musste ja einen vorziehen, und einen musste ich ja auf den Tisch wieder zurückziehen. Dann ging da automatisch so eine Schere einmal für Vorlauf und einmal für Rücklauf, automatisch. Wenn der Anschlag da war, ging der Hebel hoch, und dann ging es wieder zurück. Jetzt zog der Motor nicht. Der Span war auch was arg happig, den wir da draufhatten. Jetzt nahm man Riemenfell, um den Riemen zu stärken, dass der nicht rutschte. Jetzt stand ein Riemenverbinder offen, und ich kriegte einen durch den Daumen. Der Daumen war ziemlich gespalten.

In so einem Betrieb kam das immer schon mal vor. Früher waren ja alles diese Riemenspanner drauf, wo die Riemen mit zusammengemacht wurden, und wenn dann die Nägel oder der Verbinder nicht ganz sauber geklopft waren, dann hatte man immer schon mal die Finger kaputt. An der Drehbank, wie gesagt, waren drei oder vier Scheiben. Jetzt musste der Riemen ja, wenn Sie schneller arbeiten wollten oder langsamer, weggezogen werden und auf eine andere Scheibe. Das wurde immer mit der Hand gemacht. Da waren auch welche, die waren zu bang, die hatten einen Knüppel. Aber das war zu langsam. So mit der Hand, das ging immer flotter. Ja, da war das nicht so wie heute, mit der Gewerbeaufsicht. Das kam ja gar nicht in Frage. Wenn Sie das heute irgend jemandem erzählen, dann sagt der: „Hör auf von früher." Für die sind das Märchen.

(Dreher, Jg. 1908)

Nachdem bereits in den 1920er Jahren teilweise Elektromotoren als zentrale Antriebsquelle für einzelne Maschinensätze eingesetzt worden waren, wurden die meisten Maschinen in den 1930er Jahren auf elektrischen Einzelantrieb umgestellt. Die Unfallursache „Riementransmission" spielte fortan keine Rolle mehr. In einer Fabrik, in der viele Menschen zusammenwirken und sich gegenseitig vor Unfällen schützen mussten und in der mit schwerem Gerät hantiert wurde, gab es jedoch noch einige andere Unfallgefahren. Besonders gefährlich war die Arbeit in der Gießerei.

Da hatten wir eine Pfanne, da war der Bügel oben nicht dicht. Wenn die Pfanne an dem Bügel hing, hier oben an dem Bügel, dann war die ein bisschen geneigt. Und ich saß in einer Form drin ... Da kann man auch reinklettern in die Form, wenn das Modell raus ist, da sitzt man da drin in der Form und fängt unten an auszubessern. Und direkt daneben setzt der Kranführer die Pfanne ab. Und das schwappt drüber und spritzt auf die Erde und mir hinten in den Gürtel, hier hinten rein ... und da habe ich noch so arg Wundfieber gehabt.

Die Frau des Formers fügt hinzu:

Und solch eine Partie verbrannt. Das sieht man heute noch.

Die hatten da in der Meisterbude, da hatten die so eine Flüssigkeit, ich kann mich nicht mehr entsinnen. Mir ist nämlich mal was passiert, bei den riesigen Ausmaßen. Wenn also zum Beispiel eine 8.000 kg-Form gegossen wurde, dann wurde das ja auf einer Seite hereingeschüttet. Und wenn die Form voll ist, das ist ja so ein dicker Trichter, wo das so herauskommt. Und dann nehmen wir einfach so ein Rundeisen, ungefähr so von 1½ Meter Länge, und pumpen immer da drin und halten das flüssig. Das soll oben nicht direkt hart werden. Das Eisen ist ja im flüssigen Zustand, ist das ja viel mehr. Wenn das nachher gegossen ist, dann schrumpft das ja zusammen. Und um das wieder auszugleichen, haben wir so kleine Handpfannen. Mit den Handpfannen gehen wir dann unter den Strahl, wenn das aus dem Kupolofen herausläuft. Dann hält man das da drunter, und dann schleppen wir das dahin, in den Trichter gießen wir das dann wieder nach. So halten wir den Trichter so lange wie möglich flüssig. Wenn das nicht geschieht, würde da ein Hohlraum entstehen. Das wäre ein Lunker, so wie man das nennt. Das wäre also eine Lunker-Stelle. Das wäre Schrott, nicht. Und so einen Stangen, so einen Pump-Stangen. Wenn der dann anfängt, kalt zu werden, wird der ja schwarz, nicht. Dann ist der nicht mehr rot glühend. Und so ein Ding habe ich mir mal geschnappt und genau an der verkehrten Stelle. Da habe ich den so geschnappt, und habe ihn auch direkt wieder fallen lassen. Da war es schon passiert, ja. Da habe ich mich hier in der Hand verbrannt, das weiß ich nicht. Und daher kenn ich das Zeug. Da bin ich in die Meisterbude, da kriegte ich ein ordentliches Stück Watte, die wurde nass gemacht. Und die ganze Zeit habe ich das so in der Hand herumgetan ... Keine Blase, nichts bekommen ... ein phantastisches Verbrennungsmittel. Da wollte ich mir auch immer was mitbringen. So was musst du zu Hause haben, wenn du dich verbrennst. (...) Später habe ich dann einen unheimlichen Zorn gehabt.

Gerade die Gießerei, das ist doch ein Betrieb, wo man auf Ordnung, vor allen Dingen auf Sauberkeit achten muss. Da hatten wir aber später einen Meister, mit dem bin ich oft zusammengerasselt. Es werden ja in dem Sand, damit der hält, sogenannte Sandhaken verwendet. Das sind so Haken, die sind einfach ein Runddraht und haben oben so ein Häkchen. Ich muss ja da, wo noch Hohlräume sind, wo Sand ist, muss ich einen Haken hinsetzen und den Sand mit dem Haken verbinden. Und der Haken hängt oben an dem Kasten an dem Gitter. Wenn die Formen geleert wurden, musste wieder Platz geschaffen werden. Da lagen die Haken im Weg herum, und man fiel da drüber. Man musste doch mit zwei Zentnern die Pfanne - vorne waren zwei Mann mit so einen Bügel, und hinten war man

Betriebsunfall bei Kieserling & Albrecht

Gestern nachmittag ereignete sich im Betriebe Kieserling u. Albrecht ein folgenschwerer Unglücksfall. Aus bisher unbekannter Ursache explodierte mit lautem Knall eine Gußform. 4 Arbeiter wurden mehr oder minder schwer verletzt. Am Tage vorher passierte das gleiche Unglück, ebenfalls durch Explosion einer Gußform, wobei wieder 3 Arbeiter Verletzungen davontrugen. Bekanntlich entwickeln sich beim Gießen Gase, die, wenn sie nicht entweichen können, explosive Wirkung haben. Eine Untersuchung der Vorgänge bei den Unfällen, die in den letzten Tagen bei Kieserling u. Albrecht vorkamen, muß ergeben, ob in nicht einwandfreier Weise beim Gießen verfahren wurde.

Bergische Arbeiterstimme vom 11. Feb. 1928

alleine - so musste man die Pfanne schleppen. Und wenn man dann stolperte über so einen Draht, da hätte man fallen können. Was habe ich dem Meister das oft gesagt. Also, der legte keinen Wert da drauf. Der war nur auf Produktion raus, nur produzieren. Der kriegte aber trotzdem nicht mehr getan. (...)

Genauso der 7. Sinn, als ich damals in den Betrieb ging, an einem Morgen ... Man kannte mich ja schon als Uhren-Reparierer. Da wurde ich vom Pförtner festgehalten. Der sagte: „Du musst mir mal nach der Stempeluhr gucken, da klappt irgendwas nicht. Nein, sagte ich, ich muss erst rauf. Ich muss mich erst bei meinem Meister melden." Vorher, als ich hier aus dem Haus ging, da sagte ich zu meiner Frau, weil schon mal Überstunden gemacht wurden: „Wenn ich nicht um fünf Uhr zu Hause bin, dann weißt du, wo ich bin ..." Und was war dann? Da lag ich schon im Krankenhaus. Unten der Pförtner hat mich festhalten wollen wegen seiner Stempeluhr. Ja, und da passierte der Unfall, da passierte der Unfall mit den Platten. Ich wurde aber vom Schicksal gewarnt. So stelle ich mir das vor. Da wurde ich gewarnt, nicht da rauf zu gehen. Vielleicht wäre es jemand anderem passiert, ja? Da rutschten die ab und kippten um. Da war es passiert.

(Former, Jg. 1908)

Typisch waren Unfälle, die in irgendeiner Form mit der Bedienung des Hebekrans zu tun hatten.

Ein größerer Unfall passierte mal meinem Gegenüber - Der spannte dicke Platten auf, die waren über 2 m lang und 1 m hoch. Die wurden erst bearbeitet und dann zusammengeschweißt. Irgendwie rutschten die dann aus dem Kran raus, so genau weiß ich das nicht mehr. Der konnte jedenfalls nicht mehr zurück, und die Platten schlugen dem auf die Beine. Die waren natürlich durch. Wir haben natürlich ganz schnell geholfen, die Platten wegzuschaffen und dann den Krankenwagen bestellt. Ich bin mit dem noch ins Krankenhaus gefahren und habe ihn abgeliefert. (...) Es war alles gebrochen. Die scharfen Kanten waren ins Fleisch gegangen. Wir haben den zuerst verbunden, und dann bin ich mit dem ins Krankenhaus gefahren mit dem Unfallwagen. Ich musste dann hinterher zu Fuß im Arbeitsanzug wieder zurück zu Kieserling. Das war aber nachts. Auch kleinere Unfälle sind passiert, aber das kommt in jedem Betrieb vor.

Kleinere Verletzungen kamen öfters vor und wurden sofort von Kollegen behandelt, die eine Erste-Hilfe-Ausbildung hatten.

Wir haben uns doch immer gut geholfen im Betrieb. Ich habe ja die meisten Unfälle verbunden und auch in die Bethesda gebracht. Wenn etwas war, wurde ich gerufen. Ich habe dann verbunden und bin mit ins Krankenhaus gefahren. Eines Abends, als wir gerade angefangen hatten, da kam der N. N. und hatte ein Stück vom Finger ab. Ich machte einen Notverband und brachte ihn ins Krankenhaus. Ich wollte dann wieder gehen. Da sagte der Doktor zu mir: „Bleiben Sie mal hier. Sie waren jetzt schon so oft hier, jetzt können Sie sich das mal ansehen." Der wurde dann verarztet, dann konnte ich ihn wieder mitnehmen. Früher war man nicht so zimperlich wie heute. Da ging man auch nicht sofort zum Doktor, wenn man den Finger kaputt hatte. Wir hatten so manche schlimme Wunde, wo wir uns einfach gesagt haben: „Och, das heilt wieder, Pflaster drauf, fertig."

(Maschinenschlosser, Jg. 1911)

Mitte der 1930er Jahre kam ein Maschinenschlosser bei der Endmontage einer großen Presse ums Leben.

Nebenan die Kolonne, die hat ganz hohe Dinger gemacht. Da ist auch einer tot geblieben, ein Arbeitskamerad. Ja, da war das Räderwerk das Getriebe, das die Maschine antrieb ... und jetzt war da irgendwas gewesen. Da sind die an der Leiter hochgeklettert. Und da ist der eine oben drauf - Wenn er sich auf das Rad gesetzt hätte, wäre es auch noch gut gewesen. Dann wäre er mit rund gegangen - Nun kamen die Zahnräder, die waren oben ... Da war hier eins und da zwei. Und da hat der sich zwischen die zwei Zahnräder ... und da ist der mit dem Fuß unten an den Hebel gekommen. Ich hätte das überhaupt nicht gemacht. Da hätte ich gesagt, setzt zuerst die Maschine still.

(Maschinenschlosser, Jg. 1906)

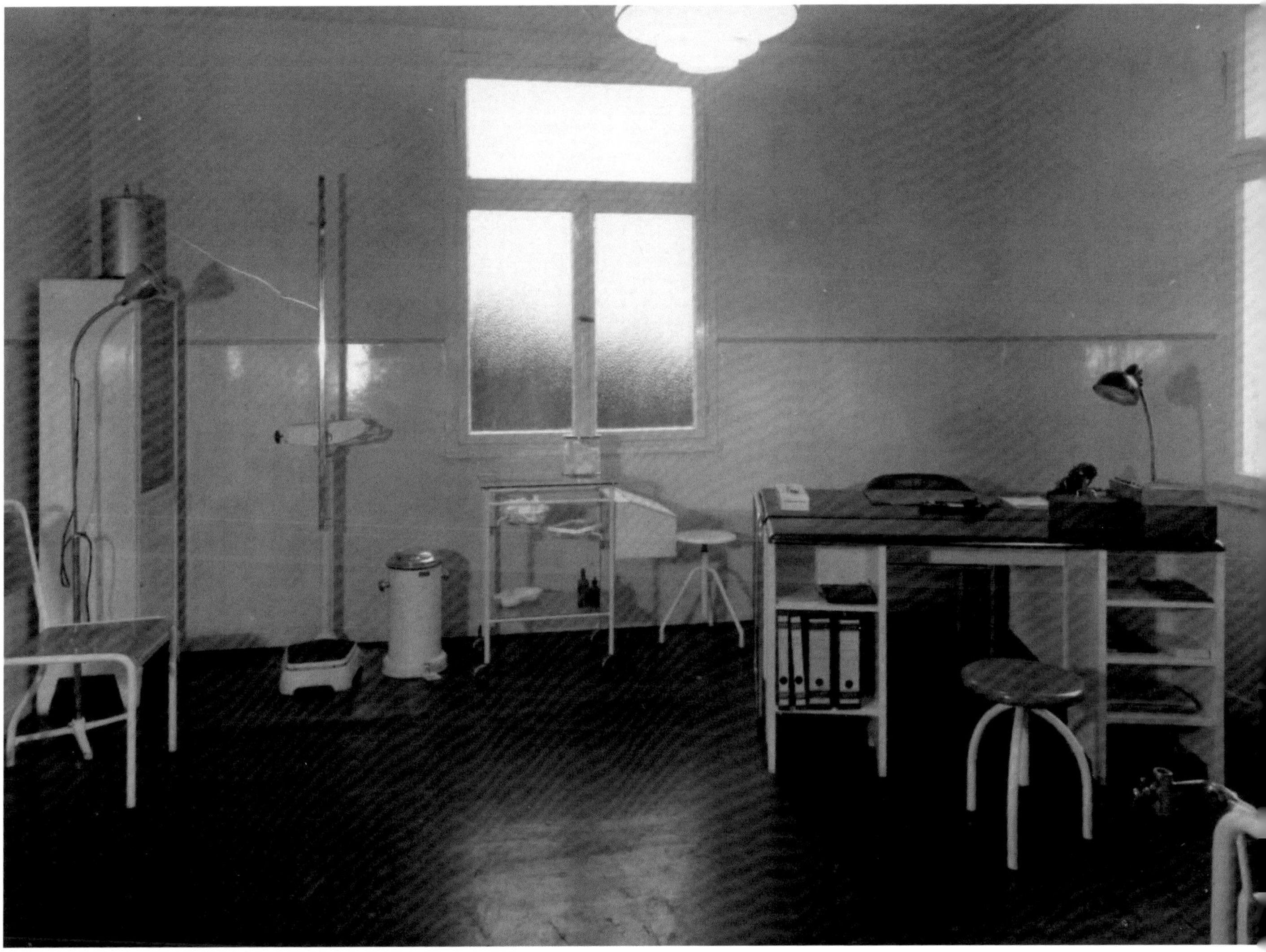

Praxis des Betriebsarztes
1964

Der betroffene ehemalige Kolonnenführer erinnert sich ebenfalls an dieses Ereignis.

Ja, die müssen Sie ja erst alle mit der Hand durchdrehen, die Maschinen. Da hatte ich unten so eine lange Welle drin, dann wurde die Presse erst durchgedreht. Da ist mir der N. N. mal drin hängengeblieben. Der ist tot. Da lief die Maschine aus, und die Schutzhauben kamen irgendwo an die Zahnräder oben dran. Da wollte der oben rauf und gucken, und dann tritt der auf ein Gestänge, mit dem man die einschalten kann. Die Maschine fängt an zu laufen, und er kommt zwischen die Räder, war direkt tot. Was sollte ich denn machen? Er hat ja auf die Stange eingetreten. Er hatte eine Leiter da stehen, die war

Betrieblicher Erste-Hilfe-Lehrgang 1964

viel zu kurz. Und dann ist der mit den Füßen da draufgegangen, und tritt auf die Einrückstange. Die geht rum und drückt die Maschine an. Der wollte bloß gucken, wie die Schutzhaube an die Räder kam. Und dann tritt der auf die Einrückstange.
Die ist ja unten, weil die Presse so hoch, 9 m hoch ist. Da tritt der mit dem Bein drauf, weil die Leiter zu kurz war, und da geht die Maschine los. Und er kommt genau zwischen die Räder. Wir sind mit drei Mann rauf und haben den rausgemacht. Da war der schon weg.

(Maschinenschlosser, Jg. 1906)

Da war der N. N. der hat mal von der Kniehebelpresse eine Keil auf die Beine gekriegt. Den haben wir auch nach dem Pförtner gebracht. Da habe ich dem aber den Schuh erst unten weggeschnitten, weil das Bein immer dicker wurde. Das war gebrochen.

(Maschinenschlosser, Jg. 1906)

Ein Arbeiter, der in den 1950er Jahren Sicherheitsbeauftragter bei der Firma Kieserling war, berichtet von seiner keineswegs angenehmen Aufgabe.

„Ich mach dich zum Unfallingenieur", sagte der Betriebsleiter. Da brauchten sie wieder einen für irgendetwas, und da ich ja so flexibel war, war ich dann wieder dran. Auf einmal kamen sie dann auf die Idee. Heute muss ja der TÜV überall seine Nase reinstecken. Früher war das ja nicht so. Wenn da was passiert war, hatte man Pech gehabt, ja. Ich hatte auch das Recht, Sachen zu überwachen, wo Unfälle passieren konnten. Da mussten wir damals auch mal Nachtschicht machen und da war einer, der ist jetzt leider schon verstorben, wenn ich den Arbeiten sah, dann kriegte ich immer das kalte Grausen. Wie die das alles machten. Bei Schweißarbeiten keine Abdeckungen ... zwei Mann haben immer zwei verschiedene Ansichten. Wenn ich der Ansicht war, dass man da irgendwelche Schutzmaßnahmen anbringen musste, dann winkte der ab. Das haben wir alle Jahre gemacht, so geht das dann. Das ist jahrelang so gegangen, nicht. Aber wenn was passierte, dann hätten sie mich drangekriegt.

Und solche Leute können so etwas immer auf den kleinen Mann abwälzen, ja. Ich war ja der kleine Mann, nicht. Ich kann mich noch gut entsinnen, an Halle 5 beispielsweise. Oben hoch auf dem Kran ... Da hatte die Schreinerei ein großes Schild gemacht: „Halle 5". Das war also jetzt die Halle 5. Das hat früher da nicht gehangen. Ich bin auf den Kran geklettert, um das Dingen aufzuhängen, das Dingen da oben irgendwie in den Verstrebungen vom Dach aufzuhängen. Na ja, bis auf den Kran hatten wir das Ding schon mal. Ich denke: „Was nimmst du jetzt, wo hängst du das mit auf?" Ich bin dann unten in die Elektrowerkstatt gegangen, da habe ich für den gesagt: „Ich brauche Draht, ungefähr soundso viel Meter Kupferdraht, Abfalldraht." Und davon habe ich dann ein paar Drähte gemacht, oben und unten Schlingen drangemacht. Ich habe mir noch den Kopf gestoßen da oben in dem Dreck, da war ja so dick der Staub drauf auf dem Dingen da oben. Da kam der Betriebsleiter, wie ich runter kam. Da sieht der das und sagte: „Was hast du denn da gemacht?" „Ja, ich habe das Dingen aufgehangen." Er fragte: „Womit? Mit dem Draht?" Da hat der mich zur Sau gemacht. Warum ich nicht Ketten bestellt hätte. Ich sagte: „Ja, das hätte doch wieder Geld gekostet." So kriegte man immer von dem Druck, irgendwie. Wenn ihm was nicht gepasst hat. Und ich gab mir die größte Mühe, möglichst wenig Unkosten ... Also mit Kupferdraht, mit isoliertem Kupferdraht, sagen wir mal so 2 mm, hätte das jahrelang gehalten. Das war dem aber nicht gut genug. Ja, wo hätte ich denn da hingehen müssen? Zuerst zum Betriebsleiter, der hätte mir einen Zettel schreiben müssen, dann zum Einkauf, der Einkauf hätte eine Bestellung aufgegeben. Das hätte ja drei Wochen gedauert, bis ich die Ketten gehabt hätte. Ja, ja, ich durfte überall meine Nase hinstecken, ja. Zum Beispiel bei Schleifarbeiten, wenn ich einen erwischt hätte, der ohne Brille schleift, dann musste ich den darauf aufmerksam machen. Die Brillen lagen ja da. Die hat die Firma angeschafft. Wenn also am Schleifstein einer seinen Stahl schleifen will, dann liegen da Brillen in so einem Kästchen. Die kann man sich dann umtun. Die meisten haben das gar nicht getan. Ach ja, wenn man mit den Leuten vernünftig redete ... Ich habe da keine Vorschriften gemacht. Ich habe keinem gedroht. Ich habe die lediglich darauf aufmerksam gemacht, dass sich das so und so verhält. Nicht auf Grund dessen, dass ich jetzt den Posten bekleidete.

Übrigens habe ich das auch gar nicht lange gemacht. Aber in der Zeit, wo ich das gemacht habe, konnte ich mich mit den Leuten gut verständigen. Wenn irgendwie mal ein Schutzblech angebracht werden musste oder repariert werden musste, dann musste ich zu dem Betreffenden hingehen in die Blechschlosserei und musste das angeben. Oder ich musste dem Meister sagen, dass der das veranlasst, dass an die Maschine ein Schutzblech gehört. So geht das nicht, das ist gefährlich, ja. Dann musste ich dem Meister sagen, dass er das machen lässt. Ich hatte ja nicht das Recht, in die Abteilung zu gehen und zu sagen: „So, du musst jetzt da an der Maschine ein Schutzblech dranmachen." Ich musste den verantwortlichen Meister darauf aufmerksam machen.

(Former, Jg. 1909)

Blick in Halle 5 im Jahre 1953

Begegnungen mit den Unternehmern

Die Chefs waren immer ziemlich dahinter, dass jeder seine Arbeit machte. Der Robert Kieserling, der war in der Beziehung scharf, und der Franz Kieserling - wenn ich das mal so sagen darf - ein Schleicher, also ein ganz ruhiger. Wenn man so arbeitete, dann stand der plötzlich hinter einem, ohne dass man etwas merkte. Der guckte dann zu und fragte: „Na, was machst du jetzt? Hast du das auch richtig verstanden?" Die waren alle auf die Lehrlinge bedacht, dass die etwas lernten. Der Robert hat natürlich wenig Zeit gehabt. Der war immer unterwegs, das war ein richtiger Wirbelwind. Die zwei waren ganz anders geartet. Den Theodor habe ich nicht mehr gekannt. Das war der ältere Bruder. Das muss ein Mann gewesen sein, der dauernd Experimente gemacht hat im Betrieb. Der hat immer versucht, etwas zu erfinden. Der hat aber, glaube ich, nie etwas erfunden. Der Direktor Hölzer war ja der technische Leiter. Der war auch damals schon da. Vor dem hatten alle Angst, der war ziemlich herrisch. Na ja, vor allen Dingen im Betrieb. Bei uns nicht so. Wir hatten wenig mit ihm zu tun. Wenn der morgens in den Betrieb kam, dann hat er auch schon immer darauf geachtet, dass die Leute arbeiteten. Der hatte auch einen Blick dafür. Das war ein Mensch, der sah alles. Wenn einer etwas falsch gemacht hatte an der Werkbank, der sah das direkt und sagte dann: „Was machen Sie denn da? Das geht doch so nicht." Deshalb hatten alle - Angst will ich nicht sagen, aber - Manschetten. Der war auch, wenn Lohnverhandlungen waren, ziemlich hart.

(Kaufmännischer Angestellter, Jg. 1918)

Der Robert Kieserling war der praktizierende Kaufmann, der sich um die Finanzen kümmerte, der sich auch mit dem Einkaufen befasste. Bei den großen Maschinen, das hat er gemacht, als das z.B. mit dem Auftrag für die Ajax-Maschinen kam. Die gingen hier damals wie warme Semmel. Das waren, vom Gehäuse her, schwere Stahlgussteile. Ich will damit nur sagen, mit solchen Sachen befasste er sich selbst. Wogegen der Franz Kieserling sich etwas mehr mit dem Personal und was so drum und dran war befasste. Und der Herr Hölzer, der Direktor Hölzer, das war ein ausgesprochener Techniker und Praktiker. Der hat die Konstruktion überwacht und die Fertigung. Das war das Dreigestirn. (...)

Wenn ich z.B. wegfahren musste und dieses und jenes erledigen musste, dann waren der Herr Hölzer und der Robert Kieserling diejenigen, die dann sagten: „Nun kommen Sie gar nicht erst wieder ohne das." (...) Dann hatte mir der Hölzer gesagt: „Sie müssen sich eines merken. Wenn Sie hier herausfliegen, dann müssen Sie an der anderen Türe wieder hereinkommen." Und das war ein gutes Prinzip. Mit dem Prinzip bin ich auch eigentlich ein Stück weitergekommen. Ich kam dann zurück, hatte das erledigt. Dann kam der Franz Kieserling, und ich musste ihm dann sagen: „So, das habe ich gebraucht, das habe ich ausgelegt, das habe ich bezahlt." ...

(Kaufmännischer Angestellter, Jg. 1918)

„Sonst sind wir ja eigentlich nicht oft damit in Berührung gekommen. Er hatte ja doch mehr für das Kaufmännische zu sorgen."

Der Franz Kieserling war ein seriöser Unternehmer-Typ, ruhig und bedächtig, so habe ich ihn kennengelernt. Der Robert Kieserling gebrauchte schon mal die Ellenbogen, das lag auch vielleicht in der Mentalität seiner Aufgabe. Der Herr Hölzer, das war nun einer, der lebte eben für die Konstruktion und die Fertigung.

(Technischer Angestellter, Jg. 1912)

Was er (Robert Kieserling, d. Hrsg.) so alles gemacht hat. Einige Namen von Firmen, von kleineren Firmen, die wir hatten und die später dann verkauft wurden, d.h. liquidiert worden sind, die weiß ich heute gar nicht mehr. Es war ein solcher Wust von Dingen. Er war auch sehr witzig. Es gingen ja damals (in der Weltwirtschaftskrise, d. Hrsg.) viele Firmen pleite. Ich habe das damals dem Robert Kieserling gesagt. Da meinte er, mit den Pleiten, das wäre alles gar nicht so schlimm. Ich sagte: „Wenn Sie Wert darauf legen, Herr Kieserling, dann werde ich mal in unserer Klientel verbreiten, die Fa. Kieserling & Albrecht ist pleite." „Ja", sagte er, „das müssen Sie tun. Dann mache ich sofort einen Vergleich auf der Basis von 40 Prozent und bin völlig aus dem Schneider. Dann geht es mir erstklassig." Also diese Dinge machten ihm nichts aus. Er war sich absolut bewusst, mich macht keiner pleite.

Was er herstellte, die Fabrikation ... Ich habe nie von Mängeln an seinen Maschinen gehört, und da hätte ich bestimmt von gehört, wenn da was passiert wäre. Er war ein Mann, der auf Qualität größten Wert legte, der die gewandtesten Techniker hatte. Ach ja, da fällt mir jetzt etwas ein, das war eine Geschichte mit einem Patentvertrag, den wir abgeschlossen hatten mit einem Ungarn. Das war noch vor dem Krieg. Ich erinnere mich nur deshalb daran, weil er mich mittags anrief und sagte: „Können Sie heute abend um 21.00 Uhr in Düsseldorf bei Herrn Soundso sein?" Es war ein Ingenieur, der als freier Ingenieur tätig war. Da sagte ich: „Um was geht es denn, Herr Kieserling?" „Ja, ich will heute Nacht mit dem Mann - es geht nicht anders, er muss morgen zurück nach Ungarn -, da möchte ich noch einen Vertrag abschließen." Dann kamen wir nach Düsseldorf in ein Privathaus. Da waren zwei Vertreter der deutschen Ingenieurfirma, die das vermittelt hatte, und der Ungar beteiligt. Meine Sekretärin wurde in ein Nebenzimmer geschickt, aufs Sofa gelegt und schlief. Wir haben bis gegen morgens 4.00 Uhr verhandelt. Dann wurde meine Sekretärin geweckt und durfte den Vertrag schreiben, den wir dann diktierten. Eine Maschine war auch da, und dann haben wir bis gegen 7.00 Uhr an dem Vertrag geschrieben. Dann sind wir nach Hause gefahren.

Und da weiß ich noch, dass meine Sekretärin etwas empört war, als Kieserling sich von ihr verabschiedete und sagte: „Ja, jetzt ist es gleich 7.30 Uhr, da kommen Sie heute morgen mal etwas früher ins Büro." Ich weiß nicht mehr, was das für eine Maschine war. Es war eine hochinteressante Geschichte, auch technisch. Er hat es dann fertiggebracht, die Maschine alleine herzustellen. Die war für irgendwelche Flugzeugteileherstellung. Wie gesagt, er hatte einen Riecher für Sachen, die nachher gut funktionierten.

(Unternehmensberater, Jg. 1906)

Ansicht einer Werkshalle um 1930

Ich erinnere mich an einen recht typischen Vorgang. Wir gingen einmal von seinem Büro aus durch die Zeichensäle. Es war ein sehr schöner Tag im Sommer, und da saß ein Zeichner so auf der Fensterbank. Er hatte das Fenster auf, nicht, saß an der frischen Luft und hatte nichts, kein Papier in der Hand, gar nichts. Da machte ich in meiner Unkenntnis damals die ironische Bemerkung: „Sind bei Ihnen alle Leute so faul, Herr Kieserling, dass sie die Bürozeit auf der Fensterbank in der Sonne absitzen?" Da sagte er: „Sagen Sie das nicht. Der Mann ist augenblicklich mit einer Konstruktion beschäftigt, wo er kein Papier und keinen Zeichenstift braucht. Der sitzt die ganze Zeit nur da, der wird unter Umständen noch zwei oder drei Stunden so dasitzen und denken. Und dann steht er auf und zeichnet. Das muss man ihm lassen. Der eine arbeitet an dem Zeichenbrett und kann davon nicht los, der andere setzt sich hin und denkt eben ins Leere hinein. Auf den Mann

Ansicht einer Werkshalle um 1930

kann ich mich verlassen." Ich meine, wo finden Sie das? Er hatte Verständnis. Also, ich habe selten einen Mann getroffen, den ich jahrelang so verehrt habe wie den Robert Kieserling.

(Unternehmensberater, Jg. 1906)

Ja, da waren all die Sheddächer, die wurden im Sommer immer gekälkt. Wenn die Sonne darauf brannte, dann war da eine Hitze drin. Und dann wenn die Maschinen alle liefen, das brachte eine Hitze im Winter ... Wir hatten ja erst Gasheizung. Später während des Krieges haben wir Koksöfen aufgestellt überall. Wenn die ordentlich voll waren, war das ziemlich gut. Da war ein Extraangestellter, der besorgte die Öfen. Nachts haben wir das besorgt, dann haben wir eine ordentliche „Schöppe" drauf getan, wenn das so richtig kalt war ...

(Horizontalbohrer, Jg. 1905)

Montage von Grosspressen um 1940

Also, wenn da ein Auftrag war, den er gerne dann und dann gehabt hätte - also termingerecht -, das ging dem dann gar nicht schnell genug. Vor allen Dingen in der Gießerei. „Das muss morgen mit gegossen werden, kann es gehen, wie es will.“ Ja, und montags wurde das gegossen. Ja, und wenn wir dann sagten: „Wir müssen doch auch etwas zu essen haben, Herr Kieserling. Wie stellen Sie sich das vor?“ „Da braucht ihr euch gar nicht drum zu kümmern. Ich sag dem Mädchen Bescheid. Das holt Bratwurst und Brötchen. Das kommt nachher und gibt euch was zu essen.“ Dann kam das Mädchen. Dann hatte der seine Haushälterin benachrichtigt. Die musste dann Brötchen besorgen, die musste dann Wurst besorgen. Dann kriegten wir unser Abendessen, und dann konnten wir weiterarbeiten. Er selbst hatte dann aber auch eine Bratwurst auf der Faust.

Ja, der war in Ordnung. Der war aber auch ein Draufgänger. Der konnte schaffen; das wollte er dann aber auch von uns haben. Wir sollten auch

„brasseln". Ja, der Robert Kieserling ... man hat ihn ja nicht allzu oft gesehen. Nur in den kritischen Momenten, in den kritischen Zeiten, wenn irgendetwas eilig war. Sonst sind wir ja eigentlich nicht oft damit in Berührung gekommen. Er hatte ja doch mehr für das Kaufmännische zu sorgen.

(Former, Jg. 1909)

Einmal musste z.B. ein Fundament gebaut werden. Es musste ein bis zwei Meter ausgeschachtet werden. Das wurde meistens nachts gemacht. Wenn dann der Robert Kieserling in den Abendstunden - wenn alle anderen Leute weg waren - zu den Arbeitern kam, dann war es gut möglich, dass er sagte: „Wenn das morgen früh um 6.00 Uhr fertig ist, dann bekommt jeder von euch 20 Mark extra." Einige Male haben die Leute das auch gemacht. Der hat dem Lohnbuchhalter aber nichts von den 20 Mark erwähnt. Wenn dann aber der Buchhalter zum Robert Kieserling ging und sagte: „Da waren drei Leute, die wollten 20 Mark haben. Das haben sie denen versprochen", dann sagte er: „Da weiß ich nichts von." Das ist aber nur zweimal passiert. Beim nächsten Mal wollten die Leute das denn von ihm schriftlich haben und dann haben sie das Geld auch bekommen. Solche Zicken sind da auch passiert.

(Dreher, Jg. 1910)

Bei Kieserling war an und für sich ein schönes Arbeiten. Man musste natürlich seine Arbeit machen und konnte nicht den ganzen Tag nur rumstehen. Wenn das die Meister sahen ... So war es auch, wenn der Hölzer kam. Wenn die den sahen, dann schwärmten alle auseinander. Das war auch beim Robert Kieserling so. Das war auch eine Blüte, der. Wir standen auch mal mit sechs Mann zusammen, bei der Nachtschicht. Auf einmal kam mein Robert um die Ecke, guckte, schwupp, waren alle auseinander; das ging ruckzuck. Er kam rauf und sagte: „Eins, zwei, drei, vier, fünf, wo ist dann der Sechste?" Ja, so war der Robert. Der bekam vom ersten Blick alles mit. Wir haben dann beide etwas gegrinst, als er mich fragte, und dann ging er weiter. Er blieb nicht stehen und wollte was wissen. Er wollte damit nur sagen: Ich habe euch doch gesehen.

Wenn wir nachts Pause machten, hatten wir einen Pförtner, der spielte gerne Skat. Der kam auch schon kurz vor zwölf Uhr und drängelte. Da hat der Robert Kieserling sage und schreibe - also dreimal weiß ich ganz genau - vor dem Tor gestanden und kam nicht rein, weil der Pförtner nicht da war. Der kam dann über die Flurstraße, dort war ein Tor. Er sagte: „Da sitzt er, und ich stehe vor dem Tor und kann nicht rein. Komm jetzt mal mit." Da kam aber nie etwas hinterher. Nein, das gab es bei dem nicht.

Der kam auch schon mal an, wenn wir einen Körper draufhatten, der eilig war. Das dauerte ja manchmal Wochen, bis so ein Körper fertig war. Dann fragte er. „Wann sind Sie mit dem Körper fertig?" Ich sagte: „Ja, es kann Mittwochabend, oder Donnerstag werden." Er sagte: „Wenn der Mittwochabend fertig ist, bekommen Sie von mir 50 Mark auf die Hand." Die bekam man dann auch, ja. Das gab es beim Robert nicht anders. Wenn er das gesagt hatte, dann hielt er das auch. Das war ein patenter Kerl, das muss ich sagen. Alles, was Recht ist.

(Bohrwerksdreher, Jg. 1911)

Der war zu jeder Stunde da. Da war man nicht sicher vor dem. Der lief sogar nachts herum. Der wohnte ja auf der Birkerstraße. Dann sagte er, wenn er vorbeikam: „Haben Sie Essen?" Dann schickte er die Hausgehilfin oder die Köchin. Die brachte was, die kam auch mit Butterbroten und Kaffee. Einmal, da wollte er nach Hannover, da gab es wieder Revolverbänke. Jeder sieht ja, dass er die besten und billigsten kriegt. Da sollte ich mitfahren. Er wollte einen Mann haben, der was davon verstand. Er sagte: „Ja, dann fahren wir morgen." Ich hatte Spaß. Ich dachte: „Das gibt einen herrlichen Tag." Nun kam ich da an. Er war noch nicht da. Der Wagen wurde rausgefahren. Jetzt kam er. Er hatte ein großes Netz, Thermosflasche und ein Paket Butter drin. Er guckte uns an - wir waren unter zwei Mann: „Habt ihr nichts? Habt ihr keine Butterbrote? Unterwegs wird nicht gehalten. Wir kehren nicht ein. Das machen wir im Auto, Pause." Dann haben wir Butterbrote von ihm mitgekriegt.

(Dreher, Jg. 1908)

Der Robert Kieserling, der wollte ein Familienleben im Betrieb haben. Auch wenn wir, wie im Krieg, Überstunden machen mussten bis in die Nacht hinein ... je nachdem, wenn eine Reparatur war. Wir hatten ja in Ohligs die große Stanzerei, da wurden ja die Granaten gestanzt, gepresst. Wenn da etwas passierte, z.B. ein Werkzeug kaputtging, dann mussten wir dableiben, bis das fertig war. Das musste ja weiterlaufen. Dann kam der Robert nachts um ein oder zwei Uhr zu einem und fragte: „Habt ihr was zu Essen?" Wenn man nichts hatte, ließ er was vom Bahnhof holen. Oder er ging nach Hause und kam zurück mit einem Korb mit Kaffee und dicken Butterbroten mit Wurst und verpflegte einen. Der war einmalig.

(Dreher, Jg. 1908)

Der Kieserlings Robert, der kam jeden Abend so um halb zwölf. Dann ging der nach Hause. Dann kam der von seinem Büro und ging zu seiner Schwester Maria Scherf. Die wohnte auf der Flurstraße. Weil er ja selbst in Bonn wohnte. Da kam es schon mal vor, dass er gesagt hatte: „Hast du mal eine Zigarette für mich", oder so. Und dann haben Sie ihm eine gegeben. Am nächsten Abend brachte der ihnen aber eine Schachtel wieder, ja. Also, der war sehr nett immer, der war gesprächig und freundlich. Also, das muss man dem Robert lassen.

(Maschinenschlosser, Jg. 1917)

Wir bekamen in der Dreherei mal neue Dächer, die Sheddächer, eine Seite alles mit Glas. Die waren mit den Jahren ganz voll Teer. Da wurden die Scheiben ausgewechselt. Jetzt hatte mein Vater einen großen Schrebergarten. Ich sagte zu ihm, er sollte mal mit dem Heuwagen kommen, denn ich hatte mit den Anstreichern gesprochen. Die sollten die Scheiben nicht alle runterwerfen, die sollten einen Teil aufbewahren. Die Scheiben wollte ich dann abends mitnehmen. In der Pause habe ich mir die besten aussortiert. Die anderen habe ich weggeworfen. Darüber kam der Robert Kieserling. Der ging mittags immer da oben raus, zum Essen. Er kam zu mir und sagte: „Was machen wir damit?" Ich sagte: „Die wollte ich mit nach Hause nehmen, das ist doch gestattet?" Er sagte: „Sicher, bevor die kaputtgeworfen werden. Was machen Sie denn damit?" Ich sagte: „Da macht mein Vater Mistbeete mit. Wir haben einen Schrebergarten." Er sagte: „Mistbeete?" Ich sagte: „Ja." Dann sagte er: „Sie können nicht alle mitnehmen, ich mach auch Mistbeete." Ja, so einer war das. Ich sagte: „Ja, es sind ja noch genug da." Die durfte ich dann nicht mehr kaputtmachen. Er hat dann auch welche mitgenommen. Was er damit gemacht hat, weiß ich nicht.

(Dreher, Jg. 1908)

Der Franz Kieserling, das war so ein Akademiker, unnahbar, kann man sagen.

(Maschinenschlosser, Jg. 1911)

Also der Franz Kieserling, der war so ein bisschen der feinere Typ, und der Robert war so ein bisschen robust. Und da hatte ich einen Arbeitskollegen ... Ich weiß gar nicht mehr, was hatte der noch damals gemacht? Irgendwas hatte der gemacht, was dem Robert Kieserling nicht gepasst hatte. Und da hat der den angebrüllt und angefaucht. Da war der so fertig. Später begegnete der ihm wieder. Und da hatte er geweint und war ganz niedergeschlagen. Und da hat der Robert Kieserling ihm gesagt: „Was hast du denn? Warum siehst du denn so aus? Warum hast du denn geweint?" „Ja, Sie haben mich eben so angebrüllt und mich ausgeschimpft." „Ist das wahr? Hier hast du 5 Mark, und hol' dir ein paar Zigaretten." Also, der war so spontan. Aber das war dann herzlich wieder.

(Kaufmännische Angestellte, Jg. 1929)

Der Franz Kieserling war mehr ein Büro-Mensch. Der war noch sparsamer. Wenn der abends in den Betrieb kam und wir arbeiteten noch - da einer und da vielleicht noch zwei -, wenn dann die großen Lampen brannten, dann kam der und machte die Lampen aus. Jeder hat ja an seiner Maschine auch eine Maschinenlampe, aber die waren nicht hell genug. Der kam dann und drehte die große Lampe aus. Dann sagten wir: „Gott sei Dank, jetzt geht er hinten raus." Der fuhr nach Höhscheid. Dann gingen wir hin und drehten die Lampe wieder an, dann war die Sache geritzt. Der hatte es immer mit dem Licht, der war noch sparsamer.

(Dreher, Jg. 1908)

Ja, der Franz, das war ein Feiner.

(Former, Jg. 1909)

Als der Krieg in Frankreich war ... Abends war Schluss. Wir hatten Nachtschicht; die anderen gingen alle feiern, und wir hatten nichts zu trinken. Ich sagte zu einem Kollegen: „Geh doch, wenn der Franz vorbeikommt, und frage, ob der einen Schein locker macht." Als der Franz dann durchkam, hat sich keiner getraut. Ich sagte: „Ihr seid ja doch Feiglinge." Ich trank ja überhaupt nichts. Als der Franz dann hinterher wieder zurückkam,

ging ich zu ihm, und sagte: „Herr Kieserling, hören Sie mal, die Leute arbeiten und haben nichts zum Trinken." Er griff in die Brieftasche, gab mir 20 Mark und sagte: „Kommen Sie damit aus?" Ich sagte: „Herzlichen Dank im Namen aller."

(Maschinenschlosser Jg. 1911)

Franz Kieserling war ein Mann, der, wenn er hörte, es kommt etwas Kaufmännisches, sofort aus dem Zimmer ging. Das interessierte ihn gar nicht. Mit dem habe ich also eigentlich - möchte ich sagen - mehr gesellschaftlich als geschäftlich verkehrt; denn wenn Robert verreist war und es tauchte irgendeine Frage auf, die ihn betraf, dann konnte es passieren, dass man den Franz anrief

Blick in die Gießerei für Kleinteile im Jahre 1959

Blick in die Schlosserei
für leichte Maschinenteile
(auf der Galerie) i1959

und der sagte: „Ja, also das hat keinen Zweck, mit mir darüber zu sprechen, ich weiß von gar nichts." Die hatten eine völlige Trennung auf dem Gebiet. Aber das war gar kein Zweifel, der Kopf der Firma, das war der Robert.

(Unternehmensberater Jg. 1906)

Im Krieg war mein Mann Soldat. Ich war hier. Hier im Hause Parterre wurden wir ausgebombt. Nun waren wir mit sechs Personen im Keller, und hier nebenan im Haus waren drei Tote. Da kam eine Mine rein. Und wir waren verschüttet im Keller. Da war alles übereinander. Und dann weiß ich noch, wenn ich dann nach dem Wirtschaftsamt ging - aufs Bezugsscheinamt, wie man damals sagte -, wenn dann die Frau Kieserling da war, die Frau vom Franz Kieserling, und die hat mich gesehen, dann hat sie mich immer zurückgerufen. Wenn ich dann ein Anliegen hatte, dann hat sie gesehen, dass das nach Möglichkeit auch erreicht wurde. Wenn ich z.B. ein Paar Schuhe für meinen Sohn haben wollte oder ich hab irgendetwas an Wäsche nötig gehabt, weil der ja so groß gewachsen war, hat sie das auch möglich gemacht. Und wenn es auch nur ein Stück gab. Aber sie wusste, dass mein Mann bei Kieserling war. Und das war ja schon mal ein großes Plus. Aber das war dann die Frau vom Franz Kieserling, die Annemarie.

(Ehefrau eines Formers, Jg. 1909)

Der Direktor Hölzer war technischer Direktor. Dem unterstand die gesamte technische Crew, die es gab: das Technische Büro, die gesamte Werkstatt mit Betriebsleiter und allen Meistern. Und der war dann auch primär mit im Verkauf tätig, also im Verkauf von Maschinen und Einrichtungen. Mit den kaufmännischen Dingen befasste er sich nicht. Er machte zwar Preise und verkaufte Maschinen, die gab es noch gar nicht. Er kam dann nach Hause und sagte: „Wir müssen eine Maschine bauen, um Felgen zu walzen und zu richten." Dann hatte er aber die Maschine schon längst verkauft. Das war sein eigentlicher Aufgabenbereich. Er war damals der stille Chef.

(Technischer Angestellter, Jg. 1912)

Weihnachten 1944 da hatte ich vorher gefragt... Da war der Hölzer in Düsseldorf gewesen, und da hatte ich ihn persönlich gefragt, ob er mir Urlaub geben würde. Ich wollte Weihnachten nach Hause fahren - von Weihnachten bis Neujahr könnte ich zu Hause bleiben, bei den schlechten Fahrverhältnissen. Ja, hat der gesagt, das ging nicht. Wir hatten durch die Angriffe Engpässe in der Produktion. Da müsste gesehen werden, dass wir wieder weiterkämen. Wie der weg war, da kam der Direktor, der da zuständig war. Und da hat der zu mir gesagt: „Warum sind Sie nicht zu mir gekommen? Dann hätten Sie fahren können." Ja, der war streng. Aber, also was Kenntnisse angeht, ein ganz hervorragender Mann. Aber sonst, an Menschenführung ...

Ich weiß nämlich, die Frau Scherf, Schwester von Kieserlings, die war mal am Schlagbaum in dem Saal da oben ... und da bin ich auch gewesen und habe bei der am Tisch gesessen. Da haben wir uns unterhalten. Auf einmal sagte sie: „Sagen Sie mal, was halten Sie eigentlich von Herrn Direktor Hölzer?" Ich sagte: „Was wollen Sie denn hören, Schmeichelei?" „Sagen Sie mir die Wahrheit." Da sagte ich: „Der Hölzer ist so ein Mensch, wenn da eine Maschine stillsteht und er kommt morgens mit den Herren bei der Visite durch ... Warum steht die Maschine still? Der Mann ist krank ... Dann sagte der: ‚Warum ist da kein anderer Mann dran?' ... Er hat aber nie gefragt: ‚Was fehlt dem Mann?'" „Ja, ja, ich verstehe," sagte sie. Ich sagte noch: „Aber an Kenntnissen ... da muss man Achtung vor ihm haben". Also an Kenntnissen war der Mann unschlagbar.

(Maschinenschlosser, Jg. 1906)

Der Direktor Hölzer, der war so, wie er aussah: eisenhart; ein ausgezeichneter Fachmann, mit einer ungeheuren Energie, vor allen Dingen auch mit Sachkenntnis versehen. Der hat durch seine Initiative eigentlich, so sehe ich das, überhaupt das Werk wieder aufgebaut, nachdem die beiden Herren Kieserling im Angriff umgekommen sind. Da war dieser Mann der Motor.

(Technischer Angestellter, Jg. 1912)

Der Direktor Hölzer war ja ein ganz schlauer Kopf, dass der den Betrieb wieder aufgebaut hat, damals. Zu meiner Zeit wurden ungefähr 30 verschiedene Maschinen gebaut, und für jedes Teil gab es eine Laufkarte, ob das ein kleiner Splint oder eine Schraube war, ganz egal, das waren einige tausend Teile. Diese Teile lagen im Betrieb an den Rändern der Fahrstraßen, und dabei lagen immer die Laufkarten, darauf stand dann der Akkordpreis usw. Wenn der Hölzer durch den Betrieb ging, der wusste genau, welches Teil unbedingt in die Schlosserei musste. Der ging hinter den Meistern her und sagte: „Das muss aber morgen früh in der Schlosserei sein." Der brauchte keine Laufkarte anzufassen. Der wusste, dass das Teil an eine ganz bestimmte Maschine kam. Darüber habe ich oft gestaunt, weil es doch Tausende von Teilen gibt, die da rumliegen. Das konnte ich nie verstehen, wie so etwas möglich ist. Davor hatten wir Respekt. Der sah alles, wenn er durch den Betrieb ging. Der guckte zwar geradeaus, sah aber, was links und rechts passierte. Das habe ich beobachtet.

(Maschinenarbeiter, Jg. 1905)

Der Direktor Hölzer, das war ein Fachmann von Grund auf. Der sah schon von weitem, was nicht in Ordnung war. Da ging der auch hin, dann war aber der Teufel los. Auch in der Konstruktion ging der zu den Ingenieuren an die Zeichenbretter; die mussten zur Seite gehen, und dann hatte er den Kopierstift. Wenn der eine Idee hatte - der kam ja viel herum -, dann zeichnete der schon etwas anderes herein und sagte: „So möchte ich das haben." Dann wurde das gemacht.

(Dreher, Jg. 1908)

Ich hatte die Pfeife immer in der Tasche. Man wusste ja immer, wann der hohe Rat kam, nicht. Der hohe Rat, das waren der Direktor Hölzer, der Blasberg und dann noch so ein paar Ingenieure, die dann durch den Betrieb gingen. Die hatten jeden Morgen ihr Programm. Da wussten wir ja immer, so gegen 8 Uhr, da trafen sich die Herren. Und dann machten die ihren Rundgang durch den Betrieb, durch sämtliche Räume, durch sämtliche Hallen ... Das war schon immer bekannt. Da hinten kommt der hohe Rat, so hieß es dann. Na ja aber trotzdem, der Direktor Hölzer, der sah alles! Ich weiß noch genau ... irgendwie ein Rad, das vermurkst war, das hatten sie unter den Tisch, unter die Werkbank geschoben. Das hat der aber gefunden. Das hat der gesehen. Irgendwie hat der das „spitz gekriegt", dass das Schrott war.

Der hatte so eine riesige Standuhr in seinem Foyer stehen. Die war natürlich beim Angriff kaputt. Da fehlte der lange Perpendikel. Ich weiß nicht, wie der mich aufgestöbert hat, dass ich da was von verstand. Na ja, jedenfalls musste ich zu ihm, die Uhr mal besichtigen und mal gucken, was da dran zu machen war. Da fehlte der lange Perpendikel, unten die Scheibe, die da dran hängt. Was habe ich gemacht? In der Zeit war ja nichts zu kriegen. Ich habe geschätzt, wie lange das Ding ungefähr sein soll. Da habe ich mir so eine Tapetenleiste geholt - früher hatte man immer diese Tapetenleisten, die gibt es ja aus Hartholz -, die habe ich dann zuerst geschnitten, oben so ein Häkchen drangemacht. Dann habe ich mir auf der Schreinerei so einen Teller drehen lassen. Da habe ich gesagt: „Das ist für den Direktor Hölzer." Da kriegte ich das natürlich gemacht, ja. Für privat hätte ich das sicher nicht gemacht bekommen. Da hätte ich Schwierigkeiten mit dem Meister bekommen. Dann hätten die gesagt, ich habe keine Zeit ... Na ja, ich habe gesagt, das ist für den Direktor Hölzer, ja. Und dann kriegte ich die Scheibe gedreht. Und dann habe ich die schön eingehängt, das Uhrwerk mal nachgeguckt. An dem Uhrwerk war zum Glück nichts dran. Nach einigen Tagen habe ich gesagt: „Herr Hölzer, die müssen Sie jetzt so acht Tage laufenlassen und dann gucken wir mal nach, wieviel die vor- oder nachgeht; dann müssen wir unten den Teller wieder höher oder tiefer usw." Na ja ... die Uhr habe ich natürlich wieder schön in Gang gekriegt. Und da sagte er für mich: „Was kriegen Sie dafür?" Ich sag: „Was kann man dafür verlangen?" So bescheiden wie man ist. Ach, und dann gibt der mir 100 Mark. Ja, ich sagte: „Da kann ich Ihnen aber nicht darauf herausgeben." Da sagte er: „Nein, die können Sie behalten."

(Former, Jg. 1909)

Ich kann Ihnen ganz ehrlich sagen, er war im Betrieb ein ganz Unnahbarer, wenn er durch den Betrieb ging. Der Direktor Hölzer hatte für mich persönlich zwei Gesichter: Ich glaube, wenn der aus dem Betrieb herausfuhr, dann konnte man den Mann um den Finger wickeln, ein ganz phantastischer Mensch. Aber sobald der wieder im Betrieb war, war das aus. Ich wäre vielleicht bei dem Herrn Direktor Hölzer als Fahrer geblieben, vielleicht. Er hatte es immer gerne, wenn der Fahrer ausstieg und ihm die Türe öffnete. Das habe ich nicht getan. Ich bin sitzengeblieben, habe die Türe aufgemacht, dann musste er einsteigen und die Türe selbst schließen. Er hat mir zwar nichts gesagt ... er war immer ein ganz korrekter Mensch. Wenn wir aus dem Betrieb rausfuhren, dann saß er meistens hinten. Das war in einer schlechten Zeit, da gab es nichts zu rauchen und nichts zu beißen. Dann hat er hinten zwei Zigaretten angesteckt und hat mir eine nach vorne gereicht. Das haben die Fahrer hinterher nicht begreifen können. Ich habe von dem Mann alles bekommen. Wir sind mal abends spät nach Hause gekommen, da sagte er zu mir: „Fahren Sie den Wagen in die Garage, und kommen Sie mal rein." Als ich rein kam, ging er mit mir unten in den Keller, machte den Schrank auf. Er hatte da ein paar Töpfe stehen. Er sagte: „Die nehmen Sie ihrer Frau mit." Dann hatte er da auch noch Hüte. Er sagte: „Suchen Sie sich einen Hut aus." Er hatte eine Schwester in Neuss, die hatte eine Schuhfabrik. Da hat er für alle Leute im Betrieb Schuhe besorgt. Der Direktor Hölzer war in der Beziehung ein feiner Mensch. Aber im Betrieb war er unnahbar. Alle Leute hatten ungeheuerlichen Respekt vor Herrn Direktor Hölzer. Viele haben mich ja gefragt: „Wie kommst du mit

Direktor Carl Hölzer
(1882 - 1961)

den Direktor Hölzer aus?" Ich sagte dann: „Gut." Ich bin auch wirklich gut mit ihm ausgekommen. Ich hatte nie Schwierigkeiten mit ihm.

Ich kann da ein Erlebnis erzählen: Meine Frau hatte in Dabringhausen eine Freundin, die hatte dort eine Pension. Wir fuhren dann manchmal zum Wochenende dort hin. Damals hatte ich aber noch keinen Wagen. Wir fuhren dann bis Hilgen mit dem Zug oder Bus, und von dort aus ging es zu Fuß nach Dabringhausen. Als wir dort waren, sah ich unseren Wagen am Hotel zur Post. Ich bin dann reingegangen und sah den Direktor dort sitzen. Wir wollten am nächsten Tag wieder nach Hause und er auch. Er sagte: „Selbstverständlich ... Sie können fahren. Dann fahren Sie mit nach Hause." Das konnten die anderen Leute nicht verstehen. Montags sagte ich dann im Betrieb: „Ich bin mit Herrn Direktor Hölzer nach Hause gefahren." Ich hatte mit dem Direktor Hölzer ein gutes Verhältnis. Aber wenn er durch den Betrieb ging, dann war auch ich ein „Niemand".

(Maschinenarbeiter, Jg. 1919)

Kieserling-Werkschor im Jahr der Gründung 1933

Aus der „Glanzzeit" des Werkschors

„Das ist alles eingeschlafen"

Nun weiß ich nicht, wie der Gesangverein zustande gekommen ist, nicht. Gehst du in den Gesangverein, da wirst du nicht entlassen, so ähnlich, nicht.

(Former, Jg. 1909)

1933 sind da Vereine gegründet worden wie Sand am Meer; das wurde da gefördert. Das hing mit dem Nationalsozialismus zusammen, Kraft durch Freude usw. Das wurde doch gefördert ... Das arbeitende Volk sollte besser zusammenleben, die Gemeinschaft sollte besser gepflegt werden, und das kann man nicht besser machen, als wenn man Vereine gründet. Aus dem Grund ist auch sehr wahrscheinlich der Männerchor gegründet worden. Der Direktor Hölzer und auch die Chefs, glaube ich, die haben damals darüber gesprochen und haben gewünscht, wenn es möglich wäre, bei irgendwelchen Anlässen im Betrieb, dass da mal gesungen wird. Das hat man aufgegriffen und dann 1933 den Chor gegründet. Von da an wurde dann bei jeder passenden Gelegenheit ... damals war das ganz doll.

(Kaufmännischer Angestellter, Jg. 1918)

Es war 1933, da hieß es: „Wir wollen einen Chor gründen." Damals war ich nicht mit dabei, damals war ich noch zu jung, gerade 15 Jahre. „Wer Interesse am Singen hat, der kann sich melden." Die erste Probe war im Gewerkschaftshaus. Am Anfang waren da 100 Mann, die sich gemeldet hatten. Das war zuerst so ein „Aufflackern." Das ist aber dann in den ersten Wochen direkt wieder zurückgegangen auf 70 Mann. Es hat sich dann auf ungefähr 65 Mann eingependelt.

Der Chorleiter war der Bruder vom Direktor Hölzer (Ewald Hölzer, d. Hrsg.), der ist beim Angriff umgekommen. Das hat sich so gehalten bis zum Kriegsanfang. Dann wurden natürlich die meisten Leute eingezogen. Der Kieserling-Chor war im Krieg auch noch stark, weil viele freigestellt wurden. Ich vermute, dass die Proben im Krieg nicht mehr so hundertprozentig vonstattengehen konnten. Dann ist das später ganz eingeschlafen bis 1950.

(Kaufmännischer Angestellter, Jg. 1918)

Die Lieder waren damals alle etwas darauf zugespitzt; alle will ich nicht sagen, aber viele ... Ich möchte fast sagen, im Chor waren auch Leute, die nationalsozialistisch veranlagt waren, aber dass die die Partei in den Vordergrund schieben wollten, das war nicht der Fall. Aber das Liedgut, das wir sangen, das war zum Teil auf den Nationalsozialismus zugeschnitten. Die ganzen Komponisten damals haben ja auch zu der Zeit Lieder komponiert, die für den Hitler angenehm waren. Und die ihm nicht angenehm waren, die wurden ja dann verboten.

(Kaufmännischer Angestellter, Jg. 1918)

Ja, während des Krieges, da haben wir noch Proben gehabt, bis der eine oder der andere ... es wurden immer weniger. Dann wurden welche eingezogen ... Und dann hat sich das dann aufgelöst. Aber ein Stamm ist ja immer noch geblieben, ja.

(Former, Jg. 1909)

Ausflug des Kieserling-Werkschors um 1935

Auch nach dem Krieg, wenn jemand Jubiläum hatte im Betrieb, dann haben wir uns morgens um 9.00 Uhr in der Montagehalle aufgestellt und haben ein Lied gesungen, während der Pause. Wenn es dann gebrummt hatte, sind wir wieder auseinandergegangen. Auch wenn der Chef Geburtstag hatte oder bei den Weihnachtsfeiern haben wir gesungen.

(Kaufmännischer Angestellter, Jg. 1918)

Ja, da war immer so eine Clique, die dann bis spät abends oder bis spät in die Nacht dagesessen haben. Wir hatten ja auch ein paar gute Sänger dabei … Und die blieben immer hocken, ja. Ich konnte nicht so viel Alkohol vertragen. Wenn ich so dabei bin … und ich komm dann immer halb betrunken … Nein, das gefiel mir nicht, das konnte ich nicht vertragen, kann ich auch jetzt nicht, nein, nein. Da gibt der eine Runde und dann der wieder, mittlerweile hat man 5, 6 oder 10 Glas Bier, um

Konzert des Werkschores in Halle 6 am 23. Dez. 1939

Gottes Willen. Das kann ich nicht verkraften, auch heute nicht. (...) Ja, das war auch eine schöne Gemeinschaft.

(Former, Jg. 1909)

Ja, wir haben auch Konzerte gegeben. Wir haben auch bei einem Konzert zweimal anfangen müssen, das weiß ich auch noch. Ich wäre in der Erde versunken beinahe. Auf irgendeinem Konzert, ich weiß nicht mehr, was wir dort gesungen haben ... jedenfalls, wir fanden den Ton nicht ... das Publikum, alle waren da, schön aufgestellt. Der Chorleiter gibt den Ton an, wahrscheinlich falsch, zu hoch oder zu tief, wir fangen ganz verkehrt an, der winkt ab, setzt noch mal neu an ... Ach du lieber Gott, ich habe ein Herzklopfen gehabt ... Deswegen haben wir das Lied noch einmal singen müssen, also nochmal anfangen müssen.

(Former, Jg. 1909)

Kieserling-Werkschor im Jahre 1953

Da bin ich nicht hereingegangen. Ich habe für mein Leben auch gerne gesungen, ich habe auch ein Diplom davon ... Ja, wenn ich dabei ehrlich sein soll. Die Firma hatte den Gesangverein nach dem Krieg als Aushängeschild gebraucht. Das wäre ja gar nicht schlimm. Ich meine, das haben ja vielleicht mehr Firmen getan. Da wollen wir ja nicht drüber reden ... Aber ich konnte nur nicht vertragen ... ich kann das nicht, wenn sie so Freibier kriegen, das mag ich nicht ... Deswegen bin ich nicht hereingegangen.(..) Ich konnte das nicht ... ich kann nicht gut Radfahren. Es sind viele da herein gegangen, um Vorteile davon zu haben. Und das kann ich nicht ... Hinten haben ich ein Diplom hängen vom Gesangverein, da bin ich ja Ehrenmitglied drin.

(Maschinenschlosser, Jg. 1906)

Es hieß ja immer, die aus dem Betrieb im Chor sind, das sind alles Radfahrer. Das ist aber alles Blödsinn. Ich war im Chor, weil ich gerne singe. Ich hätte aber auch in einen anderen Chor gehen können, weil der Chor aber bestand, bin ich 1935 eingetreten. Ich war jetzt 50 Jahre im Chor, ich habe das auch nie bereut. Ich hatte aber nie dadurch Vorteile. Meistens hatte ich Nachteile, weil ich im Vorstand war. Ich musste manchmal mit der Geschäftsleitung verhandeln, und die waren auch nicht immer bereit, das zu tun, was wir gerne wollten, z.B. uns finanziell zu unterstützen. Da gab es auch manchmal Reibereien. Man war aber als Einkaufsleiter der Geschäftsleitung gegenüber verpflichtet, man gehörte doch eigentlich zur Geschäftsleitung ... Auf der anderen Seite musste man dann aber wieder für den Chor sprechen.

(Kaufmännischer Angestellter, Jg. 1918)

Das hörte aber alles auf, als die Betriebsräte schärfer wurden. D.h. wir hatten dann Betriebsratsvorsitzende, die haben denn gesagt: Wir haben mit der Firma jetzt einen Vertrag. Die Singerei interessiert uns nicht mehr, das wollen wir nicht mehr. Wir wollen nur noch Partner sein für Lohnverhandlungen usw. Mit dem ganzen Zeug haben wir nichts zu tun. Das waren Betriebsratsvorsitzende, die wollten das nicht mehr. Von da an ist das auch langsam eingeschlafen. Wir singen heute überhaupt nicht mehr im Betrieb. Der Chor besteht zwar noch, aber wir haben im Betrieb keine Verpflichtungen mehr. Das ist alles eingeschlafen.

(Kaufmännischer Angestellter Jg. 1918)

Der Werkschor bei einer Jubilarehrung im Jahre 1969

Anmerkungen und Abbildungsverzeichnis

Anmerkungen

Seite *5 bis *12

1 *K.-H. Mommertz, Bohren, Drehen Fräsen - Geschichte der Werkzeugmaschinen, Reinbek 1981, S. 155*

2 *Vgl. H. Kern/M. Schumann, Das Ende der Arbeitsteilung, München 1984, S. 139 f.*

3 *Kern/Schumann, S. 142 ff.*

4 *W. Simon, Die numerische Steuerung von Werkzeugmaschinen, München 1971, S. 476*

5 *W. Ruppert, Die Fabrik, München 1983, S. 37*

6 *Kern/Schumann, S. 178*

7 *Ebenda, S. 147*

8 *Vgl. W. Ruppert, S. 36 ff.*

Seite *13 bis *16

1 *Vgl. R. Antonoff, Firmengeschichte, FAZ 28.8.1985*

2 *Vgl. etwa die verschiedenen Aufsätze in dem Sammelband: M. Ristau, Identität durch Geschichte, Marburg 1985*

3 *Zit. nach: J. Reulecke, Der Historiker: Hofnarr oder Wegweiser?, in: U. Becher/K. Bergmann (Hrsg.), Geschichte - Nutzen oder Nachteil für das Leben? Düsseldorf 1986, S. 36*

4 *P. Schirmbeck (Hrsg.), "Morgen kommst Du nach Amerika" - Erinnerungen an die Arbeit bei Opel 1917 - 1987, Berlin/Bonn 1988, S. 16*

5 *W. Ruppert, Die Fabrik, München 1983, S. 8*

6 *H. Pross, Der Geist der Unternehmer, 100 Jahre Vorwerk u. Co., Düsseldorf 1983, S. 25*

Seite 5 bis 12

1 *Vgl. G. Zang, Die unaufhaltsame Annäherung an das Einzelne - Reflexion über den praktischen und theoretischen Nutzen der Regional- und Alltagsgeschichte, Konstanz 1985*

2 *Vgl. L. Niethammer, Das kritische Potential der Alltagsgeschichte, in: U. Becher/K. Bergmann (Hrsg.), Geschichte - Nutzen oder Nachteil für das Leben? Düsseldorf 1986, S. 64*

3 *Vgl. G. Zang, S. 30*

4 *Vgl. z.B. H. Ch. Ehalt (Hrsg.), Geschichte von unten, Wien/Köln/ Graz 1984 sowie: H. Haumann, Alltagsgeschichte, Regionalgeschichte, Gesellschaftsgeschichte, in: Das Argument 151, Jg. 1985*

5 *B. Faulenbach, Betriebsgeschichtsschreibung "von unten" - Zur Methodologie des Ansatzes, in: DGB-Projekt "Geschichte von unten", Rundbrief Nr. 8, Düsseldorf 1987, S. 12 ff. sowie: ders., Oral History und Arbeiterbildung, in: Geschichtsdidaktik H. 3; Jg. 1984, S. 221 ff.*

6 *Vgl. die Anmerkungen zu den Kapiteln 5, 6.1 und 8.*

7 *Für die Zeit ab 1947 waren die Protokolle des Betriebsrates, die Herr Kramm freundlicherweise zur Verfügung stellte, eine informative Quelle.*

8 *Vgl. Th. Kieserling und Albrecht, Werkzeugmaschinenfabrik Solingen, (Bildband), Wuppertal 1960; Kieserling, Eine Werksbesichtigung in Bildern, o.J.; (Stadtarchiv Solingen)*

9 *Vgl. auch: Th. Kieserling und Albrecht, Werkzeugmaschinenfabrik Solingen (Sammelmappe: Fabrikation) Wuppertal 1960; sowie: Th. Kieserling und Albrecht, Werkzeugmaschinenfabrik, Hrsg., Pressenhandbuch bearb. von Prof. Mäkelt, 4. Auflage Düsseldorf 1970 und Th. Kieserling und Albrecht, Maschinenfabrik und Eisengießerei, Teilkataloge D und C, o.O., um 1925 (Stadtarchiv-Solingen)*

10 Ein Großteil dieser Interviews wurde vom Stadtarchiv Solingen übernommen und in den Bestand Firmenarchiv Kieserling (Fi 4) integriert.

11 M. Lorinser / G. Zang, Beim Flicken der Löcher in den Netzen der kollektiven Erinnerung. Ein Werktag der Konstanzer Regionalhistoriker, in: Demokratie und Arbeitergeschichte, Jahrbuch 3, Stuttgart 1983, S. 16

12 P. Schirmbeck (Hrsg.), "Morgen kommst Du nach Amerika" - Erinnerungen an die Arbeit bei Opel 1917 - 1987, Berlin/Bonn 1988, S. 8

13 A.G. Frei, Alltag - Region - Politik, in: M. Ristau, Identität durch Geschichte, Marburg 1985, S. 92

14 L. Niethammer, Fragen - Antworten - Fragen, Methodische Erfahrungen und Erwägungen von Oral History, in: L. Niethammer/A.v. Plato, "Wir kriegen jetzt andere Zeiten", Bonn 1985, S. 426 f.

15 Vgl. auch: Aufriss, Schriftenreihe des Zentrum Industriekultur, Heft 4, Arbeitererinnerungen, Nürnberg 1984; A.v. Plato, Wer schoß auf Robert R., oder: Was kann Oral History leisten?, in: H. Heer/ V.Ullrich (Hrsg.), Geschichte entdecken, Reinbek 1985, S. 266 ff.

16 Vgl. W. Fuchs, Biographische Forschung, Opladen 1984, S. 156 f. und S. 168 f.

17 Vgl. hierzu auch: R. Stahlschmidt, Arbeitsplatz und Berufsbild im Wandel: Der Drahtzieher, in: J. Reu lecke, Fabrik - Familie - Feierabend, Wuppertal 1978, S.133 ff. sowie: H. Safrian, Geschichte der Arbeiterbewegung und Arbeiterkultur, in: H. Ch. Ehalt (Hrsg.), Geschichte von unten, Wien/Köln/ Graz 1984

18 Vgl. hierzu: L. Niethammer, Fragen - Antworten - Fragen, S. 418 f.

Seite 13 bis 28

1 Siehe D. Otten, Die Welt der Industrie Bd. 1, Reinbek 1986, S. 243 ff.

2 Statistisches Jahrbuch für das Deutsche Reich 1.Jg. 1889ff, S. 39 ff.

3 Vgl. F. Klemm, Technik - Eine Geschichte ihrer Probleme, Freiburg - München 1954, S. 336 ff.

4 C. Ballod, Grundriss der Statistik, Berlin 1913, S. 288 ff. Siehe auch: J. Radkau, Technik in Deutschland, Frankfurt/M. 1989, S. 182

5 Vgl. W. Fischer/P. Czada, Wandlungen in der deutschen Industriestruktur im 20. Jahrhundert, in: G.A. Ritter (Hrsg.), Entstehung und Wandel der modernen Gesellschaft, Festschrift für H. Rosenberg, Berlin 1970, S. 129 ff.

6 Statistisches Jahrbuch für das Deutsche Reich, 35. Jg., 1914, S. 59 ff.

7 W. Sombart, Die deutsche Volkswirtschaft im 19. Jahrhundert und im Anfang des 20. Jahrhunderts, Berlin 1919, S.155; zur Umsatzentwicklung vgl. E. Barth, Entwicklungslinien der deutschen Maschinenbauindustrie vom 1870 - 1914, Berlin (Ost) 1973, S. 4 ff.

8 E. Barth, S. 2

9 Vgl. z.B. die Abbildung bei W. Ruppert, Die Fabrik, München 1983, S.68

10 Vgl. Das Buch der Erfindungen, Gewerbe und Industrien, sechster Band, Die Verarbeitung der Metalle, Leipzig 1900, S. 123

11 E. Barth, S. 2

12 Amtlicher Bericht über die Weltausstellung in Chicago, Berlin 1894, Bd. I, S. 420, zit. nach: K.-H. Mommertz, Bohren, Drehen und Fräsen, Geschichte der Werkzeugmaschinen, Reinbek 1981, S. 127

13 W. Sauer, Der dressierte Arbeiter - Gegenwart und Geschichte der industriellen Arbeitswelt, München 1984, S. 43

14 J. Kocka, Unternehmer in der deutschen Industria lisierung, Göttingen 1975, S. 48

15 Vgl. hierzu :K.-H. Mommertz, S. 117 ff.

16 F. Redtenbacher, in: Blätter für Technikgeschichte, Heft 19-21, Wien 1957-1959, S.79, zit. nach: A. Nedoluha, Kulturgeschichte des technischen Zeichnens, Wien 1960

17 W. Sombart, Der moderne Kapitalismus, Bd. III, München, Leipzig 1928, S. 424

18 Vgl. K.-H.Mommertz, S. 133

19 Vgl. E. Barth, S. 48

20 Vgl. K.-H.Mommertz, S. 141

21 Vgl. P. Hinrichs/L. Peter, Industrieller Friede? Arbeitswissenschaft und Rationalisierung in der Weimarer Republik, Köln 1976, S. 52

22 Vgl. E. Schalldach, Rationalisierungsmaßnahmen der Nachinflationszeit im Urteil der deutschen freien Gewerkschaften, Jena 1920, S. 73

23 Vgl. die differenzierte Studie des Deutschen Metallarbeiterverbandes (Hrsg.), Die Rationalisierung in der Metallindustrie, Berlin 1933, insb. S. 85-98.

24 G. Stollberg, Die Rationalisierungsdebatte 1908-1933, Frankfurt/M. - New York 1981, S. 57

25 J. Radkau, S.225

26 Vgl. V. Benad-Wagenhoff, Rationalisierung vor der Rationalisierung, in: Tagungsmappe der VDI-Tagung zum Thema "Massenproduktion und Rationalisierung" vom 9. und 10.2.1989

27 J. Bönig, Technik, Rationalisierung von Arbeitszeit in der Weimarer Republik, in: Technikgeschichte, Bd. 47 1980, H. 3, S. 316.

28 K.-H. Mommertz, S. 147f

29 Vgl. Deutscher Metallarbeiterverband, Rationalisierung, S. 173 ff.

30 Vgl. ebenda S. 86 ff.

31 Th. v. Freyberg, Industrielle Rationalisierung in der Weimarer Republik, Frankfurt/M. 1989, S. 15 f. und S. 129 ff.

32 Vgl. J. Bönig, Technik und Rationalisierung in Deutschland zur Zeit der Weimarer Republik, in: U. Troitzsch/G. Wohlauf (Hrsg.), Technikgeschichte - Historische Beiträge und neuere Ansätze, Frankfurt/M. 1980, S. 407

33 Vgl. M.J. Piore/Ch.F. Sabel, Das Ende der Massenproduktion Studie über die Requalifizierung der Arbeit und die Rückkehr der Ökonomie in der Gesellschaft, Berlin 1985, S. 160 ff. sowie A. Sohn-Rethel, Ökonomie und Klassenstruktur des deutschen Faschismus, Frankfurt/M. 1973, S. 55 ff.

34 Deutscher Metallarbeiterverband, Rationalisierung, S. 88 f. und S. 177 ff.

35 Vgl. G. Stollberg, S. 58 f.

36 W. Siebel / H.-W. Hetzler, Innerbetrieblicher Funktionszusammenhang der Berufsqualifikation, Köln/Opladen 1962, S. 35

37 W. Ruppert, S. 50

38 Th. Engelhardt, Die Privatbeamten - Zur Sozialgeschichte der deutschen Industrieangestellten während der Früh- und Hochindustrialisierung, in: Leben und Arbeiten im Industriezeitalter, Stuttgart 1985, S. 322

39 R. Stockmann, Gewerbliche Frauenarbeit in Deutschland 1875 - 1980, in: Geschichte und Gesellschaft, Jg. 1985, H. 4, S. 455

40 Ebenda S.460

41 Th. v. Freyberg, S. 45

42 Ebenda S. 41 und S. 175 ff.

43 Ebenda S. 390

44 Ebenda S. 17

45 W. Sörgel, Metallindustrie und Nationalsozialismus, Frankfurt/M. 1965, S. 67

46 Ebenda

47 T. Siegel/Th. v. Freyberg, Industrielle Rationalisierung unter dem Nationalsozialismus, Frankfurt/M. 1991, S. 155

48 R. Wagenführ, Die deutsche Industrie im Kriege 1939-1945, Berlin 1954, S. 59 und S. 162 f.

49 T. Siegel / Th. v. Freyberg, S. 172

50 Ebenda S. 173

51 J. Radkau, S. 315

52 Vgl. auch W. Fischer, P. Czada, S. 131

53 M.J. Piore / Ch.F. Sabel, S. 241

54 J. Radkau, S. 326

Seite 29 bis 148

1 Franz Anton Kieserling, * 17.3.1785 in Bonacher, katholisch + 28.3.1850 in Berghausen (Kreis Meschede), verheiratet seit 1809 mit Maria Margaretha Strube (Struve), * 30.5.1778 in Buenfeld, Gemeinde Reiste, katholisch + (unbekannt).

2 Talg: tierisches Fett mit hohem Schmelzgrad, Rohstoff für Seife, Kerzen und Lebensmittel, wurde auch beim Kochen verwandt

3 J. Reulecke, Das Wuppertal – ein Vorreiter im deutschen Modernisierungsprozeß, in: H. Herberts, Alles ist Kirche und Handel. Wirtschaft und Gesellschaft des Wuppertals im Vormärz und in der Revolution 1848/49, Neustadt an der Aisch 1980, S. 245

4 Vater Ernst Christian Pohlmann heiratete in Neh dem im Preussischen Marie Luise Becker (*1782 in Heringhausen (Waldeck), + 6.4.1848).

5 Eine häufig begangene, in drei Tagen zu bewältigende Strecke verlief über Medebach-Winterberg oder Küstelberg, weiter entlang der Ruhr, über Arnsberg und Hagen nach Barmen; vgl. K. Goebel, Wuppertal - heimliche Hauptstadt von Waldeck, Wuppertal 1964, dem auch die weiteren Ausführungen zum Verhältnis Waldeck und Wuppertal entnommen sind.

6 Der Ausdruck "Hauptstadt von Waldeck" entstand erst im ausgehenden 19. Jahrhundert, als in Barmen mehr gebürtige Waldecker als in der größten Stadt des Fürstentums wohnten.

7 Goebel, S. 31

8 Ebenda

9 K. Coutelle, Elberfeld, topographisch-statistische Darstellung, Elberfeld 1852, Nachdruck 1963. Coutelle listet für das Jahr 1851 zwei Seifensiedereien mit zusammen 15 Arbeitern und drei Seifensieder/

Lichterzieher-Handwerksmeister, die ohne Gesellen arbeiten, auf.

10 *Im Adressbuch von 1856 und beim Abschluss der Gewerbeschule von Theodor Kieserling 1859 lautet die Berufsangabe jeweils Lichterzieher.*

11 *H. Herberts, Alles ist Kirche und Handel... Wirtschaft und Gesellschaft des Wuppertals im Vormärz und in der Revolution 1848/1849, Neustadt 1980, S. 257 ff.: Beilage zum Täglichen Anzeiger für Berg und Mark Nro. 11 Elberfeld, den 14. Januar 1847: Verzeichniß derjenigen städtischen Bürger, welche sich dem Unterstützungsverein zu monatlichen Gaben verpflichtet haben*

12 *K. P. Huttel, Wuppertaler Bilddokumente. Ein Geschichtsbuch zum 19. Jahrhundert in Bild und Text, Wuppertal 1985, S. 48*

13 *Allgemein zum Elementarschulwesen in Wuppertal um 1850, vgl. K. Goebel, Schule im Schatten, Wuppertal 1978*

14 *Coutelle, S. 172 f.*

15 *"Sie sollten eine technische Grundbildung als berufsbezogene Vorbereitung für alle Gewerbe vermitteln und sich dabei auf die Bearbeitung derjenigen Unterrichtsinhalte beschränken, die Gewerbetreibende im Interesse einer innovativen Berufspraxis benötigten, im vorhandenen Elementar- bzw, Bürgerschulwesen jedoch nicht erwerben konnten. (...) So entstand in Berlin 1821 das Gewerbe-Institut, das von Beginn an einen den in den preußischen Provinzen geplanten Gewerbeschulen übergeordneten Status erhielt. (...) So entstanden bis 1850 etwa 20 Provinzial-Gewerbeschulen, 7 davon in den Provinzen Rheinland und Westfalen, und zwar in Aachen (gegründet 1818), Münster (1822), Hagen (1824), Elberfeld (1825), Trier (1831), Bielefeld (1831) und in Köln (1835)." C. Schiersmann, Die Provinzial-Gewerbeschulen in den rheinischen und west fälischen Provinzen Preußens im 19. Jahrhundert, in: Rheinland-Westfalen im Industriezeitalter: Beiträge zur Landesgeschichte des 19. u. 20 Jh. hrsg. von K. Düwell und W. Köllmann. Bd 4.: Zur Geschichte von Wissenschaft, Kunst und Bildung an Rhein und Ruhr, Wuppertal 1985, S. 87*

16 *Huttel, Abb. S. 73*

17 *Ebenda S. 31 ff.*

18 *E. Hintzmann, Oberrealschule Elberfeld. Zur Geschichte der Schule, Festschrift zum 75 jährigen Bestehen der Anstalt, Elberfeld 1900, S. 31*

19 *Ebenda S.107*

20 *Christian Brensing wurde am 11.12.1841 in Elberfeld geboren, lutherische Konfession.*

21 *Gebr. Brensing wurde 1857 gegründet; siehe: Nachrichten über Elberfelder Firmen im Stadtarchiv Wuppertal.*

22 *Die Familie Brensing lebte in dieser Zeit auf der Osterfeldstraße F. 1367½ in Elberfeld in der Nähe der Kieserlings.*

23 *Anmeldung in Solingen am 28.8.1865, von Elberfeld kommend. Berufsangabe: Fabrikarbeiter; Wohnort: August Langenberg, Hochstraße, (Hausnummer 466); siehe: StAS Bürgerrolle S 156 Eintragung 1158 Buchstabe K.*

24 *1868 wird Langenberg im "Ersten Geheimcassabuch" der Fa. J.A. Henckels als Gehaltsempfänger (= leitender Angestellter) geführt; siehe: Firmenarchiv J.A. Henckels Zwillingswerk.*

25 *Im "Ersten Geheimcassabuch" von 1868 wird Theodor Kieserling als Gehaltsempfänger geführt, vermutlich bezog er es aber schon seit seinem Eintritt in die Firma. Theodor Kieserling ver diente das Dreifache eines Facharbeiters.*

26 *Am 5.2.1866 zieht Theodor Kieserling von Solingen zum Grünewald; siehe: StAS Bürgerrolle D 13.*

27 Am 15.9.1866 ziehen seine Mutter Louise und seine Geschwister zu ihm; ebenda.

28 50 Jahre Siegen-Solingen, in: Klinge und Schere, Ausgabe B, Solingen, Nr.1 1923, S. 3

29 In einer Gewerbekonzessionsakte der Fa. J.A. Henckels haben sich zwei Zeichnungen von Theodor Kieserling für Dampfkesselanlagen aus den Jahren 1871 und 1872 erhalten (StAS S 3527).

30 Ein Beispiel: Die Pläne zum Dampfkesselkonzessionsgesuch vom 5.2.1874 wurden von Theodor Kieserling angefertigt. (StAS S 3381)

31 Matthias Klee geboren 1831 in Brohl, gestorben 28.1.1873 in Solingen. Weiteres zur Familie Klee findet sich in StAS KL 49.

32 StAS KL 49 Bd. 4 folio 66 Kaufvertrag zwischen den Erben Klee und Theodor Kieserling. Die Berufsangabe von Theodor Kieserling in diesem Vertrag lautet "Schlosser und Techniker"

33 Solinger Zeitung (SZ) 7.4.1873

34 Richard Albrecht heiratete die in Solingen geborene Julie Breuer. Er wohnte vor dem 11.12.1899 auf der Katternberger Straße 65, dann auf der Gasstraße 62 (Eigentümer Fa. Anton Wingen); im gleichen Haus wohnte auch Ernst Halboth, Ingenieur bei Th. Kieserling & Albrecht. Am 1. 5. 1903 verzog Richard Albrecht nach Höhscheid.

35 Bei der 1. Heirat Otto Albrechts 1870 Angaben zum Vater: Weber; bei der 2. Eheschließung 1876 Werkführer; siehe dazu: Standesamt Wuppertal.

36 StAS Bürgerrolle D 13

37 Hauptbuch der Unterstützungskasse, in: Firmen archiv J.A. Henckels Zwillingswerk

38 Vgl. G. Rasspe, Historisches Straßenalbum Solingen. Teil 1: Die Kölner Straße vom Dreieck bis zum Dickenbusch, Solingen 1987

39 StAS Fi 4-514: Kopie des Vertrages

40 Mathilde Fischer wurde 1845 in Solingen geboren, ihr Vater war Galanteriewarenhändler; siehe: Sterbeurkunde Mathilde Albrecht, Solingen 15.8.1874

41 StAS Bürgerrolle S 20 Hausnummer 1209

42 Emma Adele Albrecht * 28.3.1873; Anna Mathil de Albrecht * 14.5.1873 und Louise Mathilde Alb recht * 15.8.1874

43 StAS Fi 4-541

44 F. Hendrichs, Gebr. Hartkopf Solingen. Von der Handschmiede zur neuzeitlichen Schlägerei, Solingen 1952, S. 65

45 Eine andere, ähnliche Zusammenarbeit zwischen einem Solinger "Maschinenbauer" und einer Waffenfirma ist hingegen in der Literatur ausführlich gewürdigt. Die zweite bedeutende Waffenfabrik in Solingen war die von Carl Reinhard Kirschbaum. Diese erhielt 1858 von der englischen Regierung einen größeren Seitengewehrauftrag mit der Auflage, die Aufpflanzvorrichtung aus geschmiedetem Eisen herzustellen. Da im Solinger Industriegebiet keine Werkstatt für die erforderliche Präzisionsarbeit eingerichtet war, finanzierte Kirschbaum schließlich den Ankauf von mehreren englischen Werkzeugmaschinen durch den Schlosser Caspar Wilhelm Bremshey, der sich zur mechanischen Herstellung der Aufpflanzvorrichtung bereit erklärt hatte. Bremshey wurde am 27. 8. 1826 als zweitältester Sohn ohne Aussicht auf das Erbe des väterlichen Landgutes geboren, ging in Iserlohn in die Schlosserlehre und nach ihrem Ende auf die Wanderschaft. So kam er nach Ohligs, wo er als Geselle bei einem Schlossermeister eintrat. Bremshey wurde sesshaft, heiratete und machte sich 1857 mit der Herstellung von Kastenschlössern in der Poschheider Mühle selbständig. Zu diesem Zweck be schaffte er sich eine Drehbank und eine Fräsmaschine, zu deren Antrieb ein Wasserrad die

Kraft gab. Für die mechanische Bearbeitung der Seitengewehrteile war allerdings in der Poschheider Mühle bald kein Platz mehr, und Bremshey musste 1863 mit der Errichtung eines Fabrikneubaues in der Nähe des geplanten Ohligser Bahnhofes beginnen. Die Zusammenarbeit von Bremshey und Kirschbaum blieb bis in die 1870er Jahre erhalten. Die gute Konjunktur der Waffenindustrie nach dem Krieg 1870/1871 bescherte auch Bremshey umfangreiche Aufträge. Er erwarb Maschinen in England und fertigte in seiner Werkstatt eine Anzahl von Maschinen selbst. Als Mitte der 1870er Jahre ein konjunktureller Einbruch die Waffenindustrie in Mitleidenschaft zog, begann Bremshey mit der Herstellung von Schirmfurnituren. Im Jahre 1881 verkaufte er schließlich alle seinen Maschinen, Vorrichtungen und Werkzeuge zur Waffenproduktion an seinen alten Partner, die Firma Kirschbaum, zog sich gänzlich aus der Waffenbranche zurück und widmete sich ausschließlich den Schirmfurnituren.

46 *V. Benad-Wagenhoff, Spanabhebende Werkzeugmaschinen im metallverarbeitenden Betrieb, in: U. Wengenroth (Hrsg.), Prekäre Selbständigkeit. Zur Standortbestimmmung von Handwerk, Hausindustrie und Kleingewerbe im Industrialisierungsprozess, Stuttgart 1989, S. 151 f.*

-

47 *W. Philipps, Der Unternehmer in der Solinger Stahlwarenindustrie im 19. Jahrhundert, Köln 1956, S. 29 und StAS H 1878*

48 *RIM Firmenarchiv Gebr. Hendrichs: Erinnerungen von Peter-Wilhelm Hendrichs*

49 *Vgl. Hendrichs, Gebr. Hartkopf Solingen 1952*

50 *Ebenda S. 48 f.*

51 *Ebenda S. 50*

52 *StAS S 3348*

53 *Hendrichs, S. 51*

54 *RIM Firmenarchiv Gebr. Hendrichs: Erinnerungen von Peter-Wilhelm Hendrichs*

55 *RIM Firmenarchiv Gebr. Hendrichs; Vertrag oder Vertragsentwurf*

56 *Gesenkschmiede Hendrichs. Geschichte einer Solinger Fabrik, Köln 1986, S. 79*

57 *RIM Firmenarchiv Gebr. Hendrichs A 7*

58 *StAS O 2238*

59 *RIM Firmenarchiv Gebr. Hendrichs A 7*

60 *RIM Firmenarchiv Gebr. Hendrichs A 6 Geheimcassabuch*

61 *StAS Na 57 Projekt Industriearchitektur: Hugo Linder Deltawerk*

62 *StAS S 3399*

63 *Gebr. Brüninghaus betrieben ihre kleine Schlägerei zuvor auf der Brühler Straße 29.*

64 *In einem Schreiben der Gewerbeinspektion Solingen aus dem Jahre 1895 heißt es: "der Schleifer (...) in der Schleiferei von Kieserling & Albrecht (...) heute einen größeren Sandstein auf die Axe gespannt hat". (StAS S 4132)*

65 *Laut Eintragung in das Handelsregister wurde das Handelsgeschäft Gebr. Brüninghaus 1914 nach Lennep verlegt.*

66 *Sammlung für Arbeitslose in der (Dampf)schleiferei Kieserling, siehe: Der Stahlwarenarbeiter 1.12.1908*

67 *RIM Firmenarchiv Gebr. Hendrichs A 6 Geheimcassabuch*

68 *StAS H 2049*

69 *"Das schichtenprägende, trennende Moment*

der Konfessionszugehörigkeit spiegelt sich auch in den Bürgergesellschaften der größeren Textilstädte nieder. In Gladbach und Krefeld z.B. ist die ältere führende evangelische Unternehmensschicht in den alten Bürgergesellschaften unter sich, während die jüngere katholische Unternehmensschicht sich der geselligen Vereinigung des katholischen Mittelstandes anschließt", so G. Adelmann, Führende Unternehmer im Rheinland und in Westfalen, 1850-1914, in: RVB 35, 1972, S. 349. Ob die konfessionellen Unterschiede aber auch in Solingen eine so große Rolle gespielt haben, müsste noch näher untersucht werden.

70 Chronik der Kolpingfamilie St. Clemens, Solingen 1888 -1988, Solingen 1988, S. 7

71 Festschrift zur Eröffnung des katholischen Gesellenhauses Solingen (1907), S. 20

72 Ebenda

73 In diesem Zusammenhang verdient auch das Engagement Theodor Kieserlings bei der Reorganisation des Krankenkassenwesens Beachtung. 1885 wurde er zum stellvertretenden Vorsitzenden in der Solinger "Ortskrankenkasse für Fabrikarbeiter" (zuständig für die in Fabriken beschäftigten Personen); vgl. Statut der Ortskrankenkasse für Fabrikarbeiter in der Gemeinde Solingen 1885

74 Vgl. G. Adelmann, S. 350 f. und R. Teuteberg, Geschichte der industriellen Mitbestimmung in Deutschland, Tübingen 1961

75 Die Aufgabe des Armenpflegers war eines dieser bürgerlichen Ehrenämter. Theodor Kieserling hatte dieses Amt im Jahre 1881/1882 für den Bezirk zwischen Friedrich- und Katternberger Straße inne. Der "Armenpfleger" war in gewisser Weise das "Eingangsamt" in die ehrenamtliche bürgerliche Kommunalverwaltung. Wer dieses Amt übertragen bekam, gehörte sozial zu den angesehenen Bürgern der Stadt und konnte danach weitere Aufgabe und Ämter übernehmen.

76 SZ 27.12.1888

77 SZ 17.12.1888

78 SZ 20.12.1888

79 StAS S 481

80 Beilage der SZ 17.11.1880

81 StAS Bibliothek KA 1222

82 StAS Nachlass Barche Na 5-205

83 StAS Fi 4-746

84 StAS Fi 4-746: Brief von Auguste Kieserling an Theodor Kieserling, Solingen 18.10.1900 (Der Vater weilte in Marienberg zur Kur)

85 StAS Fi 4-746: Brief von Theodor Kieserling an Maria Scherf, 17.10.1900

86 StAS Fi 4: Totenzettel Theodor Kieserling

87 Die Inventur umfasst insgesamt 40 Seiten Angaben für Betriebs- und Maschinenkonten; eine Aufstellung der Immobilienwerte ist nicht überliefert. (Fi4-476)

88 U.a. für die Gesenkschmiede Brüninghaus und in der Dampfschleiferei

89 Die privaten Vermögensverhältnisse der Familie Theodor Kieserling ergeben sich nur zum Teil aus dem unvollständigen Inventar seines Nachlasses, so fehlt in der Aufstellung z.B. die Beteiligung an der Fa. F.&W. Hendrichs.

90 Beide Dokumente sind nicht überliefert. Eine ungefähre Vorstellung über die Anteile der beiden Firmengründer bieten die Eintragungen in das Cassabuch von 1873-1875.

91 StAS Fi 4-746: Auguste Kieserling an Maria Scherf, Solingen 20.8.1901

92 StAS Fi 4-746: Robert Kieserling an Auguste Kieserling (Schwester), Brüssel 8.12.1901. Das enorme Misstrauen in geschäftlichen Dingen blieb Robert Kieserling sein Leben lang erhalten.

93 Die Familie Albrecht wohnte noch bis zum 6.6.1900 in dem ehemals gemeinsamen Wohn haus, und verzog dann zur Hochstraße 48a, wo Otto Albrecht verstarb.

94 StAS Fi 4-746: Auguste Kieserling an ihre Kinder in Solingen, Nürnberg 10.7.1901

95 Wahrscheinlich arbeitete Halboth ein Jahr 1907/1908 als Ingenieur bei der neu gegründeten Fa. Gebr. Albrecht, um dann wieder bei Th. Kieserling & Albrecht tätig zu sein. 1919 erhielt er Prokura, die erst 1938 gelöscht wurde.

96 Handelsregistereintragungen IV. Quartal 1905, in: Mitteilungen der IHK Solingen

97 StAS Bürgerrolle S 57

98 Jahresbericht Realgymnasium Solingen 1900 S.19, StAS Bibliothek IV-E-16

99 StAS Fi 4-746: Brief von Robert Kieserling an sei ne Schwester Maria (Scherf), Brüssel 9.12.1901

100 StAS Fi 4-746: Brief von Robert Kieserling an seine Schwester Auguste, Brüssel 8.12.1901

101 StAS Bürgerrolle S 249

102 Bergische Arbeiterstimme (BAST) 19.5.1906

103 BAST 10.4.1906 Damit war zwar Theo Kieserling gemeint, aber auch Robert dürfte in den Augen der Arbeiter nicht viel anders dagestanden haben.

104 Stand des Kapitalkontos 24.619,52 Mk und des Gewinnkontos 83.415,44 Mk.; siehe: RIM Firmenarchiv Gebr. Hendrichs A 16 Bilanzbuch

105 RIM Firmenarchiv Gebr. Hendrichs

106 Zahlungen an Erben Theodor Kieserling im Jahre 1906: 10. 3. 1906 = 30.000,- Mark; 15. 3. 1906 = 24.000,- Mark; 16. 4. 1906 = 6000,- Mark; 11. 5. 1906 = 31.500,- Mark; 6. 6. 1906 = 22.600,- Mark; 5. 7. 1906 = 5000,- Mark; 8. 9. 1906 = 28.150,- Mark. Diese Gelder konnten die Inhaber Hendrichs nur durch Kreditaufnahmen beschaffen. (RIM Firmenarchiv Gebr. Hendrichs A 6 Geheim Cassabuch)

107 "Die unterzeichneten Erben des verstorbenen Herrn Th. Kieserling zu Solingen, nämlich: 1.) Frau Wwe Th. Kieserling für sich, sowie Erbberechtigte der Frau Max Scherf und als alleinige Gewaltinhaberin der unmündigen Kinder Agnes Kieserling und Franz Kieserling, 2.) Auguste Kieserling, 3.) Johanne Kieserling erklären hiermit ihre vollen Ansprüche als Beteiligte an dem Vermögen der Fa. F. und W. Hendrichs zu Merscheid an die mitbeteiligten Theodor Kieserling und Robert Kieserling, beide zu Solingen, übertragen zu haben und verzichten auf jede weiteren Ansprüche an die Fa. F. und W. Hendrichs. Solingen, den 10. März 1906 Wwe Th. Kieserling, Auguste Kieserling, Johanne Kieserling" (StAS Fi 4-746)

108 StAS H 2130

109 Der Antrag für eine größere Dampfkesselanlage (1907/1908), das Gesuch zur Konzessionierung weiterer 10 Fallhämmer (1916/1917) sowie der Fabrikneubau (1919) wurden jeweils von Th. Kieserling & Albrecht angefertigt. Verkauf von Grundstücken an Bergfeld & Hoppe; siehe: StAS H 2130

110 StAS Fi 4-746: Brief Johanna Kieserling (Tochter) an Auguste Kieserling (Mutter), Altona 9.9.1914

111 RIM Firmenarchiv Gebr. Hendrichs

112 Eintrag in das Handelsregister III. Quartal 1907: Die minderjährigen Geschwister Louise Agnes und Franz Josef Kieserling sowie die (Familie)

Albrecht sind aus der Gesellschaft ausgeschieden. Heiratete eine der Töchter und verlangte ihr Erbteil, so schied sie aus der Gesellschaft aus. Maria Scherf wurde niemals persönlich haftende Gesellschafterin wegen der finanziellen Verpflichtungen für ihren Ehemann Max Scherf. Änderungen im Handelsregister in der Zeit vom 1.12.1910 bis 31.3.1911: Maria Johanne Kieserling, jetzige Ehefrau Rudolf Kaymer, ist aus der Gesellschaft ausgeschieden.

113 StAS Fi 4-746: Testament Auguste Kieserling geb. Brensing 1. Mai 1911

114 StAS Fi 4-746: Brief von Johanna Kieserling (Tochter) an Auguste Kieserling (Mutter), Altona 9.9.1914

115 StAS Fi 4: Totenzettel Auguste Kieserling

116 Handelsregister 1912 Nr. 3/4 Die Witwe Theodor Kieserling, die Ehefrau Karl Pütz, und die Ehefrau Hugo Kötter sind (...) ausgeschieden. Theodor und Robert Kieserling führen das Geschäft in offener Handelsgesellschaft in der bisherigen Weise fort.

117 StAS Fi 4: Totenzettel Auguste Pütz, geb. Kieserling

118 StAS Fi 4: Totenzettel Joanna Pieper

119 StAS Fi 4: Totenzettel Paula Kötter, geb. Kieserling

120 Einen Teil ihres Nachlasses, v. a. die Korrespondenz mit ihrem Ehemann Max Scherf siehe: StAS Fi 4

121 Einer der Vormieter dieser Wohnung war Dr. Carl Goerdeler mit seiner Familie vom 27.6.1912 bis 17.4.1914.

122 StAS S 3313

123 LAV NRW Rheinland Reg. Düsseldorf 34280

124 Rheinische Post (RP) 31.3.1950

125 Noch 1915 lautete Carl Hölzers Berufsangabe bei der Geburtsanzeige der Tochter Irmgard "Maschinentechniker"; RP 26.5.1948

126 Einen Beleg für diese Vermutung liefert Johanna Kaymer (Kieserling) in ihrem Brief an Robert Kieserling, Altona 23. Februar 1915. Ihr Ehemann Rudolf Kaymer wolle ins Rüstungsgeschäft mit Granatenherstellung einsteigen, Johanne möchte dafür ihre 8.000 Mark, die noch in der Firma stehen, mit der Begründung ausbezahlt bekommen, "da Euer Geschäft durch den Krieg nicht gelitten hat." (StAS Fi 4-746)

127 Jochem Putsch, Handwerk, S. 215

128 Eintrag Handelsregister am 19.8.1916, in: Mitteilungen der IHK Solingen

129 Planung einer Industrieanlage mit Anschlussgleisen zum Hauptbahnhof auf einer Fläche von ca. 2,5 ha zwischen Brühler Straße und Lüneschloßstraße. (StAS Solingen S 6734)

130 Kauf des Grundstückes Hofgerichtsweg 8 am - 25.8.1917 (StAS HA 10398)

131 RP 26.5.1948

132 Im Jahr 1919 ca. 300 Beschäftigte (STAS Solingen S 3410); 1925 ca. 370 Beschäftigte (Woelke, Franz: kleinkapitalistische Organisation, S. 71)

133 Vgl. Heinz Rosenthal, Der Arbeitgeberverband Solingen e.V., Solingen 1962, S. 195 (Manuskript Stadtarchiv Solingen)

134 Eintrag Handelsregister am 7.6.1919, in: Mittei lungen der IHK Solingen

135 Fi 4-501: Testament Theodor Kieserling jr. 14.8.1928

136 Eintrag Handelsregister am 20.8.1929, in: Mitteilungen der IHK Solingen

137 StAS SG 1296: Brief Bürgermeister Brisch an Ministerialrätin Trapp vom 9.11.1931

138 Ebenda: Ablehnungsschreiben vom 12.11.1931

139 LAV NRW Rheinland Reg. Düsseldorf 3419: Anträge auf Betriebsstillegung vom 10.12.1931

140 StAS SG 1296: Brief an den Landtagsabgeordneten Hebborn vom 2.4.1932

141 Der Ingenieur Johann Josef Malmedy gründete 1873 zusammen mit K.A. Schmitz die Fabrik für Maschinen der Drahtindustrie in Düsseldorf. 1898 erhielt die Firma den Status einer Aktiengesellschaft mit einem Kapital von 1,3 Millionen Mark. 1972 wurde das Unternehmen von der Rheinmetallgruppe übernommen. Angaben in: Unser Werk. 100 Jahre Malmedie 1873 - 1973, Düsseldorf 1973; zitiert nach: F. W. Hennig, Düsseldorf und seine Wirtschaft. Zur Geschichte einer Region. Band 2: Von 1860 bis zur Gegenwart, Düsseldorf 1981.

142 StAS Fi 4-3

143 Die Verteilung der Belegschaft auf die beiden Werke Ende 1943: Solingen 656 Beschäftigte (63%), Ohligs 385 Arbeitskräfte (37%), insgesamt 1041 Belegschaftsmitglieder

144 Fi 4-498: Ausstattung Werk Ohligs

145 STAS SG 1296

146 RP 31.3.1950

147 Zur Problematik der Demontagen allgemein, siehe: Demontagen im Land Nordrhein-Westfalen 1946-1951. Spezialinventar zu den im Nordrhein-westfälischen Hauptstaatsarchiv in Düsseldorf vorhandenen Demontage-Akten, bearbeitet von D. Scriverius, Siegburg 1981. Zur Demontage des Werkes Ohligs, siehe: LAV NRW Rheinland NW 99 Nr. 32, NW 203 Nr. 4,85,118

148 RP 22.5.1948

149 Rhein- Echo 22.5.1948

150 Antrag der Fa. Th. Kieserling & Albrecht zur kurzfristigen Genehmigung des Wiederaufbaues der Gießerei vom 20.8.1948, in: Akten des Bauaufsichtsamts zur Fa. Th. Kieserling & Albrecht, Am Birkenweiher 66.

151 Auch vor den Zerstörungen des 2. Weltkrieges hatte die Firma Th. Kieserling & Albrecht jede Gelegenheit genutzt, um das Werk Solingen herum weitere Grundstücke hinzuzukaufen. 1940 z.B. ging das Haus des ehemaligen Barmer Bankver eins in den Besitz der Firma über. (ST 30.12.1940)

152 Fi 4-516: Pressemitteilung zum 75. Geburtstag Carl Hölzer 1957

153 Ludwig Hensel, geboren am 10.6.1913 in Höxter, kaufm. Angestellter, heiratete Josa Kieserling am 21.6.1941 in Berlin Charlottenburg. Gemeinsame Kinder: Ludwig, Angelika und Gabriele.

154 Markus von Busse, geboren am 19.7.1913 in Groß-Wartenberg, heiratete Ursula Kieserling am 26.3.1942 in Solingen. Gemeinsame Kinder: Gebhard, Franz Georg, Daniel und Anne Marie.

155 Im März 1988 war Frau Hensel, die ältere der beiden Töchter von Robert Kieserling, dankenswerter Weise bereit, in drei längeren Gesprächen Auskunft über ihren Vater, die Familie Kieserling und die Entwicklung der Firma Kieserling & Albrecht zu geben. Der vorliegende Text wurde nach den Tonbandaufzeichnungen von Ralf Rogge zusammengestellt.

Seite 149 bis 214

1 Original des Lehrvertrages in: StAS Fi 4-514

2 Davon aber nur sechs Monate voll bezahlt, einen Monat hatte er keinen Lohn, und einen weiteren nur einen Taler erhalten.

3 Vgl. stellvertretend für das sozialgeschichtliche Interesse an dieser Fragestellung H. J. Rupieper, Regionale Herkunft, Fluktuation und innerbetriebliche Mobilität der Arbeiterschaft der Maschinenfabrik Augsburg-Nürnberg (MAN) 1844-1914, in: W. Conze/U. Engelhardt (Hrsg.), Arbeiter im Industrialisierungsprozess, Stuttgart 1979, S.94-112; sowie L. Machtan, "Im Vertrauen auf unsere gerechte Sache...". Streikbewegungen der Industriearbeiter in den 70er Jahren des 19. Jahrhunderts, in: K. Tenfelde/H. Volkmann (Hrsg), Streik. Zur Geschichte des Arbeitskampfes in Deutschland während der Industrialisierung, München 1981, S. 57 f.

4 StAS S 3316 Bl. 57 R, Bl. 86 R, Bl. 95 R

5 Schreiben der Fa. Th. Kieserling & Albrecht an das Bürgermeisteramt Solingen vom 29.4.1892, in: StAS S 4018. Die acht Mitglieder des Arbeiterausschusses waren: Wilhelm Dood, Dreher; Gustav Kirschner, Dreher; Herm. Steinmüller, Schlosser; Domink Ive, Schmied; Ernst Hilbrecht, Modellschreiner; Eduard Wacker, Former; Peter Deutscher, Former; Wilh. Siewert, Hofarbeiter. Der Dreher Wilhelm Dood gehörte zu den ersten Arbeitern der Firma und war seit Mai 1873 nun schon fast zwanzig Jahre bei Th. Kieserling & Alb recht beschäftigt.

6 Diese Bestimmungen wurden normalerweise mit "Strafen" überschrieben und waren ein wesentliches Mittel bei der Durchsetzung industrieller Disziplin.

7 Die Strafandrohung war nun mehr als doppelt so hoch, aber im Gegensatz zu der ursprünglich gleichen Strafe für alle, trat nun die Möglichkeit der differenzierten Bestrafung der Arbeiter nach der Höhe des Verdienstes.

8 Rheinische Landeszeitung 20.7.1941

9 Karl Braun, Schlosser und Reisemonteur, * 9.7.1853 Krefeld, ev; wohnte 1895 in Schaberg 23; Wilhelm Doodt, Dreher, * 5.12.1853 in Solingen, ev.; wohnte 1896 in der Malteserstr., war schon seit 1873 bei Th. Kieserling & Albrecht beschäftigt, zuletzt Inhaber der Gießmannschen Buchhandlung am Mühlenplatz, Ecke Kyffhäuserstr.; Kaspar Inger, Hobler * 3.5.1859 in Vingst, kath. /diss., verheiratet, 4 Kinder, + 15.9.1901, zog am 31.12.1886 aus Kalk nach Solingen, wohnte 1895 in der Irrst (heute Brühler Straße); Peter Inger, Hobler, * 23.5. 1849 in Kalk kath./diss., verheiratet, 6 Kinder, mußte als aktiver Sozialdemokrat während des Sozialistengesetzes seine Heimatstadt Köln verlassen und zog zwischen 1883 und 1886 nach Solingen, Ende des vorigen Jahrhunderts führender Solinger Sozialdemokrat – Solinger Parteivorsitzender, Vorsitzender des Solinger Gewerkschaftskartells, Delegierter auf SPD-Parteitagen, in seinen letzten Lebensjahren als Bote bei der sozialdemokratischen "Bergischen Arbeiterstimme" beschäftigt, + 22. 10. 1913 (StAS S 2525 und S 2562; H. Weber/ K. Tesche, 75 Jahre Ortsverein der IG Druck und Papier, 1965, S. 20. Aufschlussreich sind die verklausulierten Angaben, die der Autor H.K. im Jahre 1941 zu einigen Arbeitern machte. Sie zeigen, was man unter der NS-Pressezensur schreiben durfte, wenn man es riskierte. "Vor allem Peter Inger lernten wir als einen befähigten Fachmann und Sozialpolitiker kennen; er war lange Jahre Gewerbegerichtsbeisitzer und hat mehrfach als Solinger Abgesandter an sozialpolitischen Kongressen teilgenommen." Dass es sich bei den "sozialpolitischen Kongressen" um Parteitage der SPD gehandelt hatte, durfte H. K. nicht schreiben, aber er wusste sich zu helfen.); Dominik Ive, Schmied, * 25.9.1858 in Pola /Istrien (Öster reich), verheiratet, Kinder, lebte 1941 noch, zog 1886 von Dortmund nach Solingen, wohnte 1895 in der Irlerstr. (heue Brühler Straße); August Kratz,

Schlosser, * 1.8.1867 in Wald, ev., verheiratet, 3 Kinder, wohnte 1895 in der Gerichtstr., war mit Familie auf "Wanderschaft" in Altena und Iserlohn gewesen; Fritz Kirdorf, Schlosser, * 3.2.1866 in Deutz, verheiratet, 2 Kinder, + 20.10.1918, zog um 1893 nach Solingen, wohnte 1901 Eisenstr. 18 (Hauseigentümer: Th. Kieserling & Albrecht); Sohn Friedrich Kirdorf, *10.3.1901 war später ebenfalls bei K & A beschäftigt; Gustav Kirschner, Dreher, * 26.7.1865 in Solingen, war 1941 verstorben, wohnte 1895 in der Grünewalder Straße, später Angestellter bei Fa. Schmirgel- und Maschinenfabrik Beckmann; Franz Naujock, Schmied, * 16.12.1860 in Königsberg, lebte 1941 noch, wohnte 1896 Flurstr. 18; Heinrich Pritzer, Schlosser, später Werkmeister, * 23.4.1860 in Kalk, kath., verheiratet, Kinder, war 1941 verstorben, zog vor 1885 nach Solingen, wohnte 1896 Weyersberger Straße; Fritz Schüler, Schlosser, * 30.10.1862 in Iserlohn, verheiratet, 4 Kin der, zog vor 1888 nach Solingen bzw. Dorp, - wohnte 1895 in der Irlerstr. (heute Brühler Straße), (betrieb dort später eine Werkzeugschlosserei); Hugo Steffens, Schlosser, * 10.9.1870 in Witzhelden, verheiratet, Kinder, lebte 1941 noch, (betrieb später jahrelang in der Kanalstraße eine eigene Maschinenschlosserei. Von Steffens stammten das Foto und die meisten Informationen zu dem Bild); Ernst Wellershof, Dreher, * 7.2.1874 in Wald, + 7.1.1914; Karl Wilsenak, Heizer, * 27.1.1852 in Dittfurth (Harz), evang., verheiratet, Kinder, wohnte 1895 in der Grünewalder Straße, Sozialdemokrat und Gewerkschafter.

10 Solinger Kreis-Intelligenzblatt (SKIB), zitiert nach Metallarbeiterzeitung (MAZ) 17.12.1904

11 Seit 1912 heißt die Zeitung Solinger Tageblatt.

12 1899 hatte sich der 3. Kongress der Freien Gewerkschaften für den Abschluss von "tariflichen Vereinbarungen, welche die Lohn- und Arbeitsbedingungen für eine bestimmte Zeit regeln" ausgesprochen (A. Klönne/H.Reese, Die deutsche Gewerkschaftsbewegung, Hamburg 1984, S. 102). Der DMV beschloss auf seiner 6. ordentlichen Generalversammlung 1903 den "Abschluss korporativer Arbeitsverträge" zu fördern. (F. Opel, 75 Jahre Industriegewerkschaft Metall 1891 bis 1966, Frankfurt/Main 1966, S. 131)

13 Der Solinger Industriebezirk stellte insofern eine Ausnahme dar, weil es in der dominierenden hausgewerblich organisierten Schneidwarenbranche, anknüpfend an die Zunfttraditionen, schon seit den 1870er Jahren üblich war, sogenannte Preisverzeichnisse zur Regelung des Lohnes zwischen den lokalen Gewerkschaften und den Unternehmern auszuhandeln.

14 MAZ 17.12.1904

15 Theodor Kieserling stand der katholischen Zentrumspartei nahe und engagierte sich im Kolpingschen Gesellenverein.

16 BAST 10.4.1906

17 In den Maschinenfabriken ergab sich noch die Möglichkeit, die Akkordlohnvorgaben und -abrechnungen durch diverse Manöver zu beeinflussen. Die Arbeiter waren zwar angehalten, die von ihnen verfertigten Arbeiten nach einer – zu meist fest vereinbarten – Akkordtaxe mit Preisangaben in ihr Arbeitsbuch einzutragen, die Meister aber kontrollierten diese Angaben und legten letztendlich fest, was tatsächlich verdient wurde.

18 StaS Fi4-516

19 Die Verhältnisse bei Th. Kieserling & Albrecht stellten dabei keine Ausnahme dar, sondern entsprachen der Regel in deutschen Maschinenbaufabriken. Vgl. zur Bedeutung der alltäglichen Auseinandersetzungen um die Akkordlöhne im Maschinenbau, Machtan S. 205.

20 Zum Kampf um den Achtstundentag, vgl. Klönne/Reese, S. 61

21 Ebenda

22 StAS Fi 4-516

23 Ebenda

24 Es folgen 18 Unterschriften; 1 Arbeiter hat laut Vermerk der Firmenleitung nicht unterschrieben.

25 DMV-Solingen Jahresbericht 1905/1906 (Stadtarchiv Solingen)

26 MAZ 22.4.1905. Eduard Wacker z.b. war 1892 Mitglied des Arbeiterausschusses zur Erstellung der Fabrikordnung.

27 StAS Fi 4-516

28 Ein in der Solinger Schneidwarenindustrie üblicher Begriff für einen Stück-Lohntarifvertrag.

29 StAS Fi 4-516

30 BAST 14.4.1905

31 Vgl. A. Erkelenz, Katechismus des Gewerbegerichts-Gesetzes, Düsseldorf 1902

32 Eifel-Zeitung. Amtl. Kreisblatt für den Kreis Daun 18.04.1905

33 MAZ 6.5.1905

34 DMV-Solingen Jahresbericht 1905/1906 (Stadtarchiv Solingen)

35 StAS S 4109: Arbeitsordnung der Firma Th. Kieserling & Albrecht 1905

36 Vgl. Machtan, S. 204

37 StAS S 4109. Die Fa. Th. Kieserling & Albrecht reichte die Äußerungen der Arbeiter neben dem geänderten Entwurf der Arbeitsordnung beim Solinger Oberbürgermeister ein.

38 Schreiben der Firma Th. Kieserling & Albrecht an den Oberbürgermeister Dicke; dieser reichte den Vorgang zur Mitbegutachtung an den Gewerbeinspektor Czimatis weiter, keine behördlichen Einwände. (Die Randbemerkungen des Gewerbeinspektors zeigen sein Einverständnis mit nur wenigen Forderungen der Arbeiter, und zwar dort, wo auch die Firmenleitung sich kompromissbereit zeigte, bei den grundsätzlicheren Forderungen der Belegschaft stand Czimatis auf der Seite des Unternehmens; z. B. bei der Erteilung von Strafen).

39 DMV-Solingen Jahresbericht 1905/1906

40 MAZ 24.3.1906. Diese Argumentation war in jenen Jahren bei den DMV-Verantwortlichen häufiger zu finden. Opel schildert ein anderes Beispiel aus der bayerischen Metallindustrie im Jahre 1905. (S. 130)

41 Zur Geschichte der Arbeitgeberverbände in Solingen, vgl. Heinz Rosenthal, Der Arbeitgeberverband Solingen e.V., Solingen 1962, (Manuskript Stadtarchiv Solingen)

42 Selbstgewählte Verbandsdarstellung im eigenen Briefkopf.

43 Die neue gewerkschaftliche Taktik spiegelt sich auch in der Berichterstattung der MAZ wieder. Kurze Bericht aus allen Bezirken und Betrieben über den gesamten Zeitraum der Formerbewegung ersetzen die Einzeldarstellung des "Werkstättenstreiks". So finden wir im Gegensatz zur Berichterstattung im Jahre 1905 über die Auseinandersetzungen bei Th. Kieserling & Albrecht im Jahr 1906 dort nur wenige Zeilen.

44 SZ 28.3.1906

45 BAST 27.3.1906

46 Cuno, Gewerbegerichtsgesetz zitiert nach Erkelenz, S. 21

47 Aus dieser "Schwarzen Liste" lassen sich einige Informationen zur Belegschaftsstruktur

der Gießereiabteilung im Jahre 1906 ablesen: Altersspannbreite: 9 bis 51 Jahre. Durchschnittsalter insgesamt: 36 Jahre; Hilfsarbeiter: 31,5 Jahre; Former und Kernformer: 38,3 Jahre. Beschäftigt: 13 Former, 2 Kernformer, 7 Hilfsarbeiter. Von diesen Arbeiter wohnten: 18 in Solingen; 2 in Hilden; 1 in Höhscheid; 1 in Elberfeld.

48 StAS Fi 4-516: Rundschreiben des Arbeitgeberverbandes Solingen vom 4.4.1906

49 SZ 30.3.1906

50 Ebenda

51 BAST 2.4.1906

52 Ebenda

53 SKIB 9.4.1906

54 DMV-Solingen Jahresbericht 1905/1906 (Stadtarchiv Solingen)

55 Auswertung der "Schwarzen Liste" des Arbeitgeberverbandes

56 BAST 10.4.1906

57 SKIB 9.4.1906

58 BAST 27.4.1906

59 BAST 30.4.1906

60 Damit ist das Saarland gemeint.

61 BAST 7.5.1906

62 BAST 10.5.1906

63 BAST 17.5.1906

64 DMV-Solingen Jahresbericht 1905/1906 (Stadtarchiv Solingen)

65 Ebenda

66 Ebenda

67 Ebenda

68 StAS S 2526: Bericht über die sozialdemokratische und anarchistische Bewegung des letzten Jahres im Stadtkreis Solingen (3. September 1906)

69 Vermutlich dürften diese Berichte an die vorgesetzten Behörden des Öfteren nach diesem Schema verfasst worden sein. Es wäre interessant, an anderen sozialen Konflikten das örtliche Geschehen mit der Berichterstattung nach "oben" zu vergleichen. Möglicherweise ließe sich eine durchgehende Tendenz feststellen, die Aufschlüsse über die Rolle der lokalen politischen Macht im Wechselspiel zur Staatsmacht und zu den sozialen Gruppierungen in der Stadt geben könnte.

70 LAV NRW Reg. Düsseldorf 34280

71 M. Krause, Die Gewerkschaftsbewegung und die sozialistische Arbeiterbewegung in Solingen 1914 – 1925, Examensarbeit, Bochum 1981, S. 101

72 BAST 26.1.1927

73 BAST 3.2.1927

74 BAST 17.2.1927

75 BAST 23.2.1927

76 BAST 18.5,1927

77 BAST 24.2.1927

78 BAST 18.5.1927. Erst ein glücklicher Umstand ermöglicht uns wieder im Jahre 1927 einen Blick hinter die Fabrikmauern. Die Bergische Arbeiterstimme, mittlerweile vom Organ der sozialdemokratischen Partei zur Lokalzeitung der Solinger KPD geworden, publiziert ab 1926 "Arbeiterkorre-

spondenzen." Die Berichte wurden von Arbeitern aus den jeweiligen Betrieben verfasst. Obwohl von der Redaktion gefiltert und politisch bearbeitet, spiegeln sie, wenn auch nicht das Innenleben der Fabrik, so doch wenigstens Empfindungen und Erfahrungen einzelner Betroffener wieder. Die BAST legte dabei selbstverständlich keinen Wert auf eine "neutrale" oder "objektive" Berichterstattung. Ihr ging es natürlich um die politische Agitation und Propaganda, aber in dieser Zeit (1926/1927) vor allem um die Überzeugung der politisch Andersdenkenden Arbeiter. So mussten die Arbeiterkorrespondenzen nicht nur für die Leser der Zeitung, sondern auch für die Belegschaften und Gewerkschaftsmitglieder den Tatsachen entsprechen und keine Phantasieprodukte darstellen.

79 *BAST 2.4.1927*

80 *Ebenda*

81 *BAST 9.4.1927*

82 *BAST 12.4.1927*

83 *Nach Angaben der BAST 13.4.1927*

84 *BAST 12.4.1927*

85 *BAST 25.8.1927*

86 *BAST 26.8.1927*

87 *BAST 31.8.1927*

88 *BAST 10.9.1927*

89 *BAST 12.9.1927*

90 *BAST 14.9.1927*

91 *BAST 15.9.1927. Diese betriebliche Aktion beschreibt Willi Dickhut in seinen Lebenserinnerungen ausführlich aus der Sicht eines aktiv Beteiligten. Er vergisst dabei aber, auf die Rahmenbedingungen näher einzugehen und überbetont seine Rolle etwas. Willi Dickhut, So war's damals. Tatsachenbericht eines Solinger Arbeiters 1926-1948. Stuttgart 1979, S. 32 ff.*

Seite 215 bis 320

1 *D. Peukert, Arbeiterschaft und Nationalsozialismus, in: L. Niethammer, u.a. (Hrsg.), "Die Menschen machen ihre Geschichte nicht aus freien Stücken, aber sie machen sie selbst", Berlin, Bonn 1984, S. 136*

2 *Vgl. Stadtarchiv Solingen, Firmenarchiv Th. Kieserling & Albrecht Fi 4-3*

3 *StAS Fi 4-14, Covering Report 29.4.1947*

4 *Vgl. StAS Fi 4-1 und 2*

5 *Ebenda*

6 *K.-H. Mommertz, Bohren, Drehen Fräsen - Geschichte der Werkzeugmaschinen, Reinbek 1981, S. 141*

7 *Vgl. H. Rosenthal, Geschichte einer Stadt, Bd.3, Duisburg 1975, S. 436 ff.*

8 *Ingrid H.E. Schupetta; Jeder das Ihre - Frauenerwerbstätigkeit und Einsatz von Fremdarbeitern/-innen im Zweiten Weltkrieg; in: Frauengruppe Faschismusforschung - Mutterkreuz und Arbeitsbuch, Frankfurt/M. 1981, S. 306*

9 *Zur Lage und Behandlung der Zwangsarbeiter in Solingen siehe die ausführliche Dokumentation: Solinger Geschichtswerkstatt, Fremdarbeiter in Solingen, 2. Auflage, Solingen 1985*

10 *Vgl. StAS Akte 608-53-11*

11 *StAS Fi 4-9*

12 *StAS, Nachlaß Dickhut Na 3-1*

13 StAS Fi 4-1 und 2

14 Aus einem Bericht des Gewerbeaufsichtsamtes Solingen vom 16.7.1945, LAV NRW Rheinland BR 1015/81, Bl. 173

15 In den ersten Monaten wurde eine Politik der Entindustrialisierung Deutschlands diskutiert, die, obwohl sie sich nicht durchsetzte, dennoch die offizielle Politik der Alliierten zunächst bestimmte. Die Liste der zu demontierenden Objekte wurde immer weiter zusammengestrichen und betraf vor allem Rüstungs-Produktionskapazitäten.

16 J. Putsch, Vom Ende qualifizierter Heimarbeit. Entwicklung und Strukturwandel der Solinger Schneidwarenindustrie 1914 - 1960, Köln 1988, S.388 u. S.391

17 W. Köllmann, Struktur und Wachstum der Wirtschaft des bergisch-märkischen Raumes 1955-1969, Bochum 1971, Tab.7 u. 8.

18 Strukturbericht des Arbeitsamtes Solingen, Solingen 1959, Anhang II (Stadtarchiv Solingen)

Seite 321 bis 362

1 Die nachfolgenden Angaben basieren auf einer umfassenden Auswertung der Konzessionsakten, die Wolfhard Schwarz im Auftrag des Rheinischen Industriemuseums Solingen in den Jahren 1990 und 1991 vorgenommen hat.

2 In dieser Rechnung sind die Maschinenanlagen, bei denen die Anwenderbetriebe J.A. Henckels, Ernst Hammesfahr und C.F. Ern als Hersteller genannt sind und auch die Gruppe sonstiges nicht berücksichtigt.

3 Dieser Teil des Produktionsprogramms wurde später an die Firma Malmedie abgegeben.

4 Vgl. hierzu: Th. Kieserling & Albrecht, Maschinenfabrik und Eisengießerei, Solingen, Teilkatalog C sowie Teilkatalog D; o.O., o.J., um 1925

5 Vgl. Morsbach Solinger Adressbuch, Jg. 1931

6 Vgl. Kap. 6.2.2

Seite 363 bis 422

1 G. Drebusch, Industriearchitektur, München 1976, S. 24

2 Siehe dazu: Skizze Parzellierung Birker Gärten, in: StAS Na 5-129

3 G. Drebusch, S. 28

4 Die besondere Bedeutung des Architekten Carl Reinschmidt für Solingen liegt in seiner engen Zusammenarbeit mit dem Solinger Spar- und Bauvein. Reinschmidt entwarf die ersten Häuser des Spar- und Bauvereins an der Wupper straße, Schweizer- und Wernerstraße, Wachtel- und Lerchenstraße sowie an der Neustraße und blieb bis zu seinem Wegzug der technische Berater des Vereins; vgl. H. Meyer, 30 Jahre Spar- und Bauverein Solingen, Düsseldorf 1927, S. 13

5 StAS HA 267 Schreiben 25.01.1908

6 StAS HA 266

7 StAS HA 267

8 Im gleichen Zeitraum planten die Architekten Franz den imposanten verklinkerten Fabrikationsneubau des Hugo Linder Deltawerks auf der Gasstraße (1916) und in ähnlich traditionellem Stil einige Jahre später einen großen Neubau des Pfeilringwerks Müller & Schmidt auf der Sudetenstraße (1921).

9 Vgl. dazu die architektonische Lösung bei Friedr. Herder Abr. Sohn, Grünewalder Straße und bei P. Rasspe in Stöcken.

10 StAS HA 266

11 G. Drebusch, S. 28

12 StAS Fi 4- 570: Interview A. Vahland

13 Pläne und Zeichnungen der Baugesellschaft Weber siehe: StAS Kartensammlung Fi 23 K

14 StAS Fi 4- 570: Interview A. Vahland

Seite 423 bis 579

1 Vgl. W. Siebel/H.W. Hetzler, Innerbetrieblicher Funktionszusammenhang und Berufsqualifikation, Köln Opladen 1962, S. 125

2 Vgl. ebenda S. 151 ff.

3 H. Kern/M. Schumann, Das Ende der Arbeitsteilung? München 1984, S. 181

4 O. Mickler, Facharbeit im Wandel, Frankfurt/Main 1981, S. 32

5 Vgl. A. Lüdtke, Rekonstruktion von Alltagswirklichkeit - Entpolitisierung der Sozialgeschichte?, in: ders. /H. Medick u.a., (Hrsg.), Klassen und Kultur, Frankfurt/M. 1982, S. 329 und S. 336 ff.

6 Vgl. U. Riemer-Schäfer, Sozialstatistik und Sozialstruktur der Arbeiterschaft in der chemischen Industrie und im Maschinenbau des Rhein-Main-Gebiets., in: H. Pohl (Hrsg.), Forschungen zur Lage der Arbeiter im Industrialisierungsprozess, Stuttgart 1978, S. 111

7 Die nachfolgenden Ausführungen beruhen im Wesentlichen auf den Ausführungen von Siebel/Hetzler, S. 46 ff., S. 97 ff. und S. 132 ff.

8 Vgl. ebenda S. 132 ff.

9 Ebenda S. 98

10 Ebenda S. 190

11 A. Lüdtke, "Fahrt ins Dunkle?" Erfahrung des Fremden und historische Rekonstruktion, in: U. Becher/K. Bergmann, Geschichte – Nutzen oder Nachteil für das Leben, Düsseldorf 1986, S. 69

12 Siebel/Hetzler, S. 124

13 Kern/Schumann, S. 201

14 R. Vetterli, Arbeitssituation und Organisationsverhalten Schweizer Metallarbeiter, in: W. Conze / U. Engelhardt, (Hrsg.), Arbeiter im Industrialisierungsprozess – Herkunft, Lage und Verhalten, Stuttgart 1979, S. 346f

Abbildungsverzeichnis

S. 27 Stadtarchiv Solingen (StAS) Zeitungen VI-10
S. 30 StAS Bildarchiv RS 28066
S. 39 StAS Bildarchiv RS 25666
S. 41 StAS Bildarchiv RS 14005
S. 44 StAS Briefkopfsammlung
S. 50 StAS Firmenarchiv Kieserling Fi 4-541
S. 52 StAS Firmenarchiv Kieserling Fi 4-514
S. 55 StAS Na 057 K 59 (Zeichnung R. Policke)
S. 58 StAS Zeitungen VI-10
S. 61 Adressbuch Jg. 1892, S. 72 StAS Bibliothek IV-K-80
S. 67 Gesenkschmiede Hendrichs. Geschichte einer Solinger Fabrik, Köln 1986, S. 79
S. 72 StAS Briefkopfsammlung
S. 76 StAS Firmenarchiv Kieserling Fi 4-516
S. 77 StAS Bildarchiv PK 863
S. 78 StAS Firmenarchiv Kieserling Fi 4-516
S. 83 StAS Zeitungen VI-1
S. 88 StAS Bildarchiv RS 1091
S. 90 StAS Firmenarchiv Kieserling Fi 4-791
S. 104 StAS Firmenarchiv Kieserling Fi 4-801
S. 106 StAS Firmenarchiv Kieserling Fi 4-516
S. 108/109 StAS Firmenarchiv Kieserling Fi 4-515
S. 112/113 Schmidthäussler, Solingen und sein Industriebezirk, 1922, S. 160 f. StAS Bibliothek GA 22
S. 115 StAS Firmenarchiv Kieserling Fi 4-791
S. 116 StAS Bildarchiv RS 28037
S. 118 StAS Firmenarchiv Kieserling Fi 4-803
S. 120 StAS Bildarchiv RS 28064
S. 123 StAS Bildarchiv RS 25607
S. 124 StAS Bildarchiv RS 27967
S. 125 StAS Firmenarchiv Kieserling Fi 4-800
S. 126 StAS Bildarchiv RS 28087
S. 129 StAS Bildarchiv RS 28169
S. 130 StAS Bildarchiv RS 19914
S. 131 StAS Bildarchiv PK 1955
S. 133 StAS Firmenarchiv Kieserling Fi 4-801
S. 134 StAS Firmenarchiv Kieserling Fi 4-801
S. 136 StAS Firmenarchiv Kieserling Fi 4-801
S. 140 StAS Bildarchiv RS 28067
S. 150 StAS Bildarchiv RS 28068
S. 154/155 StAS Firmenarchiv Kieserling Fi 4-451
S. 160/161 StAS Firmenarchiv Kieserling Fi 4-476
S. 164 StAS Bildarchiv RS 28069
S. 167 StAS Bildarchiv RS 28072
S. 170 StAS Firmenarchiv Kieserling Fi 4-516
S. 186 StAS Bildarchiv RS 28074
S. 195 StAS Bildarchiv RS 28073 u. RS 28075
S. 198 StAS Bildarchiv PK 4372
S. 200 StAS Firmenarchiv Kieserling Fi 4-800
S. 203 StAS Zeitungen VI-4
S. 212 StAS Firmenarchiv Kieserling Fi 4-775
S. 214 StAS Bildarchiv RS 25618
S. 216 StAS Firmenarchiv Kieserling Fi 4-775
S. 217 StAS Firmenarchiv Kieserling Fi 4-776
S. 221 StAS Firmenarchiv Kieserling Fi 4-776
S. 222 StAS Firmenarchiv Kieserling Fi 4-776
S. 224 StAS Firmenarchiv Kieserling Fi 4-776
S. 225 StAS Bildarchiv RS 28076
S. 229 StAS Firmenarchiv Kieserling Fi 4-776
S. 231 StAS Bildarchiv RS 28077
S. 232 StAS Firmenarchiv Kieserling Fi 4-776
S. 235 StAS Firmenarchiv Kieserling Fi 4-776
S. 236/237 StAS Firmenarchiv Kieserling Fi 4-776
S. 241/242 StAS Firmenarchiv Kieserling Fi 4-775
S. 244 StAS Bildarchiv RS 28084
S. 245 StAS Bildarchiv RS 14580
S. 246/247 StAS Firmenarchiv Kieserling Fi 4-775
S. 249 StAS Firmenarchiv Kieserling Fi 4-776
S. 250 StAS Firmenarchiv Kieserling Fi 4-803
S. 253 StAS Firmenarchiv Kieserling Fi 4-803
S. 254 StAS Firmenarchiv Kieserling Fi 4-803
S. 259 StAS Bildarchiv RS 28148
S. 263 StAS Firmenarchiv Kieserling Fi 4-776
S. 265 StAS Bildarchiv RS 28078
S. 268 StAS Zeitungen VI-3
S. 269 StAS Zeitungen VI-3
S. 269 StAS Zeitungen VI-1
S. 272 StAS Firmenarchiv Kieserling Fi 4-775

S. 273 StAS Firmenarchiv Kieserling Fi 4-775
S. 274 StAS Firmenarchiv Kieserling Fi 4-776
S. 275 StAS Firmenarchiv Kieserling Fi 4-775
S. 276 StAS Firmenarchiv Kieserling Fi 4-775
S. 277 StAS Firmenarchiv Kieserling Fi 4-775
S. 278 StAS Firmenarchiv Kieserling Fi 4-776
S. 281 StAS Firmenarchiv Kieserling Fi 4-776
S. 282 StAS Firmenarchiv Kieserling Fi 4-776
S. 285/286 StAS Firmenarchiv Kieserling Fi 4-775
S. 287 StAS Firmenarchiv Kieserling Fi 4-776
S. 288 StAS Zeitungen VI-38
S. 291 StAS Zeitungen VI-36
S. 292 StAS Firmenarchiv Kieserling Fi 4-775
S. 294 StAS Bildarchiv RS 27998
S. 297 StAS Firmenarchiv Kieserling Fi 4-776
S. 298 StAS Zeitungen VI-1
S. 299 StAS Firmenarchiv Kieserling Fi 4-776
S. 300/301 StAS Firmenarchiv Kieserling Fi 4-775
S. 303 StAS Firmenarchiv Kieserling Fi 4-775
S. 304 StAS Firmenarchiv Kieserling Fi 4-776
S. 305 StAS Firmenarchiv Kieserling Fi 4-776
S. 306 StAS Firmenarchiv Kieserling Fi 4-776
S. 308 StAS Bildarchiv RS 27976
S. 309 StAS Zeitungen VI-36
S. 311 StAS Bildarchiv RS 28000
S. 311 StAS Bildarchiv RS 25625
S. 312 StAS Firmenarchiv Kieserling Fi 4-776
S. 315 StAS Firmenarchiv Kieserling Fi 4-776
S. 316 StAS Firmenarchiv Kieserling Fi 4-775
S. 318 StAS Firmenarchiv Kieserling Fi 4-776
S. 320 StAS Firmenarchiv Kieserling Fi 4-776
S. 322 Adressbuch Jg. 1884 StAS Bibliothek IV-K-80
S. 324/325 StAS Akte S 3348
S. 326 Adressbuch Jg. 1901, S. 16 StAS Bibliothek IV-K-80
S. 327 Adressbuch Jg. 1901, S. 61 StAS Bibliothek IV-K-80
S. 328 Adressbuch Jg. 1905, S. 2 StAS Bibliothek IV-K-80
S. 329 Adressbuch Jg. 1913, S. 1 StAS Bibliothek IV-K-80
S. 330 StAS Firmenarchiv Kieserling Fi 4-775
S. 331 StAS Firmenarchiv Kieserling Fi 4-775
S. 332 StAS Bildarchiv RS 25616
S. 333 Zeitschrift Stahl und Eisen Jg. 1928, Nr. 4 StAS Firmenarchiv Kieserling Fi 4-775
S. 334 Adressbuch Jg. 1921/1922 StAS Bibliothek IV-K-80
S. 335 Th. Kieserling & Albrecht Maschinenfabrik und Eisengießerei, Katalog C (um 1925) S. 56StAS Firmenarchiv Kieserling Fi 4-776
S. 335 Kat. C, S. 98 StAS Firmenarchiv Kieserling Fi 4-776
S. 336 Kat. C, S. 62 StAS Firmenarchiv Kieserling Fi 4-776
S. 336 Kat. D, S. 113 StAS Firmenarchiv Kieserling Fi 4-776
S. 337 Kat. C, S. 80 StAS Firmenarchiv Kieserling Fi 4-776
S. 337 Kat. D, S. 148 StAS Firmenarchiv Kieserling Fi 4-776
S. 338 Kat. D, S. 88 StAS Firmenarchiv Kieserling Fi 4-776
S. 338 Kat. C, S. 103 StAS Firmenarchiv Kieserling Fi 4-776
S. 339 Kat. D, S. 158 StAS Firmenarchiv Kieserling Fi 4-776
S. 339 Kat. D, S. 139 StAS Firmenarchiv Kieserling Fi 4-776
S. 340 Kat. C, S. 109 StAS Firmenarchiv Kieserling Fi 4-776
S. 341 Kat. D, S. XVI StAS Firmenarchiv Kieserling Fi 4-776
S. 342 Zeitschrift Stahl und Eisen Jg. 1932, Nr. 47 StAS Firmenarchiv Kieserling Fi 4-775
S. 342 Zeitschrift Stahl und Eisen Jg. 1931, Nr. 2 StAS Firmenarchiv Kieserling Fi 4-775
S. 343 Adressbuch Jg. 1931, S. 1 StAS Bibliothek IV-K-80
S. 344 Zeitschrift Stahl und Eisen Jg. 1935, Nr. 48 StAS Firmenarchiv Kieserling Fi 4-775
S. 345 Zeitschrift Stahl und Eisen Jr. 1941, Nr. 20 StAS Firmenarchiv Kieserling Fi 4-775
S. 345 Zeitschrift Stahl und Eisen Jg. 1942, Nr. 28 StAS Firmenarchiv Kieserling Fi 4-775
S. 346/347 StAS Firmenarchiv Kieserling Fi 4-775
S. 348 StAS Bildarchiv RS 28080
S. 348 StAS Firmenarchiv Kieserling Fi 4-776
S. 349 StAS Firmenarchiv Kieserling Fi 4-776
S. 350 StAS Firmenarchiv Kieserling Fi 4-776
S. 351 StAS Firmenarchiv Kieserling Fi 4-775
S. 352 Zeitschrift Stahl und Eisen Jg. 1949, Nr. 23 StAS Firmenarchiv Kieserling Fi 4-775
S. 353 StAS Firmenarchiv Kieserling Fi 4-776
S. 354 StAS Firmenarchiv Kieserling Fi 4-776

S. 355 StAS Firmenarchiv Kieserling Fi 4-776
S. 356/357 StAS Firmenarchiv Kieserling Fi 4-775
S. 358 StAS Firmenarchiv Kieserling Fi 4-776
S. 359 Adressbuch, Jg. 1953, S. 1 StAS Bibliothek IV-K-80
S. 360 StAS Firmenarchiv Kieserling Fi 4-776
S. 361 Fotoserie, StAS Firmenarchiv Kieserling Fi 4-776
S. 362 StAS Firmenarchiv Kieserling Fi 4-776
S. 365 StAS Firmenarchiv Kieserling Fi 4-516
S. 369 StAS Briefkopfsammlung
S. 372 StAS Briefkopfsammlung
S.374/375 StAS Briefkopfsammlung
S. 376 StAS Briefkopfsammlung
S. 379 StAS Firmenarchiv Kieserling Fi 4-514
S. 380 StAS Briefkopfsammlung
S. 382 StAS Bildarchiv RS 25617
S. 383 StAS Bildarchiv RS 25619
S. 384 StAS Bildarchiv RS 25614
S. 385 StAS Bildarchiv RS 28091
S. 387 StAS Bildarchiv RS 28155
S. 389 StAS Firmenarchiv Kieserling Fi 4-803
S. 390-397 StAS Firmenarchiv Kieserling Fi 4-803
S. 398 StAS Bildarchiv RS 28157
S. 399 StAS Bildarchiv RS 28158 u. RS 28159
S. 400-403 StAS Bildarchiv RS 28160 bis RS 28167
S. 405 StAS Bildarchiv RS 28154
S. 406 Luftbild StAS Bildarchiv 7570 (1959)
S. 407 StAS Bildarchiv RS 25609
S. 409 StAS Na 057 K 60 (Zeichnung R. Policke)
S. 414 StAS Na 057 K 62 (Zeichnung R. Policke)
S. 418 StAS Na 057 K 61 (Zeichnung R. Policke)
S. 422 StAS Na 057 K 63 (Zeichnung R. Policke)
S. 424 StAS Firmenarchiv Kieserling Fi 4-776
S. 428 StAS Bildarchiv RS 28081
S. 430 StAS Firmenarchiv Kieserling Fi 4-775
S. 433 StAS Bildarchiv RS 9688
S. 434/437 StAS Firmenarchiv Kieserling Fi 4-775
S. 440 StAS Firmenarchiv Kieserling Fi 4-775
S. 441 StAS Firmenarchiv Kieserling Fi 4-775
S. 442 StAS Firmenarchiv Kieserling Fi 4-775
S. 444 StAS Bildarchiv RS 28127
S. 445 StAS Bildarchiv RS 28135
S. 447 StAS Firmenarchiv Kieserling Fi 4-776
S. 448 StAS Firmenarchiv Kieserling Fi 4-776
S. 449 StAS Bildarchiv RS 28020
S. 451 StAS Bildarchiv RS 28019
S. 452 StAS Bildarchiv RS 28018
S. 455 StAS Bildarchiv RS 28026
S. 456 StAS Bildarchiv RS 28021
S. 458 StAS Bildarchiv RS 9689
S. 461 StAS Firmenarchiv Kieserling Fi 4-775
S. 462 StAS Bildarchiv RS 28120
S. 464 StAS Bildarchiv RS 27981
S. 465 StAS Bildarchiv RS 9690
S. 466 StAS Firmenarchiv Kieserling Fi 4-775
S. 467 StAS Firmenarchiv Kieserling Fi 4-776
S. 469 StAS Bildarchiv RS 28040
S. 469 StAS Bildarchiv RS 28041
S. 470 StAS Bildarchiv RS 28039
S. 471 StAS Firmenarchiv Kieserling Fi 4-776
S. 472 StAS Firmenarchiv Kieserling Fi 4-776
S. 473 StAS Firmenarchiv Kieserling Fi 4-776
S. 474 StAS Bildarchiv RS 28028
S. 475 StAS Firmenarchiv Kieserling Fi 4-776
S. 476 StAS Firmenarchiv Kieserling Fi 4-776
S. 477 StAS Firmenarchiv Kieserling Fi 4-776
S. 478 StAS Firmenarchiv Kieserling Fi 4-776
S. 479 StAS Bildarchiv RS 28116
S. 480 StAS Bildarchiv RS 28108
S. 482 StAS Bildarchiv RS 28117
S. 483 StAS Bildarchiv RS 28115
S. 484 StAS Bildarchiv RS 28122
S. 485 StAS Bildarchiv RS 28111
S. 486 StAS Firmenarchiv Kieserling Fi 4-775
S. 487 StAS Bildarchiv RS 28125
S. 488 StAS Firmenarchiv Kieserling Fi 4-776
S. 489 StAS Bildarchiv RS 28106
S. 490 StAS Bildarchiv RS 28129
S. 492 StAS Bildarchiv RS 28124

S. 495 StAS Bildarchiv RS 9692
S. 496 StAS Bildarchiv RS 28105
S. 499 StAS Bildarchiv RS 28107
S. 500 StAS Bildarchiv RS 28118
S. 502 StAS Bildarchiv RS 28133
S. 504 StAS Bildarchiv RS 28126
S. 505 StAS Firmenarchiv Kieserling Fi 4-776
S. 506 StAS Firmenarchiv Kieserling Fi 4-776
S. 507 StAS Firmenarchiv Kieserling Fi 4-776
S. 508 StAS Firmenarchiv Kieserling Fi 4-776
S. 509 StAS Firmenarchiv Kieserling Fi 4-776
S. 510 StAS Firmenarchiv Kieserling Fi 4-776
S. 511 StAS Firmenarchiv Kieserling Fi 4-775
S. 514 StAS Bildarchiv RS 28132
S. 516 StAS Firmenarchiv Kieserling Fi 4-776
S. 517 StAS Firmenarchiv Kieserling Fi 4-776
S. 518 StAS Firmenarchiv Kieserling Fi 4-776
S. 519 StAS Firmenarchiv Kieserling Fi 4-776
S. 520 StAS Firmenarchiv Kieserling Fi 4-776
S. 522 StAS Firmenarchiv Kieserling Fi 4-776
S. 525 StAS Bildarchiv RS 9691
S. 527 StAS Firmenarchiv Kieserling Fi 4-776
S. 528 StAS Bildarchiv RS 28093
S. 529 StAS Bildarchiv RS 28092
S. 530 StAS Firmenarchiv Kieserling Fi 4-775
S. 532/533 StAS Firmenarchiv Kieserling Fi 4-775
S. 534 StAS Bildarchiv RS 28196
S. 537 StAS Bildarchiv RS 28119
S. 538 StAS Bildarchiv RS 28136
S. 541 StAS Bildarchiv RS 28110
S. 545 StAS Bildarchiv RS 28128
S. 546 StAS Bildarchiv RS 28134
S. 549 StAS Bildarchiv RS 28173
S. 550 StAS Firmenarchiv Kieserling Fi 4-776
S. 553 StAS Zeitungen VI-4
S. 555 StAS Bildarchiv RS 28097
S. 556 StAS Bildarchiv RS 28100
S. 558 StAS Bildarchiv RS 28082
S. 561 StAS Bildarchiv RS 28101
S. 562 StAS Bildarchiv RS 28104
S. 563 StAS Bildarchiv RS 28187
S. 567 StAS Bildarchiv RS 28113
S. 568 StAS Bildarchiv RS 28142
S. 572 StAS Bildarchiv RS 28065
S. 574 StAS Bildarchiv RS 23125
S. 576 StAS Firmenarchiv Kieserling Fi 4-776
S. 577 StAS Firmenarchiv Kieserling Fi 4-776
S. 578 StAS Bildarchiv RS 28083
S. 579 StAS Firmenarchiv Kieserling Fi 4-776

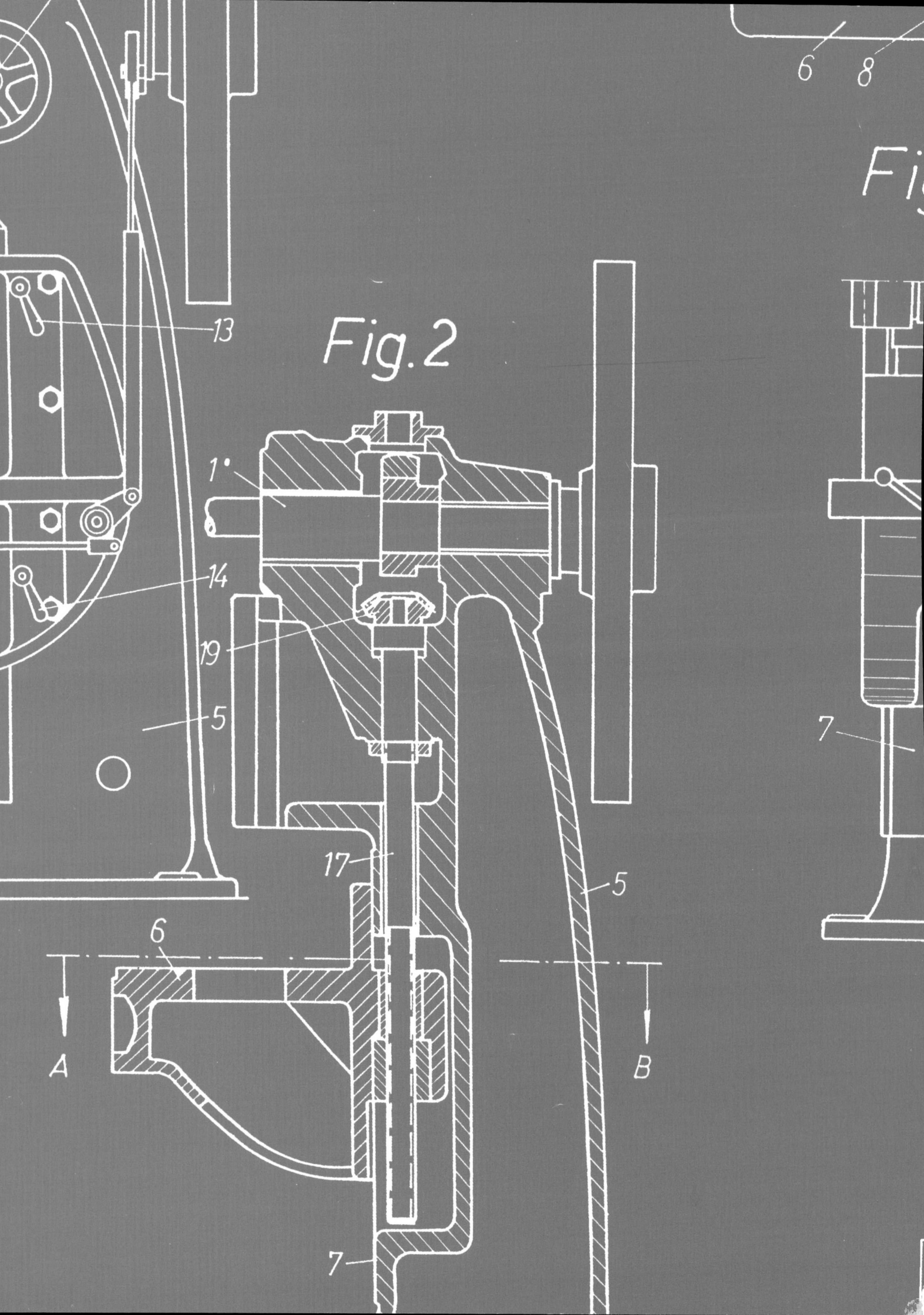

6 8
13
Fig.2
1'
14
19
5
17
5
6
A
B
7
7